U0135214

國家社科基金後期資助項目（18FTQ002）

全國高校古委會資助項目（1445）

國家社科基金
後期資助項目

尉繚子校注

The Collation and Annotation of Weiliaozi

許富宏 校注

中華書局
ZHONGHUA BOOK COMPANY

圖書在版編目(CIP)數據

尉繚子校注/許富宏校注. —北京:中華書局,2023.2
(國家社科基金後期資助項目)
ISBN 978-7-101-15353-8

Ⅰ.尉… Ⅱ.許… Ⅲ.《尉繚子》-注釋 Ⅳ.E892.26

中國版本圖書館 CIP 數據核字(2021)第 190269 號

書　　名	尉繚子校注	
校　　注	許富宏	
叢 書 名	國家社科基金後期資助項目	
責任編輯	石　玉	
責任印製	管　斌	
出版發行	中華書局	
	(北京市豐臺區太平橋西里 38 號　100073)	
	http://www.zhbc.com.cn	
	E-mail:zhbc@zhbc.com.cn	
印　　刷	三河市宏盛印務有限公司	
版　　次	2023 年 2 月第 1 版	
	2023 年 2 月第 1 次印刷	
規　　格	開本/710×1000 毫米　1/16	
	印張 32¾　插頁 2　字數 510 千字	
國際書號	ISBN 978-7-101-15353-8	
定　　價	158.00 元	

國家社科基金後期資助項目出版説明

後期資助項目是國家社科基金設立的一類重要項目,旨在鼓勵廣大社科研究者潛心治學,支持基礎研究多出優秀成果。它是經過嚴格評審,從接近完成的科研成果中遴選立項的。爲擴大後期資助項目的影響,更好地推動學術發展,促進成果轉化,全國哲學社會科學工作辦公室按照"統一設計、統一標識、統一版式、形成系列"的總體要求,組織出版國家社科基金後期資助項目成果。

全國哲學社會科學工作辦公室

目　録

序　言

趙逹夫

　　尉繚子具有卓越的軍事與政治思想,但是在先秦諸子中長期被忽略,以至於在書本身和作者各方面都存在很大爭議、很多分歧意見。實際上,它典型地反映了六國之末至秦統一六國開始這一歷史階段中個別有政治遠見的士人思想轉變的過程,反映出他們由希望振興自己的國家、使人民安居樂業、維護自己國家的安全,轉到在觀念與實踐上都促進全國統一的過程。這部書雖是同一作者之作,卻包括六國之末和秦統一六國軍事行動這兩個時期的著述。書中有些地方思想不完全一致,反映出作者在政治、軍事策略和立場上的轉變,但聯繫具體的歷史環境來看,同樣顯示着作者不凡的政治與軍事才能,而且有的觀念是前後貫穿,只是措詞和論述角度不同,如民本思想、仁政思想和任用賢能的思想等。全書不是孤立地論軍事,而是將軍事同政治結合起來,軍事上認爲"兵勝於朝廷"(戰爭的目的與戰略決定戰爭的勝負)。

　　其前一時期的篇章中强調"不攻無過之城,不殺無罪之人",反對侵略,軍紀上嚴禁濫殺無辜,對軍事活動的定義是:"夫兵者,所以誅暴亂,禁不義也。"(武議)①全書在吏治上強調"内有其賢"、"舉賢任能",政治上主張"明法審令",反對酷刑逼供,又強調"貴功養勞",具有突出的法制觀念;又提出"親民"、"任地",具有明確的民本思想。特別值得關注的是反對在政治軍事活動中看重"天官時日、陰陽向背",否定卜筮的作用,具有唯物主義思想因素。比起先秦其他幾部軍事著作來,思想開闊,顯示出一種進步的軍事觀念和政治觀念,有些論述在今日仍閃耀着思想的光輝。

　　其後期的著作順應當時統一戰略中面對的現實,自然在思想觀念上有所調整。孟子説"春秋無義戰",而至戰國之時各國間的戰爭更頻繁。所以孟子提出"一天下"的主張。統一全國並施行"仁政",可以説是徹底消除戰亂,使社會趨於安定、能够正常發展、老百姓獲得安樂的唯一道路,但是,各國都希望自己的國家能保留下來,尤其處於七雄東、西、南三個周邊地帶有較大發展餘地的齊、秦、楚三國,都希望由自己的國家統一天下。除了如蘇秦、張儀等朝秦暮楚的縱横之士以外,一些有思想,也有所堅守的上人,雖希望天下盡快統一,但面對故國的消亡又有一種不捨的傷感,在思想觀念和情感上有一個調整的過程。尉繚看到魏國衰亡之象和秦之統一天下已成定勢,便到了秦國,他應該是經過慎重考慮的。他對秦國自商鞅以來所實行的伍什相保制度加以肯定,提出"珍怪禁淫"和臣下"守法稽斷",主上"明法稽驗","明賞賚,嚴誅責"。尤其可貴的是他提出"夫謂治者,使民無私也"。"民無私則天下爲一家,而無私耕私織,共寒其寒,共飢其飢。故如有子十人,不加一飯;有子一人,不損一飯,焉有喧呼酖酒以敗

① 　序言引尉繚子原文,皆據張元濟輯續古逸叢書影印宋武經七書本,下同。

善類乎？"（治本）這不已體現着如禮記禮運所載孔子所説"大同"
社會轉變的思想嗎？孔子説："大道之行也，天下爲公，選賢與
能，講信修睦。故人不獨親其親，不獨子其子，使老有所終，壯有
所用，幼有所長……貨惡其棄於地也，不必藏於己；力惡其不出於
身也，不必爲己。"（禮記正義）二者之間，基本上是一致的，只是
孔子把它看作已經過去的一個理想社會，而尉繚是看作將來的一
個發展目標。當然，尉繚的思想也是一種空想，在當時的歷史條
件下是建不成這樣的社會的。但他將這種社會看作九州統一後
的發展目標，是十分了不起的。他不愧爲我國兩千多年前一位卓
越的思想家。

　　遺憾的是，從漢代至二十世紀末以至本世紀初，關於尉繚其
人與尉繚子其書，各種文獻中記載歧異，學者們的看法分歧之大，
在先秦諸子之中無有過之者。首先，關於尉繚是什麽時候的人，
是戰國中期的還是戰國之末的；是哪一國人，以及是一個人，還是
兩個人；是否如有的學者所説爲司馬錯，或宋鈃，或尹文，或尹文
弟子；他的生平大體怎樣，這些都有種種説法。其次，關於其書，
是一部書還是兩部書；今存尉繚子究竟是漢書藝文志中所説兵
書，還是雜家之書，還是"合編本"；如是兩部，爲一個人所著，還
是分別爲兩個人所著，所有這些，均無定論。對其人最突出的懷
疑説法，是本無其人；對其書最突出的懷疑説法，是後人擬作的
僞書。

　　一九七二年山東銀雀山西漢初年墓中出土了尉繚子的殘簡
六篇，僞書説銷聲匿跡了，被一些人疑爲虛無的尉繚其人也復活
了，只是關於作者生活年代及生平方面仍不清楚，關於其人、其書
看法上的不少分歧還在。

　　然而，當我們對有關材料進行認真研究，對相關歷史文獻進

行徹底地清理比較,將從古到近代並不矛盾的説法聯繫起來作整體分析,就會發現:尉繚這個人是六國末一位有思想、有政治遠見的傑出人物,他本名頓繚,爲西周時封國頓國舊貴族之後。頓國於春秋末年(周敬王十四年,前四九六)爲楚所滅,除王族被迫南遷外,其他同姓旁族成爲魏人,以"頓"爲氏。頓繚生活於魏昭王、安釐王、景湣王(即秦王政前期)時代。其晚年入秦以後,秦始皇任命爲國尉,後人遂稱之爲"尉繚"。尉繚子一書是尉繚不同時期著作的結集。

史記秦始皇本紀記秦始皇十年免吕不韋相國之職以後説:

大索,逐客。李斯上書説,乃止逐客令。……大梁人尉繚來,説秦王曰:"以秦之彊,諸侯譬如郡縣之君,臣但恐諸侯合從,翕而出不意,此乃智伯、夫差、湣王之所亡也。願大王毋愛財物,賂其豪臣,以亂其謀,不過亡三十萬金,則諸侯可盡。"秦王從其計。見尉繚亢禮,衣服食飲與繚同。繚曰:"秦王爲人,蜂準,長目,摯鳥膺,豺聲,少恩而虎狼心,居約易出人下,得志亦輕食人。我布衣,然見我常身自下我。誠秦王得志於天下,天下皆爲虜矣。不可與久遊。"乃亡去。秦王覺,固止,以爲秦國尉,卒用其計策,而李斯用事。

我以爲尉繚子一書的作者即此尉繚,六國之末人。

同時,我以爲尉繚即戰國策中説的頓弱。戰國策秦策四秦王欲見頓弱云:

秦王欲見頓弱,頓弱曰:"臣之義不參拜,王能使臣無拜,即可矣。不,即不見也。"秦王許之。於是頓子曰……秦王悖然而怒。

頓弱曰:"山東戰國有六,威不掩於山東,而掩於母,臣竊爲大王不取也。"秦王曰:"山東之戰國可兼與?"頓子曰:"韓,天下之咽喉;魏,天下之胸腹。王資臣萬金而遊,聽之韓、魏,入其社稷之臣於秦,即韓、魏從。韓、魏從,而天下可圖也。"秦王曰:"寡人之國貧,恐不能給也。"頓子曰:"天下未嘗無事也,非從即橫也。橫成,則秦帝;從成,即楚王。秦帝,即以天下恭養;楚王,即王雖有萬金,弗得私也。"秦王曰:"善。"乃資萬金,使東遊韓、魏,入其將相。北遊於燕、趙,而殺李牧。齊王入朝,四國必從,頓子之說也。

讀之,即知兩書所記爲同一事。

第一,戰國策中所記頓弱要求見秦王時不參拜,秦王許之,正是秦始皇本紀中所寫秦王"見尉繚亢禮,衣服飲食與繚同"的根源,也因此才有尉繚怕被殺而逃走之事。

第二,兩書所載向秦王陳辭,雖詳略不同,但可看出其相同點:秦始皇本紀言"願大王毋愛其財","賂其豪臣,以亂其謀,不過亡三十萬金";秦策中言"資臣萬金而遊,聽之韓、魏,入其社稷之臣於秦"。兩篇之異只在詳略不同、各有側重而已。

第三,頓弱同尉繚之別,"頓"爲姓氏,"尉"爲官名。因秦以其爲國尉,是頓繚最後之職務,故秦人稱之爲尉繚,漢以後亦因之而稱之爲"尉繚",猶衛鞅之稱作商鞅(秦封之爲商君)。

第四,"繚"字在先秦之時與"弱"音相近,故有的文獻中寫作"弱"。二字在先秦古韻中均屬宵部。其聲母"繚"在來母,"弱"在日母,來母之字與日母之字通借之例古多有之。如山海經海外北經"柔利國",一云"留利之國"(袁珂山海經校注);尚書盤庚上"無弱孤有幼"(尚書正義);漢石經"弱"作"流";戰國策魏策三"秦繞舞陽之北",漢帛書本"繞"作"繚"。"流"、"留"、"繚"與"弱"、"柔"、"繞"通借,說明當時某些方音中"繚"與"弱"同音,則頓弱即頓繚。

我們弄清楚了尉繚在上古文獻中的另一寫法,將他見於先秦史料的時間提前,而且對他生平的考察可以有更寬的範圍,對他的身世可以有更多的瞭解,而且進一步證明:尉繚是六國末年人。其實清代學者沈欽韓在其漢書疏證中已言:"頓弱與尉繚乃一人,記異耳。"唯缺乏嚴密的論證而已。

尉繚子第一篇天官開頭即爲梁王問尉繚子,"尉繚子對曰"之語,史記秦始皇本紀也明言"大梁人尉繚",其爲魏人無疑。左傳僖公二十三年:"秋,楚得臣帥師伐陳,遂取焦夷,城頓而還。"又春秋僖公二十五年:"秋,楚人圍陳,納頓子於頓。"清顧棟高春秋大事表引或曰:"頓國本在今縣北三十里,頓子迫於陳而奔楚,自頓南徙,故曰南頓。"頓國之地本在今河南省東北部,當濮陽以北。詩經衛風氓:"送子涉淇,至於頓丘。"頓丘即頓國所在地。因黃河下游常有水患,城邑多建於山丘,如商丘、帝丘等名皆由此而來。

頓繚之生,上據頓國之亡不足二百年。從家庭傳統來説,他具有回顧歷史,從政治、軍事等方面考慮如何强國的意識與條件,這同其關注政治、研究軍事、成就了一部在思想上超越前代的軍事著作的經歷相符。

戰國之時一般遊説之士也有出身低微者,但究心於兵法者多爲舊貴族出身。因爲無論怎樣,舊貴族總希望自己的國家長存,祖宗之禋祀不絶,形成了一種傳統的觀念。史記中載:"司馬穰苴者,田完之苗裔也。""商君者,衛之諸庶孽子也。"即其例。

因尉繚之"尉"爲秦官名,本名繚,其姓氏被淡忘,故早期文獻中有作"繚子"者,又同音誤爲"料子"。尸子廣澤篇説:"墨子貴兼,孔子貴公,皇子貴衷,田子貴均,列子貴虛,料子貴別囿。""囿"通"宥",寬也,引申爲寬泛無別。"別宥"即言要明確地區分辨別事情的各方面,要有正誤、善惡、是非及其程度之分。吕氏春秋去宥篇云:"夫人有所宥者,固以晝爲昏,以白爲黑,以堯爲桀。宥之爲敗亦大矣……故凡人必別宥然後知,別宥則能全其天矣。"此"宥"即指不辨晝夜，顛倒黑白，不分善惡，混淆是非。這是從哲學、邏輯學的角度提出的一種政治觀念，體現出法治、禮制思想。"料子"即"繚子"，也即尉繚子。梁啓超疑料子即尹文或其弟子，顧實以爲是宋鈃，均非是。楊樹達漢書管窺引梁玉繩之說："尉繚子即尸子所謂'料子貴別'者也。""貴別"、"貴別囿"意思相同，都體現着法家思想，這與尉繚子的思想一致。

由上文的論述已知尉繚爲戰國末年人。史書中言"六國時人"，實指戰國之末，因爲至戰國中期大小諸侯國尚有十多個，且秦滅六國也用了十個年頭，而將最後一國——齊滅後十五年，秦也就亡了，故司馬遷史記六國年表即包括秦在內。

我考證尉繚生於魏襄王十八年（前三〇一）前後，卒於秦王政十三年（前二三四）以後的數年間，大約就在魏景湣王去世（前二二八）前後。因爲尉繚在秦王政十年入秦，得爲國尉，此後幾年中秦魏間無事，秦王政十二年秦還助魏攻楚。但至秦王政十六年（前二三一）魏向秦獻麗邑，韓向秦獻南陽，似尉繚已不能完全保護魏國的利益。不過，此後五年秦亦未攻魏，而至秦王政二十二年（前二二五），王賁攻大梁，決河水灌大梁城，魏王假出降，魏亡。此時尉繚可能已卒。

關於學者們都提到的尉繚子一書開頭"梁惠王問尉繚"一句的問題。全書提到"梁惠王"只此一處，我以爲原文本作"梁王"，是後人誤加了"惠"字。

首先，古代文獻在印刷術發明之前長期傳抄，誤增"惠"字的可能性很大。孟子爲儒家重要的經典，人皆熟讀之，其第一篇開頭即作"孟子見梁惠王，王曰"云云，尉繚子開頭的行文方式與此完全一樣，而且孟子中此篇的篇名也叫"梁惠王"，分兩卷："梁惠王上"，"梁惠王下"。人們常讀、常說"梁惠王"，無形中抄爲"梁惠王"的可能性存在；或者有人以爲魏國只有梁惠王親近文士，文人多向他進言,以爲原文缺“惠”字而補上的可能性也有。

其次,戰國策中只有魏惠王稱作“梁王”,也可能是有的學者依戰國策之例補“惠”字。但並没有注意到,史記中只有魏安釐王才稱“梁王”,其他如魏惠王作“梁惠王”,魏襄王作“梁襄王”,謚號是不省的。尉繚子一書之編定應在西漢時,其義例應與史記相同,“梁王”是指梁安釐王。這裏當是有自認爲博學者依戰國策之例而妄加了“惠”字。

再次,從社會環境方面來説,尉繚也不可能是魏惠王之時人。魏惠王雄才大略,是魏國在魏文侯之後最有作爲的君主。魏惠王在魏文侯之後進一步實行改革,國力也進一步强大。楊寬戰國史列出其重要舉措:(一)興修水利,開發川澤;(二)開創選拔“武卒制度”;(三)加强防備和控制交通。魏國都城原在安邑,地處河東,受秦、趙、韓三國包圍,只有上黨山區有一綫地可以和河内交通,如果趙、韓聯合切斷上黨的交通綫,加上秦的進攻,形勢就岌岌可危。魏惠王繼位之第九年將都城由安邑遷於大梁,又與韓、趙二國調整交換土地,使魏在中原的土地連成一塊,造成有利的形勢。惠王在位三十六年,只有兩次戰敗。魯、宋、衛、韓之國君都曾入魏朝見魏惠王,魏惠王也曾分别同韓、趙、齊、宋、燕、秦之君相會。如果尉繚生活於惠王之時,不至於不被重用、很少見於史書記載;只因生活於昭王之後,當魏之晚期,才未能充分發揮其才略。

總之,尉繚子開頭本作“梁王”,尉繚子非梁惠王時人。很多學者只糾結於這一個字,或堅持爲“魏惠王時人”、“戰國中期人”,或言有兩個尉繚,都是膠柱鼓瑟。由於一個字,在尉繚和尉繚子一書的研究中形成如此多的混亂,一兩千年中無法解脱,真是令人歎息!

尉繚子一書中前面關於軍事的十篇（前九篇和第十二篇），主要成於魏安釐王中期以前，即尉繚的年齡在二十五歲上下至五十五歲上下時。這些篇章是根據魏國的現實狀況，對安釐王進行勸導與建議，也是對昭王、安釐王時期政治、軍事各方面教訓的反省。七雄之中，除處於四邊的秦、楚、齊、燕少腹背受敵之危險外，中原幾國中，魏最强大，這同魏文侯任用李悝最早實行變法改革有關，也同魏惠王的一系列舉措有關。尉繚子書中所説“車不發軔，甲不出囊而威治天下”、“舉賢任能，不時日而事利”、“凡兵，有以道勝，有以威勝，有以力勝”、“不戰而勝，善之善者也”等等，應都是對魏惠王時一些政治、軍事活動的總結與理論化；其中，有些論述也寫進針對昭王、安釐王的一些做法和由國家衰敗之勢而想到的舉措中。

尉繚子中在魏國時的論著，不是短期内完成的，僅就軍事部分的主要内容而言，也應經過了較長時間。

尉繚子一書，其内容以兵家爲主，但它是聯繫到國家的政治、經濟、民生來談的，既體現出儒家仁義的思想，也體現出法制思想，這些都同尉繚所處的社會環境、他的經歷及他寫這些東西的目的有關。漢書藝文志中分列兩處，而且卷數不一，説明秦漢之時並非同一抄本，且各有側重。

聯繫全書看尉繚的生平，可以分爲四個階段：

第一階段：魏昭王（前二九五—前二七七）時代，即從其幼兒時至二十五歲前後。魏昭王在位十九年，其中十四年魏國有大的戰爭，最慘重的一次爲與韓軍同秦作戰，被秦共斬二十四萬，魏犧牲兵將應在十二萬上下，結果是十分慘重的。其失地最突出一次，被秦軍攻下六十一城，已去亡國不遠。這期間主要是魏同秦的戰爭，齊、韓、魏也曾聯合攻秦，至函谷關，秦歸還韓、魏之地求和；趙、齊、楚、魏、韓五國也曾聯合攻秦，使秦歸還趙、魏之地以求和。然而趙、魏之間也幾次開戰，後來趙決河水以淹魏都。這種混戰的情形在戰國之時普遍存在。魏國在不斷受到打擊的情況下，首先有一個自存問題。尉繚處於如此社會環境之中，無論是聽人講說，還是親眼所見，總會留下難以忘卻的記憶。這應是舊貴族出身的頓繚學習兵法的動因。

魏國地處中原，人才衆多，但文侯之後的國君，鮮有善於用人者，在魏惠王時也流失了一些有爲之人。衛鞅爲魏人，曾事魏相公叔痤爲中庶子，未得大用，聞秦孝公求賢而至秦，在秦實行變法，奠定秦統一六國的基礎；公孫衍（犀首）爲魏人，至秦，“佩五國之相印，爲約長”（史記張儀列傳）；范雎是魏國人，“欲事魏王，家貧無以自資”（史記范雎列傳），魏昭王時曾隨從須賈使齊，齊襄王聞其口才，賜金十斤及牛酒，雎辭謝未受。即如此，回國後須賈將此告知魏相，魏相使人笞擊范雎，使折脅摺齒。雎詐死，被置之廁中得免一死，以計出，化名張禄至秦。秦昭王“乃拜范雎爲客卿，謀兵事。卒聽范雎謀，使五大夫綰伐魏，拔懷。後二歲，拔邢丘”（同上）。魏之能人而對魏有如此大的怨恨，是魏國的用人環境所造成的。

尉繚作爲没落貴族之後，二十歲行冠禮之後，應該有過一段從事低級官吏以見習政事的經歷。在戰國時代，純粹的文人學士、一天只知讀書吟詩者是没有的。但魏昭王是晦而不昭，尉繚即使出仕，也未必能得到重視。

第二個階段：安釐王元年（前二七六）至二十六年（前二五一）。在尉繚約二十六歲時，昭王卒，安釐王繼位。一般來說，新君繼位總會起用一些新人，這就會給尉繚帶來一點機會。史記魏公子列傳言：“是時范雎亡魏相秦，以怨魏齊故，秦兵圍大梁，破魏華陽下軍，走芒卯。魏王及公子患之。”安釐王即位後封其異母弟無忌爲信陵君。信陵君招賢納士以求安國之方，尉繚作爲一個有思想、有學養的人，毫無疑問，會與信陵君往來，以求能發揮作用。

　　我以爲尉繚之開始著兵書，是在這一時期。安釐王有時也還能任用賢能，如其初期對信陵君的充分信任，及在其三十年之時，雖然信陵有竊符救趙之事，但也能迎之以歸，請其主軍。戰國策魏策中也反映出他對一些臣僚名士的諮詢事例。從尉繚子中天官、制談、武議、將理幾篇的行文語氣看，當是尉繚向魏安釐王面陳有關政治、軍事問題的文字。就信陵君無忌而言，在這段時間也是比較如意的。後來安釐王由於"畏公子之賢能，不敢任公子以國政"（史記魏公子列傳）。在這種情況下，尉繚以其身份及政治、軍事上的水準，得到安釐王重用的可能性也是存在的。

　　這一階段是尉繚著述時間最長的一段。尉繚總結魏國的歷史經驗教訓，根據當時魏國的形勢，論國家安全守衛的一些篇章應完成於這一時期。這是尉繚子一書中的主要内容。其時尉繚的年齡約在二十六歲至五十四歲之間。

　　這個階段中，安釐王能力不強，信陵君在開頭一段手下能人少，作用有限，後來能發揮較大作用了，又因威信過高而不再被委以軍事重任，後又因竊符救趙之事而移居於趙，故魏國兵敗九次，失去與獻出至少十五城，後秦軍兵至大梁及圍大梁共兩次，均是魏向秦獻城得解。從尉繚子前九篇中多能看出魏國這一段的影子。兵談篇言："富治者，民不發軔，甲不暴出，①而威制天下，故曰：兵勝於朝廷。"制談篇言："損敵一人，而損我百人，此資敵而傷我甚焉。"作者希望避免的這種狀況，正反映出安釐王時的現實。武議云："夫提鼓揮枹，接兵角刃，君以武事成功者，臣以爲

---

　　①　"甲"原作"車"，據下文"不暴甲而勝者，主勝也"，當作"甲"。清光緒年湖北崇文書局子書百家本作"甲"，今據改。

非難也。”“視吉凶，觀星辰風雲之變，欲以成勝立功，臣以爲難。”這些不僅完全是對國君言説的語氣，内容上也同天官等明確爲魏國時的篇章一致。第三年秦拔四城，斬首四萬，秦破魏、韓之軍十五萬人。魏將段干子請王説：“以地事秦，譬猶抱薪救火，薪不盡，火不滅。”安釐王的回答是：“是則然也。雖然，事始已行，不可更矣。”（史記魏世家）他不是從怎樣用人、怎樣調動國内力量方面考慮，而是無奈地接受每一件走向滅亡的事實。

　　尉繚子中佔主體地位的前九篇，即天官、兵談、制談、戰威、攻權、守權、十二陵、武議、將理和第十二篇戰權，這些都非單純談戰略、戰術、領兵治軍、設計殲敵，而是聯繫如何治國言之，而且更側重於如何穩定自身、取信於民，特別强調國家“内有其賢”的思想。制談中説：“不能内有其賢，而欲有天下，必覆軍殺將。如此，雖戰勝而國益弱，得地而國益貧，由國中之制弊矣。”戰威説：“王國富民，霸國富士，僅存之國富大夫，亡國富倉府，所謂上滿下漏，患無所救。故曰：舉賢任能，不時日而事利；明法審令，不卜筮而事吉；貴功養勞，不禱祠而得福。”兵談主要是談建城治兵、用兵的問題，但其精神實質在於談内政，談治國、民政，有“民本”思想，其中説：“民流者親之，地不任者任之。”（“任”指開發利用）以上幾處都反映出以民爲本的治國理念。作者認爲只有民親國富，才能“威制天下”。十二陵爲在位者用人處事的格言，前十二句爲正面言之，後十二句從反面言之。後十句可以説是準確指出了魏國晚期高層存在的弊端，如説：“悔在於任疑。孽在於屠戮。偏在於多私。不祥在於惡聞己過。不度在於竭民財。不明在於受間。不實在於輕發。固陋在於離賢。禍在於好利。害在於親小人。”針對性十分明顯。

　　將理雖言將之理刑，但反映出當時普遍存在的逼供現象，尤其是嚴刑酷法。治軍、治民都存在如何使政治清明的問題。其中説:"笞人之背,灼人之脅,束人之指,而訊囚之情,雖國士,有不勝其酷而自誣矣。"論及"國士",分明已涉及軍隊以外。所以説,尉繚子雖然全篇從治軍出發言之,而處處及於整個治國中的問題,表現出作者對於國事的深切關懷。戰威講"因民所生而制之,因民所營而顯之。田禄之實,飲食之親,鄉里相勸,死生相救,兵役相從,此民之所勵也。使什伍如親戚,卒伯如朋友。止如堵牆,動如風雨;車不結轍,士不旋踵,此本戰之道也",都是由治軍的話題,來給一個不懂如何治國的君主講如何才能使國家安寧、不受侵犯的道理。

尉繚子多篇中體現出以仁爲本的道德觀念,也將增强兵將的持久戰鬥力同用兵者的誠信觀念結合起來。戰威中説:"未有不信其心而能得其力者,未有不得其力而能致其死戰者也。故國必有禮[信]親愛之義,①則可以飢易飽;國必有孝慈廉恥之俗,則可以死易生。"這裏將儒家的仁、義、慈、孝觀念引入其中,而且作爲一切的思想基礎。至於法家嚴於治衆的法制觀念,在書中也有充分體現,不用多説,只是在至秦國後所著各篇中更爲明顯。

尉繚子前半的很多篇是針對當時魏國現狀所寫解決問題的辦法,非泛泛而論,這是研究尉繚子必須要明白的。

尉繚生平的第三個階段爲信陵君返魏合五國之軍伐秦,至信陵君、安釐王先後死去這一年,即由安釐王三十年(前二四七)至三十四年(前二四三)。這段時間雖短,卻是尉繚得到軍事實踐機會的時期。信陵君由趙返魏後的前一兩年,應該是尉繚在軍事實踐上大展宏才的時期,不然,書中所收有八篇令文便無法作出合理的解釋。令文只能是在軍中任職時所作,如未任高級將官之職,則唯行令之責,無發令之權。先秦兵書孫子兵法、吳子、司馬

---

①　"信"字原脱,據湖北崇文書局子書百家本補。

法、孫臏兵法、六韜等書中,只有尉繚子中有令文。因爲以上幾種
書産生時間較早,可能在流傳中將一些應用性文獻分類編爲論文
的形式,而尉繚子一些文字創作後不久秦亡,漢人收集其原始文
本,照原文編成。從内容看,這八篇令的前四篇是在秦國任國尉
時期所作,後四篇經卒令、勒卒令、將令、踵軍令是信陵君合六國
之軍伐秦時所作。信陵君率五國之兵破秦之時,如果尉繚子未擔
任軍隊高級將官,即使擬過軍令,應該也是以信陵的名義發佈的。

　　後四篇令文思想觀念上與前四篇不同。前四篇不提賞,只言
罰,而且罰得極重,達到了十分殘酷的程度,後四篇則有賞有罰,
其懲罰也有一定限度。如經卒令中説:"鼓行交鬬,則前行進爲
犯難,後行退爲辱衆。① 踰五行而前者有賞,踰五行而後者有誅,
所以知進退先後,吏卒之功也。"關於本書中的"誅"字之義,有的
注本解釋、翻譯爲"懲罰",有的注本解釋、翻譯爲"殺"、"斬首"
均較隨意。我以爲凡"有誅"這種表述方式,往往同"有賞"對舉,
應爲懲罰之義。而"犯者誅"、"誅之"這種表述方式,則是斬殺之
義。其次,八篇兵令中的後四篇不僅是講對士兵的要求,也提出
對將領的要求。如勒卒令云:"夫蚤決先敵。若計不先定,慮不
蚤決,則進退不定,疑生必敗。"言決策之事。將令開頭也説:"將
軍受命,君必先謀於廟,行令於廷。"將作戰之前君王應怎樣慎重
謀慮的事也講到了。踵軍令則是講領軍者應知之理。這都與令
文的前四篇和全書的第十、第十一篇不同,而與前九篇及第十二
篇一致。

　　令文的後四篇在一些具體制度上也同令文前四篇和兵教、兵

---

　　① "退"原作"進",涉上句而誤也。看下文"踰五行而前者有賞,踰
五行而後者有誅"及"進退先後,吏卒之功也",當作"退"。湖北崇文書局
子書百家本作"退",今據改。

令相衝突，如經卒令説到對軍士佩徽章的要求，同兵教上所規定的完全不同。如果是同一國之軍隊，關於旗幟、徽章佩帶的要求不可能不一致。所以説後四篇是信陵君率六國之軍伐秦之時所作，而前四篇是入秦爲國尉時所作。看來在信陵君策劃聯合六國攻秦之活動中，尉繚是起到大作用的。當時在信陵君周圍一定還有一大批各方面能人提出各種建議，參與各種活動，但我們現在能看到的只有尉繚子這部書。

　　尉繚子一書中作於安釐王后期的篇章同作於安釐王前期的篇章，在思想内容上的不同處在於：後期的直接論軍隊組織、管理、行軍、作戰、獎懲，一般不涉及治國治民問題。同時，如戰威所言“凡兵有以道勝，有以威勝，有以力勝”，也不會是在秦國之後的話語，因爲秦要掃平六國，在當時而言並没有什麽“道”不“道”的問題，就是以力取勝。

　　史記魏世家載安釐王因與齊楚相約而攻韓時，秦救之之故，欲親秦而伐韓。信陵君無忌有一篇很長的説辭呈於安釐王，其中所反映的思想與尉繚子中十分相近（此事當在安釐王十一年之後的幾年中，因文中言“秦固有懷、茅、邢丘”。而秦取魏之懷在安釐王九年，取邢丘在安釐王十一年）。此篇説辭中指責秦國“貪戾好利無信，不識禮義德行，苟有利焉，不顧親戚兄弟”，“非有所施厚積德”，同尉繚子中戰威、武議所表現的仁德、誠信思想一致，對於當時各國形勢的分析，也十分透闢。這篇上書是否是由尉繚子代筆，難以肯定，但所表現出的思想與思維方法與尉繚子中前九篇、第十二篇戰權及八篇令文中的後四篇一致。又魏公子列傳中載有信陵君聽侯嬴之計矯魏王令，代晉鄙統領其軍之後有一令如下：“父子俱在軍中，父歸；兄弟俱在軍中，兄歸；獨子無兄弟，歸養。”十萬之軍，選定八萬人擊秦軍。這也完全同尉繚子中作於安釐王時的十四篇反映的治軍思想一致。這十四篇中强調在位者要重農、任地,使百姓安寧,老有所養,使軍隊無後顧之憂而有亡國之懼,能够死戰,與此是相同的。我以爲這些對於我們認識尉繚的經歷與思想也是有意義的。

秦國因魏信陵君率五國之兵逐秦軍至函谷關,大傷秦之鋭氣,乃行萬金,求晉鄙之舊門客在魏王面前多次詆毁信陵君,言"諸侯徒聞公子,不聞魏王","諸侯畏公子之威,方欲共立之"等,秦國並派人賀信陵君已立爲魏王。信陵君遂稱病不朝,四年後因自頽飲酒過度而亡。於是秦攻魏,拔二十城。同年安釐王亦卒。其子景湣王立。

尉繚生平的第四階段是從魏景湣王元年(前二四二)至秦王政二十年(前二二七)前後。景湣王在位十五年。其後的魏王假至第三年便亡國。值得注意的是,景湣王二年,魏參與了趙國龐煖所率五國攻秦的軍事行動,尉繚是否在這個軍事行動中起了作用不得而知。或者秦國也同樣會用離間之計使魏王對尉繚失去信任。此時尉繚實際上也應看到魏國已無回升之可能,且秦國的統一爲大勢所趨,故景湣王六年,即秦王政十年(前二三七),在吕不韋被免相之後,尉繚到了秦國。

尉繚在秦有論著是毫無疑問的,不然,書名不會叫"尉繚子",而是叫"頓繚"、"魏繚子"。他是因任秦之國尉而名留青史,才使人們忘卻了他的姓氏。

我以爲尉繚子一書中的原官、治本兩篇,重刑令、伍制令、分塞令、束伍令四篇令文和兵教(上、下)、兵令(上、下)共十篇,爲作者到秦國之後及任秦國尉時所著。

原官爲到秦國之後的著作,證據有四:(一)强調君主與臣下職責之異,幾次提到"主上"、"主"、"臣主";强調"守法稽斷,臣下之節","明法稽驗,主上之操";强調"審開塞,守一道,爲政之要","下達上通,至聰之聽",明顯具有君主集權的思想,這正是

國家統一過程中要不斷加强的治國方針。(二)其中説:"俎、豆
同制,天子之會也。遊説間諜無自入,正議之術也。諸侯有謹天
子之禮,君臣繼世,承王之命也。"當時周天子早已不存,這裏的
"天子"自然是適應秦始皇的思想而言;"諸侯"是因當時六國尚
存,藉以指天下統一之後天子之下主管一方之大臣;"遊説間諜
無自入",與後來秦國的焚書坑儒之舉雖有差異,而精神實質一
致。(三)其中"官無事治"同前所舉前九篇和第十二篇中主張官
勤於民事的思想不一致。其原因是在大一統之下,强調服從君
王,服從朝廷,不是不幹事,而是層層官吏政策上不能自作主張。
(四)"國無商賈"之語,與成於魏安釐王時之作明顯衝突。武議
云:"兵之所加者,農不離其田業,賈不離其肆宅。""夫出不足戰,
入不足守者,治之以市。市者,所以給戰守也。萬乘無千乘之助,
必有百乘之市。""視無見,聽無聞,由國無市也。夫市也者,百貨
之官也。"兩相比較,相互抵觸甚明。

　　該篇所提出的主張及論説方式均與天官等十篇不同,且有四
點相衝突,而與秦始皇初年政治、形勢相較,則完全契合。由以上
四點可以肯定,原官爲到秦國之後所作。

　　又原官篇的末尾説:"明舉上達,在王垂聽也。"很可能此篇
是尉繚初至秦的上秦王書。史記秦始皇本紀言"大梁人尉繚來,
説秦王曰",一個客卿想見國王,除有人引見之外,便是上書。秦
魏對立,尉繚之謀見秦王,以先上書的可能性爲大。

　　治本爲到秦國之後的著作,理由有三:(一)末尾一段説:"所
謂天子者四焉:一曰神明,二曰垂光,三曰洪叙,四曰無敵。此天
子之事也。"前面已説過,周天子已早就不存在,這裏言天子的不
同於常人,正是迎合正懷一氣掃六合的秦王而言。(二)文中説:
"民無私則天下爲一家。"言"天下爲一家",只可能是在秦始皇時
代。又説:"夫謂治者,使民無私也。"看前面戰威所講"國必有禮

信親愛之義”、“死喪之享”、“使什伍如親戚，卒伯如朋友”，將理所講“所聯之者，親戚兄弟也，其次婚姻也，其次知識故人也”，二者思想傾向完全不同，彼在強調親情關係，此在強調“天下無私”。（三）篇中言“非五穀無以充腹，非絲麻無以蓋形”，強調耕織與反對奢侈，是解決結束戰爭後如何安定老百姓，使天下如何避免騷亂的最普遍、最重要的一個策略。由此三點看，治本爲尉繚到秦之後的著作。

治本開頭是：“凡治人者何？曰……”這同天官的開頭一樣，是由問題引起下文。天官開頭是“梁惠王問尉繚子曰”，此則只有問題，而未點明問者之身份。我以爲原文當爲“秦王問尉繚曰”。因從秦國滅亡之後，秦始皇在各種史書、論著中都變爲暴君，連秦王朝也成了歷史上最暴虐而短命的王朝，編此書者爲淡化其爲秦國、爲秦王政出謀劃策之嫌而删去“秦王問”三字。秦王統一天下，首要的是“治人”問題，故秦王政見尉繚之後首先是問“凡治人者何”。

尉繚如果希望在秦王政的統一活動中發揮自己的能力，並盡可能減少魏國和其他幾國老百姓的災難，首先要秦王政對他的上書、談論認可、感興趣，所以，有一個對秦國的政治、軍事和對秦王政的政治作風和思想觀念瞭解的問題。當然，尉繚能見到秦王政而答其問，應同他的第一篇上書已引起秦王的興趣有關。

下文再説八篇令文中的前四篇。這四篇是尉繚任秦國尉之職後的令文。

重刑令説對於敗降之人“身戮家殘，去其籍，發其墳墓，暴其骨於市，男女公於官”。如果在安釐王前期，他不會提出這樣殘暴的做法。這只能是在秦國任國尉之後所寫。理由有二：（一）這是商鞅變法以後秦國形成的法制傳統，也與秦王政所主張的嚴刑酷法一致。（二）身爲國尉，職責在主管軍隊，不如此不能整頓軍風軍紀,也顯不出他所統領軍隊的新風紀。這就是説在其位者與旁觀者看問題的角度往往不同。

　　伍制令也是任國尉以後的東西。理由有二:(一)"軍中之制,五人爲伍,伍相保也;十人爲什,什相保也;五十人爲屬,屬相保也;百人爲閭,閭相保也。"無論伍、什、屬、閭之中哪一個,"有干令犯禁者,揭之,免於罪",如"知而弗揭",上一層官員亦有罪。這實際上是將秦國自商鞅開始實行的"伍什相保"連坐法用於治軍。(二)"父不得以私其子,兄不得以私其弟"之類,同樣與其前期著作中所體現的仁愛思想相抵觸,而同秦始皇時秦國的政策一致。

　　分塞令也明顯表現出嚴令重罰的思想:"非其百人而入者,伯誅之;伯不誅,與之同罪。"前面説過,"誅之"即"殺之"之義。前伍制令中説到"百人爲閭"(其長即伯);"吏自什已上,至左右將,上下皆相保也";"夫什伍相結,上下相聯,無有不得之姦,無有不揭之罪",均反映了這種情況。

　　束伍令言戰鬥中獎罰之法,同樣十分嚴峻兇殘。"亡伍不得伍,身死家殘"(死傷一伍而不能消滅敵人一伍,將吏要遭身死家殘之刑罰),"亡長不得長,身死家殘"。這都是由秦國的嚴刑酷法而來。

　　總之,重刑、伍制、分塞、束伍四篇爲尉繚在秦王政十年任秦國尉以後所作,可以肯定。

　　最後,列在卷五的兵教(上下)、兵令(上下)也應是這一時期的著作。兵教上説的"開疆土"、"成武德",兵教下説的"并兼廣大,以一其制度,則威加天下"之類,明顯是根據統一天下的思想論事,戰國時向其他任何一個國君論事,不會有這樣的觀念。

　　兵令上云:"戰國則以立威抗敵相圖,而不能廢兵也。"也是正欲吞併天下的秦王朝將領的口氣。

這裏附帶談一個問題，就是對兵令下末尾一段的理解。這段文字爲：

> 臣聞古之善用兵者，能殺卒之半，其次殺卒之十三，其下殺其十一。能殺其半者威加海内，殺十三者力加諸侯，殺十一者令行士卒。故曰百萬之衆不用命，不如萬人之鬭也。萬人之鬭〔不用命〕，①不如百人之奮也。

這是尉繚子一書中最受詬病的一段文字，學者們也常因這段話而否定全書。姚際恒古今僞書考於尉繚子條引此文，然後説：“教人以殺，垂之於書，尤堪痛恨，必焚其書然後可也。”張之洞書目答問中説：“鶡子、子華子皆僞書。尉繚子尤謬，不録。”這裏未言“僞”而言“尤謬”，也應是因該書中這段關於“殺士”的論述。

我以爲這是一個誤解。這裏的“能殺卒之半”是言能使一半士卒在戰場上忘死、拼死。尉繚子一書是特別重視激發士卒的戰鬭精神的。制談：“民非樂死而惡生也，號令明，法制審，故能使之前。”“聽臣之術，足使三軍之衆爲一死賊。”戰威：“未有不信其心而能得其力者，未有不得其力而能致其死戰者也。”兵教下：“兵有五致：爲將忘家，踰垠忘親，指敵忘身，必死則生，急勝爲下。”由這些看，其所説“殺卒之半”是言能使軍中一半人抱“必死”之心“死戰”，成一“死賊”。將領抱着死一半之心，士卒抱着必死之想去戰鬭，善用兵者不可能以死士卒之半爲目標。

漢書藝文志中所著録雜家二十九篇本與兵形勢三十一篇本，應爲不同彙編本，内容上、思想上應各有側重。看來尉繚子一書在西漢末年七略成書之時，篇數至少在三十二篇以上，也有可能在四十篇以上。

據以上論述可知，此書各篇雖未完全按時間排序，但同一時

---

① “不用命”三字原本脱，據湖北崇文書局子書百家本補。

期的著作大體在一起。今本尉繚子前十二篇爲一輯,因爲都是論文的形式,只有第十二篇戰權本應在第十篇原官、第十一篇治本之前,而被置於治本之後。八篇令爲一輯,前四篇和後四篇從時間上來説顛倒了,但每組中令文並未散亂。看來,今本尉繚子一書曾經重編,但大體在原來基礎上進行删减,並未完全散亂。

　　我們要弘揚祖國優秀文化遺産,要使中華民族勤勞、勇敢、仁愛、正義的精神進一步發揚光大,從而爲推動人類命運共同體的形成,爲世界和平、穩定發展做出貢獻。尉繚子中作於前期的各篇中所體現的以出師正義作爲投入戰争的前提,以保衛國家、抗擊侵略作爲領兵者的主要職責,體現出中國古代軍事思想的基本精神。武議中説:

　　　凡兵不攻無過之城,不殺無罪之人。夫殺人之父兄,利人之貨財,臣妾人之子女,此皆盜也。故兵者,所以誅暴亂、禁不義也。

戰威又説:"地所以養民也,城所以守地也,戰所以守城也。"可見,本書不是只講如何勝人、打勝仗,它還有一個大前提:"戰"只是用於守,用於抗擊侵略,不能無故侵犯他人、他國。

　　其在秦國時所成各篇,放在當時的歷史條件下來看,強調統一,強調在統一國家中一切服從中央,反對各級官史的任意妄爲,也是有一定意義的。可以説,在秦王朝統一的過程中,在軍事作爲與思想文化建設中,除了韓非、李斯之外,尉繚也是做出貢獻的人物。他同韓非一樣,是戰國末年傑出的思想家,應該對其著作、其思想作深入的研究。

　　一九七七年的文物雜誌上刊出了在山東銀雀山出土的漢簡尉繚子,引起了一番熱烈討論,但學者們的看法分歧很大,引起我的思考。一九七九年八月我買到當年所出版的華陸綜尉繚子注譯，讀之而未能盡去其疑。一九八一年前後我正在撰寫關於屈原生平的論文，讀了大量有關戰國末年歷史文化的典籍，覺得尉繚子應爲戰國末期至秦初之人，只是因忙於他事，一直未能撰文。時間過了三十多年，許富宏同志在完成有關鬼谷子的幾本書和慎子集校集注之後，又承擔起尉繚子校注的工作，發來初稿徵求意見，這促使我撰成五萬來字的尉繚與尉繚子考論一文，刊於復旦大學中國文學研究第三十一輯（二〇一八年九月），等於我們師生二人從不同角度來共同研究尉繚與尉繚子，只是富宏側重於文本的注釋，我側重於作者與該書宏觀上的一些問題。但事情不是絕對的，這二者之間本有密切的聯繫。我也談了些對於個別字詞注釋的意見，富宏同志的注釋説明中對我的説法也作了某些補充論證，如從音韻的方面補充論證了尉繚子就是頓弱；運用音韻計量法，説明尉繚子前十二篇談軍事理論的篇章與後十二篇談軍事條令的篇章，在用韻上高度一致，没有明顯的區别，進一步證明前十二篇與後十二篇屬於同一人所作。有的地方他也談了自己的看法，如以爲尉繚子曾向秦始皇獻“賂其豪臣”之策，並有遊説之行，算是戰國晚期的縱橫家，所以前人或稱其爲“鬼谷子弟子”也有一定道理等。富宏同志這個校注本廣泛吸收前賢之作，在詞語的解釋上也多有探索；更多的是引用古代兵書以作申説，有所創獲，可以説是反映尉繚子最新水準的一本書，定會引起學術界的關注。

　　富宏同志的尉繚子校注定稿之後，要我作序，因而概括多年的研究述之如上。本來還有些想法，但一時難以理清，只能有待來日。以上所論，希望得到學界朋友的批評指正！

　　　　　　　　　　二〇二〇年十月三十一日於滋蘭齋

前　言

　　尉繚子,漢書藝文志著録兩種,分列雜家與兵家,七録、隋書經籍志、新舊唐志皆有著録。唐初的群書治要中有節選,藝文類聚中亦有徵引,太平御覽中亦有節録。宋代編入武經七書之中,作爲武學經典之一,受到人們的高度重視,也對治國理政、防敵强軍發揮過重要的指導作用。後世流傳之本皆從武經七書,尉繚子單篇亡佚,不再别行。明清時期,尉繚子刻版刊行鼎盛,注釋評點之風盛行。民國時期疑古之風盛行,尉繚子幾被認爲僞書。二十世紀七十年代,銀雀山漢墓出土尉繚子,内容與今本多篇相合,僞書之説不攻自破。今傳本爲一書,二十四篇。在漫長的歷史長河中,尉繚子雖經宋人部分加工,但仍不失爲淵源有自且保存相對完整的先秦古籍,然至今該書仍缺少權威的整理本,隨着時代的發展,歷代人們對尉繚子研究積累了不少優秀成果,也需要做一個總結,基於此,筆者廣泛搜集有關資料,撰成尉繚子校注,在總結前人有關資料的基礎上,提出一些個人的看法,以便進一步研究與利用。

一、尉繚子其人

　　關於尉繚子,學術界有人認爲有兩個尉繚子。清閻若璩潛邱劍記卷六：“始皇本紀：十年，止逐客令。大梁人尉繚來，説秦王毋愛財物，賂其豪臣，以亂其謀，不過二三十萬金，則諸侯可盡。説者謂秦并天下，止二策：范雎創謀遠交近攻於前，尉繚收功於賂其豪臣以亂其謀於後。史記凡一百七十一字，如何通鑑概削不載？或曰得毋以梁惠王時有尉繚子，此爲重出乎？不知前後各一人也。漢志尉繚，一見雜家，一見兵家，亦二人也。”主兩人説者，以爲一是梁惠王時尉繚子，依據爲尉繚子書之第一篇天官開篇一句，其曰“梁惠王問尉繚子曰”云云。其二云秦王政時尉繚。依據是史記秦始皇本紀云，秦王政十年（前二三五），“大梁人尉繚來，説秦王曰：‘以秦之彊，諸侯譬如郡縣之君，臣但恐諸侯合從，翕而出不意，此乃智伯、夫差、湣王之所以亡也。願大王毋愛財物，賂其豪臣，以亂其謀，不過亡三十萬金，則諸侯可盡。’秦王從其計”。錢穆先秦諸子繫年認爲尉繚非爲二人，僅有秦王政時尉繚。其列有四證，一曰：“據史記始皇本紀，大梁人尉繚來説秦王，在始皇十年，而今傳尉繚書有‘梁惠王問’，年世不相及。”二曰：“漢志如齊孫子、吳孫子，所以別同名之嫌。若尉繚係兩人，則亦應書秦尉繚、梁尉繚也。”三曰：“漢志雜家稱尉繚子，官本、南雍本、閩本‘尉繚’下無‘子’字，與雜、兵家稱尉繚同。”則漢志雜家、兵家尉繚亦爲同一人作，歷史上並無二人。四曰：“劉向別録：繚爲商君學。商君於惠王早年入秦，今云繚爲其學，亦知其非見梁惠王。”其意爲商君在梁惠王早年入秦，早就不在魏，而尉繚直至秦王政十年才從大梁來，彼時商君去世已久，無緣得見商君，故不可能是梁惠王時尉繚。故其得出結論曰：“若是，則秦有尉繚，豈得魏亦有尉繚，而秦之尉繚，又係魏之大梁人？以此言之，知非二人矣。”

　　錢氏所云近乎其理，但其證據與推理仍然未能徹底解決人們心頭的疑惑。這裏作補充申説。

　　研究尉繚子,必須首先解決尉繚子是一個人還是兩個人的問題。竊以爲解決這個問題則必先從漢書藝文志所載的兩本書論起,即尉繚子是一本書還是兩本書的問題。過去對這個問題也有不少議論,但大都是從文獻流傳的角度來論,也就是從尉繚子書的外部來論,這不能説服人。今從音韻學出發,從尉繚子書的内部做出嘗試,尋找突破口。

　　尉繚子書從文體上看可以分爲前十二篇與後十二篇兩部分,前十二篇爲專論,主要内容是兵學思想;後十二篇爲條令,主要内容是軍事組織、獎懲等法令。前後兩部分文體不同,内容也有很大區別,故有人懷疑原來確實有兩種尉繚子。又由於漢書藝文志載有兩種尉繚子,故有人懷疑今本有可能是雜家與兵家的合編本。然則實際情況到底如何呢?

　　先秦兵書皆有韻。自從人類產生起,戰爭就無時無刻不存在着,在長期的歷史發展中,人們總結出一些作戰技巧與方法,這些歷史經驗或教訓保存下來,就是兵法,因此,戰爭也是有理論、有規律的。爲了贏得戰爭的勝利,指揮作戰的主帥務必懂得兵法,否則不可能取勝。而指揮作戰的中下層軍官,也必須懂得一些作戰理論,也即兵法。中下層軍官多出於草莽,本身文化水平有限,如道理深邃,則無法理解,達不到指揮作戰的目的。若文字有韻,則易於記誦,故早期兵法多用韻,孫子兵法即如此,尉繚子當亦如此,只是由於宋人將武經七書原文作了刪減,重新編輯,導致今日所見尉繚子不是戰國時原貌,在判斷其音韻特徵方面變得複雜了,也增加了難度。從群書治要保存的片斷與今本對比來看,改動其實也並不大,一些虛詞與内容重複之處刪改是有的,但主要内容並未見有根本性的改變。而群書治要本身也是摘抄而成,這種摘抄很難説没有改動之處,所以群書治要本尉繚子也並不一定是尉繚子原貌。今見尉繚子中仍然保留了用韻的一些真實的情況。我們認爲即便宋人有改動,也是有限的,原文不可能大改,其用韻情況也不是毫無規律可尋。這是我們分析該書用韻情況的基礎。

如兵談篇:"兵起,非可以忿也,見勝則興,不見勝則止。患在百里之内,不起一日之師;患在千里之内,不起一月之師;患在四海之内,不起一歲之師。"首句韻字爲"起"、"止",皆爲之部上聲,"忿"、"興"二字,韻也相近可通。忿爲文[ən]部上聲,興爲蒸[əŋ]部平聲,主元音相同,皆爲陽聲韻,可通轉。師、師、師,内、内、内,皆押韻。

制談:"損敵一人,而損我百人,此資敵而傷我甚焉,世將不能禁。征役分軍而逃歸,或臨戰自北,則逃傷甚焉,世將不能禁。殺人於百步之外者,弓矢也;殺人於五十步之内者,矛戟也。將已鼓而士卒相囂,拗矢折矛抱戟,利後發,戰有此數者,内自敗也,世將不能禁。士失什伍,車失偏列,奇兵捐將而走,大衆亦走,世將不能禁。夫將能禁此四者,則高山陵之,深水絶之,堅陳犯之。不能禁此四者,猶亡舟楫絶江河,不可得也。"此段中主要採用句尾韻,如"世將不能禁"之"禁",其中還夾雜句中韻,如"此資敵而傷我甚焉"、"則逃傷甚焉"之"甚","損敵一人,而損我百人"之"人","奇兵捐將而走,大衆亦走"之"走",亦皆爲韻字。

今本尉繚子自"重刑令第十三"至"兵令下第二十四"皆爲軍事條令,語句簡短,實用性强,更講求用韻。

如重刑令曰:"將自千人以上,有戰而北,守而降,離地逃衆,命曰國賊;身戮家殘,去其籍,發其墳墓,暴其骨於市,男女公於官。自百人已上,有戰而北,守而降,離地逃衆,命曰軍賊;身死家殘,男女公於官。使民内畏重刑,則外輕敵。故先王明制度於前,重威刑於後,刑重則内畏,内畏則外堅矣。"此段文字中,殘、官、殘、官、前皆爲元部字相押,賊、賊爲職部。此爲句尾韻。"守而降,離地逃衆”中之“降”、“衆”皆爲冬部平聲,也是押韻;“去其籍,發其墳墓”中“籍”、“墓”爲鐸部入聲。此類屬句中韻。

又如伍制令:“伍有干令犯禁者,揭之免於罪,知而弗揭,全伍有誅。什有干令犯禁者,揭之免於罪,知而弗揭,全什有誅。屬有干令犯禁者,揭之免於罪,知而弗揭,全屬有誅。閭有干令犯禁者,揭之免於罪,知而弗揭,全閭有誅。”其中禁、罪、揭、誅四個字重複用韻,十分齊整。

又如兵教上:“伍長教成,合之什長。什長教成,合之卒長。卒長教成,合之伯長。伯長教成,合之兵尉。兵尉教成,合之裨將。裨將教成,合之大將。大將教之,陳於中野。”這裏的用韻也是很有規律的。其他各篇皆用韻,不例舉。

在不考慮虛詞(例如句尾“之”字)的情況下,對尉繚子各篇用韻情況做出了清理與統計。考慮到問題所需,今將尉繚子全書分爲前十二篇與後十二篇,前十二篇用韻情況及統計結果見表一,後十二篇用韻情況及統計結果見表二:

(表一)

	天官	兵談	制談	戰威	攻權	守權	十二陵	武議	將理	原官	治本	戰權	合計
之	5	5	6	6	6	3	4	9	3		17	1	65
職	1	2	2	1	10	1	2	2			2	2	25
蒸	2	14	4	6	8			1				1	36
幽			1	2	4	5		7				2	21
覺				1							3		4
冬			6		1								7
宵			1				2	2		2			7
藥					2			1					3
侯	5	1	5	6			1	3	4	1	1		27
屋		2		2				1		1	1		7
東			4		1			3		4		1	13
魚		4	1	6	1	3		13	2		3	1	34
鐸			2					4	1	2	1		10

續表

	天官	兵談	制談	戰威	攻權	守權	十二陵	武議	將理	原官	治本	戰權	合計
陽		1	7	6	6	3		10			2	1	36
支	2			2									4
錫	1		1								1		3
耕		2	5	4	4	8	1	9	5	3	5	1	47
歌	1		1	2			1	2			1	2	10
月		1	6	4	2		1	4		6	2	1	27
元	2	1	10	11	5	4	3	24	3	3	5	5	76
脂	1	3		2	2		1	2					11
質			4	7	2		1	5			1	1	21
真	2	4	6	7	4		3	8	4		3	2	43
微				3	2			2			6		13
物		3	2	2	2	2	1	3			3	2	20
文	1	1	1	5	1	2		8		2	2	6	29
緝			2		2	1		3					8
侵			6	1	5	2		2					16
葉				3				1	1				5
談			1		1	1		4					7

（表二）

	重刑令	伍制令	分塞令	束伍令	經卒令	勒卒令	將令	踵軍令	兵教上	兵教下	兵令上	兵令下	合計
之		1			4	8		11	6	6	3	3	42
職	2	1						6	3	4	1	3	20
蒸						4		1			2	3	10
幽		4	2		1					7		1	15
覺					1					2			3
冬	4				1			1			3		9
宵										4			4
藥													0
侯		4	5		4	5	6	2	3			4	33
屋											1		1
東					3	2				7	2	4	18
魚			3	4	4	9		2	6	12	2		42
鐸	2									2			4
陽	2	2	4	16	11			5	15	2	10		67

續表

	重刑令	伍制令	分塞令	束伍令	經卒令	勒卒令	將令	踵軍令	兵教上	兵教下	兵令上	兵令下	合計
支						2				1	2		5
錫						2				2	3	4	11
耕			1		2	7	2		9	6	2	2	31
歌			3					2	3	4	2	1	15
月	2	4			4				4	5	6	7	32
元	5	2	1	2				2	3	4	3	2	24
脂		2								3	2	2	9
質					1					1	4	10	16
真	1				3				4	6	2	1	17
微		7			1				7	1	1	7	24
物					2			1	1		2	4	10
文			2		1			2	2	8		2	17
緝								2			1		3
侵		4						1	3			2	10
葉						1		3	1	1		2	8
談												3	3

　　前十二篇主要言兵學理論,後十二篇主要言軍事條令,内容迥異,但從表一、表二的用韻情況看,並無多大差別。從前、後各十二篇的用韻情況看,有以下幾個特徵:第一,各篇皆有韻,各自均有韻部,只是由於篇幅長短與内容不同而有差別。第二,前十二篇涉及三十個韻部,後十二篇涉及二十九個韻部,高度接近。第三,韻部最多的前十一部幾乎完全相同,分别爲:前十二篇爲元、之、耕、真、蒸、陽、魚、文、月、侯、職部,後十二篇爲陽、之、魚、侯、月、耕、元、微、職、文、真部。其中前十二篇"蒸"部使用次數排名靠前,後十二篇"微"部使用次數排名靠前。此例之外,其餘韻部皆相同。如果按使用頻率排名前七的韻部看,前十二篇分别爲元、之、耕、真、蒸、陽、魚,後十二篇分别爲陽、之、魚、侯、月、耕、元,也僅小有差異。其中之、耕、陽、魚、元五部出現頻率在前十二篇與後十二篇中皆名列前茅。由於前十二篇出現較多的真耕合

韻,故"真"部在前十二篇出現頻率高於後十二篇。後十二篇出現較多的月葉合韻、魚月合韻,故"月"部在後十二篇出現頻率高於前十二篇。考慮到前十二篇與後十二篇文章的内容與體例皆有不同,韻部使用也不可能完全一致,因此,可以説,尉繚子前十二篇與後十二篇的用韻情況相一致。

通過對今本尉繚子韻部的統計,可以得出如下幾個基本結論:

第一,今本尉繚子不可能爲兩個人所作,而只能爲一人所爲。因爲如果存在魏國尉繚子的話,其與秦國尉繚子不生於同一個時代,也不是同一個國家,其語言不可能完全一致,表現在其著作中,用韻也不可能如此一致。

第二,今本尉繚子也不可能爲兩種不同的書合編。尉繚子前十二篇與後十二篇用韻高度一致,可以推斷今本原來也應該是一本書,而不可能是兩本書的合編,因爲即便同一人所寫兩書,但由於内容與文體不同,兩部書的用韻也不能如此高度一致。這一點也被銀雀山漢墓出土的尉繚子兵令篇(今本見於後十二篇)與兵談、攻權、守權、將理、原官(今本見於前十二篇)同時出土相印證。又,群書治要中節選尉繚子中也有兵令篇,更可見今本不是兵家尉繚子與雜家尉繚子的混編,因爲群書治要成書於唐初,宋代編武經七書的人只可能繼承。

第三,今本尉繚子爲兵家,非雜家。既然今本尉繚子前十二篇與後十二篇用韻高度一致,原是一書,那麼就其内容與文體來看,只能是兵書。就内容看,前十二篇談兵學思想,涉及戰爭中人的主觀能動性發揮、國家軍事制度的設計、國家綜合國力的建設等,偏於軍事理論;後十二篇主要是軍事條令,偏於實戰。在先秦時期,雜家也談軍事。吕氏春秋被視爲雜家代表,其中季秋紀中有很多篇幅皆談及兵學。但尉繚子主要還是談兵學,屬於兵家。

今本當是由漢書藝文志兵家所載尉繚子流傳下來的。今本尉繚子保存有二十四篇，在流傳中逸失不大，這是值得慶幸的事。

第四，就尉繚子整篇的用韻情況看（見附錄七），用上古音聲韻調去統計，完全與先秦時期用韻情況相符合。就用韻形式言，主要有韻尾相押偶句韻，也有句句韻，複雜的有換韻、交韻、抱韻等，用韻整飭。雖然與群書治要節選的篇章相比，語言更加精練，但還是可以看出，今本保留了戰國以來的基本面貌，宋代對尉繚子的加工整理是有限的。如果宋人的加工有較大幅度改動的話，即使宋人考慮到用韻，也是根據宋人當時的叶韻理論去改動，而不可能根據先秦用韻情況去改，因爲宋代作詩詞文用韻主要依據廣韻，或根據廣韻而來的集韻，其韻多達兩百多種，至於先秦時期的上古音理論直至清代才成熟起來，直到當代的王力先生，先秦韻部三十部才爲學術界所公認，兩百多韻部與三十韻部相比，差距極大。今本尉繚子按照王力三十部去對照，用韻非常貼切。這反過來證明，宋人對尉繚子的整理非常有限，或者説宋人在整理時有意識地保留了尉繚子書原有的用韻規律。

總之，今本尉繚子不是兩本書的合編本，而是兵家著作。尉繚子前十二篇所論，雖然也有雜儒家仁義學説、法家農戰學説、道家因順無爲學説的成分，但主要的思想還是兵學思想。戰國中晚期，諸子百家學説呈現融合趨勢，呂氏春秋就是一例。尉繚子吸收其他各家思想是一點也不奇怪的，不能因爲尉繚子有雜學特色就認爲其是雜家著作。漢書藝文志所載雜家與兵家尉繚子即爲一書，只是篇卷不同，不能別爲兩書。錢穆先秦諸子繫年曰：“漢志如齊孫子、吳孫子，所以別同名之嫌。若尉繚係兩人，則亦應書秦尉繚、梁尉繚也。”漢書藝文志並没有載“秦尉繚、梁尉繚”，則亦將尉繚視作一人。尉繚爲一人，則其書亦當爲一人所著之書。漢書藝文志之所以將尉繚子放在雜家，可能是看其前十二篇偏重雜學的緣故。而後十二篇言兵令，故又放在兵家。至於篇卷數目的不同，今本已是殘本，漢書藝文志所載具體之本已不可得知。

　　既然漢書藝文志所載兩種尉繚子原爲一書，則以其所載之兩種尉繚子來認定尉繚子爲兩人的説法不能成立。

　　尉繚子只有一人，然則其生活具體年代爲何？尉繚子其人生平事跡主要見於史記秦始皇本紀，其曰：

　　　　大梁人尉繚來，説秦王曰：“以秦之彊，諸侯譬如郡縣之君，臣但恐諸侯合從，翕而出不意，此乃智伯、夫差、湣王之所以亡也。願大王毋愛財物，賂其豪臣，以亂其謀，不過亡三十萬金，則諸侯可盡。”秦王從其計，見尉繚亢禮，衣服食飲與繚同。繚曰：“秦王爲人，蜂準，長目，鷙鳥膺，豺聲，少恩而虎狼心，居約易出人下，得志亦輕食人。我布衣，然見我常身自下我。誠使秦王得志於天下，天下皆爲虜矣。不可與久游。”乃亡去。秦王覺，固止，以爲秦國尉，卒用其計策。

據此，則尉繚爲秦始皇時人。至於尉繚子姓名，據史記所言，因爲尉繚曾擔任過國尉之職，故有人懷疑“尉”爲官職，非姓，繚爲名。如錢穆云：“然考史記，繚既見秦王，欲亡去，秦王覺，因止，以爲秦國尉，則所謂尉繚者，尉乃其官名，如丞相綰、御史大夫劫、廷尉斯之例，而逸其姓也。”並注曰：“今至隋志始稱尉繚子，而顏師古遂謂尉姓繚名，皆誤。”

　　那麼，“尉”是不是“尉繚子”之姓氏？如果不是，則此人何姓？

　　戰國策秦策四“秦王欲見頓弱”篇云：

　　　　秦王欲見頓弱，頓弱曰：“臣之義不參拜，王能使臣無拜，即可矣。不，即不見也。”秦王許之。……頓弱曰：“山東戰國有六，威不掩於山東，而掩於母，臣竊爲大王不取也。”秦王曰：“山東之戰國可兼與？”頓子曰：“韓，天下之咽喉；

魏，天下之胸腹。王資臣萬金而遊，聽之韓、魏，入其社稷之臣於秦，即韓、魏從。韓、魏從，而天下可圖也。”秦王曰：“寡人之國貧，恐不能給也。”頓子曰：“天下未嘗無事也，非從即橫也。橫成，則秦帝；從成，即楚王。秦帝，即以天下恭養；楚王，即王雖有萬金，弗得私也。”秦王曰：“善。”乃資萬金，使東遊韓、魏，入其將相；北遊於燕、趙，而殺李牧。齊王入朝，四國必從，頓子之説也。

這裏的“頓弱”，史記會注考證引沈欽韓曰：“秦策有頓弱，説秦王資萬金，東遊韓魏，入其將相，北遊燕趙，而殺李牧，正與尉繚謀同。頓弱與尉繚乃一人，記異耳。”沈欽韓説頓弱即尉繚，這是可信的。因爲戰國策所載此事爲秦王政九年，史記載尉繚來秦爲秦王政十年，兩人所獻“賂其豪臣”之策内容基本相同，只是時間上有一年的出入。以常理看，秦王政不可能前一年聽一策，次年還是聽同樣之策。合理的解釋是同一件事，戰國策與史記的記載時間上有出入，如果算是年頭歲尾，基本上考慮就是同一年。宋人黃震所著黃氏日抄即將此事繫於秦王政十年。同一年，同一事，不可能是兩個人所爲，故頓弱與尉繚當是一人。

“頓弱”之“弱”，此處當爲通假字，當作“溺”。“弱”與“溺”通。易大過：“棟撓，本末弱也。”釋文：“弱，本亦作溺。”書禹貢：“導弱水。”釋文：“弱，本或作溺。”説文作“溺水”。左傳昭公八年經：“陳侯溺卒。”史記陳杞世家“溺”作“弱”。楚辭九懷：“浮溺水兮舒光。”考異：“溺與弱同。”“溺”，“尿”之古字，廣韻列嘯韻，上古音屬藥部。廣韻去聲三十四嘯韻中，有“尿，小便也。或作溺。奴弔切”，則溺韻從“弔”字。同類下列有“顤嫽嘹鐐璙”等字，“顤”字下，廣韻云：“力弔切。”則“顤”字韻亦從“弔”字。而“嫽嘹鐐璙療”等字皆從“尞”字聲系，亦從“弔”。“繚”字，廣韻列入蕭韻，同類下有“遼嫽鐐嘹寮”等字，其中“嫽”、“嘹”二字下皆曰“又力弔切”。可見，繚與顟、嬝、嘹、遼、寮等字同韻，都屬“寮”字聲系。高亨、董治安古字通假會典中即將“繚”字繫於“寮”字聲系下，並與上述諸字互通。如論語憲問：“公伯寮。”史記仲尼弟子列傳作“公伯繚”。索隱曰：“繚，亦作遼也。”書皋陶謨：“百僚師師。”釋文：“僚，本又作寮。”詩陳風月出：“佼人僚兮。”釋文：“僚，本亦作嬝。”繚與寮、僚、嬝等相互通用。其他不例舉。總之，“溺”與“繚”古韻相通。繚，廣韻列在蕭韻下，上古音屬宵部，來母。嘯與蕭，在廣韻中同韻，只是聲調不同，嘯爲去聲，蕭讀平聲。按照古音學理論，藥部屬入聲韻，讀[ok]，宵部屬陰聲韻，讀[o]，主元音亦相同。如果不將入聲韻獨立出來，則藥部原屬宵部，兩韻部相近。從聲母來看，溺，中古屬泥母；繚，屬來母。宋人三十六字母裏的舌頭音實際上是舌尖中音的塞音、鼻音和邊音，即端[t]、透[t‘]、定[d]、泥[n]、來[l]，也就是説，在中古時期，宋人那里，泥母[n]與來母[l]同屬舌頭音，發音相近，甚至不分。即便今天一些江淮之間方言區裏，[n]與[l]還是不分。因此，“溺”與“繚”在上古時期同音，當爲一字之讀法不同。“頓弱”音讀即“頓繚”，又因此人曾擔任秦國之國尉，故稱“尉繚”。由此可見，“尉繚”姓“頓”，原名“頓繚”，非尉姓也。

頓，春秋時諸侯國。左傳僖公二十五年經：“秋，楚人圍陳，納頓子於頓。”襄公四年傳：“楚人使頓間陳而侵伐之，故陳人圍頓。”昭公四年經：“夏，楚子、蔡侯、陳侯、鄭伯、許男、徐子、滕子、頓子、胡子、沈子、小邾子、宋世子佐、淮夷會於申。楚人執徐子。秋七月，楚子、蔡侯、陳侯、許男、頓子、胡子、沈子、淮夷伐吳，執齊慶封，殺之。”定公十四年傳：“頓子牂欲事晉，背楚而絕陳好。二月，楚滅頓。”就左傳記載而言，頓國在春秋時期非常活躍，參與雞父之戰與召陵之會，最後因“欲事晉”而遭楚滅，時間爲魯定公十四年，公元前四九六年。史記楚世家：“（楚昭王）二十年，楚滅頓。”集解引地理志曰：“汝南南頓縣，故頓子國。”正義引括地志云：“陳州南頓縣，故頓子國。應劭云：古頓子國，姬姓也，逼於陳，後南徙，故曰南頓也。”此距尉繚生活時代已經過去兩百多年。尉繚爲頓國後裔，郡望在頓國。漢書地理志“汝南郡”下有“南頓”縣：“南頓，故頓子國，姬姓。”南頓在今河南項城境內，今有南頓鎮。此地當爲尉繚祖籍地。

　　頓國在春秋時（前四九六年）被楚、陳聯軍所滅，其後一直被楚所佔，直至楚考烈王二十二年（前二四一年），自陳徙壽春。陳即今河南淮陽，與項城接壤，同屬周口市。可見，南頓直至此時當仍屬楚地。自楚徙都壽春之後，被秦攻佔。南頓（今河南項城）距魏國都大梁（今河南開封）並不遠，頓國後人或四散，頓弱或至魏大梁。四年之後（前二三七年），頓弱自大梁入秦，被秦王政任爲國尉。史記稱“大梁人尉繚”當理解爲從大梁來的人。戰國策秦策四“秦王欲見頓弱”鮑彪注：“頓弱，秦人。”頓國在秦王政十年時仍屬楚地，不知鮑彪所説何據。

　　關於尉繚生活的時代，從上文所引史記與戰國策的文字看，尉繚見秦王嬴政時，爲秦王政十年，彼時秦尚未統一六國。戰國策中頓子曰：“天下未嘗無事也，非從即橫也。橫成，則秦帝；從成，即楚王。秦帝，即以天下恭養；楚王，即王雖有萬金，弗得私也。”秦王採用了尉繚的策略，“乃資萬金，使東遊韓、魏，入其將相；北遊於燕、趙，而殺李牧”。李牧，據史記趙世家載死於趙王遷七年，即前二二九年，彼時尉繚尚在人世。漢書藝文志雜家尉繚二十九篇後班固自注：“六國時。”則尉繚未活至秦始皇統一六國之後。秦始皇統一六國之年爲前二二一年，故尉繚子卒年在前二二九至前二二一年之間。錢穆先秦諸子繫年定爲前二二〇年，大致不差。

　　那麼，尉繚子生年又如何確定呢？尉繚子首篇天官有“梁惠王問尉繚子曰",有人據此以爲尉繚子當爲梁惠王時人。梁惠王在位時間爲前三六九年至前三一九年,即便是梁惠王在位時最後一年見尉繚子而有問,彼時尉繚子按弱冠二十歲算,則尉繚子出生年月亦爲前三三九年,至前二二九年,尉繚子亦有一百一十歲,如此年齡,尉繚子恐未必活這麽久,故尉繚子不會生活在梁惠王時期。

從史料的可靠性看,"梁惠王問尉繚子"疑爲後世誤記或假託。尉繚子伍制令:"軍中之制,五人爲伍,伍相保也;十人爲什,什相保也;五十人爲屬,屬相保也;百人爲閭,閭相保也。"這裏伍、什、屬、閭,指秦的軍隊編制,也是聯保連坐單位。通典立軍:"周制,萬二千五百人爲軍,將皆命卿。二千五百人爲師,師帥皆中大夫。五百人爲旅,旅帥皆下大夫。百人爲卒,卒長皆上士。二十五人爲兩,兩司馬皆中士。五人爲伍,伍皆有長。"杜佑注引司馬法:"二十五人爲兩,四兩爲卒,百人也;五卒爲旅,五百人也;五旅爲師,二千五百人也;五師爲軍,萬二千五百人也。"司馬法所言與通典一致,皆爲周制。對比秦制與周制,有很大不同。秦制與周制,最小單位皆爲伍,由五人組成。伍以上,秦制以兩倍,即十個人爲什,什的長官爲什長;而周制爲五倍,五五二十五,二十五人爲兩,兩的長官爲司馬。而百人爲一個共有的單位。秦制,百人爲閭;周制,百人爲卒。秦制還設有屬,屬有五十人,兩屬爲一閭,比周制多一個層級。周制中,兩兩爲一個秦制的屬。百人以上,周制恒以五倍,而秦制則以十倍。勒卒令曰:"百人而教戰,教成,合之千人。千人教成,合之萬人。萬人教成,會之於三軍。"由此看來,秦制除最底層的伍什採用雙倍之外,其他皆用十倍的編制,而周制則基本上沿用五倍編制。十倍編制的人數容量要大大超過五倍編制,更有利於建成龐大的軍隊。就大的軍事單位而言,秦制一軍爲一萬人,而周制一軍爲一萬二千五百人。在軍隊組織結構上，秦制與周制有很大不同。宋陳傅良歷代兵制言秦兵制曰：“哀公救楚，車五百乘，爲户籍什伍。”又曰：“五户爲伍，十户爲什。”秦國自秦哀公時就建立了什伍的户籍制度，並按户籍出兵，“五户爲伍，十户爲什”，這與尉繚子伍制令中“五人爲伍，十人爲什”是一致的。可見，尉繚子所言兵制爲秦制，而非周制。歷代兵制言魏兵制曰：“魏自惠王以武卒奮，凡武士二十萬，蒼頭二十萬，廝徒十萬。車六百乘，騎五千匹。”則魏國兵種爲武士、蒼頭、廝徒三種，今本尉繚子未見此三兵種。尉繚子經卒令中有：“卒有五章，前一行爲蒼章，次二行爲赤章，次三行爲黄章，次四行爲白章，次五行爲黑章。”據歷代兵制，魏國僅有蒼頭，無蒼章及其他四色之章，由此，尉繚子所言非魏兵制明矣。

又，尉繚子伍制令曰：“軍中之制，五人爲伍，伍相保也；十人爲什，什相保也；五十人爲屬，屬相保也；百人爲閭，閭相保也。伍有干令犯禁者，揭之免於罪，知而弗揭，全伍有誅。什有干令犯禁者，揭之免於罪，知而弗揭，全什有誅。屬有干令犯禁者，揭之免於罪，知而弗揭，全屬有誅。閭有干令犯禁者，揭之免於罪，知而弗揭，全閭有誅。吏自什長已上，至左右將，上下皆相保也，有干令犯禁者，揭之免於罪，知而弗揭者，皆與同罪。”這種“連坐”制度見於秦，爲秦孝公時商鞅所定。史記商君列傳：“令民爲什伍，而相牧司連坐。不告姦者腰斬，告姦者與斬敵首同賞，匿姦者與降敵同罰。”尉繚子很看重連保制度，認爲是取得軍事勝利的三個條件之一。可見，尉繚子在伍制令中所言即秦兵制。正是在這個意義上，劉向言“繚爲商君學”。

秦制爲秦國所制定與實施之兵制，而魏國則是承襲春秋時期晉國之制，主要還是周制。尉繚子是秦制，説明作者對秦國軍事制度相當熟悉，他應該就是秦始皇時的那個尉繚。既然爲秦始皇時的尉繚，就不會與一百多年前的梁惠王問答。從伍制令可以看出，天官篇“梁惠王問尉繚子曰”這句話當是僞託，或爲誤記，此乃内證。總之，梁惠王時無尉繚。後世編尉繚子者，可能是借史記言尉繚“大梁人”，而梁惠王又有好問（如問孟子）之事而附託。史記魏世家：“惠王數被於軍旅，卑禮厚幣以招賢者，鄒衍、淳于髡、孟軻皆至梁。”有此事實，尉繚問答與梁惠王也就比較容易聯繫起來。清姚際恒古今僞書考云：“尉繚子，漢志雜家有二十九篇，兵家有三十一篇，今二十四篇。其首天官篇與梁惠王問對，全仿孟子‘天時不如地利’章爲説，至戰威章則直舉其二語矣。豈同爲一時之人，其言適相符合如是耶？其僞昭然。”所言有理。

今本尉繚子天官篇有“梁惠王問尉繚子曰”一句，此句“梁惠王”恐誤。“梁”，古音與“良”相同，皆爲陽部字，來母，平聲，先秦時期常混用。如詩經秦風小戎：“五楘梁輈。”漢書地理志顏師古注引“梁”作“良”。左傳桓公六年有“季梁”，漢書古今人表作“季良”。戰國策東周策：“大梁造。”史記商君列傳作“大良造”。史記梁孝王世家：“北獵良山。”索隱：“良山，漢書作梁山。”老子四十二章：“强梁者不得其死。”漢帛書甲本“梁”作“良”。孟子滕文公下：“王良。”荀子正論“土良”作“王梁”。可見，先秦至兩漢時期，“梁”與“良”音同混用。而“良”與“襄”通，史記仲尼弟子列傳：“公良孺。”索隱：“鄒誕本作公襄儒。”疑“梁惠王”之“梁”字爲“襄”字。“惠”字與“襄”字乙倒，“梁惠王”疑原爲“惠襄王”。

戰國時期，名“襄王”者衆，楚有楚襄王（頃襄王），魏有魏襄王，秦有秦襄王（昭襄王、秦昭王）。楚襄王在位時間爲前二九八年至前二六三年，與尉繚入秦時間前二三七年相近，時間上不衝突。但上文已云尉繚子所言爲秦兵制，故不爲楚襄王。另，逸周書謚法解：“愛民好與曰惠。”楚襄王“左州侯，右夏侯”，昏庸亡國，楚人不會謚其曰“惠”。史料記載中，未見尉繚與楚發生關聯，故非楚襄王。魏襄王在位時間爲前三一七年至前二九六年，若尉繚與魏襄王問答在襄王生平最后一年，尉繚此時二十歲，則至尉繚入秦之年，尉繚彼時已七十九歲。而據戰國策，尉繚以計殺李牧，則彼時已經八十七歲。尉繚殺李牧之前，曾“使東遊韓、魏，入其將相；北遊於燕、趙”，很難想像一個八十多歲的老人能遊説各國，東奔西走。從時間上看，不太可能。另，尉繚子所言爲秦兵制，不爲魏兵制，上文已云與尉繚子問答者既不可能爲魏惠王，也不可能爲魏襄王，最有可能的是秦襄王，理由如下：

第一，時間上吻合。秦襄王在位時間爲前三〇六年至前二五一年，距離秦王嬴政十年尉繚入秦，即前二三七年，相距不遠，在時間上是相吻合的。

第二，尉繚子所言兵制爲秦制，故與其問答者只能是秦王。而秦襄王雄才大略，非常有作爲，善於任用賢人，比如採納范雎遠交近攻之策，不斷蠶食六國，奠定了秦始皇一統天下的基礎。秦襄王與尉繚子問答非常符合秦襄王的興趣與性格。

第三，秦襄王時分三軍。史記秦本紀曰：“（秦襄王四十八年）秦軍分爲三軍，武安君歸。”秦昭襄王四十八年爲前二五九年。歷代兵制亦曰：“昭王始有鋭士、虎賁八百萬，車萬乘，騎萬匹，而分三軍。”史記白起傳：“（秦襄王四十八年）秦分軍爲二：王齕攻皮牢，拔之；司馬梗定太原。”秦軍原來統一歸武安君白起指揮，秦襄王四十八年分爲三軍，分別爲武安君白起、王齕、司馬梗，其中武安君一軍歸，王齕與司馬梗兩軍分頭作戰。這説明，秦軍此時已有分有合，更加靈活。這與尉繚子勒卒令所言相合。勒卒令曰：“百人而教戰，教成，合之千人。千人教成，合之萬人。萬人教成，會之於三軍。三軍之衆，有分有合，爲大戰之法。”可以説，秦襄王所做與勒卒令所言高度一致。

第四，從事理上看，與秦昭襄王問答更合理。如果尉繚子在秦昭襄王時期與其問答，那麼在秦王政十年再次回到秦國，得到秦王重用，得到秦王亢禮相待，任爲秦國尉，並周遊列國，合縱連橫，自然是順理成章的事，因爲秦王政已經對尉繚子其人其思想相當瞭解了，故能給予其極大的尊重，並重用於他。

鑒於上述理由，故此襄王當爲秦襄王。如果不是秦襄王，尉繚子對答之策爲何皆爲秦制？如果是回答魏襄王，他回答秦制對魏國又有何用？合理的解釋是，回答秦王而答秦制對秦國才有指導意義，也才能吸引秦王興趣，故我們將"梁惠王問尉繚子曰"定爲"秦襄王問尉繚子曰"之誤。只是秦昭王時范雎用事，用遠交近攻之計，尉繚賂其豪臣之策未得採用，而遊魏國大梁。等到了秦王嬴政時，在呂不韋退出政治舞臺後，正缺得力之人助其完成統一大業，這時尉繚從大梁來，而被秦始皇重用，也是歷史發展的大勢使然。

關於尉繚子生年，錢穆定爲前二七〇年，未言證據。戰國策所載頓弱曰："韓，天下之咽喉；魏，天下之胸腹。王資臣萬金而遊，聽之韓、魏，入其社稷之臣於秦，即韓、魏從。韓、魏從，而天下可圖也。"又，頓子曰："天下未嘗無事也，非從即橫也。橫成，則秦帝；從成，即楚王。"尉繚所説是楚國强大的時候，能造成"從成即楚王"局面的不應該是楚遷都陳之後。據楚世家，頃襄王二十一年，"秦將白起遂拔我郢，燒先王墓夷陵。楚襄王兵散，遂不復戰，東北保於陳城"。但此次秦滅楚郢都始於頃襄王十九年，緣由是頃襄王十八年有人向頃襄王建言楚實施合縱之策，"於是頃襄王遣使於諸侯，復爲從，欲以伐秦"。此次合縱，"楚欲與齊、韓連和伐秦，因欲圖周"。此時頃襄王尚能主使合縱，符合"從成即楚王"所言事實。對此，尉繚是熟悉的，故能用作説服的事例。由此可見，尉繚生年可推至頃襄王十八年，即前二八一年。又，上文言秦三軍之制，秦昭襄王四十八年分三軍，而尉繚子中已多次言三軍，故此次對答應在秦昭襄王四十八年秦設三軍前後。秦昭襄王四十八年，即前二五九年，如果此年尉繚子二十歲而與秦昭襄王問，則尉繚生年上推二十年，即在前二七九年。綜上，我們將尉繚子生年定爲約前二八〇年，卒年約前二二〇年。

據戰國策所載，尉繚（頓弱）還是戰國晚期著名的縱橫家，其策謀即戰國晚期著名的"賂其豪臣"，並攜帶萬金，東遊韓、魏，北遊於燕、趙。氏族大全卷十八"頓"："周末有頓弱，縱橫士也。秦王資頓子萬金，破散六國合從。"明凌迪知萬姓統譜卷一百"頓"："周，頓弱，縱橫士也。"皆將尉繚（頓弱）視爲縱橫之士。鬼谷子爲縱橫家鼻祖，故也可將尉繚子視爲鬼谷子後學。明清時期，尉繚子多個版本前均有言尉繚乃"鬼谷之高弟"之語。明歸有光諸子彙函、張居正開宗直解鰲頭七書、陳玖學評注七子兵略、黃獻臣武經開宗、茅元儀武備志、清朱墉尉繚子彙解、子書百家與二十五子彙函等亦皆有此語，世人多不解。如果頓弱即尉繚，那就豁然開朗了。由此可見，張居正、陳玖學、黃獻臣、朱墉等人也是將尉繚與頓弱看作一人。因史記之影響，又因頓繚曾擔任秦國尉，秦始皇曾與其"亢禮"，加之獻策"賂其豪臣"在戰國晚期起到重大作用，人們逐漸稱其尉繚，而其本姓"頓"逐漸淹没在歷史長河之中。由此，尉繚原名頓繚，這裏仍按習慣稱尉繚。

史記魏世家亦云："將出而還，與北同。"明董説七國考卷十一有"惠王兵法"，其中有言"將兵而還者，誅，是北類也。雖太子勿赦"。尉繚子亦有是語。有人疑尉繚子爲魏人，非是。"將兵而還，與北同"，恐是當時俗語，不能因爲尉繚子有是語，即斷其爲魏人。董説所言之"惠王兵法"恐因尉繚子天官篇有"梁惠王問曰"而附會，亦不能遽斷尉繚乃梁惠王時人。

學術界有人認爲秦始皇時尉繚從大梁來，與梁惠王問對相合，故此尉繚當爲與梁惠王問對之尉繚，兩個尉繚，當是一人，並從梁惠王有後元十七年，推測尉繚到秦始皇時九十五歲，此爲推測之詞，不能成立。因爲據戰國策，尉繚在遊説秦王政後，秦王政"乃資萬金，使東游韓魏，入其將相；北遊於燕趙，而殺李牧"。尉繚又受命遊説各國，並非僅僅出謀劃策，而是出策之後，還要親身去實施。很難想像，一個九十多歲的老人長途跋涉，周流四國，身體還能支持得住；遊説應對，口戰朝堂，大腦反應還能跟得上。一般而言是不可能的。

　　明歸有光有尉繚子乃司馬錯一説，諸子彙函卷八云："尉繚子，魏人，司馬錯也，鬼谷高弟，隱夷，魏惠王聘，陳兵法二十四篇。"歸氏言尉繚爲司馬錯，不知所據，恐因二人皆與魏有關聯，且皆懂兵法，而臆想耳。戰國策秦策載司馬錯論伐蜀，此事發生於前三一六年，與尉繚入秦時間年世不相及，且司馬錯所論乃與秦惠王，非魏惠王，尉繚非司馬錯也。從史記秦始皇本紀中可知，尉繚曾經向秦王政獻策，即賂其豪臣。此策與鬼谷子所倡導的縱橫家思想有相似之處。反映縱橫家思想的戰國策爲縱橫策士"獻策"之集，尉繚子此次獻策與戰國策中策士進言獻策十分相似。從這個意義上看，説尉繚子乃鬼谷子之後學或弟子亦不爲過。

　　又，楊樹達漢書管窺曰："梁玉繩云：尉繚子疑即尸子所謂料子貴別者也。"梁玉繩認爲尉繚子即料子，然未加佐證。料子貴別，別，即別囿。"料"與"繚"通，但"繚"爲名，不爲姓。諸子稱某子皆以姓氏，而未有以名者。"料子"之"料"當爲姓，而"繚"則爲名，故料子與尉繚子不爲一人。

二、尉繚子的篇卷與成書

漢書藝文志雜家："尉繚(子)二十九篇。六國時。"又兵形勢：

“尉繚三十一篇。”今本二十四篇。歷史上關於尉繚子一書乃雜家抑或兵家,諸説不一。

雜家説。隋書經籍志雜家:“尉繚子五卷。梁並録六卷。尉繚,梁惠王時人。”舊唐書經籍志雜家:“尉繚子六卷。尉繚子撰。”新唐書藝文志雜家:“尉繚子六卷。”隋書、舊唐書與新唐書所録皆分類屬於“雜家”。與隋書同時代的群書治要中節録有尉繚子,其中有天官、兵談、戰威、兵令四篇部分篇章。這四篇的内容與今本幾同。故歷史上有不少人主張今本尉繚子乃雜家。清姚鼐惜抱軒詩文集卷五:“尉繚之書,不能論兵形勢,反雜商鞅形名之説,蓋後人雜取,苟以成書而已。”

兵家説。宋李燾續資治通鑑長編“神宗”卷三百三:“(辛卯)詔校定孫子、吳子、六韜、司馬法、三略、尉繚子、李靖問對等書,鏤板行之。”宋神宗元豐三年(一○八○),詔命國子監司業朱服、武學博士何去非等編武經七書,尉繚子列入其中,此後尉繚子作爲兵學“武經”而流行。王堯臣等編崇文總目:“尉繚子五卷。謹按:鄭樵通志:尉繚子,兵書也。”晁公武郡齋讀書志:“尉繚子五卷。尉繚子,未詳何人。書論兵主刑法。”遂初堂書目兵書類列尉繚子,王應麟困學紀聞卷十“諸子”翁元圻注:“尉繚子五卷,周尉繚撰。其人當六國時,不知其本末。漢志雜家有尉繚子二十五篇,兵形勢家有尉繚子三十一篇。今雜家亡,而兵家傳二十四篇。”鄭樵通志藝文略兵家:“尉繚子五卷。梁惠王時人。”周氏涉筆曰:“尉繚子言兵,理法兼盡,然於諸令,督責部伍刻矣。”明胡應麟少室山房筆叢正集卷十一:“尉繚子,兵書也。自漢至隋咸列雜家。鄭漁仲以爲‘見名不見書’。馬端臨大善其論。然漢志兵家自有尉繚三十一篇,蓋即今所傳者。而雜家之尉繚,非此書也。今雜家亡,而兵家獨傳,故鄭以爲孟堅之誤,舛矣。若此書論兵,孫武而下,他亡與匹。戰國人著無疑。”梁啓超漢志諸子略各書存佚真僞表:"尉繚子,今存之本,恐是兵家尉繚。"

　　從今本内容看,尉繚子當屬兵家,而非雜家。今本尉繚子二十四篇,從其標題來看,"兵談"、"戰威"、"攻權"、"守權"、"武議"、"將理"、"戰權"等皆爲論兵之語,"重刑令"、"伍制令"、"分塞令"、"束伍令"、"勒卒令"、"將令"、"踵軍令"、"兵教"、"兵令"等,内容多爲軍事條令。二十四篇中,有十八篇,直接從標題上就可看出屬於兵家。而其他如天官、制談、治本等篇,内容皆與用兵有密切關聯。上文音韻學部分也已證明尉繚子全書屬於兵家。銀雀山漢墓出土了與今本兵談、攻權、守權、將理、原官、兵令等篇部分文字相同或相近的内容,可見,今本承傳了漢代以來流傳之本,雖然經宋人删削整理過,但主要内容是保存了的。宋人將尉繚子列爲兵家是符合尉繚子内容與思想實際的。梁啓超等判斷今本爲兵家著作的看法是正確的。

三、尉繚子版本系統

　　尉繚子版本系統有三:其一,竹簡本系統;其二,治要本系統;其三,武經七書本系統。其中,後世傳播者主要依據武經七書本系統。

　　(一)竹簡本系統

　　一九七二年,山東銀雀山一號漢墓出土竹書六篇,分別爲兵談、攻權、守權、將理、原官、兵令。據竹簡整理小組言,其中兵令篇與尉繚子的兵令上下相合,但其簡式爲兩道編繩,字體接近草書,與其他五篇完全不同,而與篇名和兵令同見於一塊篇題木牘的守法、守令等篇相同。其他五篇爲三道編繩,用正體抄寫,但書法風格也不完全一致。由於竹書出土時已經散亂,這五篇本來是編爲一書,還是同與今本尉繚子無關的其他竹書編在一起,已無法判斷。竹簡本尉繚子六篇由於是竹簡拼接而成,句中多有脱文,斷脱較爲嚴重,是一個殘本。

(二)群書治要本系統

唐初群書治要節選尉繚子四篇,即天官、兵談、戰威、兵令。四篇也爲節選,不是全篇保留。節選的文字内容與竹簡本相同或相近,是没有經過宋人改動過的,反映了唐代尉繚子的狀貌。四部叢刊上海涵芬樓據日本天明七年刊本影印。

(三)武經七書本系統

尉繚子被列爲武經七書之一以後,得到了廣泛傳播,歷代刊印、注釋不斷,形成了衆多的版本。尉繚子以武經七書本系統版本最多,也最複雜。常見的是宋武經七書本,分五卷,天官第一、兵談第二、制談第三、戰威第四爲第一卷;攻權第五、守權第六、十二陵第七、武議第八、將理第九爲第二卷;原官第十、治本第十一、戰權第十二、重刑令第十三、伍制令第十四、分塞令第十五爲第三卷;束伍令第十六、經卒令第十七、勒卒令第十八、將令第十九、踵軍令第二十爲第四卷;兵教上第二十一、兵教下第二十二、兵令上第二十三、兵令下第二十四爲第五卷。版式特點爲:左右雙欄,花口,單魚尾,單頁十行,行二十字。白文無注。後世出現的各種傳本,基本上是以宋武經七書本爲祖本。宋武經七書本傳世較多,主要有:百部叢書影印宋何去非校定本、張氏皕忍堂重刊武經七書本、續古逸叢書影印宋刊本、叢書集成初編影印宋刊本、中國兵書集成影印宋刊本等。

後世以宋本爲祖本的版本主要有明茅元儀武備志刻本、清四庫全書抄本、清湖北崇文書局子書百家刻本、清清芬堂叢書刻本、清上海鴻文書局二十五子彙函石印本、民國上海掃葉山房百子全書石印本等。上述諸版本在翻刻、抄寫過程中,皆對宋本有不同程度的校勘,糾正了不少訛誤,但同時也出現了不同程度的訛錯,與宋本相比,各有優劣。

四、尉繚子的注本

尉繚子的注本，最早見於記載者乃北宋時期張載。晁公武郡齋讀書志云："張橫渠注尉繚子一卷。皇朝張載撰，其辭甚簡略。載早年喜談兵，後謁范文正，文正愛其才，勸其學儒。載感悟，始改業。此殆少作也。"惜張載注今已不見。自宋以來，以宋本爲祖本的注釋本衆多，如宋施子美施氏七書講義本、明劉寅武經七書直解本、明陳玖學評注七子兵略本、明黃獻臣武經開宗本、明丁洪章武經七書全解本、清朱墉武經七書彙解本等。下略作述評。

(一)施子美施氏七書講義尉繚子

施子美，正史無傳，生平不詳。江伯虎在施氏七書講義的序中云："三山施公子美，爲儒者流，談兵家事，年少而升右庠，不過數載而取高第，爲孫吳之學者多宗師之。"據江氏序言"同郡江伯虎"，則施子美與江伯虎同鄉。江伯虎，原名南强，字君用，宋福州永福里人，宋孝宗淳熙八年(一一八一)辛丑科武狀元。福州在北宋時期是當時六大都市之一，境内有三山，即于山、烏石山、屏山，故福州又稱"三山"。江伯虎稱施子美籍貫爲"三山"，又是福州同鄉，故施子美當爲福州人，今福州市區人。江伯虎爲福州下屬永福里(今屬福清市)人。江氏序後署"貞祐壬午"，即宋寧宗嘉定十五年(一二二二)，則可知施氏七書講義成書於此年之前。因端平元年(一二三四)五月，金國滅亡，故施子美當不爲金人。施氏七書講義曾有宋刊本，惜境内已不得見。現存日本文久三年刻本，中國兵書集成據此本影印。講義爲施子美在朝廷武學授課之講義，該本分尉繚子爲九卷，四周單欄，單頁十二行，行二十五字，白口，單魚尾。前有尉繚子解題，内容包括作者、成書、存佚等情況；天官、攻權、守權、十二陵四篇題下有解題，概述該篇主

旨,其他篇則無。正文分段,注文低一格,列每段正文之後。注釋
或先解釋句意,再引歷史戰例相佐證;或直接引歷史戰例,後作解
釋,體例靈活,史論結合。江伯虎評説其注得"古人成敗之跡,奇
正之用,皆得以鑑觀焉"。

　　(二)明劉寅武經七書直解尉繚子

　　劉寅,正史無傳,生平資料見於清康熙年間山西通志、陝西通
志與洪武四年進士登科録。寅字拱辰,山西崞縣人,約生於元順
帝至元五年(一三三九)。幼承父志,教授鄉里,孝養父母。明洪
武四年(一三七一),科舉中進士,是明首科進士中少數的北方士
子之一。其後,受任京職,先出任兵部主事,後升任兵部侍郎。洪
武二十八年(一三九五),受命主持纂修武經七書,至洪武三十年
完成,共二十五卷一百一十四篇,另有序一篇,讀兵書法一篇,凡
例一篇,引用一篇,所載陣圖一篇,所載國名一篇,目録一篇,兵
法附録一篇,跋一篇。其後,劉寅任職地方,歷任江西按察司僉
事、紹興府通判、都督府斷事官、昆山縣知縣等,最後因罪累戍
雲南永昌金齒衛(今雲南保山),貨藥教書,病死雲南。劉寅去
世時間大約在永樂年間,具體時間不詳。死後歸葬故里,墓在
山西。劉寅著述除武經七書直解外,晚年在雲南著有文學作品
金馬山賦,收録於雲南府志藝文志,此外還有傷寒脈賦、標幽賦
注等。

　　尉繚子直解成書當年就爲朝廷所重視刊刻,現存版本主要
有:明洪武三十一年稿本,明成化二十二年保定知府趙英刊本,
民國二十二年楊言昌影印。明本尉繚子直解分五卷,四周雙欄,
半頁十行,行十九字,粗黑口,雙魚尾。前有尉繚子解題,介紹尉
繚子其人,以尉繚子爲梁惠王時人。各篇篇題有解題,正文分段
作注,注文低一格排列,文字簡明。劉寅作直解時,注意吸收儒
家、法家、陰陽家思想來解釋尉繚子一書的兵學思想,爲武經七書

注解系列中較有特色的一書。

（三）明陳玖學評注七子兵略尉繚子

陳玖學，明末浙江諸暨人。正史無傳，生卒年不詳。其長子陳廷傑出生於一五七六年，卒於一六六四年。據此推算，陳玖學約生於一五五五年前後。評注七子兵略，今見有民國十五年上海武學書局石印本。該本尉繚子爲一卷，四周雙欄，花口，單魚尾。單頁十三行，行二十六字。雙行夾注，篇目下説明篇旨。各篇天頭上有評點，前有尉繚子傳略，文後有尉繚子書評。

（四）明黄獻臣武經開宗尉繚子

黄獻臣，字皇肱，明福建莆田人。生平事跡不詳。武經開宗，今見日本寬文元年（一六六一）中野市右衛門刻本。四周單邊，白口，單魚尾。此係二截版，下截每半頁十行，行二十七字，正書題“武經開宗莆黄獻臣詮解”；上截每半頁小字二十三行，行八至三十五字，附書題“七書義解宗評訂識，山中氏倡庵乎哉著”，當爲兩書合刻。前有曾櫻序、日人宮城東雪序。尉繚子爲一卷。尉繚子小傳，各篇篇題之下有題解。正文分段，雙行夾注，每篇之後有評論。其凡例口“不言句句之出處，不演古人之傳記，不識事物之來由，所詳者，壹在文理耳”。

（五）明丁洪章武經七書全解尉繚子

丁洪章，字南翔，江蘇丹陽人，明末學者，生卒年不詳。其著武經七書全解，今見明崇禎十七年白氏校訂本。該本四周單欄，花口，單魚尾。單頁分上下兩欄，上欄爲“賜書堂武經大小標題詳解論法”，下欄爲丁氏注尉繚子，署“丹陽丁洪章南翔氏輯著，鄧瑄虞白氏較訂”。前有尉繚子小傳，各篇篇題以“全旨”作注解，正文分段，注文雙行附於正文之後。注文中有彙集前人之説，也有丁氏個人之“疏”。“疏”爲明時白話譯注，時引歷史故事佐證，頗爲有趣。

（六）清朱墉武經七書彙解尉繚子

朱墉,名墉,字鹿岡、若張,號僅可、與遊、鹿田農,諱堪城,生於崇禎元年(一六二八),卒於康熙四十四年(一七〇五),明清之際金陵青溪人氏。朱墉終其一生都以金陵爲中心,在金陵及其附近活動。著有詩集雪浪集、筆記、軍書及武舉備考相關書籍武經七書彙解、武經七書講義全彙合參等。今見中國兵書集成影印清光緒索綽絡氏家塾藏版。該書前有朱墉序、國英序。尉繚子有袁寶璜序。前有尉繚子小傳,各篇篇題下有題注。左右雙欄,半頁十行,行二十一字,花口,單魚尾。正文分段,正文後雙行注文,注文中有直解、彙解、全旨、纂序。直解爲朱墉自作,歸納段意,彙解爲彙聚前人觀點,全旨爲評論,纂序爲譯注。

尉繚子前人注釋衆多,且多見重複徵引他人,這裏擇要吸收,詳見本書之例言。本書之校勘,主要吸收銀雀山漢墓竹簡整理小組校勘成果,注釋中有個人的一些意見,以“按”之形式寫出。各家之説有所不同,需要疏説或辨析者,也寫在按語之中。

書末附有七種附錄,皆爲筆者數年來所搜集與整理,期待能爲讀者提供一些有益的參考。

例　言

一、本書各節均由尉繚子原文、校、注三部分組成。

二、尉繚子原文以續古逸叢書影印宋武經七書本（上海涵芬樓影印中華學藝社借照東京岩崎氏靜嘉堂藏本）爲底本，簡稱"續古逸叢書本"。

參考採用的尉繚子舊本有：

（一）銀雀山漢墓竹簡尉繚子，文物一九七七年刊，簡稱"竹簡本"；

（二）群書治要尉繚子，四部叢刊影印，簡稱"治要本"；

（三）宋施子美施氏七書講義，解放軍出版社影印日本文久三年施氏七書講義本，簡稱"講義本"；

（四）明劉寅武經七書直解，民國二十三年影印明本武經七書直解，簡稱"直解本"；

（五）明張居正開宗直解鰲頭七書，清順治十八年刻本，簡稱"鰲頭本"；

（六）明陳玖學評注七子兵略，民國十五年上海武學書局印行，簡稱"兵略本"；

（七）明黃獻臣武經開宗，日本寬文元年中野市右衛門刻本，簡稱"開宗本"；

（八）明茅元儀武備志，明天啟間刊本，簡稱“武備志本”；

（九）明阮漢聞尉繚子標釋，明天啟三年刻本，簡稱“標釋本”；

（十）明丁洪章武經七書全解，明崇禎十七年白氏校訂本，簡稱“全解本”；

（十一）清朱墉武經七書彙解，清光緒索綽洛氏家塾藏版，簡稱“彙解本”；

（十二）清四庫全書本，簡稱“四庫本”；

（十三）子書百家，光緒年間湖北崇文書局刊本，簡稱“子書百家本”；

（十四）二十五子彙函，光緒癸巳上海鴻文書局石印本，簡稱“二十五子彙函本”。

所收注本有：

（一）宋施子美施氏七書講義，解放軍出版社影印日本文久三年施氏七書講義本，簡稱“施子美曰”；

（二）明劉寅武經七書直解，民國二十三年影印明本武經七書直解，簡稱“劉寅曰”；

（三）明邱濬大學衍義補，清四庫全書本，簡稱“邱濬曰”；

（四）明王陽明陽明先生手批武經七書，鳳凰出版社二〇一五年影印，簡稱“王陽明曰”；

（五）明張居正開宗直解鰲頭七書，清順治十八年刻本，簡稱“張居正曰”；

（六）明陳玖學評注七子兵略，民國十五年上海武學書局印行，簡稱“陳玖學曰”；

（七）明黃獻臣武經開宗，日本寬文元年中野市右衛門刻本，簡稱“黃獻臣曰”；

（八）明李騰芳新編尉繚子標題引證韜略世法，明崇禎九年刊本，簡稱“李騰芳曰”；

（九）明茅元儀武備志，明天啓間刊本，簡稱“茅元儀曰”；

（十）明阮漢聞尉繚子標釋，明天啓三年刻本，簡稱“阮漢聞曰”；

（十一）明丁洪章武經七書全解，明崇禎十七年白氏校訂本，簡稱“丁洪章曰”；

（十二）日本山中倡庵七書義解宗評訂識，日本寬文元年中野市右衛門刻本，簡稱“山中倡庵曰”；

（十三）清朱墉武經七書彙解，中國兵書集成影印清光緒索綽絡氏家塾藏版，簡稱“朱墉曰”；

（十四）清孫詒讓札迻，中華書局二〇〇九年刊，簡稱“孫詒讓曰”；

（十五）銀雀山漢墓竹簡整理小組銀雀山簡本尉繚子釋文，文物一九七七年刊，簡稱“竹簡整理組曰”；

（十六）中國人民解放軍八六九五五部隊理論組、上海師範學院古籍整理研究組尉繚子注釋，上海古籍出版社一九七八年刊，簡稱“部隊理論組曰”；

（十七）華陸綜尉繚子注釋，中華書局一九七九年刊，簡稱“華陸綜曰”；

（十八）鍾兆華尉繚子校注，中州書畫社一九八二年刊，簡稱“鍾兆華曰”；

（十九）鄭良樹尉繚子斠注，中華書局一九八二年刊，簡稱“鄭良樹曰”；

（二十）李解民尉繚子譯注，河北人民出版社一九九二年刊，簡稱“李解民曰”。

三、所集前人之校按時代先後排列。校語完全相同者，取時代之最早者。個人校勘成果以“按”形式綴之於後。校所引鍾兆華校語，對版本簡稱多有不同。其中，施子美施氏七書講義，鍾兆華稱“施氏”，這裏保留，但改書名形式爲姓氏方式，加下直綫；其他諸如韜略、清芬、二五、二八、百家本等,在第一次出現時,在相關校語"按"中説明其版本全稱及來源,此後保留簡稱;鍾氏校語中各版本羅列先後次序混亂,且前後不一,這裏一併作規範處理。

四、校勘以不擅改底本爲原則,底本與講義本不誤者,一般不作改動。校語中偶有引用明劉寅、清阮漢聞的校勘成果,以"劉寅曰"、"阮漢聞曰"形式出現。

五、北堂書鈔引尉繚子,簡稱"書鈔";太平御覽引尉繚子,簡稱"御覽";但校、注中前人有引者,或全稱,或簡稱,保留原貌。

六、原文句讀根據文意與韻部使用而定,各家注釋隨正文段落而作劃分,施子美注文較長,根據段落的劃分,對部分注釋作了調整。

七、清以前各家注釋與評點,儘量多加羅列,以便參考。注中引大全、題炬、指南、醒宗、翼注、指歸、擬題鏡、句解、文訣、新宗、解發、特辨、偉言、合參、衷旨、確論等一類書名,所引"张横渠曰"、"蘇子瞻曰"、"張公亮曰"、"葉水心曰"、"胡君常曰"、"鄧伯瑩曰"、"鄭友賢曰"、"王漢若曰"、"汪殿武曰"、"劉拱辰曰"、"尤大臣曰"、"方伯闇曰"、"周魯觀曰"、"吳氏曰"、"許濟曰"、"陳大士曰"、"傅服水口"、"唐順之曰"、戚繼光曰"金千仞曰"、"臧雲卿曰"、"謝弘儀曰"、"曾櫻曰"、"汪升之曰"、"許維東曰"、"陳明卿曰"、"王圻曰"、"陸經翼曰"、"徐胤昇曰"、"孟氏曰"、"陳孝平曰"、"徐象卿曰"、"方虞升曰"、"茅鹿門曰"、"鄭靈曰"、"陳子淵曰"、"沈友曰"、"張江陵曰"、"郭逢源曰"、"葉伯升曰"、"談敷公曰"、"郭逢所曰"、"王元翰曰"等,皆引自朱墉尉繚子彙解,並單獨列在"朱墉曰"之前。

八、所引各家注説、評點,一般按時代先後排列;民國及當代的注説擇善而從。

九、各家引文,一般均與原書作了核對。

十、鄙見加"按"字綴於其後。

尉繚子卷第一^{〔一〕}

【注】

〔一〕施子美曰：尉繚子，齊人也，史不紀其傳，而其所著之書，乃有三代之遺風。其論天官也，則取於人事；其論戰威也，則取於道勝。生戰國之際，而不權譎之尚，亦深可取也。叙七書者，取列於其中，不無意也。惜其不見之行事，而徒載之空言。豈其用兵非所長耶？遂使後世無以證其實云。　　○劉寅曰：尉，姓。繚，名。子者，後人尊而稱之也。魏惠王時人。按漢書藝文志云：“尉繚，二十九篇。”注云：“六國時人。劉向別録云：‘繚爲商君學。’”又兵家形勢：“尉繚三十一篇。”今此書只有二十四篇耳，史記亦不見惠王用此人以何職。觀惠王東敗於齊，西喪地於秦，南辱於楚，其不用此人也明矣。況是時，龐涓用事，嫉賢妬能，誘孫臏，刖其足而黥之，恐此人一見惠王而即去。今不可考焉。　　○王陽明曰：尉繚通卷論形勢而已。　　○陳玖學曰：尉，姓。繚，名。魏人，乃鬼谷之高弟。善理陰陽，深達兵法，與弟子隱於夷山。因惠王聘召，陳兵法二十四篇。　　○黃獻臣曰：尉，姓。繚，名。魏人，鬼谷高弟，隱於夷山。因惠王聘，陳兵法二十四篇，大旨多合孟氏。令惠王能用之，寧第雄伯一時，盡洗三敗之恥，必可包舉六國，不爲二世之亡，何至踵韓趙而折入於秦！吾不能不於尉繚之不見用，爲之掩卷而三嘆云。　　○李騰芳曰：尉，姓。繚，名。魏人，乃鬼谷子高弟。善理陰陽，深通兵法，與弟子隱於夷山。因梁惠王聘召，陳兵法二十四篇。　　○茅元儀曰：魏人，鬼谷高弟，因惠王聘，陳兵法二十四篇。○阮漢聞曰：此篇以人事破天官之拘，持論甚正。然寔摹孟子，後戰威篇又明引"天時不如地利,地利不如人和"矣。史記尉繚爲秦國尉,蓋與始皇同時,而云"梁惠王問",何也? 李衛公曰:"兵者,詭道。託之以陰陽術數,則使貪使愚,茲不可廢也。"又曰:"臣前所謂術數不可廢者,蓋存其機於未萌也。及其成功,在人事而已矣。"是善用天官者。　　○丁洪章曰:漢志:"尉繚子二十九篇。"今逸五篇。首章稱"梁惠王問",又第二篇引吳起言,蓋戰國時魏人云。尉,姓;繚,名,魏人,乃鬼谷之高弟。善理陰陽,深達兵法,與弟子隱於夷山,因惠王聘,陳兵法二十四篇。其論主於分本末,別賓主,崇儉節斂,右文左武,雖未純王政,亦窺見其本矣,但末章"殺士卒之半"等語慘刻太甚,豈其徒知兵事尚嚴而不覺其立言之過歟?　　○朱墉曰:尉,姓;繚,名,魏人,鬼谷之高弟。善理陰陽,深達兵法,與弟子隱於夷山,因惠王聘,陳兵法二十四篇。劉向別録言繚爲商鞅學,其論主崇節儉,明賞罰,但末章"殺士卒之半"等語慘刻太甚,豈其徒知兵事尚嚴而不覺其立言之過歟? 漢武帝命任宏次兵書爲門種,以尉繚三十一篇列之"形勢"十一家中載。考漢書藝文志雜家者流,又有尉繚二十九篇。豈有二尉繚耶? 抑二書耶? 今其存者二十四篇。　　按:尉繚,前言中已有詳細考證。姓頓,名繚,又名頓弱,戰國晚期秦國人,頓國後裔,因曾任秦國尉,又稱尉繚。據戰國策,頓繚曾出略豪臣之策,又東遊韓、魏,入其將相,北遊於燕、趙,而殺李牧。齊王入朝,四國必從。尉繚子曾有縱橫家之行,故自明代以來,多有學者稱其爲鬼谷子弟子。有尉繚子書傳世,其思想集中於此中。

天官第一〔一〕

【注】

〔一〕施子美曰：天官者，七曜星曆也。尉繚子以是而爲首篇，彼其意，蓋以攻戰之道不專在是，故因梁王之問而叙之。　○劉寅曰：天官，蓋論時日支干、孤虛旺相之事，即兵家陰陽書也。以其中有“天官”二字，故取以名篇。天官書，按綱目集覽，漢武元封二年德星下引用云：“天官書：景星者，德星也。”是亦證焉。　○張居正曰：天官，蓋論時日支干、孤虛旺相之事。闢天官，重人事也。　○陳玖學曰：此論天官之説不如盡人事。　○黃獻臣曰：天官非一種，凡觀象玩占、奇門遁甲皆是。闢天官者，重人事也。此言行兵不可徒拘天官，務在盡其人事。惠王以刑爲刑尅，以德爲生旺，全在天官時日上論。尉繚啓之盡人事，取證於武王、公子心，思有以矯之也。然得歲而伐，（吳伐越，史墨曰：“四十年，越其有吳乎？越得歲星，吳伐之，反受其凶。”）吳受其咎，吉日維戊，周雅所存，顧其時之何如耳。若獫狁內侵，六月棲棲，執冬夏之法，則舛也。機會可乘，時不再來，泥往亡之忌，則悮矣。（李愬攻吳房，軍吏曰：“今日往亡。”愬曰：“賊拘於忌，謂不必來，正可擊之。”進戰，果捷。）凡此何可信天官時日。要之，人事既盡，不必信天官，不必不信天官。略之，固足開膠柱之惑；存之，亦足免躁動之愆。與其專主以矯俗，何如兩示以任權？益見知識之靈於鬼神也。　○丁洪章曰：天官非一種，凡瞻雲望日、察氣觀星、奇門遁甲皆是。闢天官者，正以重人事也。此言行兵不可徒拘天官時日，務在盡其人事也。　○朱墉曰：天官即兵家陰陽書也。天官非一種，凡瞻雲望日、察氣觀星、奇門遁甲皆是，統屬於天，故曰天官。此章言行兵不可徒拘天官，務盡人事。惠王以刑爲刑尅，以德爲生旺，全在天官時日上論。尉子啓之盡人事，取證於武王、公子心，思有以矯之也。要之，人事既盡，不必信天官，不必不信天官。略之，故足開膠柱之惑；存之，亦足免躁動之愆。與其專主以矯俗，何如兩示以任權？益見知識之靈於鬼神也。此章大旨，“盡天官不若人事”一句總見，爲國者但當盡力，如所謂兵器、財穀、人心，至於時日支干、孤虛旺相之説，正不必屑屑也，即孟子“天時不如地利，地利不如人和”之義。　○華陸綜曰：本篇集中論述戰爭中人的地位和作用，闡明了"天官時日不若人事"的道理,批判了唯心主義的天命論,反映了作者的樸素唯物主義思想。　**按**:官,即"館"之古字。天官,原意指天象館舍之處,這裏指天文、天象。史記中有天官書,司馬貞索隱:"天文有五官。官者,星官也。星座有尊卑,若人之官曹列位,故曰天官。"言天空三垣二十八宿、金木水火土五星、日月二曜、雲氣等,以及與天文現象有關的分野。由於戰爭需要觀察天象以及與天象有關的季節與天氣等,天官進入兵學領域。在古代科技不發達的情況下,人們對未知領域的瞭解依靠占卜與預測,憑經驗與樸素的科學知識做出判斷,這樣,日月占、星占、氣占等在兵學盛行。雲占因爲有經驗在内,有一定的科學道理,通過觀察雲的形狀及運動、變化等,可短期看出天氣的颮風下雨等情況,對作戰時機的選擇與運用是有作用的。日月占涉及季節,春夏秋冬的季節特徵與變化,在戰爭中也是要考慮的因素。星占則尚未揭示出有科學依據。對天官與戰爭之間的關係要辯證地對待,不能一味地斥爲封建迷信。本篇闡述完全依據天象作戰不如使用人之智慧,反映了古代兵學思想由占卜祭祀向人事智謀的轉變,體現了歷史的進步性。重視"人事"也成爲本書重要的理論依據。

　　梁惠王問尉繚子曰:"黄帝刑德可以百勝,有之乎?"①〔一〕尉繚子對曰:②刑以伐之,德以守之,非所謂天官時日陰陽向背也。③黄帝者,人事而已矣。〔二〕

【校】

　　①鍾兆華曰:本句治要本作"吾聞黄帝有刑德,可以百戰百勝,其有之乎"。孫子計篇"天者,陰陽寒暑時制也"句下杜牧注引作"黄帝有刑德,可以百戰百勝,其有之乎"。又御覽卷三〇一引文除脱一"其"字外,均同治要本。宋本經删節,宜從治要本。

　　②鍾兆華曰:治要本作"尉繚曰"。

　　③鍾兆華曰:本句治要本作"不然,黄帝所謂刑德者,以刑伐之,以德守之,非世之所謂刑德也。世之所謂刑德者,天官時日陰陽向背者也"。又孫子計篇"天者,陰陽寒暑時制也"句下杜牧注引作"不然,黄帝所謂刑德者,刑以伐之,德以守之,非世之所謂刑德也"。尉繚旨在批判"世之所謂刑德",宋本作了重

要删節，有失原意，當從治要本。李解民曰：太平御覽卷三〇一引作"不然，黄帝所謂刑德者，天官時日陰陽背向者也"。御覽所引有誤，治要所引較詳，可補今本文意之不足。

【注】

〔一〕施子美曰：善言天者，必有驗於人。人事盡於是，爲天理。不求之人事，而取必於天時，淫巫瞽史者之所爲也。黄帝刑德之説，乃人事也，非天時也。傳曰："伐，判刑也。柔，服德也。"又曰："德以柔中國，刑以威四夷。"此刑德之説也。而或者以爲天官之陰陽，宜梁王之有問也。　　○劉寅曰：梁惠王問於尉繚子曰："黄帝刑德之説，可以百戰百勝，有之否乎？"梁惠王，魏侯，名罃，都大梁，僭稱王者也。黄帝，有熊氏也。　　○張居正曰："刑以伐之"，謂弔民伐罪也；"德以守之"，謂既勝則布德施仁，而不復觀兵以逞也。又有説刑是尅，德是生，刑德是生尅二字，此惠王所問之意耳。　　○陳玖學曰：刑，刑尅。德，生旺。百勝，百戰百勝。　　○李騰芳曰：此題以刑德並言，便是戰國雜伯之陋習，惠王開口一問，有意百勝，非知帝道者。　　○丁洪章曰：梁惠王，魏侯，名罃，都大梁，僭稱王，謚曰惠。尉，姓；繚，名，魏人，乃鬼谷之高第。黄帝，有熊氏也。自"惠王問"，刑以尅制，德以生旺；自"尉繚對"，刑以刑罰，德以恩愛。言"人事"，即下"城高"等項。　　○朱墉曰：梁惠王，魏侯，名罃，都大梁，僭稱王，謚曰惠。黄帝，有熊氏也。　　○鍾兆華曰：梁惠王即魏惠王，戰國時魏國國君，公元前三六九至[前]三一九在位。因受秦國勢力的逼迫，於公元前三六二年從鄰近秦國的安邑（今山西省夏縣境内）東遷，建都於大梁（今河南開封），故歷史上又稱梁惠王。黄帝，傳説中我國古代遠古時代中原一帶各部落的共同首領。姬姓，名軒轅，號有熊氏。曾率領各部落先後打敗炎帝與蚩尤。黄帝刑德，漢書藝文志在兵家的"陰陽"類裏有黄帝十六篇。據班固在總括陰陽類的特點時説："陰陽者，順時而發，推刑德，隨斗擊，因五勝，假鬼神而爲助者也。"梁惠王所問的，可能就是指的這類書。　　○李解民曰：梁惠王，即魏惠王。戰國時期魏國國君，名罃，謚惠，生於公元前四〇〇年，魏武侯之子，公元前三六九年繼位爲國君。魏國始都安邑（今山西夏縣西北），後因其地居河東（今山西西南部），處於秦、趙、韓三國包圍，又與東土河内（今河南黄河以北地區）交通不便，於公元前三六一年（此從楊寬戰國史説。另有前三六二年、前三六五年、前三四二年、前三四〇年、前三五三年等説）遷都至大梁（今河南開封），因此魏國又稱梁國,魏惠王又稱梁惠王。公元前三四四年,第一個在中原諸侯中自稱爲王,召集逢澤（今河南開封東南）之會,率諸侯朝見周天子。後不久,魏軍東敗於齊,西敗於秦,國勢漸衰。於公元前三一九年去世。黃帝,傳説中遠古時代的帝王,被奉爲華夏民族的共同祖先。姬姓,號軒轅氏、有熊氏,少典之子。相傳他在阪泉（今河北涿鹿東南）打敗炎帝,在涿鹿（今河北涿鹿）擊殺蚩尤。關於黃帝的傳説,大約始於春秋時期,盛行於戰國時代的韓、趙、魏、齊等國。當時許多學派都托黃帝之言撰述立説。"刑德",刑指刑殺征伐,德指賞賜安撫。將刑、德兩者結合起來,作爲統一天下、治理國家的基本策略和主要手段,是當時一些托黃帝之言學説的重要内容。長沙馬王堆漢墓帛書十六經、觀、姓爭云："凡諶之極,在刑與德。刑德皇皇,日月相望,以明其當。"是爲反映所謂黃帝刑德理論的較早出土文獻記載。韓非子二柄云："明主之所導制其臣者,二柄而已矣。二柄者,刑、德也。何謂刑德？曰:殺戮之謂刑,慶賞之謂德。"本篇闡述的黃帝刑德,摒棄諸如陰陽五行等一切迷信成分,專講人事,强調人的主觀能動作用,强調政治清明對戰爭勝負的決定意義,具有鮮明的唯物主義傾向。　　按:刑德,古有兩義:其一爲陰尅陽生,史記龜策列傳:"明於陰陽,審於刑德。"其二爲刑罰與恩賞。韓非子二柄云："二柄者,刑、德也。何謂刑德？曰:殺戮之謂刑,慶賞之謂德。"據下文"天官時日陰陽向背",梁惠王所問之"刑德",當爲陰尅爲刑,陽生爲德,當爲第一説。張居正所説"刑是尅,德是生,刑德是生尅二字",甚是。陳玖學、丁洪章同於張居正,皆得其意。下文尉繚子答曰"刑以伐之,德以守之",則尉繚子所答之"刑德"的涵義爲刑罰與恩賞,爲第二義。

〔二〕施子美曰:尉子懼梁王惑於是説,而不修人事,故因而辨明之。且世之言刑德者,謂刑者,歲相刑也,如寅刑巳、巳刑申之類是也。德者,歲德也,歲在子、德在巳之類是也。是以張昭兵法有曰:"明於星辰日月之運,刑德奇譎之術,背向左右之便,此戰之助也。"是則昔人嘗以刑德而爲天官時日陰陽向背矣。時,十二辰也;日,十干也。凡日辰星象,皆分陰陽之位。背則背之,如背孤、背歲是也;向,所以對背也。因其陰陽而爲向背,則德在所背,刑在所向,是亦守以德而戰以刑也。曾不知黃帝之説不爾也。伐以示吾之刑,守以示吾之德，豈天官時日所可得而盡耶？李筌兵法有曰：“若謀缺策敗，使大撓步曆、黃帝援元、甘法占星、巫咸望氣、風后孤虛，欲幸其勝，未之有也。”以是推之，黃帝所爲，乃人事也，不然，李筌何以又曰：“有黃帝之道，雖無符亦勝。有蚩尤之暴，得符亦敗。”觀此，則黃帝之世，雖有遁甲之法，星曜之書，而其爲攻戰之道，實未始在是也。豈天官時日陰陽向背所可得而盡之耶？亦人事而已矣。

○劉寅曰：尉繚子對曰：刑以伐人，德以自守，非所謂天官時日與陰陽向背也。黃帝者，盡乎人事而已矣。　　○陳玖學曰：黃帝，所謂刑德者如此。　　○李騰芳曰：此題言黃帝立定井以制兵，必有天官書時日陰陽之向背，然而不外以人事爲本。尉繚子，其知道之言乎。　　○大全曰：天官家所謂刑，乃刑尅之謂也。天官家之所謂德，乃生旺之謂也。　　○題炬曰：刑以伐之，謂弔民伐罪也。德以守之，謂既勝則布德施仁，而不復觀兵以逞也。　　○指南曰：天官不若人事，兩相較量，詞嚴義正。　　○丁洪章曰：天官一書，亦有一種道理，但人事不修而徒取，必于此，何濟于事？又曰：天時渺而無據，未若人事寔而有憑也。君人者，曷不於人事加意云？惠王以刑爲刑尅，以德爲生旺，全在天官時日上論。尉繚啓之盡人事，取證於公子心，思所以鑒之也。　　○朱墉曰：刑，尅制也。德，生旺也。自尉繚對，刑以刑罰言，德以仁義言，如陳師鞠旅，奉詞伐暴刑也，而無毀土功，無取禾黍，則刑之中固有德。兵無留行，鋒無前對，故可百勝也。人事即“城高”與“一謀”四句。　　○鄭良樹曰：觀尉繚子下文，所謂“天官”，蓋相當於孫子計篇之“陰陽寒暑時制”，惟孫子以“天”統攝陰陽寒暑時制，尉繚子將之析分爲“天官”、“時日”、“陰陽”及“向背”四事，此二書之不同也。孫臏兵法行篡篇云：“陰陽，所以聚衆合敵也。”地保篇云：“凡地之道，陽爲表，陰爲裏。”所謂陰陽，蓋行軍之顯露與隱秘也，與道家所言者不同。向背，孫子軍爭篇云：“故用兵之法，高陵勿向，背丘勿逆。”孫臏兵法兵失篇云：“善陣，知背向，知地形。”所謂向背，蓋軍陣之排佈與地形之高低之關係也。　　○鍾兆華曰：刑，尉繚認爲黃帝所謂的刑是用來討伐的，即所謂大刑，就是動用軍隊。漢書刑法志曰：“大刑用甲兵，其次用斧鉞；中刑用刀鋸，其次用鑽鑿；薄刑用鞭撲。大者陳諸原野，小者致之市朝。”天官，本篇所謂“天官”有兩種含義：一，下文“案天官曰”，是指陰陽家書。施子美説：“天官者，七曜星曆也”；二，“天官時日陰陽向背”，指陰陽五行迷信之説，是本篇所着力批判的。清朱墉在彙解中説："天官非一種,凡瞻雲望日、察氣觀星、奇門遁甲,皆是統屬於天,故曰天官。"時日,時辰和日子,指是否吉利之時日。陰陽,陰陽五行。孫子計篇"天者,陰陽寒暑時制也"句下杜牧注云："陰陽者,五行刑德向背之類是也。"向背,古時迷信的人,常以歲星的向背來預測軍事行動的吉凶。如史記天官書所説"察日月之行,以揆歲星順逆",歲星"所在,國不可伐,可以伐人"。又如孫子計篇"天者,陰陽寒暑時制也"句下杜牧注引準星經説："歲星所在之分不可攻,攻之反受其殃也。"人事,人的積極作用。又戰威篇："聖人所貴,人事而已。"武議篇："古之聖人,謹人事而已。"可見,這是本篇的基本思想,也是貫穿於全書的思想。淮南子兵略訓云："所謂人事者,慶賞信而刑罰必,動靜時,舉錯疾。"可參考。　　○李解民曰:天官,即天文,指日月星辰等天體的方位、分佈、運行、變化。古人也常將風、雲、露、雨、雪、霜等各種今屬氣象學的現象也包括在内。迷信家將天文現象與人間各種世事對應聯繫起來,也將"刑德"同天象牽合附會。鶡冠子王鈇云："天者誠其日德也。""天者信其月刑也。"淮南子天文云："日爲德,月爲刑。""太陰所居曰德,辰爲刑。"時日,指年紀、四季、月分、日子、時辰。古人以甲、乙、丙、丁、戊、己、庚、辛、壬、癸十個天干和子、丑、寅、卯、辰、巳、午、未、申、酉、戌、亥十二地支,或單獨或組合來表示年、月、日、時辰。迷信家將時日與人事繫聯比附。雲夢睡虎地秦簡日書就是一部專供人們擇日行事、預卜吉凶的書籍。史記日者列傳亦於此有所記載。"刑德"也被與時日掛上鈎。管子四時云："德始於春,長於夏;刑始於秋,流於冬。"馬王堆漢墓帛書十六經觀云："春夏爲德,秋冬爲刑。"淮南子兵略高誘注："刑,十二辰也;德,十日也。"陰陽,原指日光的向背,向日爲陽,背日爲陰,故稱山南水北爲陽,山北水南爲陰。古人用"陰陽"的概念來解釋、指代萬事萬物,被賦予十分廣泛的含義。迷信家以德爲陽,以刑爲德。馬王堆帛書十六經姓爭云："刑陰而德陽。"春秋繁露王道通三、大戴禮記四代云："陽爲德,陰爲刑。"戰國時期,陰陽家十分流行。漢書藝文志諸子略録陰陽二十一家、三百六十九篇;兵書略録兵陰陽十六家、二百四十九篇,云："陰陽者,順時而發,推刑德,隨斗擊,因五勝,假鬼神而爲助者也。"可見當時軍事領域也充斥陰陽五行學説的影響。向背,面向和背向,即正面和背面。軍事上,多指行軍佈陣時部隊與有關地形地貌如山陵河流的相對位置。孫子軍爭云："故用兵之法,高陵勿向,背丘勿逆。"銀雀山漢簡佚篇云："善陣,知背向,知地形。"迷信家也將向背與"刑德"牽合起來,應用於軍事。淮南子兵略云："凡用太陰,左前刑,右背德。"韓非子飾邪云："龜策神鬼不足舉勝,左右背鄉不足以專戰。"　**按:**尉繚子刑德思想與黃老思想十分接近。一九七二年湖南長沙馬王堆出土黃帝四經,其中有言刑德。君正篇曰："一年從其俗,二年用其德,三年而民有得,四年而發號令,[五年而以刑正,六年而]民畏敬,七年而可以正(征)。"刑德乃用民之道。先德後刑,然後可以用民征伐。姓爭篇云："凡諶之極,在刑與德。刑德皇皇,日月相望,以明其當。望失其當,環視(示)其央(殃)。天德皇皇,非刑不行。繆(穆)繆(穆)天刑,非德必頃(傾)。刑德相養,逆順若成。刑晦而德明,刑陰而德陽,刑微而德章(彰)。"刑以伐,德以賞,刑德相輔,二者爲治術之兩面。兵容篇云："兵不刑天,兵不可動。不去地,兵不可昔(措)。刑法不人,兵不可成。"在兵學中,有功者賞,有罪者罰。刑德在兵學中尤其重要。在黃老學這裏,刑爲用兵,有大規模殺伐之意。漢書刑法志:"大刑用甲兵。"用兵爲大"刑"。尉繚子言兵,從刑德入手,乃黃老學之思維。尉繚子將黃老之學作了劃分,一爲主天官、陰陽之説,由天主宰;一爲主刑德之説,而刑德乃由人君主宰,故爲人事。盡人事,發揮人在戰爭中的主觀能動作用,擺脱對天的依賴,突出人之價值,體現了尉繚子進步的歷史思想。刑德乃黃老之説,此可見黃老之學演變爲雜家之跡。

　　何者?①今有城,東西攻不能取,南北攻不能取,四方豈無順時乘之者邪?②〔一〕然不能取者,城高池深,兵器備具,財穀多積,豪士一謀者也。③〔二〕若城下池淺守弱,則取之矣。④〔三〕由是觀之,天官時日不若人事也。〔四〕

【校】

　　①鍾兆華曰:治要本作"何以言之"。御覽卷三〇一引同。施氏、彙函本、述記本均脱。　**按:**據治要本、御覽引當有發問,"何者"較"何以言之"更爲簡潔,或當爲何去非之流編纂時所爲。鍾氏所云"述記本"爲清黃禮漫續述記本。

　　②鍾兆華曰:本句治要本作"今有城於此,從其東西攻之不能取,從其南北

攻之不能取，此四者豈不得順時乘利者哉”。

③鍾兆華曰：本句治要本作“然不能取者何？城高池深，兵戰備具，謀而守之也”。“備具”，淵鑑類函卷二一四引作“具備”。

④鍾兆華曰：本句治要本作“若乃城下、池淺、守弱，可取也”。

【注】

〔一〕施子美曰：攻城之法，瑕者易，堅者難。樂毅一朝下齊七十餘城，而於二城有所不能下者，堅瑕不同也，非陰陽所寓也。尉子言：“四方豈無順時乘之者？”蓋言攻此城，依陰陽攻之，必有便利之處。　○劉寅曰：今有城焉，東西兩方攻之不能取，南北兩方攻之亦不能取，四方豈無順時而乘之者邪？　按：四方，東、西、南、北，代指陰陽與五行。順時，順應陰陽五行變化之時機。此言若攻城，依陰陽五行之學説，必有機可乘。

〔二〕施子美曰：今攻之而不克者，必其勢之固，器之備，財之足，而謀之叶也。　○劉寅曰：此即孟子所謂“三里之城，七里之郭，環而攻之而不勝。夫環而攻之，必有得天時者矣，然而不勝者，是天時不如地利”之義。然不能取之者，城之高也，池之深也，守禦之兵器具備也，資財糧穀之多積也，豪傑之士同心而一謀也。此即孟子所謂“天時不如地利，地利不如人和”之義。　○阮漢聞曰：是即人事，曰一謀者，非盈廷也。　按：攻城務必着眼於城防之實際。城牆堅固與否，護城河深淺如何，兵器儲備如何，糧草供應如何，防禦者軍事謀略如何等等，所有這些皆在於人爲，故決定戰爭勝敗之關鍵在於人事。

〔三〕施子美曰：使其城不高而且下，池不深而且淺，守備不足而且弱，則必可以取之矣。　○劉寅曰：若城卑下，池狹淺，守者又怯弱，則必取之矣。○朱墉曰：下，卑也。守弱，守者怯弱也。　按：城下，指城牆低。池淺，指護城河水淺。守弱，指防守力量弱。此三者皆指人事不修，專賴天象，則必敗。施氏之言有理，劉、朱以爲守者怯弱，意在其中，猶有未盡。

〔四〕施子美曰：以是觀之，則攻守者，果在於人事也，何天官時日之足云？昔王莽嘗召天下善韜、鈐者六十三家，悉補軍吏，及昆陽之敗，會大雷風，屋瓦皆飛，雨下流注。當是之時，豈三門不發，五將不具耶？錯亨亭白奸耶？誤太歲月建耶？殆至於此耶？王莽之所爲，則知天官時日，實無預於人事也。此張昭論孤虚法，所以亦取尉子之言以爲證，從而釋之曰：“陰陽不如德政。”斯言得之矣。　○劉寅曰：由此觀之，天官時日不如盡人事而已矣。　　○張居正曰：天官，即天時也；人事，指人和，言用兵必以人事爲本。　　○李騰芳曰：此題貴人事，不貴天官，是即“天時不如地利，地利不如人和”意。　　**按**：孫臏兵法月戰：“孫子曰：間於天地之間，莫貴於人。”此言依賴天象之“天官”不如盡人事。而若能實施刑罰與慶賞之“天官”，則已然是人事也。淮南子兵略：“所謂人事者，慶賞信而刑罰必。”

案天官曰：“背水陳爲絶地，向阪陳爲廢軍。”①〔一〕武王伐紂，背濟水向山阪而陳，以二萬二千五百人擊紂之億萬而滅商，豈紂不得天官之陳哉！②〔二〕

【校】

①華陸綜曰：“地”，原作“紀”，從清湖北崇文書局本（以下簡稱鄂局本）改。鍾兆華曰：本句治要本作“故按刑德天官之陳曰：背水陳者爲絶地，向坂陳者爲廢軍”。李解民曰：“按天官曰”，治要作“故按刑德天官之陳曰”。孫子計杜牧注引作“夫刑德天官之陳”。鄭良樹尉繚子斠注云：“漢書藝文志五行類著録有刑德七卷，疑本文‘刑德’爲書名，‘天官之陣’爲篇名耳。”可備一說。“地”，原作“紀”，據治要、宋施子美施氏七書講義（下簡稱講義本）、明天啓茅元儀武備志（下簡稱天啓本）、清朱墉武經七書彙解（下簡稱彙解本）改。　　**按**：“地”，原作“紀”，據治要本、講義本、鰲頭本、兵略本、開宗本、武備志本、四庫本、彙解本、子書百家本、二十五子彙函本改。

②鍾兆華曰：本句治要本作“武王之伐紂也，背濟水，向山之阪，以萬二千人擊紂之億有八萬人，斷紂頭，懸之白旗，紂豈不得天官之陳哉”。御覽卷三〇一引作“武王伐紂，背清水，向山陵，以萬二千人擊紂億有八萬，斷紂頭，懸之白旗，豈不得天官之陳哉”。述記本在“武王伐紂”前有“昔”字。“濟水”，疑爲“清水”之誤，御覽卷三〇一引作“清水”。又孫子計篇“天者，陰陽寒暑時制也”句下杜牧注引亦爲“清水”。清水源出今河南修武縣，流經汲縣與衛河匯合，注入黃河。清水流經牧野，而濟水不經過牧野。水經注卷九“清水”條“又東過汲縣北”下有一段注云：“清水又東與倉水合，水出西北方山。山西有倉谷，谷有倉玉珉石，故名焉。其水東南流，潛行地下，又東南復出，俗謂之㿝水，

東南歷坶野。自朝歌以南,南暨清水,土地平衍,據皋跨澤,悉坶野矣。郡國志曰:朝歌縣南有牧野。竹書紀年曰:周武王率西夷諸侯伐殷,敗之於坶野。詩所謂‘坶野洋洋,檀車煌煌’者也。”本句後治要本有“然不得勝者何? 人事不得也”一句,爲今本所無。李解民曰:濟水,亦稱“沇水”,源出今河南濟源西王屋山,下游屢次變遷。商末濟水或流經牧野一帶。太平御覽卷三〇一引作“清水”。按清水即今衛河,源出山西太行山,流經牧野。此“濟水”疑爲“清水”之誤。　按:“濟水”,水名,非爲“清水”之誤。“背濟水”下文爲“向山阪”,但從水經注所云“自朝歌以南,南暨清水,土地平衍,據皋跨澤,悉坶野矣”,可見牧野之地並無山,何來“向山阪”? 濟水,古四大河瀆之一,尚書禹貢:“導沇水,東流爲濟。”水經注:“濟水出河東垣縣王屋山,爲沇水。”郭璞注:“泉源爲沇,流出爲濟。”濟水的源頭爲沇水,來自王屋山,東流爲濟。濟水,説文作“泲水”,清楊守敬水經注疏卷七:“據説文當作泲,但秦、漢以上經典多作濟,相承已久。故水經及注並作濟。”濟水發源自王屋山,向東流向大海。據中國歷史地圖集戰國時期韓魏圖,濟水在今河南滎陽市廣武鎮北入地下,潛行過黃河,向東南經陽武、黃池、濟陽、定陶注入大野澤,然後向東北過濟南北,繼續向東注入渤海。今河南濟源、山東濟寧、濟南等城市得名皆與濟水有關。黃河與濟水交叉在廣武鎮北,上游濟水在北,黃河在南;下游黃河在北,濟水在南。武王伐紂之牧野距離黃河很近,當時水面寬闊,不大可能渡河擊紂,故武王選擇在成周(今洛陽)往北的孟津渡口過河。史記周本紀載武王伐紂:“十一年十二月戊午,師畢渡盟津,諸侯咸會。”正義:“盡從河南渡河北。”淮南子覽冥訓:“武王伐紂,渡於孟津。”盟津即孟津。武王自黃河孟津渡口渡過後,面臨的就是濟水,所以背對濟水,沒有甚麼問題。且武王過黃河後,先列陣觀兵,等候諸侯同盟軍,並非立即與商紂對戰。史記周本紀曰:“東觀兵,至於盟津。”集解引徐廣曰:“譙周云史記武王十一年東觀兵,十三年克紂。”“武王伐紂,背濟水向山阪而陳”當爲言武王觀兵一事,非克紂也。故“濟水”不必曲解爲“清水”。

【注】

〔一〕施子美曰:兵法:“前左水澤,右背山陵,背水向阪,皆有所宜。”故天官之陣,以背水爲絕地,以向阪爲廢軍。然武王伐紂之際,嘗背濟水向山阪矣。

○劉寅曰:按天官曰:"背水陳,爲之絶紀;向阪陣,爲之廢軍。"　○李騰芳曰:背水陣,敵在吾前,水在吾後也。向阪陣,敵處高,吾處下也。絶地、廢軍,謂陷之死地,有廢絶之形,無生全之勢也。　○黄獻臣曰:敵在吾前,水在吾後。絶地,謂陷之死地。向阪陣,謂敵處高,吾處下。廢軍,有廢絶之形,無生全之勢。　○朱墉曰:敵在吾前、水在吾後爲背水。絶,死絶之地也。敵處高、吾處下爲向阪。廢軍,有廢絶之形,無生全之勢也。　○鄭良樹曰:絶地,兵家習詞,孫子九地云:"去國越境而師者,絶地也。"九變云:"絶地無留。"並云絶地。絶地,危絶不可淹留久止之地。九變篇張預注有説。　○李解民曰:天官,書名,當爲漢書藝文志所録兵陰陽家一類書。史記有天官書,當亦相近。絶地,軍事術語,指危絶之地。孫子九地云:"去國越境而師者,絶地也。"九變云:"絶地無留。""背水陳爲絶地",背水佈陣,後無退路,故稱絶地。阪,即山坡。廢軍,指無用之軍,敗亡之軍。或謂廢棄軍隊,白送軍隊,亦通。"向阪陳爲廢軍",面山佈陣,敵方居高臨下,而自處於仰面受攻不利地位,故言廢軍。孫子軍爭云:"高陵勿向,背丘勿逆。"　**按**:陳,即擺陣。"天官曰",治要本作"故按刑德天官之陳曰",則"天官"二字不爲書名。絶地、廢軍,謂陷之死地,有廢絶之形,無生全之勢也。李騰芳説是。天官之陳以爲如處於絶地、廢軍之中,便無法取勝。此乃天命宿命之説。

〔二〕施子美曰:是武王不得其利,而紂得其利也。得之而敗,失之而興者,武王之人事修,而紂之人事廢也。豈天官之陣所可拘哉?是以張昭舉其言曰:"紂豈不得天官之陣耶?然而兵敗國亡者,人事之不得也。"復從而釋之曰:"紂虐人逆天,武王吊民伐罪。"信斯言也,果不在於人事乎。　○劉寅曰:周武王伐紂之時,背濟水、向山阪而爲陣,以二萬二千五百人擊紂之億萬而滅殷商,豈紂獨不得天官之陳哉?二萬二千五百人,蓋以革車三百輛而言,共三萬人,除將重車七千五百人外,戰士止有二萬二千五百人也。背水陣者,敵在吾前,水在吾後也。向阪陣者,敵處其高,我處其下也。絶紀廢軍,謂陷之死地,有廢絶之形,無生全之勢也。武王背濟水、向山阪而勝紂者,以有道伐無道,以至仁伐至不仁,以同心通德而伐離心離德也。紂雖得天官之陳,何益於用哉?　○陳玖學曰:由人事不盡也。　○黄獻臣曰:以有道伐無道,紂雖得天官之陣,何益於用?　○朱墉曰:紂,商王也。　○李解民曰:武王,即周武王,姬姓,名發,繼承其父周文王遺志,在牧野(今河南汲縣北)之戰中大獲全勝,進軍滅掉商朝,建立西周王朝。紂,或作"受",即商紂王,又稱帝辛,子姓,商朝末代君主,牧野之戰兵敗後自焚。孟子盡心下云:"武王之伐殷也,革車三百兩,虎賁三千人。"書序云:"武王戎車三百兩,虎賁三百人,與受戰於牧野。"淮南子泰族云:"湯、武革車三百乘,甲士三千人,討暴亂,制夏、商。"若以司馬法一乘七十二人計算,則三百乘爲"二萬二千五百人",與今本吻合。本書武議云"死士三百,戰士三萬",皆傳聞異辭,不可詳究。商,朝代名。公元前十六世紀,商湯滅夏立國,建都於亳(今山東曹縣南)。後屢次遷都。盤庚時遷至殷(今河南安陽小屯村),故商亦稱殷。公元前十一世紀,被周人所滅。前後傳十七代、三十一王。　按:武王,周武王,西周第一個君主,姓姬名發,約公元前一○二七至前一○二五年在位。紂,商紂王,商朝末代君主,名辛。二萬二千五百、億萬,皆非確切數字,古時十萬爲億。武王離背濟水向山坡擺陣觀兵。觀兵,即盡人事也。此句言武王伐紂成功,是先盡人事也。

　　楚將公子心與齊人戰。時有彗星出,柄在齊。柄所在勝,不可擊。〔一〕公子心曰:"彗星何知? 以彗鬥者,固倒而勝焉!"明日與齊戰,大破之。①〔二〕黃帝曰:"先神,先鬼,先稽我智。"謂之天官,人事而已。②〔三〕

【校】
　　①鍾兆華曰:自"楚將公子心"至"大破之",治要本未收録。御覽卷七引作"昔楚將軍子正與齊戰,未合。初夜彗星出,柄在齊。所在勝,不可擊。子正曰:'彗(星)何知?'明日與齊戰,大破之"。
　　②華陸綜曰:"官",原作"時",從鄂局本改。鍾兆華曰:本句治要本作"黃帝曰:'先稽己智者,謂之天官。'以是觀之,人事而已矣"。疑宋本經改動。
按:"天官",原作"天時",據治要本、講義本、鰲頭本、兵略本、開宗本、武備志本、四庫本、彙解本、子書百家本、二十五子彙函本改。

【注】
　　〔一〕施子美曰:用兵之法,在乎禁祥去疑。熒惑守歲,李晟以是而勝朱泚。天官之不足拘也久矣。彗,兵星也。兵星所見,柄在即勝。今楚將子心謂倒而

勝以逆天也,而卒以勝者,此不在於天文而在於人事也。 ○劉寅曰:昔春秋時,楚將公子心與齊人戰,時有彗星出,其柄在齊,柄所在處勝,人言不可擊。 ○李騰芳曰:心,公子名。古者謂彗柄在齊,當勝,不可擊。 ○阮漢聞曰:亦天官家言。 ○丁洪章曰:心,公子名,春秋時人。 ○朱墉曰:楚,國名。公子名心,春秋時人。彗,妖星,主除舊更新之象。不可擊,占者之言也。 ○李解民曰:楚,國名,羋姓,始祖鬻熊。西周時立國於荊山(今湖北西部武當山東南、漢江西岸)一帶,建都丹陽(今湖北秭歸東南)。春秋時期楚莊王曾爲霸主。戰國爲七雄之一。公元前二二三年被秦國所滅。楚將公子心,太平御覽卷七引作“楚將軍子正”,卷八七五引作“楚將軍子心”。其人未詳。或謂即左傳之楚將成大心,不足信。齊,國名,姜姓,西周初分封異姓諸侯國,始封君爲呂尚,建都營丘(後稱臨淄,今山東淄博東北)。春秋末公室衰弱,君權逐步爲大臣田氏(即陳氏)侵奪。戰國初田氏代姜氏,公元前三八六年周安王正式承認田和爲齊侯,故又稱田齊。公元前二二一年被秦國所滅。彗星,俗稱掃帚星,繞太陽運行的一種天體。接近太陽時,由彗核、彗髮、彗尾三部分組成。彗核、彗髮又合稱彗頭。彗尾形狀象掃帚,故名。柄,指彗星呈掃帚形時象柄把的部分。“柄所在勝,不可擊”,古人迷信,認爲彗星也能預示戰爭的勝敗,以處於彗星柄部方向的軍隊爲勝者,故有此言。 **按**:根據占星家所言,彗星柄所指處者當勝。淮南子兵略訓:“武王伐紂,東面而迎歲,至汜而水,至共頭而墜。彗星出而授殷人以柄。”高誘注:“時有彗星,柄在東方,可以掃西人也。”周興起於隴西,文王也被封爲西伯。武王伐紂時,出兵起自成周。時紂都在安陽,紂本人在朝歌。從位置上看,武王在成周,位置在西。彗星柄所在紂,按星占學的説法,當勝。

〔二〕施子美曰:公子心既有勝齊之術,雖不得彗星之助,亦何以害於事?況天時不能佐無道之主,彼有可伐,苟拘於星象而不伐,不惟不足以立功,抑如民何? 是以李筌論天文有曰:“若將賢士鋭,誅暴救弱,以義攻不義,以有道伐無道,以直取曲,以智擊愚,何患乎天文哉?可博而解,不可執而拘。”筌之此言,殆爲子心設也。 ○劉寅曰:公子心曰:“彗星有何知焉?以彗帚與人鬥者,固倒而取勝焉。”明日與齊戰,遂大破之。 ○陳玖學曰:此見天官之不可拘。 ○黃獻臣曰:持彗帚而與人鬥,必以柄倒向人方可取勝,彗星芒在上,柄在下,故曰倒。 ○阮漢聞曰:言以人事勝,則倒轉其所在之柄,而我持之。
○丁洪章曰:惠王以刑爲刑尅,以德爲生旺,全在天官時日上論。尉繚啓之盡
人事,取證於公子心,思所以矯之也。然得歲而伐吳,受其咎。吉日維戊,周雅
所存,顧其時之何如耳。若獫狁内侵,六月棲棲,執冬夏之法,則舛也。 ○胡
君常曰:公子心不信彗星,是人盡勝天也。人盡可以勝天,可見人事之當修,而天
官時日之不足信也矣。總是引以質證黃帝人事而已之説。 ○鄧伯瑩曰:彗星
屬之天,柄之所在又難以取勝,而楚竟勝之,是以人事操天之柄也。 ○朱墉
曰:彗星芒在上,柄在下,故曰倒。 ○李解民曰:漢人典籍中有類似記載。淮
南子兵略云:"武王伐紂……彗星出,而授殷人其柄……白刃不畢拔,而天下得
矣。"説苑權謀云:"城濮之戰,文公謂咎犯曰:'……彗星見,彼操其柄,我操其
標。……吾欲無戰,子以爲何如?'咎犯對曰:'……彗星見,彼操其柄,我操其
標。以掃則彼利,以擊則我利。'"論衡異虛云:"晉文公將與楚成王戰於城濮,
彗星出楚,楚操其柄,以問咎犯。咎犯對曰:'以彗鬬,倒之者勝。'"可參看。

按:彗星爲天官,彗星所指乃天官之意。倒彗尾而勝,亦人事之解釋而已。
此爲天官不如人事之證。投筆膚談天經曰:"故雖斗蝕彗孛,不能爲吾妖。疾
雷走電,不能爲吾懼。淒風苦雨,不能爲吾憂。寒暑霧雪之異常,甲子往亡之
忌日,不能爲吾阻。若此者,所以反其災害而爲祥利,定民之疑,順事之機,以
制吾之勝者也。"

〔三〕施子美曰:天下之事,求之於神,不若求之於己。在己者爲可信,在神
者不足憑。人謀既同,何神之不從?況聖人者,與天地合其德,與日月合其明,
與四時合其序,與鬼神合其吉凶,故先天而天弗違,後天而奉天時。天且不違,
況於鬼神乎?是則舉大事者,將以鬼神爲先耶?抑以我智爲先耶?鬼神非所
宜先也,必先稽之己智而後可也。昔者舜之告禹,嘗曰:"官占惟先蔽志,朕志
先定,詢謀僉同,鬼神其依,龜筮叶從。"是則智在所先斷,而鬼神則從之也。何
鬼神之是先?是以李筌曰:"若謀成策員,則天地日月,四時鬼神,皆合之謀。"
筌之此言,亦尉子之意也。苟爲不然,太公於牧野之戰,何以曰"蓍,枯草也;龜,
枯骨也"?亦安知聖者之慮,智者之謀哉? ○劉寅曰:黃帝有曰:"先信之於神,
聽之於鬼,不若先稽我之智耳。"謂之天官,在盡乎人事而已。 ○陳玖學曰:黃
帝言先聽信於神鬼,不若先稽我之智識,是謂之天官者,不過盡我人事而已。

○黃獻臣曰：言質之鬼神，不若先稽之智識。此云天官，即虞書天工也。
○李騰芳曰：先質之鬼神，不若先稽我之智識，是之謂天官不過盡我人事而已。
玁狁内侵，尹吉甫以六月出師伐之，至於太原。李愬雪夜入蔡州，謂賊以往亡之
忌度我不來，正可擊之。若拘於冬夏之法，則舛矣。　○茅元儀曰：黃帝言先聽
信於鬼神，不若先稽我之智識。是謂之天官者，不過盡我人事而已。　○阮漢聞
曰：引此，明天官非真出黃帝。　○丁洪章曰：機會可乘，時不再來，泥往亡之忌，
則誤矣。凡此，何可信天官時日？要之，人事既盡，不必信天官，不必不信天官。
略之，固足開膠柱之惑。存之，亦足免躁動之愆。與其專主以矯俗，何如兩示以
任權？亦見知識之靈於鬼神也。又曰：相刑自刑則爲刑，與德支德則爲德。此天
官家之言也。史記曰“大刑罰用甲兵”，看來，以兵取之，以仁義守之，即爲刑德，
非專以時日之陰陽向背爲刑德也。黃帝兵法所重者，全在人事。　○指南曰：黃
帝一書，天官人事，非分而言之，乃合而言之也。見得先神先鬼，而不先稽我之
智，則鬼神亦不靈之物也。　○鄭友賢曰：天官一書亦有一種道理，但人事不修，
而徒取必於此，何濟於事？又曰：天時渺而無據，未若人事實而有憑。　○朱墉
曰：先神，先問之於神也。先鬼，先問之於鬼也。稽，考察也。鬼神渺茫難知，聽
諸天者也。我智内涵獨照，由於己者也。謂之天官，即虞書天工也。　○李解民
曰：稽，意即考查，查問。或謂通“乩”，説文解字作“卟”，卜問。“天官”，與上文
“天官時日”之“天官”意異，指人天生的器官。孟子告子上云：“耳目之官不思，
而蔽於物。物交物，則引之而已矣。心之官則思，思則得之，不思則不得也。此
天之所與我者。”荀子天論云：“耳目鼻口形能，各有接而不相能也，夫是之謂天
官。心居中虚以治五官，夫是之謂天君。”正名“緣天官”楊倞注：“天官，耳目鼻
口心體也。謂之官，言各有所司主也。”“黃帝曰：‘先神先鬼，先稽我智’”，治要
作：“黃帝曰‘先稽己智’者，謂之天官。”以“天官”解釋概括“先稽己智”，亦可證
此“天官”決非天文星象之意，而是指人的感覺、思維器官。　按：此句“天官”既
指“天官時日”之天官，亦指人之五官，因爲“天官時日”之説亦源於人五官之觀
察與解説，彗柄所指與彗尾所指，孰勝孰負，皆爲人所解釋者。所謂“天官”本來
即爲人事也，故曰“天官，人事而已”。李氏説近是，然意亦有未盡之處。丁氏所
説以兵取之爲“刑”，以仁義守之爲“德”，亦爲有見。

兵談①第二〔一〕

【校】

①鍾兆華曰:竹簡本篇末題名爲"治□"。李解民曰:按銀雀山漢墓竹簡尉繚子(以下簡稱"簡本")篇末題名爲"治□",與此不同。

【注】

〔一〕劉寅曰:兵談者,談論治兵之法也,蓋取書中義以名篇焉。　○張居正曰:首在富國,次在强兵。在"兵勝於朝廷"句截,前指君言,後指將言。　○陳玖學曰:此論治兵之法。　○黃獻臣曰:首在富國,次在强兵。"在兵勝於朝廷"句截,前指君言,後指將言,合成富强之議論。　○丁洪章曰:此章所談皆兵家之事。首在富國,次在强兵,故曰兵談。"在兵勝於朝廷"句截,前指君言,後指將言,合成富强之議論。　○朱墉曰:兵談者,談論制兵之法也。篇中議論皆富國强兵之法,欲君國主兵者留意於此二事,以圖制勝之意,故曰兵談。此章總論用兵之道,首在富國,次在强兵。君將兩分,在"兵勝於朝廷"句截,前指君言,後指將言。人君而欲用兵,必先裕富强之實,然後可以治己而制人。爲將而欲用兵,必先具才德之全,然後可以隨地而取勝。地出粟以養人民而備兵,即所以衛城邑者也。地大而兵不足以衛之,則禦備無人;兵多而地不足以養之,則資生無策。故人君於國家無事之時,不於民外求兵,而治兵寓於治國,墾土務農,富民以爲强兵之本,此其要道也。至於爲將者,更不得逞忿好戰,觀兵黷武也。惟其才智超越,德行過人,庶幾可受專閫之任。而又必不爲地形所困,先發制人,得機得勢,則敵人始不克當,而稱爲無敵之師也。　○竹簡整理組曰:簡本篇末題名爲"治□",與傳本不同。　○華陸綜曰:本篇從建城談起,論述了"戰勝於外,備主於內","兵勝於朝廷"的道理。指出只有國富兵强,才能"威制天下"。　按:根據文中內容"治兵者,若秘於地,若邃於天,生於無",論兵關鍵在於朝廷,"故兵勝於朝廷"。結合竹簡篇末題名"治□",則疑此篇原篇名即爲"治兵",意即談論治兵之道。因內容爲談論治兵之道,故宋人概稱之曰"兵談"。尉繚子强調戰爭主要圍繞城市來進行,城市位於土地肥沃之中心,"量土地肥墝而立邑建城,以城稱地,以地稱人,以人稱粟",回答了城市與土地之間的密切關係。故治兵者,當據守城市,以城市爲中心,治理周邊廣闊而肥沃的土地,明乎禁舍開塞之道,才能富國强兵。此即"兵勝於朝廷"思想。作者還强調用兵要謹慎,認爲"兵起,非可以忿也",與孫武"主不可怒而興師"的思想相一致。而一旦出兵,則如垣壓之,如雲覆之,決戰決勝。

　　量土地肥墝而立邑建城,以城稱地,以地稱人,以人稱粟。①〔一〕三相稱,則内可以固守,外可以戰勝。②〔二〕戰勝於外,備主於内,③勝備相應,猶合符節,無異故也。〔三〕

【校】

　　①華陸綜曰:銀雀山出土竹簡(以下稱簡本)作"[□□□]□墝而立邑建城,以城稱地,以地稱……"。疑宋本有誤,應作"量土地肥墝而立邑建城,以城稱地,以地稱人,以人稱粟"。鍾兆華曰:本句竹簡作"[□□□]□墝而立邑建城,以城稱地,以地稱……"。宋本當在"稱地"前脱"以城"二字,"以城稱人"的"城"字當是"地"字之誤。據竹簡,疑本句當是:"量土地肥墝而立邑建城。以城稱地,以地稱人,以人稱粟。"李解民曰:"建城",傳本舊均屬下讀,今據簡本改屬上讀。又銀雀山漢墓竹簡田法亦有"量土地肥墝而立邑建城"之語。　　按:"以城"二字,原脱,據竹簡本補。"以地稱人"之"地",原作"城",據竹簡本改。

　　②鍾兆華曰:本句竹簡爲:"……稱也,故迠(退)可以守固,[□□□]戰勝。"如竹簡所示,後半句可能是"進可以戰勝"。疑宋本把"迠"當作"内"之僞,又改"進"爲"外",則成"内可以固守,外可以戰勝"。李解民曰:"内",簡本作"迠",同退。"外",據簡本,當作"進"。　　按:下文"戰勝於外,備主於内",竹簡本作"戰勝於外,福産於内",語意承接上文而來,可見原文即"内"、"外"對舉,非"退"、"進"對舉。底本作"内可以固守,外可以戰勝"不誤。簡文"迠"當是"内"字之訛。

　　③華陸綜曰:"備主於内",簡本作"福産於内"。按國語越語下有"兵勝於外,福生於内"語。疑宋本有誤,似作"福産於内"爲宜。鍾兆華曰:本句竹簡作"戰勝於外,福産於内"。國語越語下説:"是故戰勝而不報,取地而不反,兵勝於外,福生於内,用力甚少,而名聲章明。"又淮南子兵略訓也有"戰勝於外,

福生於内”句。宋本下文“生於無”，竹簡作“産於無”。説文：“産，生也。”故
“福産於内”同“福生於内”。宋本“備”字當爲“福”字之誤，“主”字疑爲“生”字
之形近而誤。據此，本句當爲“戰勝於外，福生於内”。李解民曰：“福生”，原
作“備主”。簡本作“福産”，銀雀山漢墓整理小組（以下簡稱“整理組”）注：
“按國語越語下有‘兵勝於外，福生於内’語，淮南子兵略有‘戰勝於外，福生於
内’語，宋本‘備’字當爲‘福’字之音誤（二字古音相近），‘主’字當爲‘生’之
形誤。”據改。　　按：此句與竹簡本多有不同，但下文“勝備相應”無竹簡本依
據。“勝備相應”承接“戰勝於外，備主於内”而來，故底本不誤。鍾兆華、李解
民等認爲“勝備相應”亦當依竹簡本改爲“勝福相應”。但“勝福相應”與下文
“若合符節”語義不連貫。此處“備主”，當理解爲“主備”，君主之備。將戰勝
於外，君主備之於内。將與君主之間，原就各持一半兵符，合兵符而有調兵之
權，故有此喻。

【注】

〔一〕施子美曰：按周禮“大司徒”之職：“凡建邦國以土圭，土其地而制其
域。諸公之地，其食者半；諸侯之地，其食者三之一；諸子之地，其食者四之
一。”此地有肥磽也，量其地之肥磽而制邑，則所居得其地，所分得其制矣。按
成公六年，晉人謀去故絳，諸大夫皆曰：“必居郇瑕。”韓獻子曰：“不如新田。
郇瑕之地，土薄水淺。新田之地，土厚水深，居之不疾。”是則制邑者，不可不量
其土之肥磽也。既量其土而制之矣，則所以守之者，又不可不盡其具。城以稱
地，人以稱城，食以稱人，此所以爲守之之具也。　　○劉寅曰：古者量度土地之
肥瘠而建立邑，建立城邑，務稱較地之肥瘠；以城之大小，稱較人之衆寡；以人
之衆寡，稱較得粟之多少。　　○張居正曰：城稱地，則土之所出足以供之所寓；
城稱人，則人之所聚足以爲城之所守；人稱粟，則粟之所積足以供人之所
食。　　○陳玖學曰：稱地廣狹，稱人多寡，稱粟多寡。　　○黃獻臣曰：此言爲國當
調戰守之具，蓋必富國而後可以言强兵。不然，地瘠人稠，桑癰鹽食，爲戰守大
患。　　○李騰芳曰：稽地廣狹，稱粟多寡。　　○茅元儀曰：三者相稱無異。
○阮漢聞曰：此所謂邑，若後世鎮堡控扼類。　　○丁洪章曰：量，度也。肥，美
也。磽，瘠也。言城大而地小者不可守，故建城稱地；城小而人多者不可守，故
以城稱人；人多而粟少者不可守，故以人稱粟。從來善守之人非不持久，然卒

不能守者,食不足也。 ○山中倡庵曰:稱肥瘠者既於上文立邑之中説了,故從後説(直解)可爲建城稱地之廣狹也。 ○大全曰:不稱其地之廣狹,難免肥磽不均之弊;不稱其人之多寡,難免地窄人稠之弊;不稱其粟之多少,難免人滿粟缺之弊。 ○王漢若曰:建城稱地之廣狹,以城稱人之多寡,以人稱粟之豐歉。 ○汪殿武曰:城稱地,則土之所出足以供城之所寓;城稱人,則人之所聚足以爲城之所守;人稱粟,則粟之所積足以供人之所食。 ○朱墉曰:量,度也。肥,豐美也。磽,瘠薄也。建,創造也。稱者,輕重相等,不低昂也。地,以廣狹言。人,以衆寡言。粟,以多少言。 按:此言建城須根據自然地理條件而行。有多少肥沃的土地,可以産多少糧食,養活多少人口,以此確定建多大城池。戰國時期,以城市攻防爲主的戰爭已經成爲主要的戰爭形式,一方面,城市是一個地區的政治、經濟、區域文化中心,也是軍事要塞;另一方面,城市本身具有城牆與護城河,便於防守。

〔二〕施子美曰:法曰:“稱生勝。”惟稱然後可以制人,故生勝。惟其勝,故内則可以固守,外則可以戰勝。且制城之法,王者門阿之制五雉,宫隅之制七雉,門阿之制以爲都城之制,宫隅之制以爲諸侯之城制,此則成周建邦啓土之制也。以如是之城,適足稱如是之地也。至於守城之法,一丈之城則十人守之,千丈之城則萬人守之,此則尉子守城之法也。以如是之人,適足以稱如是之城也。然而雖有金湯,非粟不守,故其所稱之粟,必欲稱其所守之人。充國論屯田,吏士凡萬二百八十一人,月用穀二萬七千三百六十三斛,是又欲以食而稱人也。三者既稱,稱則生勝,所以攻守之際,無有不利也。 ○劉寅曰:三者既相稱,内可以固守其國,外可以戰勝於敵。 ○黄獻臣曰:“三相稱”之議最握窾會,然勢處於所難,務在平時有以調劑之。 ○丁洪章曰:此言爲國當調戰守之具,蓋必富國而後可以言强兵也。 ○大全曰:如是而欲其内之可以固守,外之可以戰勝,必不得矣。 ○題炬曰:三相稱,則無土滿人滿之患,亦無兵多食乏之憂。城稱地,地稱人,人稱粟,則内可固守,外可戰勝,富國强兵之道,無踰於此者。 ○王漢若曰:有此三稱,則糧食充饒,人有餘力,地有餘勢,以之守必堅,以之戰必克矣。三勝者,固勝之藉,非固勝之要也,固勝之要只在人和。 按:春秋時期,建城均按禮制的規定。左傳隱公元年:“祭仲曰:都城過百雉,國之害也。先王之制,大都不過參國之一,中五之一,小九之一。

今京不度，非制也，君將不堪。"禮制的規定，是按爵位高低來建城，爵位高，其城規模大；爵位低，則其城規模小。爵位高者，若無合適之地建城者，所建之城越大，軍事上越不安全。本篇從軍事安全角度提出建城的原則，摒棄了禮制的規定，反映了尉繚子兵學思想的進步。

〔三〕施子美曰：其所以能戰勝於外者，以其有備以主之於内也。惟其恃於内，故能有所成於外。以是備爲是勝，必有同然而相應者，宜其如符節之合而無或異也。符節者，所以合驗而爲信也。周人之法，門關用符節，道路用旌節，此符節之所由用也。無他也，取其同也。有是勝亦猶符節之必合也。趙充國論屯田十二事，欲因田致穀，本以爲備也，而其論破虜之期，則謂以佚待勞。決之期月之間，卒之羌降，如其所料，無他，有是備則有是勝。理之相應有必然者，故可得而預定之也。　　○劉寅曰：戰取勝於外，備主守於内，勝於備迭相爲用，猶合符節，無有殊異故也。符節者，以玉爲之，篆刻文字而中分之，彼此各藏其半，有故，則左右相合以爲信也。漢制，以竹爲之，分而相合，故字從竹、從付，如竹符、英蕩符是也。又有銅虎符，以起兵。凡符節，右留君所，左以與人，有故，則君以其右合其左耳。　　○張居正曰：城稱地，則土之所出足以供城之所寓；城稱人，則人之所聚足以爲城之所守；人稱粟，則粟之所積足以供人之所食。足食、足兵，斯内而守，備外而戰，勝其應也，若符節之相合而不爽矣。○陳玖學曰：戰者取勝於外，備者主守於内，相爲協應，若符節之其以合者。三者相稱，無異故也。　　○黃獻臣曰：勝必由於備。戰者取勝於外，備者主守於内，相爲協驗，若符節之合。以三者相稱，無異故也。又曰：若張希顏之治萍鄉，（城壕具飭，更鼓夜鳴，野無惰農，市無游閑，號稱能治。）勿令人浮於食也。或邊城蹂躙，厚集要害。得不招撫流亡，效富弼之各處以居廬；不得不兵民雜處，嚴段秀實戢郭晞營之騷驛；（晞軍入市取酒，刺酒翁，壞釀具，秀實斬其首，植市門，一營大譟盡甲，秀實至晞門曰："副元帥勳塞天地，當念始終。"晞拜謝，叱左右解甲。）不得不時給雛餉，仿羊祐之廣墾於襄陽，（祐鎮襄陽，開墾荒陌八百餘頃，軍儲常充。）如是勝備可合符契矣。若謂曠土曠居，欲入粟以實塞下，則鬻爵之金，何補於空虛哉？　　○李騰芳曰：此題重"符節"二字，言其戰守各有機宜，不容一毫乖方，故曰若合符節。　　○丁洪章曰：符節，以玉爲之，篆刻文字而中分之，彼此各藏其半，有故，則左右相合以爲信也。又曰：符節，符自符，節自節，雖所用相同，而制寔各異,所謂合符節,亦符與符合,節與節合,非是符與節合也。戰勝於外,必由備主於内。知先王建城之意,則守戰得而備無患矣。　　○汪殿武曰:則足食足兵,斯内而守備,外而戰勝,其應也,若符節之相合而不爽矣。　　○指南曰:用兵者,内守外戰,若勝自勝,備自備,不相符合,則雖能備能勝,終是扞格。惟外之所以勝合於内之所以備,内之所以備合於外之所以勝,内外相濟,勝備相應,一如合符合節之不爽,斯勝者常勝,固者常固矣。　　○朱墉曰:符節,漢制以竹爲之,又有銅虎符以起兵。凡符節,右留君所,左以與人,有故,則君以其右合其左耳。　　○鍾兆華曰:符節,古代國君調兵遣將或傳遞命令所使用的憑證,用金、玉、竹、木等製作,右半留京,左半在外,左右相合無差異,方足以爲信。軍事上用的虎符,即爲其中之一種。　　○李解民曰:符節,古代朝廷用以傳達命令、徵調軍隊、出使通行的憑證。戰國時,符多用於調兵遣將,如傳世的秦國陽陵虎符;節多作爲通行證,周禮地官掌節云:“凡通達於天下者,必有節。”形似竹節,如一九七五年和一九六〇年出土於安徽壽縣的鄂君啓節。或以“符節”爲節之一種,出入關門所持的憑證,周禮地官掌節:“門關用符節。”要之,符節作爲信物,用金屬、玉石、竹木等製成,一般刻有文字,剖爲兩半,雙方各執其一,合之以驗真假。　　**按**:此句謂將在外戰勝,主在内作後勤準備,若合符節,則戰無不勝。符節,古時調兵遣將的憑證,君主將帥各執其半,用兵時兩半驗合無訛方可。

　　治兵者,若秘於地,若邃於天,生於無。[一]故開之,大不窕,小不恢。①[二]明乎禁舍開塞,民流者親之,地不任者任之。②[三]夫土廣而任則國富,民衆而制則國治。③[四]富治者,民不發軔,甲不出暴,而威制天下。④[五]故曰:“兵勝於朝廷。”⑤[六]暴甲而勝者,主勝也;陳而勝者,將勝也。⑥[七]

【校】

　　①華陸綜曰:“開”,原作“關”,從鄂局本改。鍾兆華曰:本句宋本疑有脱漏。竹簡作“……□□焭焭,産於無”。除宋本、施氏本外,諸本均作“故開之,大不窕,小不恢”。本句應當是兩個對舉的分句構成的,宋本有脱漏與遺誤。據竹簡“……大而不㳲(窕);關之,細而不欬”,可知其句式當爲:“開之,

大……;關之,小……。"類似句子,古籍中不難找見。大戴禮記主言:"七者布諸天下而不窕,內諸尋常之室而不塞。"淮南子兵略訓:"入小而不偪,處大而不窕。"荀子賦篇:"充盈大宇而不窕,入郄穴而不偪。"段玉裁説文解字注説:"凡此皆可證'窕'之訓寬肆。凡言'在小不塞,在大不窕'者,謂置之小處而小處不見充塞無餘地,置之大處而大處不見空曠多餘地。"可見本句宋本經刪動,上句誤"開"爲"關",而下句脫"關之"。諸本則下句脫"關之"。李解民曰:"開",原作"關",據明劉寅武經七書直解尉繚子(以下簡稱直解本)、天啓本、彙解本改。 按:"欶",原作"恢"。竹簡本作"……大而不眺(窕);關之,細而不欶"。據竹簡本改。

②鍾兆華曰:本句竹簡殘爲:"故王者,民之歸之如流水,望……故曰明於[□□□□□]取天下若化。國貧者能富之,……時不應者能應之。"治要本爲:"王者,民望之如日月,歸之如父母,歸之如流水。故曰:明乎禁舍開塞,其取天下若化。"據此,宋本有重要刪節。"地不任者",清芬、韜略、二五、二八、百家本等作"治"字。又吕氏春秋有任地篇。 按:鍾氏所言"清芬"即清芬堂叢書本,"韜略"即韜略世法本,"二五"即二十五子彙函本,"二八"即子書二十八種本,"百家"即子書百家本。

③華陸綜曰:"制",原作"治",從鄂局本改。鍾兆華曰:本句竹簡爲:"土廣[□□□]國不得毋富。民衆而制,則國不得毋治。"治要本作"故夫土廣而任,則其國不得無富;民衆而制,則其國不得無治"。宋本"國富"、"國治",當是"其國不得無富"、"其國不得無治"之刪削所致。李解民曰:"制",原作"治",據簡本、治要本、講義本、直解本、天啓本、彙解本改。 按:"制",原作"治",講義本、直解本、鰲頭本、兵略本、開宗本、武備志本、四庫本、彙解本、子書百家本、二十五子彙函本皆作"制",今據改。

④華陸綜曰:"甲",原作"車",從鄂局本改。鍾兆華曰:本句竹簡作"夫治且富之國,車不發□,甲不出橐(囊),威……天下"。治要本作"且富治之國,兵不發刃(軔),甲不出暴,而威服天下矣"。"民不發軔",治要本作"兵不發刃(軔)",竹簡作"車不發□"。淮南子兵略訓有"故得道之兵,車不發軔……"句,可參考。"車不暴出",宋本"車"字當是"甲"字之形近而誤。竹簡、治要本及二五、百家本等均作"甲"。李解民曰:"甲",原作"車",據簡本、直解本、天

啓本、彙解本改。“出囊”，原作“暴出”。簡本作“出睪”，整理組注：“簡文‘睪’字當讀爲‘囊’。‘睪’字古有‘皐’音，或作‘睾’。‘皐’、‘睾’古通。禮記樂記‘名之曰建囊’，鄭注：‘兵甲之衣曰囊。’尉繚子兵教下：‘國車不出於閫，組甲不出於囊，而威服天下矣。’文義與兵談此句全同，可證‘睪’確爲‘囊’之借字。治要及宋本皆誤‘睪’爲‘暴’，宋本又誤‘甲’爲‘車’，並將‘出暴’二字顛倒。”據改。講義本作“出暴”。　　按：“甲不出睪”，原作“車不暴出”，竹簡本作“甲不出睪”，治要本、講義本、直解本、鼇頭本、兵略本、開宗本、武備志本、四庫本、彙解本、子書百家本、二十五子彙函本作“甲不出暴”，則“車”似因與“甲”形近而誤。今據竹簡本改。

　　⑤鍾兆華曰：本句竹簡作“故兵勝於朝廷，勝於喪紀，勝於土功，勝於市井”。治要本作“故曰：兵勝於朝廷，勝於喪絕，勝於土功，勝於市井”。宋本攻權篇有“兵有勝於朝廷，有勝於原野，有勝於市井”。由此可證宋本此處有重要刪削，宜據以補正。

　　⑥鍾兆華曰：本段治要本作“暴甲而勝，將勝也；戰而勝，臣勝也”。前一分句“暴甲而勝，將勝也”，當是“暴甲而勝，主勝也；陳而勝，將勝也”脱卻“主勝也”與“陳而勝”六字拼合而成。宋本“不”字當衍。“暴”字亦“囊”字之誤。本段竹簡爲：“睪（囊）甲而勝，主勝也。陳而勝，主勝也。戰勝，臣□也。”據此，宋本刪卻“戰而勝者，臣勝也”一句。此下宋本刪掉一段內容，其文字竹簡爲：“戰再勝，當壹敗。十萬之師出，費日千金，□□□□□〔□□〕故百戰百勝，不善者善……善者善者也。”治要本爲：“戰再勝，當壹敗。十萬之師出，費日千金。故百戰百勝，非善之善者也；不戰而勝，善之善者也。”　　按：“睪甲”，原作“不暴甲”，訛。竹簡整理組曰：“睪”字古有“皐”音，或作“睾”。又曰：“‘睾’讀爲‘囊’，‘囊甲’即藏甲不用之意，譌作‘暴甲’，意正相反，故宋本於‘暴’字上臆加‘不’字。”今據竹簡本改。

【注】

〔一〕施子美曰：天下之至難窮者莫如天地。用兵而有難窮之變，則如天地焉。天不可俄而度，地不可俄而測。治兵者，若秘於地，亦〔以〕其不可測也；若邃於天，亦〔以〕其不可度也。秘於地者，以其密也；邃於天者，以其幽也。法嘗曰：“無窮如天地。”又曰：“善攻者動於九天之上，善守者藏於九地之下。”皆取其幽密而不可窮也。惟其不可窮,是兵由無而生也。無者,無形也,形人而我無形,此用之至妙,而兵之所由生也。　　○劉寅曰:治兵者,若秘藏於地,若幽邃於天,皆言其深漠而無形迹也。　　○張居正曰:既云地如何秘,既云天如何邃,然人只知地之爲地,而不知地之所以運動,此地之秘也;人只知天之爲天,而不知天之所以流行,此天之邃也。今人亦只知兵之爲兵,而不知治兵者實不以兵告人,故太公賦井田,管仲作内政,人謂其兵也,而實農人;謂其農也,而兵即出於此,此治兵之秘邃若地若天而人不知也。　　○陳玖學曰:治兵之法,秘密若藏地下,幽邃若在天上,一如天地之生於無者。　　○黄獻臣曰:藏於九地之下,動於九天之上,幾秘邃自無而生,一如天地之生於無者。又曰:此言治兵者當有以收富治之效,而後可制勝於朝廷。　　○李騰芳曰:此題以“天地”二字生論,總言兵機隱藏不測,若入於九地之下,出於九天之上,總如天地之生於無者,要見神化不測之意也。　　○茅元儀曰:惟秘邃若此,故其開啓之也。　　○阮漢聞曰:秘於地,邃於天,則無端可窺,無形可覘矣。　　○丁洪章曰:邃,深遠也。○山中倡庵曰:首説(講義)以我無形之義而附會於兹也,略涉於作意,且生字不説去也,中後兩説(直解、開宗)大同少異也,其義可從也。　　○指南曰:秘地邃天不可作,潛天潛地,鬼神不測,套語講。看下文富治處便是井田容民畜衆之法。治兵者,使民衆而治。土廣而任,是無兵之名而有兵之實,所謂容畜之道。秘地者,藏地於中而人不知。邃天者,藏天於内而人不測。治兵者,藏兵於民而人不識。“天地”二字,見藏之者大。　　○王漢若曰:秘邃,是井田容民畜衆,極其深隱而不可窺意。地非秘也,而所以運動處則秘;天非邃也,而所以流行處則邃;兵非邃與秘也,而治兵者不以兵告人,如太公建井田,管仲作内政,使人但知其爲農,而不知兵之即出於是,故其秘亦如地,其邃亦如天。　　○朱墉曰:秘,密也。邃,深遠也。　　○鍾兆華曰:無,無形。老子道德經下:“天下萬物生於有,有生於無。”意即宇宙萬物,是由看得見的物體(有)構成的,而看得見的物體是由看不見的物質(無)構成的。尉繚的“生於無”是有兵而無形的意思。孫子形篇:“善守者,藏於九地之下;善攻者,動於九天之上,故能自保而全勝也。”何氏注曰:“九地、九天,言其深微。尉繚子曰:‘治兵者,若秘於地,若邃於天。’言其秘密邃遠之甚也。”　　○李解民曰:生於無,意即產生於無形之中。聯繫下文,其意當言治兵之道不在於軍事本身,而在於人事,即得當的政治、經濟策略。　　**按**：秘，説文作"祕"，曰："神也。"徐鍇曰："秘不可宣也。"邃，説文："深遠也。"秘於地，即像大地一樣包藏。邃於天，即像蒼天一樣深遠。無，即道。老子曰："道可道，非常道；名可名，非常名。無，名天地之始；有，名萬物之母。"無爲天地之始，故曰"生於無"。此句意指兵學的内容豐富得像大地一樣無所不包，兵學思想深邃得像蒼天一樣遙遠，但又不是不可究詰，兵學生於道，只要遵循道的規律，就能够被人們所掌握與運用。先秦諸子立論皆立於道，以神其學。尉繚子"生於無"者亦如此。孫子云"善守者藏於九地之下，善攻者動於九天之上"，則以天地喻攻守，與此不同。

〔二〕施子美曰：兵貴於無形，則不可不關之，故關之。關者所以防之，而懼人之或知也。或以爲兵生於無，故謂亂生於治。惟天下無事之時，人皆安其所安，由是而後有兵。武帝非承文景富庶之餘，則四夷之役不興。兵惟自是而生，故亦在乎有以關防之，懼其或然也。兵惟在所關，故不可輕用之。大而用之不可窕，窕則輕；小而用之不可恢，恢則怠。窕所以能輕者，以其妄用之也；恢則怠者，以其失之自大也。光武嘗見大敵勇矣，其所以勇者，非輕於大用之也，必作氣以待之也；至於見小敵怯，非怠也，懼其失於自大而敗也。兵之爲用，不可輕也如此。　　○劉寅曰：如物生於無形，故開之，大者不輕窕，小者不恢張。　　○陳玖學曰：惟秘邃若此，故其開啓之也，大用之不流於輕窕，小用之不待於恢張。　　○山中倡庵曰：其（指講義）"懼人之或知之"之説，"兵貴於無形"之句，不能合。"生於無"之句，亦生於無之兵，誰敢知此乎？次説（直解）於無事之時，預關防之義，亦與上文似不相被也。不可從也。蓋天地萬物，惟一開闔耳，是故無則闔而有則開也。既生於無，則闔始方爲開，故曰開之也。因開之，而有"或大用之，或小用之"之義而存焉。即下文所説者，可見矣。須從解之所説，而宜爲開之也。　　○劉拱辰曰：如物生於無形，故開之，大者不輕窕，少者不恢張。　　○阮漢聞曰：無能生有，故大小惟意所開，而無窕肆虚恢之患。　　○丁洪章曰：窕，輕也。恢，飾也。　　○孫詒讓曰："恢"無義，當爲"柆"之誤。説文木部云："柆，充也。"墨子尚同下篇云："是故大用之治天下不窕、小用之治一國一家不橫者，若道之謂也。""橫"、"柆"字通。（一切經音義説"柆"古文作"橫"。）禮記孔子閒居鄭注云："橫，充也。"不柆即謂不充塞。説文火部"光"，古文作"芡"，與"灰"相近，故"柆"誤作"恢"也。　　○鄭良樹曰：

窊與㿃,並借爲佻,輕佻之謂也。左傳成公十六年曰:"楚師輕窊。" ○鍾兆華曰:恢,竹簡作"欨"。説文:"恢,大也。"義與"窊"近。説文:"欨,㕂氣也。"㕂氣,即憋氣之意,則"欨"與上舉"塞"、"偪"義近。 ○李解民曰:恢,簡本作"欨",整理組注:"'欨'與'恢'古音相近,在此疑當讀爲'閡',小爾雅廣言:'閡,限也。'""故開之,大不窊;關之,小不恢",按淮南子兵略云:"入小而不偪,處大而不窊。"可相參證。 按:關,説文:"以木横持門户也。"引申爲機關、關鍵。這裏言用兵之機關在於大不窊、小不欨。大不窊,先秦古籍常見,如淮南子俶真訓:"處小隘而不塞,横扃天地之間而不窊。"氾論訓:"舒之天下而不窊,内之尋常而不塞。"兵略訓:"入小而不偪,處大而不窊。"墨子尚賢中:"此道也,大用之天下則不窊,小用之則不困。"荀子賦:"充盈大宇而不窊,入郤穴而不偪。"管子宙合:"夫成軸之多也,其處大也不窊,其入小也不塞。"説文解字段注曰:"凡言在小不塞、在大不窊者,謂置之小處,而小處不見充塞餘地;置之大處,而大處不見空曠多餘地。""大不窊"與"小不塞"對言,故此處"欨"有堵塞之意。説文:"欨,㕂氣也。"段注:"含吸之,欲其下,而氣乃逆上,是曰欨。"欨,則有堵塞意。底本作"恢",竹簡作"欨"。恢,溪母,微部;欨,溪母,之部字,兩字聲紐相同,之、微主元音相同,音可通。窊,寬綽。"大不窊,小不欨"者,意即用兵之關鍵,在大處而不顯得寬綽,在小處也不顯得堵塞,以道爲度。

〔三〕施子美曰:故其所以治之之際,必明乎禁舍開塞之法。禁者,所以禁其非。舍者,所以舍其疑。開則開其所當爲,塞則塞其所不當爲。人惟知其所可爲與不可爲,故能從命而不至於犯命。其在張昭兵法曰:"今戰國之卒,有餘二十萬,而不能濟功名者,不明乎禁舍開塞之法。明乎禁舍開塞之法,則其刑可勝也。"謂之刑可勝者,以其有是法,則人必從命,而刑自此可行矣。治兵之法,如是其嚴。然非人則孰與爲兵?非財則何以養兵?民流而不親則散。故勞賚還定,無所不用其至。周人之法,有九兩以繫之,有本俗以安之,皆所以親之也。地荒而不任則曠,故下地頒職無所不用其至。周人之法,太宰任以九職,閭師推而任民者,皆所以任之也。 ○劉寅曰:明乎禁舍開塞之理,民流移者親而撫之,地不可任以耕種者則任之,使可耕可種也。禁,謂抑其邪心;舍,謂釋其小過;開,謂啓其生養之道;塞,謂杜其矯枉之風。 ○張居正曰:言禁其邪心，舍其小過，就治國言；開其生養，塞其侈靡，就富國言。　○陳玖學曰：明乎禁之、舍之、開之、塞之四者之道。　○黃獻臣曰：抑禁民之邪心，釋去民之小過，開其利源，塞其弊竇，流離則撫。土地則使民任力，厚其壤以肥沃之，通溝洫以灌溉之，勤終歲以耘耔之。　○阮漢聞曰：然有開則有塞，有禁則有舍，故禁舍開塞不可不明也。明禁舍開塞者，我藏其機，而人不測其用，何遂秘如之，是生於無耳。親民任地是亦禁舍開塞之一端也。親則禁其流而不舍，任則開其蕪而不塞，然是昭昭者耳。　○山中倡庵曰：前説（講義）“舍”爲“止舍”之義，後説（直解）爲“赦釋”之義。蓋下文“開”、“塞”字，其義相對也。“禁”、“舍”字亦殆可相對也。然則宜從後説乎。　○劉拱辰曰：明乎禁舍開塞之理，民流遺者親而撫之，地不可任以耕種者則任之，使可耕可種也。　○大全曰：禁爲禁其邪心，舍爲釋其小過，所以治國也。開，謂開其生養之道；塞，謂塞其侈靡之風，所以富國也。　○朱墉曰：任力作以盡地利也，如厚糞壤以肥沃之，通溝洫以灌溉之，勤終歲以耘耔之是也。　○鍾兆華曰：禁舍開塞，又見於制談篇：“今天下諸國士，所率無不及二十萬之衆，然不能濟功名者，不明乎禁舍開塞也。”又淮南子兵略訓：“明於禁舍開塞之道，乘時勢，因民欲而取天下。”汲冢周書文傳解：“不明開塞禁舍者，其如天下何？”很明顯，當是富國強兵之道。劉寅直解云：“禁謂抑其邪心，舍謂釋其小過，開謂啓其生養之道，塞謂杜其矯枉之風。”姑爲一説。親，説文：“親，至也。”此意爲使歸附。任，耕作。　○李解民曰：禁，即禁閉、禁止；舍，即舍禁、開放。或謂“舍”通“釋”，亦通。“禁舍”意同商君書所説的“禁使”，指用刑罰來禁止犯罪，用賞賜來鼓勵立功。商君書禁使云：“人主之所以禁使者，賞罰也。賞隨功，罰隨罪。故論功察罪，不可不審也。”開，指開啓、開放。塞，即堵塞、禁止。“開塞”意同“禁舍”。考商君書算地云：“私利塞於外，則民務屬於農；……私賞禁於下，則民力摶於戰。”則“開塞”似主農耕而言，“禁舍”似主征戰而言。按本書原官云：“明賞賚，嚴誅責，止奸之術也。審開塞，守一道，爲政之要也。”與此“明乎禁舍開塞”相合，可爲參證。“流者”，流離失所的人，流亡者。　按：禁、舍、開、塞，意即禁罰、赦免、開放、閉鎖，淮南子兵略訓：“明於禁舍開塞之道，乘時勢，因民欲而取天下。”禁與舍、開與塞相對而言。禁，罰；舍，赦免，就法制而言。開、塞，就耕種而言。此言富國在於法制嚴明與寬緩相結合，土地管理以放開給農民耕種與嚴管土地被豪族兼併相結合。民流,即流民。任,周禮地官載師:"凡任地,國宅無徵。園廛二十而一,近郊十一,遠郊二十而三。"鄭玄注引鄭司農曰:"任地,謂任土地以起賦稅也。"任地,意思是按照土地的不同情況徵收賦稅。

〔四〕施子美曰:惟有以任之,故地無廣而不任。因地而分職,所以任之也。惟任地而分職,故國用可以足。此國之所以富也。惟有以親之,故民無衆而不制。藉民而爲兵,所以制之也。惟藉民而爲兵,故國勢可以安。此國之所以治也。周人之法,任農以耕事,任圃以植事,任衡以山事,任虞以澤事。若是者,皆所以任土也。居之於鄉,則有比閭族黨州鄉之法。用之於兵,則有伍兩卒旅師軍之法。若是者,皆所以制民也。成周之際,惟有以任之制之,故"多黍多稌"之詩歌於時,皇皇奠枕之效見於京,其富治爲如何? ○劉寅曰:任地之法,謂厚糞壤以肥沃之,通溝洫以灌溉之,勤其力以耘耔之,如之,何苗不茂而穀不多也? 夫土地廣大而任其耕種,則收穫多而國富矣。 ○陳玖學曰:民有流移者,親而撫之。地不治任者,使民任之。斯則國可富治矣。 ○黃獻臣曰:此言富國治衆。古來容有富治之國,而猶煩繕車甲戒師徒,日從事於長子之列者,未之前聞。 ○李騰芳曰:地廣大而可耕,民衆盛而有制,如希顏治萍鄉,野無惰農;羊祜屯襄陽,開荒百頃是也。 ○汪殿武曰:民多則易於爲亂,茲即衆矣。又循禮守分而有制,則國豈不治乎? **按**:此言地廣且按照土地徵稅則國家富强,民有法而制則國家得到治理。

〔五〕施子美曰:既富且治,則兵革不試,故民不發軔,甲不出暴,而其威可以制天下。軔,支車之物,用車則去之。今民不發軔者,以其無事於兵,而兵乘之役不興也。暴甲者,所以慮其或蠹而暴之也,暴之,用之矣。今甲不出暴者,以其無用於甲,故亦不之暴也。 ○劉寅曰:人民衆盛而有法制,則百姓安而國治矣。國富治者,民不發軔入行伍,甲不出暴與士卒,而威制天下。 ○陳玖學曰:富治之國,民不發軔出師,甲不暴露於外,而其威足制天下。 ○黃獻臣曰:不必出車也,不暴纛於外也。 ○阮漢聞曰:暴,一日暴之之暴。 ○丁洪章曰:軔,礙車輪大木也。 ○汪殿武曰:爲上者設法度以制之,富治者威制天下,國富則有粟紅貫朽之饒,民治則有忠君親上之心,所謂內順外威,不待兵戰,而天下自懾服也。 ○王漢若曰:禁舍開塞,親民任土,亦只是要閭閻豐足。民既豐足,便知廉恥節義;知廉恥節義,便知親上死長,所以能威制天下。　○大全曰:惟其富也,則朝廷有實之形;惟其治也,則朝廷有强之形。根本既固,勝算在焉。不必設險以守,而金湯之固巍然在朝廷矣。不必乘兵以出,而屯聚之鋭隱然在朝廷矣。不必操刃以向,而堅利之威赫然在朝廷矣。○鍾兆華曰:軔,説文:"軔,礙車也。"離騷:"朝發軔於蒼梧兮。"王逸注:"軔,揩輪木也。"揩,通"支"。暴,竹簡作"罳"。治要本作"暴",形近。"罳"當爲"橐"之借字。"暴出",二五本作"出暴",當是"出橐"之誤。兵教下"國車不出於閫,組甲不出於橐,而威服天下矣",義與此同,可證。下文"不暴甲"之"暴"字同。橐,盛兵甲的袋子。説文:"橐,車上大橐,從橐省,咎聲。詩曰:'載橐弓矢。'"又:"橐,囊也。"禮記樂記:"名之曰建橐。"鄭注:"兵甲之衣曰橐。鍵橐,言閉藏兵甲也。"　○李解民曰:軔,固定車輪阻止其轉動的木頭。發軔,抽去軔而發車起程。　按:罳,同"橐",古代裝兵甲的袋子。國既富且治,則民不從軍而能威服天下。

〔六〕施子美曰:不以車甲而可以制天下,此非内治而外服,故能爾耶? 所以謂之兵勝於朝廷。蓋朝廷者,治所自出而謀所自成。以是治得是民,以是謀制是敵,宜無不服者矣。詎不謂之勝於朝廷乎? 大抵以威服人,不若以道服人。以威服人,不免於用兵。至於以道服之,則無事於兵甲矣。　○劉寅曰:故曰兵取勝於朝廷也。　○陳玖學曰:故曰兵之取勝在朝廷之富治也。　○黄獻臣曰:取勝即在朝廷之富治。　○李騰芳曰:此題要重"朝廷"二字爲主,取勝在朝廷,以國之富且治也,可見決勝雖在將,而制勝尤在君也。　○丁洪章曰:此言治兵者當有以收富强之效,而後制勝於朝廷。又曰:尉君一經,論足財則重開塞,論勝敵則在立威。此二事是其生平獨見。　○翼注曰:兵勝於朝廷,夫用兵制勝,師武臣力也。而曰勝於朝廷者,重在内治之得上。蓋豐裕者,國之元氣;强固者,國之神氣。朝廷之上既富且治,則是元氣既固,神氣益張,不言兵而兵之勝勢已操於朝廷,不求勝而制勝之威已在於朝廷。　○李解民曰:兵勝於朝廷,指軍事上的勝利來自國君和將領正確的謀略決策。孫子計云:"夫未戰而廟算勝者,得算多也;未戰而廟算不勝者,得算少也。"史記留侯世家云:"運籌策帷帳中,決勝千里外。"皆同此意。　按:此言用兵能否取勝取決於爲政者治國之得失。淮南子兵略:"凡用兵者,必先自廟戰:主孰賢? 將孰能? 民孰附? 國孰治? 蓄積孰多? 士卒孰精? 甲兵孰利? 器備孰便? 故運籌於廟堂之上,而決勝於千里之外矣。"

〔七〕施子美曰:故不暴甲而勝者,以其主之有道也,故曰主勝。若夫陳師鞠旅臨陣而勝之,則非朝廷之服也,此將之力也,故曰將勝。若夫舜之敷文德以格有苗,文王之修德而降崇,皆主勝也。乃若韓信斬陳餘於井陘,光弼擒周摯於北城,乃將勝也。　○劉寅曰:不暴甲而取勝於朝廷者,主勝也;戰陳而取勝於行伍者,將勝也。　○邱濬曰:人臣奉君命以出師,將勝即主勝。而爲此言者,懲君之好勝者,欲其息兵耳。　○陳玖學曰:是不暴甲而勝者,人主之制勝也。若待陣而後勝,則其勝在將而不在主矣。　○黄獻臣曰:主勝勝於朝廷,將勝勝於行伍。此言不暴甲而勝者,主勝也;若待陳而勝,則在將而不在主矣。　○李騰芳曰:主勝在於朝廷,將勝在於行伍。　○朱墉曰:暴,露也。兵勝於朝廷,取勝即在朝廷之富治也。主勝,勝於朝廷也。將勝,勝於行伍也。　按:此言用兵取勝之道取決於二途,内在於君主要善於治理國家,使得國力強大;外在於將軍陣前善謀能戰。

兵起,非可以忿也,見勝則興,[①]不見勝則止。[〔一〕]患在百里之内,不起一日之師;患在千里之内,不起一月之師;患在四海之内,不起一歲之師。[②]〔二〕

【校】

①華陸綜曰:"興",原作"與",從鄂局本改。鍾兆華曰:繁體"與"、"興"形似,宋本當誤。李解民曰:"興",原作"與",據講義本、直解本、天啓本、彙解本及孫子火攻張預注所引改。　按:"興",原作"與",字形相近而誤,據講義本、直解本、鰲頭本、兵略本、開宗本、武備志本、四庫本、彙解本、子書百家本、二十五子彙函本改。

②鍾兆華曰:本句竹簡作"故患在百里之内者,不起一日之師。患在千里之内,不起一月之師。[□□]四海内者,不起一歲之師"。

【注】

〔一〕施子美曰:"主不可以怒興師。"法言之矣。兵之不可以忿起者,以其怒可以復喜,而師衆一合不可徒散也。見勝則興,不見勝則止,此合於利而動,不合於利而止之説也;見可而進,知難而退之説也。是以張昭釋之於大將而有曰："兵以除暴興利，非怒鄰也。"昔者鄭息有違言，而息侯伐鄭，是以怒興兵也。君子謂其犯五不韙，而以伐人，其敗也宜。　○劉寅曰：兵起非可以私忿也，見其可勝則興，見其不可勝則止。　○陳玖學曰：此言不可因忿興兵，而當審其勝不勝之勢也。　○黃獻臣曰：見可而進，知難而退。此言將雖待陳而勝，當審勝負，而戒慎起。兵不輕起，七書一律，但戒慎起，惟戰國爲然。　○李騰芳曰：此言不可因忿興，當審其勝不勝之勢也。如曹操出師，因軍士苦渴，指前林有梅樹，軍士望梅可以止渴。又曹瑋知渭州，方對弈，有報卒叛入西夏者，瑋佯怒曰："吾譴之，汝何顯言！"西夏聞而疑，盡誅叛者。此可爲治兵生於無之一證也。　○丁洪章曰：忿，怒也。此言將勝須審勝負而貴神速也。又曰：既戒忿起，又戒猶豫，無非慎重之意云耳。　○朱墉曰：見勝，見可而進也。不見勝，知難而退也。　○鄭良樹曰：孫子火攻篇云："主不可以怒而興師，將不可以慍而致戰。合於利而動，不合於利而止。"義與尉繚子近。　○李解民曰：銀雀山漢墓竹簡佚書王兵云："見勝而起，不見勝而止。"孫臏兵法八陣云："見勝而戰，弗見而諍（靜）。"文字皆與此相近。　**按**：老子曰："善爲士者不武，善戰者不怒，善勝敵者不爭。"孫子兵法火攻篇曰："主不可以怒而興師，將不可以慍而致戰。"此句當作多種理解：其一，主不可因怒而興師，即便興師能取勝亦不可妄動，更不用說興師不能取勝者。其二，主不可因怒而興師，在興師之前，廟算能否取勝，如得算勝者多，則興師；得算勝者少，則止。其三，主不可因怒而興師。已經興師，戰之中途，見勝機已少而不能繼續得勝者，則立止。此言用兵不可被個人情緒所左右，涉及戰爭心理學，將領及士兵的情緒控制，是關係到戰爭結局的重要因素。尉繚子提出用兵以能否取勝爲原則，不以感情用事，此是對古代兵學思想的重要貢獻。

〔二〕施子美曰：況夫患在百里之內，不起一日之師；在千里之內，不起一月之師；在四海之內，不起一歲之師。其所以然者，蓋言用軍之道，不可以旦暮期，動則久稽歲月。故患在百里，非一日之師所能除之。在千里，非一月之師所能除之。在四海，非一歲之師所能除之。其在張昭兵法，釋是曰："一日之師，不能除百里之患，若千里四海，又安能歲月除也？且晉之伐原也，猶命齎三日之糧；司馬懿之討文懿也，尚以一年爲期，況四海乎？"　○劉寅曰：患難在百里之內，出師宜頃刻之間，故不起一日之師；患難在千里之內，則越境矣，亦當速而乘之，故不起一月之師；患難在四海之内，地雖甚遠，亦不可延緩歲月，使彼謀定而計成，亦難制矣，故不起一歲之師。皆言兵神速，則能乘人之不及矣。○陳玖學曰：不待一日，不待一月，不待一歲。此段言兵貴神速。　○黃獻臣曰：凡兵未形而機已動者，謂之患。此言不得已而起兵，尤貴神速，而後可以杜禍患。若待一日一月一歲，則養成禍亂而難制矣。　○李騰芳曰：兵速則能乘人之不及救，則謀定成而難制矣。　○阮漢聞曰：雖言速，實是豫。　○丁洪章曰：患，禍患也。此言若待一日一月一歲，則養成禍亂而難制矣，何以號爲善兵哉？　○山中倡庵曰：前說(講義)者以一日一月一歲，皆以爲速也。蓋戒用兵急遽之敗也。後說(直解)者以一日一月一歲，皆以爲遲也。蓋慮緩怠之弊也。蓋起一日之師，胡爲遲乎？前說似是也。又孫子嘗云：“兵聞拙速，未睹巧之久也。”則後說聊有所由乎？雖然，兵者不可執一而爲之論也，量時之可否，考事之利不利，而宜斟酌之。或泥於遲，或拘於速，而如失機會，則何爲用兵者乎？　○指歸曰：不起一日、一月、一歲，言兵貴神速也。　○朱墉曰：患者禍之萌，言凡兵未動而機已動，謂之患。不起，不待一月而起也。　○李解民曰：“患在百里之内，不起一日之師”，竹簡本、治要於此前尚有不少文字，皆有“十萬之師出，費日千金”云云。按孫子作戰云：“凡用兵之法，馳車千駟，革車千乘，帶甲十萬，千里饋糧，則内外之費，賓客之用，膠漆之材，車甲之奉，日費千金，然後十萬之師舉矣。”管子參患云：“一期之師，十年之畜積彈；一戰之費，累代之功盡。”極言出師耗資之巨大，準備之不易。則此“不起一日之師”及下“不起一月之師”、“不起一歲之師”，亦意在強調起兵準備工作需周全充分，不可草率倉促。或以爲言兵貴神速，不可曠日持久。　按：此句解釋關鍵在“患”字上。其一，“患”如作名詞，有禍患之意，則必速根除之。如不速除，則禍患養大，必成大患也。此句解爲強調兵貴神速。劉寅說是也。其二，禍亂發生在百里之内，不能只做一日之準備；禍亂發生在千里之内，不能只做一個月的準備；禍亂發生在四海之内，不能只做一年的準備。此意同於莊子逍遙遊：“適莽蒼者，三餐而反，腹猶果然；適百里者宿春糧；適千里者，三月聚糧。”強調積厚的道理。孫臏兵法見威王：“事備而後動。”又威王問：“用兵無備者傷，窮兵者亡。”其三，“患”如作動詞，有擔憂之意，意動用法，以爲憂。以在百里之内而興一日之兵爲患，以在千里之内而興一月之兵爲患，以在四海之内而興一年之兵爲患,强調慎戰。

　　將者,上不制於天,下不制於地,中不制於人。〔一〕寬不可激
而怒,清不可事以財。①〔二〕夫心狂、目盲、耳聾,②以三悖率人者,
難矣。〔三〕

【校】

　　①鍾兆華曰:本句竹簡作"不□……怒,精(清)不可事以財",下接"將之
自治兆兆……",無可參校。

　　②鍾兆華曰:宋本"目盲耳聾",竹簡文字爲"耳之生恩(聰),目之生明",
"耳"在前,"目"在後。疑宋本倒置。又直解本、韜略本、鰲頭本、彙解本等均
作"耳聾目盲",當從。　　按:直解本、鰲頭本、兵略本、武備志本、四庫本、彙解
本、子書百家本、二十五子彙函本作"耳聾目明"。

【注】

　　〔一〕施子美曰:無天於上,無地於下,無敵於前,無君於後,此將軍事也。
無天於上,是上不爲天所制也;無地於下,是下不爲地所制也;前無敵而後無
君,是中不制於人也。惟無所制,然後可以謂之尊。昔宋武帝嘗以往亡日而圍
慕容超,魏太祖嘗以甲子日而討慕容麟,是不制於天也。陰平,至險之地也,鄧
艾由是以入蜀;大江,南北之限也,王濬以是而平吳,是不制於地也。以至李晟
欲自襮以奪敵心,充國自守便宜而不從昭帝之命,是又不制於人也。　　○劉寅
曰:將者,上不制於天,即無天於上,如楚將公子心,逆彗星而勝齊是也;下不制
於地,即無地於下,如鄧艾伐蜀,不由劍閣而入陰平是也;中不制於人,即無敵
於前,無君於後,如李靖不聽太宗之詔迎頡利,進兵襲破之是也。　　○邱濬曰:
所謂不制者,甚言將在軍當有執守,不可受制耳。　　○黃獻臣曰:無天於上,如
楚公子心,倒彗出戰而勝齊是也。無地於下,如鄧艾不以陰平爲險而入蜀是
也。無君於後,如周亞夫不奉詔救梁而平吳楚。無敵於前,如宇文泰不以高歡
兵衆而設奇取勝是也。　　○李騰芳曰:無天於上也,無地於下也,無君於後,無
敵於前。　　○丁洪章曰:制,拘制。　　○翼注曰:三不制者,不過極言其上中下
耳,總見閫外之權操縱由己。　　○朱墉曰:制,拘制也。　　○李解民曰:"上不
制於天,下不制於地,中不制於人",本書武議亦有此語,且云:"無天於上,無地

於下，無主於後，無敵於前。"六韜龍韜立將云："無天於上，無地於下，無敵於前，無君於後。"淮南子兵略云："無天於上，無地於下，無敵於前，無主於後。"由比照可知，此"中不制於人"之"人"，兼指後方的國君和面前的敵人。　　按：此與本書武議篇"無天於上，無地於下，無主於後，無敵於前"意同。孫子九變云將可以"君命有所不受"，均重視將在戰場上的臨機專斷權。此句亦有約束君權之意在內。將既受命，君主不得干預作戰。孫子謀攻曰："故君之所以患於軍者三：不知軍之不可以進而謂之進，不知軍之不可以退而謂之退，是謂縻軍。不知三軍之事而同三軍之政，則軍士惑矣。不知三軍之權而同三軍之任，則軍士疑矣。三軍既惑且疑，則諸侯之難至矣，是謂亂軍引勝。"孫臏兵法篡卒："恒不勝有五：御將，不勝。"人君只有給予前綫指揮員充分的權力，方能讓將發揮作戰主動性，確保取勝。

〔二〕施子美曰：權之在將，固在乎專。至於將之所以守己者，又不可不寬而清也。夫人內必有所養，而後可以有容；志必無所貪，而後能無所慕。法曰："將不可以懼致戰。"是寬者將之所當先也。又曰："使之以敗，以觀其廉。"則清者又將之所當務也。朱佝擊賊，每得勝，楊珉問其故，佝曰："兩陣相對，唯當忍之。彼不能忍，我能忍，是以勝之耳。"此寬不可激而怒也。張奐屯長城，正身潔己，先零酋長以金遺之，奐謂使馬如羊，金如粟，不以入帳，悉以還之。此清不可事以財也。將之制行貴乎如此。　　○劉寅曰：寬不可激之而怒，則爲楚將子玉矣；清不可事之以財，則爲秦將賈孺矣。　　○黃獻臣曰：量必期寬，叩激而怒，則爲楚將子玉矣。摻必期清，可事以財，則爲秦將賈孺矣。　　○丁洪章曰：此言將貴獨斷獨持，不激不隨，而後可以率人。　　○朱墉曰：寬，量能容受也。　　按：寬，度量寬。清，清正廉潔。此對將自身素質提出的要求。爲將者度量則寬，施氏所謂"寬者，將之所當先"也者。與前文"不可怒而興師"意思一致。爲將者更要清廉，施氏所謂"清者，又將之所當務"也者。

〔三〕施子美曰：若夫心狂、目盲、耳聾，有是三者，其悖於理也甚矣，以之自治且不可，況能率人？宜其難也。　　○劉寅曰：心狂是不能謀也，耳聾是不能聽也，目盲是不能視也。心不能謀，耳不能聽，目不能視，是三悖也。用之率人，亦難矣。　　○陳玖學曰：此言爲將之得失。　　○黃獻臣曰：此言將貴獨斷獨持，不激不隨，而後可以率人，從未有狂瞽聾瞶可以操倡導之權者。　　○阮漢聞曰:心狂耳聾目盲,則雖寬可激,況不寬乎! 雖清可賄,況不清乎! 此非必敵激且賄之也。喜怒不當,機以躁失,貪黷無檢,政以賄成,其禍立見,豈但難率人邪?　　○丁洪章曰:悖,悖道。言此三者皆違背於戰道,倘用之爲將以統率三軍,殆難以取勝矣。用兵者慎之哉。　　○山中倡庵曰:三悖者,指心狂、目盲、耳聾也。蓋三者俱悖於天理,故曰悖也。　　○擬題鏡曰:心狂不能謀,耳聾不能聽,目盲不能視。　　○朱墉曰:悖,不順於道也。　　○鍾兆華曰:悖,背逆,違反常理。　　按:此爲爲將者自身素質之要求。劉氏曰"心狂是不能謀也,耳聾是不能聽也,目盲是不能視也",爲將者當有此三忌。同時亦可視作選將之標準。人君如何選將? 心狂、目盲、耳聾者,亦爲三選將之悖道也。有此三者,無法率兵,故不選也。句意爲:凡是狂妄暴躁、閉目塞聽的人,要帶兵打仗,是很難的啊。

　　兵之所及,①羊腸亦勝,鋸齒亦勝;緣山亦勝,入谷亦勝;②方亦勝,圓亦勝。③〔一〕重者如山如林,④如江如河;輕者如炮如燔,如漏如潰;⑤如垣壓之,如雲覆之。⑥〔二〕令之聚不得以散,散不得以聚。⑦左不得以右,右不得以左。⑧〔三〕兵如總木,弩如羊角,人人無不騰陵張膽,絶乎疑慮,堂堂決而去。⑨〔四〕

【校】

　　①鍾兆華曰:"兵之所及",竹簡殘爲"……及者"。御覽卷二七〇引作"凡兵者"。書鈔卷一一七引作"凡兵之所及者"。

　　②鍾兆華曰:"緣山亦勝,入谷亦勝",竹簡作"緣山入溪亦勝"。

　　③鍾兆華曰:本句竹簡作"方亦勝,圜亦勝,遒(橢)亦勝"。宋本等諸本均無"遒亦勝"三字。

　　④鍾兆華曰:本句竹簡殘作"兵重者如山……"。孫子軍爭篇作"其徐如林"。

　　⑤鍾兆華曰:"輕者如炮如燔",本句全文應當是"輕者如炮如燔,如漏如潰"。據御覽卷二七〇、書鈔卷一一七引文,均有"如漏如潰"四字。宋本脱。李解民曰:"如漏如潰",原脱,據北堂書鈔卷一一七、太平御覽卷二七〇所引補。　　按:"如漏如潰",原脱,據太平御覽卷二七〇、北堂書鈔卷一一七引補。

⑥鍾兆華曰:本句竹簡作"……之麼(壓),如雲鯢(霓)復(覆)之"。御覽卷二七〇引文爲"如堵垣壓人也,如雲霓覆人也"。又書鈔卷一一七引文爲:"如垣堵壓之,如雲霓覆之。"據此,"雲"下當有"霓"字,"垣"前或其後當有"堵"字,相對舉而使用。

⑦鍾兆華曰:本句竹簡作"……□□□□所加兵者,令聚者不得[□□□□□]聚"。宋本"之"字,鰲頭、合參、通考本作"人"。李解民曰:"之",講義本作"人"。 按:鍾氏所云"鰲頭"即鰲頭七書本,"合參"即武經七書講義全彙合參本,"通考"即武經全題講義通考本。

⑧鍾兆華曰:本句竹簡作"左者不[□□□□□]得左"。

⑨鍾兆華曰:本句竹簡本作"……□木,弩如羊角,民人無……□昌於於者勝成去"。施氏、直解本、全集本句首有一"兵"字。又淮南子兵略訓:"兵如植木,弩如羊角。"可參證。宋本當有脱漏,宜補。李解民曰:"兵",原脱,據講義本、直解本、天啓本、彙解本及北堂書鈔卷一二五、太平御覽卷三四八所引補。"人人",簡本作"民人"。"無不騰陵張膽,絕乎疑慮",北堂書鈔卷一二五引作"無不破膽絕慮也"。 按:"兵"字,原脱,據講義本、直解本、鰲頭本、兵略本、開宗本、武備志本、四庫本、彙解本、子書百家本、二十五子彙函本補。鍾氏所言"全集"即武經七書全集本。

【注】

〔一〕施子美曰:將之治民,既盡其法,則兵之所用,斯無不克,故用之於羊腸屈曲之地,則可以勝,如趙之井陘之類,羊腸之地也,而韓信嘗以是勝陳餘矣。用之於鋸齒崎嶇之地,則亦可以勝,如蜀之劍閣之類,皆鋸齒之地也,而鄧艾嘗以是入蜀矣。用之於山,則緣山可以勝,李光弼嘗以傳山陣而勝矣。用之於谷,則入谷可以勝,趙奢嘗以閼與地而勝矣。方而用之,方可以勝,如李靖之六花陣,所謂以方勝也。圓而用之,圓可以勝,如李廣之爲圓陣,所謂以圓勝也。凡若是者,皆以其治之有法,故無往而不勝也。 ○劉寅曰:兵之所及,羊腸之勢亦勝,鋸齒之勢亦勝,緣山而戰亦勝,入谷而戰亦勝,方陣亦勝,圓陣亦勝。 ○陳玖學曰:方圓,就陣勢言。言兵勢雖異,皆能勝人。 ○黃獻臣曰:因緣高山,從入深谷。方,方陣。圓,圓陣。此言兵勢隨地可以制勝,用得其宜,則所向無前。 ○李騰芳曰:隨地制兵,無往不勝。 ○丁洪章曰:此言兵勢隨地可以制勝，用得其宜，則所向無前。　　○山中倡庵曰：前説（講義）者以方圓字屬我也，疑未安也。蓋按上文“兵之所及”之句，則當我兵之所向也。我兵之所向，雖羊腸亦勝，雖鋸齒亦勝，山谷亦然，何獨方圓屬於我乎？乃我兵向於敵之方圓之義也。後説（直解）亦雖無明解，而無過舉也，宜從也。　　○朱墉曰：羊腸，險仄也。鋸齒，嶙峋也。緣，攀緣也。方，方陣也。圓，圓陣也。○鍾兆華曰：孫臏兵法十陣：“凡陣有十：有方陣，有圓陣……方陣者所以剸也，圓陣者所以槫也。”又荀子議兵篇：“圓居而方正，則若磐石然，觸之者角摧。”按：羊腸，指山間小道，形容道路崎嶇。鋸齒，指陡峭的山峰，形容道路艱險。此句言用兵當能隨地勢不同而取勝，隨陣勢不同而取勝。

〔二〕施子美曰：若夫論其形勢之所取，則又有不同者焉。其重者如山如林，言其勢之盛也，法曰：“不動如山，其徐如林。”此如山林之説也。如江如河者，言其勢之大也，詩曰：“如江如漢，如川之流。”此如江河之説也。其輕鋭者，如炮如燔，取其猛烈之貌也，書曰“烈如猛火”是也。如垣如雲者，取其傾壓之象也。李忠嗣有堵進之兵，太公有烏雲之兵，此輕者之象也。　　○劉寅曰：重者，重兵也。重兵宜徐行，故如山如林，言其緩也；如江如河，言其盛也。輕者，輕兵也。輕兵宜速進，如火之炮，如火之燔，如垣之壓物不可避，如雲之覆物不可逃。　　○陳玖學曰：復原重兵輕兵之勢如此。　　○黃獻臣曰：此言我得方圓徐疾之妙。　　○李騰芳曰：重者，此狀重兵之類。輕者，此狀輕兵之類。○阮漢聞曰：垣壓不支，雲覆不辨，重兵輕兵，皆有此勢。　　○丁洪章曰：重，持重。輕，輕疾。　　○山中倡庵曰：後説（直解）指“重者”以爲“重兵”，而爲徐行之義。依此説，則重自重而輕自輕，何善用兵者而一定如斯乎？蓋重者其模樣也，必非徐行也。其體段厚重而如山之艮重、如林之深靜也，是以其重或變能爲輕，其輕或變能爲重。如山者，亦能變爲如炮；如林者，亦能變爲如燔。炮燔亦能變爲山林也。大率此節者説良將用兵之妙，故以其勢之盛言，則如山如林；以其勢之鋭言，則如炮如燔；以其勢之長大言，如江如河；以其勢之壓言，則如垣；以其勢之覆言，則如雲也。如斯者，皆非有品之兵而然矣，唯其用之變而已。寧可從前説（講義）也。　　○朱墉曰：重，持重也。如山，言其鎮也。如林，言其靜也。江、河，不斷絕也。輕，輕疾也。炮、燔，無遺存也。垣壓，不可避也。雲覆，不可逃也。　　○鍾兆華曰：炮，燒。左傳昭公二十七年：“令尹炮之，盡滅郤氏之族黨。”孔穎達疏：“燔、炮、爇，皆是燒也。”　按：輕、重當形容兵勢。重者，形容軍隊威武雄壯、紀律森嚴的態勢。輕者，形容軍隊行動疾速的態勢。施氏、山中氏所言在理。

〔三〕施子美曰：惟其用之，若是其利，故人不可得而禦之，其聚散不得而相援，左右不得而相應，蓋有以離其勢而挫其心也。　○劉寅曰：令人之聚不得以散，謂合而不能分也；散不得以聚，謂分而不能合也；左不得以右，謂左不能救右也；右不得以左，謂右不能救左也。以者，能左右之謂也。○陳玖學曰：言兵勢所加，令人不能相救也。　○黃獻臣曰：此言敵失聚散左右之方。　○李騰芳曰：合不能分，分不能合。左不能救右，右不能救左。○朱墉曰：聚不得以散，合不能分也；散不得以聚，分不能合也。　按：以兵勢攻擊敵方，則敵必亂。重兵之勢如決江河，鋪天蓋地全面出擊，敵必被沖散而不得集聚兵力；輕兵之勢如炮如箭，擇敵一面迅捷而擊，敵必左右不得相顧。

〔四〕施子美曰：其兵之齊，則如總木焉。其弩之疾，則如羊角焉。昔者牧野之役，稱此干戈者，蓋欲其齊也，想其必有得於總木之説也。馬陵之役，萬弩俱發者，蓋欲其疾也，想其必有得於羊角之説也。人惟有所恃而後有所奮，故可以前進而無疑心。宜其奮騰陵爍而張膽以進，夫復何疑之有？張昭論大將，亦嘗曰：“重者如山如林，輕者如燔如炮，如漏如潰，如堵垣之壓人也，如雲霓之覆人也。”今敵之聚者不得散，散者不得聚，左者不得右，右者不得左，俛者不得仰，仰者不得俛，知者不及慮，勇者不敢怒，兵如總木，弩如羊角，其人民無不破膽絕慮而往者，其爲言不無得乎此也。　○劉寅曰：夫兵如總持木弩，機牙發動，而人不可禦；又如羊角旋風上行而勢不可遏。羊角者，旋風也，九成縣，九旋風，望之插天如羊角，言曲而上行也。人人無不騰陵張膽，絕乎疑慮，堂堂然果決而去，而敵亦安可禦哉？堂堂，盛大之貌。　○張居正曰：言行兵之勢如木弩之機迅疾而不可禦，如羊角之風直上而不可遏。何論羊腸？何別鋸齒？何分山谷？皆足取勝矣。　○陳玖學曰：木弩，弩也。羊角，旋風也。言行兵之勢如總持木弩，發機迅疾而不可禦，如旋風直上而不可遏，則人人騰躍凌駕，張其膽，絕其疑，堂堂然決勝而往矣，故羊腸鋸齒山谷方圓，皆能取勝也。　○黃獻臣曰：兵之發也，如機之疾不可禦，如風之上不可遏。何論羊腸？何別鋸齒？何分山谷？皆能取勝。是謂堂堂正正而可制勝於廟堂矣。然非民富國治，何以語此。　○李騰芳曰：羊角，旋風也，曲而上行，勢不可遏。此言行兵之勢。如此，則人人騰躍凌駕，張膽絕疑，而往無不勝。要從民富國治上看。　○茅元儀曰：羊角，旋風也。行兵之勢，如總持木弩，發機迅疾而不可禦，如旋風直上而不可遏，則人人騰躍凌駕，張其膽，絕其疑，堂堂然決勝而往矣。　○阮漢聞曰：舊注謂總如總持木弩，又如旋風，非也。兵，五兵。總木，猶言如植木之密耳。必對句讀爲是。尉繚文字盡佳，若云總持木弩，便不成語。　○丁洪章曰：羊角，旋風也。九成縣有旋風，望之插天如羊角，曲而上行也。騰陵，跳躍也。堂堂，盛大貌。　○指南曰：木弩、羊角，總是狀兵勢疾屬，不可遏抑。堂堂決而去，果敢直前也。　○朱墉曰：絕乎疑慮，無有疑阻顧慮也。堂堂，正大也。○孫詒讓曰：淮南子兵略訓云“兵如植木，弩如羊角”，即本此文。“總木”無義，當從淮南書作“植木”。　○鍾兆華曰：總木，比喻兵器林立。淮南子兵略訓作“植木”，義同。弩，用機械力發箭的裝置。羊角，旋風，羊角風，比喻氣勢不可當。　○李解民曰：“總木”，北堂書鈔卷一二五、太平御覽卷三四八引作“樬木”，講義本作“總木”。“樬”與“總”字皆相通，當以“樬”爲正字。樬木，俗稱“鵲不踏”，爲帶刺的落葉灌木或喬木。“兵如總木”，形容刀槍密集，猶如山間灌木。　按：此言一旦發兵，則兵勢極盛，所向披靡。總木，古代兵器多用木作支桿，戟、戈、箭、弓等皆如此。這裏形容士兵列陣時兵器齊立的壯觀場景。羊角，旋風。群弩發射時，因密集的箭同時快速飛向遠方所產生的旋風。羊角用來形容戰爭的氣勢。

制談第三〔一〕

【注】

〔一〕劉寅曰：制談者，談論兵之制度也，亦取書義以名篇。　○張居正曰：錯論兵家行伍、賞罰、統馭、農戰、用賢之制。　○陳玖學曰：此篇錯論兵家行伍之制、賞罰之制、統馭之制、農戰之制、用賢之制。　○黃獻臣曰：此篇錯論兵家行止、賞罰、統馭、農戰、用賢之制。　○李騰芳曰：此篇錯論兵家行伍之制、賞罰之制、統馭之制、農戰之制、用賢之制，故曰制談。　○茅元儀曰：談兵家之制。　○阮漢聞曰：不經制境內而恃鄰助，已失利矣，況夷狄而望其守香火之盟；不任用賢者而信空言，已失實矣，況技術而覬其奏批擣之積。三復是篇，可爲太息。通篇發明定制，首尾迴伏，頓挫條理，亦古文之絕佳者，何論經武。　○丁洪章曰：此章錯論兵家行伍之制。“制”字有二義，前“制”字指誅殺必果言，後“制”字是把國中之事務經制一番，故謂之制談。此篇言兵制必先定，而末一段復言用賢爲輔之效，可見國有能將而始可以言制兵。　○朱墉曰：制談者，談論兵之制度也。錯論兵家行伍之制、賞罰之制、統馭之制、農戰之制、用賢之制。“制”字有二義，前“制”字指誅殺必果言，後“制”字是把國中之事務經制一番。此章言節制在我，則兵皆可用，世將不能禁約士卒，威權安在？無具甚矣！而法令之所以能行者，惟在於明賞罰。苟有術以統御乎其間，雖父子不得徇私，況上下貴賤之疏遠者乎？故致其勇敢，則一人可以當千萬人。若萬人皆若一人之勇敢，天下又孰能當之？此其所以獨出獨入也。然則兵之齊勇不必期於衆多也明甚，善用兵者，雖寡可以勝衆。考之往昔，即如桓公用兵，所恃在衆，不如吳起，吳起又不如孫子，孫子蓋能明制者也。用一人如是，統帥千萬人亦如是。觀女子試兵，寵姬必戮，可見矣。何今人動須二十萬，而且求救援於鄰國，無制之兵亦奚益於勝哉？吾欲經營其制，必先求富強之實而任賢能之臣。如其不然，勢流於貧弱，而制已壞於平日者久矣，何以爲國？　○華陸綜曰：本篇着重論述了軍隊制度、國家的政治措施對戰爭勝負的保證作用，指出只有“號令明，法制審”，士兵才能英勇作戰。闡明只有國家政治措施對頭，實行農戰政策，任用賢能，立足於求己而不仰賴他人，才能爭取軍事上勝利。　　**按**：此談兵學之制度。尉繚子認爲治軍必依據法制，將帥治軍必須明賞罰，必須擁有對軍隊的絕對領導權與指揮權，才能上下一心，天下莫能擋。作者還認爲一國之安全依賴於勵精圖治，不能仰仗他國之救。戰國時有諸多小國，由於地域空間所限，無論如何也不能強大，必然依賴大國之救，由此可見，尉繚子論兵當針對秦國而言。此又證尉繚子爲秦國尉也。

　　凡兵，制必先定，制先定則士不亂，士不亂則刑乃明。〔一〕金鼓所指則百人盡鬭，陷行亂陳則千人盡鬭，覆軍殺將則萬人齊刃，天下莫能當其戰矣。〔二〕

【注】

　　〔一〕施子美曰：齊之技擊不足以敵魏之武卒，魏之武卒不足以敵秦之銳士，秦之銳士不足以敵威文之節制，是則有制之兵誠不可敗也。制而不先定，則是士不素教也。士不素教，不可用也。制先定，則人有所統屬，故士不亂。士不亂，則人就其行伍，刑由是而可用，故刑乃明。兵制之定者莫如成周，曰伍、曰兩、曰卒、曰旅、曰師、曰軍，莫不各有其數。一疾一徐，一疎一數，一進一退，莫不各有其節。振鐸作旗，則車徒莫不皆作；鼓行鳴鐲，則車徒莫不皆行；振鐸蔽旗，則車徒莫不皆坐。凡若是者，皆所以定其制而使不亂也。惟有以定其制而使不亂，故可以蔽旗而誅後至，斬牲以殉左右。刑豈不由是而明乎？

○劉寅曰：凡兵，制度必要先定，則士衆不亂；士衆不亂，則刑罰乃明。　　○張居正曰："制"與"治"不同，"治"者，不亂之謂；"制"者，則我之制度也。這"制"又不是臨敵變化。惟制之一定而後謂之制，所以不先定。臨時雖有制，不可用也。　　○黃獻臣曰：此言兵制詳明，則人皆爲用。兵教軍令，犁然俱備，何嘗無制？惟在必行，則謂之定。如細柳之營不可馳，（漢文帝勞軍，至細柳軍，令不得馳，上按轡徐行，曰："亞夫，真將軍！"）章門之壁獨不納，（段志玄列壁章門，太宗使者夜至，閉門不納。使曰"有天子救"，志玄曰"夜中不辨真僞"。停候至曉。）不待盡鬭而勝算已過半矣。　　○李騰芳曰：此題要看必行上。見爲定字，所謂行兵有紀律也。若無制之兵，即有兵而不先定其制，非所以取勝之道也。　　○茅元儀曰：下乃言兵制之不定者。　　○丁洪章曰：制，制度。先定，是法在必行之意。此言兵制詳明，則人皆齊一矣。　　○大全曰：制，不是臨時制宜之制。必先定者,見臨敵之時,若將部曲三令五申,則遲矣。　　○王漢若曰,"必先"二字,極決斷。兵之爲道,凡戰勝攻取,機智變幻,可以臨時取辦,至於教戒步伐之事,斷非預先定之不可。　　○朱墉曰:制與治不同。治者,不亂之謂也。制者,則我之制度也。這制又不是臨敵變化的,惟畫一豫定而後謂之制。先定,非徒定其制,有法在必行之意。刑乃明,刑罰分明也。　　**按**:此處"刑"作法度解。商君書壹言:"凡將立國,制度不可不察也,治法不可不慎也。"又立本曰:"凡用兵,勝有三等:若兵未起則錯法,錯法而俗成,俗成而用具。此三者必行於境內,而後兵可出也。"

〔二〕施子美曰:制既定,刑既明,則士可得而用矣。故金鼓所指,則可以使百人盡鬪;陷行亂陣,則可以使千人盡鬪;覆軍殺將,則可以使萬人齊刃,天下莫之敢當矣。或百人,或千人,或萬人,此言無衆無寡,皆可得而用也。多則萬人,寡則百人,中則千人,此多寡之數也。百人爲寡,故可以指之而使鬪。至於陷行亂陣,非千人而不可也,故可使千人盡鬪。及夫覆軍殺將,其事爲莫大,故非萬人有所不可,此萬人之所以齊刃也。昔班超以三十六人在西域,令十人持鼓藏於虜後,約見火光,鳴鼓大呼,至使虜衆驚亂者,非金鼓所指則可使百人盡鬪乎? 越以三千人先犯陳,故沉三國之師,而吳爲三軍以擊其後,非陷行亂陣而能使千人盡鬪乎? 韓信以萬人背水而陣,以擊陳餘,卒使趙軍爭利,而萬人死戰,不可敗,非覆軍殺將則萬人齊刃乎? 尉子之意,蓋言兵制既定,則不惟百人可使,雖千人亦可使;不惟千人可使,雖萬人亦可使也。　　○劉寅曰:金以止之,鼓以進之,故金鼓之聲有所指示,則百人盡向前而鬪;陷人之行,亂人之陣,則千人盡向前而鬪;覆人之軍,殺人之將,則萬人併力齊心而鬪。如此則天下莫能當其戰矣。　　○陳玖學曰:此言兵當先定其制,而歷推制定之善如此。下乃言兵制之不定。　　○黃獻臣曰:行、陳、軍、將,皆指敵言。　　○李騰芳曰:此題言兵制先定,則萬人併力齊心,有不戰,戰必勝,而天下莫能當矣。　　○丁洪章曰:兵制先定,非是徒定其制,便有法在必行之意。下文"明賞於前,決罰於後",正是兵制必先定之制。　　○翼注曰:天下莫能當,此正兵制先定之驗也。惟制先定,則士卒不亂;士卒不亂,則刑罰乃明。將見人人同心,士士用命,以之制戰,天下莫能禦也。豈僅百人盡鬪、千人盡鬪而已哉? 甚矣,兵制之不可不先定也有如此。　　○朱墉曰:指,示向也。行、陣、軍、將,皆指敵言。齊刃,併力齊心也。兵制不過教戒賞罰一切部曲之事，"必"字是決斷之詞。盡鬭，皆向前奮戰也。　　○鍾兆華曰：金鼓，金和鼓，古代軍隊裏用以發佈指揮號令的器具。勒卒令篇說："鼓之則進，重鼓則擊。金之則止，重金則退。"吳子應變篇："凡戰之法，晝以旌旗幡麾爲節，夜以金鼓笳笛爲節。麾左而左，麾右而右；鼓之則進，金之則止；一吹而行，再吹而聚，不從令者誅。"刃，兵器。淮南子氾論訓："鑄金而爲刃。"高誘注："刃，五刃也，刀、劍、矛、戟、矢也。"此處用作動詞，意爲拼殺。　　○李解民曰：金，指鉦，又名"丁寧"，或謂亦即商代的鐃，是一種金屬樂器，形似鐘而狹長，有長柄可執，擊之而鳴。金、鼓，軍中用來指揮部隊進退行止的兩種器具，鳴金兵止，擊鼓兵進。此泛指號令。　　按：擊鼓進兵，鳴金收兵。金鼓所指，意即根據軍隊號令法度行事。

　　古者，士有什伍，車有偏列。〔一〕鼓鳴旗麾，先登者未嘗非多力國士也，①先死者亦未嘗非多力國士也。②〔二〕

【校】

　　①鍾兆華曰：宋本"常"字當爲"嘗"字之誤。施氏、直解本作"未嘗"。下文"先死者未嘗非多力國士"可證。李解民曰："嘗"，原作"常"，據講義本、直解本、天啓本、彙解本改。　　按："嘗"，原作"常"，音近形近而訛，據講義本、直解本、鰲頭本、兵略本、開宗本、武備志本、四庫本、彙解本、子書百家本、二十五子彙函本改。

　　②華陸綜曰："亦""也"，原脫，從鄂局本補。鍾兆華曰：施氏、直解本"先死者"下有"亦"字，句末有"也"字。李解民曰："亦""也"，原脫，據講義本、直解本、天啓本、彙解本補。　　按："亦""也"二字，原脫，據講義本、直解本、鰲頭本、兵略本、開宗本、武備志本、四庫本、彙解本、子書百家本、二十五子彙函本補。

【注】

　　〔一〕施子美曰：此言車徒之用各有常制。什伍者，徒兵也。偏列者，車制也。五人爲伍，什人爲什，此什伍之制也。二十五乘爲偏，五乘爲列，此偏列之制也。尉子伍制令"五人爲伍，伍相保也；十人爲什，什相保也"，此什伍之制也。鄭人之先偏後伍，太公之五車爲列，此偏列之制也。用兵之法，有車步騎，今此言車步而不言騎者，三代之制未有騎兵，尉子所言，三代之遺制也。　○劉寅曰：古者士卒有什有伍，車乘有偏有列。五人爲伍，十人爲什。十五乘爲偏，五乘爲列。　○陳玖學曰：車衆十五爲偏，五偏爲列。　○黄獻臣曰：車衆十五爲偏，五偏爲列。凡使不得獨先也。　○丁洪章曰：十人爲什，伍人爲伍，二十五乘爲偏，五偏爲列。　○山中倡庵曰：六韜均兵篇云：“易戰之法，五車爲列。”以此例證，則前説（講義）宜從也。　○鍾兆華曰：什伍，古代軍隊中步卒的編制。伍制令篇説：“軍中之制，五人爲伍，伍相保也；十人爲什，什相保也。”五人組成伍，十人組成什，伍有伍長，什有什長，是最小的訓練、作戰單位。偏列，古代軍隊中戰車的編制，五乘爲列，十五乘爲偏。　○李解民曰：偏列，古代戰車的編制單位。一般以五乘爲列，二十五乘爲偏。左傳成公七年杜預注引司馬法，以十五乘爲大偏，九乘爲小偏。當時列國戰車編制有所不同，故有異説。　按：偏，有兩種説法：步戰，以步兵爲主，配合車戰，則一偏爲十五乘。左傳成公七年杜預注引司馬法：“百人爲卒，二十五人爲兩。車九乘爲小偏，十五乘爲大偏。”車戰，則以戰車爲主，步兵協同，則一偏爲二十五乘。左傳桓公五年：“先偏後五。”杜預注引司馬法：“車戰二十五乘爲偏，以車居前，以伍次之，承偏之隙而彌縫闕漏也。”先秦時期，已經注意戰車與步兵之間的協同。各國或各軍根據擁有戰車或步兵數量，在戰前靈活編組，故有不同。

〔二〕施子美曰：治兵既有其法，則三軍可得而用，故鼓鳴旌麾之間，必有先登陷軍者。其先登者非庸才也，必多力國士也。吴子兵法：“一軍之中，必有虎賁之士，力輕扛鼎，足輕戎馬，搴旗取將，必有能者。”此正鼓鳴旗麾之際必先登之國士也。吴子臨戰，有一夫不勝其勇，前獲雙首而還，此正多力國士。而先死者亦國士也，蓋冒萬死於一生，安能保其萬全耶？故先登者此等之人，而先死者亦此等之人也。　○劉寅曰：鼓鳴旗麾之際，先登城壘而殺敵者，未嘗非多力之國士也；先死於敵者，亦未嘗非多力之國士也。當併力齊刃，不可先登、先死也。　○黄獻臣曰：多力之國士，每不待約束，而先登城壘，或爭先致死。

○丁洪章曰：先死者，在必死也。此言庸將不能定制。制定則勝，否則敗，國家安危所係也。又曰：“多士之力”者，蓋因多力國士往往傲主，不從上制，故言古曾如此，以見制可推行。　○朱墉曰：先登，爭先登城壘也。先死者，志在必死也。　○鍾兆華曰：旗，古代軍隊中的指揮號令之一。勒卒令篇説：“金、鼓、鈴、旗，四者各有法……旗麾之左則左，麾之右則右。”　　**按**：此言兵制定，則士兵無論是否爲多力國士，皆勇往直前。

損敵一人，而損我百人，此資敵而傷我甚焉，世將不能禁。[一]征役分軍而逃歸，或臨戰自北，則逃傷甚焉，世將不能禁。[二]殺人於百步之外者，弓矢也；①殺人於五十步之内者，矛戟也。②將已鼓而士卒相囂，拗矢折矛抱戟，利後發，戰有此數者，内自敗也，世將不能禁。[三]士失什伍，車失偏列，奇兵捐將而走，大衆亦走，世將不能禁。[四]夫將能禁此四者，則高山陵之，深水絶之，堅陳犯之。不能禁此四者，猶亡舟楫絶江河，不可得也。[五]

【校】

①鍾兆華曰：本句御覽卷三五〇引文爲：“夫殺人百步之外者誰也？曰：矢也。”

②鍾兆華曰：本句御覽卷三五三引文爲：“夫殺之（人）五十步之内者誰也？曰：矛戟也。”又，書鈔卷一二三引爲：“夫殺人於五十步之内者誰也？曰：矛戟。”

【注】

[一]施子美曰：兵不可以驟進，損敵一而損己百，則敵之所傷者寡，而己之所傷者衆，適以爲資敵也。此絞人之所以喜得楚徒而爲楚所敗也。世之爲將者，不能禁此。　〇劉寅曰：損敵纔一人，而損我已百人，此乃資益敵國而傷害我軍甚大焉。世之爲將者，不能禁止也。　〇陳玖學曰：言兵有先登者。　〇黃獻臣曰：世將，世之庸將。此言制不行於先登者。　〇丁洪章曰：世將不禁，固由戒令不行，亦其身之先不勇也。禁，非止是禁戒而已，直是把後面軍令中誅法來用。　〇朱墉曰：世將，世之庸將也。不能禁，是制不行於先登者。　〇鍾兆華曰：世將，世俗之將，即指缺乏軍事才能的指揮官，尉繚在守權、武議、勒卒令中均予批評。孫子軍爭篇：“人既專一，則勇者不得獨進，怯者不得獨退。此用衆之法也。”張預注引尉繚子時説：“‘鼓鳴旗麾，先登者未嘗非多力國士也’，將者之過也。言不可賞先登獲雋者，恐進退不一耳。”　〇李解民曰：世將，世上

的一般將領。或謂“世”通“大”,世將即大將,本書兵教上有“大將”、束伍令有“大將軍”,此泛指統率軍隊的將領,亦通。 **按**:莊子大宗師:“厲乎其似世乎!”郭慶藩集釋:“世、大二字,古音義同。”春秋桓公九年:“曹伯使其世子射姑來朝。”孔穎達疏:“諸經稱世子及衛世叔申,經作世,傳皆爲大。”世將,即大將。李氏説是。

〔二〕施子美曰:至於征役之際,軍敗而逃,或臨戰自北,是上不得士心,而士背其上,故自失其軍。此張昭申令法所以言:“軍將行罰,能止逃歸。禁亡者,兵之一勝也。”是則逃歸之甚不可不禁,而世將莫之能禁。 ○劉寅曰:征役分軍而前,或逃亡而歸,或臨陣鬭而自奔北,則吾士卒逃亡傷損亦甚焉。世之爲將者不能禁止也。 ○陳玖學曰:言兵有逃奔者。 ○黃獻臣曰:征役已分定軍伍,而逃去散歸,或戰時奔北,士卒逃亡,損傷爲甚。此言制不行於逃奔者。 ○阮漢聞曰:分軍,分定軍伍。 ○朱墉曰:征役,出征行役也。分軍,分定軍伍也。北,敗奔也。不能禁,是制不行于逃奔者。 **按**:此言大將不能禁止逃兵。

〔三〕施子美曰:殺人於百步之外者,弓矢也,以其可以及遠也;殺人於五十步之外者,矛戟也,以其可以相及也。法有所謂:“長兵以衛,短兵以守。”長兵即弓矢也,故可以殺人於百步之外;短兵即矛戟也,故可以殺人於五十步之内。弓矢、矛戟皆所恃以勝敵者也。今將既鼓之際,而士卒無統,嚻然而亂,拗矢切矛抱戟不前者,而以後發戰爲自利,此正衛之受甲不戰之夫也,皆自敗其軍也,而世將莫之能禁。 ○劉寅曰:殺人於百步之外者,弓矢是也;殺人於五十步之内者,矛戟是也。將已鼓而進,士卒互相喧嚻,拗矢折矛抱戟,不肯前進,利向後發,戰有此數者,内自先敗。世之爲將者不能禁止也。 ○陳玖學曰:言兵有棄將而走,以爲衆倡者。 ○黃獻臣曰:鳴鼓而進,士卒喧嚻,拗棄其矢,折斷其茅,抱戟不前,利於後發。此言制不行於利後者。 ○丁洪章曰:嚻,譁亂也。 ○山中倡庵曰:“利後發戰”者,所謂賊過後張弓之類乎。 ○孫詒讓曰:“抱”,即今之“拋”字。史記三代世表云“抱之山中”,裴駰集解:“音普矛反。”玉篇手部始有“拋”字,云:“擲也。”古止作“抱”字。 ○朱墉曰:拗矢,拗棄其矢也。折矛,折斷其矛也。抱戟,抱守不前也。利後,利於後發也。 ○鍾兆華曰:嚻,喧嘩,吵嚷。説文:“嚻,聲也,氣出頭上。”吳子論將:“若其衆讙譁,旌旗煩亂,其卒自行自止,其兵或縱或橫,其追北恐不及,見利恐不得,此爲愚將,雖衆可獲。"拗,折斷。　　○李解民曰:戟,兵器名,將矛、戈合成一體,既能直刺,又能橫擊。拗,意即用手折斷。抱,通"抛",即抛棄,丟棄。　　**按**:嚻,喧嘩。將令已發而士卒喧嘩,不按軍令執行者。抱,當從孫氏説作"抛"。

〔四〕施子美曰:士有什伍,車有偏列,此兵制之常也。今而士失其什伍,車失其偏列,奇兵指將而走,大衆亦走,是上失其制而兵之不律也。所以張昭於申令法云:"使什伍相聯,明其戰鬬之道,兵之二勝也。"是則衆之棄走,是誠兵之大患也,而世將或不能禁。　　○劉寅曰:士卒迷失其什伍,車騎迷失其偏列,奇兵捐棄將帥而走,大衆亦隨之而走,世之爲將者不能禁止也。　　○黄獻臣曰:卒騎迷失,設奇之兵棄將而走,衆亦因之。此言制不行於棄將,以爲衆倡者。　　○阮漢聞曰:奇兵,未詳。既曰什伍偏列,又曰大衆,必非出奇之兵。四者制不先定。　　○丁洪章曰:奇兵,設奇之兵也。捐,棄也。　　○鍾兆華曰:奇兵,配合正兵作戰的部隊,多用奇襲。　　○李解民曰:奇兵,指相對於正面常規部隊的側翼特種部隊,此似指先頭部隊。捐,意即捐棄、遺棄。　　**按**:奇兵,指佩戴刀劍以保衛將軍的士兵,侍衛,類似現代意義上的警衛員。韓非子愛臣:"是故不得四從,不載奇兵。"王先慎集解引王先謙曰:"淮南墜形訓高注:'奇,隻也。'奇兵,佩刀劍之屬。"此句言將軍身邊佩戴刀劍的侍衛棄掉將軍而走。

〔五〕施子美曰:將而能禁於是,則人可得而用矣。故山雖高,可使之陵之,水雖深,可使之絶之,陣雖堅,可使之犯之,蓋言兵無往而不可用也。昔者光弼能禁是者也,嚴三麾之令,重不刺之斬,所以欲得其用也。光弼惟能禁之,故嘗欲爲傅山之陣矣。其所以爲傅山之陣者,以其高山可以陵也。嘗爲壁野水渡之制矣。其所以爲水渡者,以其深水可以絶也。嘗問賊陣何所最堅,而使郝廷玉、論惟貞以騎取之者,以其堅陣可以陷也。苟不能禁此,猶亡舟楫而絶江河,其何以濟? 此陳餘軍既敗之際,趙將雖欲斬之而不能者,以其不能禁之也。　　○劉寅曰:夫將能禁此四者,則高山可以陵而上之,深水可以絶而過之,堅陣可以觸而犯之。不能禁此四者,猶亡失舟楫,而欲過絶江河,固不可得也。江水出永康軍岷山,東流與漢水合,東北入海。河水出崑崙山,踰梁及岐,過龍門,下吕梁,九曲而入於海。　　○陳玖學曰:陵,登。絶,過。犯,觸。反復言四者之當禁也。　　○黄獻臣曰:不可得,言不能濟也。此言庸將不能定制。制定則勝,否則敗,國家安危所係,故望良將之能禁也。禁,非止禁戒,有慎重之意。　○李騰芳曰:四指損敵一人以下。　○丁洪章曰:陵,上也。絕,過也。犯,觸也。四不能禁處,雖由戒令不行之故,而所以不行之故,寔本於將之無能耳。觀得失之兩形如此,奈何用將不擇乎!　○題炬曰:將能禁此四者。將者,兵之主。兵之不力,將之弱也。將何能? 兵制先定,即其能也。嚴法審令,自能禁此四者矣。　○指歸曰:先登被傷則損己,臨陣自北則挫銳,利後不前則內自敗,棄將逃走則衆必亂,軍有此四者,而不能禁,則號令不明、法度不嚴之過。　○朱墉曰:江水出岷山,東流與漢水合,入海。河水出崑崙山,九曲而入於海。　○鍾兆華曰:陵,即"夌"。説文:"夌,越也。"楫,槳、櫓之類的划船工具。説文:"楫,舟櫂也。"　○李解民曰:陵,意即登、登上。　按:此強調爲將者務必能禁此四者,若不能,則如渡河而無舟。

　　民非樂死而惡生也,號令明,法制審,故能使之前。[一]明賞於前,決罰於後,是以發能中利,①動則有功。[二]

【校】

　　①鍾兆華曰:"利",彙解、集注本作"節"。李解民曰:"利",彙解本作"節"。　按:鍾氏所言"集注"即武經大全纂序集注本。

【注】

　　[一]施子美曰:夫人有所甚愛,亦有所甚畏,今使之棄所愛而趨所畏者,非樂死而惡生也,有以迫之也。王人鑑嘗曰:"前有淵谷,後有猛虎。不幸而臨乎淵谷,而猛虎迫其後,將跳而越淵谷乎? 抑坐而待斃於猛虎乎? 坐而待斃於猛虎,萬萬之死也。跳而越淵谷,萬一之生也。兵戰之場,屍死之地,民樂趨而不顧者,非樂死也,求生於死也,以其號令明、法制審也。爲其進而擊敵,勝之,猶可以生,是萬一之生也。設若不進,則誅戮從之,是萬萬之死也。可不冒萬死求一生乎?"孫子教吳宮美人戰,明約束,熟申令,二姬既斬,而婦人左右前後跪起皆中繩墨,雖赴水火,可也,非號令明、法制審,而能使之前乎? ○劉寅曰:民非樂其死、惡其生也,號令嚴明,法制詳審,故能致使前進。　○陳玖學曰:前,進。　○黃獻臣曰:前,使之進戰。　○朱墉曰:樂,喜好也。使之前,使之進戰也。　○鍾兆華曰:審,即明白、清楚。説文:"宷,悉也。"　按:審,詳備。

吕氏春秋察微："公怒不審。"高誘注："審，詳也。"商君書壹言："故民之於上也，先刑而後賞。"又錯法曰："古之明君，錯法而民無邪，舉事而材自練，賞行而兵强。此三者，治之本也。"

〔二〕施子美曰：惟其號令不可不明，法制不可不審，故必明賞於前，決罰於後。蓋賞罰之用，不在重，在必行；不在數，在必當。示之以所愛，則彼必勸；斷之以所畏，則彼必懲。明賞於前，所以示之以所愛也；決罰於後，所以斷之以所畏也。人惟知其所勸懲，則人必爲我用矣。故發而能中利，以其必有所得也；動有成功，以其可以勝敵也。昔者光弼北城之戰，見刺賊洞馬腹而賜以絹，所以明其賞也；援矛不刺者，必斬而無赦，所以決罰也。光弼惟能盡是二者，所以禽周摯而能中興唐室，非發中利而動有功乎？　○劉寅曰：明賞於其前，決罰於其後，是以發則能中其利，動則有成功也。　○陳玖學曰：此言禁四者者，惟在明號令、審法制、決賞罰耳。　○黄獻臣曰：此言制定而後可以得人之死，所以能前而有功者，惟是法令明審，賞罰明決耳。如項羽之邗刂，梁武之泣宥，（武帝捨身修齋，有犯法者，應討，帝泣而宥之，於是日晝殺人，莫之禁。）便非明決矣。必一朝之饗坐揖而誅而後可。　○李騰芳曰：此題有"功"字，在明賞決罰上看，明賞則軍士有所慕而勇力克敵，決罰則軍士有所畏而忘身殉國，此戰功所由成也。　○丁洪章曰：決，決斷。此言將先定制以明賞決罰，而後可以得人之死力也。又曰：世人只知尉君行軍專主殺戮，不知尉君之殺亦不過殺一以儆衆耳，必不屢屢殺人也，況決罰未嘗不先明賞乎！　○指南曰：明賞決罰，明謂見得的確，決謂行得果斷。蓋賞罰爲兵制之大端，而賞恒恐不明，罰恒慮不決。賞不明，雖賞不勸；罰不決，雖罰不服，制不定矣。惟是賞之明，罰之決，則民勸民威，感激思奮，自然動則有功。　○朱墉曰：決，斷然必行也。明賞者，賞易爲人所欺，此處要見得的確；決罰者，罰易爲人所撼，此處要實有決斷。不然，賞不明，雖賞不恩；罰不決，雖罰不行。中節，中兵利也。動，動兵也。　○鍾兆華曰：中，得。周禮地官師氏："掌國中失之事，以教國子弟。"鄭氏注引杜子春云："當爲得，記君得失，若春秋是也。"　按：商君書算地："夫刑者，所以禁邪也；而賞者，所以助禁也。"又錯法曰："行賞而兵强者，爵禄之謂也。爵禄者，兵之實也。"此言兵制立，賞罰明，則戰能取功。

令百人一卒，①千人一司馬，萬人一將，以少誅衆，以弱誅彊。②〔一〕

試聽臣言,其術足使三軍之衆,誅一人無失刑,父不敢舍子,子不敢舍父,況國人乎?[二]

【校】

①華陸綜曰:"令",原作"今",從鄂局本改。鍾兆華曰:"今",施氏本同,直解本等作"令"。李解民曰:"今",直解本、彙解本作"令"。　按:"令",原作"今",形近而訛,據直解本、鰲頭本、兵略本、開宗本、武備志本、四庫本、彙解本、子書百家本、二十五子彙函本改。

②鍾兆華曰:"疆",宋本原作"彊",誤,據直解本正。李解民曰:"疆",原作"彊",據講義本、直解本、天啓本、彙解本改。　按:"疆",原作"彊",形近而訛,據講義本、直解本、鰲頭本、兵略本、開宗本、武備志本、四庫本、彙解本、子書百家本、二十五子彙函本改。

【注】

〔一〕施子美曰:人心有所統,然後從所用。百人而一卒,千人而一司馬,萬人而一將,此所以統之也。以一卒而統百人,一司馬而統千人,一將而統萬人,其所統者少也、弱也,而爲所統者亦衆矣、强矣。若是百人一卒,千人一司馬,萬人一將,乃以少而誅衆,以弱而誅强也。誅之爲言治也,治之者以其受所制也。然以周制考之,百人爲卒,卒有卒長;五百人爲旅,旅有旅師;萬二千五百人爲軍,軍有將,是亦以少誅衆,以弱誅强也。然成周之制,以萬二千五百人爲軍,而尉子所言,則以萬人一將者,此管仲之遺法也。管仲之法以二百人爲一卒,二千人爲一旅,以萬人爲軍,分國爲三軍,公將其一,高子、國子將其二,此管仲之法也。比之周法,則爲簡而直者。若夫周人之法,萬而有二千,二千而有五百,則爲詳且曲矣。其詳而曲者,所以爲不可敗也;簡而直者,所以爲必勝也。王者之兵期爲不可敗,而霸者之兵則務在必勝,所以異也。　○劉寅曰:令百人爲一卒,千人設一司馬,萬人立一將,以己之少誅人之衆,以己之弱誅人之强。　○陳玖學曰:舍,縱。此言統馭有制,則可使三軍之衆不相縱惡矣。　○阮漢聞曰:號令明,法制審,賞罰信,是定制也。故一卒可領百人,一司馬可領千人,一將可領萬人,而少能誅衆,弱能誅强。　○山中倡庵曰:前説(講義)者爲以一卒一司馬一將之少而誅百人千人萬人之衆强也,雖似有其理,而後説(直解)不如"以我少弱誅敵之衆强"之説諄直也。　○朱墉曰:卒,百夫長也。司馬,官名。　　○鍾兆華曰:卒,古代軍隊的編制,這裏指一卒之長。司馬,通常指管理軍政的官,這裏指千人之長。誅,討伐。　　○李解民曰:司馬,官名,職掌軍事。古代有等級類別各不相同的多種司馬。此指千人之長。誅,責求、懲罰,此引申爲管轄。　**按**:誅,治也。孫子兵法九地:"以誅其事。"曹操注:"誅,治也。"淮南子時則訓:"阿上亂法者誅。"高誘注:"誅,治也。"以少誅衆,意即以一人來管理衆人。這是百人設一個卒長、千人設一個司馬、萬人設一個將軍的用意所在。爲將者未必皆爲有勇力之士,指揮大軍作戰的決策者(也可稱爲主帥)往往爲文士。相比在沙場衝鋒陷陣的武士,出謀劃策的文士的體格要弱。以弱誅強,強調將軍要服從主帥。總之,軍隊要設立層級軍官,自下而上,都要服從軍事決策者的統一指揮。

〔二〕施子美曰:兵有制則刑必明。試聽臣言,則其兵必有制;兵有制,則其用刑必明。雖誅一人,可無失刑,父子雖親,亦不能相舍,況國人乎? 光武舍中兒犯法,祭遵殺之;晉君之弟亂行,魏絳戮其僕,則其於國人可知也。所以鄉人盜笠,吕蒙垂涕斬之;馬謖軍敗,孔明對泣而誅之,則其公爲如何耶?　○劉寅曰:試聽臣言,其法術足可使三軍之衆,誅一人無失刑者,爲父者不敢舍其子,爲子者不敢舍其父,何況於國人乎?　○黃獻臣曰:此言統馭有制,可使三軍之衆不相縱惡。法之所在,父子不敢舍之以相徇,況國人之疎者乎? 尉繚談兵,主於誅殺,然曰"誅一人無失刑",則非輕殺可知。　○李騰芳曰:此言統馭有制,可使三軍之衆不相縱惡。　○阮漢聞曰:此所謂士不亂則刑乃明。　○丁洪章曰:此言統馭有制,可使三軍之衆不相縱惡矣。又曰:觀尉繚"誅一人無失刑"句,則知尉君之殺,殺必當殺,非輕殺、屈殺也。　○山中倡庵曰:初(講義)、終(開宗)兩説其義同矣。中説(直解)粗而難通矣。蓋似程子所謂"若夫禁奢侈則害近戚,限田産則妨於貴家,如此之類,既不能斷以大公而必行,則是牽於朋比也"之説。然其法過嚴,而悖孟子所謂"周公弟也,管叔兄也,周公之過,不亦宜乎"之意,亦伯術之政法耳。　○朱墉曰:臣,對君而言。失刑,有罪而縱失也。　○鍾兆華曰:誅,責罰,懲處。失刑,當加刑而不加,不當加刑而受刑,都是失刑。舍,同"私",包庇,偏袒。伍制令:"父不得以私其子,兄不得以私其弟。"　○李解民曰:三軍,戰國時期,諸侯大國軍隊一般分爲中軍、右軍、左軍(或稱中軍、上軍、下軍),稱三軍。此泛指全軍。舍,通"赦",赦免,庇護。　**按**:誅,同上文治理之義。刑,同上文法度之義。誅一人無失刑,意即管理中没有一個人失掉法度的約束。施氏、劉氏、鍾氏解"誅"爲誅殺,誤。

　　一賊仗劍擊於市,^①萬人無不避之者,^②臣謂非一人之獨勇,^③萬人皆不肖也。^④何則? 必死與必生,固不侔也。^{⑤〔一〕}聽臣之術,足使三軍之衆爲一死賊,莫當其前,莫隨其後,而能獨出獨入焉。^{〔二〕}獨出獨入者,王霸之兵也。^{〔三〕}

【校】

　　①鍾兆華曰:"賊",全集本、直解本作"武",彙解本、合参本、皕刻本作"夫",書鈔卷一二二引作"武夫"。"仗",御覽卷三四四引作"鋏",書鈔卷一二二引作"杖"。李解民曰:"賊",直解本作"武",天啓本、彙解本作"夫",北堂書鈔卷一二二引作"武夫"。"仗",初學記卷二二引作"挾",講義本作"伏"。　**按**:"賊",鰲頭本、兵略本、開宗本、武備志本、四庫本、彙解本、子書百家本、二十五子彙函本作"夫"。鍾氏所云"皕刻本"即皕忍堂重刻武經七書本。

　　②鍾兆華曰:"避之",御覽卷三四四引作"觸避"。

　　③鍾兆華曰:"臣謂",御覽卷三四四引作"臣以爲"。孫子九地篇"死焉不得"下張預注引無此二字。

　　④鍾兆華曰:"萬人皆不肖也",御覽卷三四四引作"一市萬人皆不肖"。

　　⑤鍾兆華曰:"何則",孫子九地篇"死焉不得"下張預注引無此二字。"固",皕刻本作"故"。孫子九地篇同前張預注引無此字。"侔",書鈔卷一二二引作"觸"字。

【注】

　　〔一〕施子美曰:昔秦兵大舉攻魏,西河守吳起以兵五萬逆戰。文侯曰:"秦兵數倍於我,我兵寡,戰如不勝,吾事去矣。"吳起曰:"君獨不見死賊伏於野,千人追之,無不狼狽而瞻顧,恐其暴至而害己,故一人爲死賊而千人恐。今臣以五萬人爲一死賊,何慮不勝哉?"吳起之言,亦尉子之意也。尉子謂萬人避一死賊者,非一人之獨勇而萬人不肖,故畏之也,蓋死賊以必死爲心,而萬人以必生爲志,所以不同也。　○劉寅曰:一人若伏劍擊於市,人人無不避之者。臣謂非一人之獨有勇,萬人皆不肖也。何則? 期必於死與期必於生,固不相侔也。 ○黄獻臣曰：一人期於必死，萬人期於必生。 ○丁洪章曰：仗，持也。倖，同也。 ○朱墉曰：必死者，期於必死也。必生者，期必於生也。 ○鍾兆華曰：賊，亡命之徒。倖，相同，等同。説文：“倖，齊等也。” 按：賊，説文：“敗也。”引申爲殺人的人。書舜典：“皋陶，蠻夷猾夏，寇賊姦宄。”孔傳：“殺人曰賊。”此言士兵若持必死之心，則有極强戰鬥力。

〔二〕施子美曰：今臣以術馭衆，可使三軍之衆爲一死賊，所患王不之聽也，故曰聽臣之術，足使三軍爲一死賊。既以一死賊用三軍，則三軍之士，皆以必死爲期。吾既亦以必死，則人亦莫之敵矣，故莫當其前，莫隨其後，而進退自若也。 ○劉寅曰：若聽臣之術而行之，足使三軍之衆爲一死賊，莫能當其前，莫能隨其後，而能獨出、獨入焉。使三軍爲一死賊，即吴子以五萬衆爲一死賊之義。莫能當其前者，進不可當也。莫能隨其後者，退不可追也。 ○黄獻臣曰：即吴子以五萬衆爲一死賊之義。 ○丁洪章曰：此言能激其必死之心，則可使三軍之衆獨出獨入，而爲王伯之兵矣。 ○句解曰：獨出獨入者，如行無人之境也。 ○王漢若曰：獨出獨入，天下莫能當，此是難事，而惟三軍同持一必死之心則能之。三軍同持必死之心亦是難事，而惟明賞決罰有以致之，蓋“獨出獨入”從“必死”來，“必死”二字又從“明賞決罰”來也。 ○朱墉曰：使三軍爲一死賊，即吴子以五萬衆爲一死賊之義。莫能當其前者，進不可當也。莫能隨其後者，退不可追也。獨出獨入者，言其强盛無敵也。 ○李解民曰：死賊，捨命拼死的强盗、亡命徒。按吴子勵士云“以五萬之衆而爲一死賊”，意與此句相同。 按：獨出獨入，形容軍隊如入無人之境，戰無不勝。

〔三〕施子美曰：惟其進退自若，故可以獨出獨入，而莫之或止，此王伯之舉也。王者以其正治之也，伯者以其權治之也。正與權不同，而其爲馭人之法則一。 ○劉寅曰：獨出獨入者，言其盛强無敵，故曰王霸之兵也。 ○張居正曰：賞罰明則兵制定，兵制定則有進死無退生。人懷必死之心，所以能獨出獨入，無與爲敵也，豈不爲王伯之兵乎？ ○陳玖學曰：此言能激其必死之心，則可使三軍之衆獨出獨入矣。 ○黄獻臣曰：此言能激其必死之心，而後可語王伯之兵。使三軍之衆同抱一死賊之念，則獨出獨入，如入無人之境，要從賞罰明決中來，如入圍馳救是也。（太宗信愛尉遲敬德，賜之金。後被圍，敬德馳救之。太宗曰：“公何相報之速！”） ○李騰芳曰：此題根上三軍之衆爲一死脈來。吾三軍併力爭死,則進不可當,退不可追。自獨往獨入,如入無人之境。第兵以王伯,合言則是以伯攻雜之,非純王不嗜殺人之風也。　　○李解民曰:王,原指天子,戰國時許多政治家將能完成統一天下大業者稱作王。

　　有提十萬之衆,而天下莫當者誰?①曰桓公也。有提七萬之衆,而天下莫當者誰?曰吳起也。有提三萬之衆,而天下莫當者誰?曰武子也。〔一〕今天下諸國士所率無不及二十萬之衆者,然不能濟功名者,不明乎禁舍開塞也。明其制,一人勝之,則十人亦以勝之也。十人勝之,則百千萬人亦以勝之也。〔二〕故曰便吾器用,養吾武勇,發之如鳥擊,如赴千仞之谿。〔三〕

【校】

　　①鍾兆華曰:“莫當”,施氏本作“莫敢當”。下二句同。

【注】

　　〔一〕施子美曰:天下唯有制之兵爲不可敵也,齊威公、孫武子、吳起其兵皆節制之兵也。秦之銳士不能敵威文之節制,則齊之節制明矣。吳起以材士之非令,則吳起之節制明矣。武子三令五申,則武子之節制明矣。曰十萬,曰七萬,曰三萬者,此言多寡皆可用也。天下之兵,多者不過十萬,少者不過三萬,而中則七萬。張昭於議攻篇舉此言,而繼之曰:“多者十萬,中者七萬,少者三萬,天下無敵矣。”尉子之所言三兵者,亦以其多寡與中而言之也明矣。　　○劉寅曰:有提十萬之衆而天下莫能當者,誰哉?齊桓公也。桓公尊周室,攘夷狄,九合諸侯,一匡天下,故曰莫當,言人不能當也。有提七萬之衆而天下莫能當者,誰哉?吳起也。吳起守西河,與諸侯大戰七十六,全勝六十四,餘則均解,辟土四面,拓地千里,是天下莫能當也。有提三萬之衆而天下莫能當者,誰哉?孫武子也。武子爲吳將,雖不顯其攻城掠地之功,然吳西破楚入郢,北威齊、晉,亦與有力焉,故亦曰天下莫當也。　　○黃獻臣曰:桓公九合諸侯,一匡天下。起守西河,與諸侯大戰,全勝六十四,辟土四面,拓地千里。武爲吳將,西破楚入郢,北威齊。引三人意重孫子。　　○丁洪章曰:提,領也。桓公提十萬而獨出獨入已稱雄矣,而吳子止提七萬而獨出獨入,不較桓公更雄乎?而武子止提五萬而獨出獨入,不較吳起更雄乎?伯者之兵,真無逾此三人矣。　○山中倡庵曰:看下文"無不及二十萬之衆"之句,此一節大概附兵之多寡論功不功矣。今孫武所率之兵僅三萬,故其功獨卓越於二子也。莆黄所論,蓋以此乎?　○朱墉曰:桓公,齊國君,名小白,九合諸侯,一匡天下。莫當,言人不能當也。吳起事魏,守西河,與諸侯大戰七十六,全勝六十四,餘則均解。武子,姓孫,名武,爲吳將,西破楚入郢,北威齊、晉。　○鍾兆華曰:提,率領。桓公,春秋時齊國國君,公元前六八五年至前六四三年在位。曾任用管仲爲相,使齊國一度極爲强盛,成爲春秋五霸之一。吳起,戰國時期衞國人,曾在楚國爲相,是戰國時期著名的軍事家。他的軍事思想集中體現在吳子一書中。武子,即孫武,春秋末期齊國人,在吳做將軍,是著名的軍事家,有孫子十三篇傳世,是我國歷史上最著名的古代軍事著作。　○李解民曰:桓公,即齊桓公,姜姓,名小白,公元前六八五年至前六四三年在位,任用管仲等賢能之士,對内改革政治、軍事、經濟體制,鼓勵農戰,富國强兵,對外實行"尊王攘夷"的策略,安撫中原諸侯,成爲春秋時代的第一位霸主。吳起,戰國初期的政治家、軍事家,衞國左氏(今山東曹縣北)人。曾任魯將。後至魏爲將,受到魏文侯重用。任西河太守,屢建戰功。魏文侯去世,因遭讒而奔楚。輔佐楚悼王實行變法,任令尹,促使楚國富强,軍事上北勝魏國,南收揚越,取得蒼梧(今廣西西北角)。公元前三八一年,楚悼王去世,旋爲楚宗室大臣所害。據漢書藝文志著録,有吳起四十八篇行世,已佚。今傳吳子六篇,蓋係後人所托。武子,即孫武,字長卿,齊國樂安(今山東惠民)人,約與孔子同時代,春秋末期的軍事家、政治家。受到吳王闔閭(公元前五一四年至前四九六年在位)信用,任將,率軍攻破楚國,並幫助吳王改革内政,使闔閭曾一度稱霸諸侯。後人爲别於齊將孫臏,又稱其爲吳孫子。漢書藝文志著録吳孫子兵法八十二篇。今有孫子兵法十三篇傳世。一九七二年,在山東臨沂銀雀山漢墓發現孫子兵法十三篇殘簡和孫子四篇佚文及有關孫武行跡言論的殘簡。　　按:桓公,齊桓公,姓姜名小白,春秋時齊國國君,第一個稱霸諸侯。吳起,衞國人,戰國初期政治家和軍事家,曾在魏、楚任將,有吳起兵法傳世。武子,即孫武,齊國人,春秋末期軍事家,曾任吳將,有孫子兵法傳世。

〔二〕施子美曰:古之用兵者不過如此。而戰國之際,諸國士所師,皆不止此三者之兵,而且幾二十萬,然不能成功立名者,以不明乎馭衆之法也。禁舍開塞,此馭衆之法也。禁以禁其非,舍以舍其疑,開以開其所當爲,塞以塞其所不當爲,是法一定,則其制亦由以明矣。張昭所以亦曰:"戰國之士有餘二十萬衆而不能濟功名者,不明乎禁舍開塞之法也。若明夫禁舍開塞之法,則其刑可勝也。"故明其制,則人必爲用,故不惟一人之寡可用以勝也,雖十人亦可以勝,不惟十人可以勝,雖百千萬人亦可以勝,此無他,制先定則士不亂,所以爲可用也。　　○劉寅曰:今天下諸侯國士所統率,無不及二十萬之衆,然不能成濟功名者,不明乎禁舍開塞之制也。能明其禁舍開塞之制,一人能勝之,則十人亦能勝之也;十人能勝之,則百千萬人亦能勝之也。　　○陳玖學曰:此言能明禁舍開塞之制,則可以勝人矣。　　○李騰芳曰:明其制,明禁舍開塞之制。　　○阮漢聞曰:禁舍開塞中有密微之用,而表著於外者,制也,故亦曰制。機理一耳,故少可誅衆,弱可誅強。　　○丁洪章曰:亦字,解作"猶"字。此言兵不論多寡,能明其制,而後可法伯王,不然,雖出重寶求救於鄰國,無益也。　　○翼注曰:強國制兵必有其制,使制不先定,則民有邪心而不禁,民有小過而不舍,生養無開利之源,侈靡無杜塞之法,雖有數萬之衆,安得而濟哉? 故必明其制,而後可使百千萬人勝之也。　　○朱墉曰:禁,止其邪心也。舍,釋其小過也。開,開財源也。塞,杜侈靡也。亦字,解作"尤"字。　　○李解民曰:國士,通國之士,指諸侯國家軍隊的將領。　　**按**:此亦強調禁舍開塞之制之重要。

〔三〕施子美曰:故曰便吾器用,養吾武勇者,此言有制之兵,亦必有所恃而後可進戰也。便其器用,養其武勇,所以使之得所恃也。便器用則兵得其利,養武勇則氣得其銳,以是而戰,其驅之也殆如鳥之擊物,其疾也如赴千仞之溪,莫知其所之,而亦莫之懼也。張昭兵法曰:"便吾器用,盛吾武勇,發之鳥擊,不知所赴則已,知所赴,如赴千仞之谿,折脊之流。"從而釋之曰:"民爲峻法所驅即自戰之,則國強,其意亦已明矣。"昔吳漢之屬兵器,修戰具,是能便器用也;享士秣馬,激揚士吏,是養武勇也;其擊茂建也,可使之爭門並入;其擊謝豐也,可使之悉兵迎戰,是豈不如鳥擊、如赴峻谿乎? 　　○劉寅曰:故曰便吾軍之器用,養吾軍之武勇,發動如摯鳥之擊,如奔赴千仞之谿,蓋欲其勢險節短而制勝於人也。　　○黃獻臣曰:鷙鳥,擊其節短也。千仞之谿,其勢險也。　　○阮漢聞曰:皆制中事。　　○指歸曰:如鳥擊,喻其爪到即擒來也,然亦由明制中來。

人縱無見於兵勢之雄,獨無見於鳥之擊哉? 赴千仞,喻其勢險,而機自下也。人縱不知兵勢之神速,獨不知水赴千仞之谿哉?　　○鍾兆華曰:鳥擊,疑是"鷹擊"之爛脱。"鷹擊"史籍多見,而"鳥擊"僅見於此書。仞,古代的長度單位。説文:"仞,伸臂一尋八尺。"谿,同"溪",山澗。　　○李解民曰:便,利、便利,這裏爲改進、改善之意。仞,古代長度單位,一仞爲八尺(或説爲七尺),是爲普通成年男子的高度。"如赴千仞之谿",孫子形云:"若決積水於千仞之谿。"意同。皆言軍隊氣勢磅礴,迅猛異常,如同決口之水從千仞高處直瀉山谷深澗。

　　按:仞,古代長度單位,七尺或八尺爲一仞。

　　今國被患者,^①以重寶出聘,^②以愛子出質,以地界出割,得天下助,卒名爲十萬,其實不過數萬爾。^{〔一〕}其兵來者,無不謂其將曰:"無爲天下先戰。"^③其實不可得而戰也。^{〔二〕}

【校】

　　①鍾兆華曰:"患",施氏本作"害"。

　　②鍾兆華曰:"寶",直解、皕刻、彙解、二五本作"幣"。李解民曰:"寶",直解本、天啓本、彙解本作"幣"。　　按:"寶",直解本、鰲頭本、兵略本、開宗本、武備志本、四庫本、彙解本、子書百家本、二十五子彙函本作"幣"。

　　③鍾兆華曰:"天",彙函歸本、彙解、直解、皕刻本等作"人"。李解民曰:"天",直解本、天啓本、彙解本作"人"。　　按:"天",直解本、鰲頭本、兵略本、開宗本、武備志本、四庫本、彙解本、子書百家本、二十五子彙函本作"人"。

【注】

　　〔一〕施子美曰:人迫於害,故不有所恪,凡可以解其難者,無所不至,是雖重寶愛子地界,皆有所不愛也。昔趙嘗使藺相如奉璧與圖以獻矣,是則以重寶出聘也;燕嘗以太子丹爲質矣,是則以愛子出質也;魏獻以河内,韓獻宜陽,趙獻河間,燕獻常山,此則以地出割也。凡此者皆以求助也。然人心不同,兵法不明,雖得助猶無助,故雖十萬之衆,其實不過數萬,以有名無實也。　　○劉寅曰:今國皆被患者,蓋以重幣之出聘也,以愛子之出質也,以地界之出割也。得天下諸侯之助,卒虛名爲十萬,其實不過數萬人耳。　　○丁洪章曰:尉君已明指之,何後主往往不悟? 此等見解,真六韜、三略與孫、吳諸人有所不及道者。

以數萬之兵而示爲十萬之名，國未有不貪者也。雖有先戰之訓，而虛實未審，國安能振其强也。　　○山中倡庵曰：前説（講義）言今天下人心不和，兵法不明，故求他助，而雖得十萬之兵衆，而無制之兵也，故猶無助，而其實可用者不過數萬之意。後説（直解）言今其名雖有得十萬之衆，而他助之兵，而其實爲我兵者不過數萬之意。蓋前説意味稍深長也，宜從矣。　　○鍾兆華曰：被，蒙受。聘，派遣使臣出訪别的諸侯國。説文：“聘，訪也。”　　○李解民曰：質，抵押人質。戰國時期，諸侯國間爲取信於對方，常以國君子弟親屬作爲人質派往他國。　　按：質，抵押。出質，出作人質。以出人質方法向他國借兵，雖得十萬，其戰鬪力不過數萬耳。此言出重金與出人質的方法求助於他國出兵，不如自身以法制治軍。

〔二〕施子美曰：而其衆又不可得而用，以其兵來者無不復發其利，故謂其將曰：“無爲天下先戰。”若是，則人皆有怯心，其可得而用耶？宜其不可得而戰也。昔者燕、趙、韓、魏、楚嘗合從以伐秦，楚王爲從長，春申君用事，攻函谷關。秦人開關延敵，而五國之師皆敗走，是則戰國之兵無戰心也明矣。　　○劉寅曰：其兵之來助者，無不謂其將曰：“無爲人下先戰。”損兵而折衆，其實不可得而戰也。　　○陳玖學曰：此言求助於鄰國者，其兵有名無實，且不可得而戰，無益也。　　○黄獻臣曰：無爲人下，無在人下。先戰，爭先決戰。此言兵不論多寡，能明其制，而後可法伯主，不然，雖出重貲求救於鄰國，無益也。　　○李騰芳曰：先戰則損兵折衆。　　○阮漢聞曰：其將士皆迫於其君之貪吾聘割也，觀望幾倖焉耳。　　○丁洪章曰：兵來，鄰國助兵來也。無不謂，助兵自相告誡之意。　　○朱墉曰：無不謂，鄰國君戒將之詞。先戰，爭先決戰也。　　按：無，毋也。此言他國援兵往往互相觀望，不可得而戰，無益也。

　　量吾境内之民，無伍莫能正矣。〔一〕經制十萬之衆，而王必能使之衣吾衣、食吾食。戰不勝、守不固者，非吾民之罪，内自致也。〔二〕天下諸國助我戰，猶良驥騄駬之駛，①彼駑馬鬐興角逐，何能紹吾氣哉？②〔三〕

【校】

　　①李解民曰：“騄耳”，直解本、天啓本、彙解本作“騄駬”。“駛”，講義本、直

解本、天啓本、彙解本作“馱”。　　**按**：“駤”，原作“耳”，今據直解本、鼇頭本、兵略本、武備志本、彙解本、子書百家本、二十五子彙函本改。“馱”，講義本、兵略本、武備志本、四庫本、彙解本、子書百家本、二十五子彙函本作“馱”。

②鍾兆華曰：“氣”，施氏本作“後”。李解民曰：“氣”，講義本作“後”。

【注】

〔一〕施子美曰：李衛公與太宗論伍法，曰：“諸家兵法，唯〔伍法〕爲要。”在春秋則先偏後伍，在司馬則五人爲伍。尉子有束伍令，漢制有尺籍伍符。是則量其民而用之，非伍其何以能正之？是以成周之法，於小司徒之會民，亦以五人爲伍；族師之聯民，亦曰五人爲伍。是則兵制所寓，非伍法不可也。　　○劉寅曰：度量吾境内之民，無行伍莫能使之正。　　○黃獻臣曰：此言經制不定，民不爲用，不可徒責諸民。較量境内之民，無什伍，且不能正。　　○茅元儀曰：内無人以定其經制也。　　○阮漢聞曰：吾民原自可用，惟無伍法正之。前言士有什伍。無伍，即無制也。　　○山中倡庵曰：兵家嘗以伍爲陣數之始，蓋有故乎。稽孔明八陣之圖像，以河洛之數制之乎？故握奇以五爲體。是故武經節要曰：“八陣由五陣而成。”李靖亦曰：“數起於五而終於八也。”李靖六花陣亦由是。故武經節要曰：“結五而成隊，自隊而成陣。六奇之隊以象易之六爻，六正之隊以象易之六位。蓋伍者，河洛中五之數也。”説卦傳所謂參天兩地者也。其説則易學啓蒙曰：“河圖以生數爲主，故其中之所以爲五者，亦具五生數之象焉。其下一點，天一之象也。其上一點，地二之象也。其左一點，天三之象也。其右一點，地四之象也。其中一點，天五之象也。洛書以奇數爲主，故其中之所以爲五者，亦具五奇數之象焉。其下一點，亦天一之象也。其左一點，亦天三之象也。其中一點，亦天五之象也。其右一點，則天七之象也。其上一點，則天九之象也。”又曰：“河圖之一二三四，各居其五象本方之外，而六七八九十者，又各因五而得數，以附於其生數之外。洛書之一三七九，亦各居其五象本方之外，而二四六八者，又各因其類，以附于奇數之側。蓋中者爲主而外者爲客。”是故四象亦五，而八卦亦五，兼之乃五者，萬物之壞質。而圓則亦有五，方則亦有五。伸之則爲萬，收之則一極耳。數之微妙，理之極致，無加之至矣乎！

○朱墉曰：量，度量也。　　○鍾兆華曰：正，通“征”。　　○李解民曰：量，計量、統計，引申爲料理、治理。伍，指居民行政編制最基層的單位，同時具有軍事組織性質,五家爲一伍。正,通"征",征發。　**按**:伍,户籍五家爲伍。逸周書大聚解:"五户爲伍。"從下文"戰不勝、守不固者,非吾民之罪"來看,這裏的"民"同時也是軍人。軍隊五人亦爲伍。故此處之"民"指平時是耕種的百姓、戰時是士兵的這類人。這類人要按照"伍"的有關規定進行管理,使之能耕能戰。正,使之正。鍾氏、李氏皆解"正"爲"征發",未體會此句仍是强調法度的重要。從此亦可看出尉繚子兵農一致的思想,入則爲農,出則爲兵。

〔二〕施子美曰:故經制十萬之衆,唯伍法乃可以正之。經制者,言常法也。制之有常法,則其民可得而正矣。既得其正,必可以使之也。或以正爲王,必能使之。王之所以能使之者,亦以其有制也。苟爲無法,則食吾之食,衣吾之衣,而不得其用。若是者,非兵之罪,上之人無法以制之也。寧不猶衛之不戰之夫、魯之疾視之民乎?乃上之人有以自致之也。　○劉寅曰:今經制十萬之衆,而王必能使之衣吾之衣,食吾之食。若戰而不能勝,守而不能固者,非是吾民之罪,内自致如此也。　○陳玖學曰:言經制境内之民,使之衣食於我而無益於戰守者,其咎不在民,而在内無賢人以定其經制也。"内"字須以末段照看方明。　○阮漢聞曰:内治不修,無制所致。　○丁洪章曰:此言經制不定,民不爲用,助兵寡弱,必不能逐敵也。　○鍾兆華曰:經制,治理、管理。致,引起、造成。　○李解民曰:經制,經略節制。衣吾衣,穿我們發放的衣服。食吾食,吃我們供給的糧食。按銀雀山漢墓竹簡王法云:"臣聞王霸之國,其民勞能逸之,飢能食之,寒能衣之,亂能治之。飢弗能食,寒弗能衣,亂弗能治,則外弗能殺,中弗能禁,内弗能使。"意與此近,可參看。　**按**:經制,治國的制度。賈誼治安策:"豈如今定經制,令君君臣臣,上下有差,父子六親各得其宜,奸人亡所幾幸,而群臣衆信,上不疑惑。"從上下文義看,此仍是强調法度之重要。如果管理能產生十萬名士兵的境内之民,使他們有食有衣,那麼這樣的制度就是好的。如果發生戰爭而不勝,守而不固,則咎不在民,而在一國之内没有制定出好的治國之制。投筆膚談本謀曰:"自古明君賢將,謀之於未戰之先者,豈專謀敵求勝哉,亦冀保民而康國耳。"又曰:"是以民勞而興兵者疲,民貧而興兵者匱,民玩而興兵者散。内有讒臣而興兵者殆,天災流行而興兵者亂,有内亂而興兵者疑,上下離心而興兵者亡。"與此意近。

〔三〕施子美曰:今天下諸國之兵皆無法制,故誰助我戰,而不能紹吾後,譬如良驥騄耳之馺。馺,快走也。良馬一日千里,駑雖騣,與角逐,亦安能繼其後哉?故荀氏子以秦之銳士、魏之武卒皆不能敵威文之節制,信乎有制之兵爲不可敗也。　○劉寅曰:天下諸國來助我戰,譬猶良驥騄駬之快疾,彼駑馬騣鬣興起,與之角逐,何能紹續吾之氣哉?驥、騄、駬,皆良馬也。駑,鈍馬也。良驥騄駬之馺,譬敵人攻我之疾。駑馬角逐,喻諸國助我之緩。此所以不能紹吾之氣也。　○陳玖學曰:言諸國之助我戰者,若駑馬之騣與角逐耳,何能續吾軍氣以當敵國良驥騄駬之疾速哉?上節言國中之制不定,而此又申言鄰國之兵無益如此。　○黃獻臣曰:況經理十萬衆,衣食雖費,效力自稀,豈民之罪?內自致而外求助,雖得駑馬,亦安能與騄駬並驅中原哉?驥、騄、駬,皆良馬也。馺,速也,譬敵人攻我之疾。駑,鈍馬也,喻諸侯助我之緩。與之角逐,安能紹續我軍之氣哉?　○阮漢聞曰:無伍正吾兵氣,先索諸國助兵,實不可戰。當敵兵攻我,疾如驥騄,而以緩駑與角,何能續吾兵氣,使不終索而勝之?　○李騰芳曰:紹,續也。　○丁洪章曰:此一段痛言助兵之弊,可謂至矣。而究其所以然者,皆由兵制不先定,士失什伍,車失偏列之故,可見國家雖安,忘戰必危。

　○大全曰:敵鋒方銳,猶良驥騄駬之馺速,其雄實難當也。而彼來助之兵,無異駑馬之群耳。以駑馬而當良驥,縱騣興鬣,起以與之角逐,終屬遲緩,何能紹續吾氣以博一勝哉?　○朱墉曰:驥、騄、駬,皆良馬也。馺,速也,譬敵人攻我之疾也。駑,鈍馬也,喻諸國助我之緩也。騣,馬鬣也。紹,續也。　○鍾兆華曰:説文:"驥,千里馬也。"韜略本作"馬"。騄耳,良馬。亦作"騄駬"、"綠耳",同。傳爲周穆王八駿之一。史記秦本紀:"造父以善御幸於周繆王,得驥、温驪、驊騮、騄耳之駟。"馺,同"快"。駑馬,劣馬。玉篇:"駑,最下馬也。"角逐,爭鬥。紹,繼、接。禮記樂記:"韶,繼也。"鄭注:"舜樂名也。韶之言紹也,言舜能繼紹堯之德。"　○李解民曰:驥,千里馬。騄耳,駿馬名,相傳爲周穆王八駿之一。駑,劣馬。騣,馬鬃,馬頸上的長毛。興,起,豎起。角,較量、競爭。角逐,較量追逐,爭相取勝。紹,續補、助長、激勵。　按:騄駬,良馬。淮南子主術訓:"騏驥騄駬,天下之疾馬也。"駃,一本作"馺",字形相似。駃,集韻:"犇也。"駑,馬之下者,劣馬。玉篇馬部:"駑,最下馬也。"荀子:"駑馬十駕,功在不舍。"騣,馬頸上的長毛。騣興,馬鬃直豎。哺乳動物一般都有毛豎反射現象,遇冷或恐懼,身上毛髮會豎立起來。此處形容劣馬的害怕恐懼之態。紹,説文:"繼也。"良驥駃騠之駛,譬敵人攻我之疾。駑馬角逐,喻諸國助我之緩。劉氏、陳氏、阮氏所言皆得之。

　　吾用天下之用爲用,吾制天下之制爲制,修吾號令,明吾刑賞,①〔一〕使天下非農無所得食,非戰無所得爵,使民揚臂爭出農戰,而天下無敵矣。〔二〕故曰:"發號出令,信行國内。"〔三〕民言有可以勝敵者,毋許其空言,必試其能戰也。〔四〕

【校】

　　①鍾兆華曰:"刑賞",韜略、清芬、二五、二八、百家均作"賞罰"。李解民曰:"刑賞",天啓本、鄂本作"賞罰"。　　按:李氏所言"鄂本"即華氏所言之鄂局本。

【注】

　　〔一〕劉寅曰:吾用天下之用爲我之用,吾制天下之制爲我之制,修吾國之號令,明吾國之刑賞。　　○李騰芳曰:此題要知用者,用之以戰也。合天下之用爲吾之用,則戰無不勝可知。然用非用天下人之力,用天下之心,則得道者多助。　　○阮漢聞曰:天下有大用,吾用之;天下有大制,吾制之,何必借兵鄰國?　　○指南曰:用天下之用爲用,天下之粟皆吾之餉,天下之纖紝牛馬皆吾之車旗服駕,不須重徵厚斂而用自足。至其所以能用天下,要不過愛養生息,使之富治而已。　　○尤大臣曰:民之儲蓄即爲我之糧餉,是我不勞而有餘用也。　　○翼注曰:容民畜衆之規,古帝王已先定制於前矣。然非帝王之自爲制也,不過就地中有水之象以作井田之法耳。可見聖王之制,乃通天下之志,斷天下之疑,定天下之業,利用出入與百姓同憂之至理。　　○朱墉曰:用,財用也。爲用,爲我之用也。言民之儲即可爲我之糧,民之纖即可爲我之衣也。制,制度也。爲制,爲我之制也,不必於民外另立一兵制,只以民之主伯亞旅即我之什伍將校,民之牛馬車輿即我之輱輼干櫓也。　　按:用,從下文"使天下非農無所得食"來看,當爲財用。阮氏説非。商君書錯法:"是以明君之使其臣也,用必出於其勞,賞必加於其功。功賞明,則民競於功。爲國而能使其民盡力以競於功,則兵必强矣。"孫臏兵法威王問:"田忌曰:'賞罰者,兵之急者耶?'孫子曰:'非。夫賞者所以喜衆,令士忘死也。罰者所以正亂,令民畏上也。可以益勝,非其急者也。’”刑賞與天官篇“刑以伐之,德以守之”相應,體現賞罰並重的思想。

〔二〕施子美曰:兵農一致,萬世之良法也。入則爲農,出則爲兵。入而農則可以足食,出而兵則可以足兵。周人之法,莫先乎此。自齊作內政而是法始變,及秦壞井田而兵農大異。農戰之法,誠大要也。人而力於農,則可足食,故非農無所得食;力於戰,則可以獲賞,故非戰則無所得爵而得其利。此民之所以揚臂爭出也。若是之矢,夫誰敢敵? 故天下無敵焉。　　○劉寅曰:使天下之人非務農無所得食,非戰勝無所得爵,使吾民揚臂爭出農戰,而天下諸侯無敵矣。愚按:秦以衛鞅爲左庶長,定變法之令,民大小戮力本業,耕織致粟帛多者復其身,事末利及怠而貧者舉以爲牧孥,有軍功者各以率受爵,宗室非有軍功,論不得屬籍,由是民勇於公戰,怯於私鬭,國富兵強。尉繚爲商君之學者,正謂是也。　　○張居正曰:言修經制,明賞罰,使人心以農得食,以戰得爵,則皆務農務戰,國富民強,而天下無敵矣。　　○陳玖學曰:農戰而天下無敵。定經制,明賞罰,使人必以農得食,以戰得爵,則皆務農務戰,國富兵強,而天下無敵矣。　　○黃獻臣曰:務農而富,樂戰而強,國富兵強,而天下無敵也。○李騰芳曰:此題爵以賞戰功。軍士有欲爵之心,則自勇於戰,所謂重賞之下必有勇夫者此也。此即古者藏兵於農之意。使民爭務農戰,則國富兵強,而天下自無敵矣。天下無敵,則以吾民即吾兵也。　　○丁洪章曰:此言定制當務富強,然後可以無敵而信行乎其間矣。又曰:“農戰”二字即是“富強”二字。人未有不欲食者,我使之惟農乃得食;人未有不欲爵者,我使之惟戰乃得爵,孰有不盡力於農、樂於赴戰者乎? 又曰:秦以商鞅爲左庶長,定變法之令,民大小僇力本業,耕織致粟帛多者復其身,事末利及怠而貧者舉以爲牧孥,有軍功者各以粟授爵,宗室非有軍功,論不得屬籍,由是民勇於公戰,怯於私鬭,國富兵強。尉繚爲商君之學,故言之。　　○題炬曰:農事中之制即可因以爲我兵戰之制,務農自富,務戰自強,國富兵強,天下何能敵?　　○方伯闇曰:以民之主伯亞旅爲什伍將校,以民之比閭族黨爲軍師伍兩。　　○朱墉曰:非農,無所得食。非戰,無所得爵者。　　○李解民曰:爵,爵位。戰國時期各大諸侯國皆有自己的一套爵制,爵位分爲若干等級,每一爵秩等級享受規定的政治特權和經濟待遇。如秦國爵位分爲二十級、四個層次:第一級公士、第二級上造、第三級簪裹、第四級不更,相當於士階層;第五級大夫、第六級官大夫、第七級公大夫、第八級公乘、第九級五大夫,相當於大夫階層;第十級左庶長、第十一級右庶長、第十二級左更、第十三級中更、第十四級右更、第十五級少上造、第十六級大上造、第十七級駟車庶長、第十八級大庶長,相當於卿階層;第十九級關內候、第二十級徹侯(亦稱"列侯"),相當於諸侯階層。　**按:**商君書慎法:"民之欲利者,非耕不得;避害者,非戰不免。"又農戰:"聖人知治國之要,故令民歸心於農。歸心於農,則民樸而可正也,紛紛則易使也,信可以守戰也。"又曰"國待農戰而安,主待農戰而尊。夫民之不農戰也,上好言而官失常也。常官則國治,壹務則國富。國富而治,王之道也。"尉繚子重"農戰"思想,有學者以爲出自商君,所謂"繚爲商君學",大抵據此。

〔三〕施子美曰:唯其農戰之法可以必勝,故曰"發號施令,信行國中"。以其是法之立由國中而制也,故當其未用之前,號令之行已取信於國中,及其用之,宜無不信也。法有曰:"居國惠以信,在軍廣以武。"正信行國中之説也。○劉寅曰:故曰發號出令,使信行於國內。此亦商君徙木示信之意。　○陳玖學曰:此言能定其制而使民爭務農戰,則國富兵強,而天下莫敵矣。　○黃獻臣曰:此言定制當務富強,然後可以無敵而信行乎其間。商鞅以本業課百姓,以軍功定爵而及宗室,與此法正相表裏。然自兵農分,而阡陌苦供億矣;古器濫,而冗員詘物力矣,務有以簡之、節之,尤所以通農戰之變。信行國內,亦商君徙木示信之意。　○阮漢聞曰:內修治,外戰勝。　○丁洪章曰:天下之人,未有不仰給於食,不欲置其身於貴顯者也。所以古之人君知人情仰給於食,而我即以致食之道動之;知人情欲貴顯其身,而我即以致貴顯之道勉之。　**按:**孫臏兵法威王問:"威王曰:'令民素聽,奈何?'孫子曰:'素信。'"因賞罰之法明,號令則爲信。一於號令,則信行國內。

〔四〕施子美曰:言之非艱,行之惟艱,聽其言而觀其行,聖人有所不能偏信,況於用戰之制乎?彼能言勝敵,未必其能戰也。不可以其言而信其必能行,必有以試之而後可也。孫子十三篇皆兵道之要也,吳王一觀其書,而猶未之信,必試以勒兵,所以觀其能戰。以孫武之才,吳王猶欲試之,況常人乎?○劉寅曰:民言有可以勝敵,毋許其空言,必當試其果能戰與否也。　○朱墉曰:空言,無濟於實用者也。試,暫用也,即敷奏以言、明試以功之意也。　**按:**此誠紙上談兵,而重實戰。據史記廉頗藺相如列傳,戰國時趙國名將趙奢之子趙括,年輕時好學兵法,言兵事,其父不及。後趙括替廉頗爲趙將,在長平之戰中,只據兵書所言,不知戰場實際而作變通,結果被秦將白起大敗。

　　視人之地而有之,分人之民而畜之,必能内有其賢者也。[一]不能内有其賢,而欲有天下,必覆軍殺將。如此,雖戰勝而國益弱,得地而國益貧,由國中之制弊矣。①[二]

【校】

　　①鍾兆華曰:"國中",清芬、二八、百家本作"中國"。

【注】

　　[一]施子美曰:法曰:"賢人所歸則其國强。"故能有人之地、蓄人之民者,以得賢也。地本敵所有也,吾今能視其地而以爲己有;民本敵所蓄也,吾今能分其民而蓄之於己,是豈威足以脅之,力足以取之哉? 有賢以爲之助也。齊有管仲,九合之功可成;秦有白起,併吞之勢可致,非得而賢何以哉? ○劉寅曰:視他人之地而己有之,分他人之民而己畜之,必能内有其賢人也。 ○陳玖學曰:此言輕戰之言不可聽,當内有賢人與謀也。 ○黃獻臣曰:此言定制必得真才爲輔,而後可以有天下。 ○朱墉曰:有之,己有之也。畜,養也。畜之,己畜之也。有其賢,賴其輔理也。 ○鍾兆華曰:畜,同"蓄",養。 ○李解民曰:視,納、收取。禮記坊記孔穎達正義云:"視,納也。"畜,原指飼養牲口家禽,引申爲治理管教百姓。 **按:**此言能兼併他國之土地,據有他國之人口,必然依賴於國内有賢者。此句强調國内治理要重賢能。施氏説是。

　　[二]施子美曰:若不能有其賢,而徒從事於征戰之間,是忘本而事末也,何以爲國? 雖有欲取之心,而無能取之人,故覆軍殺將,不能自振,縱使戰勝而國(亦)益弱,得地而國(亦)益貪,此無他,國無賢人,兵制不立,所以然也。項羽有一范增而不能用,此八千人之兵所以皆無爲楚之心,而韓信亦預知其强之易弱也。 ○劉寅曰:不能内有賢人而欲有天下之衆,必致覆車殺將,如此,雖戰勝而國勢益弱,得地而國用益貧,由國中之制凋敝矣。如吳雖能破越破楚,得志齊晉,武子之去,伍員之死,國無賢人,財用凋敝,而卒爲勾踐所滅耳。○陳玖學曰:否則反取覆敗耳。若此者,亦由其國中之制度弊壞而不能修明故

也。　　○黃獻臣曰：無容濫收空言，而以大器輕擲也。必如桓得管仲，吳得孫子，魏得吳子，斯爲能有其賢，不然，雖戰勝得地，猶不免於貧弱，況不能勝乎！甚矣，兵制不可不先定矣。　　○李騰芳曰：此言輕戰之言不可聽，當内有賢人與謀也，否則反取覆敗耳。若此者，亦知其國中之制度弊壞而人不修明故也。通篇總重兵制必先定意，如周亞夫立營細柳，軍中不容馳；段志玄列壁章門，軍中不納天子使；吕蒙之決嚴取笠；岳飛之令誅奪釜，此皆兵制先定之一證也。○丁洪章曰：此言定制必得真才爲輔，而後可以有天下也。　　按：此言若不得賢人輔助而欲得天下，則只能依賴戰爭。國雖大，好戰必亡，雖戰勝而國益弱，雖得地而國益貧也。而若有賢人定制，必得真才爲輔，而後可以有天下也。

戰威第四〔一〕

【注】

〔一〕劉寅曰：戰威者，論戰之威也。戰無威，奚足以制勝？故取其義以名篇。　○張居正曰：戰威者，論戰之威也。戰無威，奚足以制勝？　○陳玖學曰：此篇論用戰之威。　○黃獻臣曰：此篇論用戰之威。首挈一"道"字，末歸本於身上，總見人事既脩，則不兵而人畏之矣。　○李騰芳曰：此篇論用戰之威。　○朱墉曰：戰威者，論戰之威也。勵衆對敵，交兵合刃，非威不足以制勝，故取其義以名篇。此章論戰道當以威勢陵人，而從道、威、力三勝說起，總欲無敵於天下也。蓋建威者在於奪人之氣，而善奪者貴先自治其心，心治則力全，力全則威立矣。然民心豈易得者哉！非素有以教之不可。是故禮信之不可不先也。惟禮義訓迪於平居，勇敢倡勵於將帥，而欲用民之身，又必先厚民之生，使之衣食有資，養生送死無憾。閭里有親遜之風，出入有友助之義，則居有禮而動有威，以守則固，以戰則強，豈非敦本之道哉！人奈何不知所當務也。務耕可以足食，務守戰可以足兵，然後修器具而行賞罰，動靜始能有成。況居守攻鬬皆出於民力，王者不奪民之財，百姓足則君自足，良有見也。若彼聚斂於上而徒致喪亡，誠何益之有？末復引古語以結之，歸重到修人事，而以己先人，又實爲用兵戰勝之由，烏可不並知乎？　○華陸綜曰：本篇從道、威、力三方面取勝的道理談起，集中論述了高昂的士氣對於戰爭取勝的重大作用，並指出了激勵士氣的辦法是在於"因民所生而制之，因民所營而顯之"。　**按**：戰威，指戰爭中的威懾力量。要取得這種威懾力量，不僅要有強大的軍事力量，而且要在政治、經濟等方面"能奪人而不奪於人"。作者特別強調國君對戰爭要有全面的認識，指出有道勝、威勝、力勝等三種不同而又相互聯繫的取勝策略。在治軍方面，作者繼承了前輩兵家的優良傳統，主張將帥要"率身以勵衆士"和"勤勞之事，將必先己"，進一步貫徹了前輩兵家"與士卒最下者同衣食"的精神。

凡兵有以道勝，有以威勝，有以力勝。〔一〕講武料敵，使敵之氣失而師散，雖形全而不爲之用，此道勝也。〔二〕審法制，明賞罰，便器用，使民有必戰之心，此威勝也。〔三〕破軍殺將，乘闉發機，潰衆奪地，成功乃返，此力勝也。〔四〕王侯知此，所以三勝者畢矣。①〔五〕

【校】

　　①華陸綜曰："所"，原脱，從鄂局本補。鍾兆華曰："以"，直解本等作"所以"。李解民曰："所"，原無，據講義本、直解本、天啓本、彙解本補。　　按："所"字，原脱，據講義本、直解本、鰲頭本、兵略本、開宗本、武備志本、四庫本、彙解本、子書百家本、二十五子彙函本補。

【注】

　　〔一〕施子美曰：兵有異兵，故勝有異勝。力不如威，威不勝道。以道勝者，帝王之兵；以威勝者，伯者之兵；以力强者，戰國之兵。其兵之所主既殊，則所以勝之者亦異。　　○劉寅曰：凡用兵，有以道勝者，有以威勝者，有以力勝者。　　○張居正曰："道"字是自治之意，言我能講武料敵，有兵之實，而敵氣自沮，故兵雖不戰可也。這便謂之"道"。　　○黃獻臣曰：此言樹威者當知三勝，而道爲上，威、力次之。　　○李解民曰：道，指謀略、策略。威，指威勢、軍威。

　　〔二〕施子美曰：道勝之兵，則有兵而不用也，吾雖不用，而可使敵人氣失而師散，形全而不爲用，此如文王之伐崇，因壘以降之，是乃道足以制之，而無事於兵也。　　○劉寅曰：講究吾國之武事，料度敵勢之虛實，使敵之氣喪失而師散亂，形雖全備而不能爲之用，此所謂道勝也。夫道不止講武料敵，必先修德行政養民致賢而已。如文王伐崇，三旬不克，退修教而復伐之，因壘而降。舜命禹征有苗，苗民弗率，禹班師振旅，帝乃誕敷文德，舞干羽於兩階，七旬而有苗格是也。　　○陳玖學曰：道勝者，不戰而屈人也。　　○黃獻臣曰：道勝不止講武料敵，脩德敷文皆是。後世若軍中有范，西賊破膽，此道勝者。　　○丁洪章曰：講武料敵，亦止如漢高帝登壇拜將，命良平運籌，決勝千金行間之類。○王漢若曰："道"字是自治自修之意，即孫子所謂全軍全國，不戰而屈人之兵者也。　　○大全曰：我能講武料敵，有兵之實，而敵氣自沮，故兵雖不戰可也。這便謂之道。　　○鄧伯瑩曰："道"字泛講仁義不得，泛講智謀不得，泛講恩德不得。　　○文訣曰：道失，然後求諸威；威失，然後求諸力，總不如以道勝者之爲愈耳。　○題炬曰：勝雖一事，有道、威、力之殊，則難易於此見，而低昂亦於此見矣。用兵者可不以道是務哉！　○朱墉曰：講，究也。料，度也。　○李解民曰：講，講究、研究。料，預料、分析。氣，士氣，指鬭志、臨戰精神狀態。按古人十分重視作戰中“氣”的作用。下文即云“民之所以戰者氣也”，本書十二陵云“戰在於治氣”。左傳莊公十年云：“夫戰，勇氣也。”孫臏兵法有延氣篇，專論作戰中的士氣問題。“形”，形體，此指軍陣隊形。　按：講武，研究與戰爭有關的政治、經濟、軍事等理論。料敵，掌握和分析研究敵情。氣，人的精神狀態。尉繚子已經注意到戰爭中人的精神要素問題，認爲人的意志力在戰爭中起到決定性作用。使對方精神崩潰失去士氣，敵方軍隊雖然在形式上保持隊形，但已經完全失去戰鬭力者，謂之道勝。道勝者，取決於强大的精神力量。

〔三〕施子美曰：以威勝者，則以其馭兵有法而民樂戰。法制審，賞罰明，器用便，三者備，而民有必戰之心，此以威制之也。邲之戰，楚人二廣之法，右轅而左追蓐，前茅慮無，中權後勁，百官象物而動，軍政不戒而備，則其爲法制賞罰器用已備矣，故雖昔歲入陳，今兹入鄭，而民不疲勞，則其必戰之心爲可用也，此以威勝者也。　○劉寅曰：審吾法度號令，明吾賞賚刑罰，便吾攻守之器，使吾民有必戰之心，此所謂威勝。如田穰苴明法令，撫士卒，病者亦爭奮赴敵，燕晉聞之而退是也。　○陳玖學曰：威勝者，民心欲戰而不可擋也。○丁洪章曰：若審法制、明賞罰之類，不過如皇是也。　○朱墉曰：便，非止便利，且多餘積也。　按：國内軍法嚴明，糧草兵器備戰充分，人有必戰之心，所謂威勝。威勝者取決於綜合國力。

〔四〕施子美曰：若夫威不足以服之，而後爭之力。以力爭者，必戰而後求勝。故乘闉發機以入其郛，潰衆奪地以有其資，然後可以立功而返。以此則秦人之兵，白起之功也。攻韓拔五城，攻趙潰長平，非以力戰而後勝乎？　○劉寅曰：破敵人之軍而殺其將，乘敵人之城闉而發吾兵機以決勝，潰散敵衆而奪彼之地，既成功，乃返國，此所謂力勝也。如韓信下井陘，斬陳餘，收趙地；鄭伯伐許，瑕叔盈以蝥弧登城，周麾而呼，鄭師畢登，遂入許是也。　○陳玖學曰：力勝者以必勝爲主也。　○丁洪章曰：至於破軍殺將之類，不過如項羽是也。　○朱墉曰：闉，城堞也。機，巧也。　○鍾兆華曰：闉，城門外層的曲城。詩經鄭風出其東門：“出其闉闍，有女如荼。”傳：“闉，曲城也。闍，城臺也。”孫子謀攻篇“凡用兵之法，全國爲上，破國次之”句下張預注引作“堙”，同。“潰衆”當是潰敵之衆。　　○李解民曰：闉，古代城門外層的曲城，亦可泛指城樓。或謂“闉”通“堙”，指爲攻城而環城堆積的土山，本書兵教下云：“地狹而人衆者，則築大堙以臨之。”機，弩機，弩上發射箭矢的機關。此泛指弓箭等各種攻城的武器。　　按：闉，古代城門外層的曲城。機，古代弓弩上的發動機關。角力戰場，以力廝殺，勇者以戰勝，即所謂力勝。力勝取決於將軍智謀與武器裝備之精良。

〔五〕施子美曰：是三者自有優劣，然亦可以勝，王侯不可不知也，知則制勝之道畢矣。太白陰經曰：“以道勝者帝，以德勝者王，以謀勝者伯，以力勝者强。”是亦尉子三勝之説也。然又繼之曰：“强兵滅，伯兵絶，帝王之兵前無敵。”是則三勝之術不無優劣也，王侯蓋亦謹其所用。　　○劉寅曰：爲王侯而知此所以三勝者，能事畢矣。　　○張居正曰：三勝，一是不戰，一是可戰，一是已戰。人惟不知，故不能制勝耳。王侯察此，所以制勝於天下。　　○陳玖學曰：此言兵之勝者有三事，道爲上，威、力次之。王侯知此，所以三勝。三勝非三者並勝也，所以處全在審時度勢上。結發宜自勝意。　　○黃獻臣曰：或能勵衆而願決死戰，懷隻輪不返之念，(真宗在澶淵與契丹議和，寇準策欲擊之，使隻輪不返，可保百年無事。)盟直抵黃龍府之志，(岳飛大勝兀术，謂其下曰：“直抵黃龍府，與諸君痛飲耳！”)威、力自堂堂矣，故王侯不可不知。　　○李騰芳曰：此題雖有三勝，然須以道字爲主，威、力藉道而行，所謂得道者多助也。此又王者不可不知。○丁洪章曰：凡求諸威與力者，皆因道之不足耳。一修道便足以勝，安所事威、力哉？且道修則威自著，道修則力自强，是二勝可以兼三勝也。　　○王漢若曰：王侯知此三勝。王侯，泛指有國之君言。知此二字是要他致察意。　　○李解民曰：王侯，指諸侯國君。戰國時期，各國諸侯陸續自稱爲王。　　按：畢，盡也。吕氏春秋盡數：“畢其數也。”高誘注：“畢，盡也。”

夫將之所以戰者，[①]民也。民之所以戰者，氣也。氣實則鬬，氣奪則走。〔一〕

【校】

①華陸綜曰：“之”，原作“卒”，從鄂局本改。鍾兆華曰：“卒”，直解本作

“之”。疑宋本承“將”字而誤，下文“民之所以戰者”可參證。　　按：“之”，原作“卒”，據講義本、直解本、鰲頭本、兵略本、開宗本、武備志本、四庫本、彙解本、子書百家本、二十五子彙函本改。

【注】

〔一〕施子美曰：孫子有治氣之説，吳子有氣機之言，司馬法有氣論閑之論。蓋氣者，三軍所恃以動也，故將雖欲衆戰，而衆必以勇鬬，怒自十倍，田單所以勝燕；彼竭我盈，曹劌所以勝齊，此氣實則鬬也。苟爲氣奪則餒矣，烏得不走？此赤眉氣衰，所以敗於馮異；田悦氣衰，所以敗於馬燧也。　○劉寅曰：夫將之所以戰者，民爲之本也。民之所以戰者，氣爲之主也。氣充實則能與敵戰，氣爲彼所奪則敗走矣。氣充實者，靜也，治也，飽也，佚也。氣奪者，飢也，勞也，亂也，喧嘩也。　○黄獻臣曰：氣實者，靜也，治也，飽也，佚也。氣奪者，飢也，勞也，亂也，譁也。　○鄭良樹曰：孫子軍爭篇云：“三軍可奪氣。”蓋氣爲作戰決勝重要條件之一，故兵家必言之。左傳載曹劌論戰之言曰：“夫戰，勇氣也。一鼓作氣，再而衰，三而竭。彼竭我盈，故克之。”蓋首論氣作爲作戰條件者也。降至孫臏兵法，乃有延氣篇，析爲激氣、利氣、厲氣、斷氣及延氣等五事，專而論之，可謂至詳至盡矣。　　按：孫臏兵法延氣：“孫子曰：合軍聚衆，〔務在激氣〕。復徙合軍，務在治兵利氣。臨境近敵，務在厲氣。戰日有期，務在斷氣。今日將戰，務在延氣。……以威三軍之士，所以激氣也。”將作戰，依賴於民，無民，將無軍也。民作戰，依賴於氣，無氣，則敗也。此與孫武“三軍可奪氣，將軍可奪心”，“善用兵者，避其鋭氣，擊其惰歸，此治氣者也”的思想一脈相承。

　　刑未加，[1]兵未接，而所以奪敵者五：[2]一曰廟勝之論，〔一〕二曰受命之論，〔二〕三曰踰垠之論，〔三〕四曰深溝高壘之論，〔四〕五曰舉陳加刑之論。〔五〕此五者，先料敵而後動，是以擊虛奪之也。〔六〕

【校】

①鍾兆華曰：“刑如未加”，“如”字疑衍，施氏、直解本等均無。李解民曰：按“刑”字後原有“如”字，據講義本、直解本、天啓本、彙解本删。　　按：“刑”字後原有“如”字，今據講義本、直解本、鰲頭本、兵略本、開宗本、武備志本、四庫本、彙解本、子書百家本、二十五子彙函本删。

②鍾兆華曰：二五、二八、清芬、百家、彙函侯本"五"字下有"也"字。

【注】

〔一〕施子美曰：孫子曰："未戰而廟算勝者，得算多也。"謀必先定，而後可以應敵，故於刑未加、兵未接之際，而可以奪之矣。兵，兵也，而亦謂之刑者。漢刑法志曰："大刑用甲兵。"則兵者亦刑之所施也，故以兵刑言之。其一曰廟勝之論。此堂上之兵，兩楹之勝也，此高祖與張良運帷幄之謀也。　○劉寅曰：刑未加人，兵未接戰，而所以能奪敵者有五事：初一曰廟勝之論，即孫子所謂"未戰而廟算勝者，得算多也"之義。　○陳玖學曰：廟勝，廟算勝。　○黃獻臣曰：廟算孰多，即孫子廟算勝不勝之意。　○李騰芳曰：即孫子"廟算勝者，得算多也"。　○阮漢聞曰：廟算。　○丁洪章曰：先於敵之廟勝而料之，果孰爲有道乎？　○朱墉曰：刑，即兵也。奪者非以威去奪、力去奪，乃心之機去奪。古者命將合謀必於祖廟，故曰廟勝。受命，即太公論立將受命之旨。○鍾兆華曰：廟勝之論，又戰權篇有"高之以廊廟之論"，義同。即戰前研究周密可行的行動計劃。孫子計篇說："夫未戰而廟算勝者，得算多也。未戰而廟算不勝者，得算少也。多算勝，少算不勝，而況乎無算乎。吾以此觀之，勝負見矣。"尉繚所謂"廟勝"，即孫武"廟算"的意思。　○李解民曰：廟，廟堂，宗廟明堂。古代帝王凡遇大事，告於宗廟，議於明堂，故也以廟堂指朝廷。廟勝，指在廟堂上制定取勝的策略，即本書兵談所云"兵勝於朝廷"。孫子計云："未戰而廟算勝者。"鄧析子無厚云："廟算千里，帷幄之奇，百戰百勝，黃帝之師。"淮南子兵略云："運籌於廟堂之上，而決勝乎千里之外。"皆同此意。論，道、術、策。廟勝之論，即本書戰權所云"廊廟之論"。後漢書楊賜傳"廟勝之術"、袁紹傳"廟勝之策"，亦同。　按：廟勝，即孫子所云廟算勝多勝少之論。這裏指戰前謀略當位居出戰之首位。此關係到戰爭之勝敗，故必論也。謀劃於戰前，故次序列第一。

〔二〕施子美曰：二曰受命之論。此君命將，而將受命以往之時必有論也，如光武授鄧禹以西討之略是也。　○劉寅曰：次二曰受命之論，即太公論立將之義。　○陳玖學曰：受命，立將受命。　○黃獻臣曰：命將孰賢，即太公論立將受命之旨。　○李騰芳曰：即太公論立將之意。○阮漢聞曰：立將。　○丁洪章曰：先於敵之受命而料之，果孰爲有能乎？　○鍾兆華曰：受命之論，嚴格挑選和莊重命將的意思。戰權篇説:"重之以受命之論。"義同。　　○李解民曰:受命,指出征之前主將接受君命的儀式。本書將令云:"將軍受命,君必先謀於廟,行令於廷。君身以斧鉞授將,曰:'左、右、中軍皆有分職,若逾分而上請者死。軍無二令,二令者誅,留令者誅,失令者誅。'"六韜龍韜立將、淮南子兵略亦均於此有較詳記載。　　按:受,説文:"相付也。"段注:"自此言受者,自彼言爲相付,一也。"受有二義,其一爲授予,相付;其二爲接受。受命者,既言君擇良將授予將軍之命,所謂"將軍受命,君必謀於廟,行令於廷。君身以斧鉞授將"者,又有將領命之意。古將領命出征之前,一般都有儀式。六韜龍韜立將:"將既受命,乃命太史卜,齋三日,之太廟,鑽靈龜,卜吉日,以授斧鉞。君入廟門,西面而立。將入廟門,北面而立。君親操鉞持首,授將其柄,曰:'從此上至天者,將軍制之。'復操斧持柄,授將其刃曰:'從此下至淵者,將軍制之。見其虛則進,見其實則止,勿以三軍爲衆而輕敵,勿以受命爲重而必死,勿以身貴而賤人,勿以獨見而違衆,勿以辯説爲必然。士未坐勿坐,士未食勿食,寒暑必同。如此,則士衆必盡死力。'將已受命,拜而報君曰:'臣聞國不可從外治,軍不可從中御,二心不可以事君,疑志不可以應敵。臣既受命,專斧鉞之威,臣不敢生還。願君亦垂一言之命於臣,君不許臣,臣不敢將。'君許之,乃辭而行。軍中之事,不聞君命,皆由將出,臨敵決戰,無有二心。"此關係到作戰將士之精神力,起到戰前動員作用,故必論也。大軍未發,戰前動員,故次序列第二。

〔三〕施子美曰:三曰踰垠之論。此將合兵以越境之時必有論也,班超之在西域之時是也。　　○劉寅曰:次三曰踰垠之論。垠是岸也,即太公所謂越江河、渡溝塹之義。　　○陳玖學曰:踰垠,越江河。　　○黃獻臣曰:超跙執善,即太公越江河、渡溝塹之説。　　○李騰芳曰:即太公論越江河、渡溝塹意。　　○阮漢聞曰:輕險。　　○丁洪章曰:先於敵之踰垠而料之,料其臨陣之勇不勇也。○朱墉曰:踰,過也;垠,岸也,即赴江河、渡溝塹之説。　　○鍾兆華曰:逾垠之論,行動必須迅速之意。如兵談篇所説:"患在百里之内,不起一日之師。"○李解民曰:垠,邊界、國界。逾,越過。逾垠,越界、越過國界。逾垠之論,指將軍領兵在外擁有獨斷專行的權力,即本書兵談、議兵所云"將者,上不制於天,下不制於地,中不制於人"。六韜龍韜立將云:"軍中之事,不聞君命,皆由將出。"孫子九變云:"將受命於君,……君命有所不受。"孫臏兵法篡卒云:"御將,不勝。"淮南子兵略云:"將已受斧鉞,答曰:'國不可從外治,軍不可從中御也。'"史記馮唐傳云:"上古王者之遣將也,跪而推轂,曰:'閫以内者,寡人制之;閫以外者,將軍制之。'"皆此意。　按:前文言"兵未接",則意指兩軍未接戰之前。踰垠亦爲"兵未接"之前之論。垠,界也。踰垠指行軍。軍隊出發,行軍路徑與方向等需詳細考量,若越江河、渡溝塹、上高山、履平地之類,以及爲行軍順利做後勤保障工作,如戰車、馬匹、船隻等相關器械,皆須行前規劃妥當。此關係到能否順利抵達戰場,保持士氣旺盛,保持軍隊戰鬥力,故必論也。此論戰前動員之後,大軍開拔,開始行軍,故次在第三。李氏説未得真解。

〔四〕施子美曰:四曰深溝高壘之論。此欲戰未戰之間,深溝高壘以待敵,亦必有論也,如轅生説高帝堅壁勿戰之時也。　○劉寅曰:次四曰深溝高壘之論。深溝高壘,所謂守而欲其固也。　○陳玖學曰:深溝高壘,深其溝池,高其營壘。　○黃獻臣曰:設守欲固。　○李騰芳曰:守欲固也。　○阮漢聞曰:固防。　○丁洪章曰:先於敵之深溝高壘而料之,料其險阻之固不固也。　○朱墉曰:深溝高壘,守而欲其固也。　○李解民曰:深溝高壘,挖深壕溝、築高壁壘,指構築堅固的防禦工事。意近本書天官所云"城高池深"。　按:深溝高壘,深其溝池,高其營壘。此言大軍行軍抵達戰場後,要做作戰的各種準備工作。依據地理條件,或深挖戰壕,或固設營壘,以便作戰。此臨戰佈置,故須論之,次在第四。

〔五〕施子美曰:五曰舉陳加刑之論。此則稱兵問罪之時必有論也,如齊伐楚,責其包茅不入、王祭不供是也。　○劉寅曰:次五曰舉陳加刑之論。舉陳加刑,所謂戰而欲其勝也。　○陳玖學曰:舉陳加刑,修舉行陳,重加刑戮。○黃獻臣曰:行陣欲嚴。　○阮漢聞曰:明制。　○丁洪章曰:先於敵之舉陳加刑而料之,料其法令之行不行也。　○朱墉曰:舉陳加刑,戰而欲其勝也。　○鍾兆華曰:"舉陳加刑之論",戰場上的刑罰規定,如本書經卒令、重刑令、兵令下等篇之有關論述。　○李解民曰:舉陣,列陣、佈陣。刑通"形",即"加形",兵加敵軍陣營,指向敵軍發起進攻。或謂"刑"言兵,"加刑"即加兵。　按:舉陣,即列陣。加刑有兩義:一爲兵將接之時,對敵方陳述加兵之正理,聲討敵方之罪過。施氏所謂稱兵問罪之時必有論也。一爲兵將接之時,對己方言明軍令之守,如有違反,則以刑罰之。戰前宣佈軍令,嚴明軍紀,同時指責對方之過,以申明戰爭之正義,故有所論。此兵將接之時也,故次最末。

〔六〕劉寅曰:此五者,先料敵强弱虛實而後可動。此所以能擊敵人之虛而奪彼之氣也。　○張居正曰:五者即廟勝等。五者,言我雖具勝計,然必先料敵之五者若何,詳察於胸,然後舉動,兵出萬全,不罹妄動之咎矣。　○陳玖學曰:如是則能擊敵之虛而奪其氣。又曰:五者先料敵而後動。此題以奪敵之氣爲主,蓋以五者料敵,皆不如我而後動兵,是我之氣實而敵之氣虛,而必勝矣。　○黃獻臣曰:擊敵之虛,而奪其氣。　○李騰芳曰:此題以奪敵之氣爲主。蓋以五者料敵,皆不知我而後動兵,是我之氣實酌之氣虛而必勝矣。謂擊敵之虛,而奪其氣也。　○阮漢聞曰:料虛擊虛。　○丁洪章曰:此言樹威者,必先料敵而動,然後能奪敵氣而一衆心也。又曰:此言恐爲將者剛愎自用,故先審五者之議論爲料敵出奇一大根本。廟勝者,廟算勝負也。受命者,命將賢否也。踰垠者,超踰險阻之鈍撓也。　○大全曰:兵固貴於奪敵,然人徒知於敵求奪,而未知所以奪敵者不在交鋒接刃之時,而在默移潛轉之計。○指南曰:廟算、命將、踰垠、守禦、刑賞,此五者敵我共之。我能是,敵亦能是;我善是,敵亦善是。正要在未動之先先料敵,則敵之氣自爲我所奪矣。　○鍾兆華曰:擊虛奪之,利用敵人的種種薄弱環節取勝。尉繚在攻權篇把敵方將帥不信、吏卒不和、救兵未至、障礙未設、戍客未歸、五穀未收等,都當作“虛’的方面,可加利用。他説:“夫城邑空虛而資盡者,我因其虛而攻之。”　按:料敵,知敵情。此言五論者必賴於知敵之情後方可取勝。孫子虛實曰:“兵因敵而制勝。”因敵,即順應敵情而謀劃戰勝之。謀攻曰:“知彼知己者,百戰不殆。”鬼谷子謀篇曰:“凡謀有道,必得其所因,以求其情。”内揵曰:“得其情,乃制其術。”

　　善用兵者,能奪人而不奪於人。〔一〕奪者,心之機也;令者,一衆心也。①〔二〕衆不審則數變,②數變則令雖出,衆不信矣。〔三〕故令之法,小過無更,小疑無申。③〔四〕事所以待衆力也,不審所動則數變,數變則事雖起,衆不安也。動事之法,雖有小過毋更,小難毋戚。④〔五〕故上無疑令,則衆不二聽;動無疑事,則衆不二志。〔六〕

【校】

①鍾兆華曰:本句治要本作"令所以一衆心也"。李解民曰:"令者,一衆心也",治要作"令所以一衆心也"。按治要所録戰威起自此句。

②鍾兆華曰:本句治要本作"不審所出則數變"。李解民曰:"衆不審",治要作"不審所出",於義較長。

③鍾兆華曰:本句治要本作"出令之法,雖有小過無更,小疑無申"。"故令之法",施氏本作"故令之之決法",直解本等作"故令之之法"。李解民曰:"出",原作"故",據治要改。"出令之法",直解本、天啓本、彙解本作"故令之之法",講義本作"故令之之決法"。　按:此句各本字句多有不同,治要本作:"出令之法,雖有小過毋更,小疑毋申。"講義本作:"故令之之決法,小過無更,小疑無申。"直解本、鰲頭本、兵略本、開宗本、武備志本、四庫本、彙解本、子書百家本、二十五子彙函本作:"故令之之法,小過無更,小疑無中。"

④鍾兆華曰:"事所以待衆力也,不審所動則數變,數變則事雖起,衆不安也。動事之法,雖有小過毋更,小難毋戚。"這一段爲宋本所删。"令所以一衆心也","事所以待衆力也",是兩段分別不同的内容,也是下文"上無疑令"、"動無疑事"的根據,宋本誤删,使下文無從銜接。　按:自"事所以待衆力"至"小難毋戚",原脱,此據治要本補。

【注】

〔一〕施子美曰:楚子舉軍政曰:"奪人而不奪於人。"宣子亦曰:"先人有奪人之心。"是則用兵者,必有以奪之也。奪人而不奪於人,言我心有以奪人,而不可爲人所奪也。楚孫叔敖嘗曰:"寧我薄人,毋人薄我。"是亦奪人不奪於人之説也。　○劉寅曰:善用兵者,能奪人之氣,不可奪於人也。　○張居正曰:善兵者,能操五者之勝矣,又能料敵人之不能操,則知敵之虚也。而以我之實擊敵之虚,所以能奪敵之氣,而使己之氣必不爲敵人奪也。　○陳玖學曰:能奪敵人之氣而不爲敵所奪。此言所以奪敵之氣者有五事。　○黄獻臣曰:此言樹威者必先料敵而動,然後能奪敵氣而一衆心,心一則氣實,氣實則力壯,力壯則衆願爲死,故能奪人而不奪於人。　○李騰芳曰:此題亦以氣爲主。我實而敵虚,故奪人而不奪於人。　○王漢若曰:奪人而不先奪於人,就未戰之先言也。要緊跟上面"先料敵"三字。蓋我既操勝算,而又能察料敵人,則我實敵虚,是雖刑未加,兵未接,已將敵人之氣奪之於我,而我自不爲敵人所奪矣。
○指南曰:奪人與致人不同。致字是先後主客,變虚爲實,變實爲虚也。致在
已戰之際,奪在未戰之先,機之所動,以實擊虚,發而不及覺,所以敵人之氣爲
我所奪也。　按:此强調掌握戰爭主動權。鬼谷子謀篇曰:"事貴制人,而不貴
見制於人。制人者,握權也;見制於人者,制命也。"與此意同。

〔二〕施子美曰:奪者,心之機也。蓋能克敵者,必出乎其將之謀也。將惟
有是機謀,故可以奪人。令者,一衆心者。蓋善役人者,必齊乎其人之志也。
將雖能奪人,苟非有令以一人之心,則亦何以奪之耶? 此所以先之以機而後之
以一衆心也。　　○劉寅曰:奪人者,吾心之機也。號令者,齊一衆心者也。
○阮漢聞曰:有心有機,彼此相共,我得彼失,奪之必矣,故奪力不如奪心。
○丁洪章曰:料敵而動,知敵之虚在何處,可伺虚而擊之,故曰"奪者,心之機"。
○周魯觀曰:機而爲心之機,所謂藏之隱微,神明無迹,變化無方者也。以力奪
敵者,敵有以禦我而不能爲我所奪;以威奪敵者,敵亦有以拒我而不必爲我奪。
惟是以心之機去奪敵,則敵不測其所由起,不知其所自來,自必爲我奪矣。
按:機,機巧,智巧。莊子天地:"有機械者必有機事,有機事者必有機心。"這
裏引申爲智謀。奪人者,賴於心之謀略。

〔三〕施子美曰:法曰:"將謀欲密,士欲一,攻敵欲疾。"攻之欲疾者,欲有
以奪之也。謀之密則將之機,士之衆則令所一也,惟密謀一心,而後可以疾攻。
則所以奪之者,豈不出乎機而一乎其心耶? 昔光弼之擊周摯,見其陣囂,乃遣
數百騎以取之,此所以奪之也,此光弼之機也。光弼雖其機足以奪之,然不可
無令以一之,三麾畢入,死生以之,是又光弼之令可以一衆心也。若夫下不知
將意,則必不審而疑矣,故令雖出不聽,以其無以一之也。　　○劉寅曰:衆人之
心,吾不能審而察之,則是非邪正之分,而事必數更變;事數更變,則號令雖出,
衆人亦不信矣。　　○黃獻臣曰:衆心不審察,則是非邪正不分,而事數變。
○李騰芳曰:衆心不能審察,則是非邪正不分,而事數變更,由是號令不一,而
人不見信矣。　　○山中倡庵曰:前説(講義)者"爲下不知將意,則令不行"之
義,恐誤了。凡愚衆者,良將之事也。若下知將意,則謀不得用也,又何使衆爲
一死賊乎? 又"以其無以一之也"之語,將難信矣。蓋"衆不審"以下,所以一
衆心也。今爲衆心不一,則衆不審之義,顛倒不通也,不可從。後説(直解)最

安矣。　　○朱墉曰：衆不審，衆心不審察，是非邪正不分也。　　**按**：數，指軍隊什伍等編制數量，也指軍隊的組織結構。孫子勢篇："分數是也。"曹操注："什伍爲數。"下文伍制令曰："軍中之制：五人爲伍，伍相保也。十人爲什，什相保也。五十人爲屬，屬相保也。百人爲閭，閭相保也。"戰爭涉及的人數少則數千，多則幾十萬甚至百萬，如不知士卒之數量及士卒之編伍，則人數雖衆，無法作戰矣。此言保持戰鬥單元相對固定之重要。如果伍什屬閭及其他組織結構等多變，則號令亦無法執行也。

〔四〕施子美曰：人不可使有所惑也，更過申疑，則人惑矣。更過者，二其過也。既過矣，又二之，則其過必新，其何以帥人？田單之卒有以神帥誑單者，單令勿復言，蓋欲不更其過也。申疑者，明其疑也。既疑矣，又明之，則其疑益甚，子何以安人？延津之役，袁紹之兵甚衆，衆所疑也，曹公使候者勿復白，是不申疑也。　　○劉寅曰：故施令之法，小過無得而更，小疑無以爲中。　　○陳玖學曰：小過差，不得遽改。小疑貳，不得中止。　　○黃獻臣曰：過自己出，無得更設。疑自人生，無藏於中。　　○阮漢聞曰：中，中止。　　○丁洪章曰："小過勿更"二句，皆不得已之詞。兵機至微，勝負呼吸，如何容得小過、小疑？甚言出令之不可不審，與其數變，寧不變耳。中者，中變也。　　○題炬曰："疑"字亦是自心不決，朝令夕改之謂。久之，令雖出，而下疑之，不敢直信爲然，謂之二聽。　　○吳氏曰：軍政惟以信爲主，更止二事最爲所忌，故曰小過勿更，小疑勿中。過且勿更，疑且勿中，況民習民安之事而敢更易乎？　　○朱墉曰：更，改也。中，中止也。　　○鍾兆華曰：更，變。申，解説、申述。　　**按**：此言軍令慎改，即便有小的疑惑，也不待辨明，否則，朝令夕改，士卒不知所從，下文"上無疑令"、"動無疑事"者是也。

〔五〕丁洪章曰：必其勝在我而敗在敵，然後動，否則不敢以輕動。　　**按**：戚，憂患，悲哀。詩小雅小明："心之憂也，自詒伊戚。"毛傳："戚，憂也。"動，運動。不審所動，指不知軍隊之調度。此言動事之法。大軍之動，關乎國運，故知調度之法，不隨意更改。

〔六〕施子美曰：所言者信，則人易從，故上無疑令，則衆不二聽。所行者信，則人必服，故動無疑事，則衆不二志。　　○劉寅曰：故上無疑二之令，則衆人亦不疑二於聽。二，亦疑也。動無疑惑之事，則衆人亦不疑二其志。　　○黃獻臣曰：令一則下之聽自專，事一則下之志自定。　〇阮漢聞曰：小過、小疑之令，亦必有關於開塞禁舍者也。無更、無中，第取不二聽、二志云耳，必因勢轉於後，不若定算慎於先。　〇解弢曰：信則一，疑則二。上既無疑令，則我自處於一矣。一則不二聽。　〇朱墉曰：二，疑也。過自己出，無得更設疑，自人生無藏於中也。　按：疑令，指朝令夕改。二聽，指懷疑。

　古率民者，未有不信其心而能得其力者也，未有不得其力而能致其死戰者也。①〔一〕故國必有禮信親愛之義，②則可以飢易飽；③國必有孝慈廉恥之俗，則可以死易生。④〔二〕古者率民，⑤必先禮信而後爵禄，先廉恥而後刑罰，先親愛而後律其身。⑥〔三〕

【校】

①鍾兆華曰：本句治要本作：“古率民者，未有不能得其心而能得其力者也，未有不能得其力而能致其死者也。”宋本前一“者”下脱“也”字。“死戰”，“戰”字當爲宋本所加。“死”字的原意，即治要本下文所説“民死其上如其親”。宋本删去下文，“死”義不明，故加一“戰”字。李解民曰：“古率民者”，此四字原無，據治要補。“不信其心”之“信”，治要本作“得”。“得其力者也”之“也”字，原無，據治要、講義本、天啓本、彙解本補。　按：“古率民者”，據治要本補。“得其力者也”之“也”字，原脱，據治要本、講義本、直解本、鰲頭本、兵略本、開宗本、武備志本、四庫本、彙解本、子書百家本、二十五子彙函本補。

②華陸綜曰：“信”，原脱。從鄂局本補。鍾兆華曰：“禮親愛”，“禮”下當有“信”字，下文“先禮信而後爵禄”可證。治要本作“禮信親愛”，施本亦作“禮信親愛”，並據補正。李解民曰：“信”字，原脱，據治要、講義本、直解本、天啓本、彙解本補。　按：“信”字，原脱，據治要本、講義本、直解本、鰲頭本、兵略本、開宗本、武備志本、四庫本、彙解本、子書百家本、二十五子彙函本補。

③鍾兆華曰：“則可以飢易飽”，治要本爲“而後民以飢易飽”。

④鍾兆華曰：“則可以死易生”，治要本爲“而後民以死易生”。

⑤鍾兆華曰：“古者率民”，治要本作“故古率民者”。

⑥鍾兆華曰：“先廉恥而後刑罰，先親愛而後律其身”，治要本此句後接“民死其上如其親，而後申之以制”，爲宋本所無。

【注】

〔一〕施子美曰：人信則必爲所用，不信則安能得其力？人爲我用則必爲我戰，不得其力，安能致其死戰哉？光弼三麾之令，畢集之戒，却者必斬，是無疑令也。知周摯之可擊，則分以鐵騎而取之；知日越之可擒，則設野次以取之，是動無疑事也。惟無疑令、無疑事，此所以衆一於聽而同其心，恢復之功不日而成，非得人之死戰歟？　○劉寅曰：言上之令一，則下之聽自專；上之事一，則下之志自定。未有不信其心而能得其力者也，亦未有不先得其力而能致衆人死戰者也。　○陳玖學曰：此言在上者不可有疑令，以惑衆心。　○李解民曰：致，達到、求得。　按：心爲五官之主。荀子解蔽曰：“心者，形之君也，而神明之主也。”天論曰：“耳、目、鼻、口、形能，各有接而不相能也，夫是之謂天官。心居中虛以治五官，夫是之謂天君。”鬼谷子本經陰符七術曰：“九竅十二舍者，氣之門戶，心之總攝也。”戰國時期人們已經認識到人的五官和四肢均由心主宰，心爲思維器官，是人之精神力量來源之處，如心無使力則肢體無力，故曰未有不信其心而能得其力者也。

〔二〕施子美曰：此言天下之事有輕重。輕其輕，重其重，此常勢也。若夫甚重而實輕，若甚輕而反重，兹又上之人有以化之，而能使之重其所輕，輕其所重也。食者，人之所重也，今可使之以飢易飽者，彼非惡飽也，心乎德行，故不以食經意也。生者，人之所重也，今而可使之以死易生者，彼非惡生也，心乎勵節，故不以身經意也。禮信親愛之義，此皆行之所謹也，人惟謹於行，故飢飽有所不暇問，此所以能以飢易飽也。孝慈廉恥之俗，此皆節之所勵也，人惟勵於節，故死生有所不暇問，此所以能以死易生也。孟子嘗以禮爲重於食，孔子嘗以食可去而信不可去，是則心乎禮信親愛者，宜其可以飢易飽也。孔子嘗言：“父不父，子不子。雖有粟，焉得而食？”孟子言：“不恥不若人，何若人有？”是則心乎孝慈廉恥者，宜其可以死易生也。　○劉寅曰：故國家必有禮信親愛之義，則可以飢易而爲飽。禮者，敬之理；信者，實之理；親愛，則仁之用也。以飢易飽，是飢可易而爲飽也。國家必有孝慈廉恥之俗，則可以死易而爲生。孝者，善能事親；慈者，善能字幼；廉者，守己以不貪；恥者，羞己之不善。以死易生，是雖處死地，可易而爲生也。謂上能以道率下，則下以死事上，即孫子所謂“令民與上同意，可與之同死同生”、孟子所謂“壯者以暇日修其孝悌忠信，入以事其父兄,出以事其長上,可使制梃以撻秦楚"之義。　○陳玖學曰:此言在上者當以禮信親愛孝慈廉恥率其民。　○黃獻臣曰:易飽,可去食也。易生,可去兵也。　○丁洪章曰:恭敬之謂禮,誠實之謂信。親則情意周密,愛則恩惠流通。善事親爲孝,善撫幼爲慈,守己不貪爲廉,羞己不善爲恥。　○朱墉曰:以飢易飽,飢者轉變而爲飽,可去食也;以死易生,謂雖處死地,可易而爲生,可去兵也。謂上能以道率下,則下以死事上也。　○鍾兆華曰:禮信親愛,這是君對民的關係而言,目的在於使民親附、效命。吳子圖國:"民知君之愛其命,惜其死,若此之至,而與之臨難,則士以進死爲榮,退生爲辱矣。"孝慈廉恥,這是民對君,卒對將,即下對上的關係而言。吳子圖國:"凡制國治軍,必教之以禮,勵之以義,使有恥。夫人有恥,在大足以戰,在小足以守矣。"　**按**:顧炎武日知錄卷十三:"古人治軍之道,未有不本於廉恥者。……尉繚子言'國必有慈孝廉恥之俗,則可以死易生'。而太公對武王:'將有三勝:一曰禮將,二曰力將,三曰止欲將。'故禮者,所以班朝治軍,而兔罝之武夫皆本於文王后妃之化,豈有淫芻蕘竊牛馬而爲暴於百姓者哉!"

〔三〕施子美曰:禮信慈愛廉恥之可以率人也如此,故古之率民者,必以是先之,而爵禄刑罰法律,皆所後也。蓋所不可得而緩者,道也;所不可得而廢者,權也。禮信廉恥親愛,此道也。爵禄刑罰法律,此權也。帥之以禮信,則彼必盡誠致敬;帥之以廉恥,則彼必潔身勵行;帥之以親愛,則彼必隆恩睦族。既化以道,必濟以權。故繼而用之,則有爵禄焉,有刑罰焉,又有以律其身焉。馭以爵禄,可以富貴之;馭以刑罰,可以懲戒之;馭以法律,可以拘制之,勉勵之道盡於此矣。昔者大舜之世,欲民之知禮也,則有秩宗之伯夷;欲民之知信也,則有成允之大禹;欲民之廉,則有簡廉之教;欲民之恥,則有俠撻之用。以至安民之惠、好生之德,豈又親愛之所寓也?舜惟先乎是,故其權雖立而亦不用,後世稱之以不賞而民勸,不罰而民畏。又曰:不賞不罰而民可用,則其後之也可知矣。謂之不者,非無也,以其後之而不用也。　○劉寅:古者人君之率民,必先以禮信服之,而後用爵禄勸之;先以廉恥化之,而後用刑罰威之;先以親愛結之,而後用法以律其身,即李衛公所謂"愛設於先,威加於後"之義。　○張居正曰:率者,率領也。欲率民以祀言,而必以身帥之也。蓋一舉一動,必納躬於軌物者,禮也;一言一行,必本於誠實者,信也。　○黃獻臣曰:律,節制也。此言率民當得所先民乃可飢可死，而足以樹威於天下，即孟子"修其孝弟忠信，可使制梃"之意，所云以道勝者也。　　○李騰芳曰：此題以"心"字爲主，謂以心感心也。禮信本斯民同其故，先以身率之，而後以爵禄勸之。　　○丁洪章曰：爵禄，旌善之具。刑罰，懲惡之典。律，檢束也。此言率民當得所先民可飢可死，然後可以樹威於天下也。　　○新宗曰：古者用民之道，必先之以禮信，而後加之以爵禄，則下感其心而相率於道矣。　　○大全曰：率民，率民以從我也。率民從我之事，是欲民之效力效死也。惟禮有序而不犯，惟信誠實而不欺。又必爲上者，先以禮信爲躬行，而後民化於禮信，以遵吾之率也。　　○許濟曰：禮信可以化民之心，爵禄可以榮民之身。苟民不知禮，是教之怠也；民不知信，是教之欺也。古人崇禮以教民不怠，敦信以教民不欺，斯風淳俗厚，上理可登，是故先之也。若以爵禄爲先，民且汲汲於富貴利達，有不顧禮信而爲之者，民俗其益偷矣。是以古人寧先彼，無寧先此也。　　○王漢若曰：人君有國必賴於民，而民非禮則志不齊，非信則情不洽，非以身率先倡導之，則又不能强民而使之相勸以禮，相孚以信，故不可緩者，所以古人君之率民，必先禮信。　　○陳大士曰：率者，不求諸民而求諸己也。必先者，從其所重，不敢後其所宜先也。○鄧伯瑩曰：民多欲，我先防其欲；民多疑，我先去其疑。以心感心，方爲率民之至理。　　○朱墉曰：率，領也。一舉一動必納躬於軌物，一言一行必本於誠實也。爵禄，養身者也。禮信，養心者也。　　○鍾兆華曰：律，用法紀加以約束。　　○李解民曰：律，按律處治，繩之以法。　　按：律，法也。左傳宣公十二年："師出以律。"杜預注："律，法也。"荀子非十二子："勞知而不律先王。"楊倞注："律，法也。"律身，這裏指自我修身。此强調修心內容之重要。言以禮信廉恥道德善心之修心在先，以爵禄賞罰博取功利之心在後，兩種方式綜合使用，則士兵之心得修矣。士兵之心得修，則作戰之力即大，而無不死戰也。下文所謂"勵士"者，依此。

故戰者，必本乎率身以勵衆士，如心之使四支也。①〔一〕志不勵，②則士不死節；士不死節，則衆不戰。③〔二〕勵士之道，民之所生，④不可不厚也；爵列之等，死喪之親，⑤民之所營，不可不顯也。〔三〕必也因民所生而制之，因民所營而顯之。⑥〔四〕田禄之實，飲

食之糧，鄉里相勸，死生相救，兵役相從，此民之所勵也。⑦〔五〕

【校】

①鍾兆華曰：本句治要本爲：“古爲戰者，必本氣以勵志，勵志以使四枝，四枝以使五兵。”宋本經改動，有失原意。支，鰲頭、韜略、彙函侯本作“肢”，治要本作“枝”。李解民曰：“四支”，“支”通“肢”，即“四肢”。“故戰者必本乎率身以勵衆士，如心之使四支也”，今傳本此二句與上下文意不接，疑爲錯簡。

②鍾兆華曰：治要本“志”字前有“故”字。

③鍾兆華曰：“則衆不戰”，治要本作“雖衆不武”。

④鍾兆華曰：“民之生”，就宋本而言，應作“民之所生”。下文“民之所營”可參證。治要本作“民之所以生”。　按：“所”字，原脱，今據治要本補。

⑤鍾兆華曰：“親”，治要本作“禮”。李解民曰：“禮”，原作“親”，據治要改。

⑥華陸綜曰：“營”，原作“榮”，從鄂局本改。鍾兆華曰：本句治要本由“必因民之所生以制之，因其所營以顯之，因其所歸以固之”三個分句構成，當是總結性的句子，承上文而來。“所生”、“所營”從上文均可找到承接關係，惟“所歸”無所從屬，顯然文句有錯簡。“必也”，治要本無“也”字。“制”，彙函侯本、韜略、參同、清芬本等均作“利”。“榮”，治要本作“營”。李解民曰：“營”，原作“榮”，據治要、講義本、直解本、天啓本、彙解本改。　按：“營”，原作“榮”，形近而訛，今據治要本、講義本、直解本、鰲頭本、兵略本、開宗本、武備志本、四庫本、彙解本、子書百家本、二十五子彙函本改。

⑦鍾兆華曰：“飲食之親”，宋本當誤，當據治要本、彙函侯本作“飲食之糧，親戚同鄉”。“死生”，治要本作“死喪”。“兵役”，治要本作“丘墓”。“此民之所勵也”，治要本作：“民之所以歸，不可不速也。”李解民曰：“糧”，原作“親”，據治要改。“喪”，原作“生”，據治要、講義本、直解本、天啓本、彙解本改。　按：此句治要本作：“田祿之實，飲食之糧，親戚同鄉，鄉里相勸，死喪相救，丘墓相從，民之所以歸，不可不速也。”“糧”，原作“親”，不詞，據治要本改。

【注】

〔一〕施子美曰：人皆有欲爲之心，不激則不發。此以身率之，則彼必知所從矣，殆如心之使四支，動則必應也。法曰：“將帥者，心也。群下，支節也。”則以身帥之者,豈不如心之使四支乎?　　○劉寅曰:故戰者,必本乎上之人率身以激勵衆士,如一心之使四肢也。　　○張居正曰:衆士不勵,則不能死節,然非徒求之士也,必爲上者本於身,率之以禮信廉恥親愛,斯衆士皆從之,而志自勵也。　　○陳玖學曰:此題以"心"字爲主,謂以心感心也。　　○黃獻臣曰:此言戰威當以勵士爲本。　　○李騰芳曰:此題亦本上禮信爵禄來論。　　○丁洪章曰:率,倡率也。凡事以身先爲倡,如禮將、力將、止欲將,皆率身之率也。故知士卒之飢寒勞苦,皆是先率身以共之也,如是,則士自勵,亦如心之使四肢而無不役也。　　○指南曰:將者,士卒之身,而士衆者,將軍之肢體也。不率身以勵,則肢體手足將有痿痺不應之患矣,故當率身以勵。況兵凶戰危,苟不率身以勵,又寧有冒險犯難、不顧死亡者哉?居常之時,率之以禮信廉恥以勵之;臨陣之令,率之以先登犯堅以勵之。　　○大全曰:率身以勵,固是甘苦相關,然要歸重在戰者上。　　○新宗曰:士不可不勵,然非徒求之士也,必爲上者本於身率之。　　○朱墉曰:勵,激勵也。　　○鍾兆華曰:勵,勸勉。　　**按**:此以心喻將,將爲軍隊之心,士卒爲四肢,强調將在軍隊中的核心主腦作用。攻權曰:"將帥者,心也。群下者,支節也。"

〔二〕施子美曰:苟無以勸其志,則彼必怠於其事,故不死節,又何以得其戰哉?渭橋之役,李晟畫天子像,激以忠義,以感其心,則其勵之也可知矣。惟有以勵之,故士皆感泣思奮,則其從之也爲如何。　　○劉寅曰:志不激勵,則士不死節;士既不死節,則衆必不可用之而戰。　　○鍾兆華曰:"則衆不戰",意爲人數雖多,戰鬬力則不强。　　○李解民曰:死節,守節義而死,指爲國捐軀。**按**:志,即作戰意志。磨礪作戰意志,即激勵士卒敢於犧牲。孟子告子上曰:"生亦我所欲也,義亦我所欲也,二者不可得兼,捨生而取義者也。"

〔三〕施子美曰:不致其養,不足以安民;不遂其欲,不足以得民。厚其生者,所以養之也。顯其營者,所以遂其欲也。厚其生,則逸而不勞,厚而不困,皆所以厚之也。顯其營,則或以爵列而營之,或以死喪而親之,皆所以顯之也。　　○劉寅曰:激勵士衆之道,民之生命,不可不厚也。厚生,即書所謂"利用厚生"是也。官爵班列之等,死亡喪葬之親,民之所謀爲者,不可不章顯之也。　　○張居正曰:古者民即是兵。厚者,飲食、居處、甘苦、勞逸、父母、妻子,都要與他調劑得當,勿使他失所,然後民得安生,就從他安生處可以勵之而戰也。　　○黃獻臣曰：民之生，民之由生之業也。此言厚民所生，協民所欲，以身先之，而後能使百姓如一身，即管子立法“生榮樂利，相聞相習，自相救戰”之遺意。　　○李騰芳曰：此題言厚民之生，乃所以爲勵士之道。　　○丁洪章曰：等，等級。營，謀爲。顯，彰明。　　○王漢若曰：飲食居處，甘苦勞佚，父母妻子，民之生也。厚之者，軫念調劑，一一使之得所而已。勵士者欲用其憤激於作戰之時，當厚其生，養於無事之日。　　○大全曰：用民爲兵，原是難事，未有不安其生而能得其忠義之心者也。厚者指平時言。凡飲食衣服之類，俱要使之得所，是爲勵士之道。　　○許濟曰：因所生，即如生而忠者，吾因其忠而勵之，則忠益堅；生而義者，吾因其義而勵之，則義益固，皆是。　　○題炬曰：禮信廉恥皆與生俱來者，因其所生以勵之，則感應自然。　　○特辨曰：用兵之道，莫要於固結人心，但後世只知攻伐戰鬬，不能以恩信感孚，使之固結，未免逐末失本矣。　　○朱墉曰：民之生，民所常生之業也。　　○鍾兆華曰：爵列之等，爵位等第之高低。禮記王制：“王者之制爵祿，公、侯、伯、子、男，凡五等。”“營”，謀求，追求。

按：此言勵士之道之三種方法，其一要讓士兵父母妻子之生存得到優厚的待遇；其二如立有戰功，爵位等獎賞等第之高低要公開顯榮；其三，陣亡士兵之親人，要得到優厚的撫恤。這些皆爲士卒所切實關心的事項，如獲得關心，則上下一心，三軍用命，戰無不勝。

〔四〕施子美曰：惟有以厚其生，故其制之也，必因其生。因生以制者，因民數而以爲兵制也。成周之際，有伍兩率旅師軍之制，莫不本於此，比閭族黨州鄉之法，是乃因民之生以爲制也。惟必顯其營，故其所顯者乃其所營也。因營而顯之，此因民之情而以示勸也。成周之時，制爵祿以登之，族墳墓以安之，是所謂因民之所營而顯之也。　　○劉寅曰：必也因民之所生而制節之，如“伍畝之宅，樹之以桑，五十者可以衣帛；雞豚狗彘之畜，無失其時，七十者可以食肉；百畝之田，勿奪其時，數口之家，可以無飢”之類是也。因民所謀爲而章顯之，如“天命有德，五服五章”，及喪禮衰功緦麻之有服、棺槨衣衾之有制之類是也。　　○陳玖學曰：勵士之道，因所生。　　○黃獻臣曰：如制田里教林畜。又曰：如制爲章服土田、設爲衣衾棺槨之類。　　○阮漢聞曰：爵賞有等，死喪有資，皆明白可見，曰顯。　　○劉拱辰曰：厚生即書所謂“利用厚生”是也。因民所生而制之，如“五畝之宅，樹之以桑。百畝之田，勿奪其時”之類是也。因民所謀而章顯之,如"天命有德,五服五章",及喪禮衰功緦麻之有服、衣衾之有制是也。　○朱墉曰:制之,如制田里、教樹畜之類。顯民所營,如制爲章服土田、設爲衣襟棺槨之類。　按:順時乘之,亦黄老家"因"之思想。十大經兵容曰:"天地刑之,圣人因而成之。"吕氏春秋貴因曰:"三代所寳莫如因,因則無敵。"鬼谷子謀篇曰:"故因其疑以變之,因其見以然之,因其説以要之,因其勢以成之,因其惡以權之,因其患以斥之。"順時乘之者,順因也,亦人事也。此言勵士之道當順應士卒之心與慾而制之。

〔五〕施子美曰:田禄之實,飲食之親,鄉里相勸,死喪相救,此皆民生之所營也。田禄之實,則以其實惠之所在也。飲食之禮,所以親親戚故舊。周官於嘉禮,有所謂以飲食之禮親朋友故舊,此則飲食之親也。鄉里相勸,則相勉以信義也。死喪相救,則患難相濟也。孟子有所謂"守望相助,疾病相扶持",此相勸相救之義也。田役相從,此則周家比閭卒伍之法也。無事則家與家相比,有用則人與人相伍,此田役相從之義也。古者聯民之法不過乎此,此民之所以勵之也。　○劉寅曰:分田制禄之以實,飲食聚會之相親,使同鄉同里之相勸,死亡喪葬而相救,兵役出入而相從,此民之所以勵。　○陳玖學曰:此言戰者當率身以勵士,而因詳勵士之道也。　○黄獻臣曰:謂多宴會也。此詳勵士之道。　○李騰芳曰:此詳勵士之道。　○阮漢聞曰:實,實利實用。　○丁洪章曰:此言戰威當以勵士爲本,厚民所生,協民所欲,以身先之,而後能使百姓如一身也。　○朱墉曰:飲食,謂多燕會。　○李解民曰:田禄,即爵禄,官禄。古代以穀作爲官爵俸禄,穀出於田,故稱田禄,亦稱穀禄。鄉里,古代居民的基層行政區域單位,鄉下轄里。勸,勸勉,鼓勵。　按:尉繚子主張兵民一體,平時爲民,戰時爲兵。真正的勵兵之道在於爲民之時,從民之所營,如此,戰時則有兵相從。此亦爲從民生出發,深入民之内心而論軍隊之戰鬥力。

使什伍如親戚,卒伯如朋友。①〔一〕止如堵牆,②動如風雨;車不結轍,③士不旋踵,此本戰之道也。〔二〕

【校】

①鍾兆華曰:"使",治要本作"故",並於"故"前有"如此"二字。"卒伯",治要作"阡陌"。　按:此句治要本作"如此,故什伍如親戚,阡陌如朋友"。

②鍾兆華曰：治要本“止”前有“故”字，御覽卷二七〇引前有“故兵”二字。

③鍾兆華曰：“結轍”，治要本作“結軌”。書鈔卷一一三引作“結軼”，義同。李解民曰：“轍”，北堂書鈔卷一一三引作“軼”，治要作“軌”。

【注】

〔一〕施子美曰：什，十人也。伍，五人也。什伍欲其親，故如親戚、卒伯、師長也。師長欲其和，故如朋友。武王三千臣惟一心，此什伍親戚之説也。晉人帥乘和，師必有大功，此卒伯朋友之説也。　○劉寅曰：使什伍之人如親戚之相救，卒伯之士如朋友之相信。　○陳玖學曰：戰者，卒伯如朋友。　○丁洪章曰：百人爲卒，其長曰伯。　○鍾兆華曰：卒伯，軍事組織單位。制談篇説：“百人一卒，千人一司馬。”兵教上説：“卒長教成，合之伯長。”則“伯”比“卒”高一級，而又在“司馬”之下。周禮地官小司徒：“乃會萬民之卒伍而用之，五人爲伍，五伍爲兩，四兩爲卒。”則百人爲卒，尉繚與此同。　○李解民曰：卒伯，軍隊編制單位。此“卒”爲二十五人的編制單位，與一般百人之卒不同。逸周書武順云：“五伍二十五曰元卒，一卒居前曰開，一卒居後曰敦，左右一卒曰閒，四卒成衛曰伯。”按本書兵教上云：“什長教成，合之卒長。卒長教成，合之伯長。”卒介於什、伯之間，與此相合。伯爲百人之長，亦指百人的編制單位。卒伯，治要作“阡陌”。阡陌，通“千百”，亦爲軍隊編制單位。本書制談云：“百人一卒，千人一司馬。”勒卒令云：“百人而教成，教成合之千人。”　按：此言治軍當令士卒之間彼此團結如親人朋友，如此則在戰場上彼此相救，生死與共。

〔二〕施子美曰：親之皆所以同其心也，心同則可用。故止而未用，則靜而不動，如堵牆之不移。及其用之，則勢不可禦，如風雨之忽至。故車不結轍，以其雖不方車而進，而人亦可用也；士不旋踵，以其必可以用勝，而人無回心也。旋，回也。踵，足也。戰之所本，其在於是，故謂之此本戰之道。蓋惟同乎人之心，故可以盡兵之術，此武王之所以成功於牧野，而晉人所以一戰而伯也。○劉寅曰：止如堵牆，言持重也；動如風雨，言迅速也；車不結轍，言務進而不務退；士不旋踵，言務勝而不務敗，此乃本戰之道也。本戰者，戰陣之本也。○張居正曰：“道”字承上“什伍如親戚，卒伯如朋友。止如堵牆，動如風雨，車不結轍，士不旋踵”來言，恩以結士卒之心，故士皆親赴而樂死如此。　○陳玖學曰：此言戰者以人心固結爲本。又曰：古者本戰之道，人心固結須有恩愛在先。　○黃獻臣曰：結轍止而不來，旋踵返而不前，有本之幾道。　○李騰芳曰：此言戰以人心固結爲本。　○山中倡庵曰：車不結轍，不結滯轍跡，能行而不止澀之意；士不旋踵，不旋迴足踵，能進而不還返之意。　○劉拱辰曰：止如堵牆，言持重也。動如風雨，言迅速也。　○朱墉曰：轍，車轍也。結之，止而不來也。旋踵，返而不前也。不結轍，務進而不務退也。不旋踵，務勝而不務北也。　○鍾兆華曰：止，固守。堵牆，牆壁矗立而不動搖。意如孫子軍爭篇所説“不動如山”。動，行動，軍隊的進退轉移等。風雨，比喻疾速。孫子軍爭篇説“其疾如風”。結轍，車子的軌跡如結。此言車子不停止前進。　○李解民曰：堵，土牆。古垣牆之制，五版爲堵。一般以一堵之牆爲長、高各一丈。堵牆，牆壁，形容人員密集、陣營堅實。轍，車輪輾過的痕跡。結轍，車馬往返而致轍跡交錯，此指戰車回駛。踵，腳後跟。旋踵，掉轉腳後跟，即向後逃跑。

按：不結轍，不交轍，指前進有序。踵，腳跟。不旋踵，不向後轉，不退卻。此言軍隊聽從號令，行止有序，禁止時如屹立堵牆，陣勢雄壯威嚴；作戰時如疾風暴雨，氣勢恢弘磅礴。戰車向前奔馳，士兵勇往直前。

地所以養民也，城所以守地也，戰所以守城也。〔一〕故務耕者民不飢，務守者地不危，務戰者城不圍。①〔二〕三者，先王之本務也。本務者，兵最急。②〔三〕

【校】

　　①鍾兆華曰：治要本於“民”、“地”、“城”前分别有“其”字。

　　②華陸綜曰：“也”字，原脱，從鄂局本補。鍾兆華曰：本句治要本作“三者先王之本務也，而兵最急矣”。御覽卷二七〇、書鈔卷一一三引作“三者先王之本務也，而兵最急矣”。宋本“本務兵最急本者”，疑“者”字當置“本務”下，“本”字衍，故當爲“本務者兵最急”。施氏本作“本務者兵最急”。李解民曰：“也”字，原無，據北堂書鈔卷一一三、治要、太平御覽卷二七〇、講義本、直解本、天啓本、鄂本補。“者”，原無，據講義本、直解本、天啓本、彙解本補。“急”後原有“本者”二字，據講義本、直解本、天啓本、彙解本刪。

按：“也”字，原脱，據講義本、直解本、鰲頭本、兵略本、開宗本、武備志本、子書百家本、二十五子彙函本補。“兵最急”下，原有“本者”二字，據講義本、直解本、鰲頭本、兵略本、開宗本、武備志本、四庫本、彙解本、子書百家本、二十五子彙函本删。

【注】

〔一〕施子美曰：知兵農之用者，斯知富强之效。地以養民，此農事也。城以守地，戰以守城，此兵事也。兵農之用既有所分，則兵農之效，必可以富强。　○劉寅曰：土地所以養民也，城池所以守地也，戰鬭所以守城也。○陳玖學曰：養民以守死。　按：此言戰爭的動機乃爭奪土地。戰國時期，土地依賴築城而得保。戰爭不直接佔領土地，而是以攻防城市爲目標。此尉繚子軍事思想之特點。

〔二〕施子美曰：務耕而民不飢，務守而地不危，務戰而城不圍，此效也。地有材木，民於是乎取；地有五穀，民於是乎食，此地之所以養民也。以城稱地，以地稱城，此城所以守地也。所向必摧，所當必破，此戰所以守城也。務耕則不飢，以其可以足食也。務守則不危，以其可以自固也。務戰則不圍，以其可以却敵也。充國屯田積穀而軍食以足，此務耕則不飢也；吳起守西河，而秦兵不敢東向，此務守則不危也；張仁願不置甕門，而使士死戰，此務戰則城不圍也。　○劉寅曰：故務耕種者民不飢餒，務固守者地不傾危，務戰鬭者城不被圍。　○陳玖學曰：此言先王以務耕務守務戰爲本。　○阮漢聞曰：凡百守城之法，莫妙於此。　○朱墉曰：務，專力也。本，猶根也。　按：務，專力也。書説命下：“務時敏。”蔡沈集傳：“務，專力也。”人君致力於耕種，則民不飢；致力於防守，則地不危；致力於備戰，則城不被包圍。

〔三〕施子美曰：三者，先王之本務。蓋務戰，天子事也，故先王必務於是。成周之際，有遂人以教稼穡，則務耕也；有掌固以修城池，則務守也；有大司馬以教戰，則務戰也。成周之際，惟務是三者，此所以黍稷之多，京枕之奠，雖蠻夷戎狄，皆可使之來臣，則其富强之效又可見矣。三者雖皆不可廢，而兵又爲最急，必有以除其患而後可以興其利也。此遂人之教稼穡所必先之簡其兵器也。　○劉寅曰：三者，乃先王之本務也。本務者，唯兵最爲急。　○陳玖學曰：先王所務三者，又以務耕爲先。尉子反曰“兵最急”，亦不知務矣。　○黃獻臣曰：此言立國有三本務，故能動靜皆利。國家非農無以養兵，非兵無以衛農，故兵農不得歧而爲二。　　○李騰芳曰：此題言王者之務甚多，惟務耕、務守、務戰三者其本也。然三務之中，又須以耕爲本。此古者藏兵於農之意也。又曰"兵爲急"，則是以戰爲本也。　　○丁洪章曰：務，尚務也。此言立國有三本務，故能動靜皆得其所利也。又曰：耕、守、戰，分之雖有三事，而耕自能守，守自能戰，戰不在守之外，而守即在耕之中，所謂家自爲衛，人自爲守，靜即民而動即兵，其實一務盡之矣。能務一耕，則戰守即此備足，富國在是，强國亦在是矣。豈非先王之本務哉？　　○山中倡庵曰：尉子以兵爲急務之説，蓋戰國亂朝貴權謀之士也。如我夫子則先去兵，次以去食。蓋聖凡之别，同年不可論焉。　　○題炬曰：民不耕則飢，地不守則危，城不戰則困。惟務此三者，根本固，而後應變不窮，捨此則末矣。　　○指南曰：耕、守、戰，分之雖有三事，而耕自能守，守自能戰，戰不在守之外，而守即在耕之中，所謂家自爲衛，人自爲守，靜即民而動即兵，其實只一務而已矣。能務一耕，則守戰即此備足，富國在是，强國亦在是矣，故曰本務。　　○大全曰：務耕，民不飢矣。然而非兵，則雖有粟，烏得而食？務守，城不危矣。然而非兵，則雖有城，其誰與守？故曰兵最急。　　**按**：務耕，無兵亦不得安食；務守，無兵亦不得安守；務戰，必據以兵。三者皆以兵爲本。此强調兵最重要。

　　故先王專於兵有五焉：^①委積不多則事不行，^②賞禄不厚則民不勸，武士不選則衆不强，^③備用不便則力不壯，刑賞不中則衆不畏。^④〔一〕務此五者，靜能守其所固，動能成其所欲。^⑤〔二〕

【校】

　　①鍾兆華曰：本句治要本作"故先王務尊於兵，尊於兵其本有五"。專於兵，施氏本作"專務於兵"。李解民曰：講義本、天啓本作"故先王專務於兵，有五焉"。

　　②鍾兆華曰："士"，治要本、彙函侯本、韜略、清芬、百家本等均作"事"，宜從。李解民曰："士"，治要、鄂本作"事"。　　**按**："事"，原作"士"，音近而誤，據治要本、兵略本、武備志本、子書百家本、二十五子彙函本改。

　　③鍾兆華曰："衆"，治要本作"士"。

　　④鍾兆華曰："備用不便"，合參、集注、通考、甌刻本作"器用不備"。"力不壯"，治要本作"士横"，疑應作"士不横"，脱"不"字。"刑賞"，治要本作"刑

誅”,合參、集注本作“刑罰”。“中”,治要本作“必”。李解民曰:“備用不便”,直解本、天啓本、彙解本作“器用不備”。 按:“備用不便則力不壯,刑賞不中則衆不畏”,治要本作“備用不便則士橫,刑誅不必則士不畏”。

⑤鍾兆華曰:治要本“務”字前有“先王”二字,“靜”字前有“故”字。“固”,治要本作“有”。李解民曰:“有”,原作“固”,據治要改。 按:本句治要本作“先王務此五者,故靜能守其所有,動能成其所欲”。

【注】

〔一〕施子美曰:兵必有所本,而後用得其利,是五者皆其本也。法曰:“軍無委積則亡。”是委積不可不多也。委積不多則無以養士,此士之所以不行也。法曰:“禄重則義士輕死。”是賞禄不可不厚也。賞不厚則無以役人,此民之所不勸也。法曰:“兵無選鋒曰北。”是武士不可不選也。武士不選則無以待敵,此衆之所以不强也。法曰:“取用於國。”是備用不可不便也。備用不便則無以制敵,此力之所以不壯也。法曰:“賞罰明則將威。”是賞罰不可不中也。賞罰不中則無以馭衆,此衆之所不畏也。趙充國爲屯田積穀之計,蓋欲多其委積也。馬燧得衆降則以家資賞,蓋厚其賞禄也。霍去病所將常選,所以選武士也。馬隆請自至武庫選杖,所以便備用也。李光弼斬援矛不刺者,賞刺賊洞馬腹者,所以欲賞刑之中也。 ○劉寅曰:故先王專於兵有五事焉:委糧食也,糧食積聚不多,則士衆不行;賞賚爵禄不厚,則民不勸;武士不選簡,則衆不强;器用不完備,則力不壯;刑賞不中節,則衆不畏。 ○黄獻臣曰:先王專於兵有五者,正生財大道寓兵於農之意。若三空四盡之時,即蕭何無以繼饋餉,(何轉漕關中,給食不乏,爲萬世功。)德宗無以勞淄青。(李正巳表獻三十萬緡以試朝廷,崔佑甫請即以賞淄青將士,令人感恩。) ○丁洪章曰:專,重也。先王之兵專重仁義。此言尚重五者,蓋列國爭雄之兵,而非先王仁義之兵可知矣。 ○合參曰:專,重也。先王專主仁義,豈有專兵?設若有時專於用兵,則有此五事耳。……委積,行軍之需;賞録,勸士之本;武士,强衆之實;器用,士卒之助;刑賞,安衆之心,皆制敵之準也。 ○朱墉曰:委,糧食也。積,露積也。禄,餼廩也。武士,選鋒也。中,當其罪也。 ○鍾兆華曰:委積,指糧食的儲備等。○李解民曰:委積,堆積、積聚,此指糧食物資的儲備。選,選擇、挑選。按當時許多軍事家十分重視士兵的素質,强調要有經過嚴格考核挑選的精兵。孫臏兵法篡卒云：“兵之勝在於篡（選）卒。”管子七法云：“是故器成卒選則士知勝矣。” **按**：委積，儲備糧草。周禮地官大司徒：“大賓客，令野脩道委積。”孫詒讓正義：“説文禾部云：‘積，聚也。’……凡儲聚禾米薪芻之屬，通謂之委積。”勸，説文力部段注：“勉之而悦從曰勸。”這裏指勇敢而積極地作戰。備用，械用。荀子儒效：“便備用。”王先謙集解：“備用，猶言械用。”這裏指兵器。本書天官篇有：“兵器備具，財穀多積，豪士一謀者也。”中，無所偏倚。中庸：“喜怒哀樂之未發謂之中。”朱熹集注：“中，無所偏倚。”這裏指刑罰公正。此言治兵當注意五個方面：糧草儲備不多則不能準備戰事，賞賜不豐厚則士兵不會勇敢而積極地作戰，武士不精選則部隊戰鬥力不強，軍械裝備不充足則戰力不壯，刑罰不公正則士兵之心不畏懼。

〔二〕施子美曰：此五者皆本也，推得其本，故可以成功。當其時未可進，則雖靜而守，亦可以自固；及其時已可進，則動而進攻，必可以有成，此所以守其所固，而可成其所欲也。所欲者，所欲爲之事也。昔亞夫堅壁而守之際，此靜而守所固也，及其出藍田去武關乎，挫吳楚之堅鋭者，是又能成其所欲也。○劉寅曰：務此五事，靜能保守其所固，動能成就其所欲。　○陳玖學曰：此言先王之事，兵有五務，故能靜則守固，動則成功。　○黃獻臣曰：吳起無以簡良材，管子無以利器械，徵罰徵賞，動見制肘，安得成所欲哉？　○李騰芳曰：此題言專務兵事之五，則能定固而成其所欲。然此亦非專兵所能致也。　○丁洪章曰：欲，期其必勝之欲。　○翼注曰：時而天下無事，烽銷燧寢，兵戢而靜也，則有以潛消敵國睥睨之心，真有不恃城郭溝洫而如泰山磐石之安者，其得乎守之固也。“欲”如得民、得士、得財之欲，用兵不知所務，則動而罔功。既能克全五事，惟不動則已動，則必遂其所欲而制勝。　○文訣曰：五者有一不備，不敢動也。欲字包的廣，戰勝攻取，拓土開疆，皆欲也。　○朱墉曰：靜，無事之時也。所固，險要阨塞也。動，舉兵也。欲，必勝之欲也。　**按**：靜，指無戰事之時。動，指有戰事而舉兵。

夫以居攻出，則居欲重，陣欲堅，發欲畢，鬥欲齊。①〔一〕

【校】

①華陸綜曰：“鬥”，原作“闕”，從鄂局本改。鍾兆華曰：“闕”，直解作“鬥”。

宋本形近而誤。<u>李解民</u>曰：“鬭”，原作“鬮”，據講義本、<u>直解本</u>、<u>天啓本</u>、<u>彙解本</u>改。　　**按**：“鬭”，原作“鬮”，字形近而訛，據講義本、<u>直解本</u>、<u>鰲頭本</u>、<u>兵略本</u>、<u>開宗本</u>、<u>武備志本</u>、<u>四庫本</u>、<u>彙解本</u>、<u>子書百家本</u>、<u>二十五子彙函本</u>改。

【注】

〔一〕<u>施子美</u>曰：此守説也。方其久守於此，而出以攻人，則恐人心之易散也。故居止則欲重，重則衆不危；行陣則欲堅，堅則陣不陷；發而進之則欲畢，畢則威盛；鬭而致戰則欲齊，齊則勢强。居欲重，陣欲堅，所以厚其勢也，此其將用之始也。發欲畢，鬭欲齊，所以同其力也，此兵之既用之時也。昔者<u>吳漢</u>之屯<u>江</u>南也，三日不出，所以重其居也。欲使人自爲戰，所以堅其陣也。夜與<u>劉尚</u>合軍，蓋欲畢於發也。悉兵以迎戰，是又齊於鬭也。<u>吳漢</u>惟兼是四者，所以能一舉而克<u>謝豐</u>。　　○<u>劉寅</u>曰：夫以居守之法而較攻出之法，則居守欲持重，布陣欲堅固，發伏欲併力而出，戰鬭欲齊心而進。　　○<u>陳玖學</u>曰：此言以居守而攻客出之法。又曰：先王動成其所欲。欲如得民、得土、得財之欲。先王專兵有五，則能成欲矣。然恐先王成欲又有道。　　○<u>黄獻臣</u>曰：曰居守而攻出師，起發伏兵，欲其併力畢出。兩軍相鬭，欲其心力皆齊。此言以居守攻擊客出之法，所謂以逸待勞也。　　○<u>李騰芳</u>曰：此言兵有五務，故易靜皆利也。以居攻出，以居守而攻客出之法。如<u>寇準</u>之禦<u>契丹</u>，欲令隻輪不返；<u>岳飛</u>之破<u>兀术</u>，欲直抵<u>黄龍府</u>是也。　　○<u>阮漢聞</u>曰：居守之兵，以攻擊而出。蓋守所不得不守，因攻所不得不攻者；居不重，防其襲我；陣不堅，慮其壓我；發不畢，恐敵之乘疏；鬭不齊，恐敵之踩急。四者全，得其正經也。奇者得一，亦可成功。此居守之戰，守城守寨皆然。　　○<u>丁洪章</u>曰：重，持重。堅，堅固。發，發伏也。畢，併力盡起也。齊，心力齊一也。此言以居守攻擊客出之法，所謂以逸待勞也。　　○<u>朱墉</u>曰：居，主兵也。出，客兵也。重，持重也。堅，衝不動也。發，發兵也。畢，併力盡出也。齊，心力合一也。　　**按**：居，説文尸部：“居，蹲也。”這裏指防守。以居攻出，即强調防守。重，即慎重、深遠。夫以居守之法而較攻出之法，則居守欲持重，布陣欲堅固，發伏欲併力而出，戰鬭欲齊心而進。<u>劉氏</u>説是，<u>阮氏</u>説亦爲得之。

王國富民，霸國富士，僅存之國富大夫，亡國富倉府。所謂上

滿下漏，患無所救。^{①〔一〕}

【校】

　　①鍾兆華曰：本句治要本作“是謂上溢而下漏，故患無所救”。李解民曰：“霸”，講義本作“伯”。“是”，原作“所”，據治要改。

【注】

　　〔一〕施子美曰：古者有道之世富藏天下，君取民有制，故男有餘粟，女有餘布，此王國富民也。成周之際，本俗爲安民，凶荒則無徵，凡此者，皆所以富之也。伯者務在强兵，而遊説英雄之士得以馳騁於其間，故當時有築臺以待士者，有自佩六國印而致車擬王者，非以富士乎？僅存之國富大夫，此則倍臣專國，故大夫富。齊有陳氏，魯有三桓，富大夫也。若夫危亡之國，則梧克以充倉府，所謂損下以益上也，此秦之敖倉，隋之洛口也。若是之國，倉府雖實，而百姓已貧，故上滿下漏，患禍必至，復何所救也。　○劉寅曰：王者之國務富其民，霸者之國務富其士，僅存之國富强僭之大夫，將亡之國止富倉府，言不肯周貧恤匱，勞賞軍士，如後唐莊宗之類是也。所謂上滿而下漏，禍患無所救矣。　○張居正曰：全在王國上著力，富民亦是描寫王國景象。言富民者，非有以予之也，亦惟分之田里，教之樹畜而緩徵薄斂也。　○陳玖學曰：此言富上不富下之害。　○黃獻臣曰：大夫，强臣僭竊也。亡國，指横徵厚斂也。此言財不在下而在上，其患莫支天地。生財不在官則在民，養民以致賢人則漢王，桑弘取民折秋毫則漢僅存，至封椿大盈而炎鼎遂移，真若符契矣。後世民無蓋藏，國鮮儲糈洇漏厄於上下之間者，其能圖存乎？　○李騰芳曰：如三空四盡之國，即蕭何無以繼饋餉，德宗無以勞淄青，封椿大盈而炎鼎遂移是也。　○丁洪章曰：滿，盈滿。漏，滲漏。患，禍患。其言財不在下而在上，其患莫救也。又曰：惠王平素志在富國，故尉君特以此進言，亦是善引君心處。富大夫，如權臣當國賄賂公行之類。富倉府，如洛口、敖倉、瓊林、大盈之類。　○大全曰：王者之國藏富於民，閭閻之蓄積，莫非其有，自無事重斂以召怨。又曰：使海内家給而人足，則京庾之紅腐可捐盡。閭閻千倉而萬廂，斯帝室之豐亨益廣，未有府庫財而非其財者也。　○新宗曰：全在王國上著力，富民亦是描寫王國景象。　○偉言曰：王者不諱言財，而其所富者乃民也。惟其富在民，所以爲王者之國富民，王者富之也。制田里，教樹畜，開其源，節其流，是謂富民。　　○指南曰：惟王國所以富民，民者財之源也，不可混講作民富。　　○題炬曰：天子藏富於民。　　○朱墉曰：富民有經制，以使民富也，亦非有以予之也，分之田里，教之樹畜是也。士，賢才也。富大夫，强臣僭竊也。富倉府，橫徵厚斂也。　　○李解民曰：士，此指當時社會統治集團中最低的一個階層。西周至春秋時代的上層社會，大致可劃分爲天子、諸侯、卿、大夫、士等五個階層。至戰國時期，周天子已名存實亡，卿之中少數上升爲諸侯，多數合入大夫，稱爲上大夫。因此，當時社會統治集團可分爲諸侯、大夫、士等三個有代表性的階層。滿，滿溢，形容財富過分集中，如水外溢。漏，洩漏，乾竭，形容貧窮，如同容器洩漏，一無所剩。按荀子王制云：“王者富民，霸者富士，僅存之國富大夫，亡國富筐篋、實府庫。筐篋已富，府庫已實，而百姓貧，夫是之謂上溢而下漏。入不可以守，出不可以戰，則傾覆滅亡可立而待也。”說苑政理云：“王國富民，霸國富士，僅存之國富大夫，亡道之國富倉庫，是謂上溢而下漏。”與此節文意全同。管子山至數云：“王者藏於民，霸者藏於士，□□藏於大夫，殘國亡家藏於篋。”（據管子集校）意亦同。　　按：此言王國之道與亡國之道。民富則國王，王國之道即以富民爲主。如果國士富，大夫富，公府富，而民窮，民窮則國之根基不穩，此亡國之道也。“霸國富士，僅存之國富大夫，亡國富倉府”，即所謂上滿下漏也。鬼谷子抵巇曰：“聖人見萌芽巇罅，則抵之以法。”一旦出現罅隙，必被他人所用。黃氏所言“封椿”，乃宋太祖所置内藏庫，以每歲用度之餘置封椿庫以貯之，欲俟貨財豐殖，即用以賞戰士，以取燕雲之地。有詔誓子孫不得別用。後爲内藏庫。

　　故曰：舉賢任能，[1]不時日而事利；明法審令，不卜筮而事吉；[2]貴功養勞，[3]不禱祠而得福。〔一〕又曰：天時不如地利，地利不如人和。[4]聖人所貴，人事而已。〔二〕

【校】

　　①鍾兆華曰：“任”，治要本作“用”。

　　②鍾兆華曰：“事”，㾈刻本同。直解本等均作“獲”。李解民曰：“事”，直解本、天啓本、彙解本、鄂本作“獲”。　　按：“事”，直解本、鰲頭本、兵略本、開宗本、武備志本、四庫本、彙解本、子書百家本、二十五子彙函本作“獲”。

③鍾兆華曰：“功”，治要本作“政”。

④鍾兆華曰：“人和”，治要本作“人事”。

【注】

〔一〕施子美曰：事有可必者，有不可必者。人事之所在，此可必也。天地鬼神，此不可必者也。舉之於己者，既盡其要，則求之於神者，斯不必泥。舉賢任能，明法審令，貴功養勞，此人事也。時日卜筮禱祠，此神事也。賢，有德者也，吾則舉之而在位。能，有材者也，吾則任之使在職。法所以馭衆，故明以示之。令所以驚衆，故審而用之。有功者在所重，故貴功。有勞者在所報，故養勞。舉賢任能則得人以爲助，明法審令則得衆以爲用，貴功養勞則臣下又知所勸，以是而戰，戰必勝矣。故雖不時日而利，不卜筮而吉，不禱祠而得福。其在唐人盧藏用亦嘗曰：“舉賢任能，不時日而利；明法審令，不卜筮而吉；貴功養勞，不禱祠而福。”昔者武王之克商也，人事而已，豈於鬼神耶？十夫之任，此則舉賢任能也；止齊步伐，此則明法審令也；崇德報功，此則貴功養勞也。武王惟備之三者，故於時日卜筮禱祠有所不暇問。觀其甲子之日可以必往，此則不時日而利也；折蓍焚龜有所不顧，此則不卜筮而吉也。雖所過名山大川，亦不過數紂之罪而已，又豈待禱祠以求福耶？是則人事爲可取也。　　○劉寅曰：故曰舉薦賢德，任使才能，不用時日支干而事自利；申明法度，審察號令，不用蓍龜卜筮而自獲吉；貴有功者，養有勞者，不用禱祠神明而自得福。　　○張居正曰：“貴”字宜看。言天時、地利，聖人亦有時用之，然非所貴也。故舉賢任能，明法審令，貴功養勞，這幾件事卻是今日行，便今日見功，不俟時而得之也。聖人安得不貴？　　○陳玖學曰：此歷推人事之當修。　　○李騰芳曰：此題見賢能爲國之楨幹，能舉而任之，則國自富強。所以不時日而事利者，以賢能爲之，效用不待卜筮也。　　○丁洪章曰：貴，貴重。人事，即人和也。　　○山中倡庵曰：法者，法度，可據準者，故明之也。令者，號令，可呼示者，故審之也。　　○指歸曰：因才器使，任用有方，則國中之事可計日而興。不時日者，言其速也。　　○朱墉曰：舉，薦揚也。賢，有德者。任，用也。能，有才者。時日，吉時吉日，如支干甲乙寅卯之日也。明，申明也。法，制度也。審，察也。卜，占龜也。筮，撲草也。獲，得也。貴，尊重也。功，有功者。養，祿養也。勞，有勞者。禱，祈神也。祀，祭也。　　○鍾兆華曰：任，任用。卜筮，用龜甲、蓍草占卜吉凶。孫子用間篇:"先知者不可取於鬼神,不可象於事,不可驗於度,必取於人知敵之情者也。"孫子計篇:"天下陰陽寒暑時制也。"杜牧注引一段故事説:"周武王伐紂,師次於氾水共頭山,風雨疾雷,鼓旗毁折,王之驂乘惶懼欲死。……周公曰:今時逆太歲,龜灼言凶,卜筮不吉,星凶爲災,請還師。太公怒曰:……枯草朽骨安可知乎!乃焚龜折蓍,率衆先涉,武王從之,遂滅紂。"説明有能爲的軍事家都不信卜筮等活動。功,指有功之人。　○李解民曰:卜,卜法,用龜甲或牛胛骨,先行鑽、鑿,然後用火灼烤,根據灼裂的紋路來預測行事吉凶。盛行於商代。筮,筮法,用蓍草莖按一定的程式方法得出卦爻,根據卦象來預測行事吉凶。盛行於周代。禱祠,舉行祭祀來祈求福祐。按本節以上文字,又見本書武議。説苑反質云:"夫賢聖周知,能不時日而事利;敬法令,貴功勞,不卜筮而身吉;謹仁義、順道理,不禱祠而福。"通典卷一六二云:"太公曰:……若乃好賢而能用,舉事而得時,此則不看時日而事利,不假卜筮而事吉,不禱祀而福從。"其意亦同。　　按:時,天時。日,良辰吉日。根據下文卜筮、禱祠來看,當與神事有關。時日,即天官篇"天官時日"。古人迷信,以爲時日有吉凶,常以卜筮決之。禮記曲禮上:"卜筮者,先聖王之所以使民信時日、敬鬼神、畏法令也。"此言舉賢任能、明法審令、貴功養勞皆爲人事,言天時不如人事也。

〔二〕施子美曰:故曰:"天時不如地利,地利不如人和。"天地非不足恃也。法曰:"天地孰得?"則用兵者,必以時利爲主也。而乃曰不如人和者,蓋人心不同,雖有時利,何以取勝? 故五事,一曰道,而後二曰天,三曰地。於道則曰:"道者,令民與上同意。"是意同則和矣,是人和爲大也。武王以甲子往,以背水向阪而陣,則天時地利武王皆不之得,而紂已得之矣,而武王乃能勝紂者,蓋紂有億萬夷人,惟億萬心,而武王有臣三千,惟一心。惟武王之所以勝也,而孟子亦有此言,時利不足恃也如此。故聖人所貴,唯在於人事。蓋人事者,兵之所本也。兵之所本在是,故聖人之所貴者亦在是。任賢舉能,明法審令,貴功養勞,與夫人心之和,皆人事也,聖人惟以是爲重。所以尉繚子於天官亦曰:"謂之天官,人事而已。"　○劉寅曰:又曰:天時之吉,不如得地之利;得地之利,不如得人心之和;聖人所貴,在人事而已。天時,謂時日支干孤虛旺相之屬;地利,謂險阻城池之固;人和,得人心之和也。　○陳玖學曰:兩引言皆見人事當修之意。人事就兵事，聖人貴而參之，則致人和，而天時、地利兼事矣。　○黃獻臣曰：此言聖人爲國樹威，但脩人事，而不必問之於天。若曰脩人事而可以獲利、獲吉、獲福，聖人不知也，聖人亦惟盡其在我而已。　○李騰芳曰：此題人事雖指兵事而言，卻含人和意在内。至人貴人事而修之則致和，和而天時地利兼舉矣。　○丁洪章曰：此言聖人爲國樹威，但和人事，而不必問之於天，愈見人事之當重也。又曰：人事有在于收治人者，則舉賢任能，聖人貴延攬之權；人事有在于修治法者，則明法審令，聖人貴綜理之術；人事有在于旌治功者，則貴功養勞，聖人貴崇報之權。又曰：均一甲子也，胡以紂滅而武興？均一函關也，胡以漢延而秦促？可見天時地利真不足貴也。　○大全曰：天時地利，聖人亦有時用之，然非所貴也。故舉賢任能、明法審令、貴功養勞，這幾件事都是今日行，便今日見效，不俟時而得之也。“事利”三句皆言效之速，聖人安得不貴？　○指南曰：“人事”二字所該者廣，總是賢與民之意。　○徐象卿曰：均一甲子也，紂滅而武興；均一函關也，漢延而秦促。人事修，則天時可據，地利可憑。　○朱墉曰：人事，即人和也。　○鍾兆華曰：孫臏兵法月戰篇：“天時、地利、人和，三者不得，雖勝有殃。”吳子圖國：“昔之圖國家者，必先教百姓而親萬民。有四不和：不和於國，不可以出軍；不和於軍，不可以出陳；不和於陳，不可以進戰；不和於戰，不可以決勝。是以有道之主，將用其民，先和而造大事。”　按：此句與天官呼應。天官曰：“今有城，東西攻不能取，南北攻不能取，四方豈無順時乘之者耶？然不能取者，城高池深，兵器備具，財穀多積，豪士一謀者也。若城下、池淺、守弱，則取之矣。由是觀之，天官時日不若人事也。”孟子公孫丑下：“天時不如地利，地利不如人和。”天時、地利、人和三者，孟子所言相對政治而言，尉繚子則側重軍事。孫臏兵法月戰：“天時、地利、人和，三者不得，雖勝有殃。”

　　夫勤勞之師，將必先己。①〔一〕暑不張蓋，寒不重衣，險必下步，軍井成而後飲，軍食熟而後飯，軍壘成而後舍，勞佚必以身同之。②〔二〕如此，師雖久，而不老不弊。③〔三〕

【校】

　　①華陸綜曰：“必”，原作“不”，從鄂局本改。鍾兆華曰：“不”，治要本作“必”，宋本當誤。“先己”，治要本作“從己先”。李解民曰：“事”，原作“師”，

據治要改。“必”，原作“不”，據治要、講義本、直解本、天啓本、彙解本改。

按：此句治要本作“勤勞之事，將必從己先”。“必”，原作“不”，據治要本、講義本、直解本、鼇頭本、兵略本、開宗本、武備志本、四庫本、彙解本、子書百家本、二十五子彙函本改。

　　②鍾兆華曰：“張”，治要作“立”，句首有“故”字。“衣”，治要本作“裘”。“險必下步”，治要本作“有登降之險，將必下步”。“軍井成而飲，軍食執而後飯，軍壘成而後舍”，治要本作“軍井通而後飲，軍食熟而後食，壘成而後舍，軍不畢食，亦不火食”。“飲”，當爲“後飲”，宋本脫漏，下文“後飯”、“後舍”可參證。據施氏本正。“勞佚必以身同之”，治要本作“飢飽、勞逸、寒暑，必身度之”。李解民曰：“後”，原無，據治要、講義本、直解本、天啓本、彙解本補。

按：此句治要本作“故暑不立蓋，寒不重裘，有登降之險，將必下步。軍井通而後飲，軍食熟而後食，壘成而後舍，軍不畢食，亦不火食。飢飽、勞逸、寒暑，必身度之”。“後飲”之“後”字，原脫，據治要本、講義本、直解本、鼇頭本、兵略本、開宗本、武備志本、四庫本、彙解本、子書百家本、二十五子彙函本補。

　　③鍾兆華曰：本句治要本作“如此，則師雖久不老，雖老不弊。故軍無損卒，將無惰志”。宋本有刪節。

【注】

　　〔一〕施子美曰：太公論勵軍之法，有所謂禮將，有所謂力將，有所謂止欲將。謂將不服禮，無以知士卒之寒暑；將不服力，無以知士卒之勞苦；將不服止欲，無以知士卒之飢飽。勤勞之師，將必先己，蓋欲以身卒之也。　　○劉寅曰：夫勤勞之師，將必以己身先之。　　○李騰芳曰：謂以己身先之。　　○朱墉曰：先己，以己身先之也。　　○丁洪章曰：此言良將先勞己而同人，故兵進而不老不弊如此。　　○鍾兆華曰：先己，以身作則之意。　　**按**：先己，以己爲先。將帥要身先士卒，嚴於律己。史記李將軍列傳：“廣之將兵，乏絕之處，見水，士卒不盡飲，廣不近水；士卒不盡食，廣不嘗食。”

　　〔二〕施子美曰：暑不張蓋，寒不重衣，此則太公所謂禮將也，欲與士卒同寒暑。險必下步，此則太公之所謂力將也，欲與士卒同勞苦。軍井成而後飲，軍食熟而後飯，軍壘成而後舍，此太公之所謂止欲將也，欲與士卒同飢飽。將惟能先之以己，故勞佚必以身同之。　　○劉寅曰：盛暑之月，不張設傘蓋；隆寒之月,不重襲衣服;遇險阻之地,必先下步;三軍鑿井既成,而將然後飲;三軍炊爨既熟,而將然後飯;三軍之壘既成,而將然後舍;或勞或佚,必以身與士卒同之。　○黃獻臣曰:此言良將先勞己而同人,故兵雖老而不弊。　○李騰芳曰:如吳起、穰苴與士卒同甘共苦是也。　○丁洪章曰:此一節所言勤勞之師,當與石公饋簞醪、太公勵軍篇參看,總是以身先人,上下同心之旨。　○朱墉曰:蓋,傘也。重,兼衣也。壘,營壘也。佚,安逸也。　○李解民曰:按古人十分重視戰場上將帥吃苦在先,享受在後,與士卒同甘共苦的表率作用。淮南子兵略云:"故古之善將者,必以其身先之。暑不張蓋,寒不被裘,所以程寒暑也。險隘不乘,上陵必下,所以齊勞逸也。軍食熟然後敢食,軍井通然後敢飲,所以同飢渴也。"史記孫子吳起列傳云:"起之爲將,與士卒最下者同衣食。卧不設席,行不騎乘,親裹贏糧,與士卒分勞苦。"六韜龍韜勵軍亦言之甚詳,均可參看。又孫子地形張預注云:"兵法曰:'勤勞之師,將必先己。暑不張蓋,寒不重衣,險必下步,軍井成而後飲,軍食熟而後飯,軍壘成而後舍。"疑所引兵法即指本書。　按:此言將必先己之具體要求。

〔三〕施子美曰:此以身率,彼以心從,故師雖久而不老弊,言愈久而愈可用也,此正吳起、穰苴、田單之爲將也,起舍不平隴畝,苴與士卒分糧食,單身操版插,非以身率之,而與之同勞佚乎?　○劉寅曰:若能如此,出師雖久,而不老不弊。　○陳玖學曰:此又詳言爲將之道。　○黃獻臣曰:如此,則國之神氣張,神氣張而威望固已慴敵人之魄矣。　○丁洪章曰:弊,壞也。　○朱墉曰:老,暴露日久也。弊,疲困也。　○鍾兆華曰:老、弊,義同,指士卒疲憊,士氣不振。　○李解民曰:老,衰,指因疲勞而士氣衰落。　按:久,指出師久。老,暮氣。弊,衰敗。

尉繚子卷第二

攻權第五^①〔一〕

【校】

①鍾兆華曰:竹簡篇末題爲"兵勸"。李解民曰:按簡本篇末題名爲"兵勸"。整理組注:"疑'勸'當讀爲'權'。"

【注】

〔一〕施子美曰:夫救人之際,必欲盡其變,故謂之攻權。　○劉寅曰:攻權者,攻人之權法也。攻人而知權變之法,則攻而必取矣,故取書義以名篇。○張居正曰:攻權者,言攻取權變之法也。　○丁洪章曰:此章論攻人權衡之法,而尤以靜爲用兵之本末,獨出獨入,愈見靜勝之妙。　○朱墉曰:攻權者,攻人權衡之法也。攻人而知權變之法,則攻而必取矣,故取是義以名篇。此章言攻擊敵人之威權,先在自治之有本,而後在得敵人之情形。己之上下一心,有作必應,且威令嚴肅,則士皆輕敵而惟敵是圖,則未有不能勝者也。但師直爲壯,曲爲老,欲用士卒之力,當使直聲常在我,而曲常在敵,休養全力,而不輕發以喪功,惟視乎君將之素定何如耳。苟能謀出萬全,法制周極,先具能勝之勢,俟敵有可乘之隙,一旦起而應之,是以我之至實擊敵之至虛,又焉往而不勝哉!至於獨出獨入,威權誠莫與京矣。　○華陸綜曰:本篇着重論述了進攻的權謀問題。作者強調作戰將士要齊心協力,戰前要分析研究敵情,進行充分準備。　**按**：竹簡本篇末題爲“兵勸”。本篇言進攻之謀略。尉繚子認爲若欲進攻，必先做好戰前準備。其一爲“專”。將帥與士卒上下一心，動靜一身，成爲一個整體。其二，將帥要有威嚴，知畏侮之權。將帥要愛護士卒，以此建立威嚴，同時又要求士卒要敬畏將帥，聽從指揮。其三，進攻作戰要按戰爭性質進行區分。“挾義而戰”者，要主動挑頭，在各國之間贏得正義的形象；“爭私結怨”之類，則推延滯後，僅壯其聲勢而已。其四，進攻作戰要做充分的戰鬥準備，同時在戰鬥過程中，如遇軍官受傷或陣亡，則應及時補充指揮軍官。作者對進攻戰還提出了一些乘虛而入等有益的作戰原則。

兵以靜勝，國以專勝。①〔一〕力分者弱，心疑者背。②〔二〕夫力弱，故進退不豪，縱敵不禽。③〔三〕將吏士卒，動靜一身。④心既疑背，則計決而不動，動決而不禁。⑤〔四〕異口虛言，將無修容，卒無常試，發攻必衄，是謂疾陵之兵，無足與鬬。⑥〔五〕將帥者，心也。群下者，支節也。其心動以誠，則支節必力；其心動以疑，則支節必背。⑦〔六〕夫將不心制，卒不節動，雖勝，幸勝也，非攻權也。⑧〔七〕

【校】

①華陸綜曰：簡本作“〔□□〕□固，以槫勝”。疑宋本有誤，以作“兵以靜固，以專勝”較長，本書戰威篇亦有“靜能守其所固”語。鍾兆華曰：竹簡作〔□□〕□固，以槫（專）勝”。疑宋本“固”誤爲“國”，屬下；又在“靜”字下加“勝”字，構成完整的對仗句。李解民曰：“固”，原作“勝國”，據簡本改。

②鍾兆華曰：本句竹簡作“力分者弱，心疑者北（背）”。

③鍾兆華曰：本句竹簡本作“〔□□□〕故進迅（退）不橐（豪），從適（敵）不禽（擒）”。

④鍾兆華曰：本句竹簡本作“將吏士卒，童（動）靜如身”。李解民曰：“如”，原作“一”，據簡本改。

⑤鍾兆華曰：本句竹簡本作“心疑必北（背）。是故□……”。李解民曰：“心疑必背”，原作“心既疑背”，據簡本改。

⑥鍾兆華曰：本句竹簡本爲：“……無嘗試，發童（動）必蚤（早），畎凌而兵毋與戰矣。”與宋本義近。

⑦鍾兆華曰：本句竹簡本作"［□□□］心也。群下，支（肢）節也。其心童（動）。……心童（動）疑，支（肢）節……"。

⑧鍾兆華曰：本句竹簡本作"……下不節童（動），唯（雖）勝爲幸"。

【注】

〔一〕施子美曰：兵法欲肅，肅則兵得其利；將權欲一，一則國得其利。兵之靜者，此治兵之嚴肅也，惟靜故可以待譁，此所以能得其勝之之利；國之專者，此任將之專一也，惟專故可以制敵，此所以能得其勝之之利。昔宣王之世，能兩盡其利也。肅肅馬鳴，悠悠斾旌，此則兵之靜也，故可以成薄伐之功。命召公以征淮夷，命方叔以征蠻荆，此則國之專也，故能成恢復之功。兹非兵以靜勝，國以專勝乎？至於後世劉佑之攻海鹽也，寂若無人；楊素之將隋也，馭戎嚴整，是亦以靜而勝也。光武以荆門之事委征南，肅宗以河東之事委子儀，是亦以專而勝也。　○劉寅曰：兵以安靜無譁而勝，國以專一無二而勝。　○張居正曰："兵以靜勝"，就將心言。靜，安靜也。言當戰之時，兵不妄動，當安靜以擊之，則可暇豫而制勝矣。"國以專勝"，此題以假權言。言在國之時，受命以專，不可疑二，疑則不能制勝矣。　○黃獻臣曰：此言心靜力專而後可以權變。　○李騰芳曰：此題要認一"靜"字，一"專"字。靜則自專也。嚴其號令，肅其紀綱，明其隊伍，則人心不亂，而士卒一無不勝矣。　○丁洪章曰：靜，安靜也。專，專一也。此言心靜力專而後可以權變也。　○周魯觀曰：兵謂用兵。靜者，淵然寂然之意。在將心上說，凡用兵之道，躁則露，靜則密。露者易伺，密者難窺。主將治兵，能靜則見得到，守得定，智深勇沉，至神至化。凡敵之智愚巧拙，一一皆能坐照，自然可以制勝矣。　○指歸曰：大將之用兵，韜略密籌於機先，變化深藏乎莫測。秘之九淵，動之九天，何其靜也！國之命將，必委寄重權，闑以外將軍治之，何其專也！　○題炬曰：言當戰之時，兵不妄動，當安靜以擊之，受命以出；當專一以任之，則可以制勝而有餘矣。不然，躁妄無功，分力無成，亦安能制勝哉？　○指南曰：一說將自是主兵，當震撼之時而方略不亂，是謂之靜。此却是言兵，不曾言將。若講將心說，是將以靜勝，而非兵以靜勝也。一"兵"字，正見治心、治氣、治力、治變，士卒身上亦要緊。○朱墉曰：靜則敵不能偵伺其端倪，專則敵不能攻襲其行陣。靜則鎮定整暇，專則精神獨注。　○鍾兆華曰：淮南子兵略訓："兵靜則固，專一則威。"意近。　　○李解民曰：靜，冷靜沉着。言軍隊穩健持重，不浮躁莽撞。　　**按**：國，同“或”。説文口部：“國，邦也。從口從或。”段注：“曰或，邦也。古或、國同用。”此句“國以專勝”不詞，國當解爲或。此言“兵以靜勝，或以專勝”，强調治兵以靜與專。靜，對心之要求；專，對力之要求。淮南子兵略云：“兵靜則固，專一則威。”與此文意近。兵以靜固，意同孫子兵法九地篇“將軍之事，靜以幽，正以治”。專，專一、集中。兵令上“專一則勝”，與此句意同。

〔二〕施子美曰：法曰：“皆戰則强。”是力不可分也，分則人寡，故弱。法曰：“禁祥去疑，至死無所之。”是心不可疑也，疑則必亂，故背。吴漢與劉尚分屯，而光武大驚懼，其力分而弱也。符堅之兵見八公山草木皆人形，遂至於一麾而衆亂莫止，此則心疑而背也。　　○劉寅曰：兵之力分者則勢弱，將之心疑者則下背。　　○陳玖學曰：力分與專反，心疑與靜反。　　○黄獻臣曰：力分，不專；心疑，不靜。　　○丁洪章曰：力分，不專也。心疑，不靜也。　　○山中倡庵曰：符堅不分兵而忽潰，何焉？分則弱，故首（講義）中（直解）兩説難信矣。又，中説（直解）“將之心疑者則下背”，此説亦難信矣。蓋此“疑”字宜泛説，不止將之疑，雖士卒亦相疑也。“背”字亦泛，不止下背、相背。相疑而相譁，相背而離也。終説（開宗）承上文“靜”、“專”字來解，極好。　　○朱墉曰：力分，兵力分也，不專之意。心疑，將心疑也，不靜之意。　　○鍾兆華曰：淮南子兵略訓：“心疑則北，力分則弱。”　　**按**：力分，不專也。心疑，不靜也。背，違也。楚辭九章惜誦：“忘儇媚以背衆兮。”王逸注：“背，違也。”楚辭離騷：“背繩墨以追曲兮。”洪興祖補注：“背，違也。”

〔三〕施子美曰：力弱則勢微而兵怯，故進退不豪。豪，武也，不武於進也。縱敵不擒，則不敢與之敵也。此無他，弱故也。　　○劉寅曰：夫兵力弱則進退不雄豪，縱敵而不能禽矣。　　○陳玖學曰：申力弱之弊。　　○黄獻臣曰：靜定專一，行師之本，然尤以靜爲樞。　　○丁洪章曰：趙氏曰：將吏士卒，動靜一身，非是將動士亦動，將靜士亦靜也，謂呼吸相通、臂指相連爲一體之説耳。　　○朱墉曰：豪，英武也。縱，舍釋也。此申力弱之弊也。　　○李解民曰：豪，豪邁，威武雄壯，言有氣勢。擒，捕獲、殲滅。　　**按**：豪，强也。字彙：“豪，强也。”“進退不豪，縱敵不擒”，乃力分者弱之後果。

〔四〕施子美曰：將吏士卒動靜一身。蓋將帥則心也，故靜；士卒則支也，故動。心與支雖異，而同乎一身。身以心爲主，心既疑背，則不失之不及，必失之太過，不及則計雖決而不動，太過則動已決而或不禁。禁，止也，謂不能止之也。

○劉寅曰：將吏與士卒，動靜猶一身也。上下之心既疑且背，則上之計決而下不動，下之人動決而上不禁。　　○黄獻臣曰：既動而潰決不能禁。　　○李騰芳曰：此題要認一“身”字，總要定計，而不參疑背，則三軍如出一心矣。

○山中倡庵曰：前説（講義）難信矣。不説心既疑背之一句也，其詳者，見于上也。蓋所謂動靜一身者，將士一體而作用連合之謂也。首（講義）中（直解）兩説難曉矣。終説契一“潰”字，其義明，蓋上言計決之決，決定之意；此言動決之決，潰決之意乎？易夬卦大象傳本義曰“澤上於天”，潰決之勢也；“施禄及下”，潰決之意也。蓋與此字義相同也。　　○朱墉曰：計決，將之計已定也。不動，兵不奉行也。動決，卒潰散也。不禁，不能禁止也。　　○鍾兆華曰：淮南子兵略訓：“將卒吏民，動靜如身。”　　○李解民曰：吏，官吏，指將軍的屬吏。淮南子兵略云：“將卒吏民，動靜如身。”可資參證。　　**按**：“將吏士卒，動靜一身”，强調將帥與士卒之心相同不疑。將帥動則士兵亦動，將帥靜則士兵亦靜。將帥與士兵之心互不相疑，如此方能同進退。如果將帥之心有疑背，則即便作戰之計策已定也得不到執行，軍令已下亦不能禁止士卒之行動，如此必敗。

〔五〕施子美曰：是以浮言胥動，而有異口虛言。爲之將者，且無修整之容，可以卒下。爲之卒者，亦非常誠之士可以待敵，故以之發攻，必至於敗衄。若是之兵，是自恃以陵人也，故謂之疾陵之兵。言不能自治，而疾於陵人，是暴兵也，不足與鬬。　　○劉寅曰：衆人異口虛言，爲將帥者無修整之容，爲士卒者無常試之職，發動攻人，必致敗衄，是謂急疾憑陵之兵，不足與戰鬬耳。　　○陳玖學曰：申心背之弊。　　○黄獻臣曰：疾陵，憤疾而陵夷。如傅永弱卒不滿三千，可摧勁敵。王世充假夢解惑，（世充恐衆心不一，托夢見周公，立祠洛水，遣巫言公令討李密，以成大功，衆皆請戰，擊斬之。）因成大功。乃其竊於沉識而凝於心力者也。　　○李騰芳曰：此言背疑之害，如秦苻堅以百萬之衆侵晉，與謝玄對陣淝水，誤聽朱序陣後兵卻之言，衆兵退走，聞風聲鶴唳皆爲晉兵是也。　　○阮漢聞曰：異口不同心，以協議；虛言不覈實，以倡誣。在壁必惑軍心，在朝必妨廟算。中軍作好，則無整毅之容；師干之試，則有訓練之卒。虛囂輕率，利在以疾陵之，原無深謀，固志不足鬬也。　　○丁洪章曰：衄，縮納不伸貌。疾陵，憤疾而陵夷也。　　○山中倡庵曰：首（講義）、中（直解）兩説義相若矣，宜相從也。末説（開宗）陵夷字未曉，蓋潰敗之意乎？　　○朱墉曰：異口，嘖嘖多議也。虚言，架詭誕之説也。修容，嚴重整飭之容也。無常試，下不盡其職也。衂，敗而殺傷也。此申心背之弊也。疾陵，憤怒。疾，惡且。陵，夷其上也。　　○鍾兆華曰：淮南子兵略訓：“將卒吏民，動靜如身，乃可以應敵合戰。故計定而發，分決而動，將無疑謀，卒無二心，動無墮容，口無虚言，事無嘗試，應敵必敏，發動必亟。”可參考。　　○李解民曰：修容，美好的儀容，此言將軍儀表端莊而有節度。試，通“式”。常試，即“常式”，猶言常規、常法。管子君臣下云：“國有常式，故法不隱，則下無怨心。”衂，損傷，挫敗。疾，速，迅速。陵，陵夷，衰頹。

按：心疑者必口異言虚。衂，挫也。廣韻屋韻：“衂，挫也。”疾，害也。書酒誥：“厥心疾很。”孫星衍今古文注疏引詩箋：“疾，害也。”詩大雅瞻卬：“蟊賊蟊疾。”朱熹集傳：“疾，害也。”陵，磨礪。荀子君道：“兵刃不待陵而勁。”王先謙集解：“陵，謂厲兵刃也。”疾陵，害於厲兵之意。將無修容，卒無常試，必然是疾陵之兵。

〔六〕施子美曰：言久必敗，將吏士卒，惟均一身。故將帥者心也，群下者支節也。將以心言者，上之帥下也。不勞而自治，如心之居於内而可以應事也。群下以支節言者，蓋下之從上也。不約而自隨，如支節之從於心，惟其所役也。其必動以誠，則支節必力者，蓋内信則外應，故心之所爲者誠，則支節必力而爲之；其心動以疑，則支節必背者，蓋内疑則外怠，故心之所爲者疑，則支節必不從其所役，故背之。既疑而背乎，是上不能以心使下也，下不能以支節從上也。○劉寅曰：將帥者，譬如人之心也；群下者，譬如人之支節也。其心動以誠實，則四支百節必有力；其心動以疑二，則四支百節必違背。　　○丁洪章曰：首以將制士卒譬之。心制支節，則統三軍爲一人矣。心制節動，體心之誠以制下也。“誠”字，甚緊。一心樸實做事，自然信賞必罰。三軍不敢輕侮，故威立。接“愛悦其心”一段，方知畏從愛中出來。漢將張飛一味鞭笞士卒，所以致變。　　○王漢若曰：動靜一身，非謂將動士動，將靜士靜，如一身也，只是極言主卒同心、呼吸相通之意。雖將士并説，然重將一邊，將之心無不與士通，故士之心亦無不與士通，一動一靜，自然相合，如指之應臂，手足之應腹心，無有不同者。爲將者，平日當盡感孚固結之道。　　○大全曰：將吏士卒本是呼吸自相貫通者,將吏動則士卒亦動,將吏靜則士卒亦靜,宛如手足之從心志的一般,然必平時有以感通聯絡之者,而後乃能若是也。　○周魯觀曰:一誠可以格金石、感豚魚,況一體之人乎。　○朱墉曰:心,身之主宰也。支節,身之運動也。誠,實也。必力,必用其力也。疑,二也。背,違也。　○李解民曰:心,心臟,當時人們把心視爲思維器官。孟子告子上云:"心之官則思。"　按:其心,指將心。戰威:"故爲戰者,必本乎率身以勵衆士,如心之使四肢也。"

〔七〕施子美曰:故將不心制,卒不節動,而用之也,必不能勝。苟可以勝,是僥倖而勝也,此非善用政權者也。昔者穰苴之治兵也,能以心制士卒也,至於將戰之際,雖病者皆求行,猶得於支節之從乎。　○劉寅曰:夫爲將帥者不以心制下,爲士卒者不以支節奉上,雖勝敵,但僥倖而勝也,非攻權之道也。○黃獻臣曰:此言將士一體,心誠而順動,則支節利;心疑而妄動,則支節拂。誠而動,而後可與權。　○李騰芳曰:將士同一體,上誠而下力,上疑而下背,必然之理。　○朱墉曰:不心制,不以心制下也。不節動,不以支節奉上也。倖,僥倖一時也。　○李解民曰:制,制裁、決斷。幸,僥倖。權,權變、權謀。　按:將不心制,即將帥不發揮核心的作用。卒不節動,即士卒不發揮四肢輔助的作用。幸,同"倖",僥倖。此句言將帥與士卒當各主其位,各盡其責。淮南子兵略:"故將以民爲體,而民以將爲心。心誠則肢體親刃,心疑則肢體撓北。心不專一,則體不節動。將不誠心,則卒不勇敢。"

夫民無兩畏也,畏我侮敵,畏敵侮我。〔一〕見侮者敗,立威者勝。①〔二〕凡將能其道者,吏畏其將也;②吏畏其將者,民畏其吏也;民畏其吏者,敵畏其民也。〔三〕是故知勝敗之道者,必先知畏侮之權。〔四〕

【校】

①鍾兆華曰:本句竹簡作"……□敗,威立者勝"。

②鍾兆華曰:本句竹簡作"凡將死其道者……"。"死",宋本作"能"。

【注】

〔一〕施子美曰:人各有畏心,而所爲使之畏,則在己而不在敵。畏己之心甚於畏敵,則人必輕生而趨死;畏敵之心甚於畏己,則人必偷生而懼死。斯心也不兩立,畏我則侮彼,畏彼則侮我,此勢之必然也。　○劉寅曰:夫民無兩畏者也。畏我必輕侮於敵,畏敵必輕侮於我,所謂卒畏將甚於敵者勝,卒畏敵甚於將者敗是也。　　○張居正曰:不愛悦其心者,不我用也。不嚴畏其心者,不我舉也。故曰將能其道,非日事鞭撻以立威也。　　○陳玖學曰:將士動靜一身,民無兩畏。　　○丁洪章曰:畏,懼也。　　○題炬曰:畏我侮敵,畏敵侮我,斷無畏我復畏敵也。亦思何以使民畏我哉? 諒非日事鞭撻以立威也。　　○大全曰:人真只知有我,自然不知有敵。但民如何畏我? 須有使之畏者。　　○朱墉曰:畏,懼威也。侮,輕侮也。　　○李解民曰:侮,輕慢、輕蔑。　　按:侮,輕慢。論語季氏:“侮聖人之言。”邢昺疏:“侮,輕慢。”敬畏我方將領就會輕慢敵人,畏懼敵人就會輕慢我方將領。此言將領要樹立威信,讓士卒有敬畏之心。

〔二〕施子美曰:見侮者敗者,士侮己則必不力於戰,故敗;立威者勝者,蒞之以威,使之有所畏,故勝。法曰:“戰勝在乎立威。”又曰:“外得威焉,所以戰也。”人惟有所畏,故必有所畏爲。不有以使之畏,其肯爲吾用耶?　　○黄獻臣曰:所謂卒畏將甚於敵者,勝;畏敵甚於將者,敗也。　　按:見,被。此言被輕慢者敗,立威嚴者勝。

〔三〕施子美曰:上有可畏,則下必不敢侮。故將能其道,則吏畏其將。衆有所畏,則敵不敢侮。故吏畏將者,民畏吏,畏者敵畏民,此其吏效之必至也。蓋威行於上而可以服乎下,威行於己而可以服乎彼。吏而畏將,則威行於己也,故敵畏民。光弼之兵,惟畏夫卻者之斬,故能成功。魯國之民,惟疾視其上而不之畏,故莫之死。是則勝負之道,必在於畏侮之間。　　○劉寅曰:將見輕侮於下者敗,將能立威於上者勝。凡將帥能其立威之道者,吏必畏懼其將也。將,指大將而言;吏,如春秋時上軍大夫、中軍大夫、司馬及軍中有職掌者皆是也。吏畏懼其將者,民必畏懼其百職事之吏也。民畏懼其吏者,敵人必畏懼其民也。　　○黄獻臣曰:敵畏我民,畏其敢死。　　○李騰芳曰:此題“權”字最重。言爲將者,當立威而使民畏我,故知勝敗固先於知畏侮,侮畏將半而畏敵亦半,又當以權視之,如楚人�緒以沾恩,越兵分醪以示惠。孫子演兵,先斬吳王幸姬;穰苴出師,先斬景公嬖臣,此可爲愛與威之一證也。　　○丁洪章曰:將,指大將言,更是軍中有職掌者。　　○朱墉曰:將,大將也。能其道者,能立威也。吏,如上軍大夫、中軍大夫、下軍大夫、司馬及軍中有職掌者皆是也。敵畏我民,畏其敢死也。　　○李解民曰:能,善於、精通。道,此指“民無兩畏”之道。　　按:此言爲將立威者之重要。史記孫子吳起列傳曰："孫子曰：'約束不明，申令不熟，將之罪也。'復三令五申而鼓之左，婦人復大笑。孫子曰：'約束不明，申令不熟，將之罪也；既已明而不如法者，吏士之罪也。'乃欲斬左右隊長。吳王從臺上觀，見且斬愛姬，大駭。趣使使下令曰：'寡人已知將軍能用兵矣。寡人非此二姬，食不甘味，願勿斬也。'孫子曰：'臣既已受命爲將，將在軍，君命有所不受。'遂斬隊長二人以徇。用其次爲隊長，於是復鼓之。婦人左右前後跪起皆中規矩繩墨，無敢出聲。"李氏所舉"孫子演兵，先斬吳王幸姬"者也。史記司馬穰苴列傳："穰苴既辭，與莊賈約曰：'旦日日中會於軍門。'穰苴先馳至軍，立表下漏，待賈。賈素驕貴，以爲將己之軍而己爲監，不甚急；親戚、左右送之，留飲。日中而賈不至。穰苴則撲仆表決漏，入，行軍勒兵，申明約束。約束既定，夕時，莊賈乃至。穰苴曰：'何後期爲？'賈謝曰：'不佞大夫親戚送之，故留。'穰苴曰：'將受命之日則忘其家，監軍約束則忘其親，援枹鼓之急則忘其身。今敵國深侵，邦内騷動，士卒暴露於境，君寢不安席，食不甘味，百姓之命皆懸於君，何謂相送乎！'召軍正問曰：'軍法期而後至者云何？'對曰：'當斬。'莊賈懼，使人馳報景公，請救。既往，未及反，於是遂斬莊賈以徇三軍。三軍之士皆振慄。"李氏"穰苴出師，先斬景公嬖臣"者也。此皆將立威之證也。

〔四〕施子美曰：故欲知勝負之道者，即知畏侮之權而求之，雖未戰，而可卜其成敗矣。　　○劉寅曰：是故能知勝敗之道者，必先要知畏侮之權。　　○陳玖學曰：此言爲將者當立威而使民畏我。　　○黃獻臣曰：此言爲將者當以可畏而成其可愛，民惟畏我而敵乃畏民，故制勝必先立威。　　○丁洪章曰：吳氏曰：知畏侮之權者，使民愛我，愛我自然畏我，畏我自然侮敵。使民威我，威我自然畏我，畏我自然侮敵。愛與威並重，總之一畏盡之矣。　　○合參曰：權，權衡也。低昂不並立之物，畏則不侮，侮則不畏，民亦何常？其權在我而已。　　○王漢若曰：權之所在，即威之所在；威之所在，即畏之所在。知道而不知權，何以使民畏？又何以能立威哉？　　按：此言勝敗之道在於立威敬畏的權衡。

　　夫不愛説其心者，不我用也；不嚴畏其心者，[①]不我舉也。[一]愛在下順，威在上立。愛，故不二；威，故不犯。[二]故善將者，愛與威

而已。^②〔三〕

【校】

①鍾兆華曰："嚴畏"，施氏、彙函歸本同。韜略、清芬、百家本作"威嚴"。李解民曰："嚴畏"，天啓本、彙解本作"威嚴"。

②鍾兆華曰："愛在下順"至"愛與威而已"，竹簡殘爲："……□□□威在志位，志位不代（忒），威乃……□愛者，將之成者也。"從文字上看，宋本與殘簡出入較大。

【注】

〔一〕施子美曰：法曰："卒未親附而罰之，則不服。卒已親附而罰不行，則不可用。"是其始也，必有恩以愛説其心；其後也，必有威以嚴畏其心。蓋人惟有所慕而使之從，人惟有所憚而後可以使之爲。愛説其心，所以使之慕也，彼既我慕則必我從，故爲我所用，不有以愛説之，則必不爲我用也；嚴畏其心，所以使之憚也，彼既我憚則必我爲，故爲我舉，不有以嚴畏之，則必不爲我舉也。穰苴分糧，吳起吮疽，所以愛説其心而用之也。至於莊賈後期則必斬，材士雖能而亦斬，是又嚴畏其心而使之舉也。卒之收全勝之功，却燕晉之師，非其效歟？愛固可以使之用也。　○劉寅曰：夫不愛説其士卒之心者，不爲我用也；不嚴畏其士卒之心者，不爲我舉也。　○朱墉曰：不我用，不爲我用也。不我舉，不爲我舉事也。　○李解民曰：舉，舉事，意同"用"。或謂擁戴。　**按**：愛悦其心，指將帥以恩悦士卒之心，施氏所謂"穰苴分糧，吳起吮疽"者。嚴畏其心，指將帥以威嚴震懾士卒之心。

〔二〕施子美曰：然愛而人不懷，烏能使人無離心？愛而下順，則人懷之矣，故下不二。李廣寬緩不苛，士樂爲用，此下順其愛也。下順則心不離，故北平之守，人無二志。非不二乎！威固可以使之舉也。然威而不行於己，烏能使人無違心？威而上立，則己行之矣，故下不犯。祭遵於舍中，兒犯法，殺之無赦，是威立於上也。上立則下不違，故祭遵之威，光武語諸將，以不可犯。　○劉寅曰：愛在夫爲下者之能順，威在夫爲上者之能立也。能愛，故心不二；有威，故下不犯。　○朱墉曰：順，從令也。不二，心不二也。犯，違令也。　**按**：將帥恩悦士卒，在下的士卒就會順從將令。將帥以威嚴震懾士卒，在上的將帥的威望就能樹立起來。愛士卒，因而士卒没有二心，作戰時即團結一致。樹威望,則將帥之令不可違犯,作戰時即不敢違令。

〔三〕施子美曰:爲將之道,亦不過恩與威耳,故曰愛與威而已。此問對所以曰"愛設於先,威設於後"。一説以爲愛在下順,須及下之人賞下流説也;威在上立,貴者刑上極説也。　○劉寅曰:故善將者,愛與威而已矣。　○陳玖學曰:使民愛我畏我而已。　○黄獻臣曰:然日事鞭撻,徒以速禍,故曰將能其道,正謂道中之斧鉞,不霜雪而栗者也。　○李騰芳曰:此題愛威非截然兩事,後世惟二視之,非姑息則刻核。惟愛以善施其威,威以善成其愛,斯産權濟變之道也。　○丁洪章曰:此言爲將者,當以可畏而成其可愛,正攻人之機權也。　○翼注曰:愛,所以聯民心;威,所以懾民志。故爲將者要兼全,不可偏廢,不可過於愛,亦不可過於威也。　○明説曰:善將者用愛與威,正是知畏侮之權處。蓋能使民愛我則自然侮敵,侮敵則自然威我矣。使民威我則自然畏我,畏我自侮敵矣。用愛用威,雖若不同,總只是使民不兩畏之意。　○指歸曰:爲將者以愛結天下,能使天下心悦誠服,如子弟之愛父兄,而又明賞罰,嚴節制,復有威之可畏,則上下一心,而制勝不難矣。　○鍾兆華曰:愛與威,孫子地形篇:"厚而不能使,愛而不能令,亂而不能治,譬若驕子不可用也。"張預注引作"愛與畏","威"、"畏"古通。

戰不必勝,不可以言戰;攻不必拔,不可以言攻。〔一〕不然,雖刑賞不足信也。〔二〕信在期前,事在未兆。①〔三〕故衆已聚不虚散,兵已出不徒歸。②求敵若求亡子,擊敵若救溺人。③〔四〕

【校】

①鍾兆華曰:竹簡本作"是故兵不□□……以名信,信在屚兆"。"雖",啚刻本作"則"。"刑賞",清芬、二五、二八、百家本作"刑罰"。

②鍾兆華曰:本句竹簡本作"是故衆聚不虚散,兵出不徒[□]"。

③鍾兆華曰:本句竹簡本作"[□□□□]亡人,擊適(敵)若卜(赴)溺者"。

【注】

〔一〕施子美曰:此言兵不可以輕發也。兵惟不可輕發,故亦不可輕言。高祖謂"戰必勝,攻必取,吾不如韓信"。是則戰必欲勝,不能必勝,不如不戰。故戰未必勝者,不可以謂之善戰者也,何足與言戰? 攻必欲取,不能必取,不如不攻。故攻未必取者,不可以謂之善攻也,何足與言攻?　○劉寅曰:與人戰,不能必勝,不可以言戰陣之事;攻人之城壘,不能必拔,不可以言攻取之事。○丁洪章曰:拔,取也。此言立誠制權,當先幾以圖之,必期於成功而後已也。○朱墉曰:拔,破城壘也。　**按**:孫臏兵法見威王:"戰勝,則所以在亡國而繼絕世也。戰不勝,則所以削地而危社稷也。是故兵者不可不察。"淮南子兵略:"故兵不必勝,不苟接刃。攻不必取,不爲苟發。"此言進攻作戰之原則。一則言進攻作戰必立於必勝之上,如不必勝,則不可輕易言戰;二則言備戰之重要,戰前必做充分的準備,以保證一戰必勝。此乃尉繚子兵學思想之傑出者。

〔二〕施子美曰:己既無一定之謀可以決攻戰,雖有刑賞以加人,亦未必爲之也,其肯信之乎?邲之戰,雖先濟之賞設,而卒無成功;井陘之役,雖趙將欲斬之,而衆不之畏,以是知制勝在於將,而刑賞不足恃也。非不足恃也,爲之助矣,不可無謀而專用刑賞也。　○劉寅曰:不如此,雖用刑賞,不足取信於人也。　○陳玖學曰:不能戰勝攻拔之者,由刑賞之不信。　○黃獻臣曰:不能戰勝攻拔者,雖刑賞,不信也。　○丁洪章曰:不然,不能也。反言攻戰不勝不拔之弊,無非欲立威之意。　○朱墉曰:不然者,不能戰勝攻拔也。不足信,不足取信於人也。　**按**:戰能否取勝,乃由多種因素綜合起作用之結果,賞罰爲其一,不能將戰爭勝利完全建立在賞罰之上。如將帥不能愛與威,單憑賞罰也不能取勝。

〔三〕施子美曰:大抵信乃見信,期前之信爲足信也。於其未期之前,而其信已結於人心,則其信爲莫大矣。韓信令諸將破趙而後會食,諸將應之曰:"諾。"其始若未可信也,然諸將信之者,以其信在期前也。見勝不過衆人之所知,非善之善也。事未形而先料之,乃善處事者也。故於其未兆之前而其事已明,則其事爲預定矣。韓信度趙空壁,已於未爭旗鼓之前而知之,此非事在未兆乎?兵之爲事,惟貴乎預決也如此。　○劉寅曰:信在於期前,事在於未兆,謂信當先期而孚於人,事當未兆而預防之也。　○黃獻臣曰:立信當在期約前,謀事當在未兆時。　○李騰芳曰:信當先孚於人,事當預防之也。　○劉振辰曰:信在於期前,謂信當先期而孚於人也。事在於未兆,謂事當未兆而預防之也。　○丁洪章曰:其至妙之語,尤在"信在期先,事在未兆"二語,故末篇十一令皆從此而發。　○朱墉曰:期,約也。未兆,未萌也。　**按**:此言進攻作戰前備戰之重要。對戰爭取勝的信心必在戰爭開始之前即已樹立，戰事勝負取決於戰前之準備。

〔四〕施子美曰：故用則有成，動則有利，豈可虛散而徒歸耶？大衆已聚，必有所用，故不可以虛散；成師已出，必期成功，故不可以徒歸。若楚子圍吳，無功而返，秦師伐鄭，聞備而返，是皆虛散而徒歸也，豈善用兵者耶？故用師之道，唯敵是求，唯敵是擊。夫一日縱敵，百世之害，求之若求亡子者，懼其或失之也。夫人之愛子之心爲甚切也，子而或亡，其求之也肯遲於頃刻哉？而求敵之心若是，其急可知也。見敵不從，不足以言勇，擊之若救溺人者，懼其或緩之也。夫人之有溺者，從而救之，非必其視苦而後有是也，人皆欲求之也，兹豈可緩哉？而擊敵之心若是，其速可知也。昔者司馬懿之攻孟達也，倍道兼行，八日至其城下，非若求亡子乎？范蠡擊吳王也，援抱進兵，卒刎其頸而後已，非若救溺人乎？　○劉寅曰：故士衆已聚，不虛散也，必欲成事立功；兵卒已出，不徒歸也，必欲破軍擒將。求敵人，如求逃亡之子，必務獲也；擊敵人，如救沉溺之人，必務濟也。　○陳玖學曰：必期於我功而後而已也。　○黃獻臣曰：求逃亡必欲獲，救溺水必欲濟。此言立誠制權，當先幾以圖之，必期於成功而後已。　○李騰芳曰：必欲獲也，必欲濟也。　○丁洪章曰：求亡子，言必欲獲之意。救溺人，言必欲濟之意。此句説得何等有勢，自與後世輕舉兵者迥別。○朱墉曰：亡，逃亡也。求亡子，言必欲獲之意。救沉溺之人，言必欲濟也。○鍾兆華曰：亡子，失蹤的人。勒卒令篇：“求敵如求亡子。”義同此。　　按：救亡子，必獲。救溺人，必速。此言一旦決定出兵，則戰必有獲。淮南子兵略：“故勝定而後戰，鈴縣而後動。故衆聚而不虛散，兵出而不徒歸。”

　　分險者無戰心，挑戰者無全氣，鬬戰者無勝兵。[1]〔一〕凡挾義而戰者，貴從我起。[2]〔二〕爭私結怨，應不得已。[3]怨結雖起，待之貴後。[4]〔三〕故爭必當待之，息必當備之。[5]〔四〕

【校】

　　[1]鍾兆華曰：本句竹簡作“囚險者毋（無）戰心，揞戰毋（無）勝兵，佻（挑）戰毋無（無）全氣”。李解民曰：囚險，原作“分險”，據簡本改。整理組注：“‘囚險’似是陷於不利地形之意。本輯孫子兵法下篇四變：‘途之所不由者，曰淺入

則前事不伸,深入則後利不接,動則不利,立則囚,如此者弗由也。'‘囚’字用法與此相近。宋本作‘分險’,疑誤。"據改。六韜豹韜烏雲山兵云:"處山之下,則爲敵所囚。"“囚”字之意同此“囚”字。“佻”,原作“挑”,據簡本改。

②鍾兆華曰:本句竹簡作“凡俠(挾)議(義)[□□□□]□起”。

③鍾兆華曰:本句竹簡作“爭私結怨,貴以不得已”。李解民曰:“貴以”,原作“應”,據簡本改。

④鍾兆華曰:本句竹簡作“[□□]□起□,適(敵)貴先”。文意出入頗大。李解民曰:“難”,原作“雖”,據天啓本、鄂本改。

⑤鍾兆華曰:本句竹簡作“故事必當時,□必當[□□□□]”。似與宋本有異。

【注】

〔一〕施子美曰:有所恃者必不欲戰,分險則有所恃矣,故無戰心;輕於用者必無所養,挑戰則爲輕於用矣,故無全氣。必戰而後求勝,豈能必勝耶？鬬戰則以戰而後求勝,故無勝兵,言不能必勝也。泜水之役,晉楚夾泜而守,陽處父退舍,子尚亦退舍者,分險則無戰心故也。蘇茂數挑戰,王伯閉營不出,而卒破之,以其挑戰則無全氣也。趙括出鋭搏戰,而爲秦兵所射,是又鬬戰無勝兵也。　○劉寅曰:敵若分險而守,是無戰心也。若來挑戰者,我無以全氣擊之。若來鬬戰者,我無以勝兵應之。挑戰、鬬戰頗異。挑戰者是以勇將獨出挑我之戰。鬬戰者是以奇兵輕出與我鬬戰。二者皆誘我之進也,故不可以全氣、盛兵應之。　○陳玖學曰:敵人分險而守,其心不欲戰。敵人與我挑戰,其氣必不全。敵人忿怒與我格鬬者,其兵必不勝。　○黃獻臣曰:敵人分險而守,是無欲戰之心。若勇將獨出挑戰,其氣必不全。敵人憤怒格鬬,其兵必不勝。此權敵人戰守之變。　○李騰芳曰:勇將獨出爲挑戰,奇兵輕出爲開戰。　○阮漢聞曰:鬬戰,舊注“憤兵”,未確。無謀、無制,角力求勝者耳。　○劉拱辰曰:挑戰者,是以勇將獨出挑我之戰。鬬戰者,是以奇兵輕出與我鬬戰。　○丁洪章曰:此權敵人戰守之變有三者可知,不可爲彼所惑也。又曰:“分險”三事,真是攻人妙法。一團神機,不可輕易略過。　○朱墉曰:險,阻隘,要害之地也。分,分兵據守也。挑戰,輕兵單騎,罵陣引動也。鬬戰,忿怒爭鬬也。　○鍾兆華曰:孫子行軍篇:“敵近而靜者,恃其險也;遠而挑戰者,欲人之進也。”張預

注："兩軍相近而終不動者，倚恃險固也。兩軍相遠數挑戰者，欲誘我之進也。尉繚子曰'分險者無戰心'，言敵人先分得險地，則我勿與之戰也。又曰'挑戰者無全氣'，言相去遠則挑戰而延誘我進，即不可以全氣擊之，與此法同也。"劉寅直解説："敵若分險而守，是無戰心也；若來挑戰者，我無以全氣擊之；若來鬥戰者，我無以勝兵應之。'勝'，恐作'盛'，傳寫之誤耳。"　○李解民曰："鬥"，爭鬥，指軍隊内部發生爭執。　按：分，界也。淮南子本經訓："各守其分。"高誘注："分猶界也。"分險，即據險爲界。由於有險可守，故無戰心。挑戰，激使對方出戰。左傳宣公十二年："趙旃求卿未得，且怒於失楚之致師者，請挑戰。弗許。"挑戰者往往急於取勝，如此則氣不全盛也。尉繚子强調以静制動。前文曰："兵以静固，國以專勝。"兵談曰："兵者，非可以忿也。"又曰："寬不可激而怒。"挑戰者則爲動，非以静制勝者，故曰無全氣。鬥戰，即戰鬥。後漢書烏桓傳："計謀從用婦人，唯鬥戰之事乃自決之。"鬥戰者，一旦敵我雙方真正打起來，就没有真正的勝利之兵。孫子謀攻曰："不戰而屈人之兵者，善之善者也。"

　　〔二〕施子美曰：然師出無名，事故不成。以義而戰，則師爲有名矣。師雖以義舉，然必起之於我，以倡天下，而後天下和之，則也。董公説高祖爲義帝縞素，與天下共誅項羽，是師以義舉也。高祖必先之以縞素爲資，乃所以示其自我起也，挾義而戰，此義兵也。　○劉寅曰：凡挾義而戰者，貴從我先起，則我有義舉之名，如禁暴救亂、濟弱扶傾之類是也。　○陳玖學曰：仗義而與人戰者，當首倡而起。　○李騰芳曰：倡義自我，則我有義舉之名。　○丁洪章曰：挾，仗也。興師之法，無有逾此，可與吴子"兵之所起者"篇參看也。　○朱墉曰：義兵，如禁暴救亂、濟溺扶傾之類是也。從我先起，則我有義舉之兵。按：此言我之師出，必以"義"爲名。此進攻作戰之原則。劉氏説是。

　　〔三〕施子美曰：至於爭私結怨，是又積釁之兵，吴子五兵有所謂義兵，則挾義而戰者也。而五兵之起，又有所謂積惡者，此又爭私結怨之兵也。兵雖以積釁而興，而亦不可暴而用之，故其應之也，必出於不得已。故怨結雖起，待之貴後，此言不可爲之先也。昔越之伐吴也，吴未發而先發，是以有會稽之恥，此則不能待之以徐也。　○劉寅曰：爭私憤而與人結怨，應在不得已焉耳。怨既結而兵雖當起，待之，貴在後。　○陳玖學曰：爭私忿結衆怨而戰者，但應之於不得已。怨結之兵,雖不得已而起,然待之貴後,勿爲首倡。　○丁洪章曰:私,忿也。怨,衆怨也。　○朱墉曰:私,己憤也。爭恨小故謂之忿兵,兵忿者敗。敵加於己謂之應兵,兵應者勝。待之貴後者,勿爲首倡,而與人爭,必當待彼之先發也。

按:兵談曰:“兵者,非可以忿也。”爭私結怨之兵,即所謂忿也。敵方因爭私忿結衆怨而戰者,我方應戰於不得已也。雖不得已而用兵,亦須待機,貴後發制人。

〔四〕施子美曰:雖不可爲之先,然亦不可不之慮,故爭則待之,息則備之。爭而待之者,所以禦之也;息而備之者,所以防之也。蓋敵不可啓,故彼與己爭,則必有以禦之;敵不可忽,故彼雖休息,吾亦必有以防之。三略曰:“不爲事先,動而輒隨。”其此意也。昔秦之於六國也,六國之師叩關,而秦人則開關延敵,是爭則必有以待之也。六國之師雖未興,而秦之守備未始弛,是又息必有以備之也。一説謂爭者,有兵之際,聖人則不敢恃兵以進,故必待之;息者,寢兵之時,聖人則不敢忘戰而弛備,故必有以備之。此武王所以觀兵孟津,而武王所以謹四時之教也。　○劉寅曰:故與人爭,必當待彼之先發;息兵,必當防彼之乘我。　○陳玖學曰:凡與人爭,必當待彼先發;及其止息,尤當防備不虞。　○黄獻臣曰:此權應敵之變,倡義自我,則我有義舉之名,如漢高爲義帝發喪之類。魏相曰:“誅暴救亂,謂之義兵,兵義者王。爭恨小故,不忍憤怒者,謂之忿兵,兵忿者敗。敵加於己,不得而起者,謂之應兵,兵應者勝。”故爭兵必當待彼之先發,息兵必當備彼之我乘,斯善於攻者矣。　○李騰芳曰:爭兵必當待彼之先發,息兵必當備彼之乘我。　○丁洪章曰:此言兵有起、應、待、備之不同也。　○朱墉曰:爭,鬭爭也。息,講解休息也。備,防彼之復來乘我也。　**按**:此言與敵爭,則待其先發;及其止息,防其襲我。

　　兵有勝於朝廷,有勝於原野,有勝於市井。①〔一〕鬭則得,服則失,②幸以不敗,此不意彼驚懼,而曲勝之也。曲勝,言非全也。非全勝者,無權名。③〔二〕故明主戰攻日,合鼓合角,節以兵刃,不求勝而勝也。④〔三〕

【校】

　　①鍾兆華曰:本句竹簡作“〔□□□□〕於朝廷,勝於喪紀,勝於土功,勝於

市……"。宋本經删節。

②華陸綜曰:"得服則",原脱,從鄂局本補。李解民曰:"鬭則失",講義本、直解本、天啓本、彙解本、鄂本作"鬭則得,服則失"。　　按:"鬭則得,服則失"六字,原作"鬭則失",脱"得服則"三字,今據講義本、直解本、鰲頭本、兵略本、開宗本、武備志本、四庫本、彙解本、子書百家本、二十五子彙函本補。

③鍾兆華曰:自"鬭則得"至"無權名",竹簡爲:"……□敗,曲勝者,其勝全,雖不曲勝,勝勸……。"似與宋本文意相反,而宋本又似有脱漏,無從訂正。"鬭則失",宋本有脱漏,據施氏、直解本補正。

④華陸綜曰:"角",原脱,從鄂局本補。鍾兆華曰:本句殘簡似爲"……□□□以明吾勝也"。宋本當脱"角"字,據直解本補。李解民曰:"角",原無,據講義本、直解本、天啓本、彙解本補。　　按:"角",原脱,據講義本、直解本、鰲頭本、兵略本、開宗本、武備志本、四庫本、彙解本、子書百家本、二十五子彙函本補。

【注】

〔一〕施子美曰:此三勝者,皆正勝也,非曲勝也。兵之所勝雖不同,而其爲勝則一。勝於朝廷,此不戰而勝者也。雖在朝廷之上,而有已勝之功,此晏嬰折衝樽俎之勝也。勝於原野者,此暴兵於原野之間,而以勝之也,如晉楚戰於城濮之類是也。勝於市井者,此引兵深入人之郊郭,而以勝之也,如孫臏之據其街巷之類是也。尉子言此三勝者,蓋三者取勝雖不同,要皆得全勝之理,非曲勝之也。　　○劉寅曰:兵有制勝於朝廷者,如晏嬰破范昭之謀,而晉不敢加兵於齊是也。有制勝於原野者,如韓信破趙取齊,皆以野戰而勝是也。有制勝於市井者,如葉公子高入楚,遇箴尹固與國人攻白公而敗之是也。　　○張居正曰:明主賢臣相與畫策,則敵人無所施其謀,所謂不俟戰而自勝於朝廷矣。○陳玖學曰:凡兵有謀定於朝廷而敵自服者,有戰於原野而後取勝者,有戰於市井而後取勝者。　　○黄獻臣曰:兵勝於朝廷,謀於朝廷而敵自服,如晏嬰破范昭之謀,而晉不敢加兵於齊是也。有勝於原野,戰於原野而後取勝,如韓信破趙取齊,皆以野戰而勝是也。有戰於市井,戰於市井而後取勝,如葉公子高入楚,遇尹固與國人攻殺白公是也。此言全勝之兵當戰勝於朝廷。　　○李騰芳曰:此題重"朝廷"二字,所謂未戰而廟算先勝也。還是周法制定器用,總率三軍,則雖不求勝而自無不勝。下題與此意重在審將上。　　○丁洪章曰:此言全勝之兵當戰勝於朝廷。又曰:勝於朝廷,如晏嬰破范昭之謀,而晉不敢加兵於齊是也。有勝於原野,如韓信破趙取齊,皆以野戰而勝是也。勝於市井,如葉公子高入楚,遇箴尹固與國人攻白公而敗之是也。　　○朱墉曰:勝於朝廷者,謀定也,如晏嬰破范昭之謀,而晉不敢加兵於齊是也。勝於原野,如韓信破趙取齊,皆以野戰而勝是也。勝於市井,如葉公子高入楚,與國人攻白公而敗之是也。　　○鍾兆華曰:市井,古代就井貿易,稱爲市井。史記平準書在“而山川園池市井租税之入”下,張守節正義説:“古人未有市,若朝聚井汲水,便將貨物於井邊貨賣,故言市井也。”　　○李解民曰:勝於原野,簡本作“勝於土功”,意爲勝在田野農耕。指推行鼓勵農耕政策,使國家富足,爲戰勝敵人提供雄厚的物質基礎。或謂指在平原曠野作戰取勝,不可信。“勝於市井”,意爲勝在市場貿易。指設置專門機構,加强市場管理,增加税收,儲備軍需,保證部隊後勤供應。本書武議云:“夫市也者,百貨之官也。……夫提天下之節制,而無百貨之官,無謂其能戰也。”可資參證。　　按:勝於朝廷,即戰威篇的威勝:“審法制,明賞罰,便器用,使民有必戰之心,此威勝也。”審法制、明賞罰、便器用者,皆朝廷之職,故勝於朝廷者,威勝也。勝於原野,即戰威篇的力勝。“破軍殺將,乘闉發機,潰衆奪地”,此力戰也。大軍對陣,多立於原野,以原野指代戰場,故勝於原野者,力勝也。勝於市井,則戰威篇之道勝:“講武料敵,使敵人之氣失而師散,雖形全而不爲之用,此道勝也。”市井之中,最見人心。以市井之人心向背可見一國之朝氣或暮氣,此可知兵是否爲用也,故勝於市井者,爲道勝。商君書戰法:“凡戰法必本於政。”與此意近。

〔二〕施子美曰:乃若鬭則得,服則失者,是又求倖勝者也。鬭則得者,蓋鬭而後求得,其於不鬭則不得也。失者不能與人鬭,而爲人所服,則失之矣。此必敗之兵也,不敗爲倖矣。而或勝之者,非正勝也,曲勝之也。蓋此不意彼之驚懼,而彼自驚懼,所以能同而勝之也。其勝曲勝也。曲勝者,本不能勝之,而以勝之也,故曰曲勝。曲勝非全者,以其謀不素定,而功出倖成也。倖而有成者,豈知權變者之所爲耶? 故無權名,以不能盡是權也,安可以權名之?○劉寅曰:若與彼鬭則有得,彼若服降則有失,僥倖以不敗耳。蓋不意彼軍驚懼而曲勝之也。曲勝者,言非全勝也。非完全取勝於人者,無威權之名。

○張居正曰:兵家止有一勝負,原無曲勝、全勝之説。兹之言曲勝者,因彼軍驚懼而曲法以勝,殆非全勝也,故曰曲勝、全勝。 ○陳玖學曰:若使遇鬭而進則得勝,彼服而退則失利,僥倖免於覆敗。此乃不意彼軍驚懼而曲法以勝敵也。曲勝非兵家之全勝,雖勝而無權名。 ○黄獻臣曰:若使遇鬭而進兵則得勝,彼服而退則失利,僥倖免於覆敗。驚懼,如聞風鶴皆驚之類。曲勝,不意彼軍驚懼而曲法以勝。曲勝,謂非兵家全勝,雖勝而總非神明權變之用。舊説無威權,非是。 ○阮漢聞曰:彼服而退,我失所圖。 ○丁洪章曰:幸,僥倖。彼事掩襲而求曲勝者,何足以語此? 又曰:不求勝而勝,全是以節制勝,勝在我,不在敵也。節制疎略,即求勝而未必勝也,勝其在敵者也;節制嚴整,即不求勝而自勝也,勝其在我者也。明主戰攻之日,合鼓合角,接以兵刃,有節制如此,故不求勝而自勝矣。 ○山中倡庵曰:首説(講義)鬭、服字,不正對。中(直解)、終(開宗)兩説彼服降則有失之義,未可曉也。敵既服於我,何失之有乎? 且三説俱以"鬭則得,服則失"之二句連下文"曲勝"矣,甚難信也。蓋此二句須連上文三勝也言。三勝者,必勝之兵,故以此鬭,則得之;此服於人,則失之之謂也。如此二句不連上文,則三勝者徒稱之,而殆爲虚文。讀者識之。又説:初(講義)、終(開宗)兩説並同。中説(直解)獨以"權"爲"威權"矣,終説(開宗)非之。苟中也,蓋禄山、項籍之類,未可得完全,而其威權冠一世也。然亦未爲得神明權變之用矣。孫武於吳,吳起於魏,未能如山、籍之吞天下之威權也,然而其用皆出于神明權變也。 ○大全曰:曲勝,全勝者曲法僥倖以求一勝,言非自保而獲必勝之可比也。 ○李解民曰:曲,局部。 按:服,屈服也。荀子王霸:"善服射者也。"王先謙集解引郝懿行曰:"服者,屈服也。"鬭則得,服則失,意即通過戰鬭迫使敵人屈服而取得的勝利。不意彼驚懼,意即出其不意而使彼驚懼。曲,薄也。莊子大宗師:"或編曲。"成玄英疏:"曲,薄也。"薄勝,即小勝。權,謀也。淮南子主術訓:"任輕者易權。"高誘注:"權,謀也。"此句意爲通過戰鬭迫使敵人屈服而取得勝利,即便僥倖不敗,乃敵方受我方出其不意攻擊而驚懼所致,我方得勝亦爲小勝也。小勝,而非全勝,非知謀而取勝者也。在尉繚子看來,通過力戰取勝,非道勝者。道勝者,全勝也。即便爲出其不意取勝,乃廟勝,亦非道勝者。

〔三〕施子美曰:故明主於戰攻日,雖無求勝之心而有必勝之道,故明其法制而勝，自可爲合鼓合角，所以同其心也。李靖兵法：大將置鼓四十面，子總營給鼓十面，每營則給鼓一面。有警即鼓，此所以合鼓也。諸行軍同聽角聲，第一角聲絶，右虞候促馬驢；第二角聲絶，則被駕；第三角聲絶，右一軍被駕；第四角聲絶，右二軍被駕；若是者，皆合角也。節以兵刃，所以齊其力也。周人大閲之法，三發三刺，三擊三刺，進退疾徐各有其節，若是者，所以節之以兵刃也。其法既如是其明，雖不求勝而自可以勝，故曰"不求勝而勝"。　〇劉寅曰：故明哲之主，戰攻之日，合鼓合角，節之以兵刃，不求勝而自然勝也。合鼓者，鼓之則進；合角者，一吹而行，再吹而聚也。　〇張居正曰：承合鼓角，節兵刃，言明主不事奇譎，惟用節制，則是無求勝之心，乃敵自倒戈而降，壺漿而迎，是自能勝也。　〇陳玖學曰：明主於戰攻之日，合聚以鼓角而不爲掩襲，且兵刃雖交，各有節制，則雖不求勝而自然取勝，此謂全勝而非曲勝也。斯則有權名矣。　〇黄獻臣曰：鼓聲合而進，角聲合而退，不爲掩襲，兵刃雖交，各有節制，自然取勝而非曲勝，惟明主有權名矣。　〇阮漢聞曰：鼓角之合，慮疏於襲；刀刃之節，慮過於殘。有制自勝，是全非曲。　〇丁洪章曰：合鼓者，鼓之則進也；合角者，一吹而行，再吹而聚也。法制周極，敵將詳慎，堂堂正正，不求勝而自勝，而後可以言權也。　〇指南曰：明主不求勝，見得曲勝之師乃求勝而勝。夫兵至於求勝何等費力，惟不求，則節制之師萬舉萬當，而不失敵之敗。〇新宗曰：承合鼓角，節兵刃，言明主不事奇譎，惟用節制，則是無求勝之心，乃敵自倒戈而降，壺漿而迎，是自能勝也。有法者，以其節制也。惟節制之兵，則去備而實有備，去威而實可威，故戰而勝人。　〇翼注曰：總是有制之意，所以不求勝而勝也。亦不是真不求勝，極言其可以勝，故云不求也。　〇鍾兆華曰：角，軍中用於發佈指揮號令的器具之一，猶言畫角。如北齊書安德王延宗傳："周武帝乃駐馬，鳴角收兵。"節，使軍隊進退左右合乎指揮號令的制約。〇李解民曰：本書勒卒令云："角，帥鼓也。"角爲千人之帥的令鼓，是軍鼓的一種。此當係泛指。六韜龍韜五音云："聞桴鼓之音者角也。"則角指鼓音。或謂號角，但至今尚未發現戰國時期以角爲軍隊指揮聯絡工具的確鑿材料，未可置信。　按：此言明主制定兵令，以鼓角命進退，則不求勝而勝也。不求勝而勝，即取勝於無形也，此亦道勝者。

兵有去備徹威而勝者，以其有法故也，有器用之早定也。[一]其應敵也周,其總率也極。〔二〕故五人而伍,十人而什,百人而卒,千人而率,萬人而將,已周已極。①〔三〕其朝死則朝代,暮死則暮代。〔四〕

【校】

　①華陸綜曰:“周”,原作“用”,從鄂局本改。鍾兆華曰:“用”,宋本因形似而誤。此承上文“其應敵也周”而來,當爲“周”字。施氏、直解本等均作“周”。李解民曰:“周”,原作“用”,據講義本、直解本、天啓本、彙解本改。按:“周”,原作“用”,形近而訛,據講義本、直解本、鰲頭本、兵略本、開宗本、武備志本、四庫本、彙解本、子書百家本、二十五子彙函本改。

【注】

　〔一〕施子美曰:無甲兵而勝,無沖機而攻,無溝塹而守,此善用兵者也,故兵有去備徹威而可以勝者。故法曰:“息必當備之。”是備不可弛也。今備可去而不用,非怠於士也,蓋此既有以勝之,雖無備亦勝也。法曰:“立威者勝。”是威不可廢也。今威可徹而不用,非懦於用也,蓋此既有以勝之,雖無威亦勝也。去備徹威,雖無可勝之勢,而有可勝之理。兵何以能去備徹威而勝耶? 以其有法也,以其器用之蚤正也。兵之有法,誠可以勝也,此勝之所以在於有法也。器械精明,賀齊之所以强;旌旗新明,楊素之所以震。器用既具,宜亦可以勝也,此勝之所以在於器用之蚤定也。諸葛亮謂:“有制之兵,無能之將,而不可敗也。”此則有法者可以勝也。李德裕募甲人於安,弓人於河内,而定其兵卒,爲天下雄者,此則器用蚤定之可以勝也。　○劉寅曰:兵有去守備、徹威勢而取勝於人者,以其有法故也。去守備者,示之不虞也;徹威勢者,示之以怯弱也。　○陳玖學曰:去備以示疏虞、徹威以示微弱而取勝。　○黃獻臣曰:去備,以示不虞。徹威,以示微弱。雖去備而實有備,去威而實有威,故能勝人。　○李騰芳曰:此題重有法。上有法,故勝。去備以示疏虞,徹威以示微弱,所以誘敵而取勝也。然要先權敵之虛實,審將之能否,而後可以舉兵。○朱墉曰:去備者,示之以不虞也。撤威者,示之以怯弱也。　○李解民曰:“徹”,通“撤”,撤去,去掉。“兵有去備徹威而勝者”,左傳昭公二十三年云:“吳人伐州來,楚薳越帥師及諸侯之師奔命救州來。……吳公子光曰:‘……請先者去備薄威,後者敦陣整旅。’吳子從之。……吳子以罪人三千先犯胡、沈與陳,三國爭之。吳爲三軍以繫於後,中軍從王,光帥右,掩餘帥左。吳之罪人或奔或止,三國亂,吳師擊之,三國敗……三國奔,楚師大奔。"似即指此。

按:備,長兵器。左傳昭公二十一年:"齊致死,莫如去備。彼多兵矣,請皆用劍。"杜預注:"備,長兵也。"去備,指去掉長兵器。徹,去、撤除。有法,指下句"器用之早定"。此言器用之早定,戰備之完善,皆有章法,故能去備徹威而勝者。戰國時期,進攻作戰講究速度,短兵器便於攜帶,利於攻擊,故少用長兵器。器用,守權篇所謂"堅甲利兵,勁弩强矢"者。本篇言"攻權",重點强調進攻作戰中武器裝備之重要。

〔二〕施子美曰:以其應敵之周而總師之極也。且技擊不足以敵鋭士,鋭士不足以敵武卒,武卒不足以敵節制。方慮極物,法之所先,策而無遺,略之所取,應之周備,宜其可以勝也。此所以有取於應敵之周也。長帥之分,周人所制;束伍之令,尉子所言。總率既盡,宜其可以勝也。此所以有取於總帥之極也。李光弼問賊陣何堅,而遣惟貞、郝廷玉,以鐵騎取之,此則應敵之周可以勝也。管仲制國爲三軍,公將其一,高子、國子將其二,此則總率之極可以勝也。　　○劉寅曰:此蓋有器用之早定也,其應敵也周密,其總率也極至。○陳玖學曰:此原其有法度,又有器用。應敵,應酬敵人也。周,密。總率,三軍也。極,至。則雖去備而實有備,雖去威而實有威,故能勝人。　　○丁洪章曰:周,周備也。總率,統領三軍也。極,至也。　　○鍾兆華曰:周,完備、周密。此指軍隊組織而言。率,通"帥",指將帥。下同。荀子富國:"將率不能則兵弱。"極,指將帥卓有才能,深通兵道。　　○李解民曰:總率,統率,此指軍隊各級將領。極,至、盡、完備。　　按:此言因有器用之早定,故能應敵之周全,統率三軍之至也。

〔三〕施子美曰:惟其應敵欲其周,總率欲其極,故五人則爲一伍,十人則爲一什,百人則爲一卒,千人則有率,萬人則有將。其爲慮也周,其爲制也極。然其爲法,乃戰國之法也,非成周之法也。成周之法,自百人爲率以上,則以五百人爲旅,二千五百人爲師,一萬二千五百人爲軍。今以千人而師,萬人而將,此蓋得齊管仲之遺法也。齊管仲三分其國,以爲三軍,凡三萬人焉,其制與周人異。周人以萬二千五百人爲軍,萬之有二千,二千之有五百,何其詳而曲耶?而管仲之法,畫國爲三軍,每軍萬人,如畫碁局,如數一二,何其簡而直耶? 周之法詳而曲者,所以爲不可敗也。齊之法簡而直者,所以爲必勝也。　　○劉寅曰：故五人而爲一伍，十人而爲一什，百人而爲一卒，千人而爲一率，萬人而立一將，爲法已周、已極。　○陳玖學曰：凡伍、什、百、千、萬之長，隨死隨代，不可久虛。　○李解民曰：率，亦作“帥”，本書分塞令、勒卒令千人之長均寫作“帥”。　按：此言軍事組織之構成。伍制令曰：“軍中之制，五人爲伍，伍相保也；什人爲什，什相保也；五十人爲屬，屬相保也；百人爲閭，閭相保也。”與此處不同。

〔四〕施子美曰：尉子，戰國人也，所言齊之遺法也，其朝死則朝代，暮死則暮代者，所以備其乏也。其法雖如是之周極，及其周之，又在乎知彼己也。○劉寅曰：其將朝死則朝令人代之，暮死則暮令人代之。　○黃獻臣曰：凡伍、什、百、千、萬之長，隨死隨代，不可久虛。　○阮漢聞曰：是不獨伍什卒，率將爲然。今非專任將矣，則必夙儲而後可速代，又不必循資而遂謂夙儲。　○丁洪章曰：慮及朝暮之代更，可見用兵之事時刻疏漏不得，真萬全之籌也。　○朱墉曰：朝死朝代，凡伍、什、百、萬、千之長，隨死隨代，不可久虛也。　按：此言凡伍、什、百、萬、千之長，隨死隨代，不可虛也。

權敵審將，而後舉兵。〔一〕故凡集兵，千里者旬日，百里者一日，必集敵境。〔二〕卒聚將至，深入其地，錯絕其道，棲其大城大邑。〔三〕使之登城逼危，男女數重，各逼地形而攻要塞。〔四〕據一城邑而數道絕，從而攻之。〔五〕敵將帥不能信，吏卒不能和，刑有所不從者，則我敗之矣。敵救未至，而一城已降。〔六〕

【注】

〔一〕施子美曰：權敵之輕重，審將之賢否，而後可以舉之，此孫子所以有經事校計之說也。五事之所經，所以爲周極也。主孰有道，將孰有能，兵衆孰強，士卒孰練，是又權敵審將也。將必能權敵審將，而後可以舉兵，此孫子所以繼之曰知之者勝。　○劉寅曰：稱量敵人之虛實強弱，審察將帥之智愚勇怯，然後舉兵而出戰。　○張居正曰：權敵意輕，審將意重。言制度既已周極，又必權量敵之虛實，審察將之能否，而後舉兵，斯未有不勝者。　○陳玖學曰：制度既已周極，又必權敵之虛實，審將之能否，而後舉兵。　○黃獻臣曰：制度既已周極，又當權敵虛實，審將能否，而後舉兵。此言法制周極，敵將詳審，堂堂正正,不求勝而自勝,而後可以言權,如孟津之師、召陵之合是也。彼事掩襲而求曲勝者,何足語此!　　○李騰芳曰:稱量敵之虛實强弱,審察將之智愚勇怯。此題要在權敵審將上立論,所謂"知彼知己,百戰不殆"者此也。　　○阮漢聞曰:始終周極。　　○周魯觀曰:權敵審將,謂兵不可輕動,必先權度敵之虛實强弱,審其將智愚能否,然後可動也。既曰權敵,又曰審將,總是極其慎重意。○合參曰:權敵審將不可平講,審將正是權敵處,言兵不可以輕舉,必先權衡敵人。然於何而權之?審其將而已。審其將果有能,則權敵之勢必重,是爲勁敵,而不可輕以舉兵;審其將若無能,則權敵之勢必輕,此爲弱敵,斯舉兵而乘之可也。"而後"二字是兵不可妄舉也。　　○朱墉曰:權,權敵虛實也。審,察將之能否也。　　**按**:權敵審將有二意:其一,用兵之前當先知敵情,同時我方擇將迎戰之;其二,用兵之前當先知敵情與敵將,然後我方舉將而迎戰之。

〔二〕施子美曰:兵法,輕兵日行三十里,故三十里而後舍;百里而趨利,則擒三將軍;五十里而爭利,則蹶上將軍。今而集兵,千里以旬日,百里以一日,得無違兵法乎?蓋有法之常,有法之變。趙奢留邯鄲,二十八里不行,及遣秦間,乃捲甲而趨,二日一夜而至閼與,凡行百二十里,此千里或可以旬日集,而百里或可以一日集也。　　○劉寅曰:故凡集兵,千里者期在旬日之內,百里者期在一日之內,必要會集敵人之境。　　○陳玖學曰:欲速集其兵,期集於敵境。　　○黃獻臣曰:旬日,期在旬日之內。一日,期在一日之內。　　○李騰芳曰:兵貴神速也。　　○丁洪章曰:此言兵貴神速。　　○朱墉曰:旬日,十日也。千里路遠,期在十日之內;百里路近,期在一日之內也。　　○鍾兆華曰:旬日,十天爲一旬。此指極短的時日,非確指十日。　　**按**:此言兵貴神速。進攻作戰追求速戰速決,如不能速決,打成拉鋸戰或防禦戰,則爲失敗。

〔三〕施子美曰:卒既聚,將既至,深入其地,必錯絶其道,所以使人無還心。人無還心,則必力於戰矣。據其大城大邑,以爲之地,所以欲其有所恃矣。有所恃,則人心堅而氣有餘矣,此正班超在西域之時也。　　○劉寅曰:卒已集,將已至,然後深入其地,交錯越絶其道路,棲其大城大邑。　　○黃獻臣曰:錯集布兵,杜絶其道。　　○阮漢聞曰:錯絶,非一絶也。我兵棲止其間。　　○丁洪章曰:錯,錯雜。絶,杜絶。棲,棲止。　　○山中倡庵曰:"其"字,宜指敵也。棲其大城大邑,味"棲"字,猶架木棲也,亦可見有微令我士卒入死地之意也。　　○鍾兆華曰：錯絶，切斷、封鎖。棲，原義爲棲息，此當爲進駐。　○李解民曰：棲，棲附、逼近。　按：兵談曰："量土地肥墝而立邑建城。以城稱地，以地稱人。"戰威曰："地所以養民也，城所以守地也，戰所以守城也。"尉繚子以爲城市是戰略要點。下文曰："據一城邑而數道絶"，則城市是扼守道路的戰略要地。戰爭主要是圍繞爭奪城市來進行。如此，戰爭之攻與守皆以城市爲核心。故兵駐扎，必棲於大城大邑。據城則可絶其道。

〔四〕施子美曰：使之登城逼危者，所以陷之死地也。男女數重，此又得彼之男女而用之，以逼其地形之要處，而攻其要塞之地，所以奪其地也。　○劉寅曰：使吾士卒登敵人之城邑，逼敵人之危險，彼男女數重，各逼地形而攻要塞之處。　○陳玖學曰：此言速兵敵境以攻之之事。　○黃獻臣曰：要塞，要害隘塞。　○阮漢聞曰：彼必登城共守。悞彼以守，擇便以攻。　○李解民曰：重，層。男女數重，按商君書兵守、墨子備城門、號令、雜守以及銀雀山竹簡守法等論守城之法，都談到要將城中壯男、壯女以及老人少年組織起來，分別編隊，排爲一定層次，各司其職。　按：商君書兵守："三軍：壯男爲一軍，壯女爲一軍，男女之老弱者爲一軍。"由於城市是戰略要地，敵我雙方必爭奪之，進攻作戰務必登城而攻，如此即逼近危險之地，故曰"登城逼危"。

〔五〕施子美曰：既得其地，則其城邑可得而據，而彼之要道必爲所絶矣。彼勢既睽，復從而攻之，則彼必倉卒失計。　○劉寅曰：據守一城邑而數道隔絶，吾從而攻之。　○阮漢聞曰：是逼地形而攻要害。　按：城乃數條道路會聚之處，據城則可絶數道，出城則可攻無城可據之敵。此強調以城市爲核心的戰法。劉氏説是。

〔六〕施子美曰：故將帥不能相信，吏卒不能相和，雖欲刑之，而彼有所不從。所以不從者，以爲我所敗也，故我敗之矣。此韓信伐趙，及趙壁一空，漢幟已立，背水既陣，死戰是勝，趙軍之潰宜矣。彼趙將雖欲斬之，其可得而止乎？先人有奪人之心，敵救未至而已降，則先有以奪之也。　○劉寅曰：敵將帥上下不能相信，吏卒大小不能相和，齊之以刑又有不從者，則我必能敗之。敵人救援未至，而一城已降服矣。　○陳玖學曰：此題權敵意輕，審將意重，然民心尤所當順，不可不知。　○黃獻臣曰：敵人不能刑其士卒也。　○阮漢聞曰：不然，彼亦不遽敗，我如受攻可知矣。　○丁洪章曰：夫如此敗形，雖是敵之未設備所致,然實由我應之神速也,謀之周備也。 **按**:"敵將帥不能信,吏卒不能和,刑有所不從者",即**制談**篇"戰有此數者,內自敗也"。此言我方要利用敵方之自敗而勝之。

　　津梁未發,要塞未修,城險未設,渠答未張,則雖有城,無守矣。[一]遠堡未入,戍客未歸,則雖有人,無人矣。[二]六畜未聚,五穀未收,財用未斂,則雖有資,無資矣。[三]夫城邑空虛而資盡者,我因其虛而攻之。[四]法曰:"獨出獨入,敵不接刃而致之。"此之謂矣。[五]

【注】

　　[一]**施子美**曰:故津梁不及發,而險已可渡;要塞未及修,而利已可據;城險未及設,而城已可陷;渠答未及張,而勢已可進。津梁者所以渡險也,未發,則我得而渡矣;要塞者地之要衝也,未修,則我得而據矣;城險者所以自固也,未設,則城無守矣。渠答者行馬之類,所以拒禦也,未張,則可得而進攻矣。若是者,雖有城而無守,猶無城也。此**鄧艾**之所以由**陰平**入**蜀**,徑至**成都**,人莫之知,是有城無守也。 ○**劉寅**曰:若敵人關津橋樑未曾開發,要塞之處未曾修理,城之溝塹樓櫓依倚而爲險者未曾施設,渠答之具未曾張布,則雖有城,無守備矣。渠答,鐵蒺藜也。 ○**陳玖學**曰:渠答,乃木螳螂、鐵蒺藜之類。有城而難守。 ○**李騰芳**曰:渠答,鐵蒺藜。 ○**丁洪章**曰:渠答,木螳螂、鐵蒺藜也。 ○**朱墉**曰:津,渡水處也。梁,橋也。城險,溝塹樓櫓依倚而爲險者,資財用也。 ○**鍾兆華**曰:津梁,指渡水設施。津,渡口。梁,橋樑。發,掀、拆除。渠答,即鐵蒺藜,阻礙敵軍前進的器物,多用於防禦。**六韜虎韜軍用**:"狹路微徑,張鐵蒺藜,芒高四寸,廣八寸,長六尺以上。"**孫臏兵法陳忌問壘**:"蒺藜者,所以當溝池也。"張,布、設置。 ○**李解民**曰:津,渡口。梁,橋樑。發,拆開、拆除。渠答,防禦矢石的設施。渠是直立的木架,答爲布帛,張於其上。其制詳見**墨子備城門**,云:"城上二步一渠,渠立程,丈三尺,冠長十尺,辟(臂)長六尺。二步一答,廣九尺,袤十二尺。"**漢書晁錯傳**:"高城深塹,具藺石,布渠答。"**蘇林**曰:"渠答,鐵疾藜也。"非是。"答",亦作"幨",**淮南子氾論**:"晚世之兵,隆沖以攻,渠幨以守。"**高誘**注:"幨,幰,所以禦矢也。"**淮南子兵略**云:

“雖有薄縞之幨,腐荷之櫓,然猶不能獨穿也。”又作“襜”,戰國策齊策五云:
“攻城之費,百姓理襜蔽,舉沖櫓。”又作“譫”,見墨子備城門。按孫臏兵法威
王問有“渠寒”,與此“渠答”,所指當同。 **按:**元梁益詩傳旁通卷九“茨蒺
藜”,邢昺爾雅疏曰:“茨,一曰蒺藜。”郭璞爾雅注曰:“蒺藜,布地蔓生,細葉
子,有三角刺人。”陸農師曰:“狀如菱而小,可以茨牆,故謂之茨。”今兵家乃鑄
鐵爲之,以梗敵路,謂之渠答。漢書晁錯傳“布渠答”,蘇林注曰:“渠答,鐵蒺
藜也。”此言有城必守之,否則有城亦爲無城也。

〔二〕施子美曰:遠堡未入,此堡守之卒也;戍客未歸,此屯戍之夫也。未入、
未歸者,以其守備在外而備也。故有人猶無人,非無人也,以有而在外,猶無人
也。此亦鄧艾既入成都,而姜維之兵猶在關口是也。 ○劉寅曰:遠堡之兵未
入,戍邊之客未歸,則雖有人如無人矣。 ○陳玖學曰:有人與無人同。 ○阮
漢聞曰:遠堡戍客,恐梁惠時無此字眼。 ○丁洪章曰:遠堡戍邊,言其在外防
守者也。 ○朱墉曰:遠堡戍邊,在外防守者也。 ○鍾兆華曰:此指人員交
替之際,前往邊境的未到達目的地,守邊期滿人員還沒有回來。 ○李解民
曰:堡,堡壘,設置在郊野用於警戒的小土城。戍客,出外戍守邊防的部隊。
按:戍客,守邊防的軍隊。遠堡,邊防城堡。守城者當爲軍隊,如無軍隊駐守,
則有人若無人也。

〔三〕施子美曰:六畜、五穀、財用,是又軍之糧食輜重委積也,今未聚未收
未斂而爲我所乘,是彼之資乃己之資也,彼雖有資猶無資矣。此霍去病之所以
輕齎絕幕而取食於敵也。 ○劉寅曰:六畜在野者未曾聚集,五穀成熟者未曾
收穫,財用在外者未曾斂藏,則雖有資如無資矣。 ○陳玖學曰:有資與無資
同。 ○李解民曰:六畜,指馬、牛、羊、豬、狗、雞六種家畜,此泛指家禽牲口。
五穀,五種穀物。具體所指,古説不一。周禮天官疾醫鄭玄注謂麻、黍、稷、麥、
豆,孟子滕文公上趙岐注謂稻、黍、稷、麥、菽,楚辭大招王逸注謂稻、黍、麥、
豆、麻。此當泛指地裏的莊稼。 **按:**此言圍城之戰法。城爲戰爭之核心,然
城也有不足之處,即城本身不產糧食,糧食必在城外;守城必有充足的糧草,而
糧草務必到野外籌備。若圍城,則城內守軍無法到城外收糧,即便城外有糧也
等同無糧。

〔四〕施子美曰:夫城邑空虛則無以爲守,資盡則無以養人,若是者,必不能

自保矣。故因其虛而攻之,彼必服矣。此齊伐魯,所以問之曰"室如懸磬,野無青草,何恃而不恐"者,是因其虛而攻之也。惟能因虛而攻之,故可以獨出獨入而無所制,敵雖不接刃,而可以制之使降矣。　　○劉寅曰:夫城邑空虛而資財盡者,我當因其空虛而攻擊之。　　○丁洪章曰:此言因其虛而攻之,則不待接刃而自能制敵,庶合權變之用也。　　按:此言攻城當以圍之。待城中糧盡,我乘虛而攻之,城必得矣。

〔五〕施子美曰:法此言,蓋謂其取之易而人不能制之也。此法之所以有曰獨出獨入者,伯王之兵也。伯王之兵,夫誰與敵哉?宜其不接刃而可以致之也。　　○劉寅曰:兵法曰:"獨出獨入,敵人不得與我接刃,而我能致之。"即此之謂也。獨出獨入,言無敵也。　　○陳玖學曰:無守無人無資,則敵虛矣。因而攻之則能致其敗,如兵法之所云。此承上文申言以兵速入敵境而攻之之事也。　　○黃獻臣曰:此言兵貴神速,因其虛而攻之,則不待接刃而自能致敵,庶合權變之用。　　○丁洪章曰:首言靜勝專勝,結言獨出獨入,"攻權"之旨,可瞭然矣。若欲攻人而不諳此,非止力自取弱,且或落他人局中;即不落他人局中,亦非王伯之旅。　　○合參曰:獨出獨入者,言不戰致敵之法,在於乘虛而攻也。二"獨"字,正見敵之空虛無人而我之通權合變處。不然,機會一失,將有費盡心力而反致於人者矣,又安能不待交兵接刃而致人哉?　　○朱墉曰:獨出獨入者,言無敵也。　　○李解民曰:法,書名,當指古代兵法一類的書。

守權第六〔一〕

【注】

〔一〕施子美曰：攻在於知變，守亦在於變，故有攻權，亦有守權。　　○劉寅曰：守權者，守城之權法也。守城而有權變之法，則守而必固矣，故以名篇。○張居正曰：守權者，言守中而有權，蓋以自保而制人也。　　○陳玖學曰：此篇言守城之權法。　　○黄獻臣曰：此篇言守中有權，蓋以自保而制人者也。○李騰芳曰：此篇言守城之權法。　　○阮漢聞曰：城非不高，不守城而守險；險如不一，又不守近而守遠。層層門户，處處藩籬，使耕販往來，若不知有敵國外患然者。敵難虛喝，民無虛驚，將亦可伺便前驅，不必怵心内顧，則安有敵未臨而民先潰、鋒未交而城先失之事哉？前篇所謂務戰者，城不圍，即不失其險而後能戰，非浪戰也。民所以戰者氣，客氣驕，主氣索。嬰城自守，反以自恌，尉繚所爲致慨於世將歟？或曰敵兵猝薄城下，不及出據要塞，如何曰有情有形可諜也，有情有形可料也？諜不真，料不審，險又不熟察而預防，焉用將？　　○丁洪章曰：守權者，見得守中有權變之意。守中有權，全在不失其險爲妙。○朱墉曰：用兵之道，非攻則守，然不可以徒守，須知機識變，使内固外應，守之力既餘於攻，而攻之力又餘於守，乃可，故作守權。此篇言守中有權，亦自保而制人之意。此章言守城之權變，意在於有外援以爲接應，則守必固。苟無援而死守，鮮不力竭而爲敵困者。孤城嚴守，毀折入保，不徒恃乎米粟甲兵，而恃於人心堅定。上下節義，全從一點真實之念結成。雖至危困而不可叛，方能俟外救之至，而來救之兵又須通達權變，内外相應，庶幾倒敵而勝之。斯可以稱善守，不然，守詎可易言哉？　　○華陸綜曰：本篇説明了城防的基本法則，論述了戰前守備的要求。作者十分重視守軍和援軍的配合，作到“中外相應”，鼓舞士氣以戰勝敵人。　　按：此篇有竹簡出土，多有殘缺。此篇言據城防禦作戰中之原則。尉繚子主張城市防禦作戰不能消極防禦，將士卒與兵器收縮在城中，而是要依靠險要的地形，構築堅固的城牆與水深的護城河，打造先進的兵器，進行積極防禦，並且提出了防禦的原則，即“守餘於攻者，救餘於守者”，以及守城與救兵之間協同作戰的思想。

　　凡守者，進不郭圍，①退不亭障，以禦戰，非善者也。〔一〕豪傑雄俊，②堅甲利兵，勁弩彊矢，③盡在郭中，④乃收窖廩，毀折而入保。⑤〔二〕令客氣十百倍，而主之氣不半焉。⑥〔三〕敵攻者，傷之甚也。⑦〔四〕然而世將弗能知。⑧〔五〕

【校】

　　①華陸綜曰："圍"，原作"圍"，從鄂局本改。鍾兆華曰："圍"、"圍"形近，宋本當誤。據直解本正。李解民曰："圍"，原作"圍"，據講義本、直解本、天啓本、彙解本改。　按："圍"，原作"圍"，形近而訛，據講義本、直解本、鰲頭本、兵略本、開宗本、武備志本、四庫本、彙解本、子書百家本、二十五子彙函本改。

　　②鍾兆華曰："雄"，直解、合參、鰲頭、皕刻本作"英"。李解民曰："雄"，講義本、直解本、天啓本、彙解本作"英"。　按："雄"，直解本、鰲頭本、兵略本、開宗本、武備志本、四庫本、彙解本、子書百家本、二十五子彙函本作"英"。

　　③鍾兆華曰："彊"，宋本作"疆"，形近而誤。據直解本正。李解民曰："彊"，原作"疆"，據講義本、直解本、天啓本、彙解本改。　按："彊"，原作"疆"，形近而訛，據講義本、直解本、鰲頭本、兵略本、開宗本、武備志本、四庫本、彙解本、子書百家本、二十五子彙函本改。

　　④鍾兆華曰：本句竹簡作"……仁（韌）矢盡於郭中"。

　　⑤鍾兆華曰：本句竹簡殘爲"……毀折入此"。

　　⑥鍾兆華曰：本句竹簡爲"令客氣什百倍，而主人氣不半□"。

　　⑦鍾兆華曰：本句竹簡爲"［□□］者傷守甚者也"。

　　⑧鍾兆華曰：本句竹簡殘作"然而世□……"。

【注】

　　〔一〕施子美曰：用兵之道，非攻則守。守之法非一而足，里鼂須曰："行者爲羈縶之僕，居者爲社稷之守。"一進一退，此行者也；盡在郭中，此居者也。郭，城郭也。圍，牧圍也。進不郭圍，則人馬無所棲。障，堡障也。亭，邊亭也。退不亭障，則烽火無所。以此禦戰，非善之善者也。　○劉寅曰：凡務守者，若進而不據郭圍，退而不設亭障，欲以禦敵而戰，非善用兵者也。郭，外城也。圍，邊鄙也。進不郭圍，如馬謖捨水上山，不下據城是也。障，藩蔽也。退不亭障,如頡利不虞李靖之至,而爲彼襲破之是也。　　○陳玖學曰:進不據城郭邊圍,退不據郵亭障隧,而以禦敵,非善守者也。　　○黃獻臣曰:遠不據城郭邊圍,如馬謖之捨水上山,不下據城之類。近不設郵亭障隧,如頡利不虞李靖兵至之類。　　○李騰芳曰:言務守者,進不據郭圍,退不設亭障,皆不可以禦戰。　　○汪殷武曰:敵來進攻,而我廢棄郭圍,僅僅守一孤城,非計之得者也。敵雖退去,而我捨置亭障,祇自恃一内地,非計之得者也。　　○阮漢聞曰:世將之言。　　○丁洪章曰:此言不善守國者,不能據險禦敵,而自失英銳之氣也。　　○朱墉曰:郭,外城也。圍,邊鄙也。亭,郵亭也。障,藩蔽也。郭圍在城以外,所以保固内城者也。亭障,所以哨探敵形者也。禦,當也。　　○孫詒讓曰:“圍”與“禦”通,謂迎拒之於郭外也。墨子號令篇云:“敵人但至,千丈之城,必郭迎之,主人利,不盡千丈者勿迎也。”施説誤。　　○鍾兆華曰:亭障,亦稱“亭候”,或作“亭堠”,類似後來的崗樓。後漢書光武帝紀下:“築亭候,修烽燧。”李賢注:“亭候,伺候望敵之所。”　　○李解民曰:郭,外城。古代在城的外圍加築的一道城牆。孟子公孫丑下云:“三里之城,七里之郭。”銀雀山漢墓竹簡守法云:“萬乘之國,郭方[十]七里,城方九里……。”“圍”,原作“圉”,邊疆。或謂通“禦”,防禦,抵禦。　　按:郭,外城。亭障,古時在險要處築牆置亭,以便瞭望與警戒,類似後世之崗樓。尉繚子兵法以城而立論,進攻與防守,皆依城而謀。此言凡防禦作戰,軍隊皆進入城中,以城據守。城有内外,皆可據。如兵在野外作戰,如退,亦須退入城中,以城牆爲屏障進行防禦。

〔二〕施子美曰:豪傑雄俊,武勇之士也。堅甲利兵,勁弩强矢,軍之器用也。有是數者,盡在郭中,則敵無器械之可取;收窖廩,毀折而入堡,則敵無糧食之可掠。借寇兵而資盜糧,古人之所戒也。　　○劉寅曰:豪傑之人,英俊之士,堅固之甲,鋒利之兵與勁弩强矢,盡在城郭之中,乃收窖廩之粟,毀折室廬而入保。　　○陳玖學曰:能臣利器盡收於郭中,又收民窖廩、毀民廬屋而入城保守。　　○黃獻臣曰:能臣利器盡收於郭中。入地曰窖,露積曰廩,民間貯糧食者,收入城中。毀折城外室廬,入城保守。　　○丁洪章曰:入地曰窖,露積曰廩,皆所以貯糧食者。　　○朱墉曰:入地曰窖,露積曰廩,民間收貯糧食者。毀折,毀壞折損城外室廬。入保,入保城守也。　　○鍾兆華曰:雄俊,指有武力有勇氣的人。窖廩,本指地窖和糧倉,此處當指窖廩所儲藏的物品和糧食。毀折,拆除、毀壞。商君書兵守:"發梁撤屋,給從,從之;不洽,而熯之,使客無得以助攻備。"意近。熯,烤。保,疑爲"堡"字之殘,或"堡"之誤,當指城郭。竹簡作"此",亦代城郭。　　○李解民曰:窖,地窖,收藏物品的地室。廩,糧倉。保,通"堡",小城。　　按:窖,說文穴部:"窖,地藏也。"主要用來藏穀、麥、稻、粟之類。廩,藏米之所。周禮地官序官:"藏米曰廩。"窖廩,原用於藏糧食,這裏指把兵器藏於窖廩之中。保,都邑之城曰保。禮記月令:"四鄙入保。"鄭玄注:"都邑之城曰保。"保者,一般爲縣邑小城。禮記檀弓下:"公叔禺人遇負杖入保者息。"鄭玄注:"保,縣邑小城也。"毀折入保,即言將堅甲利兵勁弩强矢等毀掉折斷以藏於邊鄙小城。

〔三〕施子美曰:今客氣百十倍,而主之氣不半焉,則是客之氣輕窕,而主之氣實謹也,此所以竭彼而盈我也。　　○劉寅曰:令客氣十百倍,而主之氣不及半焉。　　○陳玖學曰:使敵氣十百而主氣不半,敵人來攻,必見傷殘之甚矣。　　○黃獻臣曰:敵人振厲相向,而我士氣不半於敵人。　　○朱墉曰:客氣,敵人振厲相向,有氣勢也。不半,我之士氣不如敵人之半也。　　○鍾兆華曰:主客,古代軍事著作中的專門術語。主,指固守國土的一方;客,指越境進入他國的一方。　　○李解民曰:客,軍事術語,相對於"主"而言,指外來進攻的一方。主,指在本地防禦的一方。"不半",不到一半。　　按:客氣,指敵氣。主氣,指我方之氣。若疏於防守,盡將堅甲利兵勁弩强矢等毀掉折斷以藏於邊鄙小城,則無疑助長敵之氣勢,而我之士氣則不及敵人一半。商君書兵守:"守有城之邑,不知以死人之力與客生力戰。"又兵守曰:"圍城之患,患無不盡死而邑。"

〔四〕施子美曰:彼若來攻,其傷實多,故曰傷之甚也。　　○劉寅曰:敵來攻者,被傷之甚也。　　○陳玖學曰:此言不足守國者,其所爲有如此。　　○黃獻臣曰:敵人來攻,必見傷殘之甚。　　○丁洪章曰:傷之甚,指敵兵言。　　○山中倡庵曰:依前説(講義),則"客氣"以下之語俱牽連於上文來,故"傷"字,則我傷敵之義也。疑二"氣"字,難説去矣。依後兩説(直解、開宗),則"客氣"以下之語反語説下,故"傷"字,則我被傷於敵之義也。看解"被"字,宗"見"字,可見也。蓋上文"豪傑"以下,共知爲守城保之常法,則後兩説稍近是乎?　　○朱墉曰:傷之甚者,使敵人來攻,必先傷殘之甚也。傷,指敵兵言。　　○鍾兆華曰:

傷之甚也,敵人的傷亡比守者多得多。竹簡作"傷守甚者也",義似有別。

〔五〕施子美曰:茲理甚易知,而世之爲將者莫之能知也。　○劉寅曰:然而世之爲將者,弗能知其守法如何耳。　○黃獻臣曰:此言不善守國者不能據險禦敵,而自失英銳之氣,庸將每坐此病,病在不能知耳。　按:此言世之將領,弗知守法也。

　　夫守者,不失險者也。①〔一〕守法:城一丈,十人守之,工食不與焉。②〔二〕出者不守,守者不出。③〔三〕一而當十,十而當百,百而當千,千而當萬。④〔四〕故爲城郭者,非妄費於民聚土壤也,⑤誠爲守也。〔五〕千丈之城,則萬人之守。⑥〔六〕池深而廣,城堅而厚,士民備,薪食給,弩堅矢彊,矛戟稱之,此守法也。⑦〔七〕

【校】

①鍾兆華曰:直解、鰲頭、韜略、百家本等"險"字前有"其"字。

②鍾兆華曰:本句竹簡作"守法:丈,□人守,□……"。又竹簡置本句於"守者不出,出者不守"句後。

③鍾兆華曰:本句竹簡作"……而守者不出,出者不守"。置"守法"句之前。

④鍾兆華曰:本句竹簡作"……□一而當十,十而當百,百而當千萬"。

⑤鍾兆華曰:"妄",施氏、直解、鰲頭本作"特"。李解民曰:"妄",講義本、直解本、天啓本、彙解本作"特"。　按:"妄",講義本、直解本、鰲頭本、兵略本、開宗本、武備志本、四庫本、彙解本、子書百家本、二十五子彙函本作"特"。

⑥鍾兆華曰:"萬人之守",直解、全集、彙函歸本、砠刻本作"萬人之城",施氏本作"萬人守之"。

⑦鍾兆華曰:本句竹簡作"……城堅而厚,士民衆篡(選),薪食經[□]□勁矢仁(韌),矛戟[□□□]□策也"。

【注】

〔一〕施子美曰:上略曰:"獲固守之,獲險塞之。"蓋有地不守,與無地同。坎之爲卦,其象險也,其爻陷也。聖人於彖曰:"王公設險以守其國。"是險之可守也明矣。　○劉寅曰:夫守者,欲不失其險者也。　○張居正曰:言善守者,當據險以拒敵。蓋險者,敵人所望而不敢前者,使其失守,雖險亦不險也,故曰守者不失其險。　　○李騰芳曰:此題要知善攻者須先善守,守城者能據險以制勝,則我之守,敵不知其所以攻矣。　　○傅服水曰:善守者,當據險以拒敵。蓋險者敵人所望而不敢輕進者也。若失而不守,必爲敵所得,不且絕我救援,扼我咽喉乎?　　○朱墉曰:險,指山川城郭。　**按**:險,指山川丘陵。孫子兵法地形:“有險者。”梅堯臣注:“險,山川丘陵也。”這裏指可用來進行防禦的地形。失,離。此言防守要依據險要之處。

〔二〕施子美曰:守之之法,城廣一丈,守用十人,工食不與焉。此又量地廣狹而制人多寡也。前言以城稱人,正此謂也。　　○劉寅曰:固守之法:每城一丈,當用十人守之,工作器用、炊爨飯食,皆不干與焉。　　○陳玖學曰:守法,守城之法。　　○黃獻臣曰:守法,守城之法。工作器具、炊爨飲食皆不在列。○李騰芳曰:工作器用、炊爨飯食者皆不在列。　　○朱墉曰:言守法,守城之法也。不與,不在其數之內也。　　○鍾兆華曰:工食,指工匠炊事等後勤人員。與,參與,指不參加守城。　　○李解民曰:工,工匠。食,火夫,炊事人員。按此言“守法:城一丈,十人守之”。墨子備城門云:“守法:五十步丈夫十人、丁女二十人、老小十人,計之五十步四十人。城下樓卒,率一步一人,二十步二十人。……客攻以遂,十萬之衆,攻無過四隊者……廣五百步之隊,丈夫千人,丁女子二千人,老小千人,凡四千人,而足以應之,此守術之數也。”皆與此不合。迎敵祠云:“凡守城之法……城上步一甲、一戟,其贊三人。”以一步五尺計之,則與此相合。　**按**:具體守城之法,城一丈,則須十個人守之。此十人專事防守,工匠、炊事等人不算在內。

〔三〕施子美曰:出則不在所守,守則不可以或出,出守有法。　　○劉寅曰:出戰者不守城,守城者不出戰。　　○陳玖學曰:守者不出,欲其力專。守者之勇,勝於敵矣。　　○黃獻臣曰:出戰者不守城,守城者不出戰,欲其力專。　　○丁洪章曰:此段守城一定法,出者不守,守者不出,恐以城守之人出戰反爲所乘耳。　　○朱墉曰:出,戰也。　　○李解民曰:出者,擔負出擊任務的人員。**按**:守法有則,出戰者不守城,守城者不出戰。

〔四〕施子美曰:人力雖寡,十倍於敵,一可當十,十可當百,百可當千,千可當萬,而守必固矣。乃若吳子曰:“十夫所守,千夫不能過。”是又言其威勢之大,可畏也。尉繚所當，乃其常爾。　○劉寅曰：一人而當十人，十人而當百人，百人而當千人，千人而當萬人。　○黃獻臣曰：一人當敵十人，勇勝於敵。　**按**：此言防守與進攻之戰力對比。防守一方在防守時一人可抵擋進攻方十人，其防守與進攻兵力之比爲一比十。

〔五〕施子美曰：孟子曰："三里之城，七里之郭。"城，内也；郭，外也。爲城郭者，豈徒費民之財，使之聚土壤也？將以固其所守也。法曰："内得愛焉，所以守也。"此守之大法也。至於孟子所言"固國不以山溪之險"，是又地利不如人和之説。傳不云乎，"衆心成城"，此孟子意也。　○劉寅曰：故爲城郭者，非但勞費於民積聚土壤也，誠爲固守而爲此城與郭也。　○黃獻臣曰：築城不徒勞費民力積聚土壤而已。言當上下一心誠信保守其險。"誠"字是大眼目，不可忽過。　○李騰芳曰：其守而不失。　○丁洪章曰：誠爲守者，聚精誠以守之，事事有寔著。在古者，城必有池，又有羊馬，牆在池内，承平久則池多闕塞，所以守禦其難。　○大全曰：我之築造城郭，非爲聚民財、勞民力、聚土壤以飾觀瞻也，實欲上下一心，誠信保守，以不失其險之故耳。　○朱墉曰：聚土壤，累土爲高也。誠，信實也，指上下一心。　**按**：孫臏兵法雄牝城："城在渒澤之中，無亢山名谷，而有付丘於其四方者，雄城也，不可攻也。軍食溜水，〔生水也，不可攻〕也。城前名谷，背亢山，雄城也，不可攻也。城中高外下者，雄城也，不可攻也。城中有付丘者，雄城也，不可攻也。"孫臏雖言不可攻之城，然戰國時期攻城與守城已然成爲兵家關注之重點。此言築城之必要。築城是爲了便於防守，並非枉費人力民財。

〔六〕施子美曰：一丈之城，十人守之；千丈之城，守以萬人，此正法也。○劉寅曰：千丈之城，則萬人之城也。一丈用十人，千丈故用萬人。池深浚而廣闊，城堅固而磚厚，士民完備，薪食給足，弩堅而矢强，矛戟又稱之，此固守之法也。　○黃獻臣曰：一丈十人，則千丈萬人。　○朱墉曰：言萬人之守，一丈十人，則千丈自用萬人也。　**按**：此言城之大小與守城人數多少之間的比例關係。千丈之大城，須萬人以防守。

〔七〕施子美曰：故善守者，似不在於城池兵粟也。孟子曰："城非不高也，池非不深也，兵革非不堅利也，米粟非不多也，委而去之。"則守者似不在是也。而此必欲深廣其池、堅厚其城、備士民、給薪食、堅弩矢、稱矛戟者，無他焉，法也,而守之之義不在焉。堅城深池,所以固其勢也;備士民,所以具其人也;給薪食,所以給其糧也;堅弩矢,稱矛戟,所以備其器也。周官掌固:"掌城郭溝池之固,頒其士庶子,分其財用,設其飾器。"亦此意也。　○陳玖學曰:此守城之法也。　○黃獻臣曰:此言善守者當據險以拒敵,力欲專,氣欲銳,而又相與以誠,惟誠而後可以制變行權。高城深池,備粟利器,又不足言已。　○丁洪章曰:此言善守者,當據險以拒敵,力欲專,氣欲銳,而又相與以誠。惟誠而後可以制變行權。高城深池,備粟利器,又不足言也。　○大全曰:守法惟在池深、城堅、人衆、食足、器備,數者俱全,則要道不外乎是。　○朱墉曰:備,預全也。給,足也。　按:防守之法,既要深挖護城河,又要築牢城牆,守衛士卒人數要充分,糧食草料等要備足,作戰兵器要精良,保證防守之需,如此乃爲防守之法。

　　攻者不下十餘萬之衆,其有必救之軍者,則有必守之城;無必救之軍者,則無必守之城。[1]〔一〕若彼城堅而救誠,[2]則愚夫惷婦無不蔽城,盡資血城者。[3]〔二〕昔年之城,守餘於攻者,救餘於守者。〔三〕若彼城堅而救不誠,則愚夫惷婦無不守陴而泣下,此人之常情也,遂發其窖廩救撫,則亦不能止矣。〔四〕

【校】

　　[1]鍾兆華曰:本句竹簡爲"攻者[□□□□]萬之衆乃稱。其有必救之軍,則有必[□□□□]必救之□……"。宋本似有更動。

　　[2]華陸綜曰:"城",原脱,從鄂局本補。鍾兆華曰:"城",宋本脱。下句"若彼城堅而救不誠"可證。據直解本補。李解民曰:"城",原無,據講義本、直解本、天啓本、彙解本補。　按:"城"字,原脱,據講義本、直解本、鰲頭本、兵略本、開宗本、武備志本、四庫本、彙解本、子書百家本、二十五子彙函本補。

　　[3]鍾兆華曰:本句竹簡殘爲"……遇(愚)夫僮婦無不蔽城盡資……"。李解民曰:"血城",講義本作"血誠"。

【注】

　　〔一〕施子美曰:此言攻者,攻千丈之城也。千丈之城,守者萬人,守得其法,一可當十,故攻萬人之城者,非十萬之衆不可也,勢特而不能固守矣。是則有必救者而後可必守,無必救則必不可守矣。董卓欲赴陳倉,是資援而以爲守也。睢陽已破,而三日救至,是無援者必不守也。　○劉寅曰:攻城之卒不下十餘萬衆,其在外有必救之軍者,則有必守之城;若在外無必救之軍者,則無必守之城,不可無外援也。　○陳玖學曰:此言守城又要外援。　○黄獻臣曰:此言借力外援者,當得必救之誠而後城可保。　○李騰芳曰:言不可無外援也。　○阮漢聞曰:此守必須救也。　○丁洪章曰:此言守之堅不堅係於救之誠不誠,攻之衆不足患也。　○朱墉曰:城堅而救誠者,城極其堅固,而來救者又有誠心,則有可守之機也。　**按**:此言守城與外援相救之間的辯證關係。守城者外必有援軍,内外相互依存,避免孤軍守城,此亦爲守城之法。

〔二〕施子美曰:夫人之所以堅守其城而不下者,必其城之堅也,必其援之誠也。城堅救誠,其勢必不可下矣。愚夫蠢婦,亦知效死勿去,故曰"無不蔽城"。盡資者,言糜所費也。血誠者,言歷所誠也。盡資血誠,是衆心成城也。　○葉水心曰:城堅,内守之固也。救誠,外援之強也。城之所以堅,救之所以誠,全是善守者一番精神運用,固不徒恃金湯之勝,亦非僅僅望援待救而已也。　○劉寅曰:若彼城堅固而救者又誠心,則雖愚夫蠢婦,無不復蔽其城,盡資財血淚而守之。　○唐順之曰:言不可無外援也。城極其堅固,而所救者又誠心以救之,斯城有可守之機矣。　○陳玖學曰:城堅而救誠,則有可守之機,人皆扞蔽其城,而盡其資財血力以守矣。　○黄獻臣曰:城堅而救誠,則有可守之機。蔽城,扞蔽以自衛也。盡資血誠,盡其資財血力而守之也。　○李騰芳曰:言必其才力而守之也。　○丁洪章曰:蔽,捍蔽。資,資財。血,血力。又曰:姚民和曰:此一節重在二"誠"字上。"誠"者,真實無僞之意。何以見之? 城堅而救誠,則有可守之機;城堅而救不誠,則有必失之道,所以凡事一誠,無有做不到者。　○山中倡庵曰:"城者"之"城",義作"誠",而連"血"字,從解之曰"血誠"者,言歷所誠也。蓋此説雖如説得,而不如解、宗作"城"之直也。　○朱墉曰:蔽,捍蔽以自衛也。資,財用也。血,血刃也。　○鍾兆華曰:惷婦,竹簡作"僮婦"。僮,無知。國語晉語:"僮昏不可使謀。"韋昭注:"僮,無知。"義與"惷"近。　○李解民曰:蔽,蔽捍、保衛。　**按**:商君書兵守:"守城之道,盛力也。故曰客治簿檄,三軍之多,分以客之候車之數。三軍:壯男爲一軍,壯女爲一軍,男女之老弱者爲一軍,此之謂三軍也。壯男之軍,使盛食厲兵，陳而待敵。壯女之軍，使盛食負壘，陳而待令。"則秦有壯女服兵役之規制。此言如外有援軍，則守城者會竭盡全力去守，以保城池不失。故守城者之戰力取決於城堅與救誠兩個條件。

〔三〕施子美曰：宜其有期年之守也。守餘於攻，救餘於守，此以氣言也，氣有餘則勝之必矣。　○劉寅曰：城，乃期年之城，言可守之而逾一周〔年〕也。是守之力有餘於攻者，救之力有餘於守者，此所以不可攻也。　○陳玖學曰：其城可守期年，而守者、救者其力又有餘，則城可保矣。此言城堅而守誠，則人知可守而盡力，其城可保矣。　○黃獻臣曰：期年之城，可守之踰一周也。守餘於攻，守之力有餘於攻；救餘於守，救之力有餘於守，則城可保矣。　○李騰芳曰：言可守之踰一周也。守之力有餘於攻，救之力有餘於守者，此所以不可攻也。　○阮漢聞曰：此救又必須誠。若可以守期年之城，而守力有餘於攻，救力有餘於守，則城始可保。　○合參曰：守雖在於城之堅，而尤在於救之誠。苟內守既堅，而外救又誠，是守之力餘於攻者，救之力又餘於守者，無論智臣勇將，有以足為守之用，即愚夫蠢婦，亦無不能蔽城自衛，盡其資力血氣以守此城，而有餘者尚何攻者之不退乎？　○朱墉曰：期年，可守之踰一周年也。守餘於攻，守之力有餘於攻也。救餘於守者，救之力有餘於守也。內有捍蔽之力，使攻者無所施其功，而救者又不致愆期也。　○鍾兆華曰：期年，周年。○李解民曰：期年，周年、一年。期年之城，能守一年的城市，指能長期堅守的城市。　按：期，周年。論語陽貨："三年之喪，期已久矣。"朱熹集注："期，周年也。"期年，一周年，這裏指長期守城。長期守城，務必確保守之兵超過攻之兵，救之兵超過守之兵。

〔四〕施子美曰：若其城不堅，而救者又不誠，其破之必矣，此愚夫蠢婦所以守陴而泣下者也。陴，城上之垣也，如田單之令老弱女子乘城約降是也。當此之時，民心既危，雖有發窖廩而救撫之者，亦不能止之矣必也。　○劉寅曰：若彼城雖堅固而救者不誠心，則雖愚夫蠢婦，無不守陴堞而泣下，此人之常情也。遂開發其窖廩之粟而救撫之，則亦不能止矣。　○陳玖學曰：此言城堅而救不誠，則人知必破而泣不能撫止矣，何以保其城乎？　○黃獻臣曰：泣下，慮不保也。散財發粟則民心欲戰，不能止之矣。此言惟誠則有可守之機，而愚夫蠢婦皆我長城。不誠則有必潰之勢，而愚夫愚婦各不自保。　○阮漢聞曰：城將陷,衆將潰,撫亦難止其散。　　○朱墉曰:陴,堞也。泣下,慮不保也。救撫,散財發粟,救其困乏。撫輯其人心,而民心欲戰,不能止之矣。　　○鍾兆華曰:陴,城牆上的矮牆,也稱"女牆"、"埤堄"。　　按:陴,城上有小孔的矮牆。此言外救者之重要。若無外救者,則城内守者亦無必守之心。

必鼓其豪傑雄俊、堅甲利兵、勁弩彊矢并於前,幼麼毁瘠者并於後。①〔一〕十萬之軍,頓於城下,救必開之,守必出之。出據要塞,但救其後,無絶其糧道,中外相應。②〔二〕此救而示之不誠,則倒敵而待之者也。〔三〕後其壯,前其老,彼敵無前,守不得而止矣。〔四〕此守權之謂也。〔五〕

【校】

①華陸綜曰:"幼麼",原作"分歷",從鄂局本改。鍾兆華曰:宋本"分歷"爲"幺么"形似之誤。據施氏、直解本正。李解民曰:"幺么",原作"分歷",據講義本、直解本、天啓本、彙解本改。　　按:"幼麼",原作"分歷"。分歷,不詞。此句竹簡本作"鼓其槁(豪)樂(傑)俊雄、堅甲利兵、勁弩仁(韌)矢併於前,則幼□毁□併於後",則原有"幼"字。"分"與"幼"字形亦相近而訛。今據竹簡本改。講義本、直解本、鰲頭本、兵略本、開宗本、武備志本、四庫本、彙解本、子書百家本、二十五子彙函本作"么"。"麼"與"歷",字形相似而訛,今據改。麼,小也。廣雅釋詁二:"麼,小也。"列子湯問:"江浦之間生麼蟲。"殷敬順釋文引字書云:"麼,小也。"幼麼,即幼小。

②華陸綜曰:"出據",原作"據出",從鄂局本改。鍾兆華曰:本句竹簡作"五萬之[□□]誠不救,關之其後,出要塞,擔擊其後,毋通其量(糧)食,中外相應……"。"軍",韜略、直解、清芬、百家本作"兵",彙解本作"衆"。"據出",當爲"出據"之顛倒。直解本等均作"出據"。李解民曰:"出據",原作"據出",據講義本、直解本、天啓本、彙解本乙正。　　按:"軍",直解本、鰲頭本、兵略本、武備志本、子書百家本、二十五子彙函本作"兵",四庫本、彙解本作"衆"。"出據",原作"據出",據講義本、直解本、鰲頭本、兵略本、開宗本、武備志本、四庫本、彙解本、子書百家本、二十五子彙函本乙正。

【注】

〔一〕施子美曰：鼓其豪傑雄俊之士氣，與夫堅甲利兵、勁矢强弩併於前，么麼毀瘠不堪任者併於後。强者在前，弱者在後，將以攻之，彼不畏矣。　○劉寅曰：必鼓進其豪傑雄俊之人，使堅甲利兵、勁弩强矢併力於前，么麼毀瘠之人併力於後，期於出戰，務在必勝。　○陳玖學曰：强居前，弱居後，併力拒敵。○黃獻臣曰：如是而發倉廩，鼓豪俊，脩兵甲，令壯少者併力以出，亦惟是以一誠相爲鼓舞而已。　○李騰芳曰：言城雖堅固，而救者不誠，則當併力出戰，務在必勝。　○丁洪章曰：尉君此等揣度，實有一團情理，故知善爲守者，身即在城中，而心自馳城外，非與坐而待斃者等。　○朱墉曰：併於前，强者衆而合力於前也。么麼毀瘠，幼弱殘餒之人也。　○鍾兆華曰：毀瘠，殘疾之人。○李解民曰：毀瘠，因過度哀傷而消瘦，此當指年老體弱。　按：毀瘠，即瘠毀，殘疾之人。幼麼毀瘠者，指小孩與殘疾之人，這裏指老弱病殘。

〔二〕施子美曰：十萬之衆救於城下，宜其可以勝之也。若有以救之，則必開其圍，而守之者乃可得而出矣。既出矣，則必據要害之地以爲之固，而吾之救之者，但救其後以爲之援，無斷其糧道，使之中外相應而已。　○劉寅曰：若十萬之兵頓於城下，救者必能開其圍，守者必能奮而出，出據要塞之處，但救援其後，無斷絕其糧道，守者、救者中外暗相接應。　○陳玖學曰：敵人以重兵頓於城下，有救必能開其圍，而守者當出城決戰，據其要害險塞之地。救者且勿與敵交戰，但救其後，而無絕其糧道，與守者中外相應而已。　○黃獻臣曰：敵人重兵，救者必開其圍，守者必出其圍，據要害險塞之地。救者且勿與敵交戰，但救其後。絕其糧道，則彼益併力攻城，故當勿絕。守者、救者暗相接應。此言守者當先扼要塞，與救者暗相接應，而顛倒敵人於誠不誠之中。　○李騰芳曰：救者必開其圍，守者必出其圍，守者、救者暗相接應。　○阮漢聞曰：救者開圍以出守，守者出戰以應救。守者不失其險。所圍爲後，糧道爲前矣。無絕糧道，恐其暫捨糧道，併力急攻，城破豈慮無糧邪？故但救後圍，取中外相應而已。此直爲示以不誠，將倒敵而勝之耳。若守餘攻，救餘守，則糧道乃敵所必顧者。雖不示以不誠可也，用兵豈有一定之法哉？　○丁洪章曰：頓，安也。此言守者當先扼要塞，與救者暗相接應，而顛倒敵人之法也。　○朱墉曰：頓，止息也。開之，開其圍也。出之，奮勇而出也。據要塞，相犄角也。中外，城內城外也。　○李解民曰：頓，屯駐、屯扎。或謂困頓。　按：此言救援之軍要駐扎要塞，保障糧道安全，與守軍相應。此對救援之軍之要求。

〔三〕施子美曰：前之所言救守之正道，此言救守之變道。救而示不誠，則倒敵而待者，蓋吾之救本誠也，而示之以不誠，則彼必死戰，故可倒敵而待之。　○劉寅曰：此乃救而佯示之不誠也。佯示之不誠，則顛倒敵人而待之者。　○陳玖學曰：然此救者，又當示敵以救之不誠焉。示之以不誠者，所以顛倒敵人而陰待之者也。　○黃獻臣曰：佯示以救之不誠，敵必以救者爲無能，所以顛倒敵人而陰待其惑亂者也。蓋守非戰不固，戰非險不勝，救非誠不破。待援而出，處險設戰，內外相與一誠。其幸如爲奉天之解，(李懷光救奉天，城中以爲三日不至則陷矣。)不幸而爲相州之没，(姚興守相州，金兵渡淮，以四百騎當敵十萬，戰數十合，皆勝，援兵不至，遂没。)則救與不救之故也。安可以成敗論英雄？　○李騰芳曰：佯示之以不誠，顛倒敵人，使之惑亂，後壯前老是也。○阮漢聞曰：倒之，猶悮之也。待之，觀其變也。　○丁洪章曰：救之誠不誠，上文俱已説盡，此節又言倒敵而待救而示以不誠之法，可見守原人見爲怯弱之事，不妨用計以愚敵。　○許濟曰：示以不誠，外佯示以救之不誠，敵必以救者爲無能，所以顛倒敵人，而陰待其惑亂者也。　○朱墉曰：示之不誠，佯以誘之也。倒敵，顛倒玩弄之也。　按：此“倒”字非顛倒之意，乃倒陣。倒敵，非顛倒敵人想法也，乃倒陣迎敵之意。下文“後其壯，前其老”，即倒陣迎敵者。一般列陣，皆壯者在前，老者在後，以便攻擊。此倒陣迎敵者，乃救之不誠之表現。此亦有誘敵進攻之意。

〔四〕施子美曰：後其壯，前其老，示班師不救之意也。吾不救，以彼必力，故敵不得前，而守者亦不得自止，此正守者權變之所屬也，非前守法之所可盡也。此正王伯不救馬武，欲使之力戰，而因襲之，乃可集事，是得夫守權之説也。　○劉寅曰：後其壯士，前其老弱，彼敵無敢當其前，守者亦皆出戰，不得而止矣。　○陳玖學曰：故必匿壯者於後，置老者於前，則敵不前進，而守者可以出戰，不得止禦矣。此守城權變之説也。　○黃獻臣曰：敵不前進，守者可以出戰，不得止禦。　○李騰芳曰：守者可以出戰，不得止禦。　○阮漢聞曰：後壯前老，亦示弱一端。然彼必料吾有謀，疑不敢前，於是守者可以盡出，誰爲止者？與救協力，破敵必矣。　○丁洪章曰：首節言豪傑俊英在前，此又言使壯者在後,乃知用兵之法變化莫測,故曰守權。　○金千仞曰:倒敵以待之,後壯前老,以夾攻之,使敵雖欲無前,有不得而止者。　○朱墉曰:無前者,敵欲我無前之人也。守不得而止者,吾守者出而迭擊,亦不能止禦之也。

按:上文言救兵倒陣迎敵者有誘敵之謀。敵無前,即敵不中計,仍駐守原處,如此,則城内防守者亦不能停止防守。

〔五〕劉寅曰:此乃守城權變之謂也。　○陳玖學曰:此守城權變之説。○李騰芳曰:攻城策救,庸常知之,期於必救,智者昧焉。求全取備,逍遥觀望,雖救猶無救也。如張巡、許遠以無援而睢陽不守,是天以完節付二人也。如李懷光救奉天圍城中,以爲三百不至,期城陷。又如姚興守相州,以四百騎破金兵千萬衆,戰數十合,皆勝,援兵不至,亦遂没。詎非救與不救之一證也?○金千仞曰:此守權之謂,"此"字承上。言如此以周旋,如此以慎警,是謂守城之得其權變之道者矣。**按**:權,謀也。此言守城之謀也。

十二陵第七^{〔一〕}

【注】

〔一〕施子美曰：十二陵者，言有前十二事，則可以陵人；有後十二事，必爲人所陵。 ○劉寅曰：陵，喻其高也、大也。將帥有威有惠，識機善戰，善攻能守，無過無困，敬慎多智，能除害，能果斷，十二事全備，則可以憑陵敵國矣。將帥多悔、作孽、偏私，又多不祥、不度、不明、不實、固陋、禍、害、危、亡之事，則卑鄙怯弱，救敗之不暇，況敢憑陵敵國乎？此二十四事，而只以前十二事爲十二陵也。其説未知是否？ ○張居正曰：此言憑陵敵人之事有十二。 ○陳玖學曰：此言憑陵敵人之事十有二，後乃反而言之。 ○黃獻臣曰：此言憑陵敵國有十二事，後乃反而言之。威行則下畏，若楊素之遣陷陣，嚴如向法，而將士股栗。（素臨陣，必先令三百人，陷陣則已，如不能陷，盡斬之。又令他卒往返如前法，將士股栗。）惠洽則衆感，若楚子之巡塞而三軍如挾纊。隨機應變，若孔明將計就計之妙。治氣待戰，若孫吳惰銳勞佚之法。攻其不意，若高行周之夜涉襲鄆也。（夜分大雨，行周曰：“此天贊也，宜出其不意。”潛渡河入城。）守在外飾，若藝祖之遠樹長木也。（敵衆數十萬，將焚采石，抵金陵，王明請益舟師，上曰：“非應變之策也。”諭明於洲浦間多立長木，若帆檣狀，敵疑不敢進。）度數則有節，若譙周解仇之論爲可法。（周因蜀連年用兵，百姓窮蹙，度必敗亡，作解仇論以諷，姜維不聽。）預備則無困，若子產禦災之計爲先戒。（僑抵兵登陣，子大叔懼晉討，子產曰：“國之不可小，有備故也。”）慎在畏小，若鬬雞并蜂之可懲。（季郈之雞鬬，季氏介其羽，郈氏爲之金距，由是搆難。詩曰：“莫予并蜂，自求辛螫。”）智在治大，若收秦圖籍之足術。除害必斷，若劉子羽之決意誅范瓊。（瓊乘時剽掠，見帝悖慢，且乞貸，苗傅、子羽與張浚決意誅之。）得衆禮下，若寇準因言禮帳士。（準因沍寒獨飲帳中，子夜不徹，問守帳者。天尚煖，對曰：“氣運不同，帳內外即迴別。”準以其蘊藉，屬飲禮待得參謀。）否則其何以有濟哉？ ○李騰芳曰：此言憑陵敵人之事十有二，後乃反而言之。 ○阮漢聞曰：陵，敵。 ○丁洪章曰：此章論憑陵敵人之事，後十二事乃反而言之也。 ○朱墉曰：陵，謂以我憑陵敵人，而敵不能當也。陵，喻其高也，大也，駕出其上也。言能盡十二事，可以憑陵敵國矣。反是則卑鄙怯弱，救敗之不暇,況敢憑陵敵國乎? 此章言侵陵敵國有十二要務,皆提綱挈領之論,利害得失,較若列眉,欲人知其在此而不在彼也。件件得其道,則敵爲我制,即可以陵人;件件失其道,則我先自敗,烏知敵不足以陵我? 故尉子特爲一一指示之。　○華陸綜曰:本篇説明治軍處事的各種應注意的事項,意思是説要做到前十二條,避免後十二條。　○鍾兆華曰:陵,欺侮、侵陵。禮記中庸:"在上位,不陵下。"得此十二者,陵人;反之,陵於人。　按:陵,説文阜部:"陵,大阜也。"釋名釋山:"大阜曰陵。陵,隆也,體隆高也。"左傳僖公三十二年:"殽有二陵焉。"孔穎達疏引李巡曰:"阜最高大者爲陵。"這裏用來比喻使軍隊更加强大的十二種做法。

　　威在於不變。[一]惠在於因時。[二]機在於應事。[三]戰在於治氣。[四]攻在於意表。[五]守在於外飾。[六]無過在於度數。[七]無困在於豫備。①[八]慎在於畏小。②[九]智在於治大。[一○]除害在於敢斷。[一一]得衆在於下人。[一二]

【校】

　　①華陸綜曰:"困",原作"因",從鄂局本改。鍾兆華曰:"因",應爲"困"字,宋本誤,據施氏、直解、全集本正。李解民曰:"困",原作"因",據講義本、直解本、天啓本、彙解本改。　按:"困",原作"因",形近而訛,據講義本、直解本、鰲頭本、兵略本、開宗本、武備志本、四庫本、彙解本、子書百家本、二十五子彙函本改。

　　②鍾兆華曰:"慎",施氏本作"謹"。李解民曰:"慎",講義本作"謹"。

【注】

　　[一]施子美曰:攻權曰:"立威者勝。"又以不變爲先,威一定則士卒必畏而服矣。穰苴下表決漏,而斬莊賈是也。故謂"威在於不變"。　○劉寅曰:立威在於不輕易變動。　○黃獻臣曰:不變,不朝令夕改。　○阮漢聞曰:時嚴時玩曰變。　○丁洪章曰:威,威嚴。　○朱墉曰:不變,立法如山,不朝令夕改也。　○李解民曰:威,威嚴、權威,此用作動詞。立威,即本書攻權"立威者勝"之"立威"。不變,指不輕易變更號令。威在於不變,按本書戰威云:"審法制,明賞罰,便器用,使民有必戰之心,此威勝也。""令者,一衆心也。衆不審,

則數變；數變，則令雖出，衆不信矣。出令之法，小過無更，小疑無申。”言之甚詳，可參看。　　**按**：威，指立威。參見攻權篇：“愛在下順，威在上立。愛，故不二；威，故不犯。”不變，指不輕易變更號令。參見戰威篇：“故令之之法，雖有小過無更，小疑無申。”

〔二〕**施子美**曰：語曰：“小人懷惠。”是惠足以使人也，然亦在乎因時，因時以無先起而後縮也。伐蕭之役，軍士大寒，楚子勞軍士，皆如挾纊是也。故曰：“惠在於因時。”　　○**劉寅**曰：施惠在於因時布恩。　　○**唐順之**曰：不曰賞，而曰惠。賞者，法之所在也。惠者，情之所及也。既言情，則不可濫解衣推食，視士卒之飢寒而與之，乃爲至當，乃名曰惠。　　○**張居正**曰：惠若先時則失之濫，後時則失之無及，惟因時施之，則人心感動，真不容言者矣。　　○**黃獻臣**曰：不時窮舉詘。　　○**丁洪章**曰：惠，恩惠。惠在因時者，因勞佚飢飽之時而體恤之也。　　○**特辨**曰：惠若先時則失之濫，後時則失之無及，惟因時則正，缺此一番而我顧及之，人心感動，真不容言，但這惠不必論大小，亦不必指財帛上及拘於行伍中之賞賚也。如秦法民無以聊生，漢高與之約法三章，這豈不是因時？○**朱墉**曰：惠，恩澤也。因時，當其困苦之時也。　　○**鍾兆華**曰：惠，恩惠。因時，選擇恰當的時機。　　○**李解民**曰：惠，給人好處，佈施恩惠。　　**按**：施惠要選擇時機。

〔三〕**施子美**曰：投機之會，間不容髮，苟能應事，則無前跋而後疐者矣。**子房**借箸以籌，令趣銷印，是能應事也。故曰：“機在於應事。”　　○**劉寅**曰：機謀在於應接事物。　　○**張居正**曰：所謂機者，不在於先事而預設，後事而株守，惟在於事甫至而隨以應之也。　　○**茅坤**曰：先事則機未來，事後則機又去，不前不後，纔謂之應。　　○**臧雲卿**曰：機者，發動所由也。難得易失，苟不能隨時肆應，則先事而發，無當於事，後事而發，又不及乎事，不得謂之機也矣。須是不先不後，隨至隨備，乃謂之應事，乃謂之機。至於所以能隨事因應，動合機宜，則又非洞微察渺、見微知著之將不能。　　○**阮漢聞**曰：因而應之。　　○**陳大士**曰：機雖在事先，而實行乎當事之頃。惟善用機者，不先事而動，亦不後事而發，事當如是，即如是以應之，而毫無己意雜於其中。　　○**丁洪章**曰：機，機謀。　　○**朱墉**曰：應事，應接事務也。　　○**鍾兆華**曰：機，謀略、機謀。　　○**李解民**曰：機，機巧、機靈。　　**按**：此言應對處事機敏。

〔四〕施子美曰：法曰："凡戰以氣勝。"則戰必在乎治氣也。長勺之役，曹劌必待三鼓而後進兵，是治氣也。故曰："戰在於治氣。" ○劉寅曰：戰鬥在治士衆之氣。 ○張居正曰：就士氣言，當戰之時必鼓勵三軍之氣，以爲戰勝之本。使其不治，則士卒輕躁從事，而禦敵罔功矣。 ○李騰芳曰：此題治氣在十二陵上看，出兵以氣勝，然須養正氣，不可任血氣。 ○謝弘儀曰：必仁義結其內，而節制威其外，則一往精銳之氣，自然沛足。 ○朱墉曰：治氣，養之激之也。 ○李解民曰：戰在於治氣，本書戰威云："夫將之所以戰者，民也；民之所以戰者，氣也。氣實則鬥，氣奪則走。"左傳莊公十年云："夫戰，勇氣也。"皆可參看。 按：治氣，掌握士氣。參見孫子兵法軍爭篇"故善用兵者，避其銳氣，擊其惰歸，此治氣者也"。

〔五〕施子美曰：善攻者動於九天之上，是必出乎人意之表而後可也。韓信陳兵臨晉而渡夏陽是也。故曰："攻在於意表。" ○劉寅曰：攻擊在出敵之意表，出意表則難禦。 ○黃獻臣曰：出意表則難禦。 ○阮漢聞曰：出奇。 ○丁洪章曰：攻在意表者，敵不知所守也。 ○汪殿武曰：攻屬有形有聲者，意屬無形無聲者。其攻擊要出人意表之外，若出意外則難禦也。 ○王漢若曰：意表，意外也。意已微了，而又曰表，則微之愈微，無可測矣。 ○指南曰：得意已忘象矣，而表又在意外，不其隱而又隱乎？ ○朱墉曰：表，外也，出人意外，攻其無備也。 ○鍾兆華曰：意表，預料之外。 ○李解民曰：意表，意外、出人意外。 按：此言攻擊要出人意外。

〔六〕施子美曰：周官掌固："設其飾器。"蓋人孰不能守，惟飾之於外，則可以張其勢，李抱玉之守河陽而傳山陣是也。故曰："守在於外飾。" ○劉寅曰：固守務在飾其外，飾其外則難測。 ○黃獻臣曰：飾其外則難測，如連交及設備等事。 ○阮漢聞曰：罔缺。 ○丁洪章曰：守在外飾，與孫子"守則不足守"，字小異。孫子言攻中之守，此則敵強而侵我，或據險，或守城也。外飾者，大張聲勢，以虛作實也。 ○朱墉曰：外飾，整理守衛之器具也。 ○鍾兆華曰：外飾，給敵人以假相。 ○李解民曰：飾，通"飭"，整飭、整治。外飾，外部整治，指作好外部防禦的各項準備，即本書戰權所云："池深而廣，城堅而厚，士民備，薪食給，弩堅矢強，矛戟稱之。" 按：飾，增修也。大戴禮記盛德："德不盛則飾政。"孔廣森補注："飾者，增修之。"此言防守者則在外城牆上加強防守的標識。

〔七〕施子美曰：無過者，欲動而無過也，非度數，則無以量多寡而計廣狹，孫子曰“量生度，度生數”是也。故曰：“無過在於度數。”　○劉寅曰：動無過舉者，在於度數之精。　○黃獻臣曰：度數至煩，以此物身，自然無過。　○丁洪章曰：無過在度數者，度其情形，運其計數，則無過誤也。　○朱墉曰：度，規矩之則也。數，儀節之詳也。　○鍾兆華曰：度數，分析敵情，即所謂“先料敵而後動”。　○李解民曰：無過，沒有過失、沒有失誤。度數，法度術數。或謂“度”，揣度、考慮；“數”，細密、周密。“度數”爲考慮周密之意。　**按**：度數，指權量。稱量時秤桿要刻數字以度量。鬼谷子捭闔：“皆見其權衡輕重，乃爲之度數。”這裏指軍隊糧草兵器等用度計量不誤。此言計量要無過失。

〔八〕施子美曰：豫備不虞，左丘明言之矣。兵欲無困，必先豫備而後可。程不識之所以未嘗遇害者，以其有備也。故曰：“無困在於豫備。”　○劉寅曰：力無困憊者，在於豫備之周。　○陳孝平曰：國家能先事而豫備，則無隙之可乘，而敵國外辱自不能困之矣。　○合參曰：臨事之時無使至於困憊者，必我能先事豫備，自無臨事張皇束手莫支之困矣。　○朱墉曰：無困之困，窮絀莫支之意。預備者，先事周密也。　**按**：凡事預則立，不預則廢。先有預備，則無困。

〔九〕施子美曰：小敵人之所忽，忽則易以寇，故謹在畏小。　○劉寅曰：敬慎在於畏其小者，小者尚畏，則大者可知。　○張居正曰：慎只在心，原無可見，小處亦在心，亦無可見。　○黃獻臣曰：小節尚畏，大者可知。　○李騰芳曰：小者尚畏，大者可知。　○阮漢聞曰：中藏開塞禁舍之機。　○朱墉曰：畏小者，小事且畏，則大者可知。　○鍾兆華曰：慎，謹慎、慎重。小，細小之事。　○李解民曰：畏小，謹小慎微，指防微杜漸。　**按**：此言謹慎在於從小事開始。

〔一〇〕施子美曰：大敵人之所攝，則易以敗，故智在治大。光武見大敵勇，是治大也。見小敵怯，是畏小也。或以爲事之小大。故曰：“謹在於畏小，智在於治大。”　○劉寅曰：智謀在於治其大者，大者能治，則小者可知。　○張居正曰：“大”字要説得開闊。人不能者，我能之；不舉者，我舉之，纔謂之智，不然，小聰小材，與臨大業，便手足無措矣。　○陳玖學曰：用智以陵敵人者，其

事雖太多,只在治其大者而已。 ○黄獻臣曰:大事既治,小者可知。 ○李
騰芳曰:此題言用智以陵敵人者,其事雖太多,只在治其大者而已。大者治則
則小者無不治,可知矣。 ○劉拱辰曰:智謀在於治其大者,大者能治則小者
可知。 ○周魯觀曰:"大"字意極闊,謂兵事之大頭腦、大綱領處也。臨事而
察,察於瑣細,不可謂之智也。 ○指南曰:世上盡有聰明人,專好在細微上用
精神,以爲精察之,不遺毫末也,而不知其大體已失。故真智者把小節目一切
都丟開,只在一二大端上着力,方是居敬行簡之意。 ○尤尺威曰:"大"字乃
人所不能者我能之,人所不舉者我舉之,只纔謂之大,亦必能如此,纔謂之智,
不然,小聰明,小才幹,一與之臨大事,便手足無措,安得謂之治大?亦安得謂
之智? ○指歸曰:從來知略出衆之人,決不屑爲細微之事,必事關朝廷之勝
負,百姓之安危。人所畏縮者,智者獨擔荷之。行人之所不能行,爲人之所不
敢爲,方成得個智者。 ○朱墉曰:治大者,大事既舉則細目可分理。 ○鍾
兆華曰:治大,即"刑上究"之意。 ○李解民曰:治大,治理大事,指處理好重
大事件。 **按**:此言智慧體現在處理大事上,或智慧用在處理大事上。

〔一一〕施子美曰:書曰:"惟克果斷,乃罔後艱。"則除害者不可不嚴斷,若孫
權斫案而破曹操是也。 ○劉寅曰:除國之害在於敢斷,如唐憲宗能斷而平淮西
是也。 ○朱墉曰:敢斷者,果決也。 ○李解民曰:敢斷,果敢決斷,指能當機
立斷。 **按**:此言去除禍患在於敢於決斷。鬼谷子決篇曰:"去患者,可則
決之。"

〔一二〕施子美曰:易曰:"以貴下賤,大得民也。"則得衆者,不可以不下
人,高祖推食而得韓信是也。故曰:"除害在於敢斷,得衆在於下人。"有此上十
二陵者,則可以陵人矣。 ○劉寅曰:得衆之心,在於以身下人,如燕昭王之於
郭隗是也。此已上十二事,爲十二陵也。 ○陳玖學曰:爲將者有此十二事,
可以憑陵敵國矣。 ○黄獻臣曰:此十二陵也。 ○李騰芳曰:此十二陵
也。 ○題炬曰:下人者,謙恭以禮,抑抑自下,如燕昭之於郭隗是也。 ○大
全曰:欲得衆庶之心,使之與我相親相洽者,必我之卑屈於人也。以上十二事
爲十二陵也。 ○朱墉曰:得衆者,得民心也。下人,屈己以尊人也。 ○鍾
兆華曰:下人,將帥把自己和士卒平等看待。武議篇説:"吳起與秦戰,舍不平
隴畝,樸樕蓋之,以蔽霜露。如此何也?不自高人故也。" ○李解民曰:下人,

甘爲人下,指待人謙恭。"得衆在於下人",本書武議云:"吴起與秦戰,舍不平隴畝,樸樕蓋之,以蔽霜露。如此何也? 不自高人故也。乞人之死不索尊,竭人之力不責禮。"史記孫子吴起列傳云:"起之爲將,與士卒最下者同衣食。卧不設席,行不騎乘,親裹贏糧,與士卒分勞苦。卒有病疽者,起爲吮之。……吴起善用兵,廉平,盡能得士心。"可參看。　　按:下人,以爲人下。此言欲得人心,必以己爲人下,屈己以尊人也。

　　悔在於任疑。[一]蹷在於屠戮。[二]偏在於多私。[三]不祥在於惡聞己過。[四]不度在於竭民財。[五]不明在於受間。[六]不實在於輕發。[七]固陋在於離賢。[八]禍在於好利。[九]害在於親小人。[一〇]亡在於無所守。[一一]危在於無號令。[一二]

【注】

　　[一]施子美曰:若夫有此下文十二陵,則必爲人所陵。悔在於任疑者,蓋疑志不足以應敵。任疑者必悔,諸葛謀多決少,所以每有所恨。　　〇劉寅曰:作事悔,在於任用其所疑。　　〇黄獻臣曰:後悔因任用疑謀,謂一邪之進未必害,一險之冒爲無妨也。　　〇周介生曰:後悔因在用疑謀,謂一邪之進未必害,一險之冒爲無妨也。　　〇阮漢聞曰:所以小疑無中,可暫難久。　　〇丁洪章曰:將心狐疑,則攻守外錯,後必有悔也。　　〇朱墉曰:悔者,作事後悔,理自内出者也。任,用也。疑,所惑之謀也。　　〇鍾兆華曰:任疑,遲疑、猶豫不決。勒卒令:"若計不先定,慮不早決,則進退不定,疑生必敗。"吴子治兵:"用兵之害,猶豫最大,三軍之災,生於狐疑。"　　〇李解民曰:任疑,信任可疑的人,指信任奸細。悔在於任疑,銀雀山漢墓竹簡兵失云:"兵多悔,信疑者也。"逸周書王佩云:"殃毒在信疑。"意與此同。　　按:此句意可作多層次解讀。其一,任用將帥,君主則不能疑,所謂疑人不用,用人不疑。不能上下疑心,否則必敗。其二,將帥作戰之計謀不疑,如計謀未定,用疑謀,難免患得患失,作戰必敗。勒卒令:"若計不先定,慮不早決,則進退不定,疑生必敗。"吴子治兵:"用兵之害,猶豫最大,三軍之災,生於狐疑。"其三,情報不疑。孫臏兵法兵失:"兵多悔,信疑者也。"尉繚子所言爲大原則,當結合戰爭、戰場實際靈活理解並加以利用。

〔二〕施子美曰：孽在於屠戮者，蓋用兵雖不可以無罰，而罰不可不審。好屠戮者，必有災孽。子玉一朝之間鞭七人，貫三人耳，其屠戮亦甚矣，得無孽乎？　○劉寅曰：作孽在於屠戮其無罪。　○黃獻臣曰：禍孽因殺戮太濫。○周介生曰：禍孽因殺戮太濫，且及無辜也。　○丁洪章曰：殺一人以激千萬人共殺之。若李廣殺已降，曹翰屠城，皆大孽也。　○朱墉曰：孽，禍也。屠戮，殺人過多也。　○李解民曰：孽，罪孽、罪惡。戮，殺。　按：此言用兵好屠戮者為造孽。此亦可見尉繚子並非主張殘殺者。兵令下：“臣聞古之善用兵者能殺士卒之半，其次殺其十三，其下殺其十一。能殺其半者威加海內，殺其十三者力加諸侯，殺其十一者令行士卒。”兵令下所言，被後世詬病尉繚子兵法主張殘殺。然由“孽在於屠戮”來看，兵令下之“殺”並非殘殺、屠戮之意。

〔三〕施子美曰：偏在於多私者，蓋大道之行，天下為公，今而私之，是為偏也。晉伐陳，令無入僖負羈宮，而當時乃有焚其宮者，以其私而偏也。　○劉寅曰：偏邪在於多私心。　○黃獻臣曰：私非其人。　○周介生曰：多私，獨任僉小親暱也。　○朱墉曰：偏，有輕重也。　○鍾兆華曰：偏，偏頗、不公。多私，贊許私心或利己行為。多，贊美、喜歡。　按：偏，不公正。此言執行軍令不公正在於有私心。

〔四〕施子美曰：不祥在於惡聞己過者，蓋將能約言，能受諫，而後可以為將。今惡聞己過，則不欲人諫也，故為不祥。趙括將兵，軍吏莫敢仰視，不祥莫大焉。　○劉寅曰：不祥在於惡聞自己之過。不祥，身不迪吉也。　○周介生曰：惡聞己過，以規為瑱，不知悛改也。　○鍾兆華曰：惡，厭惡。　○李解民曰：不祥，不吉利。或謂“祥”通“詳”，“不詳”，言不察，不明。“不祥在於惡聞己過”，銀雀山漢墓竹簡將失云：“惡聞其過，可敗也。”意同。　按：惡，討厭，害怕。將帥之不祥，在於不聽談自己過失之言。此言將帥要善納諫言。

〔五〕施子美曰：不度在於竭民財，此言橫取妄用，無有制度也。秦人盡取錙銖，用如泥沙，其不度可知也。　○劉寅曰：不度在於殫竭人民之財。不度者，無檢制也。　○黃獻臣曰：不能制節謹度。　○周介生曰：不能制節謹度，用盡民財，不知愛惜也。　○丁洪章曰：不度在於竭民財者，非軍中所當用而妄費，故曰無度。　○朱墉曰：不度者，無節制也。竭，盡也。　○李解民曰：不度，無度，沒有節制。　按：不度，無節制也。此言不能因軍隊用度而竭盡民財。

〔六〕施子美曰：不明在於受閒，此言智不足以料，而反爲敵所閒，是以不明。趙孝成信秦閒之言而伐廉頗，其不明莫大焉。　○劉寅曰：不明在於聽受讒邪離閒之言。　○黃獻臣曰：受閒，聽讒邪之離閒。　○朱墉曰：受閒，聽信讒言也。　○李解民曰：閒，離閒、反閒。　按：受，用也。吕氏春秋贊能：“舜得皋陶而舜受之。”高誘注：“受，用也。”受閒，即用閒。孫子兵法用閒：“故三軍之事莫親於閒，賞莫厚於閒，事莫密於閒。非聖智不能用閒，非仁義不能使閒，非微妙不能得閒之實。”此言不善用閒，則敵情不明。

〔七〕施子美曰：不實在於輕發，此言妄用其兵，不審事勢也。符堅輕舉伐晉，而敗於淮淝，是輕發也。　○劉寅曰：不實在於輕易發動。不實者，事不務實而輕發也。　○黃獻臣曰：不實，言不副行。　○阮漢聞曰：輕發無成，自取耗弊。有作輕言，未確。　○李維坦曰：輕易發動，自無切實。　○朱墉曰：不實者，言不副行也，事不務實而輕發。　○李解民曰：不實，無實、無功。發，舉、動。　按：實，這裏指軍實，意即器械、糧餉及作戰俘獲等軍事物資。左傳隱公五年：“歸而飲至，以數軍實。”杜預注：“飲於廟，以數車徒、器械及所獲也。”不實，即戰爭中軍隊没有能够獲得繳獲的物資。此言戰爭中没有獲得繳獲的物資是由於輕率發兵。

〔八〕施子美曰：固陋在於離賢，言不能用賢，所以鄙陋也。項羽不用亞父范增，而終爲剽悍之賊，是離賢也。　○劉寅曰：固陋在於離去賢德之人。離賢則不聞善言，所以執固鄙陋也。　○黃獻臣曰：不聞善言，所以固陋。　○李騰芳曰：離賢則不聞善言，所以固陋。　○徐象卿曰：忠藎之臣被離閒而去，是不辨賢奸也。　○丁洪章曰：賢人離心，則寡籌算，固執而孤陋也。　○朱墉曰：固，執固也。陋，鄙俗也。　按：陋，鄙視、輕視。史記宋微子世家：“今殷人乃陋淫神祇之祀。”司馬貞索隱：“劉氏云：‘陋淫猶輕穢也。’”

〔九〕施子美曰：禍在於好利，此言貪利則必爲人所誘，故禍。秦將賈孺，高祖所以得其利而誘之，而秦將果敗，是好利也。　○劉寅曰：禍生在於好愛貨利，如紂積鹿臺之財而亡國之禍生、智伯貪蔡皋狼之地而殺身之禍生是也。○陸經翼曰：好利，如紂積鹿臺之財而亡國是也。　○朱墉曰：好利，專趨貨利而忘害也。　按：此言好貨利則禍生。

〔一〇〕施子美曰：害在於親小人，此言小人難近也，則必爲害。岑彭爲蜀亡奴所殺，是近小人也。　〇劉寅曰：害起在於親近小人。小人妨賢病國，人君近之，皆能爲害，如唐玄宗用李林甫、唐德宗用盧杞，爲害豈不博哉？　〇陸經翼曰：親小人，如唐玄宗用李林甫、唐德宗用盧杞是也。　〇朱墉曰：小人，妨賢病國、背公黨邪者。親，近之也。

〔一一〕施子美曰：亡在於無所守，此言内無所守蘊，而僥倖以勝人。莫敖自用，爲羅所敗，是無所守也。　〇劉寅曰：亡滅在於國家無所守。〇黃獻臣曰：有國無人，無與爲守。　〇陸經翼曰：無所守者，有國無人，無與爲守也。　〇朱墉曰：無所守，衛備無策也。　〇李解民曰：亡，滅亡、亡國。所守，防守的各種手段。　按：守權篇中説：“進不郭圍，退不亭障。”此言國無防守，則必亡。

〔一二〕施子美曰：危在於無號令，此言治軍無法，故危也。竇建德度險而嚚，太宗所以知其必敗也。　〇劉寅曰：危殆在於主將無號令。此十二陵之反也。　〇陳玖學曰：此與上相反。　〇黃獻臣曰：號令不明，與無號令同。此十二陵之反也。　〇李騰芳曰：此十二陵之反也。如楊素臨敵，必先令三百人陷陣則已，如不能陷，盡斬之。又令倦卒往，還如向法，將士股慄。此用法何嚴也。高行周之襲鄆也，因夜分大雨，出不意而潛渡河入城。藝祖諭王明遠樹長木，敵疑不敢進兵。又范瓊時行剽掠，見帝悖慢，子羽與張浚謀誅之。此卻敵在謀、除害在斷之一證也。　〇陸經翼曰：無號令者，下不遵行也。　〇丁洪章曰：此言能行十二事，則可憑陵敵人，反是，則又爲人所陵也，用兵者顚之哉！　〇朱墉曰：危，不安也。號令不明，與無號令同也。　按：軍中以擊鼓爲攻，鳴金收兵，鼓角爲號，則令行一致。若無號令，則必敗也。勒卒令曰：“金鼓鈴旗，四者各有法。鼓之則進，重鼓則擊。金之則止，重金則退。鈴，傳令也。旗，麾之左則左，麾之右則右。”攻權曰：“故明主戰攻日，合鼓合角，節以兵刃，不求勝而勝也。”李氏所云藝祖，即宋太祖趙匡胤。子羽，即劉子羽，字彥修，北宋名將。宋史有傳。

武議第八[一]

【注】

〔一〕劉寅曰：武議者，議論用武之道也。以內有"武議"二字，故取名篇。○陳玖學曰：此言用武之議。　○張居正曰：議論用武之道，主於不武以爲武也。　○黃獻臣曰：議論用武，意主於不武爲武。　○李騰芳曰：此言用武之議。按：攻取權變之法，固在於立威。使吏畏將而民畏吏，大要在於周法制，定器用，總率三軍，無所不至而已。然善攻尤貴於善守。有必救之軍，必有必守之城，守在我，務令敵不能攻，攻在我，務令彼不能守，或出其不意，或攻其無備。此皆侵陵之有道，非徒以暴掠取勝。至於用武之議，惟志在誅暴以救民，用賢人以行征伐，不得已而後用兵。聖人之所謹，誠在人事。而任將在要申明法令，非徒一劍之任也。　○山中倡庵曰：篇中所謂者，皆議論用武之法，故名篇。若其所言者非武議之事，則雖篇內有"武議"字，幾千百而不得取之以名篇。　○丁洪章曰：通章所論，俱爲武事。然其實欲以不武爲武，故云"兵不血刃而天下親"，便見不武爲武之意，所以以"武議"名篇。　○朱墉曰：武議者，議論用武之道也。兵凶戰危，不可妄舉，須審慎之於朝堂之上，籌度之於接刃之先，一出而天下定，然後爲王者之師，不然，未免殘民以逞矣。一"議"字，有其難其慎之意。通章所論俱是武事，其實欲以不殺爲武，故云兵不血刃，天下親。此章見大武以安民爲本。而萬乘、千乘、百乘之國，皆必養兵有方而財力充裕，庶乎威權可立也。戰勝在乎立威，威行由於賞罰，賞罰則視乎將之賢否。將以一身臨敵，觀變安危，決於須臾，詎易易哉？況兵之需餉，尤爲至急，烏可無以預備而令其有飢瘠之色？其何以戰？故爲將者必有以養士，而使之不得不爲我用也。雖然世不乏賢將，而遇合難期，人主能用之，無不可以成功。不觀之太公乎，武王用太公之武議而修人事，遂以誅紂克商而有天下。若將不得其人，奚能致勝？而良將之用兵，自天下莫當，此從古必以賢將爲重也。曷不再觀之吳起乎？起惟能不自恃尊貴，下與士卒同甘共苦，故威令素行而成功神速。然則武議之係於將，大概可知矣。彼世之議武者，奈何舍將言兵哉！　○華陸綜曰：本篇着重指出用兵的目的在於"誅暴亂，禁不義"，強調作戰必須有雄厚的物質基礎,必須嚴明賞罰,以及將領的重要作用,駁斥了“觀星辰風雲之變,欲以成勝立功”的天命論。　　**按**:武議,議論用武之道。尉繚子認爲“兵者,凶器也”,强調用兵“非不得已而用之”,有慎戰思想。即便不得已而用兵,也是爲了“誅暴亂,禁不義”,反對濫殺無辜。爲了保證戰爭的勝利,在策略上要舉賢用能,明法審令,盡人事,發揮人類智謀在戰爭中的作用。尉繚子高度重視城市在戰爭中的作用,認識到城市中的市場交易對戰爭的支持作用,“夫出不足戰,入不足守者,治之以市。市者,所以給戰守也”,市場貿易既可帶來可觀的稅收,還可帶來各方面的情報。尉繚子重視城市市場的作用,反映了戰國時期兵學思想的發展,體現出歷史的進步性。本篇多次舉吳起爲例,體現了尉繚子對吳起兵學思想的高度認同。

凡兵不攻無過之城,不殺無罪之人。夫殺人之父兄,利人之貨財,臣妾人之子女,此皆盜也。〔一〕故兵者,所以誅暴亂、禁不義也。〔二〕兵之所加者,農不離其田業,賈不離其肆宅,士大夫不離其官府,由其武議在於一人。故兵不血刃,而天下親焉。〔三〕

【注】

〔一〕施子美曰:吊民伐罪,王者之師;貪財好色,衰世之政。夫無過之城不可攻也,吾從而攻之;無罪之人不可殺也,吾從而殺之。有父兄者,無故而見戮;有貨財者,皆利其所有;子女何辜? 咸歸臣妾,若是不爲義兵也,盜也。夫盜者,貪人之財也,所舉若是,非盜而何?　　○劉寅曰:凡行兵,不攻擊無過之城,不誅殺無罪之人。夫殺戮人之父兄,利他人之貨財,臣妾他人之子女,此皆謂之盜也。　　○陳玖學曰:無故而殺人父兄,利人貨財,臣妾人子女,皆盜賊之事。　　○丁洪章曰:此言不妄殺、不妄攻之兵,惟在誅一人之暴,而天下自然相服也。　　○李解民曰:利,貪圖、掠奪。臣妾,奴隸僕役的稱謂,男奴稱臣,女奴稱妾。此用作動詞,使爲臣妾,奴役。　　**按**:此爲尉繚子兵法不濫殺之證。

〔二〕施子美曰:王者之兵,將以除暴止亂而禁不義也。　　○劉寅曰:故兵者,所以誅戮暴亂之人、禁止爲不義者也。　　○李騰芳曰:此題重在誅禁不義上。無故而殺人利人等,皆暴亂不義之盜,誅而禁之,則我兵爲仁兵、爲義兵,自可以萬全取勝矣。　　○丁洪章曰:誅,誅戮也。禁,止也。　　○朱墉曰:誅,戮也。暴，逞凶也。　　○李解民曰：本書兵令上云："王者伐暴亂，本仁義焉。"荀子議兵云："彼兵者，所以禁暴除害也。"呂氏春秋蕩兵云："古之聖王有義兵……以誅暴君而振苦民。"意皆近此。　　按：荀子議兵："先生議兵，常以仁義爲本。"本書兵令上："王者伐暴亂，本仁義焉。"戰國時期諸家多言義兵，尉繚子亦如是。王者興義兵，出兵即爲制止不義之事。商君書畫策："故以戰去戰，雖戰可也；以殺去殺，雖殺可也。"

〔三〕施子美曰：兵之所加，問罪而已，非有所侵暴也。故農安於野，而不離夫田業；賈安於市，而不離其肆宅；士大夫安於僚屬，而不離乎官府。求其所以然者，由夫武議定於上，而天下響應，故兵不血刃，而人已親矣。昔齊人伐燕，孟子告之曰："今燕虐其民，王往而征之……若殺其父兄，繫累其子弟，毀其宗廟，遷其重器，如之何則可？"觀此，則知尉繚子之所謂盜者，其斯人之徒歟？又言湯之征也，歸市者不止，耕者不發，誅其君而平其民。觀此，則知兵不血刃而天下親，其成湯之舉乎？　　○劉寅曰：兵之所加，使爲農者不離去其田業，爲賈衒者不離去其肆宅，爲士大夫者不離去其官府。所以然者，由其武議在於一人。故兵不血刃，而天下親附焉。如晉文公伐曹，顛頡焚僖負羈家而斬於狗，宋曹斌取江南而市不易肆是也。　　○張居正曰：一人，指暴君。説師旅所至，不無血膏草野之悲，夷甄屠城之慘，茲何以農賈士夫各安其業，而不見其擾亂哉？良由聖王以誅君弔民爲事，計安天下爲心，故於用武之始已議其殘暴之罪有以毒天下之民，故不得已爲征伐之舉，以討巨魁耳。獨夫既誅，征伐自已，何必擾害天下而攻殺以逞耶？如此講，方與"兵不血刃"句相應，不可作謀議，不可參以衆見説。"兵不血刃"，言兵之所加，人無不怨恨，茲何以云天下親？惟殘暴之一人去，則天下自相安而親矣。　　○陳玖學曰：農賈士夫各安其業。由一人定議中上，止誅暴亂，禁不義，而不爲暴虐也。　　○黄獻臣曰：此言武議定於一人，而後能安天下，而天下親之。無故而行暴亂則爲殘賊，安民而興義師則爲湯武。若莘野之農所經畫，渭濱之漁所講求，故能兵不血刃而天下親。後世宋祖戒曹彬慎勿暴虐生靈，下江南之日不戮一人，良謂是矣。　　○李騰芳曰：此題在"一人"字生意。一人，即誅暴亂、禁不義之一人也，如湯武是也。此題要看"不血刃"字。仁義之師，一舉天下，自心服歸往，何待血刃？如湯一征無敵，武一戎衣有天下是也。　　○阮漢聞曰：法定一人，衆皆恭命，誰則橫行爲暴取殘？人之説未確。　○丁洪章曰：不離，不去也。賈，商賈也。官府，即今官府門第也。農不離田業，是天下之農親；商不離市宅，是天下之商親；士大夫不離官府，是天下之士大夫親。而且壺漿相餽，惟親是慶；倒戈相向，惟親是迎。又曰：一人，指有罪之一人言，如南巢之師，湯王與伊尹議止誅桀之一人；牧野之師，武王與太公議止誅紂之一人是也。誅一人而千萬人悦，所以農不離其田業，商不離其市宅，士大夫不離其官府，而天下之民舉安。湯所謂一人有罪，無以萬方；武所謂一人横行天下，予恥之是也。　○胡君常曰：武議，王者之議也。一人指爲暴之一人也。與直解、開宗異。　○新宗曰：一人，言獨夫有罪之一人也。首惡既除，餘不屠戮也。兵之所加，無不怨恨之者，兹何以云天下親？惟其殘暴之一人去，則天下相安而自相親矣，故曰兵不血刃而天下親。　○曾櫻曰：無故而行暴亂則爲殘賊，安民而興義師則爲湯武。若莘野之農所經畫，渭濱之漁所講求，故能兵不血刃而天下親。　○朱墉曰：不離，不驚懼而去也。居貨曰賈。官府，即今之官府門第也。一人，指爲將者言定計於上之一人也。親，愛悦而父母之也。　○鍾兆華曰：一人，指肆行不義的國君。六韜虎韜略地：“無燔人積聚，無壞人宫室，冢樹社叢勿伐，降者勿殺，得而勿戮。示之以仁義，施之以厚德。令其士民曰：‘罪在一人。’如此，則天下和服。”可參考。兵不血刃，兵器不沾鮮血，意爲用不着使用武力。荀子議兵：“近者親其善，遠方慕其德，兵不血刃，遠邇來服。”意同此。　○李解民曰：賈，商人。肆，市肆、商攤。肆宅，店鋪。士大夫，指在政府機構中的任職人員。武議，軍事謀略，用兵之道。一人，亦稱“一夫”、“獨夫”，指衆叛親離、孤立無援的暴君，即所謂獨夫民賊。孟子梁惠王下云：“一人衡行於天下，武王恥之。”又云：“賊仁者謂之‘賊’，賊義者謂之‘殘’，殘賊之人謂之‘一夫’。聞誅一夫紂矣，未聞弑君也。”銀雀山漢墓竹簡六韜佚文云：“殺一夫而利天下。”（又見北堂書鈔卷一三）六韜虎韜略地云：“令其士民曰：罪在一人。”荀子議兵云：“湯、武之誅桀、紂也，拱挹指麾，而强暴之國莫不趨使，誅桀、紂若誅獨夫。故泰誓曰：‘獨夫紂。’此之謂也。”皆可參證。　按：一人，誅爲罪者之一人，孟子所謂“聞誅一夫紂矣，未聞弑君也”。此言用兵不宜妨害民之正常生活，亦慎戰之理也。

萬乘農戰，千乘救守，百乘事養。[一]農戰不外索權，救守不外索助,事養不外索資。〔二〕夫出不足戰,入不足守者,治之以市。市者,所以給戰守也。①〔三〕萬乘無千乘之助,必有百乘之市。〔四〕

【校】

①華陸綜曰:"給",原作"外",據鄂局本改。鍾兆華曰:"外",宋本當誤,據施氏、直解本正。李解民曰:"給",原作"外",據講義本、直解本、天啓本、彙解本改。　按:"給",原作"外",據講義本、直解本、鰲頭本、兵略本、開宗本、武備志本、四庫本、彙解本、子書百家本、二十五子彙函本改。

【注】

〔一〕施子美曰:天子曰萬乘,諸侯曰千乘,大夫曰百乘,此以其地之廣狹、出乘之多寡而言之也。夫一乘之所出,六十四井之所供也。其爲夫也,五百七十六焉。古者四丘爲甸,地方千里,井分百井,田法自此成。定出賦者,六十四井之中,出兵轂一乘,牛二頭,馬四疋,步卒七十二人,甲士三人,此一乘制也。以百乘言之,則六千四百井,五萬七千六百夫之地也;以千乘言之,六萬四千井,五十七萬六千夫也;以萬乘言之,則六十四萬井,五百七十六萬夫之地也,此出乘之數也。　○劉寅曰:萬乘之國務農戰,千乘之國務救守,百乘之國務事養。萬乘之國,其地可出兵車一萬乘者;千乘之國,其地可出兵車一千乘者;百乘之國,其地可出兵車一百乘者。　○陳玖學曰:大國務農戰之政,次國務救守之具,小國務養民之事。　○黃獻臣曰:大國且耕且戰,次國修備,又次事在養民。　○丁洪章曰:萬乘、千乘、百乘,以國之大小言。此言隨國之大小,當預爲戰守之備。　○朱墉曰:萬乘,大國,兵車可出萬乘者。農戰,且耕且戰也。千乘,次國也。救守,修整守備也。百乘,小國也。事養,以養民爲事也。　○鍾兆華曰:萬乘,能出一萬輛戰車的諸侯國。商君書慎法:"千乘能以自守者,自存也;萬乘能以戰者,自完也。"事養,使本國百姓的生活有保障。　○李解民曰:乘,原指一車四馬。此指當時軍賦的計算單位,又爲軍隊步兵、戰車混合編制的基本單位,由一輛四馬所拉的戰車和若干甲士、步卒組成。甲士、步卒的具體數目,文獻中有兩種不同的記載。周禮地官小司徒鄭玄注引司馬法云:"六尺爲步,步百爲畝,畝百爲夫,夫三爲屋,屋三爲井,井十爲通。通爲匹馬,三十家士一人、徒二人。通十爲成。成,百井,三百家革車一乘,士十人,徒二十人。"則一乘甲士十人、步卒二十人。詩小雅信南山孔穎達正義引左傳成公元年服虔注所引司馬法云:"六尺爲步,步百爲畝,畝百爲夫,夫三爲屋,屋三爲井。四井爲邑。四邑爲丘,有戎馬一匹、牛一頭,是曰匹馬丘牛。四丘爲甸。甸,六十井,出長轂一乘、馬四匹、牛十二頭、甲士三人、步卒七十二人,戈盾具備,謂之乘馬。"則一乘甲士三人、步卒七十二人。這兩種記載,很可能反映了先秦不同時期、不同地區存在過的不同軍制。"萬乘",當時諸侯大國所擁有的軍事力量,亦藉以指代兵擁萬乘的大國。以下"千乘",則指兵擁千乘的中等國家。"百乘",則指兵擁百乘的小國。"農戰",亦稱"耕戰",此指鼓勵百姓務農耕作和參軍作戰。救守,此指鼓勵百姓參軍作戰,自救防守。事養,此指鼓勵百姓務農耕作,上事父老,下養妻小。晏子春秋內篇問下第十四章云:"事大養小,安國之器也。"按銀雀山漢墓竹簡要言云:"大國事明法制,飭仁義;中國以守戰爲功;小國以事養爲安。"整理組注:"後第七篇(王法)有'大國行仁義,明道德;中國守戰;小國事養'之文,與此文相近。又尉繚子武議:'萬乘農戰,千乘救守,百乘事養。''千乘'、'百乘'兩句與簡文'中國'、'小國'兩句同意。"似不盡然。考王法又云:"故少不可不事長,賤不可不事貴,貧不可不事[富,亂不可不事治,小不可不]事大,弱不可不事強。"則簡文之"事"實指小國、弱國事奉大國、強國,意同孟子梁惠王下"惟智者爲能以小事大,故大王事獯鬻,句踐事吳"之"事"。簡文內容當屬於孟子一派"交鄰國之道"的思想體系,顯然不合尉繚子一書主旨,故此"事養"與簡文"事養"不可混爲一談。

按:此言國之大小不一,責任亦不同。萬乘大國則既農且戰,千乘中等國家則務在守備,百乘小國則務在養民。

〔二〕施子美曰:天下有道,征伐自天子出,故天子得農戰。農者,寓兵於農也,諸侯以救守之,大夫以事養之。救守者或出兵以救,或爲王而守。事養者或服其事,或供養。井田之法,始於太公,營於周公,此則農戰之法也。及觀周之東遷,晉鄭焉依,則諸侯之救守也可知;觀申侯之供其資糧屝屨,則大夫之事養也可知。天子而農戰,是權歸於上也,故不外索權;諸侯以十乘之衆,亦足以救守,故不外索助;大夫以百乘之利,亦足以事養矣,故不外索資。凡此,乃以下奉上之意也。蓋以上馭下,必欲盡其制;以下奉上,必欲盡其職故也。此天子所以農戰,而諸侯大夫所以救守事養也。　　○劉寅曰:農戰者,且耕且戰也;救守者,修整守備也;事養者,喜於養民也。務農戰者,不外索他人之權,言權自足也;務救守者,不外索他人之助,言器自備也;務事養者,不外索他人之資,言財自足也。　○張居正曰:務農則國富,務戰則兵强,則是國富兵强,不必於其外而更索權詭也,當以農戰之中而索之矣。　○陳玖學曰:務農戰則其威自足,而不必外索他人之威權;務救守則有備無患,而不必外索他人救助;務事養則上下皆足,而不必外索他人之資財。　○黄獻臣曰:不外索權,國威自足。不外索助,有備無患。不外索資,民足君足。　○李騰芳曰:且耕且戰。此題言務農戰則威自足服人,不必外索別人之威權也。言器自備也,言財自足也。　○丁洪章曰:索,求也。權,是權柄,又不是經權一等論。説個戰,又説個農,這農就是戰之權處耳。蓋農之中,雖事事是農,卻事事可爲戰;既事事可爲戰,則權自然不外索矣。所謂不外索者,非是向外人去索,即不外農也。總之,要戰不外索權,惟農戰有之,只是重農戰之意。　○山中倡庵曰:前説(講義)難信矣,蓋古者寓兵於農之義,何止天子乎,雖諸侯亦然,且尉子爲此論也,適在於戰國之時,必不可辨。天子諸侯而論王治也,其見所謂者,惟戰巧伯術也。後説(開宗)以爲大國得兼農戰,次國不得兼農戰,故救守,小國僅足事養而已。此説稍爲可從也。　○指南曰:"權"字指一切大小輕重衡度權柄言,非詭譎之謂也。農戰不外索權,總是説因農制戰,寓兵於農,既已得兵農合一之理,則凡戰攻守禦一切事權,俱已把柄在我,操縱自由,不必外此更求主張也。　○朱墉曰:權,威柄也。不索權,言權即足也。不索助,言器自備也。不索資,言財自足也。　○李解民曰:索權,索求權力,指尋求霸權。農戰不索權,言萬乘大國致力農戰,就能富國强兵,最後達到統一天下的目的,不必對外爭奪强權。索助,尋求援助。救守不外索助,言中等國家鼓勵百姓參軍作戰,足以自衛,不必向外尋求軍事援助。索資,索求財貨。事養不外索資,言百乘小國鼓勵百姓務農耕作,養老育小,就可在經濟上自給自足,不必出外另辟財源。　**按**:權,勢也。戰國策齊策一:"齊恐田忌以楚權復於齊。"高誘注:"權,勢也。"既農且戰者,能獨立於世界,不外求他國之勢力。務求守備者,能守則不外求援助,養民則足衣足食,不外索財。

〔三〕施子美曰:此言財不足以攻守,則必置之以市,以爲生財之道。生財有道,而後可以供戰守之費。李牧雁門之役,市租皆入幕府,所以給軍用也。○劉寅曰:夫出而器械不足以戰,入而軍資不足以守者,治之以交易之市,收取財貨,所以供給城守之具也。　　○陳玖學曰:若戰守之用不足者,必治市廛之稅以充之,是市租所以供給戰守者也。　　○黃獻臣曰:戰守困詘,不必他爲科斂,只修市廛之法以充之。交易之市,可以足財用而給戰守。　　○丁洪章曰:治市亦所以通財貨之窮也。　　○衷旨曰:市者,先王立之以通財物之窮,所以給戰守。見古人非肆橫徵,剝民財也,不過借市利之羡餘以助給戰守之不足也。市者,如古市賤賣貴之法,且收取其市廛之稅也。　　○朱墉曰:市者,交易貨物之所,治之者,言戰守之資不用他爲科斂,只修市廛之法以充之,給足財用也。取其市賤賣貴之餘利以助軍需也。　　○鍾兆華曰:商君書墾令:“令軍市無有女子,而命其商,令人自拾甲兵,使視軍興;又使軍市無得私輸糧者。”尉繚看中市的作用,故説:“市者,所以給戰守也。”　　按:市者,交易貨物之場所也。市者產生稅,若戰守之用不足者,必治市廛之稅以充之,是市租所以供給戰守者也。陳氏説甚是。

〔四〕施子美曰:市惟可以給戰守。故萬乘雖無千乘之助,必有百乘之市,欲藉是以給之也。　　○劉寅曰:萬乘之國若無千乘之助,必有百乘之市,言市亦可以取貨而供百乘之用也。　　○陳玖學曰:故萬乘無千乘之資助,必有百乘之市法以足用也。　　○黃獻臣曰:有市法可以足用也。此言隨國之大小,當預爲戰守之備,治市亦所以通財用之窮。　　○阮漢聞曰:若小邑之市,然取稅贍軍法,似出於不獲已也。若田稅市稅,無所不取,既以活國,又以活邊,而塞上漏卮難實,民間竭髓難支,則不講以農戰耳。屯田鹽筴非農乎,奈何惟外索資邪?○山中倡庵曰:初(講義)、終(開宗)兩説以爲市之交易必通財用之窮,而足給戰守之義也。蓋市井之地必繁榮,他國商賈亦往返也,故足財用之謂乎。中説(直解)以爲市廛之稅給戰守之義也。蓋市廛之稅至少也,何足給戰守之大用乎?乃依前説,則市廛之稅賦亦自在其中也,尤爲可從也。　　○朱墉曰:必有百乘之市,言市可以取貨而供百乘之用也。　　○李解民曰:百乘之市,收入相當於百乘軍賦的市場。指政府從管理經營市場中,取得的收入相當於百乘軍賦。按此節文字疑係錯簡,似當與下“古人曰:‘無蒙沖而攻,無渠答而守。’是爲無善之軍”云云一節相接,皆言市場經濟活動與軍事實力的關係。　　按:此言城中設市場之重要。軍隊費用的來源過去主要依靠農業,尉繚子認識到商業在軍隊賦稅中的重要作用,這在以農爲本、以商爲末的時代尤爲卓見。

凡誅賞者,^①所以明武也。殺一人而三軍震者,殺之。賞一人而萬人喜者,賞之。^②〔一〕殺之貴大,賞之貴小。〔二〕當殺而雖貴重,必殺之,是刑上究也。賞及牛童馬圉者,是賞下流也。〔三〕夫能刑上究,賞下流,此將之武也,故人主重將。〔四〕

【校】

①李解民曰:"賞"字,原無。按下文"殺"或"刑"與"賞"對舉,且云"夫能刑上究,賞下流,此將之武也",可證"武"當包括"賞",據補。　按:"賞"字,原無,下文"刑上究,賞下流,此將之武也",則"刑"、"賞"對舉,今補。

②華陸綜曰:"賞",原爲"殺"字,今據文義改正,因下文是"殺"、"賞"對舉。與這段文字內容相同的六韜將威篇,亦有"賞一人而萬民悦者賞之"句。鍾兆華曰:"殺一人而萬人喜者,殺之",本句中的兩個"殺"字當爲"賞"字之誤。下文"殺之貴大,賞之貴小",及"當殺而雖貴重,必殺之,是刑上究也;賞及牛童馬圉者,是賞下流也",均以"殺"、"賞"對舉爲句。李解民曰:"賞",原作"殺"。按下文"殺"、"賞"對舉,此不當獨舉復言"殺";又"殺"既云"三軍震",又言"萬人喜",亦文意牴牾,據改。孫臏兵法威王問:"夫賞者,所以喜眾,令士忘死也。罰者,所以正亂,令民畏上也。"六韜龍韜將威:"殺一人而三軍震者,殺之;賞一人而萬人説者,賞之。"可爲有力旁證。又下一"賞"字,原亦作"殺",據此同理改。　按:以上二"賞"字,原作"殺",下文"賞之貴小"作"賞",今據改。

【注】

〔一〕施子美曰:誅而人畏之,則其威武足以服人也。殺一人而三軍震,以其威之足以震之也;殺一人而萬人喜,以其公足以悦之也。　○劉寅曰:故人主重將。凡誅殺者,所以章明威武也。誅殺一人而三軍震動者,殺之;殺一人而萬人喜悦者,殺之。　○丁洪章曰:誅,殺也。此一節是發明"武"字之意,見"武"字之爲國家重也。後又少貶之,總是不重武之意。殺人而三軍震,人怨之矣,豈知殺人而三軍喜乎? 世傳尉君爲好殺,今睹此一言,乃知殺亦殺人所喜者,故雖殺勿慮。　○山中倡庵曰:雖殺一人而三軍震,亦其罪不當死,則何敢殺之乎? 蓋所謂者刑不可輕施之意。　○朱墉曰:震,懼其威也。喜,喜其用刑之當也。　**按**：此言誅賞之作用。<u>六韜龍韜將威</u>："故殺一人而三軍震者，殺之；賞一人而萬民悅者，賞之。"

〔二〕<u>施子美</u>曰：殺不難，殺而不避權貴，然後爲難，故殺之貴大；賞不難，賞而至於卑微，然後爲難，故賞之貴小。　○<u>劉寅</u>曰：殺之貴在大，賞之貴在小。○<u>陳玖學</u>曰：殺有罪當上及大人，賞有功當下及小人。　○<u>山中倡庵</u>曰："貴大"、"貴小"二"貴"字，活看，蓋殺至於大，固人之所難，今能爲之，故貴之；賞及於小，亦人之所忍，今能果之，故貴之。　○<u>朱墉</u>曰：大，有職位之人也。小，卑賤之人也。　**按**：大，指爵位高，權貴。小，指地位低，普通士兵。<u>六韜龍韜將威</u>："殺貴大，賞貴小。"

〔三〕<u>施子美</u>曰：殺及貴重，然後可以見其刑之上極；賞及童圉，然後可以見其賞之下究。昔<u>穰苴</u>斬<u>莊賈</u>，不顧<u>景公</u>之命，刑上極也。<u>趙奢</u>得<u>許歷</u>一言，而拜爲國尉，是賞下流也。刑賞在當，將威在行，其在<u>六韜</u>亦曰："將以誅大爲威，賞小爲明。"殺及當塗貴重之臣，是刑上極也；賞及牛豎廝養之徒，是賞下通也。　○<u>劉寅</u>曰：罪當殺，而雖貴重之人必殺之，是所謂刑上究也；賞及牧牛之童、養馬之人者，是賞下流也。　○<u>唐順之</u>曰：刑賞，原所以示勸懲。若刑阻於上而不行，賞吝於下而不施，是將權不足重也。惟不畏上而不欺下，威權始無所制。　○<u>黃獻臣</u>曰：究，及也。　○<u>丁洪章</u>曰：牛童，牧牛之童。馬圉，養馬之人。　○<u>朱墉</u>曰：貴重，雖尊貴之人不赦也。究，及也。流，如水之趨下也。○<u>鍾兆華</u>曰：貴重，指身份地位高貴的人。究，推尋、追究。<u>説文</u>："究，窮也。"馬圉，養馬的人。　○<u>李解民</u>曰：牛童，放牛牧童。<u>六韜龍韜將威</u>作"牛豎"。按<u>雲夢睡虎地秦</u>墓竹簡<u>秦</u>律十八種廐苑律載，<u>秦</u>國有牛馬設專人牧養，有身高不滿<u>秦</u>尺六尺五寸的小隸臣充當牧童。馬圉，養馬人，或爲徒役，或爲奴隸。<u>六韜龍韜將威</u>作"馬洗"。流，流及、普及。<u>六韜龍韜將威</u>作"通"。　**按**：刑上究，對應上句"大"；賞下流，對應上句"小"。牛童馬圉，泛指養牛馬之人。<u>六韜龍韜將威</u>："殺及當路貴重之人，是刑上極也；賞及牛豎、馬洗、廐養之徒，是賞下通也。"

〔四〕<u>施子美</u>曰：刑上極，賞下通，是將威之所行也。知將威之所行，則知將之所以爲武也。<u>法</u>又曰："賞罰明則將威行。"其以此歟？如是之將，人主安得不重之。　○<u>劉寅</u>曰：夫能刑上究、賞下流，此將之威武也。故爲人主者當重將帥。　〇黃獻臣曰：此言賞罰足以震動萬人，而後可以稱將武。　〇李騰芳曰：此題言將者三軍之司命，且以一人繫一國之安危，故人君欲安國，全民須重智將、勇將，而愚將、貪將不足録也。如宋太祖命曹彬戒以切勿暴掠生靈，故兵至城下，焚香，誓不妄殺，此可爲人主重將之一證也。　〇丁洪章曰：“刑上究”，如穰苴斬王之寵臣，雖貴不赦也。讀穰苴“將受命”一段，理嚴義正，雖莊賈膏刃，何辭？若有心借以行罰，反失軍心矣。此言賞罰足以震動萬人而後可稱將武，故人主所以重之也。　〇大全曰：鼓舞激勵之機權，爲將之威武在焉，人主安得不重將。　〇朱墉曰：武，將有威也。　按：商君書開塞：“刑不能去奸而賞不能止過者，必亂。”此言人主重將者，即賦予將殺伐專斷的權力。六韜龍韜將威：“刑上極，賞下通，是將威之所行也。”

　　夫將提鼓揮枹，臨難決戰，接兵角刃，鼓之而當，則賞功立名；鼓之而不當，則身死國亡。是存亡安危在於枹端，[①]奈何無重將也。[一]夫提鼓揮枹，接兵角刃者，此將軍也。[②]君以武事成功者，臣以爲非難也。[二]古人曰：“無蒙衝而攻，無渠答而守。”是爲無善之軍。[三]

【校】

　　①鍾兆華曰：“存亡”，直解、集注、甀刻、鼇頭本作“興亡”。“在於”，直解、鼇頭、韜略、集注、百家本等均作“應在”。李解民曰：“存”，直解本、天啓本、彙解本作“興”。“在於”，直解本、天啓本、彙解本作“應在”。

　　②李解民曰：“夫提鼓揮枹，接兵角刃者，此將軍也”，原無“者此將軍也”五字，據北堂書鈔卷一一五引補。　按：“接兵角刃者，此將軍也”句中，“者此將軍也”五字，原脱，據書鈔卷一一五補。

【注】

　　〔一〕施子美曰：昔吳起不受左右之劍，而欲以旗鼓爲事，誠以統軍持勢者將也。諸將之命乘於一鼓之下，而將實司之。當其臨難決戰、接兵角刃之際提鼓揮枹，不可不謹也。鼓之而當，則可以成功取賞。鼓之而不當，則適以敗身辱國。是以越王欲捨吳，而范蠡援鼓進兵，卒刎其頸，是鼓之而當也；長勺之戰，公將鼓之，而曹劌以爲不可，是未當鼓也。鼓之當不當，初若未甚害，而存亡安危最繫之,其可無持重之將乎? ○劉寅曰:夫大將提鼓揮枹,臨大難,決戰於目前,使士卒兵相接而刃相角,若鼓之而得其當,軍必勝,則賞功於朝,立名於世;鼓之而不得其當,軍必敗,則身死於敵,而國亦亡。是國家之興亡,士衆之安危,應效在於枹端,人君奈何無重將也! 枹,擊鼓槌也。 ○陳玖學曰:枹,音夫,鼓槌也。 ○黄獻臣曰:此言大將一鼓繫國家存亡安危之機,誠不可不得其人而爲人主所重也。 ○李騰芳曰:枹,擊鼓槌也。國家存亡安危之機繫於爲將者一枹鼓當否之間而已,可不慎哉? ○大全曰:武事承上文"提鼓揮枹,接兵角刃"而言。 ○朱墉曰:角,鬪也。當,合其機,宜也。不當,不宜前進而使之進也。端,枹上也。 ○鍾兆華曰:枹,鼓槌。説文:"枹,擊鼓杖也。"角,鬪、比。漢書賈誼傳:"陛下之與諸公,非親角材之臣也。"顔師古注:"角,校也,競也。" ○李解民曰:枹,鼓槌。角刃,兵刃相較,交鋒。 按:此言將之角色,乃掌握擊鼓進攻戰機,故爲將者可不慎哉? 亦由此,君何不重將哉?左傳莊公十年:"夫戰,勇氣也。一鼓作氣,再而衰,三而竭。"

〔二〕施子美曰:百戰百勝,不若不戰而屈人之兵。提鼓接刃,此未免於有戰也,故不足爲難。若古人所言無善之軍,則爲難矣。 ○劉寅曰:夫提鼓揮枹,兵相接而刃相角,人君用武事成大功者,臣以爲非難事也。 ○山中倡庵曰:依首説(講義),則以無善之軍爲不用戰鬪而善勝良將至妙之軍也,不相被於上下文矣,不可從。蓋意上文,既舉鼓用之大,而又推之本説。下提鼓揮枹而雖成大功,兵器具備而後爲之,故君能成功。臣以爲非難也,是以預不具兵器,則非善攻守之軍,而名將之所不爲也。乃具兵器之法者,又不正市法則,焉得之乎? 故下文所演者,皆足財用具兵器之法也。宜從後説也。 按:因有將軍,故君以武事成功者不難。

〔三〕施子美曰:攻必以蒙沖,蒙沖者,車蒙以皮,可以衝突者也;守必以渠答,渠答者,拒馬也。今無此而可以攻,可以守,故爲無善者。無善,言莫善也,猶詩所謂"無競維人"之"無"同。無競者,言莫競乎此也。法有善,有莫善,有善未大,莫善爲大,而無善者,亦莫善之謂也。 ○劉寅曰:古人有曰:無蒙沖而攻敵,無渠答而守國。蒙沖,攻具也;渠答,鐵蒺藜也。無此二者,是謂不善攻守之軍。 ○陳玖學曰:蒙衝,戰船也。渠答,竹馬、蒺藜之類。不備而欲攻守,是不用善言之軍。 ○黄獻臣曰:非善攻守之軍。 ○阮漢聞曰:細玩文義,謂君藉武事成功,勞心勞力,不足奇也,惟如古人所云不攻之攻,不守之守,道德爲威,神武不殺,斯爲難耳。則用軍無有善於此者。舊注連下“視無見,聽無聞”,曲解不成文義。　　○丁洪章曰:蒙衝,雲梯戰船也。渠答,竹馬、鐵蒺藜之類。　　○朱墉曰:無善之軍,非善攻善守之軍也。　　○鍾兆華曰:蒙沖,亦作“艨艟”,古代戰船。釋名釋船:“狹而長曰艨沖,以衝突敵船也。”尉繚子全書未提到水戰,攻守均對城池而言。“蒙沖”可能有誤。六韜武韜發啓:“故無甲兵而勝,無沖機而攻,無溝壍而守。”“沖機”當是攻城器械。尉繚子殘簡中有“無沖籠而攻,無……”句,應是本句簡文。“沖籠”即“沖機”之屬,也是攻城器械。無善,莫善、最善。孟子盡心下:“養心莫善於寡欲。”　　○李解民曰:沖,攻城用的一種戰車。淮南子覽冥“大沖車”,高誘注:“沖車,大鐵著其轅端,馬被甲,車被兵,所以沖於敵城也。”岑仲勉墨子城守各篇簡注云:“古代之沖,其制實與一般之車異。”“古所謂沖,大約即對樓之類。”可參看。蒙沖,指用質地堅韌的材料如獸皮等蒙圍起來的戰車。漢代有一種戰船亦稱“蒙沖”,資治通鑑漢獻帝建安十三年胡三省注引杜佑曰:“蒙沖,以生牛皮蒙船覆背,兩廂開制棹孔,左右前後有弩窗、矛穴,敵不得近,矢石不能敗。”當由此陸地戰車“蒙沖”演變而來。銀雀山漢墓竹簡六韜武韜發啓“沖龍”(“毋沖龍而功,毋渠詹而守”)、淮南子兵略“沖隆”(“故攻不待沖隆雲梯而城拔”)、氾論“隆沖”(“隆沖以攻,渠恌以守”)等,當與“蒙沖”類同。　　按:蒙沖,古代戰船名,用以衝突敵船。據文義,蒙沖疑作“渠沖”。渠沖,攻城之大車。荀子疆國:“爲人臣者不恤己行之不行,苟得利而已矣,是渠衝入穴而求利也,是仁人之所羞而不爲也。”楊倞注:“渠,大也。渠衝,攻城之大車也。”渠答,即防禦用的鐵蒺藜。無善之軍,非善攻善守之軍也。朱氏説是。

　　視無見,聽無聞,由國無市也。〔一〕夫市也者,百貨之官也。市賤賣貴,以限士人。〔二〕人食粟一斗,馬食菽三斗,①人有飢色,馬有瘠形,何也? 市有所出,②而官無主也。〔三〕夫提天下之節制,而無百貨之官,無謂其能戰也。〔四〕

【校】

　　①華陸綜曰:“菽”,原作“粟”,從鄂局本改。鍾兆華曰:“粟”字當爲“菽”

字之誤,據直解本正。李解民曰:"菽",原作"粟",據講義本、直解本、天啓本、彙解本改。 **按**:"菽",原作"粟",據講義本、直解本、鰲頭本、兵略本、開宗本、武備志本、四庫本、彙解本、子書百家本、二十五子彙函本改。

②華陸綜曰:"有",原脫,從鄂局本補。鍾兆華曰:"有",宋本脫,據施氏、直解本補。李解民曰:"有",原無,據講義本、直解本、天啓本、彙解本補。 **按**:"有",原脫,據講義本、直解本、鰲頭本、兵略本、開宗本、武備志本、四庫本、彙解本、子書百家本、二十五子彙函本補。

【注】

〔一〕施子美曰:古者日中爲市,致天下之民,聚天下之貨。惟其致天下之民,此所以有聞見也,無市則無所聞見。 ○劉寅曰:視無所見,聽無所聞,由國中無市也。 ○陳玖學曰:而見聞俱無者,由其國無市法,故其用有不足也。 ○黃獻臣曰:無市法以爲兵餉助也。 ○阮漢聞曰:立市以取稅耳,然市人往來既多,凡有傳說,即吾見聞,因而豫防,因而決計,無不可者。斯又不諜之諜也。舊注殊舛。 ○山中倡庵曰:市者爲天下商賈所聚也,故聞他國之風,見列國之産也。 ○朱墉曰:無見無聞,飢餒之疾也。無市,無市法以爲兵餉助也。 ○李解民曰:"視無見,聽無聞",睜眼看看不見東西,用耳聽聽不見聲音。或謂士兵因飢餓影響視力、聽力所致。或謂言將帥耳目閉塞,信息不通。疑前説近是。 **按**:此言市場不僅交易貨品,滿足軍隊稅收,同時南來北往的商人往往也會帶來各地不同的信息,因此市場也是情報收集的重要場所。阮氏説是,李氏未得其意。

〔二〕施子美曰:市爲百貨主,故曰百貨之官。賤市貴賣,以此限吾軍士,節其用費也。 ○劉寅曰:夫市也者,百貨之官也。百貨之官,平估物價,市物之賤者,賣物之貴者,以限節士人。 ○陳玖學曰:市必有主百貨之官,其法賤者市之,貴者賣之,以限制乎士人,不得以其物而極貴賤也。 ○黃獻臣曰:市必有主百貨之官。其法賤者市之,貴者賣之,以限制乎士人,不得以其物而極貴賤,曰限,非故高價以屬民可知。 ○阮漢聞曰:市賤賣貴。市,官事也,不限制之,使壟斷,乘乏徼利,肥瘠不均,必致生事。 ○丁洪章曰:黃氏曰:按市法非市稅,不過徵貴徵賤,以侯王同商賈之事,然已非古意矣。想戰國時,地狹民貧,軍需不足,爲此權計,如桑弘羊令吏坐市列肆,而萬物不得騰踴,遂至天下財用豐足。後世祖是，芻粟不飽，而手寔箕斂，武功之所以不競歟？

○傅服水曰：市法，如漢劉巴平物價法也。按市法非市稅，不過徵貴徵賤，以侯王同商賈之事，然已非古意矣。想戰國時，地狹民貧，軍需不足，爲此權計，如桑弘羊令吏坐市列肆，而萬物不得騰踴，遂至天下財用豐足。以限士人，非故高價以屬民可知。　　○朱墉曰：官，立官以主其事也。市賤，買其貨之賤者。限，制也。平其價，不得極貴極賤，曰限。有所出，市可取利也。　　○鍾兆華曰：官，管。禮記王制：“王者之制祿爵，公侯伯子男，凡五等，諸侯之上大夫卿、下大夫、上士、中士、下士，凡五等。”孔疏：“其諸侯以下及三公至士，總而言之，皆謂之官。官者管也，以管領爲名。”市，買。論語鄉黨：“沽酒市脯不食。”

○李解民曰：官，舍、場所。或謂通“管”，管理。“夫市也者，百貨之官也”，銀雀山漢墓竹簡市法云：“市者，百貨之威，用之量也。”整理組注：“威，疑當讀爲‘隈’，‘百貨之隈’猶言‘百貨之淵’。”意近，可參看。　　按：此言市場亦應設置專門負責管理的官員。以限士人，言限制士人市賤賣貴，囤積居奇，壟斷市場，此不利軍隊之供也。黃氏、阮氏説是。

〔三〕施子美曰：夫軍士人食粟一斗，馬食菽三斗，養馬猶爲費也。斗者，刁斗夜擊者也，更用量粟，所盛四萬升，人馬所資，如此，今不足以給其食，而使人飢馬瘠者，以市雖有所立而無人以主之也。此李牧之於雁門，所以收租而盡入幕府也。　　○劉寅曰：人日食粟一斗，馬日食菽三斗，人猶有飢色，馬猶有瘠形者，是何也？市有所出而官無主典之法也。　　○陳玖學曰：市雖有出而無官以主之，則賤時不市，貴時不賣，以致物價勝踴而用不足也。　　○黃獻臣曰：指今軍中人馬俱有常食。市利盡有所出，官不堪主市，故鮮餘利也。　　○阮漢聞曰：無主，誰爲限之？　　○朱墉曰：無主，未設治市之官以主管其事，故鮮餘利也。　　○鍾兆華曰：菽，豆類的總稱。　　○李解民曰：粟，原指穀子，此泛指糧食。斗，約合今二升。“人食粟一斗”，當時成年男子一天的糧食基本定量爲一斗。……“菽”，原作“粟”，大豆，此當指豆料。“馬食菽三斗”，指一匹馬一天的飼料定量爲豆料三斗。主，主管、主管機構。　　按：此言市場當設官吏加以管理，否則不能爲輔軍所用。

〔四〕施子美曰：提天下之節制之兵，雖爲可用，然無百貨之官，是無市也。無市則無財，士無財不來，其何以戰？故曰無謂其能戰。　　○劉寅曰：夫提攜天下之節制，而不置主典百貨之官，不可謂之能戰者也。愚謂<u>尉繚</u>治市之説，不過掊克聚斂以富國强兵耳，亦<u>商鞅</u>之學也。後世如<u>漢武帝</u>時，左庶長<u>桑弘羊</u>令吏坐市列肆，販物求利，賣貴買賤，使富商大賈無所牟大利，而萬物不得騰踴，遂致天下財用豐足。<u>武帝</u>巡狩，所過賞賜金帛巨萬計，皆足取焉。而<u>卜式</u>因旱請誅<u>弘羊</u>者，誠以掊克之臣爲國斂怨，聖帝明王焉肯用之？　　○<u>陳玖學</u>曰：無百貨之官，則利用無法，非能戰者也。　　○<u>黃獻臣</u>曰：此言當設市官以佐軍興，如<u>漢劉巴</u>平物價法也。按市法非市税，不過徵貴徵賤，以侯王同商賈之事，然已非古意矣。想<u>戰國</u>時地狹民貧，軍需不足，爲此權計。如<u>桑弘羊</u>令吏坐市列肆，而萬物不得騰踴，遂致天下財用豐足。（<u>漢武</u>時，羊令吏列肆販物求利，賣貴買賤，使富商大賈無所牟大利。<u>武帝</u>巡狩，所過官賜金帛巨萬，皆足取焉。而<u>卜式</u>因旱請誅<u>弘羊</u>，以掊克聚斂故也。）後世祖是，芻粟不飽，而手寔，（<u>蘇軾</u>草<u>呂惠卿</u>制曰：“手寔之禍，下及雞豚。”）箕斂，（<u>司馬光</u>曰：“善理財者，不過頭會箕斂耳。”）武功之所以不競與？　　○<u>李騰芳</u>曰：此言欲設市官以足用，效<u>漢劉巴</u>平物價之法可矣。後世如<u>蘇軾</u>草<u>呂惠卿</u>制曰“手實之禍，下及雞豚”，又<u>司馬光</u>論“今之理財者，不過頭會貨斂耳”，此可爲國有市乎？　　○<u>阮漢聞</u>曰：限士人易，限内之要人與將吏及將吏之親匿左右難，今鹽筴馬市可知矣。　　○<u>丁洪章</u>曰：此言當設市官以助軍興也。　　○<u>山中倡庵</u>曰：此一條特重財用之制，不須説爲兵之非制也。　　○<u>朱墉</u>曰：提，操兵權也。節制，兵之進退由我也。　　○<u>鍾兆華</u>曰：提，掌握、提挈。　　○<u>李解民</u>曰：節制，調度管束，此指管轄指揮軍隊。　　**按**：此言提攜天下之節制，而不置主典百貨之官，不可謂之能戰者也。<u>劉氏</u>説近是。

　　起兵直使甲胄生蟣蝨者，[1]必爲吾所效用也。〔一〕鷙鳥逐雀，有襲人之懷，入人之室者，非出生也，[2]後有憚也。〔二〕

【校】

　　①<u>華陸綜</u>曰：“蝨”，原脱，從鄂局本補。<u>鍾兆華</u>曰：宋本脱“蝨”字，據施氏、<u>直解</u>本補。<u>李解民</u>曰：講義本、<u>直解</u>本、天啓本、彙解本“蟣”後有“蝨”字。　　**按**：“蟣蝨者”，原作“蟣者”，講義本、<u>直解</u>本、鰲頭本、開宗本作“蟣蝨”，兵略本、武備志本、四庫本、彙解本、子書百家本、二十五子彙函本作“蟣蝨者”，底本當脱“蝨”字，今據補。

②鍾兆華曰:宋本脱"也"字,據施氏、直解本補。李解民曰:"也",原無,據講義本、直解本、天啓本、彙解本補。　按:"也",原脱,據講義本、直解本、鰲頭本、兵略本、開宗本、武備志本、四庫本、彙解本、子書百家本、二十五子彙函本補。

【注】

〔一〕施子美曰:夫用兵之道,必欲使之,必爲上用。自起兵至甲冑生蟣蝨,亦爲我用,言雖久,亦爲我用。項羽之兵,符堅之兵,皆甲冑生蟣蝨,雖然,不爲之用,亦何益哉? 乃若楚人之師,昔歲入陳,今兹入鄭,民不疲勞,君無怨讟,其必爲用也可知。　○黄獻臣曰:必感激思奮爲我效用。　○丁洪章曰:此喻言士卒之必爲我效死者,以畏我之威也。又曰:用兵至於甲冑生蟣蝨而無變易之心,此等人心堅如金石矣。然非將之德威,兵之仁義,安能至此? 此本文重在"威"上。　○山中倡庵曰:初起兵,其甲冑最新也,其兵曝外既久也,故直至生蟣蝨也。　○朱墉曰:冑,頭盔也。爲吾所效用者,畏將之威,不敢不盡力也。○鍾兆華曰:甲冑,又稱"介冑"。甲,鎧甲。冑,頭盔。　○李解民曰:直,就、即使。"直使",同義詞連用,即使。冑,頭盔。甲冑,亦作"介冑",將士穿戴的頭盔鎧甲。蟣,蝨子卵。　按:此言用兵至於甲冑生蟣蝨而無變易之心,此將之威也。

〔二〕施子美曰:鷙鳥逐雀,有襲人之懷、入人之室者,非求出生之路也,後爲鷙鳥所逼。此言人必有所憚,而後可以得其用。　○劉寅曰:起兵直使士卒甲冑之中生蟣蝨,必爲我所效用者,畏將之威而不敢不盡力也。如鷙鳥之逐雀,有襲人之懷者,有入人之室者,非出生而願就其死,亦後有所畏憚耳。　○陳玖學曰:出生,出生入死。喻言士卒所以必爲吾效用者,以畏吾之威也。　○黄獻臣曰:鷙鳥,喻將。雀,喻士卒。畏鷙鳥之逐其後也。此言將必使人知憚,而後士卒效死。　○阮漢聞曰:襲懷入室多死,恃愛可久,恃憚亦危。　○丁洪章曰:憚,畏也。　○汪升之曰:憚者,畏鷙鳥之逐其後。　○朱墉曰:鷙鳥,鷹鸇也,喻將。雀,喻士卒。襲,暗侵也。出生,離原野生地也。　○鍾兆華曰:鷙鳥,凶猛的鳥,如鷹隼之類。憚,害怕、畏懼。　○李解民曰:鷙,凶猛的大鳥,如鷹、鶻之類。襲,入、竄入。生,通"性",本性、天性。憚,畏懼。　按:此亦言將之威。

太公望年七十,屠牛朝歌,賣食盟津,^①過七年餘而主不聽,^②人人謂之狂夫也。^③及遇文王,則提三萬之衆,一戰而天下定。非武議,安得此合也？^④〔一〕故曰:"良馬有策,遠道可致;賢士有合,大道可明。"〔二〕

【校】

①鍾兆華曰:"盟津",韜略、朱藏本作"孟津",御覽卷七三九引作"棘津"。李解民曰:"盟津",史記遊俠列傳張守節正義、太平御覽卷七三九引作"棘津"。　按:鍾氏所云"朱藏本",即鈔本兵書七種本,署海鹽朱遏先藏書。

②李解民曰:"遇七十餘主而不聽",原作"過七年餘而主不聽",據太平御覽卷七三九引改。講義本、直解本、天啓本、彙解本作"過七十餘而主不聽"。按:"過七年餘而主不聽",御覽卷七三九引作"遇七十餘主而不聽",講義本、直解本、鰲頭本、兵略本、開宗本、武備志本、四庫本、彙解本、子書百家本、二十五子彙函本作"過七十餘而主不聽"。

③華陸綜曰:"謂之",原作"之謂",從鄂局本改。鍾兆華曰:"人人之謂狂夫也",御覽卷七三九引作"人皆曰狂丈夫"。"之謂",應爲"謂之",宋本顛倒。施氏、直解本等作"謂之",當據正。李解民曰:"謂之",原作"之謂",據講義本、直解本、天啓本、彙解本乙正。　按:"謂之",原作"之謂",據講義本、直解本、鰲頭本、兵略本、開宗本、武備志本、四庫本、彙解本、子書百家本、二十五子彙函本乙正。御覽卷七三九引作"人皆曰狂丈夫"。

④鍾兆華曰:"得",直解、韜略、鰲頭本等作"能"。李解民曰:"得",直解本、天啓本、彙解本等作"能"。

【注】

〔一〕施子美曰:將相無種,大器晚成,士方窮時,安時處順,雖屠牛賣食,不以爲恥,是何耶？古之逸士藏山隱市,何拘於此乎？年雖七十有餘,而其堅剛之操未嘗少挫。苟一遇主,三萬之衆,有不足統,天下之大,有不足定,自非武議素定,亦未得此也。　○劉寅曰:太公望,東海上人,本姓姜氏,先祖嘗封於呂,故又曰呂尚。時年七十餘歲,屠牛於朝歌。朝歌,紂所都也。賣食於盟津。盟津,即孟津也。過七十有餘,而主不聽用,人人皆謂之狂夫。聞文王作興,乃西歸於周，釣於渭水。西伯出獵，遇太公，與語，大悦，曰："自吾先君太公望子久矣。"故號曰太公望。載與俱歸，立爲師。文王崩，子武王立，乃東伐紂，提三萬之衆，一戰而天下定。非太公善於武議，安能與文王、武王如此之合也？

○陳玖學曰：武議，長於武議。　○黄獻臣曰：朝歌、盟津，皆地名。　○丁洪章曰：太公望，即姜子牙，遇文王，稱爲太公望。屠，宰也。朝歌，地名，紂都邑。盟津，亦地名，即孟津也。人謂狂夫，言不聞於上也。此言太公遇文王而致戰勝之功，以明賢人不可不用之意也。　○汪殿武曰：屠牛，宰牛也。朝歌，地名。當紂之時，大道不明於天下，太公不得已，遂托屠牛朝歌而市之，正借此以作遇合之機耳。可見古來賢人不得志，往往伏身於耕漁屠釣之中，正此意也。　○指南曰：耕漁屠釣者，較晴量雨，可知天下怨望之情；食餌牽緡，可知天下聚散之情；批根導窾，可知天下游刃有餘之情。故陳平切肉俎上，其志意已深遠矣。　○題炬曰：一戰而天下定，言太公得遇文王，明良會合，牧野陳師而會朝清明，又何必窮兵黷武哉？向使天澤無緣，則國家八百之基何由建？而渭濱釣叟亦終以綸竿老矣。故知一戰非難，而得其人之爲難也。　○朱墉曰：太公望，東海上人，本姓姜氏，先祖常封於呂，故又曰呂尚。西伯文王出獵，語之曰："吾太公望子久矣。"故號曰太公望。朝歌，紂所都也。盟津，地名。狂夫，狂妄之人，言無聞望也。提，領也。此合，與文王、武王相合也。　○鍾兆華曰：太公望，吕尚，姓姜，字子牙。文王遇見了他，説："吾太公望子久矣。"故又稱太公望。因輔周滅商有功，封於齊。傳説兵書六韜爲他所作。朝歌，商紂的別都，在今河南淇縣。盟津，古黄河渡口，在今河南孟津縣東北、孟縣西南。相傳周武王在此與諸侯會盟並渡河伐紂。史記齊太公世家説："吕尚蓋嘗窮困，年老矣。"司馬貞索隱説："譙周曰：吕望嘗屠牛於朝歌，賣飲於孟津。"七年，此言吕尚屠牛賣食七年多，不受器重。主，指商紂王。及遇文王，史記齊太公世家："或曰：太公博聞，嘗事紂。紂無道，去之。遊説諸侯，無所遇，而卒西歸周西伯。"合，聚、會。六韜文韜文師："君子情同而親合，親合而事生之，情也。"説明政治見解的一致，使吕尚和文王得以會合。　○李解民曰：太公望，姜姓，吕氏，名望，字尚，一説字子牙，有太公之稱，故又叫吕尚、姜子牙、姜太公。周初官太師，故亦叫師尚父。商末，受到周文王賞識重用，成爲輔佐周武王推翻商王統治、建立西周王朝的重臣。周初，受封於齊（今山東北部），是爲齊國始祖。世傳其著之六韜，實係戰國時人僞託。朝歌，商朝末年國都，在今河南淇縣北。盟津，亦稱孟津，古黃河津渡名，在今河南孟津縣東北、孟縣西南，或謂亦稱棘津。文王，即周文王，姬姓，名昌，商紂時西方諸侯之長，故稱西伯，亦稱伯昌。曾被商紂王囚禁於羑里（今河南湯陰北）。招致賢士，修明內政，國力强盛，攻滅黎（今山西長治西南）、邘（今河南沁陽西北）、崇（今河南嵩縣北）等國，建立豐邑（今陝西西安市西南灃水西岸），以爲國都，從各方面爲其子周武王滅商奠定基礎。　　按：太公望，即姜太公，姜姓，名尚。相傳周文王初遇見他時曾説“吾太公望子久矣”，故後人稱爲“太公望”。朝歌，商紂的別都，在今河南省淇縣。盟津，亦稱孟津，在今河南省孟縣西南。文王，即周文王，姬姓，名昌，武王之父。一戰，指武王伐紂的牧野之戰。合，遇合。此言明主與賢將遇合之重要。

〔二〕施子美曰：故曰：“良馬有策，遠道可致。”夫馬雖有才，必策之而後可見；士雖有能，必合之而後可從。太公之會遇，正以此也。然古之人臣得君者，不獨太公也。龍卧南陽，螭蟠西華者，皆能佐時輔主，爲世名臣，然未若太公之盛耳。　　○劉寅曰：故古人有言：良馬有鞭策，則千里之遠道可致；賢士有合於人君，治世之大道可明。　　○陳玖學曰：此引必言致賢士而後征伐之大道可明也。　　○黃獻臣曰：此舉太公出處，言賢士每伏耕漁屠釣，不遇明主，終難致功。人君欲明大道，可不知所以致賢哉？　　○李騰芳曰：此題“合”字、“道”字，自認賢士與世主遇合，則征伐之大道可明，如太公之遇文王是也。所以合者，由世主以道致賢也。　　○丁洪章曰：古來英雄豪傑不遇主時，便隱耕漁屠釣之中。然不耕則漁，不漁則屠，何也？較晴量雨，可知天下怨望之情；食鮮牽繒，可知天下聚散之情；批郤導窾，可知天下游刃有餘之情。故史稱陳平切肉俎上，曰“使平宰割天下，當如此肉”，則屠牛之意，想似此耳。又曰：賢士有合，如易所謂“遇主於巷”是也。如三聘之往，是伊尹之有合也，而堯舜君民之大道可明；良弼之夢，是傅説之有合也，而鷹揚周室之大道可明。後世若留侯之遇高帝，武侯之遇先主，皆可以言合。誅秦麋項，討魏連吳，大道亦明矣。　○指南曰：活講賢士不得，活講大道不得，要切太公遇文王此等賢士，要切征誅伐紂此等大道。　　○合參曰：賢士有合如易，所謂遇主於巷是也。如三聘之往，是伊尹之有合也，而堯舜君臣之大道可明；良弼之夢，是傅説之有合也，而霖雨蒼生之大道可明；後車命載，呂望之有合也，而諒武肆伐之大道可明。
○許濟曰：賢士抱大道於巖穴，豈徒自有餘而已？固欲明此大道，以建經綸康
濟之功，而不合則不明。　　○朱墉曰：策，鞭也。有合，志投意洽也。大道，治
世安民之大道也。　　○李解民曰：策，馬鞭。致，達，到達。“良馬有策，遠道可
致；賢士有合，大道可明”，按銀雀山漢墓竹簡要言云：“良馬有乘，遠道可長
也；賢材有合，大道可明也。”語與此近。　　按：大道，就尉繚子思想看，當指
霸道。

　　武王伐紂，師渡盟津，右旄左鉞，死士三百，戰士三萬。〔一〕紂
之陳億萬，飛廉、惡來，身先戟斧，陳開百里。〔二〕武王不罷士民，兵
不血刃，而克商誅紂，①無祥異也，人事脩不脩而然也。〔三〕

【校】

　　①華陸綜曰：“克”，原脱，從鄂局本補。鍾兆華曰：“克”，宋本脱，據施氏、
直解本補。李解民曰：“克”，原無，據講義本、直解本、天啓本、彙解本補。
按：“克”，原脱，據講義本、直解本、鰲頭本、兵略本、開宗本、武備志本、四庫本、
彙解本、子書百家本、二十五子彙函本補。

【注】

　　〔一〕施子美曰：易曰：“湯武革命，應乎天而順乎人。”初未聞有祥異也，大
抵商之末，周之初，紂虐已甚，而文武之化，行乎汝墳，被於江漢，天予之，人予
之，武王何心哉？是以盟津之渡，不勞力而享成功矣。按泰誓，惟十有一年一
月戊午，師渡孟津。孔子曰：“與諸侯期而共伐紂，王左仗黄鉞、右秉白旄以
麾。”即此右旄左鉞。虎賁三百人，即此死士三百也。戰士三萬，即前所謂武王
以二萬二千五百人是也。　　○劉寅曰：周武王東伐紂，師渡盟津，右秉白旄，左
仗黄鉞，敢死之士三百，善戰之士三萬。　　○阮漢聞曰：死士三百，是親兵也。
然亦前行陷陣之始。　　○朱墉曰：旄，以旄牛尾注于旗杆之首也。鉞，大斧也。
死士，敢死之士卒也。　　○鍾兆華曰：右旄左鉞，尚書牧誓：“（武）王左杖黄
鉞，右秉白旄以麾。”旄，古時用旄牛尾裝飾的旗子。鉞，武器，也用作刑具。古
時命將，國君親自將斧鉞授給將帥，因而也是威權的象徵，所以在戰場上又用
以指揮。死士，敢死之士，又稱“虎賁”。尚書牧誓：“武王戎車三百兩，虎賁三

百人，與受戰於牧野。"受，商紂，字受。 ○李解民曰：旄，古時旗杆頭上用旄牛尾做的裝飾，因即指有這種裝飾的旗，常用作帥旗。"鉞"，一種形似斧的兵器。圓刃或平刃，安裝木柄，持以砍斫，一般以青銅製成，爲軍中執法之器。又常用作禮器，象徵刑法和權力。右旄左鉞，尚書牧誓云："王左仗黃鉞，右秉白旄以麾。"史記周本紀同。可參看。死士，敢死之士。書序云"虎賁三百人"，與此"死士三百"相合，則此死士似即虎賁。 按：武王伐紂，是右旄左鉞，還是左旄右鉞，各家所載不一。呂氏春秋不苟："武王左釋白羽，右釋黃鉞，勉而自爲係。"史記周本紀："武王左杖黃鉞，右秉白旄以麾，曰：'遠矣西土之人！'"淮南子覽冥訓："於是武王左操黃鉞，右秉白旄。"又，武王伐紂所用士卒數量，各家所載也不一。呂氏春秋簡選："武王虎賁三千人，簡車三百乘，以要甲子之事於牧野，而紂爲禽。"

〔二〕施子美曰：紂之億萬，即書所謂"受有臣億萬，惟億萬心"是也。飛廉、惡來，紂之信任之臣也。身先斧鉞，則師卒旅而來也。陳開百里，則其旅之衆也。 ○劉寅曰：商紂之陳億萬衆，又有飛廉、惡來二將多力善走，身先以戟斧，遇戰陣，開道百里。 ○黃獻臣曰：飛廉、惡來，紂二將多力善走。 ○阮漢聞曰：紂億萬之師，百里之陣，大言無據，然符秦元魏完顏以多取敗，由不知勢、險、節、短四字耳。 ○丁洪章曰：十萬曰億。飛廉、惡來，俱紂將。 ○朱墉曰：飛廉、惡來，紂之二將也。身先，以身爲士卒倡也。百里，廣闊遠大也。

○鍾兆華曰：飛廉、惡來，商紂的大臣。史記秦本紀："蜚廉生惡來。惡來有力，蜚廉善走。父子俱以材力事殷紂。"飛、蜚同。 ○李解民曰：飛廉，亦作"蜚廉"，嬴姓，與秦同族，別號處父，善奔跑，爲商紂大臣。孟子滕文公下云："周公相武王誅紂，伐奄三年討其君，驅飛廉於海隅而戮之。"史記秦本紀云："周武王之伐紂……是時蜚廉爲紂石北方，還，無所報，爲壇霍太山而報，得石棺，銘曰：'帝令處父不與殷亂，賜爾石棺以華氏。'死，遂葬於霍太山。"皆爲戰國秦漢間傳聞異辭。惡來，飛廉之子，名革，亦稱來革，有力，爲商紂之臣，在牧野之戰中被周武王的軍隊所殺死。陳開百里，軍陣排開有百里之長。北堂書鈔卷一一七引云："紂之陳起自黃鳥，至於赤甫。"太平御覽卷三〇五引云："紂之陳起自黃鳥，至赤斧，其間百里。"皆係唐宋傳本舊文，於此爲詳，可參看。按：億，古指十萬。億萬，泛指兵力很多。飛廉，亦作"蜚廉"。飛廉、惡來，人名。據史記秦本紀："蜚廉生惡來。惡來有力,蜚廉善走,父子俱以材力事殷紂。"

〔三〕施子美曰:夫惡、廉如此之勇,陳陳如此之廣,爲武王者,且不勞一士,不衂一刃,而克商誅紂者,非有祥異也,修人事而已。如以祥異而興,則風雨暴至,群公盡懼,太公何以焚龜折蓍而行? 蓋武王以仁義之師攻有罪之國,人事修而天理應,一至此也。説者又惑師渡孟津,受率其旅若林,血流漂杵之説。今尉繚子以武王不罷士民,不血一刃何耶? 蓋"盡信書,不如無書,吾於武成取二三策而已",孟子之言,厥有旨哉! ○劉寅曰:周武王乃不罷士民,兵不血刃,而紂之兵前徒倒戈,自相攻殺,遂勝商而誅紂,無他祥異也,在人事之修與不修而然也。 ○陳玖學曰:祥,禎祥。異,怪異。 ○許維東曰:世將人事不修,而徒較量於時日術數之中,何益成敗之數哉? ○丁洪章曰:人事,即武議也。人事之修不修,正在賢主之合不合上。若孤虛、咸池等事,豈人事乎? 所以尉君亟言之。此舉武王伐紂,明興亡不關祥異而在修人事也。今世將人事不修,而徒較量於時日術數之中,何益成敗之數哉? ○朱墉曰:罷,勞苦也。克商者,前徒倒戈自相攻殺也。祥,禎祥也。異,怪異也。人事即武議也,然指周勝商敗而言。 ○李解民曰:罷,通"疲",疲勞。"祥異",祥瑞災異。 按:此言明興亡不關祥異而在修人事也。劉氏、丁氏説是。

今世將考孤虛,占咸池,^①合龜兆,視吉凶,^②觀星辰風雲之變。欲以成勝立功,臣以爲難。〔一〕夫將者,上不制於天,下不制於地,中不制於人。〔二〕故兵者,凶器也;爭者,逆德也;將者,死官也,故不得已而用之。〔三〕

【校】

①華陸綜曰:"咸",原作"城",從鄂局本改。鍾兆華曰:"城池"當爲"咸池"之誤,據施氏、直解本正。李解民曰:"咸",原作"城",據講義本、直解本、天啓本、彙解本改。 按:"咸池",原作"城池",字形近而訛,據講義本、直解本、鼇頭本、兵略本、開宗本、武備志本、四庫本、彙解本、子書百家本、二十五子彙函本改。

②鍾兆華曰:"視吉凶",韜略、彙函侯本、清芬、二五、二八、百家本均無此

三字。<u>李解民</u>曰:"視吉凶",<u>天啓</u>本、<u>鄂</u>本無此三字。

【注】

　　〔一〕<u>施子美</u>曰:天道遠而難知,人道近而易見,愚者蔽於天,智者驗於人。<u>唐太宗</u>曰:"陰陽術數,廢之可乎?"而<u>靖</u>則曰:"兵,詭道也,托之以陰陽術數,則使貪使愚,茲不可廢。"蓋存其機於未萌,及其成功,在人事而已。是則用兵者,詎可信人而棄天乎?故孤虚,占法也,從而考之,則建破得而明。<u>咸池</u>,樂名也,從而占之,故勝負得而決。龜兆,卜也,令而稽之,則吉凶可得而知。星辰雲風之變,氣候也,觀之,則精祲可得而驗。世將欲以此而求勝於人,不亦難乎!是數者,既不可以取勝,蓋亦求之人事乎!　　○<u>劉寅</u>曰:今世爲將者不修人事,務考孤虚,占咸池,合龜兆,以視吉凶,觀星辰風雲之變動。孤虚者,日辰不全也,如甲子旬以戌亥爲孤、以辰巳爲虚之類是也。咸池者,陰陽家以寅午戌月忌卯爲咸池、巳酉丑月忌午爲咸池、申子辰月忌酉爲咸池、亥卯未月忌子爲咸池是也。龜兆者,用龜卜其吉凶之兆也。星辰者,五星十二次也。風雲者,審其風之逆順,觀其雲之形狀也。欲以成勝立功,臣以爲之難也。　　○<u>陳玖學</u>曰:孤虚,時日孤虚。咸池,凶星。龜兆,龜卜吉凶之兆。風雲之變,五星十二辰,風勢物色。此言世將不修人事而徒信陰陽術數者,難成武功。　　○<u>黃獻臣</u>曰:孤虚,言星辰不全也,如甲子旬以戌亥爲孤、以辰巳爲虚之類。咸池,凶星,以辰午戌月忌卯、巳酉丑月忌午、申子辰月忌酉、亥卯未月忌子爲咸池。五星十二辰,風勢雲色。此舉<u>武王伐紂</u>,明興亡不關祥異,世將人事不脩,而徒較量於時日術數之中,何益成敗之數哉?　　○<u>李騰芳</u>曰:不修人事而泥於時日,用龜卜其吉凶。星辰,指五星十二次。孤虚,星辰不全也,如甲子自以戌亥爲孤、以辰巳爲虚之類。咸池,如陰陽家以辰午戌月忌卯爲咸池,巳酉丑月忌午爲咸池,申子辰月忌酉爲咸池,亥卯未月忌子爲咸池。　　○<u>丁洪章</u>曰:孤虚,是日辰不全之謂。咸池,凶星也。龜兆,龜卜之兆也。星,五星。辰,十二辰也。風,風勢也。雲,雲色也。　　○<u>山中倡庵</u>曰:軍行須知明時篇:"安危之兆,禍福之機,非獨天時,亦由人事矣。"<u>李筌</u>曰:"天時不佑無道之主、地利之主、亂亡之國。"<u>李筌</u>之說疑"地利"之"地"字誤乎?　　○<u>朱墉</u>曰:孤虚,星辰不全也,如甲子旬以戌亥爲孤、以辰巳爲虚之類是也。咸池,凶星,陰陽家以寅午戌月忌卯爲咸池、巳酉丑月忌午爲咸池、申子辰月忌酉爲咸池、亥卯未月忌子爲咸池是也。龜兆,灼龜甲,視其紋,以爲吉凶之兆也。星辰者,五星十二次也。風雲者,審其風之順逆,觀其雲之形狀也。　　○鍾兆華曰:孤虛,史記龜策傳:"日辰不全,故有孤虛。"據裴駰的解釋,天干爲"日",地支爲"辰",十天干與十二地支相搭配,如果相搭配的第十一對是甲子,那麼地支中的戌、亥就是"孤",地支中的已經搭配的中間兩個辰、已就是'虛',其餘甲戌旬、甲申旬由此類推。城池,當爲"咸池"之誤。楚辭七諫怨思:"哀人事之不幸兮,屬天命而委之咸池。"王逸注:"咸池,天神也。"或説咸池爲凶星。合,查驗。龜兆,古時以燒灼龜甲察看裂紋以判斷事情的吉凶。　　○李解民曰:孤虛,古時一種推算時日吉凶的迷信方法。天干爲日,地支爲辰,日辰不全稱孤虛,亦稱空亡。如得孤虛之日,則舉事不成。史記龜策列傳褚少孫所補云:"日辰不全,故有孤虛。"裴駰集解云:"甲乙謂之日,子丑謂之辰。六甲孤虛法:甲子旬中無戌亥,戌亥即爲孤,辰巳即爲虛。甲戌旬中無申酉,申酉爲孤,寅卯即爲虛。甲申旬中無午未,午未爲孤,子丑即爲虛。甲午旬中無辰巳,辰巳爲孤,戌亥即爲虛。甲辰旬中無寅卯,寅卯爲孤,申酉即爲虛。甲寅旬中無子丑,子丑爲孤,午未即爲虛。劉歆七略有風后孤虛二十卷。"咸池,星名,屬御夫座。星術家以爲此星與兵事有關。史記天官書云:"西宮咸池,曰天五潢。五潢,五帝車舍。火入,旱;金,兵;水,水。中有三柱,柱不具,兵起。"兆,卜兆,占卜時灼烤龜殼鑿孔所出現的裂紋。"合龜兆",即占卜之法,驗合龜卜的兆紋。"觀星辰風雲之變",觀察星辰風雲的變化。古代迷信家認爲星辰風雲的變化能預示人事的吉凶。歷代統治者多信從其説,設置有關機構,配備專職人員,主掌其事。周禮春官保章氏云:"保章氏掌天星,以志星辰、日、月之變動,以觀天下之遷,辨其吉凶;以星土辨九州之地,所封封域皆有分星,以觀妖祥;以十有二歲之相觀天下之妖祥;以五雲之物辨吉凶、水旱、降豐荒之祲象;以十有二風察天地之和命,乖別之妖祥。凡此五物者,以詔救政、訪序事。"後漢書百官志二云:"靈臺掌候日月星氣,皆屬太史。"李賢注:"漢官曰:'靈臺待詔四十一人,其十四人候星,二人候日,三人候風,十二人候氣,三人候晷景,七人候鐘律。'"　　按:孤虛,即"六甲孤虛法",古代方術用語,即計日時,以十天干順次與十二地支相配爲一旬,所餘的兩地支稱爲"孤"。在地支中,與"孤"相對者爲"虛"。詳見李解民注引裴駰集解。古人常用以推算吉凶禍福,預測事之成敗。史記龜策列傳:“日辰不全,故有孤虛。”據史記龜策列傳記載,古時出兵有“背孤而攻虛”的説法。咸池,星名,史記天官書:“西宮咸池,曰天五潢。五潢,五帝車舍。”張守節正義:“咸池三星,在五車中,天潢南,魚鳥之所托也。金犯守之,兵起。”又正義:“五車五星,三柱九星,在畢東北,天子五兵車舍也。西北大星曰天庫,主太白,秦也。次東北曰天獄,主辰、燕、趙也。次東曰天倉,主歲、衛、魯也。次東南曰司空,主鎮,楚也。次西南曰卿,主熒惑,魏也。占:五車均明,柱皆見,則倉庫實;不見,其國絶食,兵見起。五車、三柱有變,各以其國占之。三柱入出一月,米貴三倍,期二年;出三月,貴十倍,期三年;柱出不與天倉相近,軍出,米貴,轉粟千里;柱倒出,尤甚。”據史記天官書記載,古時有人認爲此星主兵。此句言不修人事而依占卜,則戰而勝難。

　　〔二〕施子美曰:爲將者,上至天,將軍制之,下至地,將軍制之,軍中聞將軍令,不聞天子詔,是不制於天地人也。夫如是,則人事無不修,而征伐無不克矣。　　○劉寅曰:夫將者,上不制於天時之逆順,下不制於地勢之險易,中不制於人事之强弱。不制於天,如劉裕以往亡日出軍而勝燕、公子心倒彗柄出戰而勝齊是也。不制於地,如鄧艾不以陰平爲險而入蜀、趙奢不以道遠險狹而破秦是也。不制於人,如宇文泰不以高歡兵衆而設奇取勝、蕭王不以王尋勢盛而親犯中軍是也。或曰:不制於人,謂不遥制於君也,如李靖不奉詔迎突厥而破頡利是也。蓋前説是無敵於前,後説是無主於後,於義皆通。　　○陳玖學曰:上不爲天時之順逆所制,下不爲地利之險易所制,中不爲君命與敵勢所制。○黃獻臣曰:天時順逆,地利險易,君命敵勢。　　○李騰芳曰:三句見兵談篇。　　○丁洪章曰:此言大將能修人事,則可以制天制地制人。其用也,如猛獸風雷之不可攖,又如怒濤激湍之不可觸。動以一而發以誠,則吉利福祥不爲天時用,而爲人事用。聖人之所以敬謹人事者,蓋如此。　　○汪殿武曰:將者有潛天潛地之謀,而運籌帷幄,則上不爲天時之順逆所制,下又不爲地利之險易所制,故謂之無天無地。　　○朱墉曰:制,限制也。天,陰陽相背也。地,山川險易也。人,人力之强弱衆寡也。　　○鍾兆華曰:制,約束、制約。中不制於人,此指“主”和“敵”而言。　　按:下句“無天於上,無地於下,無主於後,無敵於前”,與此連貫看來,則“中不制於人”,乃指不制於人主。此言爲將者上不制於天時,下不制於地利,中不制於君主,當充分發揮智謀獨斷之作用。陳氏説是,朱氏説可參。

〔三〕施子美曰:然而驅無辜之民,就鋒鏑之下,以爭一日之勝,其器誠凶也,其德誠逆也,其官誠死也,吾豈得已而用之哉? 老子曰"夫兵者,不祥之器,不得已而用之"是也。　○劉寅曰:故兵者,凶惡之器也;爭者,悖逆之德也;將者,必死之官也,故聖人不得已而用之。　○邱濬曰:天下之道二:吉與凶。反順與逆,反生與死。所謂吉順生,人之所欲也;凶逆死,人之所惡也。於人所惡之事,非不得已,烏可以用之哉? 是故國不得已而後至於用兵,士不得已而後至於將兵,可一而不可再,可暫而不可常。所謂無天於上,無地於下,無主於後,豈真無哉? 甚言國之用將,不可有制於中;士之爲將,亦不可有所制於外耳。　○黃獻臣曰:將必死而後生。　○山中倡庵曰:依此説,則"故"字不説去天時之順逆,宜從矣,今卻不從矣;地利之險易,宜計也,今卻不計矣;君命宜受也,敵勢宜畏也,今卻不受不畏矣,皆爲非常之用矣。是以曰:"故兵,凶器也。"損己益人、財散民聚者,天道人事當然,而所謂十朋龜,雖益之,而亦不爲過,可謂順矣。今卻爭奪而欲得之,以所以養人者殺人者也,非逆而獨何耶? 是以曰"爭者,逆德也"。解、宗,共欠解。　○新宗曰:不得已而用兵,可見便有得已而不用之意。　○朱墉曰:死官,臨敵不懷生也。　○李解民曰:本書兵令上云:"兵者,凶器也;爭者,逆德也。"國語越語云:"夫勇者,逆德也;兵者,凶器也;爭者,事之末也。"馬王堆漢墓帛書老子乙本云:"兵者,不祥之器也,不得已而用之。"文子上仁云:"兵者,不祥之器,不得已而用之。"皆與此意同。按細揣上下文意,此數句似爲錯簡,致使上下文氣中斷,別生枝節,疑當移置篇首"此皆盜也"之後。　　按:此言慎戰慎用兵也。老子第三十一章:"兵者,不祥之器,非君子之器,不得已而用之。"

無天於上,無地於下,無主於後,無敵於前。〔一〕一人之兵,如狼如虎,如風如雨,如雷如霆。震震冥冥,天下皆驚。〔二〕

【注】

〔一〕施子美曰:此言將權之專無所制也。上雖有天,而吾不制於天時,故無天於上;下雖有地,而吾不制於地利,故無地於下;前雖有敵,吾不制於敵,故無敵於前;後雖有君,吾不制於君,故無君於後。劉裕以往亡日圍賊,無天於上也;鄧艾由陰平以入蜀,無地於下也;李晟欲自表暴以奪敵心,無敵於前也;充國守便宜而不發兵,無君於後也。 ○劉寅曰:無天於上,即上不制於天也;無地於下,即下不制於地也;無主於後,無敵於前,即不制於人也。 ○張居正曰:言將者有潛天潛地之謀,而運籌帷幄,則上不爲天時之順逆所制,下又不爲地利之險易所制。 ○陳玖學曰:不制於天,不制於地,不制於人。 ○李騰芳曰:此題全在天地字立論。無天者上不爲天時之順逆所制,下不爲地利之險易所制。所謂動於九天之上,發於九地之下,且不爲君命與敵所制,非良將,能若是乎? ○丁洪章曰:無天於上,如劉裕以往亡日出車而勝燕、公子心倒彗柄出戰而勝齊是也。無地於下,如鄧艾不以陰平爲險而入蜀、趙奢不以道遠險狹而破秦是也。無主於前,無敵於後,如李靖不奉詔迎突厥而破頡利、蕭王不以王尋勢盛而親犯中軍是也。 ○朱墉曰:無主,君命不受也。 ○鍾兆華曰:無主於後,將在前方,軍事上的指揮不受國君在後方的牽制。所以孫武説:"將能而君不御者勝。"(孫子謀攻篇)"君命有所不受"。(孫子九變篇)"故戰道必勝,主曰'無戰',必戰可也;戰道不勝,主曰'必戰',無戰可也。"(孫子地形篇) ○李解民曰:"無天於上",即"上不制於天"之意。"無地於下",即"下不制於地"之意。"無主於後,無敵於前",即"中不制於人"之意。 **按**:此句強調戰場上統帥擁有絕對的軍事指揮權。孫子九變:"君命有所不受。""中不制於人"與此意同。六韜龍韜立將:"無天於上,無地於下,無敵於前,無君於後。"淮南子兵略:"無天於上,無地於下,無敵於前,無主於後。"

〔二〕施子美曰:一人之兵者,言犯三軍若使一人,其人之齊一也。如狼如虎則取其猛毅,如風如雨則取其疾速,如雷如霆則取其威嚴。武王之師,如虎如貔於商郊,此則猛毅也;岑彭之兵,所至勢若風雨,此則疾速也;宣王之師,如雷如霆,此則威嚴也。震震冥冥,天下莫不驚,以其可以震蕩人心也。風雨之説,或以爲取其恩之及人,如湯之師如時雨降,民大説,是亦一説也。 ○劉寅曰:以一將而提數萬之兵,其威之猛如狼如虎,其行之疾如風如雨,其聲之烈如雷如霆。震震者,動之疾而不可禦也;冥冥者,謀之秘而不可測也,此所以天下聞之而皆驚焉。 ○陳玖學曰:爲將之道當如此。 ○黃獻臣曰:動之疾而不可禦也,謀之秘而不可測也。 ○李騰芳曰:威之猛,行之疾,聲之烈,動之疾也,謀之秘也。此題言兵貴神速,所謂疾雷不及扴耳,迅電不及掩目,勢不可測也。　○丁洪章曰：狼虎，以威猛言。風雨，以迅速言。雷霆，以轟烈言。
○翼注曰：雷霆，天之怒也，天下聞之，未有不驚者。而將威猛之形狀就如天之
雷霆一般，則天下之敵未有不皆驚而懼之者。此極言兵威之盛。　○朱墉曰：
震震者，動之疾而不可禦也。冥冥者，謀之秘而不可測也。　○鍾兆華曰：一
人之兵，萬衆一心的軍隊。制談：“聽臣之術，足使三軍之衆爲一死賊，莫敢當
其前，莫敢隨其後，而能獨出獨入焉。”吳子勵士：“今臣以五萬之衆而爲一死
賊，率以討之，固難敵矣。”又六韜文韜兵道：“凡兵之道，莫過乎一。一者能獨
往獨來。”　○李解民曰：“一人之兵”，指全軍服從將帥統一指揮，行動起來象
一個人那樣。按本書攻權云：“將帥者，心也；群下者，支節也。”“將吏士卒，動
靜一身。”六韜文韜兵道云：“凡用兵之道，莫過乎一。”吳子論將云：“三軍之
衆，百萬之師，張設輕重，在於一人。”淮南子兵略云：“兵靜則固，專一則威。”
“武王之卒，三千人皆專而爲一。”皆可參證。　按：一人之兵，如後世岳飛所率
“岳家軍”，戚繼光所率“戚家軍”。尉繚子已經認識到軍隊之家族屬性的問
題。增廣賢文曰：“打虎還得親兄弟，上陣須教父子兵。”一人之兵，絕對忠誠，
作戰互相援救，無往不勝。

　　勝兵似水，①夫水，至柔弱者也，然所觸，②丘陵必爲之崩，無
異也，③性專而觸誠也。④〔一〕今以莫邪之利，犀兕之堅，三軍之
衆，有所奇正，則天下莫當其戰矣。〔二〕

【校】

　　①鍾兆華曰：“勝兵似水”，書鈔卷一一三引作“以冰投水”。

　　②李解民曰：“然所觸”，北堂書鈔卷一一三引於“然”後“所”前有“如”
字，於義較長。講義本作“然所以觸”。

　　③鍾兆華曰：“無異也”，書鈔卷一一三引作“無異故也”。

　　④鍾兆華曰：“性”，書鈔卷一一三引作“其任”。

【注】

　　〔一〕施子美曰：惟天下之至柔，爲能馳騁天下之至剛；惟天下之至弱，爲能
制天下之至强，此理之必然也。夫至柔至弱者莫如水，三尺童子亦狎而玩之。
然其暴然而來，觸之者，雖至堅如山陵，無不崩而壞者，水性之專，其觸之誠也。

由是言之,則用兵者,詎可不一其人心,而使之專其誠乎?　○劉寅曰:勝兵之形,有似乎水。夫水之性至柔弱者也,然有所觸,丘陵必爲之崩摧,此無他奇異也,性專一而觸之誠也。　○張居正曰:水,至弱者也,惟其性專而觸誠,故能崩丘陵。兵惟專一而不分,故能摧强敵。　○丁洪章曰:此段不獨力專,併其心亦專矣。認得“死官”二字,自然心專力專。　○指南曰:勝兵似水者,是以至柔馳騁天下之至剛,以至弱懾服天下之至强也。　○朱墉曰:專,主一往無岐趨也。誠,無虚僞也。　○李解民曰:老子云:“天下莫柔弱於水,而攻堅强者莫之能勝。”意與此近。　按:老子第四十三章:“天下之至柔,馳騁天下之至堅。”

〔二〕施子美曰:況兵之爲用,劍以莫耶,甲以犀革。莫耶之用,水斷蛟龍,陸斷犀革,象甲五屬,犀甲六屬,其堅如此,由是而用之。或正而用以奇,奇而用以正,威聲所加,其孰敢當我哉?孫子曰:“三軍之衆,可使必受敵而無敗者,奇正也。”太宗之擒老生,其得諸此。　○劉寅曰:今以莫邪之鋒利,犀兕之堅固,三軍之衆,有所以爲奇、所以爲正,則天下諸侯莫能當其戰矣。莫邪,劍名;犀、兕,皆獸名。犀,解見吴子;兕,野牛,一角,青色,重千斤,其皮皆可爲甲。　○張居正曰:言將無制於天,無制於地,亦無制於人,天下已莫當矣,況行軍又運之奇正之中,則變化莫測,而天下尚敢當其戰哉。　○陳玖學曰:犀、兕,獸也,其皮堅可爲甲。奇正,行軍有奇正,如水之觸崩丘陵矣。　○黃獻臣曰:犀、兕,獸名,皮可爲甲。行軍有奇正,則變化莫測。　○李騰芳曰:此題要奇正相生處見其制勝。有方正而佐之以奇,奇以善用其正,則兵勢無敵,如水觸丘陵,隨在崩摧。　○丁洪章曰:莫邪,劍名。犀、兕,二猛獸,其皮可爲甲。○朱墉曰:犀兕,野牛,其皮可爲甲。有所奇正,行軍有奇正,則變化莫測。○鍾兆華曰:莫邪,也作“鏌鋣”,傳説爲干將的妻子。他們鑄寶劍二支,雄名干將,雌名莫邪,鋒利無比,後人遂用以作利劍的代稱。此處泛指兵器。犀兕,即犀牛。古代稱雌性犀牛爲兕。犀牛皮質地堅韌,古時用來作鎧甲。奇正,古代軍事著作中的專門術語。孫臏兵法奇正:“形以應形,正也;無形而制形,奇也。奇正無窮,分也。”奇兵和正兵是相對的,變化的,所以孫武説:“戰勢不過奇正。奇正之變,不能勝窮也。奇正相生,如循環之無端,孰能窮之?”(孫子勢篇)○李解民曰:莫邪,古寶劍名。相傳春秋時吴人干將與其妻莫邪善鑄劍。鑄有二劍,一名干將,一名莫邪,獻給吳王闔閭。事詳見吳越春秋卷四。後用以泛指鋒利之劍。犀,犀牛,皮極堅厚,古人常用以制甲。兕,犀牛一類的動物,或謂即雌犀。奇正,軍事術語,奇與正相對。在軍事上,兵力部署或作戰方式,凡屬正面的、常規的、一般的,稱爲“正”;凡屬側翼的、反常的、特殊的,稱爲“奇”。古代兵家十分重視指揮中“奇”“正”的靈活運用。孫子兵法勢云:“三軍之衆,可使必受敵而無敗者,奇正是也。”“凡戰者,以正合,以奇勝。”老子云:“以正治國,以奇用兵。”銀雀山漢墓竹簡有奇正一篇,專論軍事上的“奇正”。　按:奇正,古代作戰以對陣交鋒爲正,設伏掩襲爲奇。孫子兵法勢篇:“戰勢不過奇正,奇正之變,不可勝窮也。”李筌注:“邀截掩襲,萬途之勢,不可窮盡也。”張預注:“戰陣之勢,止於奇正一事而已。及其變而用之,則萬途千轍,烏可窮盡?”

　　故曰:舉賢用能,不時日而事利;明法審令,不卜筮而獲吉;貴功養勞,不禱祠而得福。〔一〕又曰:天時不如地利,地利不如人和。古之聖人,謹人事而已。①〔二〕

【校】

　　①李解民曰:此段文字亦見戰威篇,講義本無此段文字。

【注】

　　〔一〕劉寅曰:故古人有言曰:選舉賢德之人,任用才能之士,不必拘於時日而事自利;修明法度,審察號令,不必用其卜筮而自獲吉;有功者以爵貴之,有勞者以禄養之。　按:時日,即前天官、考孤虛之類。天官篇曰:“非所謂天官時日陰陽向背也,黃帝者,人事而已矣。”此言做到舉賢任能,則不須占卜時日,就能做事無往而不利;明法審令,則不必用其卜筮,而自能獲吉;貴功養勞,不禱告祖先也能得福。

　　〔二〕劉寅曰:古人又曰:天時之順,不如地利之險;地利之險,不如得人心之和。古之聖人,但敬謹人事而已。　○張居正曰:人事,指上人和而言。謹者,敬慎而不敢忽之意。　○黃獻臣曰:此言大將能脩人事,則可以制天制地制人,其用也,如猛獸風雷之不可攖,又如怒濤激湍之不可觸,動以一而發以誠,則吉利福祥不爲天時而爲人事用,其古之聖人乎!　○李騰芳曰:此題“人事”即人和之事。聖人謹人事以人和爲先,所云“天時不如地利,地利不如人和”,即此謹之之説也。　　○金千仞曰:“謹”字,有慎重勿失之意。　　○尤大臣曰:人事,指舉賢任能六事。聖人朝乾夕惕,無非爲小民衣食之事起見。故書曰:“予臨兆民,凛乎若朽索之馭六馬。”“謹”字與上文“貴”字有分別。　　○朱墉曰:人事,即指舉賢、用能、明法、審令、貴功、養勞之六事也。謹,敬慎而不敢忽也。　　按:天官篇曰:“天官時日不若人事也。”

　　吳起與秦戰,舍不平隴畝,樸樕蓋之,以蔽霜露。[①]如此,何也? 不自高人故也。〔一〕乞人之死不索尊,竭人之力不責禮。〔二〕故古者甲胄之士不拜,[②]示人無己煩也。〔三〕夫煩人而欲乞其死,竭其力,自古至今,未嘗聞矣。〔四〕

【校】

　　①此數句,御覽卷七百二引作“吳起與秦人戰,僕樕之蓋,足以蔽霜露”。

　　②鍾兆華曰:“甲”,直解、葄刻本作“介”。李解民曰:“甲”,直解本、天啓本、彙解本作“介”。

【注】

　　〔一〕施子美曰:以己下人者,爲能得人之力。以人從欲者,不足得人之用。尉繚子曰:“勤勞之師,將必先己,勞佚必以身同之。”如此,師雖久而不老不弊,則以己下人者,豈不得人之死力乎? 且以吳起之與秦戰,凡次舍之所居,以隴畝則不平,以樸樕則用蓋。起非不能安其居止,而必以不平隴畝樸樕蓋之者,爲其可以蔽霜露而已,何必求異於人哉? 此無他,無高人之心,而有下人之意也。噫! 以勢言之,則上下有異勢;以心言之,則上下無異心。　　○劉寅曰:吳起爲將與秦戰,舍止之處不平隴畝。古者爲田一畝三畎,廣尺深尺,而播種於其中,畎傍高起者爲隴,苗葉以上稍耨隴草以附苗根,則隴盡畎平,而耐風與旱也。此言吳起屯營舍止之處,隴畝亦不平治,恐勞衆也。用樸樕蓋其所居,以蔽霜露。如此是何也? 不肯自高於人也。樸樕者,叢生小木也。　　○陳玖學曰:其舍止之處不平,下治隴畝,上以叢生細木蓋之,以蔽霜露。　　○黃獻臣曰:不欲尊高於人而勞人。　　○李騰芳曰:舍止之處隴畝亦不平治,恐勞衆也。此題言吳起三善用兵,非自高以卑人也。觀其與士卒同甘苦,而又爲士卒吮疽，此所以能得人死力而富國强兵之道。得之此，不自高人中來。　○丁洪章曰：舍，屯止處也。樸樕，叢生小木也。此言大將不自爲尊高而後可以賜人之死力也。又曰：尉繚引用多用吴子，必心好之可知。　○朱墉曰：隴畝，旁高起以爲界也。平，治之無高下也。蓋，蓋頂上也。蔽，遮也。不自高，不欲尊高其身而卑賤人也。　○鍾兆華曰：舍，駐宿。隴，通“壠”、“壟”，田埂。隴畝，田野。樸樕，小灌木、小樹枝。　○李解民曰：秦，即秦國，嬴姓，相傳是伯益的後代，善於養馬，周孝王時封非子於秦（今甘肅張家川東），周宣王時封秦仲爲大夫。周平王東遷，秦襄公因護送有功，被正式封爲諸侯，領有今陝西岐山以西之地。其後疆域逐漸向東擴張。春秋時建都於雍（今陝西鳳翔東南），秦穆公攻滅十二國，稱霸西戎。戰國中期，秦孝公任用商鞅變法，國勢强盛，遷都咸陽（今陝西咸陽東北），成爲戰國七雄之一。公元前二二一年秦王政統一六國。公元前二〇六年被劉邦率領的起義軍所滅亡。舍，住、宿營。隴，通“壟”，田埂。畝，壟上，即田埂高處。樸樕，樹名，落葉喬木，此泛指小樹。蔽，遮蔽、遮擋。　按：舍，軍行一日，止而息也。春秋莊公三年：“凡師一宿爲舍。”杜預注：“舍者，軍行一日，止而舍息也。”吴起帶兵，凡行軍一日，晚上歇息時，如果在野外，則與士卒同用樹枝作遮擋，而不用帳篷，以示同甘共苦。

〔二〕施子美曰：吾能下之如此，彼豈不知所以用力而報我哉？是則索之以尊，必以己驕人，故不能乞人之死；責之以禮，必以上臨下，故不能竭人之力，何者？世固有以千金予人而人不喜，以一言予人而人死之者，有以當其心也。人均一心，而吾能以待己者待人，則人必樂爲用矣。苟或以己陵人，人不怨且怒者幾希。魯之民疾視其長上，衛之民受甲而不戰者，何耶？索尊與責禮之過也。　○劉寅曰：乞貸人之死命，不索自己之尊。竭盡衆人之勇，不責臣下之禮。　○陳玖學曰：欲求人死戰，則不自求其尊。欲竭人之力，則不責人以禮。　○黃獻臣曰：欲乞人死以代我死，則不復索其尊我。欲竭人之力以爲我力，則不復責其禮我。　○丁洪章曰：乞，求也。索，亦求也。乞人之死，謂乞人代我死也。如何還言我尊將？唯如此，故能得人之心。此等議論，比司馬故書尤爲詳盡。爲將者宜參閲之。　○陳明卿曰：死、力，人誰不愛惜？特以爲將者不自尊貴，故感激其心，不得不輕生圖報耳。若重己輕人，烏能禁人自私乎？　○朱墉曰：竭，盡也。禮，拜跪之節文也。　○李解民曰：索尊，索求尊敬,要求別人尊重自己。責,求。責禮,要求別人對自己行禮。　　按:此句當爲尉繚子兵法之格言警句,皆爲對將帥之要求。從將帥角度看,一將一帥,單槍匹馬,無法贏得整個戰役之勝,須指揮千軍萬馬共同向前。領命者,將帥也;上陣者,士卒也。故從士卒角度,打仗即乞求士卒上前,乞求士卒勇敢獻身,如此,則將帥不能尋求個人利益凌駕士卒之上,即李廣士不盡飲,廣不近水;士不盡飯,廣不嘗食。此即乞人之死不求尊者。將帥須竭士卒之力,故不以禮制之規定要求士卒,下文"甲胄之士不拜"者即此。此處之"禮"當即常禮,非軍禮,從下文"無己煩也"可以看出。儒家講究繁文縟節,但禮節程序繁多,不利於作戰。儀禮中無軍禮。章太炎經學略説曰:"五禮著吉、凶、賓、軍、嘉之稱,今儀禮十七篇,只有吉、凶、賓、嘉,而不及軍禮。不但十七篇無軍禮,即漢書所謂五十六篇古經者亦無之。藝文志以司馬法二百餘篇入禮類(今殘本不多),此軍禮之遺,而不在六經之内。孔子曰:'軍旅之事,未之學也。'蓋孔子不喜言兵,故無取焉。"

〔三〕施子美曰:故古者甲胄之士不拜,非無上下之分也,恐其煩人之不便也。成十六年,郤至見客免胄,承命三肅而退,正謂此也。記曰:"介者不拜。"亦欲其不勞人也。　　○劉寅曰:故古者介胄之士不拜於君前,示人無己煩擾也。　　○黄獻臣曰:不拜,不令拜己。無以己故而僕,僕以煩之。　　○朱墉曰:不拜,不令之拜己也。無己煩,無以己之故而僕,僕以煩勞之也。　　○鍾兆華曰:甲胄,此處當作動詞,穿着盔甲。禮記少儀:"武車不式,介者不拜。"又史記絳侯周勃世家:"介胄之士不拜,請以軍禮見。"　　按:拜,爲儒家之禮。明童子禮曰:"凡下拜之法,一揖少退,再一揖,即俯伏。以兩手齊按地,先跪左足,次屈右足,頓首至地。即起,先起右足,以雙手齊按膝上,次起左足,仍一揖而後拜。其儀度以詳緩爲敬,不可急迫。"此雖爲明時禮,實爲繼承宋前古禮。此禮在軍中無疑不宜用,士卒身穿甲胄,伏不下身。此言軍中不適合行儒家之禮,單行軍禮。禮記曲禮上曰:"介者不拜。"

〔四〕施子美曰:若欲煩人,而且欲乞其死,竭其力,亦未之有。　　○劉寅曰:夫煩擾於人,欲乞其死命,竭其勇力爲我之用,自古至今未嘗聞也。　　○黄獻臣曰:此言大將不自爲尊高而後可以得人之死力,彼以威權凌人者,是未知將禮者也。　　○李騰芳曰:煩,勞也。煩勞之,而欲乞其死命,竭其勇力爲我之用,古今無是理。　○李解民曰:甲冑之士,指戴着盔甲全副武裝的將士。拜,古代表示恭敬所行的一種禮節。據周禮春官大祝,拜有九種,云:"一曰稽首,二曰頓首,三曰空首,四曰振動,五曰吉拜,六曰凶拜,七曰奇拜,八曰褒拜,九曰肅拜。"甲冑之士不拜,身穿鎧甲的將士不行跪拜之禮,這是當時通行的規矩,左傳成公十六年云:"間蒙甲冑,不敢拜命。"禮記曲禮上、少儀皆云:"介者不拜。"

　　將受命之日,忘其家;張軍宿野,忘其親;援枹而鼓,^①忘其身。^{〔一〕}吳起臨戰,左右進劍。起曰:"將專主旗鼓爾。臨難決疑,揮兵指刃,此將事也;^②一劍之任,非將事也。"^{〔二〕}

【校】

　　①華陸綜曰:"枹",原作"抱",從鄂局本改。鍾兆華曰:"抱","枹"字形近之誤,據直解本改。李解民曰:"枹",原作"抱",據直解本、天啓本、彙解本改。　按:"枹",原作"抱",字形近而訛,據直解本、鰲頭本、兵略本、開宗本、武備志本、四庫本、彙解本、子書百家本、二十五子彙函本改。

　　②鍾兆華曰:"起曰"之"起",御覽卷三四四作"吳子"。"臨難決疑",御覽卷三四四、書鈔卷一一五於此前有"夫提鼓揮枹"五字。"枹",御覽作"枒",同。"揮兵指刃",御覽卷三四四引作"接兵用刃"。"將事",御覽卷三四四引作"將軍",書鈔卷一一五引作"將軍事"。　按:自"將專主旗鼓"至"此將事也",御覽卷三四四引作"夫提鼓揮枒,臨難決疑,接兵用刃,此將軍事也"。

【注】

　　〔一〕施子美曰:公以忘私,國以忘家,人臣之分内事也,況人君掃境内,而屬之將軍,其可捨其國而家是圖乎? 是以忘其家、忘其親、忘其身而未之或顧。夫將之所以不能忘私者,以其爲家計也,爲親計也,爲身計也,曾不知國即家也,君即親也,民即身也,國安則家安矣,君樂則親樂矣,民存則身存矣。故受命則忘家,思報國也;張軍則忘親,慮君事也;援枹則忘身,慮民害也。昔穰苴嘗曰:"將受命之日則忘其家,臨軍約束則忘其親,援枹鼓之急以忘其身。"正有得於此也。　○劉寅曰:夫將受命之日則忘其家,謂不有其家也。張設三軍,次宿於野,則忘棄其親,謂不有其親也。臨敵決戰,援枹而鼓,則忘棄其身,謂不有其身也。　　〇張居正曰:説個"將"字,便自不小。"將"爲人民社稷生死存亡所繫,豈一劍遂副其任哉? 乃知將在謀,不在勇矣。　　〇丁洪章曰:忘,棄也。此言大將受命,即不有其身家親族,不徒以一劍了推轂之事也。　　〇朱墉曰:張,張設三軍也。宿,次舍露宿於野也。援,手操也。枹,鼓槌也。國家推轂授鉞而尊之爲將,則將自受命時,已一心於國家,尚不自有其身矣,況於家乎?　　〇李解民曰:張軍,陳兵、部署軍隊。親,父母雙親。　　按:此言爲將者當忘家忘親忘身,唯抱必死之志,才有生活機會。

〔二〕施子美曰:一人之敵不足以當萬人之敵。昔項王學書不成,棄而學劍,既而曰:"劍,匹夫勇也。"又去而學兵法。以項王之意,蓋謂劍是一夫勇,故學萬人之敵。撫劍疾視,何足尚哉? 此吳起所以不與左右進劍,而以旗鼓爲主。蓋其所貴者大,則其所任者必不小。旗鼓乃其任也,劍豈所宜? 張侯有曰:"師之耳目,在吾旗鼓。"誠將任也,故郤克中矢流血至足,而鼓音不絶者,以其所主者在此也。光弼令軍士曰:"望吾旗麾,若三麾至地。"諸軍畢入者,以其所主者在是也。惟其所主旗鼓,故臨難決疑,揮兵指刃,皆其事也,劍豈其所任也? 〇劉寅曰:吳起臨戰,左右之人進劍,欲起用之而戰。起曰:"大將專主旗鼓,麾之左則左,麾之右則右,鼓之進則進。臨大難,決大疑,揮兵指刃,使士卒受敵而無敗,此將之事也。若夫一劍之任,非將軍之事也。"昔李光弼與史思明戰於河陽,令諸將曰:"若輩望吾旗而戰。吾颭旗緩,任爾擇利;吾急颭,三至地,則萬衆齊一,死生以之,少退者,斬。"及戰,郝廷玉奔還,光弼驚,命取其首。廷玉曰:"馬中箭,非敢退也。"易馬遣之。僕固懷恩少却,光弼又命取其首,懷恩更前決戰。光弼連颭其旗,諸軍奔進致死,呼聲動天地,賊衆大潰,思明遁去。春秋時,晉伐齊,晉郤克傷於矢,流血及屨,未絶鼓音,曰:"余病矣!"張侯曰:"自始合,而矢貫余手及肘,余折之御,左輪朱殷,豈敢言病! 吾子忍之。師之耳目,在吾旗鼓,進退從之。此車一人殿之,可以集事,若之何其以病敗君之大事也? 擐甲執兵,固即死也;病未及死,吾子勉之!"左并轡,右援枹而鼓,馬逸不能止,師從之,齊師敗績。此將專主旗鼓之證也。　　〇邱濬曰:將者,三軍之司命,國家之輔佐也,豈一劍之任哉? 以一劍爲任,史所謂劍客也。〇黃獻臣曰:旗以指麾,鼓以振作。此言大將一出即不有其身家,不有其親族,不徒以一劍了推轂之大事,是當善所以指揮之耳。如李光弼連颭其旗而走思明,(弭戰史思明於河陽,令諸將曰:"若輩望吾旗而戰,吾颭旗緩,任爾擇利;吾急颭,三至地,則萬衆齊入,死生以之,少退者,斬。"及戰,郝廷玉奔還,弭命取其首,廷玉曰:"馬中箭,非敢退也。"易馬追之。僕固懷恩少卻,弭又命取首,恩更前決戰。弭連颭其旗,諸軍奔進致死,呼聲動天地,賊衆大潰,明遁去。)晉郤克援枹而鼓而敗齊師,(克伐齊,傷矢,流血及屨,未絕鼓音,曰:"余病矣。"張侯曰:"師之耳目,在吾旗鼓。若之何其以病敗君之大事也?"援枹而鼓,齊師敗績。)此可爲將專主旗鼓之一證。

○李騰芳曰:此題要知揮兵指刃,以一人而鼓動三軍,使其一耳目而一心志者,將事也。若撫劍疾視,此匹夫之勇,非萬人之敵也。　　○丁洪章曰:旗主招引,鼓主進戰。最笑今人或生來少有勇力,便曰可將;或學些弓矢戈矛之屬,便曰可將,不知將全不在這勇力與那戈矛等事上。但看從來著兵書者,卻是教人爲將的事,他卻如何不書些學劍學槍的法子,亦只在人心法中説學問。可見將之事依然是詩書禮樂之事。所以古人出可將,入可相,原無彼此。　　○山中倡庵曰:吳起乃臨戰,左右近臣進劍於起,而欲使起用劍以戰也。蓋將者非自執劍而敵一人,以可爲戰者也,必以旗鼓御衆,宜敵萬人也。故起不應左右之求而述其所以也,如下文所云也。　　○新宗曰:説個"將"字,便自不小了。將爲人民社稷、生死存亡所繫,豈可以一劍遂副其任哉? 若以一劍任之,是徒勇是尚矣。　　○指南曰:一劍不過匹夫之勇耳。當知將所任之大,而爲將者更不可自輕。　　○周魯觀曰:説個將事,自有運籌帷幄之智,發縱指示之權,斷大疑、剖大策之用。若以一劍之任爲將事,其視將也已甚渺小矣。　　○朱壙曰:旗以指麾,鼓以振作。難,患難也。疑,進退不定也。　　○李解民曰:一劍之任,手持一劍前去廝殺的任務。言下之意,説這是士兵的職責。　　按:一劍之任,乃士卒職責,匹夫之勇耳。將主旗鼓,臨難決疑,以智謀決斷取勝。

三軍成行,一舍而後,成三舍。三舍之餘,如決川源。[一]望敵在前,因其所長而用之,敵白者堊之,赤者赭之。[二]

【注】

〔一〕施子美曰:軍莫難於治衆。三軍則凡三萬人矣。欲使三萬人得成行列而行,非一日所能也,必三舍而後可。自一舍之後,至於三舍,則三軍之行列,堂堂然而去;自三舍之餘,如決川源,則其行列之順爲可觀也。傳曰:凡師一宿爲舍。三舍則經三宿矣。又況古者出軍，一日出一軍，則三軍凡三日出，故必待三舍之後，而後行列以成，三舍之外則愈可觀矣。　○劉寅曰：三軍既成行列，一舍而後成三舍。舍，三十里也。三舍，九十里之外，如決川源，莫之能禦。　○陳玖學曰：一舍，三十里。如決川源，喻莫能禦。　○黃獻臣曰：言莫禦也。　○阮漢聞曰：三十里爲一舍，始事詳整，後即因之。故以一舍成三舍，三舍外，勢不可禦矣。　○王圻曰：如決川源，勇往直進，無一毫逶迤退縮之意也。　○丁洪章曰：三十里爲一舍。此言將兵貴其神速，而又因敵變化，乃可出其不意，而令敵人莫測也。　○朱墉曰：行，成行列也。一舍，三十里也。三舍，九十里也。如決川源，言莫禦也。　○鍾兆華曰：舍，古代行軍三十里爲一舍。　○李解民曰：成行，排成行列，指軍隊整列出發。舍，古時行軍，以三十里爲一舍。左傳莊公三年云：“凡師，一宿爲舍。”史記晉世家裴駰集解引賈逵曰：“司馬法‘從遯不過三舍’。三舍，九十里也。”“三軍成行，一舍而後成三舍”，言三軍整列出發，一天出一軍，日行三十里；三天之後，三軍皆出，前後排成九十里的軍營。或謂三軍出發，開始日行三十里，以後逐漸加快到日行九十里。如決川源，如同河川之源決口，形容軍隊氣勢浩大，不可阻擋。　**按**：舍，古時行軍以三十里爲一舍。餘，多也。孟子告子下：“有餘師。”焦循正義引呂氏春秋辨士篇高誘注云：“餘，猶多也。”此言大軍出兵行軍之陣勢。古者出軍，一日出一軍，則三軍凡三日出，故必待三舍之後，而後行列以成。大軍自頭至尾，綿延數十里，逶迤而下，浩浩蕩蕩，如決川源。

〔二〕施子美曰：踐墨隨敵，用兵之至要也。故望敵在前，因所長而用之，所以挫之也。敵白則堊之，赤則赭之，此因所長而用也。白與堊，均白也；赤與赭，均赤也，所以因之民而用之也。彼以徒來，我以徒應，則無侵軼之患；彼以騎來，則以騎應，則無奔突之患，蓋見物與倅是也。物而見之而與之倅，是能因所長，非能知彼己者盡之乎？若馮異之變服，與赤眉兵伏，此亦因敵而用之也。　○劉寅曰：望敵在前，各因其所長而用之。敵白者，吾則堊之，堊所以爲白者也。敵赤者，吾則赭之，赭所以爲赤者也。堊，白色土；赭，赤色石也。○陳玖學曰：堊，白土也。赭，赤土也。敵用白，吾亦以白土飾之；敵用赤，我亦以赤土飾之，欲以混其旗物也。　○黃獻臣曰：敵用白，吾亦以白飾之；敵用赤，吾亦以赤飾之，欲以混其旗物。此言將兵貴其神速，而又因敵變化，乃可出其不意,而令敵莫測。　○李騰芳曰:曎,白色。赭,赤色。　　○王圻曰:曎,所以爲白者也。赭,所以爲赤者也。隨敵因應,無所拘執也。　　○丁洪章曰:曎,白土。赭,赤土。　○朱墉曰:因所長,或長於步,或長於騎。用步於險阻,用騎於平原也。以喻因敵變化而應之也。　　○鍾兆華曰:曎,白色。赭,紅褐色。　　○李解民曰:長,特長、特點。曎,白色土。赭,紅色土。　按:此言前鋒部隊在後續部隊未到達之前,先因敵而僞裝,以免被敵發現而孤軍奮戰。

　　吳起與秦戰,未合,一夫不勝其勇,前獲雙首而還。吳起立斬之。軍吏諫曰:"此材士也,不可斬。"起曰:"材士則是也,非吾令也。"斬之。①〔一〕

【校】

　　①鍾兆華曰:"與秦戰",孫子軍爭篇杜牧注引作"與秦人戰"。"未合",杜牧注引作"戰未合",通典卷一四九引作"戰而未合"。"一夫",杜牧注引作"有一夫",通典卷一四九引同。"前獲雙首而還",通典卷一四九引作"乃怒而前獲雙首而返"。"軍吏諫曰",杜牧注引作"軍吏進諫曰",通典卷一四九引作"吏曰"。"材士",通典卷一四九引作"壯士"。"起曰……斬之",杜牧注引作"吳起曰:'信材士,非令也。'乃斬之",通典卷一四九引作"吳子曰:'雖壯士,然不從令者,必斬之'"。　按:此段文字他引多有不同,孫子軍爭篇杜牧注引作"吳起與秦人戰,戰未合,有一夫不勝其勇,前獲雙首而還。吳起斬之。軍吏進諫曰:'此材士也,不可斬。'吳起曰:'信材士,非令也。'乃斬之",通典卷一四九引作"吳起與秦人戰,戰而未合,有一夫不勝其勇,乃怒而前獲首而返。吳起斬之。吏曰:'此壯士也,不可斬。'吳子曰:'雖壯士,然不從令者,必斬之'"。

【注】

　　〔一〕施子美曰:兵法,從命爲士上賞,犯命爲士上戮。成湯升陑之師,左必欲攻於左,左不攻左,則爲不共命;右必攻於右,右不攻右,則爲不共命,則非令者必斬無赦也。吳起治軍最爲有法,車不得車,騎不得騎,徒不得徒,雖破軍,皆無功,則起之爲令固嚴耳。而材士未合而先取雙首,雖曰有功,如非令,何宜其斬之也,雖然,亦可哀也。　　○劉寅曰:吳起與秦人戰,未合,一夫不勝其勇,逾行而前獲取雙首而還,吳起立使人斬之。軍吏諫曰:"此材勇之士也,不可斬。”起曰：“材士則是也，但非吾之號令。”乃斬之。　　○黄獻臣曰：此又引吴起處前獲者，見將令必嚴，雖材士不容少狥如此。　　○李騰芳曰：欲令之行，雖有將材而能先登斬敵，亦不以其功掩其罪也。　　○阮漢聞曰：白旌赤褐，亦因敵之喻，即孫子形兵之極，至於無形也。舊注混其旗物，似乎兒戲。○陸經翼曰：材士，將材之士也。言將材之士，宜遵吾令而行。今戰陣未合，即獲雙首而還，雖倖勝也，此非吾令也，遂斬之。總見將令必嚴，雖材士不容少狥如此。　　○徐胤昇曰：正是罰不私材之意。兩陣未合，宜當聽令。今此一夫奮勇獲雙首而還，此時不斬此夫，則法令不行，行陣不齊。然此一夫，吴起非不知愛，只是法上斷然不可。法之必也有如是夫。　　○朱墉曰：未合，未交戰也。獲，得也。雙首，斬二敵也。立斬以行軍法。非吾令，不使材而勇者撓吾令也，正罰不狥人之意。法之所在，移易不得，豈可私一材士乎？　　○鍾兆華曰：未合，未曾交戰。　　○李解民曰：勝，承受、克制。首，首級、頭顱。軍吏，指軍中執法的官吏。材士，武藝超群的勇士，亦稱“材技之士”，見荀子王制，高誘注：“材伎，武藝過人者，猶漢之材官也。”非，否定、違反。　　按：此以吴起治軍爲例，言執行軍令之重要。

將理第九^{〔一〕}

【注】

〔一〕劉寅曰：將理者，爲將之理也。篇內皆言理斷訟獄之事，而首又有“將理”二字，故以名篇。　　○王陽明曰：將爲理官，專重審囚之情，使關聯良民，亦得無覆盆之冤，可謂“直進虞廷欽恤”之旨。　　○張居正曰：將理者，言爲將聽理訟獄之事。　　○陳玖學曰：此言爲將者理斷獄訟之事。　　○黃獻臣曰：此言爲將者聽理訟獄之事。　　○李騰芳曰：此篇專言斷獄之事。　　○阮漢聞曰：理獄。　　○丁洪章曰：此章説爲將者聽理刑獄之事。只“理”字中，卻有訊囚實在。亡一毫不縱，一毫不枉，物得其清，情得其平，至公至正，纔謂之理，故以將理名篇。　　○山中倡庵曰：依此説（直解），則“理”爲“義理”之“理”，恐未然。蓋理者理斷之義，宜活看也。看篇內所謂“萬物至而制之，萬物至而命之”之句，可見矣。　　○朱墉曰：將理者，聽理刑獄之事也。古者兵刑爲一，刑獄不得其平，則人心不服，能平刑則能用兵矣。總以公平廉恕得人情爲主。此章見平刑在於無私。嚴威之下，誣坐者多，若賄賂公行，民受冤枉，何以聊生？況大獄牽連，終歲不結，士農失業，鮮有不危者也。故尉子以兵刑並言之。見大刑大兵，皆民之大害，不可不慎。誠得明恕之官，忠厚之長，政簡刑清，治國之要道也。　　○華陸綜曰：本篇反映了古代兵刑合一的一些情況，着重説明執法嚴明公正的重要性。作者指出當時那樣營私舞弊，酷刑逼供，牽連無辜，勢必影響國計民生，造成軍需供應困難，是很危險的。　　**按**：將理，講的是將帥理斷獄訟。此篇，銀雀山竹簡有出土。本篇言如何正確地使用刑罰，反對使用酷刑，反對秦國當時實施的“連坐”法。商君書墾令：“重刑而連其罪，則褊急之民不鬭，很剛之民不訟，怠惰之民不遊，費資之民不作，巧諛、惡心之民無變也。”賞刑：“重刑連其罪，則民不敢試。”睡虎地秦墓竹簡法律答問：“律曰‘與盜同法’，有（又）曰‘與同罪’，此二物，其同居、典、伍當坐之。”又曰：“盜及者（諸）它罪，同居者所當坐。”“坐”即連坐之法。尉繚子認爲“連坐”法導致民衆皆進了監獄，國家稅收沒有來源，“兵法曰：‘十萬之師出，日費千金。’今良民十萬而聯於囹圄，上不能省，臣以爲危也”，同時，軍隊作戰人員也沒法補充，非常不利於軍隊建設。可見,尉繚子是反對商君之法的。劉向別録以爲"繚爲商君學",但由此看來,尉繚子對商君之法是有所糾偏的。

　　凡將,理官也,萬物之主也,不私於一人。〔一〕夫能無私於一人,①故萬物至而制之,萬物至而命之。〔二〕

【校】

　　①華陸綜曰:"私",原作"移",從鄂局本改。鍾兆華曰:"移",當爲"私"字,宋本誤,據全集、直解本正。李解民曰:"私",原作"移",據講義本、直解本、天啓本、彙解本改。　按:"私",原作"移",形近而訛,據講義本、直解本、鰲頭本、兵略本、開宗本、武備志本、四庫本、彙解本、子書百家本、二十五子彙函本改。

【注】

　　〔一〕施子美曰:理官,刑官也。將而以理官言者,以其兵刑一也,能以斷訟,則能於用兵矣。子路嘗欲得一陣而當之,而於片言折獄,亦優爲之,是則兵刑一道也。以是爲職,則是爲萬物之主。物,事也,主事者不可以不公,惟公,故無私於一人。　○劉寅曰:凡將者,理斷事務之官也,萬物之主宰也,不可偏私於一人。　○張居正曰:理官,即理刑之官也。這"理"字中,卻有許多寬任處。一毫不縱,一毫不枉,寔得其情,情得其平,總謂之理官,故云爲萬物之主。　○邱濬曰:理官者,掌刑獄之官也。夫掌刑獄之官,必無一毫之私以制人之死命,然後可以爲理官。爲將之道,亦猶是也。　○黃獻臣曰:天子聽理,萬事之官。　○李騰芳曰:此題立論當推開説,言爲將者理斷訟獄之事,係爲萬物之主,貴明恕以得情,不可有一徇私于其間耶。　○阮漢聞曰:古者兵刑不分,故將即理官也,生殺所關。　○丁洪章曰:"物"字,解作"事"字看。○孟氏曰:官而謂之理,事事有條理也,不特三軍之有罪者。因理而當其刑,即三軍之無罪者,亦因理而保其命。上體朝廷之心,下恤生民之情,至公,至恕,至廉,至平,方不負理官之任。　○合參曰:萬物之主,言萬物可恃之爲主也。○朱墉曰:理者,治也,治事有條理也,聽斷刑罰之官也。物,猶人也。主,宰也,倚之爲命也。一毫不縱,一毫不枉,物得其情,情得其平,故可以爲主。○鍾兆華曰:理官,辦理獄訟的官,司法官。主,主宰。　○李解民曰:理,亦作

“李”，獄官，司法之官。古代兵刑合一，將帥領兵，兼治刑獄；軍隊既是作戰組織，又爲執法工具。物，事、事務。　**按**：理，治獄官。玉篇玉部：“理，治獄官也。”禮記月令：“命理瞻傷。”鄭玄注：“理，治獄官也。有虞氏曰士，夏曰大理，周曰大司寇。”此言爲將如何處理刑獄訴訟，主要指軍事刑罰與訴訟。

　　〔二〕施子美曰：公以能斷，故萬事至而制之；公則能名，故萬物至而命之。方其事文始至也，則必有以斷之。既斷之得其理，然後名之以示人。且以成周鄉士、遂士觀之，在内則爲鄒遂之士，在外則載旗以從軍。鄉士之職，聽民之獄訟，而異其死刑之罪，是能制物也。要其成於此，而受其中於士師，是又所以命物也。其在遂士亦然。知鄉遂士之職，則知將理之所制所命者明矣，不然，何以繼之？以君子之不救囚於五步之内。或説：將理，官也，謂將與理，二者皆官也。　　○劉寅曰：夫將能無偏私於一人，故萬物至而能制之，萬物至而能命之。物，猶事也。　　○陳玖學曰：斷制之，命令之。　　○阮漢聞曰：不使紛爭，各正性命。　　○丁洪章曰：“無私”二字，正是理官頂門一針，不然，一有私念，則是非曲直自不得當，何能服衆？刑所當如此，親戚故舊不宥者，非其罪，必不波及于一人。　　○翼注曰：私，公之反也。一有私念，則是非曲直自不得當。　　○指南曰：至而制之，言萬事至前，任其所裁，制而不亂也。　　○偉言曰：秉心至公，不私於一人。自是萬事畢集，而生殺惟我所用，斷無留難不決之情由也。　　○朱墉曰：物，猶事也。制，斷制也。命，命令也。無私則公，公則至明，所以萬事至前任其斷制而不亂也。　　○鍾兆華曰：私，偏頗。制，駕馭、約束。　　○李解民曰：命，通“名”，這裏是處理的意思。　　**按**：至，得也。吕氏春秋當染：“理奚由至？”高誘注：“至，猶得也。”此言萬物得而制之，萬物得而命之。

　　君子不救囚於五步之外，雖鈎矢射之，弗追也。①〔一〕故善審囚之情者，不待箠楚，而囚之情可畢矣。②〔二〕笞人之背，灼人之脅，束人之指，而訊囚之情，雖國士，不勝其酷而自誣矣。③〔三〕

【校】

　　①華陸綜曰：此句簡本作“矢射之弗及”。鍾兆華曰：本句竹簡殘存“……矢射之弗及”。李解民曰：簡本相應文字殘缺，作“……矢射之弗及”。

　　②鍾兆華曰：本句竹簡作“罷囚之請（情），不侍（待）陳水楚〔□□□〕請

（情）可畢”。李解民曰：“故善審囚之情”，簡本作“罷囚之請”。

③鍾兆華曰：本句竹簡爲：“其侍（待）佰（拍）人之北（背），炤（灼）人之［□□□□□］以得囚請（情），則國士勝□，不宵（肖）自□。”據此，疑宋本“雖國士”句經後人更動。

【注】

〔一〕施子美曰：此篇尉繚子托刑以言兵，謂以刑當於近，始不可過於五步之外。苟過於五步，則不可追矣。故雖以曲矢射之，弗可追也。鈎曲則有可追之理，金雖鈎而射之，而不可追，言決不可向也。即此以言，則兵失於用，其可得而悔乎？故以怒興師，怒或可已，以忿致戰者，忿或可復，至於大事既舉，其可得而遽止耶？　○劉寅曰：君子不拯救囚人于五步之外，雖鈎矢射之，弗去追也。　○陳玖學曰：君子近察囚情以救其死，其有厭射聽斷而不入鈎金束矢者，亦不追咎。　○黃獻臣曰：親近詳察求得其情而救其死，故不救於五步之遠。若罪無可入，雖當鈎矢射之，亦弗追其前事也。如管仲射桓公，中鈎後舉以爲相是也。　○阮漢聞曰：似言急也。鈎金束矢厭射弗咎，此曲解也。請闕其疑。　○丁洪章曰：鈎，鈎金。矢，束矢，射人也。君子心秉至公，不私一人，必不救囚於五步之外。救，即赦也。五步，言其近；鈎矢，射之。　○朱墉曰：不救者，只於近前親問祥察求得其情而出其死，不待五步之外始救之也。鈎，鈎金也。矢，束矢也。射，入也。追，追其既往也。　○李解民曰：君子不救囚於五步之外，君子不在五步之外解救囚犯。換言之，則謂君子要解救囚犯，當在五步之內。五步，極言其近，面對面，史記廉頗藺相如列傳云：“五步之內，相如請得以頸血濺大王矣。”此句意爲君子若要解救囚犯，應當秉公執法，進行當面審訊，仔細核準，不得草率從事，枉法徇私。“雖鈎矢射之，弗追也”，此似指齊桓公曾被管仲用箭射中帶鈎而不加追究之事。春秋時，齊襄公死後，公子小白與公子糾爭奪君位。爭鬪中，管仲輔佐公子糾，曾發箭射中過公子小白的帶鈎。公子小白後奪得君位，是爲齊桓公，慨然捐棄前嫌，重用管仲。左傳僖公二十四年云：“齊桓公置射鈎，而使管仲相。”事亦見國語齊語，管子大匡、小匡，韓非子難三，呂氏春秋貴卒，史記齊太公世家等。朱墉武經七書彙解云：“鈎，鈎金也。矢，束矢也。射，入也。追，追其既往也。”則以“鈎矢射”言曾犯有罰繳鈎金、束矢的輕微罪過。周禮秋官大司寇云：“以兩造禁民訟，入束矢

於朝,然後聽之。以兩劑禁民獄,入鈞金,三日乃致於朝,然後聽之。"國語齊語
云:"小罪讁以金分,宥閒罪。索訟者三禁而不可上下,坐成以束矢。"管子小
匡云:"小罪入以金鈞,分宥薄罪入以半鈞,無坐抑而訟獄者,正三禁之而不直,
則入一束矢以罰之。"似有一定根據,可備一解。　　**按**:鈞,古兵器名,似箭而
曲。此言君子不拘囚於五步之外,若距離在鈞矢所能射的距離之内,也不去
抓捕。

〔二〕施子美曰:以威脅人不足以得人之實情,何者? 脅之者以其有所畏而
從也。孰若不事箠楚而得其情乎? 成周之法,使之入束矢入鈞金,而後聽之。
其聽之也,先之以辭,次之以氣,又次之耳目,果何俟於箠楚乎? 以箠楚之下,
何求不得? 　○劉寅曰:故善察囚人之情者,不待箠楚,而囚之情可畢矣。
○李騰芳曰:片言可以折獄。　　○丁洪章曰:言訟者,雖鈞金束矢射人以畢勝,
而君子亦不肯屈理追論也。此言理官當以明恕爲囚求生道,故人樂輸其情,不
然,箠楚徒加,只自增其殘酷而已,其何以爲萬物之主哉! 　○山中倡庵曰:字
彙曰:"箠,生藥切。"棰也。漢惠帝定箠令,諸箠者,箠長五尺,尺本大一寸,末
薄半寸,皆平節。楚,創祖切,叢木,一名荆。　　○朱墉曰:箠楚,以荆楚鞭撻
也。　　○鍾兆華曰:箠楚,古代一種刑罰,用荆杖鞭打。　　○李解民曰:情,實
情、案情。箠,同"棰",木棍。楚,荆杖。箠楚,指刑杖。畢,盡,全。　　**按**:睡虎
地秦墓竹簡封珍式治獄:"治獄,能以書從跡其言,毋治(笞)諒(掠)而得人請
(情)爲上;治(笞)諒(掠)爲下。"箠楚與笞杖類似,都是拷打。可見,秦律並不
主張嚴刑拷打。

〔三〕施子美曰:故笞背、灼脅、束指,如是其酷,以是而訊問其情,雖國士且
不能勝,況其他乎? 宜其自誣而以虛爲實也。此古者所以畫地爲獄誓不入,刻木
爲吏期不對,正爲此也。不然,周勃何以有不如獄吏之貴云? 　○劉寅曰:鞭
笞人之背,焚灼人之脅,束縛人之指,而訊問囚之情,雖國士亦有不勝其酷毒而
自誣者矣。　○陳玖學曰:言酷刑不可用。　　○黃獻臣曰:此言理官當以明恕
爲囚求生道,故人樂輸其情,不然,箠楚徒加,只自增其嚴酷而已,其何以爲萬
物之主哉? 　○丁洪章曰:笞,鞭笞。灼,焚灼。束,束縛。訊,鞫審。　○朱
墉曰:笞,鞭笞也。灼,焚炙也。束,梜縛也。訊,鞫審也。國士,無罪之善人
也。酷,猛烈也。誣,不得其實也。　　○鍾兆華曰:笞,鞭打、箠楚之刑。竹簡

作“佰(拍)”，廣雅釋詁三：“拍，擊也。”灼，燒、炙。說文：“灼，炙也。”竹簡作
“炤”，當爲“灼”字之誤。玉篇“炤”同“照”。　　○李解民曰：笞，鞭打、杖擊。
灼，燒、燙。脅，脅下肋骨所在的部分。束，捆、縛。束人之指，夾人的指頭，即
“拶指”，以繩穿五根小木棍，套入囚犯手指，用力緊收，是一種酷刑。國士，通
國之士，指英雄豪傑。誣，誣陷、以無爲有。　　按：睡虎地秦墓竹簡封珍式訊
獄：“凡訊獄，必先盡聽其言而書之，各展其辭。”尉繚子反對刑訊逼供，與秦律
内容也一致。此言嚴刑拷打讓人忍受不了，容易屈打成招，反而得不到真相，
更容易造成冤案，導致司法不公。

　　　今世諺云：“千金不死，百金不刑。”①〔一〕試聽臣之言，行臣之
術。雖有堯舜之智，不能關一言；雖有萬金，不能用一銖。②〔二〕今夫
繫者，③小囷不下十數，中囷不下百數，大囷不下千數。④十人聯百
人之事，百人聯千人之事，千人聯萬人之事。⑤所聯之者，親戚兄弟
也，其次婚姻也，其次知識故人也。⑥〔三〕是農無不離田業，賈無不
離肆宅，士大夫無不離官府。如此關聯良民，皆囚之情也。⑦〔四〕兵
法曰：⑧“十萬之師出，日費千金。”今良民十萬而聯於囹圄，上不
能省，臣以爲危也。⑨〔五〕

【校】

　　①華陸綜曰：“千金不死，百金不刑”，簡本作“千金不死，百金不胥靡”。
荀子儒效楊倞注：“胥靡，刑徒人也。”似作“胥靡”爲長。鍾兆華曰：本句竹簡
作“故今世千金不死，百金不胥靡”。李解民曰：“今世諺云”，簡本無“諺云”
二字。

　　②鍾兆華曰：本句竹簡爲：“試聽臣之……知(智)，不得關一言，
[□□□□□]得用一朱(銖)”。“試聽臣之言，行臣之術”句，直解作“試聽臣
之術”。“關”，施氏本作“開”。李解民曰：“開”，原作“關”，據講義本改。
按：李氏校誤。“關”字不誤，“關”字有關說、說情之義。簡本正作“關”。

　　③華陸綜曰：“繫者”，原作“決獄”，文意不順，從簡本改。李解民曰：“繫
者”，原作“決獄”，據簡本改。　　按：“繫者”，原作“決獄”，據竹簡改。

　　④鍾兆華曰：自“今夫繫者”至“不下千數”，竹簡作“今夫鷇(繫)者，小囷

不下十數,[□□□□]百數,大圍不下千數"。

　　⑤鍾兆華曰:本句竹簡作"故一人……爲不作"。疑宋本有删節,似當有"一人聯十人之事"句,下接"十人"、"百人"、"千人"句。

　　⑥鍾兆華曰:本句竹簡作"今夫穀(繫)者,大者父兄弟在獄……",據此,原文似當作"今夫繫者,大者父[母]兄弟有在獄,其次親戚婚姻有在獄,小者知識故人有在獄"。

　　⑦鍾兆華曰:本句竹簡作"……離其屯鄰(業),賈無不離其瘳(肆)宅,士大夫無不離其官府。[□□]□者,人之請(情)也"。宋本似經改動。"其",宋本脱漏,據竹簡並參照武議篇"農不離其田業"補正。李解民曰:"其",原無,據簡本補。武議云:"農不離其田業,賈不離其肆宅,士大夫不離其官府。"句式同此,均有"其"字,可爲旁證。

　　⑧鍾兆華曰:"兵法曰",竹簡作"故兵策曰"。

　　⑨華陸綜曰:"囹",原作"囚",從鄂局本改。鍾兆華曰:本句竹簡爲"今申戍十萬之衆,封内與天……"。宋本與此有所不同。"今",清芬、二五、百家本均作"舍"。"囚",應作"囹"字,宋本誤,據施氏、直解本正。李解民曰:"囹",原作"囚",據講義本、直解本、天啓本、彙解本改。　按:"囹",原作"囚",字形近而誤,據講義本、直解本、鰲頭本、兵略本、開宗本、武備志本、四庫本、彙解本、子書百家本、二十五子彙函本改。

【注】

　　〔一〕施子美曰:此言聽訟者不公而爲貨利所奪也。有千金而後可以免死罪,有百金而後可以免刑罪,聽訟若此,何以爲公? 尉子之意,蓋欲以無私爲主。　○劉寅曰:今世諺有云:"有千金者不死,有百金者不刑。"言以賄賂而求免刑罰也。　○陳玖學曰:皆可賄免。　○黄獻臣曰:言以賄賂求免也。○李騰芳曰:言以賄賂求免也。　○丁洪章曰:諺,俗語也。　○大全曰:法爲天下大器,理官公心無私,豈特千金不死、百金不刑之不足憑,即以天道好生之堯舜爲一言以通免,亦惟有法而已。　○鍾兆華曰:刑,判刑、服刑。竹簡作"胥靡"。漢書楚元王傳:"二人諫,不聽,胥靡之。"顏師古注:"聯繫使相隨而服役之,故謂之胥靡,猶今之役囚徒以鎖聯綴耳。"義近。　○李解民曰:金,古代計算貨幣的單位。史記平準書"更令民鑄錢,一黄金一斤",司馬貞索隱引臣瓊注云:"秦以一溢爲一金,漢以一斤爲一金。"此金指黃銅。 **按**:有千金而後可以免死罪,有百金而後可以免刑罪,此貴賄賂導致司法不公。

〔二〕施子美曰:故謂聽臣之術,雖有大智,不能開一言;雖有千金,不能用一銖。此既公於其心,則彼必先所罔其罪而施其刑矣。 ○劉寅曰:試聽用臣之術,使人雖有堯舜之大智,不能關一言;家雖有萬金之富,不能用一銖,言智無所施而金無所用也。 ○陳玖學曰:不能通一言之關節,不能用一銖以求免。 ○黃獻臣曰:不能通一言之關節,智無所施也;不能用一銖以求免,金無所用也。 ○李騰芳曰:此題不重在堯舜上,特借以形智之極耳。言理訟之官至公至明,自大畏民志而囹圄可空,雖有智亦莫施。金無所用。 ○裒旨曰:將即係理官,則刑當其罪,法自難免。雖堯舜無能關節於其間,見其無私之極致也。堯舜不必泥定講。又曰:言法不能爲富免,金無所用之也。 ○陳孝平曰:銖,兩也。言理官以無私之心以決獄讞囚,雖有萬鎰之富,亦不能免是。可見法至重,而金不能易也。 ○朱墉曰:關,建白關節也。銖,兩也。堯舜大智好生,常欲赦人之罪者。不能關者,法之所在,豈能移易?即瞽瞍殺人,皋陶執法,舜竊負而逃之意也。不能用者,金賂不通也。 ○鍾兆華曰:商君書定分:"天下之吏民,雖有賢良辯慧,不能開一言以枉法;雖有千金,不能用一銖。"義近。銖,一兩的二十四分之一。 ○李解民曰:堯和舜均爲傳說中大約相當於父系氏族社會後期部落聯盟的領袖。堯,陶唐氏,名放勳,亦稱唐堯。舜,姚姓,有虞氏,名重華,亦稱虞舜,被堯所任用,後繼堯執政。堯舜,是春秋戰國時代人們理想中的兩位遠古聖賢君王,也被視爲智慧的代表。商君書定分云"雖有賢良辯慧,不能開一言以枉法",與此意合,足資旁證。銖,古代重量單位,一兩的二十四分之一。 **按**:關,關説,説情。荀子臣道:"時關內之。"王先謙集解引王念孫曰:"凡通言於上曰關。"商君書定分:"雖有賢良辯慧,不能開一言以枉法;雖有千金,不能以用一銖。"

〔三〕施子美曰:書言"明清於單辭",又言"明於獄之兩辭",則訟之所聽,止於此矣,不必有所聯繫。今戰國之聽訟者,小圄十數,中圄百數,大圄千數,由是而延衍。又至於十取百,百取千,千取萬,凡其親戚婚姻知識,無不陷焉。 ○劉寅曰:今夫斷訟獄,小圄不下十數人,中圄不下百數人,大圄不下千數人。十人關聯百人之事,百人關聯千人之事,千人關聯萬人之事。其所以關聯之者,皆親戚兄弟也,其次者皆婚姻之親也,又其次者皆知識故人也。獄者,確也,實確人之情僞也。<u>皋陶</u>所作字,從二犬,取其善警吠正禦也。囹者,領也;圄者,禦也,領錄囚徒而禁禦之。<u>夏</u>曰夏臺,<u>商</u>曰羑里,<u>周</u>曰囹圄。婿父曰婚,女父曰姻。婦女因人而成,故曰姻。又婦黨爲婚,兄弟之黨爲姻。　　○<u>陳玖學</u>曰:圄,監也。　　○<u>李騰芳</u>曰:圄,獄也。　　○<u>丁洪章</u>曰:此言善聽獄者,一言一銖不得入;不善聽獄者,千人萬人不得出。親故株連,貴賤失業,其弊更甚於興師千萬,爲上者奈何不惕然深省而求得人以爲理耶?　　○<u>山中倡庵</u>曰:十人陷於牢獄,則聯親戚婚姻知識之類,百人之事業,而費没之也。百人、千人倣之。　　○<u>朱墉</u>曰:獄者,字從二犬,取其善警吠止禦也。囹者,領也;圄者,禦也,領錄囚徒而禁禦之。<u>夏</u>曰夏臺,<u>商</u>曰羑里,<u>周</u>曰囹圄。婿父曰婚,女父曰姻。婦女因人而成,故曰姻。又婦黨爲婚,兄弟之黨爲姻。聯,牽及也。知識,面相識也。故,舊也。　　○<u>李解民</u>曰:繋,拴縛,囚禁,關押。囹,通"圖",囹圄、監獄。親戚,此指父母。婚姻,親家。<u>爾雅</u>·<u>釋親</u>云:"婿之父爲姻,婦之父爲婚。……婦之父母,婿之父母,相謂爲婚姻。"知識,相知、相識,此指熟人。故人,舊友、老朋友。　**按**:此言當今判決案件,多有牽連。親故株連,貴賤失業,其弊更甚於興師。<u>丁</u>氏説是。

〔四〕<u>施子美</u>曰:如是,農賈士大夫皆不得安其職業而爲囚所聯累,如此,則其所費可知。　　○<u>劉寅</u>曰:是爲農者無不離其田業,賣物者無不離其肆宅,士大夫有職者無不離其官府。如此關聯良善之民,皆囚人之情也。　　○<u>鍾兆華</u>曰:關聯,株連。

〔五〕<u>施子美</u>曰:兵法謂"十萬之師出,日費千金"。十萬之民聯於囹圄,其所費亦可知。師之於所費,與刑之費一均,知師之不可妄用,而不知刑之不可不察其可乎?上不省刑而縱其費,國雖有不用兵,而其危尤急於用兵也。此<u>刑法志</u>所以言"古者大刑用甲兵,中刑用鈇刀,小刑用鞭樸",蓋言兵刑一也。○<u>劉寅</u>曰:兵法有曰:十萬之師出,計一日之内該費千金之重。令良善之民十萬而關聯於囹圄之中,而上之人不能審察之,臣以爲危殆也。　　○<u>黄獻臣</u>曰:此言善聽獄者一言一銖不得入,不善聽獄者千人萬人不得出。親故株連,貴賤失業,其弊更甚於興師十萬,爲上者奈何不惕然深省而求得人以爲理耶?○<u>李騰芳</u>曰:兵者不得已而用。勞民以事軍旅,且猶不可,況聯民於囹圄之中,而爲上者不察，亦曰殆哉。梗陽人有獄，魏戊不能斷，以獄上獻子。將賄以女樂。戊與閻没、女寬侍，食三嘆。獻子詰其故。固辭，對曰：“始恐不足，是以嘆。既自咎云，豈有將軍食之而有不足？是以再嘆。食畢，願以小人之腹爲君子之心，屬厭而已，是以三嘆。”獻子辭梗陽人。不以賄聞於諸侯，甲萬之後大也，有以夫。　　○阮漢聞曰：囚繫日費，竟同出師。聯圄十萬，亦從多者言之。大都冤濫宜恤不第慮民，如出師之費也。智不能關，金不能用，不知何道而然。　　○山中倡庵曰：此説聊難信矣。蓋照上文來，此“囚”字寧爲“囚圄”之“囚”，宜屬於在上之人。言今世囚圄，苟失法之弊情也。　　○丁洪章曰：省，察也。此言今之獄事，雖未必牽連有如此之極，然好訟之鄉，亦足耗費，寔民益窮。讀尉君“皆囚之情”四字，真可寒心，奈何司其職者通遯其弊而不知省？尉君欲以省獄刑，汰濫費，爲足國用，此意大可以爲萬世之經。今日欲期民富，莫先禁民健訟。　　○朱墉曰：十萬師出，言牽連之苦甚於用兵也。危，民窮財盡，國家危亡將至也。　　○鍾兆華曰：孫子作戰篇：“日費千金，然後十萬之師舉矣。”又孫子用間篇：“凡興師十萬，出征千里，百姓之費，公家之奉，日費千金。”　　○李解民曰：“十萬之師出，日費千金”，此反映了當時出動十萬軍隊一天的費用。孫子作戰云：“內外之費，賓客之用，膠漆之材，車甲之奉，日費千金，然後十萬之師舉矣。”又用間云：“凡興師十萬，出征千里，百姓之費，公家之奉，日費千金。”可參看。　　按：孫子兵法作戰：“凡用兵之法，馳車千駟，革車千乘……日費千金，然後十萬之師舉矣。”與“十萬之師出，日費千金”意近。此言囚民於獄者過多，則影響軍費收入，這是非常危險的做法。

尉繚子卷第三

原官第十〔一〕

【注】

〔一〕劉寅曰：原官者，評論居官爲治之本也，如韓子原道、原性之類。
○張居正曰：此推原爲官之事，大約言官職分設，必聽命於上，以明大一統之
義。　○陳玖學曰：此原爲官之事凡二十有三，亦錯舉而言之。　　○李騰芳
曰：原官，如韓子原道、原性之類。　○阮漢聞曰：此篇治具犁，然文更古質整
活。　　○丁洪章曰：原官者，推原爲官之道。在"至聰之聽也"句截，前半段是
言官雖分設而權則聽命于君；後半段是言諸侯之上尚有天子，未可便謂官統文
武而妄興征伐，以竊天子之權。　○朱墉曰：此章見君臣上下各有定位，内外
貴賤各有專司，兵農錢穀各有職掌。設立文武將吏，宣猷佐理，庶績咸熙，故人
君得以垂拱而治。若贊襄無人，下親庶政，天子烏得不勞乎？上世禮樂征伐權
稟一尊，爭訟不興，獄弭兵寢。今人追溯休風，不能不思周官師濟之盛矣。
○華陸綜曰：本篇叙述國家分官設職的必要性，以及君臣職能和施政辦法，反
映了作者要求建立統一的中央集權政治制度的思想。　　按：本篇討論官員在
國家治理中的重要地位，是處理政事的根本。人君要懂得設官，知悉官分文
武，是王者治國的兩種手法，同時要求爲臣者要守臣之節，懂爲政之要，通過官
員的治理，達到民無獄訟的理想狀況。本篇有竹簡出土。

官者,事之所主,爲治之本也。[一]制者,職分四民,治之分也。[二]

【注】

〔一〕施子美曰:官,百官也。聖人建官,所以爲治也。故治之所出,在乎此。惟其爲治之所出,故爲治之本。謂之本者,以明其治出於一也。周官有天地四時之官,分掌治教禮政刑事,此所以明所事主而爲治之本也。　○劉寅曰:官者,百事之所司主,爲治之根本也。　○張居正曰:言天下大矣,殆非一人所能治者,故朝廷設官分職,各有所司,乃爲治之大本也。　○陳玖學曰:官所以主事,乃爲治之本。　○李騰芳曰:事,度事。　按:官,説文:"吏事君也。"

〔二〕施子美曰:制,法制也。聖人立制,所以致其治也。故治之所行,在乎此。惟其爲治之所行,故爲治之分。謂之分者,以其各有分守而足以分之也。周官以九職任萬民,以職事十有二登萬民,蓋所以分四民而爲治之分也。○劉寅曰:治者,以職分而別四民,治之所以分。四民者,農工商賈,各有職主之業也。　○陳玖學曰:官之有制,職司農工商賈之四民,乃爲治之分限。　○黃獻臣曰:官之有制,分士農工商而職司之。分,分限。　○丁洪章曰:四民,士、農、工、商也。　○朱墉曰:制,即官制也。四民者,士農工商,各有職主之業。分,限也。　○鍾兆華曰:四民,士、農、工、商。管子小匡:"士、農、工、商四民者,國之石民也。"石民,一説當作"正民"。　○李解民曰:四民,四種人,即士、農、工、商。本書士常與大夫連言,泛指在官府任職的官吏。　按:分,分職。吕氏春秋圜道:"天道圜,地道方,聖王法之,所以立上下。何以説天道之圜也? 精氣一上一下,圜周復雜,無所稽留,故曰天道圜。何以説地道之方也? 萬物殊類殊形,皆有分職,不能相爲,故曰地道方。主執圜,臣處方,方圜不易,其國乃昌。"官即臣之職位,處理世事萬物者。因萬物皆有分職,故須設官以制之。

貴爵富禄,必稱尊卑之禮也。[一]好善罰惡,正比法,會計民之具也。①[二]均井地,節賦斂,取與之度也。②[三]程工人,備器用,匠工之功也。[四]分地塞要,殄怪禁淫之事也。[五]

【校】

①鍾兆華曰:本句竹簡作"……償尊參會,移民之具也"。

②<u>華陸綜</u>曰:"均地分",原爲"均井地",從簡本改。<u>鍾兆華</u>曰:本句竹簡作"均地分,節傅(賦)儉,□……"。<u>李解民</u>曰:"地分",原作"井地",據簡本改。

【注】

〔一〕<u>施子美</u>曰:爵禄者,又聖人馭下之權也。權之所用,必有其等。故爵以馭貴,必以其德。禄以馭富,必以其功。若是者,所以爲稱也。稱者,稱乎人之功德也。惟欲稱其功德,故爲有等焉。尊卑之體者,以此明尊卑之等也。<u>周官太宰</u>以爵馭貴,以禄馭富;<u>司士</u>以德詔禄,以功詔禄。所以定尊卑之體也,上治下安,權正則天下治,而兵不用矣。　○<u>劉寅</u>曰:貴之以爵,富之以禄,必與才德相稱,分尊卑之體也。如"日宣三德,夙夜浚明有家。日嚴祗敬六德,亮采有邦"是也。　○<u>陳玖學</u>曰:貴人以爵,富人以禄,而必稱其才德,乃尊卑之統體。　○<u>黄獻臣</u>曰:貴人以爵,富人以禄,必與才德相稱。此天官之職。○<u>李騰芳</u>曰:爵禄必與才德相稱。　○<u>徐象卿</u>曰:若德大宜尊,德小宜卑,此尊卑之本然也。今富人以禄而不遽以禄予之,貴人以爵而不遽以爵加之,必量其才德之大小,以爲之差等,豈非昭示尊卑之體於天下乎?　○<u>朱墉</u>曰:必稱者,德大者宜尊,德小者宜卑,如三德爲大夫,六德爲諸侯也。尊卑之體,統攝之大體也。　○<u>鍾兆華</u>曰:體,體統,應有的等級關係。　**按**:上文言職分四民,此句言治士之法。官員治士,若士欲獲得貴爵富禄,必須與士本身地位之高下相稱。士之尊卑地位與其封邑轄地之民上供糧物有關。下文"正比法,會計民之具",即言此也。

〔二〕<u>施子美</u>曰:知民之情與民之數,則民可得而計矣。好善罰惡者,所以求其情也。正比法者,所以具其數也。善爲可與,故好之;惡爲可去,故罰之。比法者,又校登民數之惡書也,不可不正。既知其情,又知其數,則民可得而計矣,所以爲會計民之具。<u>成周</u>之際,率教者書之興之,所以好善也;不服教者移之屏之,所以罰惡也。比法頒之六卿,比要受以三年,比法亦已正矣。會計民之具,其備於此矣。　○<u>劉寅</u>曰:好愛其善者,懲罰其惡者,以正明此法度乃會計萬民之器具也。賞善罰惡,則善者勸而惡者戒,所以爲會計萬民之器具也。　○<u>陳玖學</u>曰:賞善罰惡,或正議國法之會,或比擬國法之會,此乃校計萬民之具。　○<u>黄獻臣</u>曰:以正比國法之會爲計校萬民之具,此刑官之職。

○李騰芳曰：正，謂正議。此謂比擬，皆法會之校計萬民者也。　　○鍾兆華曰：比法，組織居民和徵收賦斂的規定。周禮地官：“小司徒之職……乃頒比法於六鄉之大夫，使各登其鄉之眾寡，六畜車輦，辨其物，以歲時入其數，以施政教，行徵令。”賈公彥疏：“比法，若下經五人爲伍，五伍爲兩是也。”　　○李解民曰：比，比較、考校。比法，古時登記、考查人口及財產多少以供徵收賦役和評騭官吏政績的法令。周禮地官小司徒：“凡征役之施舍與其祭祀飲食喪紀之禁令，乃頒比法於六鄉之大夫，使各登其鄉之眾寡，六畜車輦，辨其物，以歲時入其數，以施政教，行徵令。及三年，則大比。大比，則受邦國之比要。”可參看。會計，統計、總計。先秦時代，最高統治者爲便於及時掌握各地人口財力和官吏的政績，已有較爲嚴密定期進行統計上報的制度。秦漢稱爲“上計”，漢律中有“上計律”。這幾句講的是如何管理官吏。　　按：此句言治士之法。比法，核查統計戶口財產的法令。周禮地官小司徒：“乃頒比法於六鄉之大夫，使各登其鄉之眾寡，六畜車輦，辨其物，以歲時入其數，以施政教，行徵令。”具，謂所當供。周禮天官大宰：“與其具脩。”賈公彥疏：“具，謂所當供。”此言士當統計其下轄各鄉之民所該上供之物。

〔三〕施子美曰：均井地，節賦斂，蓋所以予民者欲其平，所以取民者欲其當。取予之法，盡於此矣。井地之制，其形象井。井，九百畝，中爲公田，八家皆私百畝，則井地不可不均也。賦斂之制，上地食其半，中地食其參之一，下地食其四之一，則賦斂不可無節也。均其井地，所以予之也；節其賦斂，所以取之也，故取予之度在於此。成周之際，司徒井牧其田野。九夫爲井，四井爲邑，四邑爲丘，四丘爲甸，四甸爲縣，四縣爲都，此則均其井地也。以土均之法，下五物九等。制天下之地，征以作民，職以令地，貢以斂財，賦以均齊天下之政，此節賦斂也。取予之度，於此可見。　　○劉寅曰：均平井地，撙節賦斂，取與之制度也。井地者，一井九百畝，八家皆私百畝，而以中一百畝爲公田也。均之者，蓋欲正經界而分田制祿也。賦斂者，兵賦、畝稅也。兵賦，如周制一甸六十四井，出兵車一乘，甲士三人，步卒七十二人是也。畝稅，如周人百畝而徹是也。節之者，蓋欲節用而薄其賦斂也。　　○陳玖學曰：均平井地而無僭踰，節省賦斂而無橫徵，此取民與民之制度也。　　○黃獻臣曰：均井地，以授民耕。節賦斂，以養民力。取與，取民、與民。此司農之職。　　○李騰芳曰：正經界而分田制禄也,兵賦畝税省節而無横徵也。　○徐象卿曰:均井地者,欲正經界而分田制禄也。賦斂者,邱賦畝税也。邱賦,如周制一甸六十四井,出兵車一乘,甲士三人,步卒七十二人是也。畝税,如周人百畝而徹是也。節之者,蓋欲節用而薄其税斂也。工如周禮工金之工、工玉之工是也。　○丁洪章曰:均,平也。　○朱墉曰:井地者,一井九百畝,八家皆私百畝,而以中一畝爲公田也。節,撙節也。賦,田賦也。斂,收聚也,十分取一,有度數也。　○鍾兆華曰:均井地,似與竹簡"均地分"義同。周禮地官小司徒:"乃均土地,以稽其人民,而周知其數。"度,計算、量度。　○李解民曰:"均地分",使土地的分配平均。西周至秦代,土地所有權控制在國家手中,普遍實行授田制。爲使授田平均,限制農民之間的苦樂不均與貧富分化,有定期换田耕作的制度。銀雀山漢墓竹簡田法云:"三歲而壹更賦田,十歲而民畢易田,令皆受地美惡□均之數也。"公羊傳宣公十五年何休注:"司空謹別田之高下善惡,分爲三品:上田,一歲一墾;中田,二歲一墾;下田,三歲一墾。肥饒不得獨樂,墝埆不得獨苦,故三年一换土易居,財均力平。"漢書地理志顏師古注引張晏云:"周制三年一易,以同美惡。商鞅始割裂田地,開立阡陌,令民各有常制。"引孟康云:"三年愛土易居,古制也。商鞅相秦,復立爰田,上田不易,中田一易,下田再易,爰自在其田,不復易居也。食貨志曰'自爰其處而已'是也。"則秦國自商鞅變法後取消了農民之間换土易居的制度,但仍實行授田制,還是有"均地分"的問題。賦斂,指農民按土地上繳政府的軍賦和田租。這幾句講的是如何管理農民。

按:此言治農之法。治農當均平土地,薄其賦斂,取與有度也。

〔四〕施子美曰:式所作有式,所成有具,而後可以見工之所能。程工人者,所作之有式也。備器用者,所成之有具也。其程也,以其所歷之時與其所造之度而限之,此程工人也。爲兵制,則有六建之備;爲甲,則有上旅下旅之制;爲弓弩,則有四弩六等之分,此備器用也。是二者,皆匠工之所能也,故曰匠者之功也。成周之際,煎金有齊,斂轟有時,合三材有日,若是者,皆所以程工人也。有廬人,有弓人,有函人,若是者,皆所以備器也。匠者之功,於此可見矣。○劉寅曰:程限工人,預備器用,匠工之功效也。匠,木工也。工如周禮工金之工、工玉之工是也。程之者,定其程限而不使曠工廢事也。器用者,國家内外所用之器也。備之者,預先爲之,不致臨時有失也。　○陳玖學曰:此匠工之功用。　○黄獻臣曰:程工人,定其程限,使匠工各有其功,此司空之職。　○李騰芳曰:定其程限。　○丁洪章曰:程,限也。匠,木工也。　○徐象卿曰:程之者,定其程限而不使曠工廢事也。器用者,國家内外所用之器也。備者,預先爲之,不致臨時有失也。　○朱墉曰:程,定限期也。匠,木工也。功,使匠作,各有功效也。　○鍾兆華曰:程,限、度量。匠工,指手工工人。匠,金玉工人。工,竹木工人。　○李解民曰:程,計量、考核。工人,指官府控制的手工業工人。匠工,即匠人,指熟練技工,負有向一般工人傳授技術的責任。按周禮考工記匠人記匠人職掌土木工程和田土規劃,可參看。功,功效、作用。這幾句講的是如何管理手工業工人。　按:此言治理工人之法。程,品評,考核。漢書東方朔傳:"武帝既招英俊,程其器能,用之如不及。"顏師古注:"程,謂量計之也。"

〔五〕施子美曰:所守者有其域,則所止者得其法。夫人之所以爲淫怪之事而不可止者,以其所守者無常,而所止者無法也。分地塞要,則所守有定域,内而在於王官,則有次舍之分,有中門之限;外而在於國中,則有田里之分,有門關之守,皆所以分地塞要。故奇邪怪民有所防,而奇邪淫怠有所戒,飾僞詐民無所容,而造言亂刑在所罰,則所以珍怪禁淫之事舉於此矣。成周之際,八次八舍,掌於宫正;中門之禁,掌於閽人,此則分地塞要安於内也。比鄰有制,門關有禁,此則分地塞要於外也。惟地有所守,故怪者可使不入,而邪民可使之去,而市亦無飾僞之民。　○劉寅曰:分地而守,塞其要害,珍滅怪異,禁止妖淫之事也。　○陳玖學曰:此珍滅怪異,禁止淫妖之事也。　○黄獻臣曰:此司馬之職。　○李騰芳曰:分地,分地而守。塞要,塞其要害。珍滅怪異,禁止妖邪。　○丁洪章曰:珍,滅也。禁,止也。　○朱墉曰:分地,分界而守也。要,險隘要害也。淫,妖淫之事也。　○鍾兆華曰:珍,消滅。淫,亂。　○李解民曰:珍,滅絶、消滅。珍怪禁淫,消滅禁止各種怪異奢侈的物品。與下文"國無商賈"相合。當時一些政治家堅持"崇農抑商"的主張,視民間較爲精緻高級的手工業生產爲"奇技淫巧",企圖通過在商業領域杜絶流通的方式來加以遏殺和取締。商君書弱民云:"商有淫利,有美好傷器。"本書治本云:"夫無雕文刻鏤之事,女無繡飾纂組之作。"可參看。這幾句講的是如何管理商人,與下"國無商賈"意相照應。　按:此言治理商人之法。分地,分界而守也。塞

要,堵塞要點。珍,絶也。詩邶風新臺:"籧篨不鮮。"毛傳:"珍,絶也。"李氏
説是。

　　守法稽斷,臣下之節也。〔一〕明法稽驗,主上之操也。〔二〕明主守,
等輕重,臣主之權也。①〔三〕明賞賚,嚴誅責,止姦之術也。②〔四〕審開
塞,守一道,爲政之要也。③〔五〕下達上通,至聰之聽也。〔六〕

【校】

　　①華陸綜曰:"臣主之權也",簡本作"臣主根也"。鍾兆華曰:本句竹簡殘
爲"……□臣主之根也"。

　　②鍾兆華曰:本句竹簡作"刑賞明省,畏誅重奸,止奸……"。宋本與此
義近。

　　③鍾兆華曰:竹簡有"……原,正(政)事之均也"句,似爲本句文字。

【注】

　　〔一〕施子美曰:上有道揆,下有法守,然後爲至治之世。臣,奉法者也,故
守是而稽之以斷者,乃可以盡爲臣之節。　　○劉寅曰:執守國法,稽其果斷,乃
臣下所秉之節也。　　○陳玖學曰:守法度,稽聽斷,此臣下之節度。　　○朱墉
曰:稽,考也。斷,裁制也。節,職守不踰者也。　　○鍾兆華曰:斷,判斷、裁度。
節,節度、法度。　　○李解民曰:稽,考核、調查。斷,作出判斷、決斷。
按:稽,計也,考也。荀子王制:"兼聽而時稽之。"楊倞注:"稽,計也,考也。"守
法稽斷,即執行法律,依法律斷案。此言執行法律爲臣子之責。

　　〔二〕施子美曰:君,制法者也,故明是而稽之以驗者,是爲人君之操。
○劉寅曰:修明法度,稽考效驗,乃主上之所操執也。　　○陳玖學曰:明法令,
稽效驗,主上之操持。　　○徐象卿曰:明法稽驗,言爲上者彰明法度,使臣下奉
之以分理,各治其事,而上稽考其成績,使權不下移,豈非主上之操乎?　　○朱
墉曰:驗,功效也,查其功效也。操,執掌也。　　○鍾兆華曰:操,掌握、操
持。　　○李解民曰:驗,驗證、檢查。　　按:此言制定法律爲主上之責,修明法
度之後再稽其效驗。此亦循名責實之黄老之治。君賦臣執法之名,然後循名
而責實。

　　〔三〕施子美曰:成周之際,有六典,有八法,有八則,皆法所寓也。令小宰,

令百官府,攻乃法,待乃事,此則守法也。太宰佐王治邦國,以典待邦國之治,以法待官府之政,此則明法也。法之所在,君臣之所並稽。故主守在所明,輕重在所等。主守者,法於有司也。輕重者,法所用也。臣主之權,皆欲明乎是。○劉寅曰:明察主守之人,等別輕重之職,人臣司主之權也。 ○陳玖學曰:明察主守之賢否,差等百職之輕重,此人臣所主之權柄。 ○黃獻臣曰:察主守之賢否,等百職之輕重,人臣所主之權。 ○朱墉曰:明察職司之賢否,差等百官之輕重,乃人臣代主之權也。 ○鍾兆華曰:主守,權限、責任範圍。輕重,等級的尊卑貴賤。臣主,指國君。 ○李解民曰:等,等齊、統一。輕重,指刑賞的輕重。商君書勒令、韓非子飭令專門討論刑賞的輕重問題,可參看。等輕重,統一刑賞的輕重標準,即下文所云"明賞賚,嚴誅責"。或以"等輕重"謂權衡各種行政事務的利弊。 按:此句歷代諸說所言未妥。權,謂量事設謀也。韓非子揚權王先慎集解引舊注曰:"權,謂量事設謀也。"臣主之權,意即臣、主各自之量事設謀之舉措。上文有言"臣下"之責,"主上"之操,此概言臣、主之臨事設謀之策。主,則"明主守";臣,則"等輕重"。輕重,一般指經濟,管子中即有輕重篇。此句當指人君要明於人主之責,善於任用臣去抓經濟,發展生產,使國富民強。

〔四〕劉寅曰:明賞賚以勸有功,嚴誅責以罰有罪,止息奸惡之術也。○陳玖學曰:此禁止奸邪之法術。 ○李騰芳曰:以勸功,以罰罪。 ○朱墉曰:賞賚以勸有功,誅責以罰有罪,禁止奸邪也。 ○鍾兆華曰:賚,給、賜。○李解民曰:賚,賞賜、贈送。 按:此言賞罰依法以杜奸,強調法之重要。制談曰:"明賞於前,決罰於後,是以發能中利,動則有功。"此亦對臣而言。

〔五〕陳玖學曰:審開塞之宜,守畫一之道。此"道"字宜淺看,只在法制上論,謂守一定之治道,是爲政之要也。然又宜審當開塞之宜。 ○黃獻臣曰:畫一之道,如貴爵富禄等類。此言朝廷設官分職,各有所司,而要不外一道,失其道,則曠厥官矣,安可不畫一守之乎? ○李騰芳曰:此題"道"字宜淺看,只在法制上立論,謂守一定之治理,是爲政之要,總是爲政要畫一意,如曹參繼蕭何爲相,只循守一法,不紛更擾亂,故漢家稱致治良相曰蕭曹爲首。 ○丁洪章曰:此言朝廷設官分職,各有所司,而要不外于一道,失其道,則曠厥官矣,安可不畫一守之乎? ○陳大士曰:變更紛紜,則下無所禀承。一定有常,是爲政大體。　○朱墉曰:開者,啓其善心;塞者,止其邪念。一道,畫一有定,不朝更夕改也。　○鍾兆華曰:一道,指富國强兵之道,亦即禁舍開塞之道。　○李解民曰:一道,專一之道,此指專一致力耕戰的國策。　**按**:兵談曰:"明乎禁舍開塞,民流者親之,地不治者任之。"開塞,即土地管理以放開給農民耕種與嚴管土地被豪族兼併相結合。兵談曰:"夫土廣而任則國富,民衆而制則國治。"國富、國治,即爲政之要。故"一道"者,即任地制民之道,也即禁舍開塞之道。逸周書文傳解:"不明開塞禁舍者,其如天下何?"淮南子兵略訓:"明於禁舍開塞之道,乘時勢,因民欲,而取天下。"

〔六〕施子美曰:君民之情無或閒,則天下之事無不聞。且堂上遠於百里,堂下遠於千里,門庭遠於萬里。人君以一身之尊據九重之邃,上下之情,未免有壅遏之患矣。人君廣至聰之聽則不然,使下之情無不上達,上之情無不下通,則天下之事無不聞知者。昔有虞之君,詢事攷言,舍己從人,又有出内其命者,是下通上達也。達四聰,安得不見稱於書?　○劉寅曰:下之情得以上達,上之情得以下通,則事無壅蔽,乃至聰之聽也。聰者,耳無所不聞也;聽者,耳之所司也。　○陳玖學曰:下情上達,上情下通。　○黃獻臣曰:下情上達,上情下通,則聽無壅蔽矣。　○丁洪章曰:此詳畫一之道,上下之情相通,而禮樂征伐出自天子。故能不賞而勸,不怒而威,穆然神遊其際,故願上之垂聽也。　○王圻曰:法制畫一則可信可傳,下有法守,自然是上有道揆。　○朱墉曰:民情達於朝廷,君澤及於閭閻,乃無所阻隔者也。　○李解民曰:聰,聽覺靈敏。　**按**:此言爲臣者要能通上下之情,使上令下達,下情上通。

　　知國有無之數,用其仞也。^{〔一〕}知彼弱者,强之體也。^{〔二〕}知彼動者,靜之決也。^{〔三〕}

【注】

〔一〕施子美曰:國用不妄制,必因其物而爲之制。知國有無之數,則國用可得而制矣。用其仞者,以其民力之勤而制之也。仞,什一也。記曰:"冢宰制國用,必於歲之杪。"是亦用其仞也。成周之際,廩人以歲之上下數邦用,正欲知有無之數也。記曰:"祭用歲之仞。"　○劉寅曰:知國家有無財貨之數,用其仞也。仞者,什一也,言以什一之數而計算其有無也。　○陳玖學曰:仞,十一

也。知其數,則必什而用一矣。　　○黃獻臣曰:仍,什一也。通知國家財用有無
之總數,乃十分而用其一,此量入爲出之法。　　○李騰芳曰:什,一也。以什一之
數,計算國家財利之有無也。　　○朱墉曰:仍,民之血力也,又,什一之數也。
○鍾兆華曰:仍,餘數、零數。禮記王制:“祭用數之仍。”鄭玄注:“算今年一歲
經用之數,用其什一。”　　○李解民曰:仍,餘數、零數。或謂十分之一。
按:仍,類篇:“仍,一曰稅十一也。”此言以十一之稅計國之財用。

　　〔二〕施子美曰:此以己料敵之説也。以我之強體之,故可以知彼之弱。
○劉寅曰:知彼軍之怯弱者,以吾有強之體也。吾強,則知彼之弱。　　○張居
正曰:就民言,當其奉法循紀,何其弱也,聖人即於此時而知其有揭竿斬木之
強,所以必撫循之,而不敢虐也,故云“弱者強之體”。　　○陳玖學曰:自體強,
故知敵弱。　　○黃獻臣曰:吾強,故知彼之弱。　　○李騰芳曰:吾強,故知彼之
弱。　　○朱墉曰:吾強,故知彼之弱。　　按:體,履也。荀子修身:“篤志而
體。”王先謙集解:“體、履,古字通。”詩衛風氓:“體無咎言。”陸德明釋文:
“體,韓詩作履。”陳奐傳疏:“體,禮記坊記引詩作履。”履,動詞,做出行動。下
文“靜之決也”,決亦爲動詞。上下句對言。孫子兵法謀攻:“知彼知己者,百
戰不殆。不知彼而知己,一勝一負。不知彼,不知己,每戰必殆。”知彼知己,乃
作戰之原則。此句言知彼弱者,以加強己身也。意即知道對方弱的方面,就在
這方面加強自己,以己之強攻彼之弱。

　　〔三〕施子美曰:以我之靜決之,故可以知彼之動。韓信知楚之易弱者,必
以漢之強也。光弼知周摯之囂者,必以己之靜也。　　○劉寅曰:知彼軍之欲動
者,以吾守靜之果決也。吾靜,則知彼之動。　　○陳玖學曰:自靜決,故知敵
動。　　○黃獻臣曰:吾靜,則知彼之動。　　○阮漢聞曰:以我強爲體,始能兼
弱;以我靜爲決,始能制動,不則萎薾芬囂,與彼共之,雖知何益?　　○李騰芳
曰:吾靜,故知彼之動。　　○山中倡庵曰:三説以“知彼弱”、“知彼動”之二句
爲料敵之義,疑未然也。正不受上文“用仍”之句,亦不被于下文“官分文武”
之語也。私意上“彼”字指“弱”,下“彼”字指“動”。蓋彼弱者,固強之體。彼
動者,亦靜之決。故強弱不相離,而動靜亦相根也。是以不可偏任于強,亦不
可偏任于弱也。動者,靜之發;靜者,動之收。何故? 偏廢乎言,不可兼無之意
也。乃此二句者,下文“王之二術”之張本也,勿誤看矣夫。　　○方虞升曰:我

能靜以持守,自能燭人之情,照人之隱,而識其有必動之機也。彼動者,是將動而未動之際,故以我之靜,可以預爲之決。　　○朱墉曰:吾靜,故知彼之動也。

按:此言彼動則我靜,以靜制動也。

　　官分文武,惟王之二術也。①〔一〕俎豆同制,天子之會也。②〔二〕遊説間諜無自入,③正議之術也。〔三〕諸侯有謹天子之禮,君民繼世,④承王之命也。〔四〕更造易常,⑤違王明德,故禮得以伐也。〔五〕

【校】

　　①鍾兆華曰:本句竹簡殘爲"……王之二術也"。

　　②鍾兆華曰:本句竹簡殘爲"粗(俎)豆同利制天下……"。

　　③華陸綜曰:"間",原作"開",從鄂局本改。鍾兆華曰:"開",當爲"間"字,宋本誤,據施氏、直解本正。李解民曰:"間",原作"開",據講義本、直解本、天啓本、彙解本改。　　按:"間",原作"開",字形近而訛,據講義本、直解本、鰲頭本、兵略本、開宗本、武備志本、四庫本、彙解本、子書百家本、二十五子彙函本改。

　　④華陸綜曰:"臣",原作"民",從鄂局本改。鍾兆華曰:"民",疑宋本有誤。施氏、清芬、二五、二八、百家本均作"臣"。　　按:"民",講義本、武備志本、子書百家本、二十五子彙函本作"臣"。

　　⑤鍾兆華曰:"更",淵鑑類函卷二一一引作"易"。"造",直解、二五、皕刻本作"號"。竹簡"……王者之德也。明禮常,朝(霸)者之……",似本句之文字,出入甚大,無從參校。李解民曰:"號",原作"造",據直解本、天啓本、彙解本改。　　按:"造",直解本、鰲頭本、兵略本、開宗本、武備志本、彙解本、子書百家本、二十五子彙函本作"號"。

【注】

　　〔一〕施子美曰:必異其任,而後可以官人;必等其禮,而後可以待下。文武之才,固有不同,吾則因而任之,分之以文武之職,此王者官人之術也,故謂之惟王之二術。　　○劉寅曰:百官分別文職、武職,惟王者爲政之二術也。古者文武一道,至此則文自文,武自武矣。　　○張居正曰:官分文武,爲治之二術,不可不兼舉也。不必指定人言。如禮樂是文,兵刑即武也。"術"字作"道"字看,或作

"權"字看亦可。　　○陳玖學曰:文武分職,乃王者爲治之二術。文官乃致太平之術,武乃戡禍亂之術,二者不可偏廢,然亦觀世道以爲輕重。　　○黃獻臣曰:當用文則用文,當用武則用武。王者爲治之二術,不可不兼舉也。　　○李騰芳曰:此題要發一"術"字,文官乃致太平之術,武官乃戡禍亂之術,二者不可偏廢,然亦觀世道爲輕重也。　　○汪升之曰:一"術"字,正見聖王治世用人苦心。天下人才,不文則武,不武則文,以此兩途籠絡天下,則天下之聰明才智俱爲我用。偏於文則德弱,不可以言治;偏於武則德廢,亦不可以言治也。　　○朱墉曰:文不可無武,武不可無文,王者治術,不可偏廢也。　　○李解民曰:官分文武,官員分爲文職、武職兩類。文官之長爲相,武官之長爲將。春秋時代,文武合一,各國卿大夫兼掌行政和軍務。自戰國初期始,適漸出現文武分職。銀雀山漢墓竹簡王兵云:"王兵者,必三具:主明、相文、將武。"韓非子解老云:"國家必有文武。"　按:文武,文、武兩種職能,即兵令上所謂"文所以視利害、辨安危,武所以犯强敵、力攻守也"。

〔二〕施子美曰:俎豆之制,各有其等,吾因其等而同之,則上中下各同其等之制,此王者會諸侯之禮也,謂之天子之會。周官有太宰掌邦治,有大司馬掌邦政,此官分文武,惟王之二術也。上公之禮,簋十,豆四十;侯伯之禮,簋八,豆三十二;子男之禮,簋六,豆二十八。俎豆各因其等之制也,王合諸侯之際也。○劉寅曰:俎豆,禮器也。俎載牲體,豆盛菹醢。同制者,言制度皆無異也。天子之會者,天子用之會諸侯也。　　○陳玖學曰:天子會同,諸侯之道。　　○黃獻臣曰:會同諸侯之道。　　○阮漢聞曰:會同之典。　　○丁洪章曰:俎載牲體,豆盛菹醢,皆禮器也。　　○山中倡庵曰:論語注曰:諸侯時見曰會,衆頻曰同。○朱墉曰:俎所以載牲體,豆所以盛菹醢。會,會同諸侯也。　　○鍾兆華曰:俎,古時祭祀用以盛肉的禮器。豆,食具,也用於祭祀。制,傳統的體制、規格。會,朝會,諸侯朝覲天子之會。　　○李解民曰:俎,盛裝牲體的器具。豆,盛裝食物的器具。俎、豆,二者均爲古代饗飲祭祀中常用的禮器,因此用以指稱禮儀。會,會合、朝會。　按:俎、豆,古代禮器。此言禮官之職。會,會同,古代諸侯朝見天子之禮的統稱。詩小雅車攻:"赤芾金舄,會同有繹。"毛傳:"時見曰會,殷見曰同。"諸侯朝見天子之禮,謂之天子之會。

〔三〕施子美曰:木必蠹而後蟲生,人必惑而後説人。議得其正,則所守者堅。遊説間諜,何自入乎? <u>太宗</u>之任<u>房玄齡</u>,謀議之所資也。有男子上變,<u>太宗</u>立斬之,是則遊説間諜無自入矣。乃若<u>趙孝成王</u>信<u>秦</u>間之言,而代<u>頗</u>以<u>括</u>;<u>燕惠王</u>信<u>齊</u>間之言,代<u>毅</u>以<u>劫</u>,是豈正議之所存乎? ○<u>劉寅</u>曰:遊説之士、間諜之人無自而入,乃正議者。言凡有所議皆出於正,而邪説不得干其中也。○<u>陳玖學</u>曰:我之議論正大,則遊説間諜無自入。 ○<u>黃獻臣</u>曰:所議皆出於正,而邪説不得入。 ○<u>李騰芳</u>曰:所議皆出於正,而邪説不得以干之。○<u>阮漢聞</u>曰:正道既明,公議大定,邪無自入,惑從何生? ○<u>朱墉</u>曰:正議皆出於正,則邪曲之言説不得而入也。 ○<u>鍾兆華</u>曰:遊説,指<u>戰國</u>時期的策士。 ○<u>李解民</u>曰:遊説,指遊説之士,如<u>張儀</u>、<u>蘇秦</u>縱橫家之流。 **按**:遊説間諜,策士遊説時往往兼任間諜的作用。據<u>馬王堆漢墓帛書戰國縱橫家書</u>載,<u>蘇秦</u>即爲<u>燕</u>而間於<u>齊</u>。正議,公正的言論。<u>左傳昭公三年</u>:"二子曰:'吾不可以正議而自與也。'"遊説間諜不自入者,因持正議之術也。

〔四〕<u>施子美</u>曰:<u>周禮</u>射侯之銘曰"貽汝曾孫,諸侯百福"。夫天子建萬國以親諸侯,祈茅土之封,受山河之誓,豈欲一再傳而止耶? 誠欲與國家相爲無窮而後已。爲諸侯者,朝覲以時,貢賦以職,其禮無不謹矣。上以至情待乎下,下以至情待乎上,斯有無窮之閒更繼世,惟知奉承王者之命也。 ○<u>劉寅</u>曰:諸侯有謹守天子之禮,君主下民,繼續先世,必承奉天子之命也。 ○<u>陳玖學</u>曰:守天子之禮法,以君其民,繼其世,乃承順王命者。 ○<u>黃獻臣</u>曰:君主下民,繼續先世,順承天子之命令。 ○<u>李騰芳</u>曰:君主小民繼續先世也,天子之命令。 ○<u>丁洪章</u>曰:有此三知,亦是仁厚之君。但恐奮發不足,故下文隨以用武補之。乃一用文武,又恐便生僭竊,故下文又言禮制。 ○<u>王圻</u>曰:一器雖微而禮制則大,故不可不同也。謹天子之禮,謹奉天子以君其民,毫不敢放縱自恣。 ○<u>朱墉</u>曰:繼世,諸侯承立統緒也。 ○<u>李解民</u>曰:君民,君臨百姓,指做百姓的君主。繼世,父死,子襲其位。 **按**:謹,嚴守。此言諸侯守天子之禮法,以君其民,繼其世,乃承順王命者。<u>陳氏</u>説是。

〔五〕<u>施子美</u>曰:然先王之治邦國,同律度量衡,協時月正日,其所造爲,定其有常爲。不度令,則不能奉而承之,乃更造亂常,而違王之明德,此所以得而伐之也。司馬"以九伐之法正邦國"是也。 ○<u>劉寅</u>曰:更改作爲,移易常度,違背天子之明德,故於禮得以征伐之也。 ○<u>陳玖學</u>曰:更王號,易王常,違王明德，則禮當聲罪以伐之。　　○黄獻臣曰：更號，更易國號。易常，易置典常。　　○李騰芳曰：更改造作，移易常度，違背天子之明德。　　○阮漢聞曰：一遵一倍。　　○朱墉曰：更號，更易國號。易常，易置典常，叛逆之國也。　　○鍾兆華曰：造，代。　　○李解民曰：易，改易、改變。常，常典、常法。　**按**：此言更改常度，違背王德，故當以禮伐之。施氏所言司馬，乃周禮夏官大司馬篇也。

　　官無事治，上無慶賞，民無獄訟，國無商賈，何王之至？①〔一〕明舉上達，在王垂聽也。②〔二〕

【校】

　　①鍾兆華曰：本句竹簡爲："……無事□，上無慶賞，民無獄訟，國無商賈，成王至正（政）也。"

　　②鍾兆華曰：本句竹簡作"服奉下迵，成王至德也"。

【注】

　　〔一〕施子美曰：天下太平無可治之事，故謂之官無事治。不賞而民勸，故上無慶賞。不罰而民畏，故民無獄訟。民皆務本而逐末，故國無商賈。是乃至治之世。故謂之"何王之至"，言何王者治如此其至也。　　○劉寅曰：官無事治者，言官無事可治，見其暇也。上無慶賞者，言民皆善，而無所事於慶賞也。民無獄訟者，言民皆不爲惡也。國無商賈者，言民皆務本而不趨末也。何王之至者，言何其王道之極至也。或曰：何王之至，言民安、事治，何王至其國而伐之？未知是否。　　○陳玖學曰：何王道之至極也。　　○黄獻臣曰：人化於善，無事可治。不賞而勸，民情皆平，獄訟不興。民皆務本，不事逐末。何王之至，王道至極。　　○李騰芳曰：人化於善，無事可治也。人皆爲善，無事於慶賞也。國無商賈，不趨末也。　　○阮漢聞曰：無可責問懲討之事。比屋可封，無從見異。本富末衰，王道至矣。　　○丁洪章曰：言原官而至於官無事治，並及於上無慶賞，臣無獄訟，國無商賈。此等世界，真三王以前之景象，故曰何王之至也。○朱墉曰：官無事治，人皆化於善，無事可治。上無慶賞，此户可封，不必賞勸。國無商賈，民皆務本，不事逐末也。至，極也。　　○鍾兆華曰：慶賞，慶功獎賞。荀子議兵："忸之以慶賞。"楊倞注："戰勝則與之賞慶，使習以爲常。"無慶賞，即無戰事。　　○李解民曰：商賈，商人。"國無商賈"，國都中没有商業活動。

這種將取消商賈作爲王政内容之一的觀點，也見於銀雀山漢墓竹簡市法，云："王者無市，霸者不成肆，中國利市，小國恃市。" **按**：官無事可治，上無賞可勸，民無訟可訴，國無商賈，此王治之極也。諸説皆是。商君書戰法："兵起而程敵。政不若者，勿與戰；食不若者，勿與久。"

〔二〕施子美曰：凡此所云，皆人主之所宜聞，其所患者，患王之不聽也。明舉其事，以上達於王，其從與否，則在王垂聽矣。 ○劉寅曰：明舉賢才，達之於上，在王者之垂聽也。 ○陳玖學曰：明知其賢，而舉以上達，在王垂聽而已也。 ○黄獻臣曰：此詳畫一之道。上下之情相通，而禮樂征伐出自天子，故能不賞而勸，不怒而威，穆然神進其際，故願王之垂聽也。 ○李騰芳曰：此篇要令文齊武，修文治武，同寅協恭，相濟成功。後世相傾相軋，如朱全忠聚朝士於白馬驛，盡殺之。李振深嫉縉紳曰："此輩自謂清流，宜投黄河，使爲濁流。"此官分文武之禍也。 ○阮漢聞曰：明舉前事，上達以聞。 ○山中倡庵曰：解"舉賢才"之説，殆可疑矣。尉子於梁，未嘗聞薦賢才於惠王。將有之乎？待知者矣。 ○朱墉曰：明舉，明揚賢才也。 ○鍾兆華曰：逈，説文："逈，迭也。"段玉裁説："迭當作達。玉篇云：逈，通達也。" **按**：此言臣下已將治國之道、强軍之法明確舉出，送達於上，在於大王是否垂聽也。

治本第十一^{〔一〕}

【注】

〔一〕劉寅曰:治本者,爲治之根本也。以篇内有"治失其本"四字,故取"治本"二字以名篇。 ○王陽明曰:武禁文賞,要知文武二者不可缺一。 ○張居正曰:自古國富而後兵强,故以富國爲治本。 ○李騰芳曰:此言爲治之本。○丁洪章曰:通章但講治本。前段是重君當設制以防民,令之勤耕織。後所謂天子以下又歸重君之自節欲,勿好武也。總是治本,故以治本名篇。 ○山中倡庵曰:蓋篇内特説"治之有本",故以"治本"爲篇名也。 ○朱墉曰:治本者,治國之根本也。篇中前是重君當設制以防民,令之勤耕織。後所謂天子以下又歸重君之自節欲,勿好武也。富强根本總不外於勤儉抑欲,惟在上之人有以風勵之而已。此章言治國之道有其根本,示人以當知所務也。國家之敝,由於民貧。民貧則由於游惰不事農桑,奢侈不知節省。以至縱欲無厭,攘奪成風,皆始於上之人不能倡導禁止之耳。是故帝王有鑒於此,建極綏猷,正己率物。凡所以厚民生、正風俗者,無非崇儉化爭之道,開財源,節財流,使民衣食充裕,則國富而兵强,可以無敵於天下矣。 **按**:此篇談治國之本。文中先談今治之失,而推崇古人之治,繼而闡述今日治之本爲使民無私。"夫謂治者,使民無私也","善政執其制,使民無私"。民無私,則"欲心去,爭奪止,囹圄空"。因爲人都是有欲望的,"欲生於無度,邪生於無禁",故作爲帝王之君,要善於制定一些制度來控制欲望,使民無私。使民無私,有讓社會實行公有制的思想,這是很有遠見卓識的看法,是尉繚子思想的一大亮點。

凡治人者何? 曰:非五穀無以充腹,非絲麻無以蓋形。故充腹有粒,蓋形有縷。^{〔一〕}夫在芸耨,^①妻在機杼,民無二事,則有儲蓄。^{〔二〕}夫無彫文刻鏤之事,女無繡飾纂組之作。^{〔三〕}

【校】

①鍾兆華曰:"芸",韜略、清芬、二五、二八、百家本作"耘",同。

【注】

〔一〕施子美曰：孟子曰："五畝之宅，植之以桑，七十者可以衣帛矣；百畝之田，勿奪其時，八口之家可以無飢矣。推而至於不飢不寒，然而不王者，未之有也。"衣食者，生民之本。農桑者，又衣食之本也。民知務本而不逐末，知有一而不知二，則男有餘粟，女有餘布。昔先王之時，王親耕以勸天下之農，后親蠶以勸天下之桑，亦欲天下之知農桑而足衣食也。尤慮夫民之不勤，故有載師之職，俾司萬民。　○劉寅曰：尉繚子設爲問答之辭云：凡國家治人之道如何？曰：非稻黍稷麥菽五種之穀，無以充其腹；非絲帛麻布，無以蓋其形。故充飽其腹，有五穀之粒；掩蓋形體，有絲麻之縷。　○丁洪章曰：五穀，黍、稷、稻、菽、麥也。此言爲治之本務在樸素以爲天下先，而後斯民得遂耕織之常也。○朱墉曰：充，滿也、飽也。蓋，遮蔽也。縷，絲麻之合而成者。　○鍾兆華曰：五穀，五種糧食作物，古書中説法不盡相同。孟子滕文公上"樹藝五穀"，趙岐注説："五穀謂稻、黍、稷、麥、菽也。"形，形體、身體。粒，糧食顆粒，指糧食。縷，綫，指衣物。　按：此言爲治之本在於讓天下之民食有五穀以果腹，衣有絲麻以蓋形。

〔二〕施子美曰：凡宅不毛者，有里布；田不耕者，出屋粟。是又戒之也。秦皇興閭左之戍，使百姓轉輸於道，男不得耕，女不得織，又安得斯言而告之？夫民無二事，恐逐末以忘本也。雕文刻鏤有傷於農，繡飾纂組有傷於蠶，惟無以二事役其心，而後可以專事於耕桑矣。此漢文帝后元二年之詔曰："雕文刻鏤，傷農事者也。飾繡纂組，害女工者也。"農事傷則飢之本也，女工害則寒之原也，帝其知治本也。　○劉寅曰：爲夫者在外而事芸耨，爲妻者在内而事機杼，使民但務農業，無二其事，則國家倉庫有儲蓄矣。　○張居正曰：無二事者，民於耕織之外再無他事，以分其工也，故儲蓄饒多。　○陳玖學曰：斯則有粒有縷矣。　○黃獻臣曰：無奇巧二事以害耕織，必有餘粟餘布。　○山中倡庵曰：夫，耘耨耳。女，機杼耳。外更無別二之事也。　○朱墉曰：芸耨，去草也。無二事者，專務於一也。儲蓄，素積也。　○鍾兆華曰：芸耨，除草，這裏指耕種。機杼，紡織機，此指紡織。二事，指除耕織之外的勞務。　○李解民曰：芸，通"耘"，除草鬆土。耨，除草鬆土。機，指織布機。杼，織布的梭子。　按：此言男耕女織，使民但務耕織，無二其事，則國家倉庫有儲蓄矣。

〔三〕○劉寅曰：爲夫者，無使爲雕文刻鏤之事。雕文刻鏤，傷農事者也。爲女者，無使爲繡飾纂組之作。繡飾纂組，害女工者也。雕文者，雕琢爲文也。鏤，鋼鐵也，以鋼鐵刻鏤成文也。組，綬也。纂，似組而赤。　○黄獻臣曰：雕木爲文，鏤錢爲綬，傷農事者。刺繡衣飾，纂絲組綬，害女工者。　○茅鹿門曰：今日之民非止耕不終畝，織有斷機，且奢侈過度，安得不窮。　○丁洪章曰：雕文，雕木爲文也。刻鏤，刻鏤爲文也。繡飾，刺繡于衣飾。纂組，纂緣於組綬也。　○鍾兆華曰：彫文刻鏤，爲玩器、用具及建築雕刻花紋圖式。彫，同“雕”。六韜文韜上賢：“爲雕文刻鏤、技巧華飾而傷農事，王者必禁之。”纂組，五彩綬帶，用以佩戴印或飾物。　○李解民曰：雕，用彩畫裝飾。文，花紋。鏤，雕刻。雕文刻鏤，彩繪雕刻。纂，五彩的縧帶。組，用絲織成的寬帶子。繡飾纂組，按管子重令云：“布帛不足，衣服毋度，民必有凍寒之傷，而女以美衣錦繡纂組相稃也。”韓非子詭使云：“而纂組錦繡刻畫末作者富。”漢書景帝紀云：“錦繡纂組，害女紅者也。”均以“錦繡”與“纂組”連言。疑此“繡飾纂組”本亦作“錦繡纂組”。　按：管子重令篇：“菽粟不足，末生不禁，民必有飢餓之色，而工以雕文刻鏤相稃也，謂之逆。布帛不足，衣服毋度，民必有凍寒之傷，而女以美衣錦繡纂組相稃也，謂之逆。”

　　木器液，金器腥。〔一〕聖人飲於土，食於土，故埏埴以爲器，天下無費。〔二〕今也金木之性，不寒而衣繡飾；馬牛之性，食草飲水而給菽粟，是治失其本，而宜設之制也。〔三〕

【注】

〔一〕施子美曰：木久則必蠹，故木器液。金以革而爲用，故金器腥。○劉寅曰：木之爲器有液，金之爲器有腥。此即雕文雕鏤之器，用以盛飲食者也。　○陳玖學曰：木器有液，金器有腥。　○黄獻臣曰：木之爲器津液，金之爲器腥臊，此即雕文刻鏤之器，用以盛飲食者。　○李騰芳曰：木之爲器有液，金之爲器有腥，此即雕文刻鏤之器，用以盛飲食者。　○山中倡庵曰：前説（講義）甚迂，而其義難通矣，不可從。蓋金木之性自有液腥，何待久與革而獨然乎？我國取清亦專用土器，則據此義乎？後説（開宗）尤爲得旨。　○朱墉曰：液，津液也。腥，金之氣味也。　○李解民曰：液，浸漬、滲透。金器腥，古人認爲金

屬的氣味是腥的。禮記月令以金配西方、秋季，云“其臭腥”。　　**按**：從上文
“雕文刻鏤”及下文“金木之性不寒，而衣繡飾”看，此處“木器液，金器腥”是指
對木器、金器進行的加工。從下一句“聖人飲於土，食於土，故埏埴以爲器”來
看，此處木器、金器，皆指人們日常使用的器具。木器易走形，做成木盆、木桶
等，一般需要刷桐油以防腐防潮防開裂；椅子、几案等家具，往往需要刷油漆，
既起到美觀作用，也起到防護作用，所以此處之“液”，當指油漆，或桐油之類。
木器液，即以桐油或油漆之類的液體對木質器具進行加工。金，五金總名，這
裏指金屬。古人爲了防止金屬生鏽或腐蝕，往往在金屬上塗油漆，而油漆中含
有化學成分鉻，鉻在金屬表面形成防腐蝕層。而漆的味道特別刺激，可以説是
腥味，故曰“金器腥”。

　　〔二〕施子美曰：金木不足以爲用，惟土爲質。故古之聖人飲於土，食於土，
埏埴以爲器，而天下無費。昔堯舜之世，飯土簋，啜土刑，此土器也。而周人亦
有陶人、瓶人之官，是爲埏埴之工。埏埴者，範土也。古者之治，民質俗樸，故
惟土之用。至於後世，而質始不勝其文矣。　　○劉寅曰：故古之聖人飲於土，
食於土，謂飲食皆用瓦器也。故陶人埏埴以爲飲食之器用，天下無費矣。埏
者，擊也；埴者，黏土也。　　○張居正曰：聖人身居黃屋，玉食萬方，顧爲是粗糲
之物以備器用者，何哉？儉樸以先天下，使後世極靡麗之主顧之，未有不以樸
素自守者。聖人垂世之意，豈不深遠哉！　　○陳玖學曰：此奇異淫巧之事，聖
人不爲也。聖人飲食皆用瓦器，而使陶人埏埴爲之，天下無費財矣。此言聖人
不作無益，見其得爲治之本，而下民所由以得所也。此見聖人樸素以爲天下
先，而不作無益也，斯得爲治之本，而民自得所矣。　　○黃獻臣曰：飲食資於
土，器用亦當用土，故令陶人埏埴以爲瓦器，無雕鏤繡纂之費也。此言爲治之
本務在樸素，以爲天下先，而後斯民得遂耕織之常，漢武時無農夫之苦，有阡陌
之得，乘堅策肥，履絲曳縞，卒致海内虛耗，徒自悔耳，可不鑒哉。　　○李騰芳
曰：飲食者用爲器。此題言聖人以節用爲先。凡飲食皆用瓦器，而使國人爲埏
埴爲之，不欲費天下之財也。如漢武帝時乘堅策，履絲曳縞，卒致海内虛耗，民
安得不告困乎？　　○丁洪章曰：埏，擊也。埴，黏土也。無費者，無雕鏤纂組之
費也。承上埏埴來。一人儉，萬姓恥淫；一人樸，萬姓恥奢；聖人質，萬姓恥華，
而天下皆化之，故曰無賞。　　○鄭靈曰：埏埴爲器者，務樸素以爲天下先也。

老子曰：“不貴難得之物，使民不爲盜；不見可欲，使民心不亂。”正是此意。
○陳子淵曰：聖人身居黃屋，玉食萬方，即華美其器，亦奚不可？而顧爲是粗惡
之物以備器用者，何哉？誠恐後世以奢侈之習，故不作無益之費，不貴難得之
珍，而儉樸以先天下，使天下後世極奢侈之主，顧之未有不自斂者。聖人垂世
之意，豈不深遠也哉？　　○朱墉曰：埏，擊土也。埴，黏土也。飲食資於土，器
用亦當資於土，爲瓦器也。無費，無過於侈靡也。　　鍾兆華曰：埏埴，把陶土
放入模型中製作成陶器。荀子性惡篇：“故陶人埏埴而爲器。”楊倞注：“埏，擊
也。埴，黏土也。擊黏土而成器。”　　○李解民曰：埏，揉黏土，引申爲制陶的
模型。埴，黏土。埏埴，把黏土放入模型中製成陶器。　　按：此言古之聖人以
土製陶器，質樸而無費。

〔三〕施子美曰：金木而衣以緑飾，非其性寒也，蓋以侈之過也。在漢之世，
庶人屋壁有後飾之風，是以金木而衣緑飾也。馬牛之性，本食水草，今乃給以
菽粟，是所以養人者養獸也。戰國之世，狗彘食人食而不知撿，是馬牛給菽粟
也。治失其本若是，可不爲之設制度以防之乎！　　○劉寅曰：今也金木之性不
知有寒而皆衣之以繡飾，馬牛之性但知食草飲水而皆給以菽粟。當時魏侯僭
王，上下習以奢侈，金木之器衣以繡飾，馬牛皆給菽粟。尉繚故言此是國家之
治失其根本，而宜設制以禁之也。　　○陳玖學曰：此言今時之弊失爲治之本而
當禁也。　　○黃獻臣曰：度以禁之。此言今時失爲治之本，上濫費而下貧窮，
緐耕蠶之治止而不行耳。彼寒固不可無衣，乃時未至於金寒木落而遂衣文繡。
馬牛豈不當畜？乃反給以菽粟，則民食何物乎？此而不禁，民乃有形不蔽而腹
不充者也。夫不猶是南畝，猶是桑蠶乎？行止異而得失頓殊，奈何飢寒之不至
也。爲人上者，可不亟爲之制耶？　　○李騰芳曰：度以禁之。　　○丁洪章曰：
制，度也。　　○山中倡庵曰：義及解之前説，共以奢侈解之。蓋上文用土器樸
素之反也，説得好底，宜從也。解之後説及宗爲時之不寒而爲“金寒木落”之説
者之性字難説去，且不對下文“馬牛之性”句，不可從也。凡物寒則衣之，而可温
之，今金木無情，何寒之有，卻衣之繡飾，非奢侈而何乎？馬牛者，草木以足養之，
今卻給菽粟，是乃以所以養人者養獸，狗彘食人之食之類也，是亦非奢侈乎？正
文所謂失其本也。　　○指南曰：設制度以禁止，使民不敢踰分僭越。　　○朱墉
曰：金寒木落，秋冬之令也。不寒者，時未至也。馬牛給菽粟，是食人之食也。

設,立也。制,當禁止也。　　按:此責今日之人給金器、木器進行加工修飾,牛馬食菽粟,而人無食,乃爲政者之失,當設制以約之。

春夏,夫出於南畝;秋冬,女練於布帛,①則民不困。〔一〕今短褐不蔽形,②糟糠不充腹,失其治也。〔二〕

【校】

①華陸綜曰:"於",原脱,從鄂局本補。鍾兆華曰:"於"字,宋本脱,據施氏、直解本補。李解民曰:"練"後"布"前,講義本、直解本、天啓本、彙解本均有"於"字。　　按:"於",原脱,據講義本、直解本、鰲頭本、兵略本、開宗本、武備志本、四庫本、彙解本、子書百家本、二十五子彙函本補。

②華陸綜曰:"裋",原作"短",從鄂局本改。李解民曰:"裋",原作"短",據直解本、天啓本、鄂本改。　　按:"短褐",直解本、鰲頭本、開宗本、武備志本、四庫本、子書百家本、二十五子彙函本作"裋褐"。

【注】

〔一〕施子美曰:一夫不耕,天下受其飢;一婦不蠶,天下受其寒,則農桑誠爲急務也。古者男女各有常業。故春夏夫出於南畝,所以致力於耕耨之時也。秋冬女練布帛,所以致力於女功。既成之際也,夫如是,故民無飢寒,是以不困。　　〇劉寅曰:春夏,爲夫者出於南畝,以務農業;秋冬,爲婦者練於布帛,以勤女工,則民不貧困矣。　　〇朱墉曰:練,漂水爲白也。　　〇鍾兆華曰:南畝,泛指農田。詩經豳風七月:"饁彼南畝,田畯至喜。"練,把絲麻或布帛經煮、洗等加工工序變得柔軟潔白。此處指紡織。　　〇李解民曰:南畝,朝南的田畝。田畝朝南向陽,能較充分利用日照,利於莊稼生長。古人田畝多南北向開闢。後亦泛指農田。練,把絲麻或布帛煮得柔軟雪白。　　按:此言不失農時,男女各分其工,民則不困。施氏説是。

〔二〕施子美曰:今短褐不蔽形,糟糠不充腹,是失其所以爲治之本也。故孟子之告梁王也,則以黎民不飢不寒爲可以王。其告齊王也,則亦以不飢不寒爲可以王。是則戰國之際,民失其職久矣。宜尉繚之告梁王,亦以是爲治本。尉子之意,孟子之意也。　　〇劉寅曰:今爲民者裋褐不能蔽其形,糟糠不能充其腹,是其爲治之失也。裋,童豎所著短衣也。褐,毛布,賤者之服也。　　〇陳玖學曰：此申言今時之民貧困如此，以上失其治也。裋，童衣短衣。
〇李騰芳曰：裋，童子所著短衣。　　〇丁洪章曰：短，童豎所著短衣也。褐，毛
布。　　〇朱墉曰：短，童豎所著短衣也。褐，毛布，賤者之服也。　　〇鍾兆華
曰：短褐，亦作“裋褐”，粗糙的衣服，古代爲貧窮者所穿。史記秦始皇紀：“夫
寒者利裋褐。”集解説：“徐廣曰：一作短，小襦也。”索隱説：“裋，一音豎，蓋謂
褐布豎裁，爲勞役之衣，短而且狹，故謂之短褐，亦曰豎褐。”糟糠，用酒糟、穀糠
充當糧食，泛指最劣的食物。史記伯夷列傳：“然回也屢空，糟糠不厭。”索隱
説：“糟糠，貧者之所餐也。”　　〇李解民曰：裋，短衣。褐，用獸毛或粗麻製成的
短衣。裋褐，指粗陋的衣服，是古代貧賤百姓的着裝。糟，酒糟、酒渣。糠，穀
物脱粒後剩的皮、殼。　　按：此言今日百姓食不果腹，衣不蔽體，爲政之失也。

　　古者土無肥磽，人無勤惰，古人何得，而今人何失邪？〔一〕耕
有不終畝，織有日斷機，而奈何寒飢①。〔二〕蓋古治之行，今治之
止也。〔三〕

【校】

　　①華陸綜曰：“飢寒”，原作“寒飢”，從鄂局本改。鍾兆華曰：“寒飢”，二
五、㢧刻本作“飢寒”。

【注】

　　〔一〕施子美曰：古者以地授人，隨其高下而定數。故不以肥磽，而或有耕
否，人各有職，不以勤惰而使之自縱。至於後世，則地有遺利，民有餘力，而地
始有不耕，民始有不力者矣。成周之世，量其地而分之民，故不易之地，家百
畝；一易之地，家二百畝；再易之地，家三百畝。是則土有肥磽，而皆可耕之地。
任民以職而嚴其法，故不耕者，載師罰之以屋粟，閭師罰之以無盛，是則人無勤
惰，而皆使之耕。及後世而乃不然，此非古人之能，而後人之不能，故得失若是
其異也。　　〇劉寅曰：古者田土無肥沃墝瘠，人民無勤謹怠惰，言土皆收而人
皆足，無有肥墝勤惰之分。古人之治如何而得，今人之治如何而失邪？
〇丁洪章曰：古人何得，今人何失，雖是一正一反之論，然得失二字，酌有分説，
見得本治，古人能行，故農有餘粟，女有餘布；今人不能行，故飢不得食，寒不得
衣。　　〇翼注曰：古人何得，今人何失，雖一反一正之詞，要重在治本不可失

上。治本不失，則農有餘粟，女有餘布。治本一失，則飢者不得食，貧者不得衣。　　○朱墉曰：肥，沃澤膏腴也。磽，瘠薄也。　　按：此言人無勤惰，而古人得治，今人失治，何也？

〔二〕施子美曰：蓋古者治之有法，而後世則失其所以治之矣。故耕者不終畝，以其上奪其時，故不獲終事於田畝。織有日斷機，以其苦於賦稅，故雖斷機，而不足用。農桑之事若是，其飢寒也宜矣。故奈何其飢寒之及己耶？○劉寅曰：今之耕有不盡畝者，織有日斷機者，言耕織之不盡力，將奈何飢與寒乎？　　○山中倡庵曰："有日斷機"者，言斷絕機杼去怠於事業也。蓋治道廢弛之所致也。　　○朱墉曰：不終畝，半歲荒棄也。斷機，割截不織。奈何飢寒，必不能免於飢寒也。　　按：不終畝，不能終事於耕；日斷機，不能終事於織，將奈何無飢寒乎！

〔三〕施子美曰：此無他，古治得其本，而後治失其本也。　　○劉寅曰：蓋古治之必行，今治之中止也。　　○陳玖學曰：此推今民之獨貧困者，由其失耕織之事，是今治當止而不古若也。　　○黃獻臣曰：得失行止，以治道言。　　○李騰芳曰：得失行止，以治道言。　　○朱墉曰：古治，耕蠶之治也。　　按：古之治今當行，今之治當立止。

夫謂治者，[①]使民無私也。民無私則天下爲一家，而無私耕私織，共寒其寒，共飢其飢。〔一〕故如有子十人，不加一飯；有子一人，不損一飯，焉有喧呼酖酒以敗善類乎？〔二〕民相輕佻，則欲心興，[②]爭奪之患起矣。〔三〕横生於一夫，則民私飯有儲食，私用有儲財。〔四〕民一犯禁而拘以刑治，[③]烏有以爲人上也？〔五〕善政執其制，使民無私爲。〔六〕下不敢私，則無爲非者矣。〔七〕

【校】

①鍾兆華曰："謂"，參同、彙解本作"所謂"。

②華陸綜曰："興"，原作"與"，從鄂局本改。鍾兆華曰："與"，應爲"興"字，繁體形近而誤。宋本誤，據百家本正。李解民曰："興"，原作"與"，據天啓本、彙解本、鄂本改。　　按："興"，原作"與"，字形近而訛，據鰲頭本、兵略本、開宗本、武備志本、四庫本、彙解本、子書百家本、二十五子彙函本改。

③鍾兆華曰:"一",施氏本作"有"。

【注】

〔一〕張横渠曰:私亦民之至情,誰肯爲上所使? 爲無但使之者,原是一個榜樣。若已有了私,不但不能使之無私,且與我攘奪所私矣。　○施子美曰:大道之行也,天下爲公。人知公道之行,又何私焉? 故小邦大邦,無出於户庭;南海北海,無間於閩獄。農者無私耕,奉公而已;蠶者無私織,亦奉公而已。雖隆冬大寒,而不以爲寒;雖三日不食,而人不以爲飢。言上下共之也,惟其公而無私。　○劉寅曰:夫所謂治者,使民皆無私,則雖天下之廣爲一家,而夫無私耕,婦無私織,共寒其身之寒,共飢其腹之飢。　○唐順之曰:上之所以能使民無私者,必是先從自己無私來。若自己不能無私,不但不能使,即使亦不能感也。　○張居正曰:使民無私,就要從自己無私起。若己存私,不但民不得無私,並亦不能使也。無私只是民之有願與公家共之之意。　○李騰芳曰:此題總一"公"字立論,使民無私耕私織,而天下共其飢寒,則不但六合爲一家,而且萬物爲一體矣。此爲治之本也。　○丁洪章曰:此言治道隆污,觀于百姓之公私也。　○周魯觀曰:"治者"二字最重,上之治民,能先去其己之私,而以民之所有還民之有,民亦以民之所有共爲君之有也,雖欲自私,亦不必也。　○汪殿武曰:聖人之於天下,原以家視之者,而無私耕私織,共飢共寒,即天下至大,恍然一家人父子矣。然非王者之治,曷能臻此?　○合參曰:"天下一家"四字,只描寫出"治者"二字來。這"治者"二字,見得我以至誠待天下,天下亦以至誠待我;我以至公待天下,天下亦以至公待我。衣者衣,食者食,皆家齊而國治,國治而天下平矣。　○朱墉曰:無私,只是民之所有願與公家相共之意。無私耕私織,不專其利於己也。　**按**:此言爲治在於使民無私,民無私,天下一家,共寒共飢,生活在一個大同社會。戰國時期,主張建設一個天下無私的社會,成爲諸子各家普遍的看法。禮記禮運:"大道之行也,天下爲公,選賢與能,講信修睦。故人不獨親其親,不獨子其子,使老有所終,壯有所用,幼有所長,矜、寡、孤、獨、廢疾者皆有所養,男有分,女有歸。貨惡其棄於地也,不必藏於己;力惡其不出於其身也,不必爲己。是故謀閉而不興,盜竊亂賊而不作,故外户而不閉。是謂大同。"呂氏春秋貴公:"荆人有遺弓者而不肯索,曰:'荆人遺之,荆人得之,又何索焉?'孔子聞之曰:'去其荆而可矣。'老聃聞之曰:'去其

人而可矣。'故老聃則至公矣。"去私:"天無私覆也,地無私載也,日月無私燭
也,四時無私行也,行其德而萬物得遂長焉。"吕氏春秋爲秦相吕不韋組織門客
編寫,其中主張"貴公"與"去私",吕不韋與尉繚子同時,可見當時主張使民無
私的主張在秦盛行。

〔二〕施子美曰:故如人之有子十人,一飯不爲之加;有子一人,一飯不爲之
損者,公也? 又安有喧呼酗酒以敗善類乎? 民有公而不知有私也。　○劉寅
曰:故如一家有子十人亦不加一飯,有子一人亦不損一飯,焉有喧嘩叫呼、酗嗜
於酒以敗壞善類乎?　○陳玖學曰:此言治道之隆者,民不懷私,而有以善其
俗如此。　○李騰芳曰:民無私則無爲非,蓋由治之行也。如漢高祖蔓羹封侯
之意,漢文帝斗粟尺布之語,皆利之貽誚也。　○丁洪章曰:酗,嗜也。　○朱
墉曰:十人不加,多不爲添設也。不損者,少不爲減去也。　○鍾兆華曰:子,
用作男子的通稱。酗,以飲酒爲樂。　○李解民曰:焉,哪里、怎麼。酗,嗜酒,
酗酒。善類,良善之類,此指良家子弟。　按:善,通膳。別雅卷四:"善,膳
也。"吴玉搢注:"善,與膳通。"飯、酒,皆爲膳食。此言治民以公心,分利以公
正,則不會出現有人酗酒導致大聲喧嘩這樣敗壞膳食的事情。

〔三〕施子美曰:聖人之防民也至,故其慮患也亦至。惟其防民,故使民不
得相輕佻。　○劉寅曰:民相效以輕佻,則私慾之心與爭奪之患起矣。　○丁
洪章曰:輕佻,輕薄佻巧也。　○朱墉曰:輕,薄也。佻,巧也。欲,嗜利也。
○李解民曰:輕佻,輕薄、放浪。　按:輕佻,行動不莊重、不嚴肅。左傳襄公二
十六年:"楚師輕窕,易震蕩也。"前句"喧呼酗酒",輕佻當指此。此言分配不
公,導致民有喧呼酗酒等輕佻之行,則私慾之心與爭奪之患起矣。

〔四〕施子美曰:惟其慮患,故無横生之夫,如是,則欲心爭奪,何自而生?
私食私財,何自而有?　○劉寅曰:强横生於一夫,則民家私飯皆有儲積之食,
民家私用皆有儲積之財。　○黄獻臣曰:無天下一家之意。　○丁洪章曰:
横,横逆也。　○朱墉曰:横,悖逆也。儲,聚財也。　○鍾兆華曰:横,横逆,
與社會準則相違背的行爲。　○李解民曰:横,横逆、暴逆。一夫,獨夫,指暴
君。　按:横生於一夫,即一夫有横行霸道之事。此言若有一夫有横行之事,
則其家私飯有儲食,私用有儲財,而天下則爭奪不止矣。

〔五〕施子美曰:設或有之,而遽以刑法繩之,又何以爲人上? 嬴秦之餘,天

下之民,不勝其爭奪也。陳勝、吳廣一味,而天下之財私矣,秦烏得而馭之乎?
○劉寅曰:民一犯禁令而拘執以刑治,烏有以爲人上之道也? ○陳玖學曰:
言失其治者,民必有爭奪之患,而上人因以刑之,亦非爲上之道也。 ○黃獻
臣曰:此言治道隆污觀於百姓之公私,公則天下爲一家,私則難發於一夫。民
之犯禁者皆上所致。與其淫刑以逞,何如父子相忘之爲得也。 ○李騰芳曰:
民自私則爲北而犯法,蓋由治之止也。上因利之,非爲上之道。 ○丁洪章
曰:拘,拘執也。 ○山中倡庵曰:預不佈治政而一任刑,烏得爲人君之道
乎? ○朱墉:拘,執也。烏在,不取也。 按:此言民有私心而因此犯禁,
因而刑之,非人君之治之上道。孟子梁惠王上:"苟無恒心,放辟邪侈,無不爲
己。及陷於罪,然後從而刑之,是網民也。"

〔六〕施子美曰:惟善爲治者有公天下之道,操之以法,使斯民常不得有私
焉。 ○劉寅曰:善爲國政者執其法制,使民無私爲之事。 ○陳玖學曰:善
爲政者執其法制,而使民無私,固矣。 ○李騰芳曰:善爲政者執其法制。
○丁洪章曰:執,持守也。制,法制也。此節發明至治功效言。言的寔不是虛
侈之談,而其要旨在善政。執其制,不過執其夫耕女織之制耶。 ○指南曰:
制,即夫耕女織之制,言能執持其耕織之制,使民皆有至公無我之心,而爲非之
念,未有不默化而潛消者也。豈非治民之善政乎? ○朱墉:政,所以正人
之不正也。執,持守也。制,法制也。 按:此言善爲政者當執其法制,使民無
私也。

〔七〕施子美曰:夫制者所以禁民爲非而遷於善者也,又孰敢爲非以自私
哉? 成周之君,任人有法。自九夫之井,五地之制,令地貢,令財賦,無不樂輸,
所求何私焉? 此成周之治,所以終莫及也。 ○劉寅曰:在下者不敢私有所作
爲,則無爲非法者矣。 ○陳玖學曰:此言善爲國政者執其法制,使民無私,自
不爲非矣。 ○丁洪章曰:此言爲政者當以道定制,使民去私欲之心,則自無
爭奪之非矣。 ○周介生曰:盡人而耕,盡人而織,此制也;一有私耕,一有私織,
則非其制矣。 ○汪殿武曰:善爲政者執其法以使民,則民皆不越於制之外,
而民自不敢爲非矣。 按:此言善爲政者使民去私欲之心,則民自無爲非之
事也。

反本緣理,出乎一道,則欲心去,爭奪止,囹圄空,野充粟

多〔一〕。安民懷遠，外無天下之難，內無暴亂之事，治之至也。〔二〕

【注】

〔一〕施子美曰：治道既出於一，則天下同歸於治。夫至治之世，耕田而食，鑿井而飲，熙熙陶陶然，不知帝力何有，又烏有爭欲之心，獄訟之聽乎？家給人足，遠至近安，而內外無患矣。究其旨歸，實出於聖人治之以一也。惟聖人以至公之道而化天下，向之忘本者，今則反其本；向之背理者，今則緣其理，無非出於一道。　○劉寅曰：反求根本，緣飾以理，使政出乎一道，則民之欲心去而爭奪止，囹圄之囚空虛，原野之民充滿，倉廩之粟盛多。　○張居正曰：以本來之賦畀言，則謂之本；以人之存心言，則謂之理；以見之行事言，則謂之道。人君能使天下之人皆反其本來，緣率乎理而不違，則自同出乎一道而無私矣。○陳玖學曰：然必反求原本，因緣事理，而悉出於一致之道，斯盡善焉。然道具於心，當原心作結。　○李騰芳曰：此題言善爲政者執其法制，能使民無私，固矣。然必反求原本，因緣事理，而悉出於一致之道，斯盡善矣。　○丁洪章曰：反，覆也。緣，因也。　○鄭友賢曰：能反本而復民之性，民自知耕織之利理者，當公之於人而不可自私。是以依理而行，而不自私其利，治便出於一，而天下爲一家也。　○大全曰：反本者，言使民各反其本業而不至於游惰也。緣理者，言使民各以理自持其身而不至於隕越也。言善政者使民無私，而又教之以本務，使之各循夫天理，是天下之民咸出於一道，同風之治矣。　○尤大臣曰：本者何？民之性是也。惟民不復其性，所以自私其利；事不緣理而行，便異旨殊趨，不能天下一家了。　○朱墉曰：反，還復也。本，原也，天命之初也。緣，因循也。理，天理也。囹圄，空訟獄止也。　○李解民曰：反，通“返”，歸返。本，指農業，即男耕女織。　按：原宦曰：“審開塞，守一道，爲政之要也。”“一道”者，即任地制民之道，也即禁舍開塞之道。反本，即返回重農之根本。緣理，順應法理。此言重農守法，國之大治也。

〔二〕施子美曰：是民之心本乎至誠，而無爲非也，極其成效，豈不爲治之至耶？唐虞之世，黎民於變，不犯有司，九年之潦，而民無菜色，好生之德，洽於民心，四方無虞，萬邦作乂，此治之至也。成周之時，情僞既防，中和已導，刑措而不用，時和而歲豐，四夷咸賓，無有遠邇，此治之至也。泰和之治，其在唐虞成周，後之言治者，孰不以是爲稱首？　○劉寅曰：安定庶衆，懷柔遠人；在外無天下之難,在內無暴亂之事,此治平之至也。　　○陳玖學曰:申言善政者使民無私之事,惟在反求治本,因緣治理,而出乎一道,則民自不爲非,而其治斯至矣。　　○黃獻臣曰:此言爲政者當以道定制,使民去私慾之心,則自無爭奪之非,刑措民安,內外和寧,何者? 其本得也,然必始於君心之無欲。漢武內多欲而外施仁義,故致獄滋羅織,比屋逃亡,邊釁深,七國變,鑒是,信當求諸己。○李騰芳曰:野之民充滿,倉廩之粟多,安走衆庶,懷安遠人,民無私心,政出於一,治道之極至也。　　○丁洪章曰:化民成俗之後,天下之人共耕共織,爾無我詐我無爾虞者,全是聖人,以至誠至公待天下,而爲治之得其本也。　　○朱墉曰:充,有露積也。懷,懷柔遠人也。難,盜賊患難不作也。暴亂,逞凶作亂也。　　○鍾兆華曰:懷遠,使遠方的人得以安撫。　　○李解民曰:懷遠,懷柔遠方之人。　　按:野,郊外。此言城郊糧食充足,遠方之民得到安撫,外無他國發難,內無暴亂之事,治道之極至也。

　　蒼蒼之天,莫知其極。帝王之君,誰爲法則?〔一〕往世不可及,來世不可待,求己者也。〔二〕所謂天子者四焉:一曰神明,二曰垂光,三曰洪叙,四曰無敵。此天子之事也。〔三〕野物不爲犧牲,雜學不爲通儒。〔四〕

【注】

　　〔一〕施子美曰:大哉! 堯之爲君。惟天爲大,惟堯則之。是則王者,承天意以從事。凡其所爲,一準諸天而行之,故彼蒼者天,其正色耶! 吾莫知其紀極也。帝王之君,其誰爲法則乎? 取諸天也。　　○劉寅曰:蒼蒼之天,莫知其道妙之極。自古人君爲帝、爲王者,果誰爲之法則乎? 蒼蒼者,遠而視之,其色蒼蒼然也。天,以其形體言也。莫知其極,即詩所謂“上天之載,無聲無臭”是也。帝,五帝,少昊、顓頊、高辛、唐堯、虞舜也。王,三王,夏禹、商湯、周之文武也。　　○黃獻臣曰:遠而視之,其色蒼然。　　○丁洪章曰:蒼蒼,言其遠而視之,其色蒼蒼也。帝,五帝。王,三王。此句大意直是師心。言自心中俱有堯、舜、禹、湯、文、武,今不求自心中之見有者,而遠慕某爲堯,某爲舜,此治道之所以日卑也。　　○沈友曰:有一代帝王之興,自有一代帝王之治。因革損益,隨時制宜,何必拘守成跡?　　○許濟曰:賢法聖,聖法天,但不必一一比擬。有以法爲法者,有不見其法而無非法者,豈拘拘某事,當學某人也?　○合參曰:自心中俱有堯、舜、禹、湯、文、武,今不求自心中之現有者,而遠慕某爲堯,某爲舜,此治道之所以日卑也。　○朱墉曰:蒼蒼,言其遠而視之,其色蒼蒼然也。天,以其形體言也。極,至也。莫知其極,無聲無臭也。帝,五帝也,少昊、顓頊、帝嚳、帝堯、帝舜也。王,三王也,夏禹、商湯、周文武也。誰爲法則者,治道隨世以爲變遷,有不可以拘執者也。　○鍾兆華曰:極,窮盡、終極。帝王之君,指古代有名的帝王,如堯、舜、禹、湯、文、武。法則,供效法的榜樣或準繩。　○李解民曰:蒼蒼,深青色。帝王之君,指古代的聖明帝王,即所謂五帝三王。五帝所傳不一,或謂伏羲(太皞)、神農(炎帝)、黃帝、堯、舜,或謂黃帝、顓頊、帝嚳、堯、舜,或謂少昊、顓頊(高陽)、高辛、堯、舜。三王一般指夏禹、商湯、周文王。　按:極,至也。此反問也,言帝王之位,由誰決定?由蒼天也。

〔二〕施子美曰:自天之外,將求之上世耶?則遠而不可鑒。將求之來世耶?則未可得而知。擴是二者而推之,盍求諸己而已?湯之檢身若不及,得此者也。　○劉寅曰:往世不可及者,謂往之聖賢不可得而及也。來世不可待者,謂來世之聖賢不可得而待也。然今之爲君者又何求乎?反求其在己者而已。　○陳玖學曰:此責人君之爲治者,當反求諸己也。　○黃獻臣曰:已往之聖賢,不可追而師法。將來之聖賢,不可俟而效學。此言君道同天,無可則效,惟求之在己克盡治民之道而已。前乎千百世之聖賢,後乎千百世之聖賢,總同具一天之極,求己者亦惟求諸吾心之極已耳。　○李騰芳曰:已往之聖賢,將來之聖賢,反求其在己者。　○阮漢聞曰:預待爲程。　○丁洪章曰:此言君道同天,無可則效,惟求之在己克盡治民之道而已。　○朱墉曰:往世,已往之聖賢也。不可及,不可追而師法。來世,將來之聖賢也。不可待,不可俟而效學。求在己心源相印合也。　○李解民曰:按銀雀山漢墓竹簡六韜佚文云:"蒼蒼上天,莫知極。柏王之君,敦爲法則?往者不可及,來者不可待。能明其世者,謂之天子。"與此節相近。　按:此言爲人君者當求諸己也。求諸己,即嚴於修身。"往世不可及,來世不可待",乃當時俗語,而説法不同。論語微子:"楚狂接輿歌而過孔子曰:'鳳兮,鳳兮!何德之衰?往者不可諫,來者猶可追。'"

〔三〕施子美曰:天之爲道,不止於一。君之繼天,亦各有道。所謂天子者,繼天而爲子也,亦必體天而行事,故其道有四焉。神明,則楊子所謂天神、天明也;易之垂象著明,莫大乎日月,即所謂垂光也;洪叙則恢其法也,即四時之運,六子之職也;無敵則天道不爭而善勝也。一説:神明則密其機也,垂光則顯其勢也,洪叙則恢其法也,無敵則立其威也。兼此四者而行之,既有其序,則君之能事畢矣,又豈不足繼天而作子哉! 一説以爲聖人之四德:神明者,聖人之神德也,運而不可測者也;垂光者,聖人之聖德也,充實輝光之所著也;洪叙者,聖人之文德也,洪度紀綱之所寓也;無敵者,聖人之武德也,所以除殘賤賊而天下莫當也。 ○劉寅曰:所謂天子者有四焉:一曰神明。神明者,神妙昭明,變化無測,如帝堯乃聖乃神是也。次二曰垂光。垂光者,垂示光華,著顯天下,如文王光於四方顯於西土是也。次三曰洪叙。洪叙者,洪大人倫之叙,如洪範所謂"彝倫攸叙"是也。次四曰無敵,如孟子所謂"天下無敵"是也。已上四者,皆天子之事也。 ○張居正曰:人謂六府三事爲天子繼天出治之事,而不知此非也。惟神明之德,淵深莫測,德容之盛,昭然物表。至於倫叙之大,舉天下而悉被其澤,功業之隆,盡宇内無以方其盛,而承天立極之事,方盡之矣。 ○陳玖學曰:神明不測,光輝莫掩,洪大倫叙,功業無比,四者天子爲治之事。 ○黄獻臣曰:明睿本於神授,如帝堯之乃聖乃神。光華垂於一世,如文王光四方,顯西土。洪猷丕叙,如禹洪範"彝倫攸叙"。天討無敵,如湯武雲霓之望、筐篚之迎。 ○李騰芳曰:神明,神妙昭明,變化莫測。垂光,垂示光華,顯著天下。洪,大也。叙,如洪範所謂"彝倫攸叙"是也。 ○阮漢聞曰:神明,意即不測。垂光,意即四照。洪叙,意即九叙。無敵,意即一怒安民。 ○丁洪章曰:此詳言天子之四事,而歸之于人道之通儒也。 ○大全曰:人只知天子,而不知既謂之天子,則任大責重,正有不容己者。有此四事,纔謂天子。不然,天子之名何居? ○翼注曰:上古人心樸茂,刑威未啓,天下見天子之德,而不見天子之事;中古機智日生,聲教漸開,天下見天子之事,而即以見天子之德,是事仍本於德也。 ○確論曰:人謂六府三事爲天子繼天出治之事,而不知此非其事也。惟神明之德,淵深莫測,德容之盛,昭然物表。至於倫叙之大,舉天下而悉被其澤;功業之隆,合宇内無以方其盛焉。四者備,而繼天立極之事盡矣。夫豈瑣瑣於庶政者哉? ○朱墉曰:謂,稱誦之也,必名稱其實也。神明,心之靈通也。明睿本乎神授,如帝堯之乃聖乃神也。垂光,功業之昭垂燦著也。光華垂於一世,如文王之光被四方,所顯西土也。洪,大也。叙,秩叙也。能盡五倫之道,如洪範所云"彝倫攸叙"也。無敵,天討天誅,天下無敵,如湯武雲霓之望、筐篚之迎也。 ○鍾兆華曰:神明,主事英明。垂光,施恩天下。洪叙,維護君君臣臣父父子子的人倫關係。 ○李解民曰:神明,神聖英明、智慧超人。淮南子兵略云:"見人之所不見謂之明,知人之所不知謂之神。神明者,先勝者也。"垂光,垂示光華,此喻普降恩澤。洪,大。叙,秩序等級,亦指按等級次第給予賞賜晉升。洪叙,按上下等級制度大賞有功之人,或謂弘揚人倫之叙。無敵,英武勇敢,無敵於天下。 **按**:諸注皆以"洪叙"爲洪範之"彝倫攸叙"之省,句意難通。上文"蒼蒼之天,莫知其極。帝王之君,誰爲法則",是言作爲帝王之君由蒼天來決定。此處言"天子之事",則呼應上文"蒼天",故當從"天"之角度理解。神明、垂光、洪叙、無敵,似乎從天地日月自然規律角度作解更爲妥當。神明,事天地能明察。孝經感應:"天地明察,神明彰矣。"唐玄宗注:"事天地能明察,則神感至誠而降福佑,故曰彰也。"事天地能明察,則意味着能洞悉自然之理。易繫辭下:"陰陽合德,而剛柔有體,以體天地之變,以通神明之德。"孔穎達疏:"萬物變化,或生或成,是神明之德。"故神明言天地。垂光,垂示光明,光明俯射之意。三國魏嵇康琴賦:"冬夜肅清,朗月垂光。新衣翠粲,縹徽流芳。"日月有光,故垂光當指日月。日垂光於白天,月垂光於夜晚,日月相繼垂光,白天與夜晚接續與更替,故垂光亦喻日月輪轉。洪,廣大。叙,即叙次、次序。洪叙,這裏指天地日月運行之自然次序,春夏秋冬、寒來暑往之自然規律。無敵,不與自然規律爲敵。下文"太上神化,其次因物,其下在於無奪民時",亦即順應自然。此言天子之事,即順應天道,無爲而治也。

〔四〕施子美曰:天下之物,不適於用,亦不可用也。苟適其時,何物不可用? 苟不堪所用,雖大而甚博,亦不足以爲用。古之人奉牲以告,則曰:爲其博碩肥腯,不疾瘯蠡也,野物何足爲犧牲哉! 通天地人曰儒,雜學何足爲通儒哉! ○劉寅曰:在野之物,不可爲犧牲,以獻宗廟。駁雜之學,不可爲通儒,以任大政。色純曰犧,卜得吉;未殺曰牲。物,野獸也。 ○陳玖學曰:上句喻起下句。言天子之事大要有四,若雜學則不爲通儒,難以適治,又豈天子之事乎? ○黃獻臣曰:此兩語非引喻人君不得爲通儒,不可爲天子之説,語意蓋云四事乃天子之事,若野物不可以獻宗廟,雜學不可以任大用,則君不舉焉。此言天子同天之用,於穆垂象,風雨露雷,天之事也。神明、垂光、洪叙、無敵,天子之事也。誰能以通儒知本之學壯天子之猷，而天子之事益以光矣。
○阮漢聞曰：小智私惠，非天子事。　○丁洪章曰：野物，野獸也。色純曰犧，
未殺曰牲，指牛羊豕而言。通儒，通經濟之儒，如伊尹、周、孔是也。雜學，旁流
別見，如申、韓、老、莊之類是也。　○山中倡庵曰：上文自“善政執其制”乃至
“天子之事也”，論至德至治之極，切“野物”以來，論有制法而不可濫之義，亦
立治之本之意旨也。“野物不爲犧牲”者，是有制也；“雜學不爲通儒”者，是有
法也。“百里之海，不能飲一夫”者，亦有制也；“三尺之泉，足止三軍渴”者，亦
有法也。蓋引數事，尉子證自謂之心已。有制法如此，則不可浸也明矣。今卻
多邪欲者，則因無度禁，度禁亦治本之尤所貴也。故下文曰“無奪民時，無損民
財”，又曰“禁必以武而成，賞必以文而成”，皆結治本之義而吻合。“野物”以
外之數語，蓋亦停奢侈、務節儉之微意也。　○張江陵曰：雜學不爲通儒，見得
天子之事，非纖微瑣細所可治者。所以居天子之位，需要識大體，得大頭腦。
儒所以爲天子輔治者，豈是雜學小道所能爲？　○王圻曰：此是借物與儒以見
天子之事大也。　○朱墉曰：野，在野之物，如雉、兔之類。色純爲犧，未殺曰
牲，牛羊豕也。不爲者，不可以獻宗廟也。雜學，如申、韓、老、莊、陰陽、九流之
類。通儒，通經濟之儒也。儒，士人之稱。　○鍾兆華曰：犧牲，古代用於祭祀
的牲畜的總稱。　○李解民曰：野物，野生動物。犧牲，指祭祀用的牲口，色純
稱爲“犧”，體全稱爲“牲”。古人對用於祭祀的牲口要求很嚴，不但於牲口毛
色、形體有嚴格標準，而且需要事先占卜，選定後又必須經過一段時間的專門
單獨飼養。儒，原指從巫、史、祝、卜中分化出來貴族人家相禮的術士，後泛指
學者。通儒，指通曉古今、學術純正的學者。　　按：犧牲，供祭祀用的純色全體
牲畜。色純爲犧，體全爲牲。國語周語上：“使太宰以祝、史帥貍姓，奉犧牲、粢
盛、玉帛往獻焉，無有祈也。”韋昭注：“純色曰犧。”周禮地官牧人：“凡祭祀，共
其犧牲。”鄭玄注：“犧牲，毛羽完具也。”漢書禮樂志：“河龍供鯉醇犧牲。”顏師
古注：“醇，謂色不雜也。犧牲，牛羊全體者也。”野物者，野獸也，非家室訓養
者，不能作爲祭祀用之犧牲。雜學者，兼學各家而不精通於一家之學也。通
儒，精通一家之學者，非專指儒家。

今説者曰：“百里之海，不能飲一夫；三尺之泉，足止三軍
渴。”[一]臣謂欲生於無度，邪生於無禁。[二]太上神化，其次因物，

其下在於無奪民時，無損民財。〔三〕夫禁必以武而成，賞必以文而成。〔四〕

【注】

〔一〕施子美曰：海雖廣，不足飲一夫，不適所用也。泉雖淺，足止三軍渴，適於用也。　○劉寅曰：今説者皆曰“百里之海，不能飲一夫”，言無厭也；“三尺之泉，足可止三軍之渴”，言知足也。　○陳玖學曰：言無厭，言易足。　○李騰芳曰：言無厭也，言知足也。　○朱墉曰：不能飲一夫者，言其欲無厭也。足止者，言其不貪多也。　○鍾兆華曰：“百里”句，比喻貪欲無度。“三尺”句，比喻期求有限。　按：海水雖多，然不能飲一人。三尺之泉水雖淺，然足解三軍之渴。下句言“因物”，與此義同。此言因物之用而用。施氏説是。

〔二〕施子美曰：況欲生於無度，邪生於無禁者乎？　○劉寅曰：臣謂人之貪欲生於無節度，邪僻生於無禁止。　○丁洪章曰：此言民欲無厭而易足，特上無本以治之，乃生邪欲之心。　○朱墉曰：欲，嗜慾也。無度，無撙節限制也。禁，止也。

〔三〕施子美曰：世有淳澆，教有淺深，不可不知也。鴻荒之世，其俗樸，其民淳，上之所以化下者本乎至神，百姓莫知其所以然而然者。易曰“聖人以神道設教”，此則太上之神化也。其次則因性而化之。堯舜垂衣裳而治，神化也；周人以鄉三物教萬民，因之也。其下則不能化之矣，但不奪其時，不損其財，亦足以化。此孟子告梁王，則以勿奪民時爲言；對滕文公，則以取民有制爲言，是又其次也。　○劉寅曰：故太上之君在神化。神者，化行天下，神妙不測，如易謂“神而化之”是也。其次者因物。因物，所謂因民而教者，不勞而成功是也。其下者在於無奪民農務之時，無損民生養之財，即所謂不違農之時、不竭民之財者是也。　○張居正曰：神化者，精神默化天下而不用禮樂刑政以治之也。　○陳玖學曰：無爲而治，因民而教，不違農時，不耗民財。此言民欲雖無厭而亦易足，特上無法度禁制之，故生邪欲之心耳。故太上之君，神而化之，其次則因俗而教之，若下者，不奪其時，不損其財。但見民財足則欲心止，而無爲非者矣。　○李騰芳曰：神化，化行天下，神妙不測。因物，因民而教。　○阮漢聞曰：先使之足，而後可以正度禁邪。　○丁洪章曰：太上，隆古之君也。神化者，以精神默化天下也。　○汪升之曰：神化者，不用禮樂刑政以治之也。　○指南曰：言太上者，見非今時之所能及也。全是守無爲於一心而民自化意。　○朱墉曰：太上，隆古之君也。神化者，恭己無爲，以精神默感天下也。因物者，因民物而施教，不勞而成，智愚賢不肖隨其材而教之也。民時，務農之時也。無損民財，不竭盡民力也。　○鍾兆華曰：太上，最上、最好。大戴禮記曾子立事：“太上樂善，其次安之，其下亦能自强。”神化，以精神默化天下，不是用兵刑制服天下。因物，劉寅直解説：“因物，所謂因民而教者，不勞而成功是也。”因，沿襲、因循。　○李解民曰：太上，最上、最高、最好。神化，用無形的精神力量感化、改造人。因物，利用現存的事物，因勢利導，因事制宜。　**按**：神化，以神明化育天下。神明，即上文順應自然之理。因物，順應萬物之性而用之。此言順應自然之理，因萬物之性，遵從民時，無損民財，天下得治也。

〔四〕施子美曰：將以示其戒，必有以威之；將以其褒，必有以顯之。禁之所以戒之也，戒其所不可爲，而彼不知所畏，則亦不足以爲禁也，故必以武而成，則其所以威之者至矣。賞以崇報其功，苟不有以著其賞功，則亦不足以爲賞也，故必以文而成，則其所以顯之者著矣。昔之善明禁者莫如武王。武王牧野之誓，所以示其戒也，而必左杖黃鉞而後誓，則其以武成也可知；成王之立司勳之官，所以報之也，功而必銘書於王之太常者，則其以文成也可知矣。　○劉寅曰：夫禁天下之爲惡者，必以武而成。武，兵刑也。賞天下之爲善者，必以文而成。文，德澤也。　○張居正曰：“成”字即“君子成人之美”的“成”字。蓋文武雖分而成人則一，非兵刑無以禁天下之邪欲，非德澤無以賞天下之同心。　○陳玖學曰：總結上意，言凡禁惡，必以刑罰之武而成；賞善，必以德澤之文而成。欲善治以成民俗者，其知之。　○黃獻臣曰：此言民欲無厭而易足，特上無本以治之，乃生邪欲之心耳。故非兵刑無以禁天下之邪欲，非德澤無以賞天下之回心。然上古無爲而治，中古因民而教，不可追已。今惟是無奪民時，無損民財，庶合於立本之治云爾。然則天下耕有不終畝，織有日斷機，短褐不蔽形，糟糠不充腹，令尉繚蒿目，有不流賈生之涕耶？　○李騰芳曰：今天下耕有不終畝，織有日斷機，短褐不蔽形，糟糠不充腹，令尉繚蒿目，有不令賈生痛哭流涕長歎息者，鮮矣。　○阮漢聞曰：武，威嚴。文，德教。　○丁洪章曰：武主于決斷，文主于温和。凡禁者，所以止人之非也。優容不斷，雖有禁而不能止也,故必以決斷之武成之,始足生人懼心,而止非之作用成矣。凡賞者,所以勸人之善。若刻勵無體,雖有賞而不能勸也,故必以溫和之文成之,始足生人悦心,而勸善之作用成矣。欲善治以成民俗者,不可不知也。　　○衷旨曰:武主於決斷,文主於溫和。凡禁者,所以止人之非。若優容不斷,雖有禁而不能止,故必以決斷之武成之。賞者,所以勸人之善也。若刻薄寡恩,雖有賞而不能勸也,故必以溫和之文成之。　　○朱墉曰:禁,止天下之爲惡者也。武,兵刑也。賞,勸天下之爲善者也。文,德澤也。皆所以成就天下之人材也。善民成俗,威恩互用也。　　○鍾兆華曰:商君書修權:“凡賞者文也,刑者武也。文武者,法之約也,故明主慎法。”可參考。　　○李解民曰:武,武功、武力、暴力。文,文治、文德、德政。　　**按**:此言禁與賞兩種手段。禁以武而成,賞以文而成。

戰權第十二〔一〕

【注】

〔一〕劉寅曰:戰權者,陳權變之法也。以書内有"戰權"二字,故以名篇。
○張居正曰:此言戰陣權變之法。　　○李騰芳曰:此言戰陣權變之法。按:爲
將者理斷訟獄之事,係萬物主,固貴明恕以得情。然非文武和衷,以一道爲政
之要,未免禍流縉紳,不但一獄治之不理而已。其要又在上人治民者能使民無
私,使野充粟多,民安遠懷。自爭奪止,而圄圉空矣,是武不可奪民時損民財明
矣。如此,則在我者,有不可勝,可以達權通變,以與敵戰,而收必勝之策矣。
至於神明不測,則又不可不知止而自取敗。此用人用刑之道,皆爲將爲官者,
治兵善戰之法,非通儒,何足以語此。　　○丁洪章曰:戰權者,戰陣權變之法
也。然不可欲速以成功,全在得其道。得其道者,其惟智將乎!　　○朱墉曰:
戰權者,戰陣權變之法也。言臨陣對敵,貴識權變,乃可取勝,故以是名篇。此
章言求戰貴知權變,我有權謀,則敵不能逞其威力,故用兵者必裕才略之源也。
然權非與道相反,原與道相合者也。惟造道之極至處始謂知權,神化莫測,敵
之所以不能制也。彼輕進好勇者,敵若有謀,反足勝我。兵法以伺隙搏虛爲
上。若敵有勢力,而我復輕敵,烏得不敗? 爲將者誠能得衆心以奪敵氣,而又
明晰情形,然後舉兵,庶幾盡權謀而合兵道矣。觀乎漏泄軍機以致潰亂,爲禍
不測,是故權謀只在明智勇決。苟廟算周密,權略先優,何難服敵乎?　　○華
陸綜曰:本篇着重説明了戰爭權謀的重要性,指出必須根據不同情況使用不同
的戰術,强調掌握主動權的重要意義。最後從戰略高度指出"廊廟之論"、"受
命之論"、"逾垠之論"對制服敵國的重大作用。　　按:戰權,即戰爭中掌握主
動權的權變之法。戰爭中欲取勝,掌握主動權非常重要,所謂貴在制人而不制
於人。古代兵家皆重"先",孫子兵法軍形篇曰:"故勝兵先勝而後求戰,敗兵
先戰而後求勝。"就謀略來説,先算勝者再戰。在戰術上,先佔有利地形者則能
以逸待勞。孫子兵法虛實篇曰:"凡先處戰地而待敵者,佚;後處戰地而趨戰
者,勞。"行軍到達預定地點,先抵達者有利。孫子兵法軍爭篇曰:"後人發,先
人至。"尉繚子亦十分重視戰爭中的主動權,强調臨陣對敵重在"兵貴先"。但

"貴先"也不是永恒的真理,在戰爭的具體運用上,還要會根據實際情況靈活權變。本篇即在闡述如何權變。這便是"貴先"的權變之法在於依據"兵道",而權變的使用取決於"智","以智決之"。在戰爭主動權爭奪的問題上,尉繚子提出主動權的爭奪要符合"兵道"原則,這是對孫子兵法思想的新發展,顯示出尉繚子傑出的見識,給後世爭奪主動權提供了重要的參考,在中國兵學思想史上留下濃墨重彩的一筆。本篇與戰威篇內容多接近,可互相印證。

兵法曰:①"千人而成權,萬人而成武。"〔一〕權先加人者,敵不力交;②武先加人者,敵無威接,故兵貴先。〔二〕勝於此,則勝彼矣,弗勝於此,弗勝彼矣。③〔三〕凡我往則彼來,彼來則我往,相爲勝敗,④此戰之理然也。〔四〕

【校】

①鍾兆華曰:"曰",直解、彙函侯本、韜略、清芬、百家本等作"者"字。

②鍾兆華曰:"交",彙函侯本、清芬、二五、二八、百家本等作"支"字。

③鍾兆華曰:"弗勝彼矣",彙函侯本、清芬、二五、百家本"勝"字下有"於"字。

④鍾兆華曰:"敗",韜略、彙函歸本、鰲頭、清芬、百家本等作"負"字。

【注】

〔一〕施子美曰:兵有異數,期有異用。千人、萬人,此數異也。千人則爲權,萬人則爲武,此用異也。權與武,奇正之術也。千人爲寡,未足以威勝人,故爲權謀焉,斯以奇勝之也;萬人爲衆,其勢足以威之,故但示以威武壓之可也,是又以正勝之也。奇正之術,固各有所用,而所以成必勝之功者,則又在乎速而後可也。　○劉寅曰:兵法有曰:兵至千人而成權,兵至萬人而成武。○陳玖學曰:權,權勢。武,威武。　○阮漢聞曰:權,操縱之權。武,强盛之武。　○朱墉曰:權,權勢也。武,威武也。　○鍾兆華曰:千人,此對"萬人"而言,意爲兵力較少。權,謀略、權謀。　○李解民曰:千人,與後"萬人"對舉,指兵力相對地少。"千人而成權",言兵力雖然相對地少,但可以形成以智謀權略取勝的態勢。萬人,與前"千人"對舉,指兵力相對地多。"萬人而成武",言兵力上佔有相對優勢,可以形成靠武裝實力取勝的態勢。　　按:從下文"敵不力交”來看,此處之“權”當爲權謀、謀略。此言千人之軍,作戰當以謀略取勝;萬人之軍,作戰當以武力取勝。

〔二〕張横渠曰:先勝者,先以威權制勝也。承上“權先加人”、“武先加人”來,惟其先有制勝之威權,則彼自潰敗而無難勝之形也。 ○施子美曰:權先加人,此謀之速也;武先加人,此勢之速也。此有以先之,則彼不可得而禦之。故加之以權,則彼雖有力而不可以力勝,是不能以力交也;加之以武,則彼雖有威而不可以威勝,是不能以威接也。昔韓信可謂善用權者也,以二千人革山而伏,其權可知也。信之權先於拔幟之時,此趙人之兵所以奔潰,又烏能力交?李牧所謂善用武者也,以數萬人張翼而進,其武可知也。牧之武先加於佯北之時,此匈奴之兵所以敗走,又安能以武接邪? ○劉寅曰:權先加於人者,敵不能以力與我交;武先加於人者,敵不能以威與我接,故兵貴先。 ○陳玖學曰:不得以力交戰,不得以威接戰。 ○黄獻臣曰:權以智勝,敵不能以力與我交也。武以力勝,敵不能以威與我接也。 ○李騰芳曰:不能以力與我交也,不能以威與我接也。 ○丁洪章曰:兵家競言權,此篇獨言權不可常用,還是養威畜鋭以武勝人之爲得。此言一出,不獨可免塗炭生靈,抑且少存性術,不然,天下紛紛崇鬼道矣,成何世界,故宜此篇爲垂世之言。“先勝于此”句,即與孫子“先爲不可勝”句意同,但彼爲强國之策,此乃臨陣之方也。 ○指南曰:我能以威權先加於人,則權即有以神變化之宜,威更有以奪敵之魄,固不俟交鋒接刃,而勝勢已先自我握之矣。 ○朱墉曰:不力交,敵不能以力與我交也。無威接,敵不能以威與我接也。 ○鍾兆華曰:交,交接、交戰。 ○李解民曰:故兵貴先,左傳文公七年、宣公十二年、昭公二十一年三言“先人有奪人之心”,即此意。 按:此言“先”之重要。無論以權取勝,抑或以武取勝,均須掌握主動,先敵而發,故兵法所貴的就是先於敵而制勝。六韜龍韜勵軍:“攻城爭先登,野戰爭先赴。”六韜龍韜軍勢:“夫先勝者,先見弱於敵而後戰者也,故事半而功倍焉。”

〔三〕施子美曰:是以用兵者,必先勝於此,而後可以勝人也。 ○劉寅曰:制勝於此,則能制勝於彼;弗能制勝於此,則弗能制勝於彼矣。 ○張居正曰:“於此”,指威權言。蓋用兵必以威權爲本,使無威權,則我無制勝之術,將何以先勝乎? ○陳玖學曰:先以威權制勝自我,則可勝敵矣。若我無制勝之術,則安能勝人乎？此上言行兵貴有自勝之道。　○黃獻臣曰：先以威權制勝自我。　○李騰芳曰：此題言行兵貴有自勝之道。先以威權制勝自我，則可以勝敵矣。若我無制勝之術，則安能勝人乎？所謂未戰而廟算不勝也。　○丁洪章曰：於此，指威權言。　○朱墉曰：於此制勝在己也，弗勝於此，不能先爲必勝於己也。　○鍾兆華曰：張橫渠曰：“先勝者，先以威權制勝也，承上‘權先加人’、‘武先加人’來。惟其先有制勝之威權，則彼自潰敗而無難勝之形也。”○李解民曰：彼，指對方，敵方。　按：此，即權先與武先者。

〔四〕施子美曰：此弗有以先勝之，其何以能勝人哉？雖然，一勝一負，兵家之常，不可恃其常勝也。故我往則彼來，彼來則我往，相爲勝負而已，此用戰者之理當然也。　○劉寅曰：凡我往則彼必來，彼來則我必往，交互攻擊，相爲勝敗，此戰陳之理如此也。　○朱墉曰：往，往而侵人也。彼來，交互攻擊也。按：此言無論敵我雙方，誰得先者即誰勝，此戰之理。

　　夫精誠在乎神明，戰權在乎道之所極。①〔一〕有者無之，無者有之，安所信之？〔二〕

【校】

　　①華陸綜曰：“權”，原作“楹”，從鄂局本改。鍾兆華曰：“楹”，應作“權”字，宋本誤，據全集、直解本正。李解民曰：“權”，原作“楹”，據講義本、直解本、天啓本、彙解本改。　按：“權”，原作“楹”，據講義本、直解本、鼇頭本、兵略本、開宗本、武備志本、四庫本、彙解本、子書百家本、二十五子彙函本改。

【注】

　　〔一〕施子美曰：兵之所以用而不惑者，以其守之心也；兵之所以用而不窮者，以其極乎變也。精神者，兵之專一也。兵之所能專一者，以其神明也。心也者，神明之舍也。戰之所以能盡其權者，以其盡理之變也，道變則有權也。惟極乎變，故能反經而合道。昔者文武之兵，所以能獨往來者，以其精神；其所以精神者，以其知神明之德，正德其極也。牧野之師，必致其戰者，以其權也；其所以爲是權者，以其正不足以治也，故極乎道而用以權。　○劉寅曰：夫人之精誠在乎神明之所主，神明盛，則精誠亦至。心者，神明之所舍也。戰權在乎兵道之所極。此“道”字，謂兵家戰陳權變之道；極，謂道之極致也。　○張居正曰:"精誠"以謀言,"神明"以心言。心能變化而神,洞徹而明,則謀自淵微而精,專一而誠也。言戰原自有道,惟道不能用而後言權。然權終是不得已,非至道之極處亦不言權,即不獲已則權之意。 ○陳玖學曰:道,兵道。兵之勝負難必者也,故用兵之精微誠一在乎此心神明之也。而戰之權變不測,在乎兵道之極。又曰:精誠是謀,神明是心。言兵之勝敗難期,必在神明之內,致其精微誠一以謀之,斯可取勝矣。戰權在乎道之所極,有無莫測,此兵道極致也。凡戰而欲因利以制權者,在因其道之極也。然此權變,必謀慮之精誠以得之。 ○黃獻臣曰:心者,人之神明,神明之所在,精誠之所在也。道者,兵家權變之道。極則道之至也。道之所在,權之所在也。 ○李騰芳曰:此題"精神"字是謀,"神明"字是心。言兵之勝□□必,故用兵之精微誠一在乎此神明之地。先有不可勝之勝,以待敵之可勝而已。如畢再遇與金戰於瀘,將舳艦盡藏荻中。檀道濟唱籌量沙以卻魏軍。韓褒以甲兵衣南山草木上,敵疑走伏。吳王意越無水,勾踐取雙魚傀之,吳兵夜遁。此皆所謂權而神明不測。此題要在"權"與"道"字生意。權之用至於變不可測,在合於兵道之極,權極於道,自戰無不勝。 ○丁洪章曰:精誠,以謀言。神明,以心言。道,戰陣權變之道。極,作"權"字看,道不窮不權也。此言行兵當妙神明之用,而後可以制勝也。自我精誠極而道妙,呈彼威力,又烏足以語此? 又曰:心之凝聚處爲精,心之真寔處爲誠,心之變通處爲神,心之洞朗處爲明。四者俱是心體中絕妙境界。言用兵之家,雖有專心致一誠篤可感,然神明之地,不有以操其成敗勝負之數,則精誠終爲無用之物矣,故曰在乎神明。 ○衷旨曰:精誠以謀,言神明以心言心,能變化而神,洞徹而明,則謀自淵微而精,專一而誠也。 ○醒宗曰:自其凝聚處而言謂之精,自其真實處而言謂之誠,自其變通處則謂之神,自其洞徹處則謂之明,四者俱是心體絕妙境界。然精誠矣,如何在乎神明? 大抵心原是神明之物,任多少事業,俱從此中運用出來。只因本體一失,遂致神者不神,明者不明,即思慮俱屬無當。"精誠"二字最難得,如不從神明中主宰,則過精反致於纖細,過誠反致於固執。是役精誠者,神明也。 ○文訣曰:兵事淵微莫測,專一不二,是爲精誠。心之變化洞朗,是爲神明。精誠者謀,神明者心。究竟至精至誠者,必其至神至明者也。不神不明,則不精不誠矣。 ○大全曰:精,深微也。誠,專篤也。將心惟至神,故能默運。此精誠亦惟至明,斯能洞悉此精誠。 ○陳大士曰：只因世人把“權”字看得低，把“道”字看得高，是錯認“權”了，即聖門可與權，地位何等深細，非曰反經爲權而已也。道者，自然至善之總名。見得這戰之有權變者，非他，乃在乎我心。神而明之，化而裁之，臻乎自然之極至處，斯謂之權也。 ○朱墉曰：精，淵微也。誠，專一也，以謀言。神，變化不測也；明，洞徹不暗也。心者，神明之舍也。心之神明，如鏡之有光也。通變不執之謂權，人所必由之，謂道極至也。戰之所謂能權變者何在乎？亦在乎能造兵道之至善，無以復加者而已。 ○李解民曰：精誠，至誠專一，指用兵沉着冷靜，專注一貫。 **按**：道，即戰威篇之“道勝”之“道”，與下文“戰權在乎道之所極”、“故知道者”、“兵無道”、“兵道極也”之“道”同。戰威篇曰：“講武料敵，使敵之氣失而師散，雖形全而不爲之用，此道勝也。”尉繚子認爲兵學之道在於神秘的“氣”，由“氣”主宰。“氣”之精華爲“精”。管子內業：“精也者，氣之精者也。”劉績補注：“氣之尤精者，爲之精。”內業又説：“凡物之精，此則爲生。”精爲生命萌發的原生動力。精氣而聚謂之道。誠，不矯，不虛僞。莊子漁父：“真者，精誠之至也。不精不誠，不能動人。”成玄英疏曰：“精者不雜，誠者不矯也。”與孫子兵法計篇所云“兵者，詭道也”之“兵道”不同。此言“兵貴先”亦有權變，權變之法當遵從兵之道。

〔二〕施子美曰：兵，詭道也。有爲無，無爲有，將以爲弱邪而實强，將以爲寡邪而實衆。孫臏減灶以示龐涓，若怯也，而實未始怯。張良多張旗幟以入嶢關，若衆也，而實未始衆。兵之所用若此，其可得不信其必然邪？ ○劉寅曰：有者示之無，無者示之有。使敵安所信之，言不可信我之必有必無也。 ○陳玖學曰：或本有而示之無，或本無而示之有，使敵人安所憑信，此所謂戰權也。 ○黃獻臣曰：有而示無，無而示有，正不能信我之有無也。此言行兵當紗神明之用，而後可以制勝自我。精誠極而道紗呈彼威力，又烏足言？有而示無，如精銳可匿，營壘可空，舳艫可藏。（畢再遇與金戰於濾，將舳艫盡藏荻中。）無而示有，如量沙可籌，（檀道濟糧盡，夜唱籌量沙，以餘米覆其上，及旦，魏軍見資糧有餘，不復追。）草木可兵，（韓褒伏精銳於北山中，以甲胄衣南山草木上，敵疑走伏處被擒。）雙鯉可餽。（句踐保城山，吳王意其乏水，餽以米鹽。句踐取雙鯉餽之，吳夜遁。）凡皆所謂權也。 ○李騰芳曰：正不能信我之必有必無也。 ○阮漢聞曰：內握其誠，外極其數，則權武已成，雖千人萬人可以加敵而先勝。如誠與道所應，有者而反無之；不誠與非道所應，無者而反有之，安可信其必勝敵哉！　○丁洪章曰：古稱兵行詭道，何以云有者無之，無者有之？爲不可取信于人乎？蓋言初遭或爲所誤，後必不能取信于人也。此見又高人一層，所以下文言權貴知止。　○朱墉曰：無之者，有而示之無也，如精鋭可匿，營壘可空，舳艫可藏也。有之者，無而示之有也，如量沙可籌，草木可兵也。安所信之，言無處可爲實據也。　○李解民曰：安，哪裏、何處。“有者無之，無者有之，安所信之”，這幾句講的是在作戰中運用謀略，製造假像，虛虛實實，真真假假，使對方捉摸不定，無所適從。孫子計云：“兵者，詭道也。故能而示之不能，用而示之不用，近而示之遠，遠而示之近。”軍爭云：“兵以詐立。”荀子議兵云：“兵之……所引者，變詐也。”韓非子難一云：“戰陳之間，不厭詐僞。”可參看。　**按**：無者示之有，有者示之無，不可輕信。此言運用“貴先”之道當辯證地對待。

　　先王之所傳聞者，任正去詐，存其慈順，決無留刑。[一]故知道者必先圖不知止之敗，惡在乎必往有功？[二]輕進而求戰，[1]敵復圖止，我往而敵制勝矣。[2][三]故兵法曰：求而從之，見而加之。主人不敢當而陵之，必喪其權。[四]

【校】

　　[1]李解民曰：“戰”字後，講義本有“者”字。
　　[2]鍾兆華曰：“往”，直解、全集、酉刻本作“生”。

【注】

　　〔一〕施子美曰：古者用兵，惟以仁義。其任正也，仁義也。其慈順也，則任也。惟以仁義爲本，故罰在必行，無有遲留。文武之君，以至仁伐不仁，皆以一怒而安天下。　○劉寅曰：先王之所傳聞者，任用正人，除去奸詐，存其慈順之心，所以決無留滯之刑也。　○陳玖學曰：正人則任之，而詐人則去之。可宥者，存慈順；而當決者，無留刑。此言用人用刑之道。　○黃獻臣曰：可宥者，存慈順；當決者，無留刑。此言辨賢奸、明刑宥之道。然能任正人，則刑宥未有不當者，故先王以爲急務。　○李騰芳曰：此題言行兵之道以用人爲先，能任用正人，除去奸詐，則賞罰大明，士卒嚮往，先王所傳聞，聞此而已。　○阮漢聞曰：兵不厭詐，在所用之，終險道也，豈可專任？慈經法緯。　○丁洪章曰：

正,正人也。詐,詐人也。　○山中倡庵曰:所傳者在先王,所聞者在尉子。
○汪殿武曰:能任正人,則刑宥未有不當者,所以古先王相傳聞者,正人則任
之,詐人則去之而已。　　○合參曰:正人一任,而詐邪之人自屏棄殆盡,而刑賞
無有不宜。　　○朱墉曰:存慈順之心以扶弱也。留,滯也。當決斷者,無留滯
之刑罰也。　　○李解民曰:存,存問、安撫。慈順,敬順,此指良善之人。決,判
決、處決。留,滯留、拖延。　　按:正,奇正之正。孫子兵法勢:"凡戰者,以正
合,以奇勝。"又曰:"戰勢不過奇正,奇正之變,不可勝窮也。奇正相生,如循環
之無端,孰能窮之?"軍爭曰:"故兵以詐立,以利動。"在孫子兵法中,以"奇"爲
詐,所謂"兵者,詭道也",即此。這裏"任正去詐",即是對孫子兵法的反駁。
"先王之所傳聞者",當即暗指孫子兵法的説法。在戰爭中,一般的計謀皆以
"奇"爲先,"正"爲後,但尉繚子不這樣看,以爲"貴先"之法,權變之處即在於
"任正去詐",也即"任正去奇"之意。兵雖然貴在"先",但此"先"不能僅憑
"奇"。依靠出奇制勝,那樣有僥倖成分在內。真正的取勝之道,先在於"正"。
"正"不行,才用到"奇"。在尉繚子看來,取勝之"正"在於一國之綜合國力。
綜合國力的形成即源於保有慈順愛民之心,"明乎禁舍開塞",同時注重法律,
所謂"凡兵,制必先定"。通過耕戰建設,綜合國力强大了,作戰自然能取勝。
"奇"只是用在一時,没有綜合國力,無法佔據絕對優勢,只能依靠出奇制勝。
故"奇"是戰術,"正"是戰略。此尉繚子不同於孫子者也。

　　〔二〕施子美曰:是以知道者必先圖不知止之敗。蓋制勝易,守勝難。人而
不知止,是不能守勝也。故知道者必圖不知止之敗,惟不知止,故敗。以不知止
爲戒,則必能持勝矣。知所以持勝,則不驟進矣。故烏在乎必往有功?　　○劉寅
曰:故知戰道者必先圖謀不知止之敗。古者逐奔不遠,從綏不及,是知止而無敗
者也。若龍且、龐涓、李陵之徒,是不知止而致於敗者也,惡在乎必往而欲有功,
輕進而求與人戰?　　○黃獻臣曰:知戰道者志在先人,當圖知止。　　○李騰芳
曰:此題見兵貴知止。知道者先圖謀此知止之道也。古者逐奔不遠,從後不
及,此知止而無敗者。　　○丁洪章曰:圖,謀也。不知止則妄心生,邪念出。惟
知止,則定靜安慮,近道必矣。故欲進于道,先求第一步功夫。　　○大全曰:知
止即慎謀之意。兵家之道甚多,無一不在所當知者。而今獨言先圖知止者,正
所以防其敗也。不然,暗昧以輕進,其不爲敵所愚弄誘陷者,幾何哉?　　○衷

旨曰：欲速其功者，必爲敵所乘。故知用兵之道者，必先圖謀勝之所在而止之不移，則進退惟我，操縱亦由我矣。　○朱墉曰：知道，知戰道也。古者逐奔不遠，縱緩不及，是知止也。不知止息，貪利急進，必至於敗也。必往，必欲前進也。惡在，何所取也。　○李解民曰：圖，圖謀、估計。知止，知道適可而止。惡，憎恨、討厭、忌諱。或解作“何”，怎麽，謂“惡在乎必往有功”意爲哪能有一定前往就必定成功的道理。可備一解。　按：此言知兵道者，貴先之處在於先圖如何止兵而不敗，而不能貪圖立功而輕易進兵。兵權曰：“戰不必勝，不可以言戰；攻不必拔，不可以言攻。”尉繚子特別重視若發動戰爭，得先確保不敗，然後才可以言戰。

〔三〕施子美曰：苟爲貪功輕進而求戰，則必爲高祖之白登，太宗之高麗矣，是不知止也。我不知止而敵復圖止，是敵能止而我不能止也，故我往而敵反制勝矣。　○劉寅曰：若輕進而求與人戰，敵反謀止我生路而制勝矣。甚言不可輕進而求戰也。　○陳玖學曰：知兵道者必先圖謀不知止之敗，何在乎必往哉？若貪其有功而輕進以求戰，則敵亦謀所以止。我之往，而或得制勝矣，豈宜輕進如此？　○黃獻臣曰：敵反謀止我生路，我若輕往，敵反制勝。　○阮漢聞曰：此非但有功者戒輕進，不知止也。古人未戰堅壁，方戰佯敗，豈真怯哉？有着數存焉耳。異口虛詞，鮮不坐爲逗遛與敗衄矣。故曰將所自出爲奇，將能而君不御者勝。然則將惡在乎必往也！吳起曰：“勇之于將，乃數分一耳。”其言可味。　○山中倡庵曰：知進而不知止，則必敗矣。　○丁洪章曰：敵復圖止，言更圖止我生路也。　○朱墉曰：敵復圖止，敵人復謀止塞我之歸路也。我往，我若輕往，敵反得以制勝也。　按：此言爲了搶“先”而不顧敵情，輕敵冒進，往往會上敵人之當，導致失敗。

〔四〕施子美曰：故兵曰：求而從之，見而加之。蓋兵不妄動，必欲得乎敵，故求而從之。兵不妄戰，必欲制乎敵，故見而加之。昔班超之在西域也，欲因夜以火攻虜，此求而從之也。令十人持鼓藏之虜舍，見火舉而前後鼓噪，此見而加之也。求而從之，見而加之，固可以克敵矣。若夫主人不敢當，而我欲陵之，是彼善於守，而我不知所攻也，故必喪其機，此子玉所以乘晉軍而敗也。○劉寅曰：故兵法有曰：彼來求我，則以兵從之；見彼虛實之形，則兵加之。主人之勢力不敢當，而爲客者欲陵之，必喪失其權矣。　○陳玖學曰：兵法言因敵求戰，不知止而輕從之；見敵之來，不知止而輕加之。以主人不敢當，我亦不知止，而輕陵之，必然反受其敗而喪失戰權矣。此即吾不知止而取敗之說也。〇黃獻臣曰：敵人求戰，而以兵從之。見彼可乘，而以兵加之。主人之勢力莫敢當，而爲客者憑陵之，則權謀必敗，此即不知止而取敗之說也。此言用兵不圖知止而欲速其功者，必爲敵所乘，故知道而能權者，深以爲戒。古者逐奔不遠，縱綏不及。若雞肋諭意，（曹操在斜口屯兵日久，意在回軍長安，遞食雞肋，隨以答稟令者，楊修令束裝，操惡其揣知己意，誅之。）玉斧畫界，（王全斌平蜀，以圖上議者，欲因兵威下越巂，藝祖以玉斧畫大渡河，曰：“此外吾不有也。”）此知止而無敗者也。否則，深入木門，（張郃追蜀軍，孔明遺計魏延佯敗以誘，郃力追不止，畢命於木門。）遠離渭州，（任福不聽韓琦節制，進至虜地，起銀泥盒，懸哨家鴿，夏兵四合，福等俱斃。）以致大有挫折，可不鑒哉。　　〇李騰芳曰：此即吾不知止而取敗之說。　　〇丁洪章曰：主人，即敵人也。　　〇朱墉曰：求而從之，敵人求戰，而我即以兵從之。見敵空虛，即以兵加之。兵在其本地爲主。不敢當，勢力弱也。陵，憑陵也。皆不知止而輕動也。必喪其權者，必失其利而損威權也。　　〇李解民曰：陵，侵陵、進攻。　　**按**：此言敵人引誘就去應戰，敵人暴露就去攻打，敵人故意示弱就發起進攻，這樣必然會喪失戰爭的主動權。“兵貴先”並非處處搶先，而是根據敵情做出權變。

　　凡奪者無氣，恐者不可守，[1]敗者無人，兵無道也。[一]意往而不疑則從之，奪敵而無敗則加之，[2]明視而高居則威之，兵道極矣。[二]其言無謹，偷矣；[3]其陵犯無節，破矣；[4]水潰雷擊，三軍亂矣。[三]必安其危，去其患，以智決之。[四]高之以廊廟之論，[5]重之以受命之論，銳之以踰垠之論，則敵國可不戰而服。[五]

【校】

　　[1]華陸綜曰：“可”，實爲衍文，當刪。鍾兆華曰：“不守可”，應作“不可守”。宋本誤。施氏、直解本爲“不可守”。李解民曰：“守”原在“可”之前，據講義本、直解本、天啓本、彙解本移正。　　**按**：“可守”，原作“守可”，據講義本、直解本、鼇頭本、兵略本、武備志本、四庫本、彙解本、子書百家本、二十五子彙函本乙正。

②鍾兆華曰:"敗",直解、皕刻本等作"前"。李解民曰:"敗",直解、天啓、彙解本作"前"。

③鍾兆華曰:"偷矣",直解本等作"偷失"。李解民曰:"矣",直解本、天啓本、彙解本作"失"。

④華陸綜曰:"破",原作"被",從鄂局本改。鍾兆華曰:"被",施氏、直解本作"破"。李解民曰:"破",原作"被",據講義本、直解本、天啓本、彙解本改。　按:"破",原作"被",據講義本、直解本、鰲頭本、兵略本、開宗本、武備志本、四庫本、彙解本、子書百家本、二十五子彙函本改。

⑤華陸綜曰:"論",原作"諭",從鄂局本改。鍾兆華曰:"諭"字應當作"論","受命"、"逾垠"句均作"論"。宋本形近而誤。又戰威篇有"廟勝之論",義同。據直解本正。李解民曰:"論",原作"諭",據講義本、直解本、天啓本、彙解本改。　按:"論",原作"諭",字形近而訛,據講義本、直解本、鰲頭本、兵略本、開宗本、武備志本、四庫本、彙解本、子書百家本、二十五子彙函本改。

【注】

〔一〕蘇子瞻曰:兵以勇爲主,以氣爲決。氣之所乘,翻然勃然,則天下莫當。今爲人所陵厭而奪之,是我無直往之氣,而先自餒矣。　○施子美曰:氣奪則走,彼既爲吾所奪,則其氣不足矣,故無氣。心安而後可與守,心既恐懼則其心不安,其何以守? 故恐者不可守。敗則軍必散,故敗者無人。凡是三者,皆兵無道,故至此也。　○劉寅曰:凡見奪於人者,士卒無氣也。士卒以氣爲主,今先爲人所奪,與無氣同也。衆心恐懼者,則不可以守。凡守,欲壯吾士氣,堅吾衆心,今衆先恐懼則心不堅,安可守乎? 衆敗北者,是將無人也。無人者,非實無人,雖有其人,不能料敵制勝,與無人同也。　○唐順之曰:守者内志堅定,任外勢不能摇撼。若士心震驚而恐懼,烏足與死守? 　○陳玖學曰:凡兵勢爲人所奪者,士無全氣而難戰。衆心先自恐懼者,士不堅心而難守。自此兵交而輒敗,皆因制勝無人而行兵無道故也。　○黄獻臣曰:兵勢爲人所奪,士無全氣而難戰。衆心先自恐懼,士不堅心而難守。交兵輒敗,皆因制勝無人。三者用兵無道。　○阮漢聞曰:兵勢爲人所奪,交戰輒敗,制勝無人。　○丁洪章曰:恐,懼也。　○朱墉曰:奪者,爲人所奪也。無氣者雖有,與無氣同也。

恐，驚懼也。衆心不堅，難以守也。無人，無料敵制勝之人也。　　**按**：氣爲精神，在戰爭中，氣爲精神之戰鬥力。無氣則恐，恐則敗。凡爲人所奪者，皆因無氣。敗者無人，言敗者皆因無有氣之人。兵無氣則無兵道矣。

〔二〕施子美曰：若夫盡兵之道，則異是矣，必得其勢以致其用，然後可以盡是道矣。意往而不疑，此言見之既審，故可以必往而不疑。無疑矣，則從之可也。奪敵而無前，此言有必勝之道，故奪之無前，而可以必可加之矣。明視而高居，則有可掩之理，故威之以震其心。用兵之道，其盡於此，故曰兵道極矣。昔者韓信可謂盡是道矣，聞陳餘不從左軍計，乃敢引兵下井陘，此則往而不疑則從之也；設背水之陣，使之殊戰，不可敗，此則奪之無前而可以加之也；遣二千革山之騎，拔趙幟，立漢幟，此明視高居以威之也。韓信戰必勝，攻必取，非今是道者能之乎？　　○劉寅曰：兵無一定之道，意往而不疑惑，則以兵從之。奪彼之意而彼無敢前者，則以兵加之。明吾視，而下無所蔽；高吾居，而下無所隱，則可以威服人。兵之道，可謂至極矣。　　○張居正曰：視，視敵人之形也。居，所居之地也。言敵人之情形，我視之極明，而我所居之地，又極其高陽，則是情與勢兼得，而威可以加於敵矣。　　○陳玖學曰：惟衆心嚮向往不疑，則非恐者而可從之。敵氣爲我所奪而不前，則我非奪者而可加之。且又明見敵情而自處高地，則情與勢兼得而可威加於敵矣。此兵道之極也。此與上節一反一正言之。　　○黃獻臣曰：衆心嚮往無疑則以兵從。能奪敵氣使不敢前則以兵加。明可遠視情形而又自佔高地則可威加於敵。此一反一正言之。此言軍中制勝，無人則衆心疑懼，士氣先沮，其道失也。故非明察敵情、力奪敵氣而邁往無前，猶爲未盡行兵之極，爲主將者不可不知。　　○李騰芳曰：如任福不聽韓琦節制，遠離渭州而敗；曹操以雞肋示意，楊修知其欲回兵；王全斌平蜀，藉以玉斧畫大河，皆不知止。知止之一證也。　　○阮漢聞曰：得氣，得力，得謀，得地，得此四者，則不必求而後從，見而後加，不敢當而後陵也。兵無常形，並舉斯極。　　○山中倡庵曰：周武伐殷紂，疾風迅雷，衆不欲往，至於散宜生輩猶欲卜筮，呂尚獨曰“腐草枯骨，何足問”，而勸衆軍以遂，勝紂之億萬，是見之既審也，衆心之嚮往，胡足爲賴也？宜從前説。　　○郭逢源曰：有才智之人，必善於持重，不致於一敗塗地。符堅一敗而風鶴皆驚，可知其無鎮靜之人。　　○胡君常曰：察敵之明，處勢之高，是情與勢兼得，自然威可加於敵。　　○朱墉曰：意往，衆心嚮往也。從之，以兵從也。奪敵無前，能奪敵氣使不敢前也。加之，以兵加也。視，視敵人之形也。居，所居之地也。明則無遁形，居高陽則得地利，是情勢兩得也。威之，威加於敵也。　○<u>李解民</u>曰：奪敵，奪取敵人士氣，或使敵人喪失士氣。　按：此句乃言“兵道極也”，而兵道乃以氣言之，故皆依氣作解。“意往而不疑則從之”，精神意志有强烈的願望欲往，則行動即順從意志。“奪敵而無敗則加之”，言氣勢能奪敵無敗，那麼就可以用兵。“明視而高居則威之”，言氣充則察敵明，智略高，自然有居高臨下之威，如此則可用兵。

〔三〕<u>施子美</u>曰：若夫其言不謹，則無法度，是偷也。此<u>秦</u>行人夜戒<u>晉</u>師，目動言肆，而<u>晉</u>人知其必遁，是不疑則偷也。其陵犯無節，則未可動而動，故破矣。此<u>子玉</u>乘<u>晉</u>軍，而爲<u>晉</u>師所敗也。水潰雷擊，言軍無節制，如水之潰，如雷之擊，不由其道，三軍必亂矣。此<u>建德</u>、<u>周摯</u>之師所以敗於<u>唐</u>也。　○<u>劉寅</u>曰：如水之潰，如雷之擊，乘彼三軍之亂矣。　○<u>陳玖學</u>曰：此又舉兵道而重言之。凡行軍不謹言則致偷失軍機，凌犯無節則致破傷士卒，急暴如水潰雷擊則致紊亂三軍，皆所當戒也。　○<u>黃獻臣</u>曰：軍中發言當慎，若不能謹，則致偷失軍機。行事又陵犯無制，其軍必破。士卒喧雜急暴，如水之潰，如雷之擊。皆所當戒。○<u>李騰芳</u>曰：則偷失軍機，則致破傷。　○<u>阮漢聞</u>曰：其言，如云所謂也。節，目之。偷慢過差所當謹，彼此之陵侮侵犯所當懲，不則無制之兵以當敵。攻若決水轟雷，三軍不戰自亂矣。此必危，所可患也。以智決者，偷失有漸，凌犯有端，防大於小，圖終於初，非智莫洞其微，非決莫致其果。舊注未確。　○<u>丁洪章</u>曰：無謹、無節、水潰雷擊，三者全是用兵一團，機權，方能不蹈此三弊。　○<u>朱墉</u>曰：謹，慎，密不漏泄也。無謹，蕩肆，無所謹也。偷失必致奸人竊聽而失軍機也。節，制也。行事又陵犯無節度也。水潰，士卒喧雜如水之四出也。雷擊，士卒急暴如雷之奮發也。皆所當戒者也。　按：謹，謹慎。偷，失也。言若不謹慎，則軍情易洩。“陵犯無節，破矣”，言加兵而無節制，反而容易被敵方所破。孫子兵法兵勢：“鷙鳥之疾，至於毀折者，節也。故善戰者，其勢險，其節短。勢如擴弩，節如發機。”

〔四〕<u>施子美</u>曰：如欲安其危、去其患而使得其利，則必有謀以處之，故以智決之。蓋人雖無謀，謀而能斷者鮮。<u>諸葛</u>謀多決少，故將略非所長。智而能決，乃可以爲智。當斷不斷，得無反受其亂乎？<u>張子房</u>，其智者也，運籌帷幄之中,決勝千里之外,非以智決之乎？　　○劉寅曰:必安其危險,去其患難,以智謀果決之。　　○陳玖學曰:又必以智決擇事勢,於危者而圖安之,於患者而思去之。　　○黃獻臣曰:於危者而圖安之,於患者而思去之,決擇事勢。　　○朱墉曰:安其危者,於危險之地必圖安之。去其患者,於患難之處必思去之。決之者,決斷事勢在於有智也。　　按:此言以智去危,絕其患。

〔五〕施子美曰:人惟能決之以智,故在廊廟之間,則有廊廟之論;當受命之際,則有受命之論;踴垠之際,又有踴垠之論。廊廟之論,不可使人得而窺,故高之,則人不可得而及矣。受命之論,不可使人惑之易,故重之,則人不可得而輕矣。踴垠之論,不可使之怯於進,故銳之,則人不可得而禦。三者既盡其謀,則敵國必服,故雖不戰而能屈之矣。昔者武王陰謀修德,此則廊廟之論為甚高也;以太公為師,此則受命之論為甚重也;如虎如貔如熊如羆於商郊,此則踴垠之論為其銳。倒戈之眾,不攻自北,非不戰而服之乎？　　○劉寅曰:高之以廊廟之論者,廟算必欲其勝也。重之以受命之論者,委任必欲其專也。銳之以踴垠之論者,深入敵境,戰功必欲其成也。如此,則敵國可不戰而自服也。　　○陳玖學曰:廟算必欲勝,受命必欲專,踴敵境必欲成功,則敵國不戰自服矣。　　○黃獻臣曰:勿謂廟算之語卑不足聽,勿謂君命可輕而操舍繇己,勿謂踴險為難怯而不前,先勝之道得矣。此言智將決策而後可以圖安弭患,故能不戰而屈人兵。彼浮動躁暴之人,烏足與戰勝之權？　　○李騰芳曰:此題要知論出於廊廟之上,所謂未戰之先,廟算先勝是也。委任欲專,深入敵境,戰功欲其成也。此題要知不戰而服者,乃運籌帷幄之中,決勝千里之外,敵國自心服,所謂不戰而屈人之兵者此也。　　○阮漢聞曰:廟算不可易,故宜高之;君命不可輕,故宜重之;士氣不可餒,故宜銳之。字法不苟乃爾。　　○朱墉曰:高之者,廟算當高也。重之者,當以君所託為重也。銳之者,當以深入敵境為勇也。不戰而服,自有成功也。　　○李解民曰:廊廟,即廟堂,亦可指代朝廷。廊廟之論,即本書戰威"廟勝之論"。　　按:戰威篇曰:"刑未加,兵未接,而所以奪敵者五也:一曰廟勝之論,二曰受命之論,三曰踴垠之論,四曰深溝高壘之論,五曰舉陣加刑之論。"

重刑令第十三〔一〕

【注】

〔一〕劉寅曰:重刑令者,言行軍重爲之刑令也。刑令重,則士卒無逃亡者。書内有"重刑"二字,故以名篇。　○張居正曰:此後十一令,皆將之立威,一令深于一令。令與律同。　○陳玖學曰:此言軍中以刑令爲重。　○黃獻臣曰:此後十一令,皆將之立威事,一令深於一令,發制談事所未發。令與律同。○阮漢聞曰:發墳暴骨,不可爲訓。　○丁洪章曰:此章言行軍必以刑令爲主,苟刑令不重,不可以行軍。所以古先王制度于前,而内外方能帖服者此也。○朱墉曰:令,律也。言行軍重爲之律令也。三軍必以刑令爲主,苟刑令不重,不可以行軍。所以古先王制度於前,而後威刑能帖服者此也。此章總重"内畏則外堅"一句。凡人好生惡死,莫不同然,孰肯捐軀以殉鋒鏑!況敵之威勢甚重,而我之法禁玩弛,未有不生倖免之心者。惟我之威刑不少假貸,則進前猶可萬有一生,而退後必無活理,烏得不堅持勇決? 然必有愛施之於前,然後以威迫之,庶士皆用命。若未戰而流血盈前,先殺百人以示威者,傷於慘酷矣。　○華陸綜曰:本篇講述了懲處戰敗、投降、逃跑將吏的刑罰措施,在於達到"内畏則外堅"的目的。這説明剥削者的本質,它的紀律終究只能靠酷刑來維持。　按:重刑令,主要是針對戰將之令。將者,死生安危之所係,爲作戰之主,故懲罰將之令刑重。

將自千人以上,①有戰而北,守而降,離地逃衆,②命曰國賊;身戮家殘,去其籍,發其墳墓,暴其骨於市,男女公於官。自百人已上,有戰而北,守而降,離地逃衆,命曰軍賊;身死家殘,男女公於官。〔一〕使民内畏重刑,則外輕敵。〔二〕故先王明制度於前,重威刑於後,刑重則内畏,内畏則外堅矣。〔三〕

【校】

①鍾兆華曰:"將",清芬、二五、二八、百家本作"軍"。鰲頭本"將"字前有"夫"字。

②鍾兆華曰：“衆”，韜略、清芬、二五、二八、百家本作“軍”。

【注】

〔一〕施子美曰：將，不可以輕授人也。將者，安危死生之所係，將而能則勝，不能則死耳。戰而北，守而降，離其地，逃其衆，是將不能死於職而求以幸生死也，此國法之所不能逃。故自千人以上，則曰國賊；百人以上，則曰軍賊。蓋以所統之衆寡，而爲害之小大。千人則害大，故禍及於國；百人則害小，故止於一軍。千人者則身戮家殘，去其籍，發其墳墓，暴其骨於市，男女公於官，必重其戮而以罰之也；至於百人則害小，故身死家殘，男女公於官而已。昔趙將趙括，括之母力言其不可，恐敗趙軍，則請勿從坐。括母之憂，正慮之也。將之有敗，其罰如此，則將之所以役其兵者，其可不嚴其刑邪？夫人莫不好生惡死，今置之於死地，不有脅之於後，則何以驅之於前？　○劉寅曰：將自千人以上，有戰而奔北，守而降人，離地而逃衆，命曰國之賊也。戮其身而殘其家，去其名籍，發其墳墓，暴其骨於市中，男女皆公於官，男爲奴而女爲婢也。自百人以上，有戰而奔北，守而降人，離地而逃衆，命曰軍之賊也。戮其身而殘其家，男女皆公於官。　○陳玖學曰：此言千人將之刑，百人將之刑。　○黃獻臣曰：男爲奴，女爲婢也。此嚴千人之將，百人之將。　○李騰芳曰：男爲奴，女爲婢也。　○丁洪章曰：北，敗也。男女公于官，言男爲奴而女爲婢，即賜功臣爲奴也。　○山中倡庵曰：離地者，離可戰守之地而逃去也；逃衆者，逃衆軍戰守之地而逃遁也。　○朱墉曰：北，敗奔也。離地，擅離所守之信地也。暴，露也。男爲奴，女爲婢也，即賜功臣爲奴也。此嚴千人之將也。命曰軍賊，此嚴百人之將也。　○鍾兆華曰：籍，戶籍。去其籍，從戶籍上除名。公，充公。　○李解民曰：北，敗北、敗走、敗逃。戮，殺戮，比一般的斬首更爲嚴厲，常包括斬首前後帶有侮辱性的示衆等懲罰。殘，毀滅、抄滅。籍，名籍、戶籍。“去其籍”，取消戶籍，意味着剝奪原來的身份。暴，同“曝”，暴露。“暴骨”，暴露屍骨於光天化日之下，指陳屍示衆。“男女公於官”，指家中其他人没爲官府奴隸。按：賈誼新書春秋曰：“楚王見士民爲用之不勸也，乃征役萬人，且掘國人之墓。”可見戰敗被掘墓是戰國時一般做法。

〔二〕施子美曰：故使民内畏刑，則外必輕敵。畏刑則輕敵者，蓋戰而死於敵亦死也，退而死於刑亦死也，退則必死，而進戰者勝則復生，此所以畏刑則輕敵。　○劉寅曰：使民内畏我之重刑，則外輕敵矣。　○黃獻臣曰：畏刑則不畏敵，總承兩節。　○丁洪章曰：此言欲重刑令必先將始，所以使三軍内畏刑而外輕敵也。　○鍾兆華曰：商君書賞刑：“重刑連其罪，則民不敢試。民不敢試，故無刑也。……以禁奸止過也，故莫若重刑。”　○李解民曰：民，戰國時代兵民合一，此亦泛指士兵。“使民内畏重刑，則外輕敵”，按本書攻權云：“夫民無兩畏也。畏我侮敵，畏敵侮我。”與此意合，可參看。　按：此言重刑加於將，則兵畏懼。三軍畏懼，則外戰必不畏敵。

〔三〕施子美曰：故先王之世，明制度於前，所以設爲之法以用之也；重威刑於後，所以嚴爲之制以驗之也。刑重則彼必畏於内，既畏於内，則其心不貳，故其外必堅。昔成周大閲之法，疾徐疏數，既定其節，而必斬牲以殉者，所以重其刑而使之畏也。想其有用之際，其兵必不可犯矣。光弼北城之戰，卻者有斬，援矛不刺者，既進而馬不進者，亦欲取其首，此所以能一舉而克摯也。○劉寅曰：故古先哲王明制度於前，使上下有禮；重刑威於後，使士衆不犯。威刑重則内畏主將，内畏主將則於外必堅固矣。　○張居正曰：制度，泛就兵言。大國三師，諸侯二師，設兵之制度也。五步六步，七伐八伐，教兵之制度也。先王能明之於前，所以成節制之兵矣。“内畏外堅”，承上刑重來。夫刑罰嚴重，則内而士心畏懼。内既如此，則外面軍勢自堅固而不可乘矣。　○陳玖學曰：此又引先王之事以申前意。　○黃獻臣曰：使人知守，使人不犯。外禦固，必無戰北守降之事，又引先王以申前意。此言激勵將士當使内畏刑而外輕敵，如周世宗之斬樊愛能，（愛能臨陣遁，世宗捕七十餘人，責之曰：“汝輩非不能戰，欲以朕爲奇貨賣與劉崇耳。”悉斬之。）狄青之誅陳曙，（曙乘青未至，以步兵入干犯賊，潰於崑崙關，青曰：“令之不齊，兵所以敗。”乃會諸將，按罪誅之。）皆所以懲敗兆者。然必制度明而後威令行，面中六矢不動者，（令狐潮以爲木偶，使諜問之，知爲雷萬春，大驚，謂張巡曰：“向見雷將軍，知足下威令矣。”）豈非得之於素教哉？　○李騰芳曰：此題又引先王之事以申前意，明制度於前，使上下有禮；重刑威於後，使士卒不犯。總之，德政並行不悖，非但爲刑重已也。如世宗斬樊愛能等七十餘，以臨陣先遁爲賣君。狄青誅陳曙等千餘兵，以戰不死力爲潰將。令狐潮以雷萬春面中六矢而不動，方知張巡軍令之嚴。此其一證也。外堅，外禦固也。　○丁洪章曰：欲重刑令，先自將始，乃是操之有法處。雖曰施之于將似爲過嚴,然試問戰北守降及離地逃衆,苟事是人之公惡,故雖刑不錯。　○指南曰:一“明”字,正是教之有素。　○衷旨曰:制度,就兵言,如畫井分疆,寓兵於農,治國之制度也;大國三師,諸侯二師,設兵之制度也;五步六步,七伐八伐,教兵之制度也。先王能明之於前,所以成節制之兵也。　○汪升之曰:刑罰嚴重則士心内而畏我,既内畏我,則外面軍勢自堅固而不可動。　○醒宗曰:内畏便有至死不動的光景。内既如此,外來如何動得?　○王漢若曰:欲保其身家性命,而心懷戰慄,恐陷嚴法,此内畏也。目無强敵,挫鋒犯陣,不可搖撼,此外堅也。二項重内畏上。　　**按**:内畏,指内心畏懼。此亦精神力之作用。尉繚子注重從人的精神世界考慮作戰的力量。

伍制令第十四〔一〕

【注】

〔一〕劉寅曰:伍制令者,伍制有令也。以書內皆論伍制,故以名篇。
○張居正曰:此言制立什伍之法令。　○陳玖學曰:此言制立什伍之法令。
○丁洪章曰:此章言制立什伍之法令。法令嚴,無有不得之奸,無有不揭之罪。
雖父子兄弟尚且不敢以干令相私,而況於國人,豈肯爲之隱匿,自取誅戮? 所
以尉繚制立什伍之法令,可謂嚴且睿矣。又曰:伍制令一章重在"保"字,要重
看,其中大有聯疏合戚之意在。四"保"字,即戚繼光軍政干結之類。有干令犯
禁者,許揭出免罪。弗揭者,以同罪論。軍中用以杜奸細,誠爲良法。百人爲
閭,相保而同誅,似太苛。戚繼光,字南塘,明大將也。　○朱墉曰:制立什伍
之法令也。此章言軍中奸私互相容隱,大將一人烏得徧知? 惟立相保互揭之
法,既無廋匿之情,又無偏聽之失,摘伏如神明,四目達四聰,不過是也。然必
自伍法始,雖千萬人不難治矣。　○華陸綜曰:本篇是講軍隊的連保制度。作
者認爲用這種辦法,可以嚴格軍紀,防止內奸。　按:此言軍隊組織聯保連坐
制度之令,即兵教下所云"連刑"者也。兵教下曰:"一曰連刑,謂同罪保伍
也。"文中以嚴密的組織體系確保連坐刑罰的實施。篇中"揭之免於罪,知而弗
揭,全伍有誅"等,乃"連坐"之法在軍隊中的體現。如此嚴厲的刑罰,大概只
有在秦國才見得到,此尉繚乃秦頓弱之一內證也。

　　軍中之制,五人爲伍,伍相保也;十人爲什,什相保也;五十人
爲屬,屬相保也;百人爲閭,閭相保也。〔一〕伍有干令犯禁者,揭之免
於罪,知而弗揭,全伍有誅。什有干令犯禁者,揭之免於罪,知而弗
揭,全什有誅。屬有干令犯禁者,揭之免於罪,知而弗揭,全屬有
誅。閭有干令犯禁者,揭之免於罪,知而弗揭,全閭有誅。〔二〕吏自
什長已上,至左右將,上下皆相保也,①有干令犯禁者,揭之免於
罪,知而弗揭者,皆與同罪。夫什伍相結,上下相聯,無有不得之
奸,無有不揭之罪。〔三〕父不得以私其子,兄不得以私其弟,而況國

人聚舍同食,烏能以干令相私者哉?^{〔四〕}^①

【校】

①鍾兆華曰:"上下",韜略、清芬、二五、二八、百家本均無此二字。

【注】

〔一〕施子美曰:不觀周人比閭族黨之法,則無知古人用兵保伍閭屬之法。周人比閭之法,慶賞刑罰則相共,若有罪奇邪則相及。五家爲比,使之相保。五比爲閭,使之相受。既相受矣,其不可受者,則必言之,言之則從之,不言則必罰相及。周公比閭之法,正爲兵法設,居則五家爲比,五比爲閭;出則五人爲伍,伍伍爲兩。尉子之伍言,蓋得其遺制也。故曰:五人爲伍,伍相保;十人爲什,什相保;五十人爲屬,屬相保;百人爲閭,閭相保。五人爲伍者,以其數始於五也。百人爲閭者,以其數終於百也。自此推之,千人萬人皆此法也,此特言其數之始終也。　○劉寅曰:軍中之法制:五人爲一伍,伍自相保也;十人爲一什,什自相保也;五十人爲一屬,屬自相保也;百人爲一閭,閭自相保也。○陳玖學曰:此言伍什屬閭有相保之制。　○黃獻臣曰:保其不干令犯禁。此伍什屬閭相保之制。　○李騰芳曰:保其不干令犯禁。　○醒宗曰:一"保"字,其中大有聯疏合戚之意在。　○朱墉曰:保者,保其不干令犯禁,揭之出首於官也。揭與訐同。　○鍾兆華曰:保,連坐法。史記商君列傳:"令民爲什伍而相牧司連坐。不告奸者腰斬,告奸者與斬敵首同賞,匿奸者與降敵同罰。"尉繚很看重連保制度,認爲是取得軍事勝利的三個條件之一。　○李解民曰:保,保證、擔保。　按:伍、什、屬、閭,這裏指秦的軍隊編制,也是聯保連坐單位。通典立軍:"周制,萬二千五百人爲軍,將皆命卿。二千五百人爲師,師帥皆中大夫。五百人爲旅,旅帥皆下大夫。百人爲卒,卒長皆上士。二十五人爲兩,兩司馬皆中士。五人爲伍,伍皆有長。"司馬法二十五人爲兩,四兩爲卒。卒百人也。五卒爲旅,五百人;五旅爲師,二千五百人也;五師爲軍,萬二千五百人也。司馬法所言爲周制。對比秦制與周制,有很大不同。秦制與周制,最小單位皆爲伍,由五人組成。伍以上,秦制以兩倍,即十個人爲什。什的長官爲什長。而周制爲五倍,五五二十五,二十五人爲兩。兩的長官爲司馬。而百人爲一個共有的單位。秦制,百人爲閭;周制,百人爲卒。秦制還設有"屬",屬有五十人。兩屬爲一閭。比周制多一個層級。周制中,兩兩爲一個秦制的屬。

百人以上,周制恒以五倍,而秦制則以十倍。勒卒令曰:“百人而教戰,教成合之千人;千人教成合之萬人;萬人教成會之於三軍。”由此看來,秦制除最底層的伍什採用雙倍之外,其他皆用十倍的編制。而周制則基本上沿用五倍編制。十倍編制的人數容量要大大超過五倍編制,更有利於建成龐大的軍隊。這種軍事制度對秦最終統一天下起到了促進作用。保,守衞、保護。詩大雅崧高:“南土是保。”此言戰鬭單元成員之間互相保衞,則戰鬭力強大。下文言懲罰,有人犯禁,則互保之人爲了全隊利益,須揭發,不致全隊利益受損失。

〔二〕施子美曰:伍惟相保,如伍有干令犯禁,則必揭之,揭之則免,不揭則罪歸之。五十人之屬,百人之閭,其有罪皆然也。　○劉寅曰:一伍之中,有干令犯禁者,一人能揭之,免於罪。揭與訐同,首於官也。知有干令犯禁之事而弗揭,全伍皆有誅責之罪。一什之中有干令犯禁者,一人能揭之,免於罪;知有干令犯禁之事而弗揭,全什有誅責之罪。一屬之中有干令犯禁者,一人能揭之,免於罪;若有知干令犯禁之事而不揭,全屬皆有誅責之罪。一閭之中有干令犯禁者,一人能揭之,免於罪;若知有干令犯禁之事而弗揭,全閭皆有誅責之罪。　○戚繼光曰:法制既嚴,無有不得之奸,無有不揭之罪,雖子弟至戚,尚且不敢以干令相私,何況國人聚舍同食,不過偶爾相值,豈肯爲之隱匿,自取誅戮哉?　○陳玖學曰:此言伍什屬閭有相揭罪之制。　○黃獻臣曰:此伍什屬閭揭罪之制。　○李騰芳曰:揭,首於官也。　○丁洪章曰:揭,揭首于官也。○鍾兆華曰:干令犯禁,違犯軍令。干,觸犯。誅,懲罰。　按:誅,懲罰。韓非子姦劫弒臣:“賞不加於無功,而誅必行於有罪者也。”

〔三〕施子美曰:不惟兵然也,雖長師亦然。故自什長以上,至左右將,其干令犯禁之法,亦如保伍之法,法行無私,自上而下,皆然也。是刑上究也,刑上究則將威行,可不上下共之乎?惟保伍之法行,則什伍相保,上下相聯,有罪必告,有姦不容,此所以無不得之姦,無不揭之罪也。　○劉寅曰:自什人之長以上至於左右二副將,上下皆要相保也。若有干令犯禁者,一人能揭之,免於罪;知有干令犯禁之事而弗揭者,上下皆與犯人同其罪。夫什伍相固結,上下相聯屬,無有不得之奸人,無有不揭之罪人。　○陳玖學曰:此言什長以上至左右將,亦各有相保揭罪之制。又曰:此言相保揭罪之善。　○黃獻臣曰:此什長以上至左右將,亦各有相保揭罪之制。　○李騰芳曰:同罪,與犯人同罪。　○丁洪章曰：此言嚴保約揭奸之法，即連坐之法。　　○鍾兆華曰：奸，奸細、間諜。
○李解民曰：吏，官吏，此指軍中各級將領。什長，一什之長。左右將，軍中位
秩僅次於最高統帥大將軍的左將軍和右將軍，當爲率領左軍、右軍之將。本書
束伍令云：“什長得誅十人，伯長得誅什長，千人之將得誅百人之長，萬人之將
得誅千人之將，左右將軍得誅萬人之將，大將軍無不得誅。”可參看。　　按：得，
捕獲。玉篇彳部：“得，獲也。”大戴禮記保傅：“所尚者告得也。”孔廣森補注：
“得，捕獲也。”姦，與宄對應。亂在外者爲姦，在内爲宄。書舜典：“寇賊姦
宄。”孔安國傳：“在外曰姦，在内曰宄。”國語晉語六：“亂在内爲宄，在外曰
姦。”國語魯語上：“竊寶者爲宄。”韋昭注：“亂在内爲宄，謂以子盜父。”無有不
得之姦，意即没有外亂者不被捕獲。

　　〔四〕施子美曰：有罪而罰，不容以親而私，故雖父子兄弟之親不敢私，況令
國人而聚舍同食以爲兵，烏敢以干令相私而不之告邪？且以舍中兒犯法，祭遵
必置之戮；馬逸人走，曹操亦斷髮自刑，況於國人乎？　　○劉寅曰：雖爲父者不
得以私其子，爲兄者不得以私其弟，而況國中之人聚舍而同食，烏能以干令之
罪而相私者哉？此亦衛鞅令民爲什伍而相收司連坐之意。　　○黄獻臣曰：此
嚴保約揭姦之法，與衛鞅令民爲什伍而相收連坐之法同，但其中預有互相告戒
意在，不只是内相攻也。若日伺干犯而揭告之，則所謂相保者安在？
○李騰芳曰：此亦衛鞅令民爲什伍而相收連坐之意。此題言相保揭罪之善，但
干犯者全誅，則失于太嚴。　　○丁洪章曰：觀全伍全什之誅，足徵兵法妙用。
不然，干令犯禁，誰肯揭之？　　○李解民曰：國人，居於國中的平民。聚舍同
食，指編在同一什伍。編入軍隊的平民，以什伍爲單位，朝夕相處，吃住在一
起。按本書兵令下有“同舍伍人”，雲夢睡虎地秦墓竹簡秦律雜抄有“同車
食”，法律答問有“敎車食”，皆以士卒“聚舍同食”而名。　　按：國人，指居住在
城市中的人。周禮地官泉府：“國人、郊人，從其有司。”賈公彦疏：“國人者，謂
居住在國城之内，即六鄉之民也。”由於在城市，居住相對集中，故曰聚舍同食。

分塞令第十五^{〔一〕}

【注】

〔一〕劉寅曰:分塞令者,分其地而塞其處,使不得通也。 ○張居正曰:分塞,以閉言,分其地而塞其處,使不得通也。 ○陳玖學曰:此言軍中分地開塞之政令。 ○丁洪章曰:此章言五軍各有分守之地。分其地,塞其處,使之不得相通也。凡有犯者,必誅之,斯無不獲之奸矣。 ○朱墉曰:塞以閉言,分其地,塞其處,使不得通也。此章言塞閉行道以網外奸也。當立營柱之際,是何等時候? 苟一有不嚴,紛紛往來,勢如鼎沸,成何體統,故必禁止。肅清奸宄,豈得窺伺? 此令既立,不特杜奸,亦所以安內也。 ○華陸綜曰:本篇講的是營區劃分和營區通行條令,目的在於維護軍隊秩序和防止外奸。 **按**:部隊理論組:"本篇主要講的是軍隊營區的設立和營區的禁規問題。作者認爲,軍隊必須建立嚴格的營區紀律和崗哨警戒制度,這是整肅內部秩序,清除外來奸細的有效措施。"

中軍,左右前後軍,皆有分地,^①方之以行垣,而無通其交往。^{〔一〕}將有分地,帥有分地,伯有分地,皆營其溝域而明其塞令。^{②〔二〕}使非百人無得通,非其百人而入者,伯誅之;伯不誅,與之同罪。^{〔三〕}軍中縱橫之道,百有二十步而立一府柱,量人與地,柱道相望,禁行清道,非將吏之符節,不得通行。^{〔四〕}采薪芻牧者,^③皆成行伍,不成行伍者,不得通行。^{〔五〕}吏屬無節,士無伍者,橫門誅之。^{〔六〕}踰分干地者,誅之。^{〔七〕}故內無干令犯禁,則外無不獲之姦。^{〔八〕}

【校】

①華陸綜曰:"分地",原作"地分",從鄂局本改。鍾兆華曰:"地分",應當作"分地",宋本當誤。又韜略、彙解、二五、二八、百家本等均作"分地"。李解民曰:"分地",原"地"在"分"之前,據天啓本、彙解本、鄂本移正。

②鍾兆華曰:"域",直解、酉刻本作"洫"。李解民曰:"洫",原作"域",據

直解本、彙解本改。

③華陸綜曰：“芻”，原作“之”，從鄂局本改。鍾兆華曰：“之”，施氏、直解本作“芻”。李解民曰：“芻”，原作“之”，據講義本、直解本、天啓本、彙解本改。按：“芻”，原作“之”，據講義本、直解本、鰲頭本、兵略本、開宗本、武備志本、四庫本、彙解本、子書百家本、二十五子彙函本改。

【注】

〔一〕施子美曰：夫將軍有法者，以其分畛嚴也。左右、前後、中軍五軍各有定制，故亦各有分地。太公之法，畫地方千二百步，每步佔地二十步之方。李靖之法，六陣各佔地四百步。是則五軍各有分地也。方以行垣，而無通其交往。方，止也。行垣，拒馬也。止以拒馬，以分其域，而無通其往來。　○劉寅曰：中軍，左右前後軍，皆有地分，周之以行垣，無使通其交往。　○黃獻臣曰：中軍，左右前後軍，五軍皆有地分，指土地分限。方之，指四方周圍。○李騰芳曰：方，周圍也。　○阮漢聞曰：無通其交往，意即塞。　○朱墉曰：分地，各有分守之地也。方，四方周圍環繞也。　○鍾兆華曰：地分，應當作“分地”，即各軍分別駐守的地方。方，把四周圈起來。行垣，軍隊駐地臨時性的圍牆。　○李解民曰：分地，劃分的地域，指規定的營區。方，通“旁”，邊、側，指四周。行垣，軍營四周的圍牆或蕃籬。行軍作戰中安營扎寨，常以排列起來互相連接的車輛作爲“行垣”。本書兵教下云：“左右相禁，前後相待，垣車爲固，以逆以止也。”簡本孫臏兵法陳忌問壘云：“車者，所以當壘。”周禮天官掌舍云：“設車宮、轅門。”鄭玄注：“次車以爲藩。”漢書衛青傳云：“青令武剛車自環爲營。”皆足資證。　按：地分，即分地，分守之地，後世曰營區。此言中軍、左右軍營區四周用圍牆圈圍起來，彼此之間不允許互相往來。

〔二〕施子美曰：將，一軍之將也。帥，一旅之帥也。伯，百人之伯也。所統不同，其地亦異，其營溝域，所以限其域，明其塞令。　○劉寅曰：將有分地，帥亦有分地，伯亦有分地，皆經營四周之溝洫而彰明其塞令。　○黃獻臣曰：分地，不得相逾越。溝域，四圍水道，即無與交通之意。　○李騰芳曰：溝洫，四圍水道。此題言經營其溝域而明示以閉塞之號令，使不得交通。　○丁洪章曰：溝洫，分界也。　○醒宗曰：五軍皆有分地，各營大吏小吏俱有分地。○朱墉曰：營，制也。溝洫，四圍水道也。明其塞令，即無與交通之意。　○鍾兆華曰:營,造、修建。溝域,軍隊駐地周圍開挖的防護設施。 ○李解民曰:將,此當指統領萬人之將。本書束伍令云:"什長得誅十人,伯長得誅什長,千人之將得誅百人之長,萬人之將得誅千人之將,左右將軍得誅萬人之將,大將軍無不得誅。"或謂此"將"泛指萬人之將以上的將領。亦稱"裨將"。本書兵教上云:"伯長教成,合之兵尉。兵尉教成,合之裨將。"帥,此當指統領千人之將。亦作"率","帥"、"率"相通。本書攻權云"千人而率"。又稱"司馬",本書制談云"千人一司馬"。又稱"兵尉",見本書兵教上。伯,伯長,統領百人之長。營,營建、構築。塞,堵塞、阻隔、禁止,或謂要塞、哨卡。 按:溝,人工挖掘的戰壕,非必指水域。上句言大軍之間有圍牆隔離,此言一軍之内部將帥之間,將與將之間,各中下層軍官之間,也要設立禁區,如戰壕之類,加以隔離。

〔三〕施子美曰:所以止往來,使非百人無得通行。言必有隊伍也,非是則不通,以其爲奸人也。非百人之中而入百人之隊者,伯誅之。伯不誅,是伯與之爲奸也,故同罪。以百人言者,舉小見大也。 ○劉寅曰:使非百人之數,無得交通。非其百人之數而擅入者,伯長得誅之。伯長容而不誅,與之同罪。○陳玖學曰:申塞令,言經營其溝域而明示以閉塞之號令,使不得交通,有踰養者,伯誅之。 ○黄獻臣曰:如屬伯地,則惟百人之數可得相通。 ○李騰芳曰:伯之分地,得以誅之。 ○醒宗:直至統百人之伯,亦各有溝洫,以絶往來,則一隊爲一分塞矣。 ○朱墉曰:如屬伯地,則惟百人之數可得相通。 ○李解民曰:百人,指編在同一閭的人。本書伍制令云:"百人爲閭。" 按:此言各軍營區之間若相通行,則須百人以上。如百人以下,則伯長即可誅之。

〔四〕施子美曰:軍中縱横之道,百二十步而立一府柱。縱横之道者,軍法縱横皆立人,縱則以四步立一人,横則以五步立一人,此縱横之道也。凡百二十步而立一表府柱,即表柱也,所以爲之限也。量人與地,柱道相望,所以稱地而立人也。禁行清道,所以禁行人也。其行者,必有將吏之符節以爲之信而合驗之也。外是則不與通。 ○劉寅曰:軍中縱横之道路,每一百二十步而立一府柱,量人之多寡與地之廣狹,柱道相望,禁止人行,用以清道。若非將吏之符節,不得通行。 ○陳玖學曰:軍中縱横之道,每一百二十步立一府柱,量人之衆寡與地之廣狹,而使柱與道相望,以禁止行人,清肅道路,非有符節,不得行。

○黄獻臣曰:府柱,旗杆也。恐行人有冒入者,故立府柱以爲表限。增損,使柱與道相望。　　○李騰芳曰：此題言誤軍中縱橫之道，嚴禁下犯，使姦慝可獲，是分塞之令，不可不嚴也。如時監軍穿北壘垣以爲賈，建斬之，奏曰：“軍令：立法以威衆，誅惡以禁邪。今有穿軍垣以賈利，案誅之矣。”量人與地，量人之多寡與地之廣狹。禁行清道，禁行人，清道路也。　　○丁洪章曰：府柱，旗杆也。符節，以玉篆刻文字而中分之，彼此各藏其半，有故，則左右相合以取信也。○大全曰：當立營柱相望之時，姦細易得乘機而入，故必禁止行人，肅清道路，不但平民不容縱步，即軍中士卒亦以將吏符節爲信，設有非符節者，亦不得通行也。　　○朱墉曰：恐行人有冒入者，故立府柱以爲表限。量人，量其多寡也。與地，較其廣狹也。柱道相望，或增或損，使柱與道相望。　　○醒宗曰：恐軍中有不知冒入者，設一府柱以表其步數，以地與人爲增減，非以一百二十步爲死煞步法也。　　○鍾兆華曰：府柱，標記、表柱。望，比、對。禮記表記：“以人望人，則賢者可知已矣。”　　○李解民曰：府柱，作標記的旗竿。或謂即武經總要圖解中所説的一種用一根木柱支起來的瞭望臺。將吏，將領，指軍中各級將領。　　按：此言軍中之道，須持符節通行。李騰芳所言“建”，乃漢代武帝時名將胡建，漢書有傳。

〔五〕施子美曰：采薪芻牧，此采薪廝養之人，必成行伍而後行，不成行伍則慮其爲奸，故不得通。　　○劉寅曰：采薪芻牧之人，出入皆使成行列，不成行列者不得通行其路。　　○陳玖學曰：軍中雖采薪芻牧之人，其出必有行伍，否則亦不得通行軍中。　　○黃獻臣曰：軍中雖采薪芻牧之人，其出必有行伍。○葉伯升曰：大約軍中紀律宜嚴，往來宜肅，雖采薪芻，牧亦有章采之別，行伍之聯，然後可以采薪芻牧。若不成伍而妄采芻者，亦不得通行也。　　○醒宗曰：驗將吏之符節，察往來之隊伍。又爲稟將令者，采薪芻牧者，立一通行往來之法。　　○鍾兆華曰：薪，柴禾。　　○李解民曰：采薪芻牧，軍中打柴割草放養牲口的勤雜人員。　　按：采薪芻牧，軍隊中負責糧草供應、餵養馬匹的人。此言軍隊中負責後勤保障的人員在軍中通行，須列隊。

〔六〕施子美曰：吏屬無節，士無行伍，必奸人也，故橫門之官誅之。○劉寅曰：若吏屬之人進止無節，士卒出入無伍者，皆橫門而誅之。　　○陳玖學曰：將吏之屬行無節制，士卒行不成伍者，橫誅於軍門之外。　　○黃獻臣曰：橫誅於軍門之外。　　○朱墉曰：無節者，行無節制也。無伍者，行不成伍也。　　○鍾兆華曰：橫門，亦作“衡門”，臨時性的軍營門。　○李解民曰：屬吏，軍中各級將領所屬的官吏。橫門，亦稱“衡門”，橫木爲門，即栅欄門。此指營門。或以“橫門”指守門者。　按：橫門有兩解，一曰橫門之官，一曰誅於橫門。從語法角度看，橫門爲主語，當爲橫門之官。從修辭角度看，爲借代，此以橫門指代橫門之官。

〔七〕施子美曰：踰分干地，亦奸者也，故誅之。　○劉寅曰：逾己之分，犯人之地者，亦誅之。　○陳玖學曰：踰分限，犯信地者，亦必誅之。　○李騰芳曰：踰分，越己之分。干地，犯人之地。　○醒宗曰：凡不如令者有誅，所謂地以分之、刑以塞之是也。　按：此句使用了互文修辭，踰分干地，即踰干分地，意即越過分地規矩者。

〔八〕施子美曰：刑若是其嚴，則人必不敢干令犯禁，雖有姦者，亦無所容，故外無不獲之姦。　○劉寅曰：故内無干令犯禁之人，則外無不獲之姦矣。亦商鞅之學也。　○陳玖學曰：營内不敢干令犯禁，則在外姦宄之窺於伺者，自無有不獲矣。　○黄獻臣曰：軍營肅清，窺伺姦宄。此嚴分塞之令，以杜窺伺之姦。塞令明，使通行。不有符節，采牧不成行列，越制踰分者，皆誅。故胡建斬穿北軍壘垣者，（時監軍穿北壘垣以爲賈，建斬之。奏曰：“軍令：立法以威衆，誅惡以禁邪。今有穿軍垣以賈利業，誅之矣。”）而部曲肅然矣。　○丁洪章曰：此嚴分塞之令，以杜窺伺之姦也。

尉繚子卷第四

束伍令第十六^{〔一〕}

【注】

〔一〕劉寅曰：束伍令者，約束布（部）伍之令也。以首有"束伍之令"字，故以名篇。　○張居正曰：此言約束布（部）伍之令。　○陳玖學曰：此言約束軍伍之法令。　○黃獻臣曰：此言約束行伍之法令。　○李騰芳曰：此言約束軍伍之法令。按：重刑令者，固先明制度，而後可以行威令，則教之不可不先也審矣。而相保揭罪之善，正所以除奸慝而肅刑威也。至於通行有符節，采牧成行列。越制踰分者皆誅，此立塞之令也。然就一伍言之，推而至將，莫不皆然。惟束伍之法嚴，則不可離，所當酌，用以救弊者。　○阮漢聞曰：約束行伍。繚束伍令，一軍中誅賞格耳。吳璘疊陣法曰："此古束伍令，得車戰遺意，無過於此。"豈古別有束伍令邪？或僅取約束士伍爲言邪？以俟博識。　○丁洪章曰：兵者，紛紛紜紜之謂也。紛紛紜紜之衆，必以約束爲本。兵不約束，則逃歸者衆，而保伍之令難行。所以尉繚諄切言之，止見束伍之教，不可易而忽之也。又曰：此嚴束伍之法。惟束伍之法嚴，則不可離，所當酌，用以救弊者。　○朱墉曰：束伍令者，約束行伍之法令也。上章分塞之令，所以使其奸邪之不作。此章束伍之令，所以使其性命之相保也。誅法各有所司，自什長以至左右，皆能誅其所統治之人。惟大將軍無不得誅，可見權禀於獨專也。　○華陸綜曰：

本篇具體規定了戰場上的賞罰制度和各級軍吏的懲處許可權限,以此來督促和鼓勵部隊奮勇殺敵。 **按**:本篇言"束伍之令"與"戰誅之法"。束伍之令,約束部伍之法令。

　　束伍之令曰:五人爲伍,共一符,收於將吏之所。〔一〕亡伍而得伍,當之。得伍而不亡,有賞。亡伍不得伍,身死家殘。〔二〕亡長得長,當之;得長不亡,有賞。亡長不得長,身死家殘。復戰得首長,除之。〔三〕亡將得將,當之;得將不亡,有賞。亡將不得將,坐離地遁逃之法。①〔四〕

【校】

　　①鍾兆華曰:"法",韜略、清芬、二五、二八、百家本等作"罪"。

【注】

　　〔一〕施子美曰:約束不明,將之罪。故古有束伍令,所以約束之法也。約束之法,以五人爲伍,共一符。凡五人爲一伍,故其伍共一符。收於將吏之所,所以爲籍也,是以漢制有尺籍伍符。五人爲伍,必置以符,而收於將吏之所者,蓋欲使之同心相救也。 ○劉寅曰:約束伍法之令有曰:五人爲一伍,共用一符。符,即問對所謂符籍是也。收於將吏之所。 ○陳玖學曰:共一符籍,藏於將吏之所。 ○黃獻臣曰:符,符籍,漢制所謂尺籍伍符。 ○李騰芳曰:符,謂符籍,漢制所謂尺籍伍符是也。 ○丁洪章曰:符,尺籍伍符也。上章分塞之令,固能使其奸盟之不作。此章束伍之令,尤能使其性命之相保。五人爲伍,共一符,收于本將,皆以保爲之。 ○擬題鏡曰:束伍之法,無非爲亡伍不救者發也。紛紛紜紜之衆,必以約束爲本。 ○朱墉曰:符,符籍,漢制所謂尺籍伍符。收,藏也。 ○鍾兆華曰:符,符節。 ○李解民曰:符,伍人相保,共同具結的書狀,又稱"符信",六韜龍韜農器云:"田里相伍,其約束符信也。"亦稱"伍符",史記馮唐傳"尺籍伍符",裴駰集解引如淳云:"伍符,亦什伍之符,約節度也。"司馬貞索隱云:"伍符者,命軍人伍伍相保,不容姦詐。"又商君書境內云:"其戰也,五人來薄爲伍。"孫詒讓札迻云:"'來',疑當爲'束'。尉繚子有束伍令。'薄',古'簿'字。五人束簿爲伍,言爲束伍之籍也。"疑"簿"與此"符"所指同。 **按**:漢書高帝紀上:"封皇帝璽符節。"顏師古注:"符,謂諸所合符以爲契者也。”

〔二〕施子美曰：一伍之中有亡失者，其伍能得之，適足以當之矣。得而不亡，是不有所失，故有賞。亡而不得，是不力救之也，則有罰，故身死家殘。○劉寅曰：若與人戰，失吾一伍而得人一伍者，當之。得人一伍而不失吾之伍者，有賞。失吾一伍而不得人之伍者，戮其身而殘其家。　○陳玖學曰：自失一伍而得敵一伍者，功罪相當。得敵一伍而自無亡失者，則有賞。既亡己伍而又不得敵伍者，身死家殘。此上就一伍言之。　○李騰芳曰：失己之伍也，得人之伍也，得失相當。　○阮漢聞曰：家殘，太刻。　○丁洪章曰：伍法分明，得失功罪，陣後照點，即知“家殘”二字似太苛。　○朱墉曰：亡伍，自失一伍也。得伍，得敵一伍也。當之，功罪相當也。得，謂生擒、獲首之類。　**按**：商君書境内：“其戰也，五人來薄爲伍，一人羽而輕其四人，能人得一首則復。”此言亡伍而得敵之伍，功過相抵。得敵之伍而自身不亡，有賞。亡伍而不得敵之伍，身死家殘。

〔三〕施子美曰：亡長得長，此言長雖亡，而伍復得之，亦當之矣。得而不亡，是不有所失，故有賞。亡而不得，是不救之也，必有罰，故身死家殘。雖亡而復戰得之，亦除其罪，以其能自效也。　○劉寅曰：長者，十人之長曰什、百人之長曰伯是也。失吾一首長，而得人一首長，當之。得人一首長，而不失吾之首長者，有賞。亡吾一首長，不得人之首長者，戮其身而殘其家。若欲復戰，得人之首長者，除其罪。　○陳玖學曰：此推及其長言之，法與伍同。　○黃獻臣曰：十人長，百人長。除之，除其罪也。　○李騰芳曰：十人長，百人長，除其罪。　○朱墉曰：長，十人之長，百人之長也。除之，除其罪也。　○李解民曰：長，指什長、伯長。首，首級。　**按**：復戰得首長，除之，意即若欲復戰，得人之首長者，除其罪。劉寅説是。

〔四〕施子美曰：至於將得其賞罰亦然。而亡將之罪，則坐離地遁逃之法，亦必置之誅而後已。　○劉寅曰：將者，千人之將，萬人之將也。失吾一將，得人一將，當之。得人一將，不失吾將者，有賞。失吾之將，不得人之將，坐以離地遁逃之法。　○陳玖學曰：此又推及其將言之，其法亦與伍相同。　○黃獻臣曰：千人將，萬人將。見前重刑令篇。　○李騰芳曰：千人之將，萬人之將。　○李解民曰：將，指千人之將、萬人之將、左右將軍和大將軍。坐，判罪、定罪。“離地遁逃之法”,詳本書重刑令。　　按:坐,連坐。亡將不得將者,按連坐離地遁逃之法處置。

戰誅之法曰:什長得誅十人,伯長得誅什長,千人之將得誅百人之長,[1]萬人之將得誅千人之將,左右將軍得誅萬人之將,大將軍無不得誅。〔一〕

【校】

①鍾兆華曰:“百”,韜略、清芬、二五、二八、百家本等均作“伯”。

【注】

〔一〕施子美曰:戰誅之法,亦征戰之際得以誅之。什長,十人之長也,故得誅十人。伯長,百人之長,什長之所屬也,故得誅什長。推而上之,至於千人之將,得誅百人之長;萬人之將,得誅千人之將;左右將軍,得誅萬人之將。是皆以尊統卑、以上誅下也。至於大將,則無所不統,故亦無不得誅。　　○劉寅曰:戰誅之法有曰:什長得誅所管之十人,伯長得誅所管之什長,千人之將得誅所管百人之長,萬人之將得誅所管千人之將,左右將軍得誅萬人之將,大將軍則無所不得誅也。　　○陳玖學曰:此言軍法各得誅其所統者。　　○李騰芳曰:所謂得誅者,以臨敵交鋒時言。宋吳璘主疊陣法,諸將疑之,璘曰:“此古束伍令也。得車戰餘意,無出於此。戰士心定,則能持滿,敵雖銳,不能當也。”璘卒以一軍破金人貫戰之者,由此見古人用法之妙。　　○阮漢聞曰:此陣間誅不用命者。　　○丁洪章曰:十人之長曰什,百人之長曰伯。細觀篇中所言亡失之罪,雖若散散叙去,而豈知其中輕重有分,貴賤有別,大有斟酌乎?　　○指歸曰:大將軍無不得誅,重在戰誅有法上。惟大將軍統無不得誅之權,故以下諸人各有歸罪所在,故不得不各盡其戰誅之法也。　　○醒宗曰:説个戰誅之法,可見兵家束伍之令有所自來,則非尉繚之獨創可知。　　○衷旨曰:什長、伯長亦只是有罪揭之,大將軍以聽其誅,故大將軍無不得誅。　　○鍾兆華曰:大將軍,將軍的最高稱號,統兵征戰。“大將軍”職始於戰國,漢代沿襲,霍光、衛青都曾授“大司馬大將軍”職。　　○李解民曰:大將軍,全軍的最高統帥。　　按:此言軍法各得誅其所統者。陳氏説是。

經卒令第十七〔一〕

【注】

〔一〕劉寅曰：經卒令者，經理士卒之禁令也。以首有"經卒令"字，故以名篇。　○張居正曰：此言經理士卒之法令。　○李騰芳曰：此言經理士卒之法令。經卒令者，士卒將吏辨章別號，各有所統之人。　○阮漢聞曰：經，正也。○丁洪章曰：此章言經理士卒之法令。士卒不經理則不可用。惟嚴其章服，定其賞罰，然後進退先後俱是節制，孰敢當其前而躡其後哉？所以經卒之令，斷不容緩也。　○朱墉曰：此章經理士卒，分爲左右中，一則令其各爲統屬，一則令其各相認識，詎不井然有條。至交鬭之時，則又重在明賞罰，士卒又烏有不思犯難而肯辱衆乎？故曰以下極言其效以結之。　○華陸綜曰：本篇是關於部隊戰鬭組織、編隊的條令。它敘述了組織編隊的方法，強調了組織編隊對保證戰場勝利的重要作用。　按：經，理也。吕氏春秋察傳："是非之經。"高誘注："經，理也。"此篇分三個部分，首言軍隊有旗幟、章色的分工；次言不按位置置章，則加罪；最後言擊鼓前行而知進退。

經卒者，以經令分之爲三分焉。〔一〕左軍蒼旗，卒戴蒼羽；右軍白旗，卒戴白羽；中軍黃旗，卒戴黃羽。①〔二〕卒有五章，前一行蒼章，次二行赤章，次三行黃章，次四行白章，次五行黑章。〔三〕次以經卒。亡章者有誅。〔四〕前一五行，置章於首；次二五行，置章於項；次三五行，置章於胷；次四五行，置章於腹；次五五行，置章於腰。〔五〕如此，卒無非其吏，吏無非其卒。〔六〕見非而不詰，②見亂而不禁，其罪如之。〔七〕

【校】

①此句書鈔一二〇引作"左將蒼旗，卒戴蒼羽；右將白旗，卒戴白羽；中使黃旗，卒戴黃羽"。

②華陸綜曰："詰"，原作"誥"，從鄂局本改。鍾兆華曰："誥"，應作"詰"，

宋本形近而誤,據施氏、直解本正。李解民曰:"詰",原作"誥",據講義本、直
解本、天啓本、彙解本改。　　按:"詰",原作"誥",字形近而訛,據講義本、直解
本、鼇頭本、兵略本、開宗本、武備志本、四庫本、彙解本、子書百家本、二十五子
彙函本改。

【注】

〔一〕施子美曰:兵貴有制,制必有常,經卒者以經令分之也。經,常也。以
常法分之而爲三焉。三者,左、右、中軍也。　　○劉寅曰:經卒者,以經理士卒
之禁令,分令之爲三分焉。　　○陳玖學曰:分其軍爲左右中三分。　　○黄獻臣
曰:古者大國三軍,故分卒爲右左中三分。　　○李騰芳曰:古者大國三軍,故分
卒爲三分。　　○阮漢聞曰:以經正之,禁令分之。　　○山中倡庵曰:字彙曰:
"率與帥同,總率也。"三者,大數之極,以陽之一合陰之二而得三也,故有三讓、
三思、三復等之語也。　　○丁洪章曰:經,理也。令,禁止也。　　○朱墉曰:經,
經理也。令,禁令也。古者大國三軍,故分卒爲左右中。　　○鍾兆華曰:經,治
理、組織。　　○李解民曰:經,經理、治理,此指編隊。　　按:三分,即左、右、中
軍三軍各有分。

〔二〕施子美曰:左軍屬東,右軍屬西,中軍屬中央,故左軍立蒼旗,卒戴蒼
羽,以東方色蒼也;右軍立白旗,卒戴白羽,以西方色白也;中軍立黄旗,卒戴黄
羽,以中央色黄也。　　○劉寅曰:左一軍用蒼色之旗,即左青龍也,其卒首戴蒼
色之羽。右一軍用白色之旗,即右白虎也,其卒首戴白色之羽。中一軍用黄色
之旗,其卒首戴黄色之羽。尉繚之法,止分軍爲左右中者,意當時魏國止有三
軍與?　　○黄獻臣曰:左青龍,故尚蒼。右白虎,故尚白。土居中央,黄爲正
色,故尚黄。　　○李騰芳曰:左青龍也,右白虎也;黄爲土,土居中也。　　○朱
墉曰:三分,左青龍,故色當蒼;右白虎,故色當白;土居中央,黄爲正色,故當
黄。　　○鍾兆華曰:蒼旗,青色的旗子。古代軍隊的制度,蒼旗爲左軍標誌,白
旗爲右軍標誌,即所謂"左青龍,右白虎"。　　○李解民曰:按以上三軍所配顏
色爲中黄、左蒼(即青)、右白,與禮記月令四方與五色的分配相合。古人一般
以東爲左,以西爲右。月令所載正是中配黄,東配青,西配白。　　按:吕氏春秋
孟春:"東風解凍,蟄蟲始振,魚上冰,獺祭魚,候雁北。天子居青陽左个,乘鸞
輅,駕蒼龍,載青旂,衣青衣,服青玉。"據此,左與青搭配,皆爲東方。季秋:"天

子居總章右个,乘戎路,駕白駱,載白旂,衣白衣,服白玉。"右與白搭配,皆爲西方。此以天子坐北向南而定的方位。天子居中,面向南方,則左手方向爲東方,右手方向爲西方。東方色配青,蒼即青色,故左軍戴蒼羽。西方色配白,故右軍戴白羽。中配黃,故中軍戴黃羽。

〔三〕施子美曰:卒有五章,章者,軍號也,麾幟之屬也。軍有旗有章,旗則建而立之以爲之目,章則置之於身以爲之幟。章有五色,爲象於五方。前一行則以蒼章,次則赤,次則黃,次則白,次則黑,順五方之序而用之也。　○劉寅曰:卒有五色章號:前一行用蒼色之章;蒼色,木也。木生火,故次二行用赤色之章;赤色,火也。火生土,故次三行用黃色之章;黃色,土也。土生金,故次四行用白色之章;白色,金也。金生水,故次五行用黑色之章;黑色,水也。○陳玖學曰:士卒用五色之章以爲表紀。　○黃獻臣曰:章,號也。士卒用五色之章以爲表紀。首行蒼章,蒼色屬木。木生火,赤色屬火,故赤章次之。火生土,黃色屬土,故黃章次之。土生金,白色屬金,故白章次之。金生水,黑色屬水,故黑章次之。蓋取五行相生之義爲次序也。　○李騰芳曰:章,號也。卒有五色章號。首行蒼章,蒼屬木,生火,赤屬火,故赤章次之;火生土,黃屬土,故黃章次之;土生金,白色屬金,故白章次之;金生水,黑色屬水,故黑章次之,取五行相生之義爲序。　○阮漢聞曰:五色爲識。　○朱墉曰:章,號也。士卒用五色之章以爲表記,首行蒼章,蒼色屬木,木生火,赤色屬火,故赤章次之;火生土,黃色屬土,故黃章次之;土生金,白色屬金,故白章次之;金生水,黑色屬水,故黑章次之,蓋取五行相生之義爲次序也。　○鍾兆華曰:五章,以五種顏色作記號,用以分別隊伍的前後次序。商君書畫策:"行間之治,連之以伍,辨之以章,束之以令。"亦即此意。蒼、赤、黃、白、黑表示五行(木、火、土、金、水)相生的意思。　○李解民曰:章,徽章、標記。按以上各行依次配色,亦與禮記月令五行之色木青、火赤、土黃、金白、水黑的順序相合,可見本篇編隊的配色吸收了陰陽五行説。　按:此句施氏以爲按五方順序,即東、南、中、西、北五方編次,非是。五方所述次序一般爲東、南、西、北、中。此處"中"在南、西之間,打斷天道順序。其餘諸家多言此爲五行相生之次序,甚是。在戰國時期,以鄒衍爲代表的陰陽家主張五行相克説,金克木,木克土,土克水,水克火,火克金。唐封演封氏聞見記運次:"自古帝王五運之次,凡二説。鄒衍則以五行相勝爲義，劉向則以五行相生爲義。"後世以爲五行相生的觀點産生於劉向。從尉繚子此段文字來看，其實早在尉繚子時，五行相生説便已産生。由此，五行相生説與五行相勝説差不多同時産生。

〔四〕施子美曰：既定其制，乃以經卒。經者，以常法治之而使有常也。亡章有誅，是不能謹守其號令，故有誅。　○劉寅曰：次以經卒之令。若亡失章號者，皆有誅。　○陳玖學曰：五章既備，次以號令，經理士卒，亡章有誅。○黄獻臣曰：失章次，不知在何行。五章既備，次以號令，經理士卒，戒以亡章者有誅。　○李騰芳曰：經卒，即經卒之令。亡章，亡失章號。　○朱墉曰：五章既備，次以號令，經理士卒，戒以亡失章號行次者有誅。

〔五〕施子美曰：前一五行，此又分其行列，以五數之，前置於首，二置於項，三置於胸，四置於腹，五置於腰。是又使各有幟，而不失行伍也。　○劉寅曰：前一五行置章號於首，五行則蒼、赤、黄、白、黑之章皆具焉。次二五行置章號於項，次三五行置章號於胸，次四五行置章號於腹，次五五行置章號於腰。○陳玖學曰：又經之以置章之等，遠者置於上，近者置於下，欲其易見。　○黄獻臣曰：又經以置章之等，遠者置上，近者置下，欲其易見也。　○山中倡庵曰：字彙曰："項，頭顛。項，頸後。首，頭也。"蓋一五行既置於首，二五行亦置於頭顛，則必可紛雜，宜從作項也。　○朱墉曰：置章有分別，遠者置上，近者置下，欲其易見也。　按：從秦始皇陵兵馬俑看，不同位置的士兵手持兵器種類不同。此處所言置章次序從首至腰，從上至下，便於識别不同種類士兵及不同種類兵器的使用。這樣編組，既便於協同作戰，也不失行伍。

〔六〕施子美曰：經法既明，則亡卒用命，故士無非吏之心，吏亦不尤於卒，以人各有所守而置用也。　○劉寅曰：若能如此，卒無所非其吏，吏無所非其卒。　○陳玖學曰：章號分明如此，則士卒將吏無有非，其所統之人，而錯集於行伍者。　○黄獻臣曰：此則卒無敢依非其吏，吏無敢統非其卒。　○醒宗曰：古人治軍，如織之有經，絲絲不亂。凡左右中旗羽章，事事有辨，卒與吏統攝昭然。兩"無非"字，甚言其不混雜也。　○朱墉曰：無非其吏者，習慣定制之吏也。無非其卒者，亦管躡定制之卒也。　○李解民曰：説苑指武云："異其旗章，勿使冒亂。"即此意。　按：非，説文非部："非，違也。"各部伍士卒與將官之間，不會出現混淆雜亂而失序的情況。

〔七〕施子美曰：苟有非者，則必語之，見非不詰，見亂不禁，是不足以制人也，故其罪如之。 ○劉寅曰：若將吏見士卒之非而不詰問，見士卒之亂而不禁止，其罪亦如之，言與爲非作亂者同罪也。 ○陳玖學曰：將吏與士卒同罪。 ○黃獻臣曰：將吏士卒同罪。 ○李騰芳曰：又經以置章之等，遠者置上，近者置下，欲易見也。 ○山中倡庵曰：“不詰”、“不禁”，則其罪者，宜指將吏也。説文曰：“如，從隨也。”按：“如之”“之”字，指士卒也。言將吏不整士卒非，則其罪從士卒之罪也。 ○朱墉曰：見非者，或見異常非制者也。亂者，錯亂制度者也。詰，查議也。禁，止也。如之，與爲非作亂者同罪也。 ○鍾兆華曰：詰，盤問、質問。

鼓行交鬭，則前行進爲犯難，後行進爲辱衆。①〔一〕踰五行而前者有賞，踰五行而後者有誅，所以知進退先後，吏卒之功也。〔二〕故曰：鼓之前如雷霆，動如風雨，莫敢當其前，莫敢躡其後，言有經也。〔三〕

【校】

①劉寅曰：“後行進”，舊本作“後行退”，今從之。華陸綜曰：“退”，原作“進”，從鄂局本改。鍾兆華曰：“後行進”，應爲“後行退”。宋本作“進”字，當涉前而誤，據直解本正。李解民曰：“退”，原作“進”，據直解本、天啟本、彙解本改。

【注】

〔一〕施子美曰：及其用之鼓行犯陣之際，前行伍而進則爲能犯難，後行伍而進則爲不忠，故辱衆。 ○劉寅曰：鼓行而前，與敵交鬭，則前行勇而進者，爲之犯難。後行進，謂後行怯而退者，爲之辱衆。 ○黃獻臣曰：交鬭，指兵刃既接。 ○汪升之曰：鼓行交鬭時，自必齊心併力，進宜同進，退宜同退可也，安可有前行進、後行退之紛歧哉？ ○朱墉曰：交鬭，兵刃相接也。犯難，觸犯人所難當之敵也。辱衆，有畏怯之恥也。 按：犯，進犯。難，外患也。逸周書謚法：“在國逢難曰愍。”朱右曾集訓校釋：“難，外患也。”犯難，這裏指攻擊敵方。後行進，意即後行者前進，則亦爲辱。此有鼓勵奮勇爭先之意。

〔二〕施子美曰：踰五行而前者有賞，所以勸之進也。踰五行而後者有誅，所以戮其退也。賞罰既明，則進退先後，卒吏之功，可得而明，故以此知之。此光弼北城之戰，所以賞刺賊洞馬腹，斬不刺者，以此也。 ○劉寅曰：逾越五行而前進者有賞,逾越五行而後退者有誅,所以能知進退先後,乃吏卒之功也。　○丁洪章曰:此嚴士卒之章號,以定進退之賞罰。　○汪升之曰:有之是踰前行而進者,謂非犯君之難者乎?踰後行而退者,謂非辱君之衆者乎?其一賞一誅也必矣。　○朱墉曰:踰,過也。躡,追及也。　按:踰,越過也。淮南子主術:"踰於千里。"高誘注:"踰,猶過也。"功,事也。書呂刑:"惟府辜功。"孔穎達疏:"功,事也。"此言戰鬭時能超過本行伍而前進殺敵者,賞;本行伍被其他行伍的人越過者,誅。能知進退及其賞罰者,乃吏與卒之事也。

〔三〕施子美曰:故曰鼓之前如雷霆,動如風雨,此言兵既有制,則其威勢之可畏如是。鼓而前列如雷霆,取其威之疾也;動如風雨,取其勢之盛也。夫如是,必可以獨往獨來,前不可當,後不可躡,人莫之禦也。其所以然者,言有經常之法也。此鄧禹之師行有紀,所以爲漢之名將。　○劉寅曰:故曰鼓之而前,如雷霆之迅疾;麾之而動,如風雨之暴驟;莫有人敢當其前,莫有人敢躡其後,言其有經令也。　○陳玖學曰:言其有經理之令故也。　○黃獻臣曰:以其有經卒之令故也。此嚴士卒之章號,以定進退之賞罰。故一鼓而具,莫當之概,辨章別號,則將吏士卒無有,非其所統之人,雜而亂之,不然,華元得以登子反之牀,(華元因宋圍急,得楚守侍者號,傳起子反於牀而説之。)浦寵得以入徐晃之帷,(曹操欲誘徐晃降,令寵扮卒雜於晃軍,直入其帳,前説令歸操。)主令者烏可不嚴?　○李騰芳曰:以其有經卒之令故也。如華元因宋圍急,得楚守侍者號,傳起子反於牀而説之。曹操欲誘徐晃降,令寵扮卒雜於晃軍,直入其帳,前説令歸操。此可爲經卒之一證也。　○汪升之曰:前如雷霆之烈,動如風雨之驟,則敵人方且奔潰之不暇,尚敢當其前、躡其後乎?　○鍾兆華曰:躡,追隨、跟蹤。　按:經,此指經卒之令。

勒卒令第十八〔一〕

【注】

〔一〕劉寅曰：勒卒令者，勒士卒之令，使不得喧譁失次也。　○張居正曰：此言勒馭士卒之法令。勒是馬口中銜物，取制勒之義。　○陳玖學曰：此言勒馭士卒之法令。　○李騰芳曰：因而爲勒卒令者，即令之大閲。惟知兵之變者，人自爲戰，尤善通乎戰法者。　○丁洪章曰：此章是尉繚言勒令士卒之法令。勒是馬口中銜物，取其制勒之義。蓋勒卒教而分合得，寔進退有節，奇奇正正，無往其制勝之機也。　○朱墉曰：勒士卒之法令也。制勒士卒，而使之不得喧譁失次也。此章言勒令士卒，有制馭之意。故以金、鼓、鈴、旗爲法，使之明於進退，左右疾徐，分合之節，耳目手足熟嫻既久，臨時自然可用。但教正不教奇，此教正而奇，不已寓於其中乎？然法雖習之於士卒，而計則必定之於將心。因時制宜，乘機邁會，果決敏捷，應在袍端，不得固執猶豫以自取罪累，徒歸咎於士卒也。　○華陸綜曰：本篇敘述金、鼓、鈴、旗四種指揮工具的使用方法和作用，強調軍事訓練和正確指揮的重要性，指出作戰計劃的制定和靈活指揮的必要性。　按：勒，教習。文選枚乘七發八首：“飄飄焉如輕車之勒兵。”張銑注：“勒兵，習兵也。”勒卒令，即操練士卒的法令，文中有“百人而教戰，教成合之千人”即爲證明。本篇是一篇操練士兵的專論，内容分爲三個部分：開頭着重論述如何用金、鼓、鈴、旗來操練士兵；其次言演練方式由簡單至複雜，直至大戰之法；最後言先敵決斷的謀劃。

金鼓鈴旗，四者各有法。〔一〕鼓之則進，重鼓則擊。金之則止，重金則退。鈴，傳令也。旗，麾之左則左，麾之右則右。奇兵則反是。〔二〕一鼓一擊而左，一鼓一擊而右。一步一鼓，步鼓也。十步一鼓，趨鼓也。音不絕，騖鼓也。商，將鼓也。角，帥鼓也。小鼓，伯鼓也。三鼓同，則將帥伯其心一也。奇兵則反是。〔三〕鼓失次者有誅，讙譁者有誅，不聽金鼓鈴旗而動者有誅。〔四〕

【注】

〔一〕施子美曰:統三軍之衆者,在乎明進止之節。明進止之節者,在乎有素行之令。金、鼓、鈴、旗,皆所以令之節也。軍政曰:"言不相聞,故爲之金鼓。視不相見,故爲之旌旗。"是皆令三軍以其制也。四者之用,豈無其法乎?　○劉寅曰:金、鼓、鈴、旗,四者用之各有法。　○陳玖學曰:用此四者各有法。○朱墉曰:金、鼓、鈴、旗四者,軍中耳目之司。若無法,便進退無據矣。然金不可用之於鼓,鈴不可用之於旗。若互爲用,則又無專設矣。惟金鼓有金鼓之法,鈴旗有鈴旗之法,一一有條不紊,纔可以教習千萬人,使之如一人也。○鍾兆華曰:金、鼓、鈴、旗,均爲戰場上的指揮信號。吳子應變:"凡戰之法,晝以旌旗旛麾爲節,夜以金鼓笳笛爲節。麾左而左,麾右而右,鼓之則進,金之則止,一吹而行,再吹而聚。不從令者誅。"　按:此言訓練士兵過程中使用金、鼓、鈴、旗,且四者各有用法。

〔二〕施子美曰:鼓之,則以進以擊。金之,則以止以退。鈴則鐸也,所以傳上之令。旗以麾之,所以使之左右。周官司馬法"鼓人三鼓,司馬振鐸,群吏作旗",又"三鼓,振鐸,群吏弊旗",司馬之教如此其備。此所以坐作進退疾徐疏數之有節也。然李衛公嘗曰:"教正不教奇。"四者之法,所以教其正也。若夫兵之奇,則雖不鼓而進,不金而止,無旗麾而左右焉,故曰奇兵則反是。○劉寅曰:鼓之則前進,重鼓則奮而擊。金之則住止,重金則斂而退。鈴,用之傳令也。旗,麾之而左則軍皆左,麾之而右則軍皆右。奇兵則反此道。　○陳玖學曰:若奇兵則有偃旗息鼓,金鈴亦不用。　○黃獻臣曰:擊,殺也。下文兩"擊"字,鼓聲發揚處也。奇兵或有偃旗息鼓,金鈴之聲亦不用者。　○丁洪章曰:重鼓,再鼓也。重金,再金也。擊,殺也。　○朱墉曰:重鼓,再鼓也。重金,再金也。反是者奇兵,或有偃旗息鼓者,或金鈴之聲亦不用者。　按:金鼓爲進攻與撤退之號令,擊鼓爲進攻,鳴金爲收兵。鈴,用之傳令。旗,則指示移動方向。奇兵,則偃旗息鼓,因以隱秘。

〔三〕施子美曰:士有所聞,則士爲之進戰。聲有疏數,則士爲之疾徐。夫鼓者,鼓旗,鼓旌,鼓車,鼓馬,鼓徒兵。數手足鼓之,誠欲其兼齊也。一有所聞,其誰不進戰?故一鼓一擊,使之左,則莫不左;使之右,則莫不右,而左右得其節矣。一有疏數,而人皆知疾徐之節。故一步一鼓,則馳而趨;不絕其鼓音,則鶩而走，而疾徐得矣。鼓之爲用，豈不重乎？物之取名，小大用之，所下有尊卑。蓋軍非人則不治，非教則不節。三鼓者，非固爲是小大之名也，因其位之尊卑，且五色之本生於黃鐘。中於宮，宮，君之象；章於商，商，臣之象；觸於角，角，民之象。臣次於君，民次於臣，所以商爲將之鼓，角爲帥之鼓，以言尊卑大小之不同也。乃若伯則小於將帥，故其鼓曰小，亦如徵羽於商角，爲事物之象，故徵羽爲次。三鼓既同，則聞而知之者足以驗其心也。鼓一同則其心一。蓋凡音之起，由人心生也。若奇兵反是，亦如金鼓旗旌之變焉。　　○劉寅曰：一鼓一軍擊而左，一鼓一軍擊而右。兵行一步而一鼓者，步鼓也；十步而一鼓者，趨走之鼓也；音不斷絶者，馳鶩之鼓也。商，西方金音也，故爲將鼓；角，東方木音也，故爲帥鼓；小鼓，伯長之鼓也。三鼓音同，則將、帥、伯其心齊一也。奇兵則反此道。　　○陳玖學曰：有一擊鼓而軍皆從左奮擊者，有一擊鼓而軍皆從右奮擊者。步鼓，徐步之鼓。趨鼓，疾趨之鼓。鶩鼓，馳鶩之鼓。西方金音，故爲將鼓。東方木音，故爲帥鼓。比角鼓又小，乃伯長之鼓。三鼓既同，則將帥與伯心皆齊一，罔敢前後。若奇兵，則不以爲節。　　○黃獻臣曰：有一擊鼓而軍皆從左奮擊者，有一擊鼓而軍皆從右奮擊者，欲其行之有節。趨鼓，急趨前進之鼓。鶩鼓，東西馳鶩之鼓。商，西方金音也，故自西來者爲將鼓；角，東方木音也，故自東來者爲帥鼓；小鼓音細，比之角鼓又小。中多錯用也。　　○李騰芳曰：趨鼓，趨走之鼓。鶩鼓，馳鶩之鼓。西方金音，故爲商。東方木音，故爲角。　　○阮漢聞曰：此又以鼓當旗，奇之一也。將鼓，商音；帥鼓，角音，並鼓之時，其音可辨。鼓小，音小，亦可辨也。法有三鼓，故須以商、角、小示辨。　　○丁洪章曰：“一鼓一擊”之“擊”字，非擊殺聲也，乃鼓聲動發揚處也。一步一鼓者，欲其行之有節也。十步一鼓者，欲其行之如馳也。音不絶者，敵人東西馳鶩以爭擊也。　　○王漢若曰：當戰鬭之時，將帥伯相爲聲援難以語言，惟聽鼓音以爲聚合，故以西方金音爲將鼓，東方木音爲帥鼓，北方角小爲伯鼓。三鼓音齊，然後將帥伯皆齊一，罔敢前後也。　　○朱墉曰：一擊者，鼓聲揚發也，而左者一軍皆從左奮擊，而右者一軍皆從右奮擊也。步鼓，欲其行之有節也。趨鼓，急趨前進之鼓也。鶩鼓，東西馳鶩之鼓也。商，西方金音也，故自西來者爲將鼓。角，東方木音，故自東來者爲帥鼓。小鼓音細，比之角鼓又小。反是者，中多錯用也。　　○鍾兆華曰：趨，疾走。鶩，奔馳。古代以宮、商、角、徵、羽代表五級音階,稱爲五音。鼓之中的商音用來代表將的指揮信號。　　○李解民曰:商,與下"角"皆爲古代五音之一。五音即宮、商、角、徵、羽五個音階。五音没有絶對音高,只有相對音高,宮、商、角、徵、羽五個音級大致相當於今簡譜中的12356。此"商"、"角"當爲鼓名。　　按:此言擊鼓不同,隊列行進方向不同。因爲左右中三軍,中軍坐北朝南,則左爲東,東方木,音角,爲帥鼓;右爲西,西方金,音商,爲將鼓。

〔四〕施子美曰:節令者,治軍之法也。節明而令行,誅戮無自而施耳。孫子之教美人戰,申令而鼓,婦人大咲,復鼓之曰:"約束既明,而不如法者,吏士之罪也,乃斬左右隊長。"孫子之法何其嚴哉!蓋法不嚴,則無以正三軍也。勒馬令之法,或教而失次,或亂而讙嘩,或不聽金鼓鈴旗而動,皆非令也。此在軍法當何以處之?曰:誅。　　○劉寅曰:鼓音失其次序者有誅,士衆喧嘩者有誅,士衆不聽金鼓鈴旗而擅動者有誅。　　○陳玖學曰:此言違法者有誅。　　○黃獻臣曰:失次,音不合度。喧嘩,妄語以亂鼓聲。此言整肅軍旅之法。　　○李騰芳曰:此整齊軍旅之法。　　○阮漢聞曰:如當步而趨,當趨而騖。喧嘩,亂鼓之聲。　　○山中倡庵曰:"誼"與"讙"字義相通。　　○朱墉曰:失次者,音不合度也。喧譁者,妄語以亂鼓聲也。不聽,有誅者。此言整肅軍旅之法也。○鍾兆華曰:失次,將鼓發出角音,或帥鼓發出商音,均屬失次。吳子治兵:"若法令不明,賞罰不信,金之不止,鼓之不進,雖有百萬,何益於用?所謂治者,居則有禮,動則有威;進不可當,退不可追;前卻有節,左右應麾。雖絶成陳,雖散成行,與之安,與之危,其衆可合而不可離,可用而不可疲,投之所往,天下莫能當,名曰父子之兵。"　　○李解民曰:次,規矩。　　按:失次者,失去節奏,不合教令。如上一步一鼓,十步一鼓,不能多擊,亦不能少擊也。

百人而教戰,教成,合之千人。千人教成,合之萬人。萬人教成,會之於三軍。〔一〕三軍之衆,有分有合,爲大戰之法,教成,試之以閱。〔二〕方亦勝,圓亦勝,錯邪亦勝,臨險亦勝。〔三〕敵在山,緣而從之;敵在淵,没而從之。求敵若求亡子,從之無疑,故能敗敵而制其命。〔四〕夫蚤決先敵,①若計不先定,慮不蚤決,則進退不定,疑生必敗。〔五〕故正兵貴先,奇兵貴後,或先或後,制敵者

也。〔六〕世將不知法者，專命而行，先擊而勇，無不敗者也。〔七〕其舉
有疑而不疑，其往有信而不信，其致有遲疾而不遲疾，是三者，戰
之累也。〔八〕

【校】

　①華陸綜曰：“定”，原作“敵”，從鄂局本改。鍾兆華曰：“敵”，當爲“定”，
施氏本同宋本，當誤。後文“若計不先定，慮不蚤決”可證。據直解本正。李解
民曰：“定”，原作“敵”，據直解本、天啓本、彙解本改。

【注】

　〔一〕施子美曰：有教戰之常法，有教戰之變法。教戰之常法，自百人教戰，
至會之三軍，所以爲常。教戰之變法，又以分合而爲變焉。教戰之常則用之平
日，教戰之變則用之有警。成周之法，自伍人而伍，至於萬二千五百人之軍，四
時之教亦常也。吳子之法，五軍五衢，分爲五戰，五軍交至擊强之道亦變也。
既教之矣，然後可選而用之。法曰：“既致教其民，然後謹選而致之。”夫教民以
戰者，必行之有素；行之有素者，必選其所能。　　○劉寅曰：百人教之戰，教成，
合於千人；千人教成，合之於萬人；萬人教成，會之於三軍。　　○丁洪章曰：
此言教習得其法則，可隨機制勝，不然則爲戰之累也。　　○題炬曰：三軍之衆，
有分者，有合者，又有分而合，合而分者。爲將者幾許肄習，幾許教練，方能使之
分而知合，合而知分。分分合合，變化不亂，方可以爲大戰之法。　　○衷旨曰：能
合而不能分，能分而不能合，非法也。“法”字在教戰時之法上講。　　○合參曰：
兵係天子之事，雖是教士之法，自百人教成千人，千人教成萬人，萬人教成大
戰，可謂教成矣。而天子尤必親身以試閱之，無非重其事，不敢輕忽之意。
○鍾兆華曰：會，會合。吳子治兵：“夫人常死其所不能，敗其所不便，故用兵之
法，教戒爲先。一人學戰，教成十人；十人學戰，教成百人；百人學戰，教成千
人；千人學戰，教成萬人；萬人學戰，教成三軍。”可參考。　　按：六韜犬韜教戰：
“使一人學戰，教成合之十人；十人學戰，教成合之百人；百人學戰，教成合之千
人；千人學戰，教成合之萬人；萬人學戰，教成合之三軍之衆。”此言練兵化整爲
零與化零爲整之法。士兵訓練不可能幾萬人同時進行。先化整爲零，將大軍
分組，以百人爲一組，進行訓練。十個百人組都訓練好了，再用化零爲整之法，

將他們合併在一起，組成千人一組。十個千人組訓練好了，再合併組成萬人大軍。最後形成三軍。

〔二〕施子美曰：先王慮其民之不素教則不可用也，故因而教之。以寡合衆焉，其教成爲有素，於是試而閲之，以顧其所能，如是則作成有方，而任使得正矣。司馬法：“四時之教，仲冬而謂之大閲者，亦以一年之教於此而成，可以閲而選之矣。”成六年秋八月壬午，大閲。左氏曰：“秋大閲，簡車徒也。”　○劉寅曰：三軍之衆，則有分有合，而爲大戰之法，三軍教之既成，試之以大閲。　○陳玖學曰：此言教戰之法。　○黃獻臣曰：閲是天子觀兵，此即吳子教戰之法。　○李騰芳曰：此即吳子教戰之法。　○丁洪章曰：此言兵有奇正異用，教習務得其法也。　○山中倡庵曰：左氏傳：“秋大閲，簡車徒也。”　○朱墉曰：閲，是天子觀兵也，即左傳言大閲也。　○鍾兆華曰：閲，即大閲。古時國君於秋天檢閲軍隊，叫大閲。春秋桓公六年：“秋八月壬午，大閲。”左傳説：“秋，大閲，簡車馬也。”實即全國規模的軍事訓練或演習。簡，選練。　○李解民曰：試，試驗、演習。閲，檢閲、考核。　按：閲，檢視車馬也。周禮夏官大司馬：“中冬，教大閲。”公羊傳桓公六年：“大閲者何？簡車徒也。”此言軍隊訓練成功後，要接受檢閲。

〔三〕施子美曰：兵無事而不能，則戰無往而不克。施之動靜，動靜可以勝。施之險隘，險隘可以勝。前言羊腸亦勝，鋸齒亦勝，方亦勝，員亦勝，是也。○劉寅曰：方陣亦勝，圓陣亦勝，錯斜之形亦勝，如前所謂鋸齒亦勝是也。臨險地亦勝。　○黃獻臣曰：交錯橫斜，即所謂鋸齒也。　○阮漢聞曰：錯，交錯。邪，橫邪。　○丁洪章曰：錯斜者，交錯橫斜也。　○朱墉曰：錯斜者，交錯橫斜，所謂鋸齒也。　○李解民曰：錯邪，交錯不正，形容地形錯綜複雜。按本書兵談云：“兵之所及，羊腸亦勝，鋸齒亦勝，緣山亦勝，入谷亦勝，方亦勝，圓亦勝。”意皆合，可相參證。　按：錯邪，即錯斜，即兵談篇所云鋸齒。

〔四〕施子美曰：若夫求敵之際，山雖高，不以爲高而不從；水雖深，不以其深而不從。如求亡子焉，有所得而後已也，又何疑焉？如是則敵人生死，制於掌中矣，得無敗乎？　○劉寅曰：敵人若在山，則緣而從之；敵人若在淵，則没而從之。求敵人若求亡失之子，從之無所疑惑，故能敗敵而制其生死之命。○陳玖學曰：此言教成而戰勝之效。　○黃獻臣曰：此言教成而戰勝之效。○丁洪章曰：亡子，失亡之子也。此一段文字，皆由“教成，試之以閲”而來，氣勢之雄壯,自能敗敵而制其命。　○山中倡庵曰:親失子,欲求之,何不誠乎?所謂從之無疑也。　○朱墉曰:緣,攀緣也。没,沉溺也。制其命,此言教成而戰勝之效也。　**按**:詩齊風還:"並驅從兩肩兮。"毛傳:"從,逐也。"

〔五〕施子美曰:謀多決少,宣王得以料孔明。謀定後戰,思明所以不能當臨淮。何者?知者決之君,疑者事之惑也。善戰者決之於早,常先敵而料之,則其爲勝也易。苟不能先定其計,先決其慮,則倉卒無謀,錯亂莫定,進退迷而疑惑起,兵何爲而不敗哉?　○劉寅曰:夫用兵在審決先定。若計不預先而定,慮不審爲之決,則進退之心不定,疑惑之心生,而軍必敗矣。　○陳玖學曰:言用當審決其計,先定其慮,否則取敗矣。　○鍾兆華曰:吳子治兵:"凡兵戰之場,立屍之地,必死則生,幸生則死。……故曰:用兵之害,猶豫最大;三軍之災,生於狐疑。"　**按**:此言先於敵人而作決斷,不然進退不定,生疑必敗。

〔六〕施子美曰:不顧其始,無以知兵之有常;不顧其終,無以知兵之至變。兵者,常也,而奇兵則變焉。始而無正以先之,則不能合敵,而與之戰。終而無奇以從之,則不能勝之,而使之不得戰。一先一後,兵之所以貴之,貴者爲其可以制敵也。孫子曰:"兵以正合,以奇勝,得矣。"曹公言:"正者當敵,奇者旁擊,不備拘矣。"先正後奇,制敵之術也。若夫以奇爲正,以正爲奇,變而通之,敵將無所往而不受制於我矣。　○劉寅曰:故正兵貴在先,奇兵貴在後,或奇反在先,正兵反在後,乃制敵之法也。　○黃獻臣曰:或奇反在先,正反在後。　○阮漢聞曰:正先奇後,其大綱也。或奇或正,後其妙用也。　○大全曰:或先或後者,言奇正互用,不執一道也。兵以制敵爲主,敵有千變萬化,即當以千變萬化應之。豈可拘於正貴先、奇貴後也耶?故或先或後,奇正原無一定之制。　○醒宗曰:奇正,變幻無常也。　○朱墉曰:貴先貴後,此正奇之常法也。二"或"字,言無定也。　**按**:戰權曰:"權先加人者,敵不力交;武先加人者,敵無威接,故兵貴先。"此爲進兵之理論。但在戰術運用上,尉繚子又將"兵貴先"具體化,分爲"正兵貴先,奇兵貴後"來實施,體現出戰術運用靈活多變。無論誰先誰後,一切以制敵取勝爲要。

〔七〕施子美曰:上專多死,穰苴戒之;惟先武進,孫子戒之,是二者自取敗之道也。此長平之坑,趙括實尸之。夫括,馬服君之子也,能讀父書,言兵事,以天下莫當,而不知合變。一旦爲將,軍吏無敢仰視。悉更約束,易置軍吏。

秦圍之，出自搏戰，秦軍射殺括，括軍敗，數千萬之衆降秦，秦悉坑之。噫！世將之不知法者，其敗若此！碎括之首，削括之髮，何足償長平之罪乎？　　○劉寅曰：今世之將，不知奇正相變之法。專命而自行，言不從善也；先擊而恃勇，言無深謀也，故無不敗者也。　　○陳玖學曰：言兵之奇正有先後，而不知此法者，必敗也。　　○黃獻臣曰：奇正變化之。托言君命不從善言而專制自行，無深謀而一味冒險先驅。　　○阮漢聞曰：專命則違僉定之謀，先擊則無卻顧之算。　　○丁洪章曰：專命是托言君命，不聽人言。先擊是一味冒險。先擊，不知疑信遲疾也，故無不敗。　　○朱墉曰：不知法者，不知奇正變化之法也。專命者，言不從善也。先擊者，言無深謀也。托言君命不受而專制自行，無謀恃勇而冒險先驅也。　　○李解民曰：專命，沒有接到命令而獨自專斷。　　**按**：國語周語上："夫容公好專利而不知大難。"韋昭注："專，擅也。"專命，即擅命。此言世之將要知奇正先後之辯證關係，不能一味恃勇，執着於先行攻擊。

〔八〕施子美曰：禁祥去疑，法也。然有可疑，亦當疑之。若韓信多設疑兵，龍且不能疑之，而爲信所擒，此可疑而不疑也。然有可信，亦當信之。左車請奇兵，陳餘不信，而爲信所斬，此可信而不信也。可遲則遲，可速則速，或堅壁二十八日不行，或一日一夜而至，此其節也。苟可爲而不爲，戰之累也。○劉寅曰：其舉動本有所疑而反不疑，其往本有所信而反不信，其致人本當有遲疾而不能遲疾，此三者，爲戰之累也。　　○陳玖學曰：舉動本有可疑而不疑，所往本可信而不信，致敵本當或遲或速而不遲疾。　　○黃獻臣曰：以人必不敢判也，以人必不輸真也，舉動不能變化也。此言兵有奇正異用，教習得其法，則可隨機制勝，不然則爲戰之累，勒卒者不可不知。　　○李騰芳曰：此即令公大閱，惟張巡教戰，令本將各以其意教之，曰："兹與胡虜戰，在於呼吸之間，而動詢大將，事不相及，非知兵之變者。"人自爲戰，尤善通乎大戰之法。　　○阮漢聞曰：有言往之利者，不信而不往；有言往之害者，不信而必往，是皆專命、先擊之倫，故累。　　○朱墉曰：當疑不疑者，以人必不敢叛也。當信不信者，以人必不輸真也。或當遲，或當疾，舉動不能變化也。　　○李解民曰：致，達、達到。遲疾，緩急、快慢。　　**按**：舉，舉兵。此言對是否舉兵疑慮不定，不考慮後果而貿然起兵的；已經決定舉兵前往作戰時，要有取勝信心時而不自信的；抵達作戰地點時，行軍有或快或慢而執行不力的，三者皆爲戰勝之拖累。

將令第十九[一]

【注】

〔一〕劉寅曰:將令者,大將所行之令也。令嚴則下不犯而衆心一,衆心一則能取勝於敵矣。　○張居正曰:大將所行之令也。令嚴則下不犯而衆心一,衆心一則可以制勝。　○陳玖學曰:此言大將之號令。　○李騰芳曰:至大將期會,不容時刻過越,如此而閉門清道,惟有符節者方得行是。　○黃獻臣曰:按立將之禮,他經多言之。若將令未之有聞,尉繚特爲拈出。　○阮漢聞曰:古遣將禮,惟鴻烈解獨詳。此直撮略而已。　○丁洪章曰:此章見得國家之命將極其隆重,而將所行之令又不得不嚴。將令嚴則士卒自不敢犯而衆心一,衆心一則可以制勝矣。　○朱墉曰:將令者,大將所行之令也。令嚴則下不犯而衆心一,衆心一則能取勝於敵矣。此章言人君當委將以權於始命之時。即使之事柄歸於一,而首嚴旁撓之誅。將軍至營,期約威令,務在必行,此穰苴之所以斬莊賈也。　○華陸綜曰:本篇通過對將領受命和宣告將令的叙述,强調軍令的威嚴,以此來統一三軍行動。　按:此章言君主授命於將,賦予將行軍令之權,突出將軍之地位。

　　將軍受命,君必先謀於廟,行令於廷。[一]君身以斧鉞授將,曰:“左、右、中軍皆有分職,若踰分而上請者,死。軍無二令,二令者誅,留令者誅,失令者誅。”[二]將軍告曰:“出國門之外,期日中,設營表,置轅門,期之,如過時,則坐法。”[三]將軍入營,即閉門清道,有敢行者誅,有敢高言者誅,有敢不從令者誅。[四]

【注】

〔一〕施子美曰:治軍有法,違法有罰。君以是授之將,將以是行之軍,無以異也。古者立將告於廟廷,如吳起爲大將,而文侯與夫人醮之於廟,示之專也。　○劉寅曰:將軍受命之日,人君必先謀於祖廟,行令於朝廷。　○丁洪章曰:“先謀於廟”三句,所以重將權也。將之權,君與之權也,故必如此而後將之權始尊。立將之禮,他經多言之。若將令,則未之言也。觀篇中許多“誅”

字,正是將令貴嚴之意。　　○汪殿武曰:將之權,君之權也。苟君不自重其事,將亦不能自有其權,故受命之日,務必先謀於先王之廟而後行,受之以斧鉞,申之以威令,無非欲其以嚴爲主也。　　○朱墉曰:廟,祖廟也。廷,朝廷也。　　○鍾兆華曰:廟,祖廟、太廟,也稱社稷廟。　　○李解民曰:廟,宗廟、祖廟、太廟。

按:此言擇將之慎重。擇將謀於太廟,任命於朝廷。將之權,君授也,乃代行君權也。

〔二〕施子美曰:操斧授刃,操鉞授柄,如太公之立將者,委以權也。以是而告之,毋得踰分焉。　　○劉寅曰:君親身以斧鉞授之大將,曰:"左軍、右軍、中軍皆有分守之職,逾越職分而上請者,死。軍中無二令,二令者誅,稽留君令者誅,亡失君令者誅。"　　○陳玖學曰:此言君之重於命將如此。　　○黃獻臣曰:此言君之重於命將。　　○李騰芳曰:此題在分職上發意見。左右中軍不可不盡己之職,各相效力。總之,以將令爲主。　　○阮漢聞曰:惟大將得出,惟大將是從。　　○丁洪章曰:留,稽留也。　　○醒宗曰:軍中之事最易紛亂,非令不能使之治,所以令欲其行,不欲其阻。但令出於一,則權專而易從;出於二,則雜而不信,故不可有二令也。　　○朱墉曰:留,稽遲也。　　○鍾兆華曰:這是古代命將的一般儀式,六韜、淮南子均有記載,較此爲詳。如淮南子兵略訓說:"凡國有難,君自宮召將,詔之曰:'社稷之命在將軍,即今國有難,願請子將而應之。'將軍受命,乃令祝史太卜齋宿三日,之太廟;鑽靈龜,卜吉日,以受鼓旗。君入廟門,西面而立;將入廟門,趨至堂下,北面而立。主親操鉞,持頭,授將軍其柄,曰:'從此上至天者,將軍制之。'復操斧,持頭,授將軍其柄,曰:'從此下至淵者,將軍制之。'"逾分,超越職權範圍。　　○李解民曰:身,親身、親自。斧鉞,原爲兩種兵器,常被用作執行軍法的殺人刑具,這裏作爲統率全軍的權力象徵。分職,職分、職責。"若逾分而上請者死",按本書兵教下云:"諸罰而請不罰者死,諸賞而請不賞者死。"即此意。　　**按**:此授將軍之節制三軍之權,不許越級上報,不許有兩種命令。

〔三〕施子美曰:趙奢令軍中曰:"敢以軍事諫者死矣,毋得干令焉。"此馬謖違令,孔明對泣以行誅也。將既受命,然後令於軍中,期以設營,禁其行止。穰苴約莊賈日中會於軍門,賈後期,而斬之。　　○劉寅曰:將軍既受君命,則告於衆曰:"出國門之外,期以日中,設營表於轅門,期之,如過時後至者,則坐以法。"如穰苴與莊賈期,而賈後至,斬之是也。表,柱也。轅門者,軍止宿之處。次車以爲藩,仰車以其轅。表,門也。　　○陳玖學曰:言將軍既受命而出,示衆如此。　　○李騰芳曰:此將既受命而告於衆之詞。　　○王漢若曰:必將帥之心精明專一,方能發號施令,堅如金石,信如四時也。　　○朱墉曰:表,柱也。轅門,軍止宿之處。次車以爲藩,仰車以其轅。表,門也。　　○鍾兆華曰:國門,國都城門。期日中,以太陽正中爲期限。期,限定、約定。表,用於觀測時辰的標杆。轅門,古時帝王外出巡視或打獵,野外住宿時,用車子圍起來即爲行營。在出入口處相對地仰起兩輛車子,車轅即構成類似半圓形的門,故稱轅門。這裏指軍營門,也稱軍門。坐法,即坐罪,指犯法獲罪。　　○李解民曰:國門,國都的城門。期,約定、約會。日中,日正午、中午。表,古代測量日影來計時的標竿。營表,指軍營中測時的標竿。轅門,古時軍隊在野外扎營,常以車輛圍繞作爲屏障。出入處仰立兩車,使車轅相向作爲門,故稱轅門。亦泛指軍營營門。　　**按**:此言將軍下達軍隊集結的命令。軍令規定,以日中爲限,皆赴國門之外的軍營報到,過期不到者,軍法處置。

〔四〕施子美曰:周亞夫約軍中不得馳驅,趙奢俟有人言救者斬,呂蒙斬取民笠者,此將之令也。　　○劉寅曰:將軍入營,則閉軍門,清道路。有敢擅行者誅之,有敢高言譁嘩者誅之,不從號令者誅之。　　○陳玖學曰:言將軍入營,其令如此。　　○黃獻臣曰:既入營而令於衆。言將軍入營,其令如此。此授將軍以制令之權,宋藝祖以劍賜曹彬曰:"副將以下不用命者,斬之。"正得此意。蓋委任專則成功易,否則鮮不爲晉先縠之違命喪師者,拜將者不可不知。○李騰芳曰:既入營而令于衆。殷蓋之被誅,後期也。酈生有王命而刑,其引馬之人馳迫也。樊噲之幾於戮,不從令也。淮陰一登壇,大將之揮霍,無辱命矣。　　○丁洪章曰:此授將軍以制令之權也。　　○朱墉曰:敢行者,不奉令擅行者也。高言,喧譁者也。　　**按**:此言將軍既入營,則進入戰爭狀態,一切按戰時軍紀規定執行。

踵軍令第二十〔一〕

【注】

〔一〕劉寅曰：踵者，足後，追跡繼踵也。踵軍，繼後之軍也。首有"踵軍"二字，故以名篇。　○張居正曰：踵以後言。此軍雖在後，而前後寔攸賴之。　○陳玖學曰：此言踵軍之法令。　○李騰芳曰：是故所以肅安境内，勿使洩露軍機，而爲踵軍令也。　○阮漢聞曰：踵軍、興軍。今發兵，有第一起某將，第二起某將，即興軍、踵軍之制也。然三日六日皆爲熟食，則不言伏而伏在其中矣。先數日往守，抑何逸也。大軍初至，得合興、踵二軍，便可修養少時。如猝與敵相遇，又可更番迭進，何勞之有？即此一條，開闔奇正進退戰守之方，不可勝用。其實則以逸待勞，反客爲主耳。浪戰者，何苦以人命爲戲。　○丁洪章曰：踵以後言。此軍雖在後，而前後實攸賴之。所謂踵軍教而聲連氣接，以爲犄角之勢者，此也。　○朱墉曰：踵者，足後，追迹繼踵也。踵軍，繼後之軍也。此軍雖在後，而前後實攸賴之。所謂踵軍教而聲連氣接，以爲犄角之勢者，此也。此章言軍行有次序，而肅清行路，所以防外奸之混入以漏洩軍情也。末歸結在安内上，蓋治國者，用兵之根本也。　○華陸綜曰：本篇闡明了部隊各部的任務和行動部署，强調執行軍紀和肅清内奸的重要性。　○李解民曰：踵軍，先頭部隊中靠後面的一部分。相當於左傳中的"申驅"。左傳襄公二十三年云："秋，齊侯伐衛。先驅，穀榮御王孫揮，召揚爲右。申驅，成秩御莒恒，申鮮虞之傅摯爲右。"杜預注："先驅，前鋒軍。申驅，次前軍。""踵軍"一詞亦見六韜虎韜必出絶道，絶道云："凡帥師之法，當先發遠候，去敵二百里，審知敵人所在。地勢不利，則以武沖爲壘而前。又置兩踵軍於後，遠者百里，近者五十里。即有警急，前後相救。"　按：踵軍，在尉繚子這裏是一種特有的作戰部隊的名稱，與興軍、分卒一起，爲大軍協同作戰。其中興軍往往爲先鋒，踵軍在興軍之後，大軍之前，分卒則據守要害之地。各自相距百里，以相策應。本篇首言踵軍、興軍、分卒戰備職責；次言大軍平時分兵各守要塞，戰時集結；最後言興兵則先安内。

　　所謂踵軍者,去大軍百里,期於會地,爲三日熟食,前軍而行。爲戰,合之表,合表乃起。踵軍饗士,使爲之戰勢,是謂趨戰者也。[一]興軍者,前踵軍而行,合表乃起。去大軍一倍其道,去踵軍百里,期於會地,爲六日熟食,使爲戰備。[二]分卒據要害,戰利則追北,按兵而趨之。[三]踵軍遇有還者,誅之。[四]所謂諸將之兵,在四奇之内者勝也。[五]

【注】

　　[一]施子美曰:太公曰:"凡帥師之法,常發遠候,去敵二百里,又置兩踵軍於後,遠百里,近五十里。"是則踵軍之制,自周已有之矣。　○劉寅曰:所謂踵軍者,相去大軍一百里,期於會戰之地,爲三日熟食,前軍而行。爲戰陣,會合之表柱,會合表柱乃起。踵軍然後饗食士卒,使爲戰陣之勢,此所謂趨戰者也。　○陳玖學曰:約立合戰之表記於所表之地。踵軍之表與大軍之表相合,然後起而相應。此上言使踵軍趨戰之令。　○黃獻臣曰:會地,會戰之地。熟食,行負熟食,欲速至也。合之表,指機恐洩漏,人恐留滯,約立合戰之表,記於所表之地。合表,踵軍之表與大軍南表相合,然後起而相應。戰勢,先享士者,群飲爲歡,增其戰勢也。此踵軍趨戰之令。　○李騰芳曰:去,相去。此題言約立合戰之表,記於所表之地,踵軍之表與大軍南表相合,然後起而相應。○阮漢聞曰:前軍,大軍。表合既起矣。踵軍乃饗士,以將戰也。大軍之來,後而且遠,得此踵軍,其勢自張。踵軍與大軍將同趨赴戰。　○丁洪章曰:表,是表記。與前"表柱"不同。　○朱墉曰:會地,會戰之地也。熟食,行負熟食,欲速至也。戰合之表者,機恐漏洩,人恐留滯,約立合戰之表,記於所表之地也。合表乃起者,踵軍之表與大軍兩表相合,然後起而相應也。戰勢者,先享士卒,群飲爲歡,增其戰勢,此踵軍趨戰之令也。　○鍾兆華曰:踵軍,漢書武帝紀:"大將軍衛青將四將軍出定襄,將軍去病出代,各將五萬騎,步兵踵軍後數十萬人。"顏師古注:"踵,接也,猶言躡其踵。"可見踵軍是對大部隊(大軍)而言。表,標記。孫子行軍篇:"奔走而陳兵車者,期也。"杜牧注:"上文輕車先出,居其側者,陳也。蓋先出車,定戰場界,立旗爲表,奔走赴表,以爲陳也。"又通典卷一四九:"斥候者視地形廣狹,從四角而立表,判戰陳之宜。……兵若欲作,

陳對敵營，先白表，乃引兵就表而陳。"饗，犒賞。　　○李解民曰：大軍，即大部隊、主力部隊。表，即表記，此指符節一類的信物。饗，用酒肉款待人，此指戰前用酒肉犒賞士兵。趨戰，奔赴戰鬥。　　按：表，這裏指士卒所戴之章。左傳文公六年："引之表儀。"孔穎達疏："表，章也。"經卒令曰："卒有五章：前一行蒼章，次二行赤章，次三行黃章，次四行白章，次五行黑章。次以經卒，亡章者有誅。前一五行置章於首，次二五行置章於項，次三五行置章於胸，次四五行置章於腹，次五五行置章於腰。"章，有蒼章、赤章、黃章、白章、黑章，且章之佩戴也有要求。合表，即檢查士卒是否按章號列隊及佩戴章號是否正確，乃戰前檢查裝備。此言踵軍之職責。準備三日之食，距大軍百里處待命，定好會軍日期，先於大軍出征。若有戰事，檢查章號佩戴及裝備妥當之後，起兵。

　　〔二〕施子美曰：興軍，即踵軍也。太公言兩踵軍，即月踵月興也。踵軍去大軍爲近，有相繼之義，興去大軍爲遠，有相越之義，其實兩踵軍也。夫軍行三十里，踵軍百里，則三舍之地，爲三日食，以期會焉。興軍去二百里，則六日之久，爲六日食，以相期。二軍各立表以合軍。二軍之表既合，則踵與興，又前期而爲食也。凡此皆欲養大軍之力，使有餘以待敵也。　　○劉寅曰：興軍者，前踵軍而行，會合表柱而起。相去大軍一倍其道，踵軍去大軍百里，興軍比踵軍加一倍也。故興軍又與踵軍相去百里，期於會戰之地，爲六日熟食，使爲戰陳之備。　　○黃獻臣曰：謂踵軍去大軍百里，興軍又去踵軍百里，比踵軍加一倍也。戰備，俟大軍來也。　　○李騰芳曰：謂踵軍去大軍百里，興軍又比踵軍加一倍也。　　○阮漢聞曰：比踵軍去大軍百里又遠一倍。　　○丁洪章曰：此嚴踵軍、興軍之令。踵軍、興軍，但先大軍而行。踵軍嚴於私逃，興軍利於逐北。○朱墉曰：一倍其道者，謂踵軍去大軍百里，興軍又去踵軍百里，比踵軍加一倍也。使爲戰備者，俟大軍來也。　　○李解民曰：興軍，先頭部隊中前面的一部分，相當於左傳中的"先驅"。　　按：此言興軍之職責。興軍爲前鋒，去踵軍百里，去大軍二百里，故須備六日食。興軍前驅，以作戰備，以待大軍來也。

　　〔三〕施子美曰：興軍使爲戰備分塞要害，戰利則追北，爲其取敵近也，故使按兵而趨之。　　○劉寅曰：分士卒據守要害之地，戰利則追其敗北者，當按兵而趨之，勿使軍亂而不齊也。　　○黃獻臣曰：大軍則按而趨，勿使擾亂。○李騰芳曰：逐敗走者，勿使軍亂而不齊也。　　○阮漢聞曰：其先期會合表，使知吾踵軍、大軍之至耳。業已分據要害,故可按兵不動。及吾戰利,於是追敵之北而趨焉。若不利,則突出爲援兵矣。 ○朱墉曰:按兵而趨之者,大軍則按而趨,勿使擾亂也。 ○李解民曰:分卒,指分散的零星部隊。 按:此分卒之職責。分卒乃一支部隊,職責爲把守要害之地。作戰得利則追敗兵,組織士兵快速追擊。

〔四〕施子美曰:踵軍在興軍之後,故興軍有還者,踵軍得以誅之。 ○劉寅曰:踵軍在後,遇有退還者誅之。 ○黄獻臣曰:遇前軍私逃。 ○阮漢聞曰:或言踵軍遇興軍之還者,踵軍誅之。踵軍先大軍行,獨無逃還者乎? 此似還者皆誅。獨言踵軍,可以互見。 ○汪升之曰:興軍在踵軍之前,踵軍在大軍之前。興軍還者,踵軍誅之。踵軍還者,大將從誅之。可知軍爲三迭則力不窮,法足相制則衆必却,此必勝之道也。 ○朱墉曰:還者,遇前軍私逃者也,此興軍趨戰之令也。 按:此言踵軍職責之一,負責在興軍之後督軍,遇有畏敵而還者,得而誅之。

〔五〕施子美曰:然而諸將之兵,在四奇之内者,必勝之兵也。蓋兵分而處者,必有出奇之才。因才而用之者,期有取勝之理。黄帝握機之法,四爲正,四爲奇,故曰“在四奇之内者勝也”。或以四奇興、踵、大軍。 ○葉水心曰:四軍全備無缺,犄角聲援,法足相制,勢足相救。 ○劉寅曰:所謂諸將之兵,在四奇之内者勝也。 ○張居正曰:四奇,指踵軍、興軍、大軍、分卒也。言兵固期於勝敵,然深入無援,勢必至於孤弱,其何以能勝? 今踵軍去大軍百里,使爲戰勢。興軍去大軍一倍,使爲戰備。分卒則使據要害。戰令則追北,踵軍遇有還者,斬之。左右布列,前後應援,而非孤旅。如是,則可戰可守,進退裕如,有不足以制敵者乎? ○陳玖學曰:此上言使興軍趨戰之令。 ○李騰芳曰:此題承上言使興軍趨戰之令,或在四奇之内,以此克敵,自得戰勝之道。 ○阮漢聞曰:踵軍、興軍,即一奇也。 ○丁洪章曰:軍雖有大軍、興軍、踵軍、分卒之四名,究其所行之事,大約不過是前後應接,先後犄角,戰勢戰備,無非兵機之妙用。 ○陳大士曰:有大軍而無踵軍,則軍無聲勢、輜勞大隊不奇矣。有踵軍而無興軍,則設備不遠、中軍勢孤不奇矣。有興軍而無分卒,則外無遊兵,中軍不得安坐,而乘利鈍之便,又不奇矣。惟是四軍全備,以大軍爲腹心,而三軍爲之手足;以大軍爲對敵,而三軍互爲聲援,首尾相應,左右相顧,所以爲四奇,所以爲四奇之内也。軍能如此,自然必勝矣。　　○衷旨曰:兵固期於勝敵,然深入無援,勢必至於孤弱,其何以能勝? 今踵軍去大軍百里,使爲戰勢。興軍去大軍一倍,使爲戰備。分卒則使據要害。戰利乃追北,斬踵軍之還者。左右布列,前後聲援,非若孤旅可比,則可戰可守,進退裕如,有不足以制敵者乎? 　　○鍾兆華曰:四奇,指軍事活動中最重要的四個部分。從文意看,當指大軍、興軍、踵軍和分卒四個方面的有效運用與配合。一説指龍、虎、鳥、蛇四種陣法。　　○李解民曰:四奇,指興軍、踵軍、分卒、大軍等互成犄角之勢的四部。或謂古代作戰有八種陣法,四爲正,四爲奇。四奇即其中的四種陣法。按此語頗費解,疑有訛誤。　　**按**:奇,讀作倚,上古音皆爲歌部。周禮地官媒氏:"令男三十而娶,女二十而嫁。"鄭玄注:"易曰:參天兩地而奇數焉。"陸德明釋文:"奇,本或作倚。"周禮春官大祝:"七曰奇拜。"鄭玄注引杜子春云:"奇,讀曰倚。"讀書雜誌史記第三外戚世家:"因欲奇兩女。"王念孫按:"奇,即倚字也。"四奇,即由興軍、踵軍、大軍、分卒組成的協同作戰部隊,四者可以互相倚靠,互爲犄角。丁氏、鍾氏説是。

　　兵有什伍,有分有合,豫爲之職,守要塞關梁而分居之。^{〔一〕}戰,合表起,即皆會也。^{〔二〕}大軍爲計日之食,起,戰具無不及也。^{〔三〕}令行而起,不如令者有誅。^{〔四〕}

【注】

　　〔一〕施子美曰:有兵之常制,有兵之變法。五人爲伍,十人爲什,制之常也。以分爲合,以合爲分,法之變也。善戰者,防之於未然之前而豫爲之職事焉。苟有要塞關梁,則分以居之,守其要塞也,如漢之拔成皋、秦之守殽函是也。　　○劉寅曰:兵有什有伍,有分有合,豫先爲之職主,使守要塞關梁而分居之。　　○黃獻臣曰:豫職,豫別其職掌。　　○阮漢聞曰:興軍前踵軍行,使分據要害;踵軍前大軍行,亦必分守關梁。且一大軍也,而分爲踵、興,即踵、興,又分先後,是能分也。　　○朱墉曰:豫爲之職者,豫別其職掌也。　　○李解民曰:豫,通"預",預先。關,關門;梁,津梁。關梁泛指水陸要會之處。　　**按**:此當言大軍之職責。大軍平時按或什或伍爲單位,預先授予職責,分散在要塞關梁處,守之。

〔二〕施子美曰：苟有戰合，則向之守要害者，皆期於所會之地。　○劉寅曰：戰合而表起，即諸軍皆會也。　○陳玖學曰：此承前踵軍、興軍而言。兵有什伍分合之數，且豫別其職掌，使守要塞關梁而分居之，及至戰陣將合，表記皆起，然後衆皆合於一處。　○黃獻臣曰：戰陣將合，表記皆起，與大軍會合而爲一。此承前踵軍、興軍而後有什伍分合之數。　○李騰芳曰：諸軍皆合。　○朱墉曰：戰合表起者，戰陣將合，表記皆起也。皆會者，與大軍會合而爲一。此承前踵軍、興軍而後有什伍分合之數也。　按：大軍如遇戰事，則合章號，重新歸隊，開赴集結地點。

〔三〕施子美曰：大軍計其遠近，以爲熟食，起而用之，凡戰之具無有不及也。　○劉寅曰：大軍爲計日之食，亦起，合用之，戰具無不及也。　○黃獻臣曰：起，勢必速戰。具，即衣甲等項。　○山中倡庵曰：蓋計日者，計一日所食之糧食也。乃對上文踵軍三日、興軍六日，故計日一日也。　○朱墉曰：計日之食，勢必速戰也。戰具，即衣甲等項。　○李解民曰：戰具，作戰器具。按：大軍起兵時，即備糧食衣甲戰具馬匹草料等後勤物資，以保障供給。戰具等不備，則不起。

〔四〕施子美曰：當有行之日，令之而起，不如令者，法以誅之。　○劉寅曰：各軍俱安聽大將之令行而起，不如令則有誅。　○陳玖學曰：就大軍言。○李騰芳曰：不如令者，不用命也。　按：大軍各部得令即起，不如令者則軍法處置。

　　凡稱分塞者，四境之內，當興軍、踵軍既行，則四境之民，無得行者。〔一〕奉王之命，授持符節，名爲順職之吏。非順職之吏而行者，誅之。〔二〕戰合表起，順職之吏，乃行用以相參。①〔三〕故欲戰，②先安內也。〔四〕

【校】

①鍾兆華曰："乃"，韜略、清芬、二五、二八、百家本作"方"。

②鍾兆華曰：韜略、參同、清芬本等"戰"字下有"者"字。

【注】

〔一〕施子美曰：孫子曰："令發之日，夷關折符。"夫符所以爲信瑞，關所以通往來,令發之日旦,夷而折之者何哉?蓋國容入軍則民德弱。興軍之日,四境之民,得以往來交錯於其中,則凡從征役者,寧無弱心乎? ○劉寅曰:大凡稱分塞者,四境之內,當興軍與踵軍既行之時,則四境之民無敢得行者,恐洩吾情也。 ○陳玖學曰:此詳分塞之令,言興軍、踵軍既行,則境內之民皆不許行,以防洩漏軍情。 ○黃獻臣曰:恐藏姦細及洩事情。 ○李騰芳曰:恐洩吾情也。 ○阮漢聞曰:防僞防洩。 ○山中倡庵曰:分塞者,分士卒而塞通行也。踵軍嚴於私逃之語,與正文解釋合考,則略難通矣。 ○朱墉曰:無得行者,恐藏奸人及洩事情也。 ○李解民曰:稱,舉、任。分塞,即前所云"分卒據要害",指分散據守各個要塞。 按:此言在分塞之地的民衆,一旦興軍、踵軍開始行動,則不得隨意通行,以防洩露軍情。劉氏、陳氏説是,山中氏説可參。

〔二〕施子美曰:於斯之時,有順職之吏奉王之命,授持符節,使民無得行者,慮其混敵而兼到也。 ○劉寅曰:奉王之命令,授持符節,此名爲順職之史。非是順職之吏而行者,誅之。 ○黃獻臣曰:言惟持節者得行。 ○阮漢聞曰:防矯詔。 ○丁洪章:然必勝守要害,靜安境內,而後可稱順職之吏也。 按:在分塞之地,惟有順職之吏奉王之命,手持符節,而得行。

〔三〕施子美曰:興軍與踵軍、大軍參而用之,皆有所表識矣。 ○劉寅曰:戰既合,表既起,順職之吏乃行,用之以相參。 ○陳玖學曰:但惟持節者得行,然亦必待戰合表起而行。 ○黃獻臣曰:相參,參軍務也。 ○阮漢聞曰:表合吏行,用相參考,乃可恕師,乃可報命。 ○朱墉曰:相參,參軍務也。 ○鍾兆華曰:乃,才、方。相參,前後方緊密配合的意思。 ○李解民曰:參,參驗、檢驗。 按:此言戰前順職之吏要檢驗部隊。

〔四〕施子美曰:是以善戰者,將以修治人之功,必預爲自治之策,故欲戰安內者,自治也。 ○劉寅曰:故欲戰,必先安內也。 ○張居正曰:言欲戰於外,必先要安其境內。不然,敵乘於外,民亂於內,則危亡且立至矣,豈能安其境內哉? ○陳玖學曰:蓋凡欲戰者,當先安靜境內,使勿洩漏。 ○黃獻臣曰:安內,安靜境內,使勿洩漏。此嚴踵軍、興軍之令。踵軍、興軍俱先大軍而行,踵軍嚴於私逃,興軍利於逐北,然必據守要害,靜安境內,而後可稱順職之吏。撻卒亡去而張貴驚,(貴救襄陽,還郢帳前,撻者亡去,驚曰:"吾事洩矣。"果大敗。）酈瓊潛降而吕祉斃，（祉與瓊共圖方略，瓊降聲告以虛實，故敗。）軍令又烏可不密哉？　　○李騰芳曰：此題重“先安內”字。令行禁止，軍威整肅，有不戰，戰必勝矣。如張貴救襄陽，還郢，帳前撻者亡去，驚曰：“吾事泄矣。”果大敗。吕祉與酈瓊共圖方略，降者告敵以虛實，故敗。　　○王漢若曰：師旅之際，人心洶洶，易於搖動，故必加意嚴肅以靖內變，內變靖則勝可必，若內變不靖，雖勝亦無益矣。　　○葉伯升曰：欲戰於外，必先要安其境內之民，使其得所，則兵食有資而勝可全矣。不然，敵乘於外，民亂於內，則危亡且立至矣。　　**按**：“欲戰，先安內”者，有二義：一爲在戰術上，先安軍內，以防洩密；一爲在戰略上，先安境內之民，以防敵乘於外，民亂於內。張貴，事見宋史張順張貴傳。吕祉，字安老，南宋時建州建陽人。時將軍酈瓊與人有訟，吕祉暗中遣人送信，要求撤換酈瓊，信洩，酈瓊叛變，遭殺。事見宋史吕祉傳。

尉繚子卷第五

兵教上第二十一〔一〕

【注】

〔一〕劉寅曰：兵教者，教兵之法也。以其文辭衆多，故分爲上、下篇。○王陽明曰：習伏衆神，巧者不過習者之門。兵之用奇，全自教習中來。若平居教習不素，一旦有急，驅之赴敵，有聞金鼓而色變、睹旌旗而目眩者矣，安望出死力而決勝乎？○張居正曰：此言教習兵士之法。教以陣勢言。○陳玖學曰：此言教習兵士之法。又曰：伍制令、分塞令、束伍令、經卒令、勒卒令、踵軍令，莫非所以教令士卒也，何又有兵教令之等篇？果各有所指歟？即互相發明歟？○李騰芳曰：明刑罰之用必在兵教之意。有罰則兵知習教，有教則兵知用命，此武德之所以成也。○丁洪章曰：兵教者，全是教兵之法。見得兵不教不可用，所以教之以分營進止，教之以臨陣相救，教之以章號旗幟，教之以坐作進戰，教之以正罰明賞，教之以守固戰鬪。教兵如此，然後開封疆，守社稷，除患害，以成武德也。○朱墉曰：兵教者，教兵之法也。此篇是教以陣勢，有責功程能之意。此章總“重兵教所以成武德”一句。教之不素，武德無由而成。然所以成者，不曰武功而曰武德者，功在既勝之後，德在未勝之先。坐作進退，行次有法，左右開闔，疾徐有度，熟習既久，皆成節制，自如臂指之相連，四肢之相應，以守則必固，以戰則必强矣。雖然，教固在於將而士卒信從號令,奉行則又在於明賞罰,權操一己,威伸於軍。教成而用,烏有不足以開封疆、守社稷者哉!　　○華陸綜曰:本篇具體講述部隊步兵訓練的方法、步驟和訓練中的獎懲制度等,指出訓練的目的在於"開封疆,守社稷,除患害,成武德"。　　按:兵教,即教兵,訓練士兵,内容涉及列陣、行進、置章、號令、旗幟等,並强調賞罰之重要。

　　兵之教令,分營居陳,有非令而進退者,加犯教之罪。[一]前行者,前行教之;後行者,後行教之;左行者,左行教之;右行者,右行教之。[二]教舉五人,其甲首有賞。弗教,如犯教之罪。[三]羅地者,自揭其伍,伍内互揭之,免其罪。[四]凡伍臨陳,若一人有不進死於敵,則教者如犯法者之罪。[五]凡什保什,若亡一人,而九人不盡死於敵,則教者如犯法者之罪。[六]自什已上至於裨將,有不若法者,則教者如犯法者之罪。[七]

【注】

　　〔一〕施子美曰:孔子曰:"不教民戰,是謂棄之。"孟子曰:"不教民戰,謂之殃民。"是則教戰之法,從古有之也。苟不教其戰,一旦馳而就死地,是市人與戰也,是烏合之衆也,何可用哉?　　○劉寅曰:兵之教令,三軍各分營居陳,有非將令行擅自進退者,加犯教之罪。　　○黄獻臣曰:分營,分營壘。居陳,居行陳。非令,非奉軍令。進退,自爲進退。加犯教,所犯教者加重。　　○丁洪章曰:此言分營居陣,始教之法也。　　○醒宗曰:分營居陣,是爲將者教士第一要着,不然,三軍之衆紛紜無紀矣。又曰:"分營居陣"三句,或札營,或列陣,進退一禀將令也。　　○朱墉曰:營,營壘也。陳,行陣也。　　○李解民曰:居陳,即"居陣",居守戰陣,居守陣地。　　按:犯教之罪,違反訓教之罪。

　　〔二〕施子美曰:然則教民,必有素行之法,行法必有勸懲之術,故左則教左,右則教右,前則教前,後則教後。　　○劉寅曰:前行者使前行之長自教之,後行者使後行之長自教之,左行者使左行之長自教之,右行者使右行之長自教之。　　○陳玖學曰:先分行列而教之。　　○醒宗曰:前後左右之甲首,各自教其行伍,積伍成十,漸廣而千萬,其賞罰森然,詎非始基之善法。　　○朱墉曰:前後左右各有其長,先分行列而教也。　　按:行,此處指行列、隊列非行進之行。此句與下文聯繫起來看，則在前列者，其排在首位者爲甲首，甲首教此列。後列、左列、右列者，亦皆仿此。朱氏説，是。

〔三〕施子美曰：五人而教成，其長有賞，是勸之也。弗教，則如犯教之罪。　○劉寅曰：教舉五人，其甲首有賞。甲首，即各行之長也。不教者，如犯教之罪。　○陳玖學曰：甲首，即行長。此責備行長。　○黄獻臣曰：教，用也。甲首，即行長。此責備行長。　○阮漢聞曰：可見甲首即教師，不能爲教師，即不能爲甲首。　○丁洪章曰：甲首，即各行長也。　○周魯觀曰：當教士之時便兩賞罰，清明如此，豈有臨陣而不同心協力者乎？　○朱墉曰：舉，用也。甲首，即行長也。　○鍾兆華曰：甲首，古籍中多用作甲士之首級。此處甲首負責五人的教練。又兵教下：“甲首相附，三五相同，以結其聯也。”似乎甲首也帶兵，疑爲下級軍官。一説即伍長。　○李解民曰：舉，皆、全。甲首，甲士之長。古代戰車，每乘車下步兵若干；車上載甲士三名，分左、中、右排列，左方甲士持弓主射，是一車之首，亦稱“車左”，似即此“甲首”。　**按**：此言甲首之職責。一列爲五人，甲首教之，如弗教，則違反教令之罪。

〔四〕劉寅曰：“羅地”二字未詳。或曰：犯禁者也。謂有犯禁者，當自揭其伍。伍内互相告揭之，則免其罪。　○陳玖學曰：此責備同伍者。言羅列於地，而不進戰者自揭首，其伍内之人互揭，則免罪。　○黄獻臣曰：羅地，羅列於地，不進戰。此責備同伍内。　○李騰芳曰：此責同伍者。羅地，不迫戰之意。伍内互相告奸，則免其罪。　○阮漢聞曰：羅地，必當日有此方言，豈可强解？　○丁洪章曰：觀此臨陣不救死之罪，如此嚴深，所以相保相援，有勝無敗。　○許濟曰：人之暫時染疾而羅伏於地者，亦情理之所必有，但不自揭其伍，伍内不互爲結，安知非僞病耶？　○朱墉曰：羅，伏也。揭，首也。　○鍾兆華曰：羅地，未詳。韜略本注云：“不進戰之意。”　○李解民曰：羅地，疑“羅”假爲“離”，指擅離訓練場地。或謂伏地。或謂“羅”通“罹”。　**按**：羅地，即羅於地。羅，列也。楚辭招魂：“步騎羅些。”王逸注：“羅，列也。”廣雅釋詁一：“羅，列也。”羅於地，意思當指士卒在地上坐成一排而不訓練，或訓練時偷懶。

〔五〕施子美曰：不進死戰，則如犯法之罪，是懲之也。勸懲之術既明，則人自爲戰，無往而不克。　○劉寅曰：凡伍臨陣，若其中一人有不前進致死於敵者，則教者亦如犯法者之罪。　○陳玖學曰：就伍言。　○黄獻臣曰：謂伍長、什長、卒長、伯長、兵尉、裨將也。所教之人犯法,則教者與之同罪。此就伍言。 ○丁洪章曰:盡死於敵,正所以圖生;不盡死於敵,勢必反致其死,安得立法不嚴? ○朱墉曰:教者,謂伍長、什長、卒長、伯長、兵尉、裨將也。所教之人犯法,則教與之同罪。此就伍言也。 按:此言一伍之內,如有士卒臨戰不進,則其教者當受連坐之罪。

〔六〕劉寅曰:凡什自保其什,若亡失一人而九人不盡死於敵,則教者亦如犯法者之罪。 ○陳玖學曰:就什言。 ○丁洪章曰:救死一事,是臨戰時絕大的關係,所以尉君自伍自什以至裨將,言之鑿鑿。 ○山中倡庵曰:"九人不盡死於敵"之"死"字,非實死也,蓋亡一人則九人死戰以救之之謂也。如必死則誤矣。"則教者如犯法者之罪"者,士卒不死於敵,則既構教者而以犯法者之罪,非罪之也,蓋士卒犯法者則教者可殺之。既殺之,則又胡罪教者乎?如教者緩急而不殺之,則必構教者坐之以犯法者之罪也。故解(直解)曰若教者不殺其罪,亦如犯法者之罪同也,下文裨將之罪仿之矣。 ○朱墉曰:九人不盡死者,此就什言也。 按:此言一什之內,如有一人陣亡而其他九人不盡死於敵者,則其教者當受連坐之罪。

〔七〕劉寅曰:自什以上至於偏裨之將,有不若法者,則教者亦如犯法者之罪。 ○陳玖學曰:就什以上至裨將言。 ○李騰芳曰:教者,謂伍長、什長、卒長、伯長、兵尉、裨將也。如犯法者之罪,謂所教之人犯法,則教者與之同罪矣。 ○丁洪章曰:此言伍什裨將不相救死之罪也。 ○談敷公曰:救死一事,是臨戰時絕大的關係。 ○朱墉曰:有不若法者,就什以上至裨將言也。 ○李解民曰:裨將,偏將,副將,似相當於本書伍制令之"左、右將"、束伍令之"左、右將軍"。若,意同"如",依照、遵守。 按:此言所轄部屬有犯法者,則其將亦有連坐之罪。

凡明刑罰,正勸賞,必在乎兵教之法。〔一〕將異其旗,卒異其章。〔二〕左軍章左肩,右軍章右肩,中軍章胸前。書其章曰某甲某士。〔三〕前後章各五行,尊章置首上,其次差降之。〔四〕

【注】

〔一〕施子美曰:將以用三軍之衆,必有勸懲之術。將以舉勸懲之術,必有素行之令。夫兵教之法，豈止教其耳目、教其手足而已哉？將教其心也。明之以刑罰，顯而戮之，揭而書之，使人知刑之爲可畏。正之以勸賞，則小大有常，輕重有差，使人知賞之爲可慕。是法也，其教兵之時，備言而歷告之耳。……前言教舉五人，甲首有賞，弗教，如犯教之罪，亦此意也。　○劉寅曰：凡明刑罰以懲其罪，正勸賞以旌其善，必在乎兵教之法。　○張居正曰：言用兵所以罰賞者，以其教兵之時即有也。夫教兵之時卒未服習，必立罰賞之法以教之，使其勉於演習也。　○李騰芳曰：此題刑賞重在“教”上講，惟教則令可行，故又申言兵教之法，置陣立表，令往教之有度。　○阮漢聞曰：假如一陣全敗，則教者無一得免，又不但屋誅也。繚常仕秦，此真秦法矣。或其間有相準之格，如亡伍得伍、亡長得長者乎？且自伍長教成，上合大將，大將教之成陳，至臨陳犯法，不盡死敵，大將不當如其罪邪？事理舛謬，謂真出繚手，吾不敢信。　○大全曰：教兵之日與對壘之秋原非兩事，故刑罰勸賞能明於教演之時，則人皆知勸懲，自然臨戰惟節制是懍懍也。　○醒宗曰：“刑”字在“賞”字之上，明乎重罰而不重賞，賞特帶言之耳。見得刑賞不在戰勝攻守之後，在兵教之時，一毫不可寬縱。　○李解民曰：勸，勉勵、鼓勵。在，察、視。　按：此言兵教之法在於嚴賞罰，而後乃成。

〔二〕施子美曰：無以辨之，則無以率之，此用兵之法也。將者統衆也，故有旗。卒統於人也，故有章。故大將有大將之旗、師帥之旌，長正有長正之旗，不可得而同也。　○劉寅曰：每將各異其旗，每卒各異其章。　○黃獻臣曰：將異其旗，如蒼、黃、赤、白、黑不同。卒異其章，如首、項、胸、腹、腰不同。　○丁洪章曰：旗，旗幟也。章，章號也。異其旗，如蒼、黃、赤、白、黑之分。異其章，如首、項、肩、背、腰之分。　按：此言不同的將旗幟不同，不同將所轄士卒的章所戴位置也不同。

〔三〕施子美曰：前一行蒼章，二行赤章，三行黃章，四行白章，五行黑章，不可得而同也。軍有三令，則分左右中；士有行伍，則分上中下，此其異也。○劉寅曰：左軍置章於左肩，右軍置章於右肩，中軍置章於胸前，書其章曰某甲下某士。此左、右、中三軍，而章亦分左、右、中三也。　○李解民曰：甲，意即甲乘，指以甲士爲首的一乘戰車及其所轄步兵的編制單位。

〔四〕劉寅曰：前後章各五行，尊章置之於首上，其次行則差降之。此五行之章各異，如前所謂置之於首、項、胸、背、腰也。　○陳玖學曰：差降，即前首、項、胸、背、腰之異是也。此段言置章之法。　○黃獻臣曰：尊，爵尊也。差降之，即項、胸、腹、腰之異。此言置章之法。　○李騰芳曰：此即置章之法。差降，即於項、於胸、於腹、於腰也。　○阮漢聞曰：此與經卒令難合。　○丁洪章曰：此言教兵置章之法也。　○朱墉曰：尊章，爵尊也。　○李解民曰：尊，上、首，指第一行。次，次行，依次各行。差，分別等級，分別先後序列。降，下降、下移。“其次差降之”，指佩帶標誌的位置，其餘各行依次下移。　按：經卒令曰：“前一五行置章於首，次二五行置章於項，次三五行置章於胸，次四五行置章於腹，次五五行置章於腰。”此尊章置於首，其次按等相繼置於項、胸、腹、腰，與經卒令不同。

伍長教其四人，以板爲鼓，以瓦爲金，以竿爲旗。擊鼓而進，低旗則趨，擊金而退，麾而左之，麾而右之，金鼓俱擊而坐。〔一〕伍長教成，合之什長。什長教成，合之卒長。卒長教成，合之伯長。伯長教成，合之兵尉。兵尉教成，合之裨將。裨將教成，合之大將。①〔二〕大將教之，陳於中野。置大表，三百步而一。〔三〕既陳，去表百步而決，百步而趨，百步而騖。〔四〕

【校】

①鍾兆華曰：“太將”，應爲“大將”，宋本當誤，據施氏、直解本正。合參本亦作“大將”。　按：“大”，原作“太”，古太、大通用，這裏用“太”，不詞，因字形近而訛，據講義本、直解本、鰲頭本、兵略本、開宗本、武備志本、四庫本、彙解本、子書百家本、二十五子彙函本改。

【注】

〔一〕施子美曰：節其進止者有其物，則合其衆寡也有其法。五人爲伍，故伍長教四人。其人爲寡，金鼓旌旗，所未用也。故鼓則以板，金則以瓦，旗則以竿，一進一趨，一左一右，一坐一作，各視其有容而爲之節。　○劉寅曰：令伍長教其四人，以板爲之鼓，以瓦爲之金，以竿爲之旗。擊鼓而使之進，低旗則使之趨，擊金而使之退，麾而左則左，麾而右則右，金鼓俱擊而跪坐。　○陳玖學曰：此言伍長教伍之法。　○黄獻臣曰：低，仆也。坐，蹲坐也。此伍長教伍之法。　○許維遹曰：初教之時，不遽用金鼓，以板、以瓦代之，尚默、尚靜也。○丁洪章曰：瓦，瓦器。低，仆也。此言教練士卒之法以及教成進戰之法也。　○朱墉曰：瓦，瓦器也。低，仆也。坐，蹲坐也。　○李解民曰：瓦，陶土燒成的器物，瓦器。坐，古人席地而坐，坐時兩膝着地，臀部壓在腳跟上。此指步兵的一種單兵動作，相當於跪姿。　按：此言伍長教伍之法，諸說是。

〔二〕施子美曰：教既成矣，則由寡而合之衆也。　○劉寅曰：伍長教成四人，合之於什長；什長教成，合之於卒長；卒長教成，合之於伯長；伯長教成，合之於兵尉；兵尉教成，合之於裨將；裨將教成，合之於大將。　○阮漢聞曰：兵尉，軍中理刑之官。　○李解民曰：卒長，細按上下文意及本書經卒令，當指五行（即五伍）之長，轄二十五人。兵尉，當指千人之將。　按：卒長，周制，軍隊百人爲卒，其長官稱卒長，由上士擔任。周禮夏官司馬序官：“凡制軍……百人爲卒，卒長皆上士。”管子小匡：“鄉有行伍卒長，則其制令，且以田獵，因以賞罰，則百姓通於軍事矣。”通典立軍周制：“百人爲卒，卒長皆上士。”

〔三〕施子美曰：大將教之，其人衆，其地廣，陳於中野，置以大表，混以三百步之地。　○劉寅曰：大將教成，布陳於中野，設置大表柱，三百步而一。○陳玖學曰：一，立一表柱。　○黄獻臣曰：中野，大閱之所。置大表，將臺之上高置大表，以肅觀瞻。而一，立一表柱。　○丁洪章曰：中野，即大閱之所。大表，即纛旗。　○朱墉曰：中野，大閱之所也。大表，即帥旗也。將臺之上高置大表，以肅觀瞻也。而一者，立一表柱也。　○李解民曰：中野，即野中，原野之中。　按：管子侈靡：“方百里之地，樹表相望者。”集校引何如璋曰：“表者，立標爲識也。”經義述聞左傳上表儀：“立木以示人謂之表。”

〔四〕施子美曰：決以百步，趨以百步，騖以百步，是三百步也，習之以成其節焉。大司馬之法，虞人萊所田之野爲表，百步以一爲之表。田之日，司馬建旗於後表之中。車徒皆行，及表乃爲止。車驟徒趨，及表乃止，亦此法也。○劉寅曰：既佈陣，去表柱百步而決戰，百步而趨走，百步而馳騖。　○陳玖學曰：陣，陣定。決，決走。趨，趨走。騖，馳騖。此歷推教戰之法。　○黄獻臣曰：既陳，陳既佈。決，決戰。　○丁洪章曰：既陣，擺陣已畢也。決，決戰。趨，疾走。騖，馳騖。決、趨、騖中，俱有爭奪氣象，不是平平演習故套。所以人皆習於陣法，以成其節。　○朱墉曰：既陣，是排陣已畢也。　○李解民曰：決，開、起步，指本書勒卒令“一步一鼓”的齊步走。或謂疾走，或謂決射，似非。“去表百步而決，百步而趨，百步而騖”，按本書勒卒令云：“一步一鼓，步鼓也。十步一鼓，趨鼓也。音不絕，騖鼓也。”所言“步”、“趨”、“騖”與此“決”、“趨”、“騖”對應，可相參證。　按：決，疾走。莊子齊物論：“麋鹿見之決驟。”陸德明釋文引崔云：“疾走不顧曰決。”趨有多義，既有小步疾走之義，也有回歸之義。荀子議兵：“完完富足而趨趙。”楊倞注：“趨，歸也。”淮南子俶真訓：“若周員而趨。”高誘注：“趨，歸也。”大戴禮記保傅：“相率而趨之也。”王聘珍解詁：“趨，歸也。”騖，馳也。楚辭招魂：“抑騖若通兮。”王逸注：“騖，馳也。”此言演習軍陣，去表百步而疾走，又百步而回歸原位，又百步而馳逐。

習戰以成其節，乃爲之賞法。[①][〔一〕]自尉吏而下，盡有旗。戰勝得旗者，各視所得之爵，以明賞勸之心。[〔二〕]

【校】

①鍾兆華曰：“賞法”，直解、鼇頭、彙解、清芬等本作“賞罰”。李解民曰：“法”，直解本、天啓本、彙解本作“罰”，於義較長。　按：“法”，直解本、鼇頭本、兵略本、開宗本、武備志本、四庫本、彙解本、子書百家本、二十五子彙函本作“罰”。

【注】

〔一〕施子美曰：夫教戰之法，非賞罰則無以使之勸，無法則不足以用其賞，是以大將教之，必立之賞經，賞之各因其物。　○劉寅曰：習戰陳之法以成其節制，爲之賞，爲之罰，以懲有過，勸有功也。　○黃獻臣曰：習熟節制。此教戰之法與李衛公告唐太宗大同小異。　○李騰芳曰：此題“習戰”字，根上“兵教”來，方有脈絡。　○指南曰：承上教閱既成來，教閱既成去。表百步而決，射百步而爭，趨百步而馬相馳逐，如此比試一番，務使人人各習於戰陣之法，以成其節制之材，以施其賞罰之公，故曰習戰以成其節。　○徐象卿曰：戰勝，論首級所獲多寡以定軍功，自是常法，而尉吏更有視旗之爵，以爲勸賞之法在焉。所以鼓勵士心，欲其盡爲斬將搴旗之思，而不徒區區以獲首級之意。　○鍾兆華曰：節，節制，即士卒的各種戰鬥動作能受指揮信號的約束而相和諧。　按：

節,度,指合乎規範,達到作戰要求。楚辭離騷:"依前聖之節中兮。"王逸注:
"節,度也。"荀子成相:"言有節。"楊倞注:"節,法度也。"

〔二〕施子美曰:且自尉吏而下皆有旗,以旗而鬥之,而得旗者,各視其旗而
與之爵,是勸賞之法也。亦如成周之官致禽醢獸,視事之賞者也。　○劉寅
曰:自尉吏而下至於伍長盡有旗,若戰勝得旗者,各視其所得者之爵,以明其賞
勸之心。　○陳玖學曰:此應前正勸賞必在兵教之意。　○黃獻臣曰:尉吏斬
將搴旗,賞無定法,驗其所得之旗爲何爵秩,即以此與。正勸賞必在兵教之
意。　○李騰芳曰:得旗,得敵人之旗。　○朱墉曰:尉吏斬將搴旗,賞無定
法,驗其所得之旗爲何爵秩,即以此賞之。正勸賞必在兵教之意。　○李解民
曰:自尉吏而下,指從兵尉以下的各級將吏。　　按:戰勝得旗,指戰勝敵人,奪
敵人之旗。

　　戰勝在乎立威,立威在乎戮力,戮力在乎正罰。〔一〕正罰者,所
以明賞也。〔二〕令民背國門之限,決生死之分,教之死而不疑者,有
以也。〔三〕令守者必固,戰者必鬥,姦謀不作,姦民不語。〔四〕

【注】

〔一〕施子美曰:夫攻取於人者,不可無武勇。所以作武勇者,必本乎戒勸。
驅三軍之衆而致之死地,不嚴其法,其誰盡力致死,以決戰事乎? 然罰不徒威,
所以顯其有功者焉。令夫攻必取,守必固,是戰欲其勝也。要其所本必在乎立
威,植之風聲,鼓其雄武,是威之有所立也。要其所本必在於戮力,先登陷陣,
鏖戰而前,是力之有所戮也。要其所本必在於正罰,加之碪質,繫之桎梏,皆以
正其罰也。　○劉寅曰:戰勝在乎立軍威,立軍威在乎衆戮力,衆戮力在乎正
刑罰。　○張居正曰:戰之道原有勝負,殆未可易言勝。若必先立乎威勢而後
戰,始可言勝也。　○李騰芳曰:此題言立威以正罰之遺教,如孟德所著之旨。
凡懸袍令恥,習戰戮陷,皆是得立威之教也。　○王漢若曰:立威緊照明刑罰
説。正,申明正罰之旨。見得法之所在即威之所在,威之所在即勝之所在也。

　　○大全曰:兩軍相戰,何以能期其必勝哉? 惟其威勢之素立,是以三軍畏我
而侮敵也。　　按:正,定也。楚辭大招:"正始昆只。"蔣驥注:"正,定也。"下句
"正罰者,所以明賞也",可見"正罰"即定賞罰。制談曰:"凡兵,制必先定。制

先定，則士不亂；士不亂，則刑乃明。"與此句意近。

〔二〕施子美曰：然罰不徒威，亦將以明其賞也。故碪質之戮，足以顯華袞之榮；桎梏之恥，足以新車服之美，是賞以罰而明也。夫罰一也，一則明其賞勸之榮，一則作其武勇之用。此古人用兵，其徇衆誓師，必先曰："不用命者斬。"非示威也，將以作衆明賞也。　○劉寅曰：正刑罰者，所以明勸賞也。　○張居正曰：正罰如何明賞，蓋罰即從賞中説來，言人只知個"賞"字，不知賞不以罰濟，則應賞者固賞矣。即賞至不應者，而彼亦未必見恩，蓋由無以悚懼其心志，雖賞之，不知也，所以未言賞，先言罰，人方畏凜不暇，而我又有賞以悦之，是人之感，若有出於望外者矣。　○陳玖學曰：此應前明刑罰必在兵教之意。○黃獻臣曰：有罰則兵知習教，所以爲明賞正刑罰必在兵教之意。　○李騰芳曰：此題要知賞罰一道，正罰所以明賞，則罰與賞，非分異途可知。　○合參曰：賞不以罰濟，則應賞者固賞矣。即賞至不應者，而彼亦未必見恩，蓋由無以悚懼其心志，雖賞之，而人不知也，所以未言賞，先言罰，人方畏凜不暇，而我又有賞以悦之，是人之感也，若有出於望外者矣。此明賞之所以言正罰也。○郭逢所曰：一味用賞，人不知勸，惟肅之以嚴刑峻法，俾救罪不暇，自然恩之所加，感激無地，不等泛常矣。　○張公亮曰：上文尉繚所言，似乎所言皆罰而不言賞，却似有罰而無賞，了不知罰既正，則如法、如令者，國家之賞，自所不吝，故曰正罰所以明賞，重明賞邊。此句乃是尉君恐人議刑罰太濫之旨。按：制談曰："民非樂死而惡生也，號令明，法制審，故能使之前。明賞於前，決罰於後，是以發能中利，動則有功。"

〔三〕施子美曰：夫惟賞罰明如此，故使三軍之衆，可與之深入，可與之生死。　○劉寅曰：令民離背國門之限，斷決死生之分，教之死而心不疑懼者，良有以也。　○陳玖學曰：以其賞罰明正也。此推能明賞罰之效。　○黃獻臣曰：限，門閾。以其賞罰明正。此推能明賞罰之效。　○李騰芳曰：民之所以死戰而不惑者，以上之賞罰明正而教令素明也。　○丁洪章曰：背，離背。限，門閾。此應上文正勸賞、明刑罰必在兵教之意也。　○朱墉曰：背，違也。限，門閾也。死，死戰也。有以也，推能明賞罰之效也。　○鍾兆華曰：限，指諸侯國之間的疆界。有以，即有緣故，有原因。　○李解民曰：背，背離、離開。限，門檻、界限。　按：此言讓士卒離開本國而至他國作戰，面臨生死抉擇，使他們敢於犧牲而不畏懼的,是因爲賞罰分明的緣故。

〔四〕施子美曰:守而必固,無棄城離地之患;戰而必鬬,無棄甲曳兵之患;奸謀不作,則天下皆正道;奸民不語,則天下皆公議。無他,賞罰當也。　○劉寅曰:令守者必堅固,戰者必勇鬬,奸邪之謀不興作,奸邪之民不相語。　○丁洪章曰:此再申賞罰之妙,而使民從令如此。　按:此言賞罰當則守而必固,戰而必鬬,奸謀不作,奸民不語。

令行無變,兵行無猜,輕者若霆,奮敵若驚。〔一〕舉功別德,明如白黑。①〔二〕令民從上令,如四支應心也。〔三〕前軍絶行亂陳,破堅如潰者,有以也。〔四〕此之謂兵教。所以開封疆,守社稷,除患害,成武德也。〔五〕

【校】

①鍾兆華曰:“黑”,清芬、二五、二八、百家本作“墨”。

【注】

〔一〕施子美曰:經曰:“令出惟行,弗惟反。”朝行夕改,乍行輒止,其何以爲令乎? 此小過無更,小疑無申。尉繚所以告梁王。法曰:“疑志不可以應敵。”若進退不定,疑惑不生,其何以用兵乎? 此卜以決疑,不疑何卜? 莫敖之所以破鄖人。宣王之兵,如雷如霆。夫如雷霆之聲,震驚百里,聞之者不及掩耳,奮而赴敵,其誰不驚乎? 此徐方震驚,宣王之所以中興也。　○劉寅曰:號令行而無變更,兵衆行而無猜疑,輕者如雷霆之迅。　○陳玖學曰:人馬不帶甲曰輕兵。此亦賞罰所致。　○黃獻臣曰:輕,人馬不帶甲曰輕兵。　○李騰芳曰:猜,疑也。輕,輕兵也。　○朱墉曰:變,更改也。猜,疑惑也。人馬不帶甲曰輕兵。若驚,言其迅疾也。　按:輕,輕兵,原指古代軍隊中不帶甲的部隊。此言出兵之令出,則令不得改,兵不得疑,要堅決執行。

〔二〕施子美曰:功見於外,興之,則人樂於勸功;德存諸内,辨之,則人勉於爲德。舉其功則小大不差,別其德則賢否不忒,如黑白之明,有不可掩者。武王之崇德報功,成王之以德詔爵,以功詔禄,皆舉功別德之驗。　○劉寅曰:舉有功,別有德,明顯如白黑之色。　○翼注曰:有功者舉用之,不獨受舉者感,即未受舉者,亦心服其舉矣。有德者旌別之,不獨受旌者悦,即未受旌者,亦心羨其旌矣。此正激勵三軍之機權也。明如白黑,不過贊其舉別之公耳。
○李解民曰:別,辨別、甄別。 按:此言論功行賞,黑白分明。

〔三〕施子美曰:民見其上之舉功別德如此,故其從上令,如四肢之應心焉。
故曰將者,心也;士卒者,支體也,亦如此。 ○劉寅曰:使民聽從在上之令,如
兩手兩足之應心也。 ○陳玖學曰:再言能明賞罰而使民從令如此。
○黃獻臣曰:此再申能明賞罰之妙。 ○李騰芳曰:申能明賞罰之妙。 ○大
全曰:從令,承上舉功別德來言。我能舉用皆有功,旌別皆有德,則人皆感悅,
有不令則己令之,罔有不從者,而且由於心之自然,非由於勉強,不儼然如四肢
之應心乎? ○李解民曰:本書戰威云:"故戰者必本乎率身以勵衆士,如心之
使四肢也。"攻權云:"將帥者,心也;群下者,支節也。"皆可參看。 按:心喻
將帥,四肢喻群下。此言將帥之令必須得到堅決的執行。

〔四〕施子美曰:苟驅於前行,則不甲冑而爭奮。執銳先登,良有由也。
○劉寅曰:前軍絕人之行,亂人之陳,破人之堅,如水之潰漏,橫暴四出而不可
止者,良有以也。 ○陳玖學曰:民既從令,則前軍有以越絕敵行,擾亂敵陣,
攻破敵堅,如水之潰決而莫禦者,以其賞罰明正故也。 ○黃獻臣曰:前軍絕
行,謂民既從令,則前行之軍,有以越絕敵人行伍。亂陣,凌亂敵人陣列。堅,
堅兵。如潰,如水之潰決。以上之教令素行也。 ○李騰芳曰:絕人之行,亂
人之陣,破人之堅兵,如水之潰,不可遏者,以教令行也。 ○丁洪章曰:行、
陣,指敵人言。潰,決也。 ○朱墉曰:行、陣,俱指敵人言。 ○李解民曰:
絕,斷絕、擊破。 按:此言賞罰嚴明,則士卒作戰皆奮勇向前,如水之潰,不可
遏止。

〔五〕施子美曰:凡此皆教之有素,法之久行,故能然也。教民之道,既極其
至,則爲兵之效,斯無不成。故以開封疆,則地招千里,而不下於吳起;以守社
稷,則賢於長城,而不減於李勣;以除患,則商之民可免於塗炭,秦之民可去於
湯火。以成武德,則武之怒可以安天下,唐之威足以宣沙漠矣。此用兵教之效
也。 ○劉寅曰:此之謂兵教之法,所以能開拓封疆、保守社稷、殄除患害、成
就武德也。 ○陳玖學曰:兵教兼承上教兵之事並賞罰而言。 ○黃獻臣曰:
總承上教兵之事賞罰而言。此言開疆成德不可不令民習兵教之事,教定而後
刑賞之法行,而刑又所以明賞之意。彼民一出國門,而死生之路已分,其決戰

也,如雷霆之搖嶽;其從令也,如手足之應心;其破堅也,如怒濤之潰堤。所以樂爲之死而不疑者,非教令之素嫻,何以有此? 故兵教者,保國除患之先資也。　　○李騰芳曰:自伏衆神巧者,不過習者之門。兵之用奇,全自教習下來。若平居教習不素,一旦有急,驅之赴敵,有聞金鼓而色變、睹旌旗而目眩者矣,安望出死力而決勝乎?　　○丁洪章曰:此言開疆成德,不可不令民習兵教之事也。　　○指南曰:武德與武功不同。拓土開疆,尊安社稷,武功也;永清大定,人民和樂,熙熙皞皞,無爭無欲,武德也。武德之成,其是不易,而尉繚歸之兵教,正見兵教之法所關非小,不僅一師一旅戰勝攻取之末,而爲將者不可不加意也。　　○合參曰:不教則武亦只是以亂濟亂,如何得守社稷、除患害? 故教之中便有個禮,有個義,有個仁,天下乃謂之治兵、大兵、不殺人之兵。如此之教,俱是成武德也。　　○題炬曰:以殺止殺,是殺人適所以生人也。皆自伍長、什長以至大將習成之本來,故不曰功而曰德。　　○朱墉曰:開,廣大也。封,土爲界也。　　○李解民曰:封疆,疆界、疆域。社稷,古代帝王、諸侯所供奉的土地之神和穀神,常作爲國家的象徵和代稱。武德,武道、武功。左傳宣公十二年云:"夫武,禁暴、戢兵、保大、定功、安民、和衆、豐財者也。……武有七德。"可參看。　　**按**:武德,當指以武安定天下。

兵教下第二十二〔一〕

【注】

〔一〕張居正曰:此教爲威天下者設,專屬人君,不比上篇只教士卒也。
○阮漢聞曰:兵教上篇重複散漫,下篇所謂十二,亦不倫。然尚多確語,必牽轘附會之書也。　　○李騰芳曰:此亦是兵教,只分上、下篇耳。然教之之道,不外十二事。教成,犯令不舍,國車不出於閩,組甲不出於櫜,而威服天下矣。　　○丁洪章曰:前兵教俱是教兵之法,此兵教爲威加天下者設,專屬人君上講,所謂兵教嚴明而必勝之道,端在人君矣。　　○朱墉曰:此章總重"人君有必勝之道"一句。雖以"兵教"名篇,却説得闊大,先要制度精密,次要將士盡忠,更須賞罰嚴明,然後較量敵我之勢,治內以禦外,安民以臨人,庶幾不至於挫鋭而老敗。至於窺敵之空隙,伺敵之疎虞,尤貴能奪其氣,奪其心,使彼强者可變而爲弱,治者可變而爲亂,自足以取勝。斯盡人君之道矣。然尉子不知以德化民,講仁義之道,洵爲兵家者流,而溺於戰國之習也。　　○華陸綜曰:本篇闡明國君必勝之道和有關行軍作戰訓練十二個方面的問題,指出選拔得力將領,衡量敵我得失,嚴格戰場紀律,方可"威加天下"。　　按:上篇教兵,此篇教君。從文中"并兼廣大"、"威加天下"來看,尉繚子主張"霸道"而非王道。從"地大能守之"等語看,此當爲向秦國君而言。因爲戰國中晚期能稱得上大國的,主要是秦、楚等少數幾個國家。從"一其制度"來看,尉繚子主張中央集權制度,這與秦統一之後實施的政治制度也是相一致的。從"連刑"等內容看,此篇當爲尉繚子向秦王獻策之言,非天官篇問對梁惠王也。此篇在內容上似乎是對重刑令以下諸篇的概括,在成書上似是曾單篇別行過而後匯入。丁氏説是。

臣聞人君有必勝之道,故能并兼廣大,以一其制度,則威加天下,①有十二焉:〔一〕一曰連刑,謂同罪保伍也;〔二〕二曰地禁,謂禁止行道,以網外姦也;〔三〕三曰全車,謂甲首相附,三五相同,以結其聯也;〔四〕四曰開塞,謂分地以限,各死其職而堅守也;〔五〕五曰分限,謂左右相禁,前後相待,垣車爲固,以逆以止也;〔六〕六曰號別,謂前列務進,以別其後者,不得爭先登不次也;〔七〕七曰五章,謂彰明行列,始卒不亂也;〔八〕八曰全曲,謂曲折相從,皆有分部也;〔九〕九曰金鼓,謂興有功,致有德也;〔一○〕十曰陳車,謂接連前矛,^②馬冒其目也;〔一一〕十一曰死士,謂衆軍之中有材力者,^③乘於戰車,前後縱橫,出奇制敵也;〔一二〕十二曰力卒,謂經旗全曲,^④不麾不動也。〔一三〕此十二者教成,犯令不舍。〔一四〕兵弱能强之,主卑能尊之,令弊能起之,民流能親之,人衆能治之,地大能守之。〔一五〕國車不出於閫,^⑤組甲不出於櫜,而威服天下矣。〔一六〕

【校】

①鍾兆華曰:"加",清芬、二五、二八、百家本無此字。

②阮漢聞曰:"矛",或"茅"字之訛。鍾兆華曰:"矛"疑"茅"字之誤。李解民曰:"前矛",彙解本作"前茅"。

③鍾兆華曰:"材力",施氏、直解、皕刻作"材智"。李解民曰:"力",講義本、直解本、天啓本、彙解本作"智"。

④鍾兆華曰:"旗",直解、韜略、彙解、集注、清芬本等作"其"字。李解民曰:"旗",天啓本、彙解本、鄂本作"其"。

⑤鍾兆華曰:"車",韜略、清芬、二五、二八、百家本等作"軍"。

【注】

〔一〕施子美曰:道可以得天下,而後可以制天下。主既有道,則戰而必勝,天下莫之誰何? 并兼廣大,則尺地一民莫非我有。一其制度,異政殊俗莫不皆聞。若然,則威之所制者遠,又豈止於一術耶? ○劉寅曰:臣聞爲人君者有必勝之道,故能并兼海宇之廣大,以混一其制度,則威加於天下,有十二事焉。○張居正曰:言威加固是難事,我能以十二事教成國內,天下自是無敵。在我固爲自治,在天下則威已加矣。自勝勝人,無患天下之不我服也。 ○李騰芳曰:此題言必勝之道有十二事,不過嚴刑法令以約束士卒,而先爲自勝耳。然此亦小道。又有不戰而勝人之大道,人君所當知。此題十二事,俱在下一一詳明作論,只在"威加天下"上論其大概耳。 ○丁洪章曰:十二事,不過嚴明法令,以操自勝耳。尉繚止宜講將事、講治兵則可,乃云人君,乃云必勝之道,殊

異戰國習氣。且亦不知人君宰制，中外悦服，天下人頭腦，豈不可笑。　○合
参曰：必勝之道，即指下十二事。致勝有道，人君能得之而操之於己，則足以立
威，足以明刑，足以制敵，足以弱諸侯矣。　　○大全曰：必勝，不是竟自勝了，直
是能爲必勝意。時際戰國，諸侯日從事於兵戈，而每患力弱之不足以勝人，故
尉子設爲兼併廣大，以一制度之術。　　○尤尺威曰：威加天下不是難事。我能
以十二事教我國內，天下自是無敵，在我固爲自治，在天下則威已加矣。自勝
以勝人，無患天下之不我服也，兵教豈可忽哉？　　○朱墉曰：廣大，強國也。
按：此言實現霸道，當自下十二事做起。

　　〔二〕施子美曰：同罪保伍謂之連刑。連刑者，謂相連及也，即前所謂束伍令
伍制是也。　　○劉寅曰：初一曰連其刑罰，使士卒同罪而相保一伍之人也。
○陳玖學曰：連坐之刑，則凡同伍相保者，有犯則同罪也。　　○黄獻臣曰：連
刑，即連坐法。一人犯罪，同罪保伍。　　○丁洪章曰：連刑，連坐也。　　○朱墉
曰：連刑，連坐之法也。一人犯罪，同罪保伍也。　　○李解民曰：連刑，即“連
坐”。商鞅變法，在秦國實施此法。史記商君列傳云：“令民爲什伍，而相牧司
連坐。”此“連刑”則就軍隊而言，詳參本書伍制令、兵教上。　　按：伍制令曰：
“軍中之制，五人爲伍，伍相保也；十人爲什，什相保也；五十人爲屬，屬相保也；
百人爲閭，閭相保也。伍有干令犯禁者，揭之免於罪，知而弗揭，全伍有誅。什
有干令犯禁者，揭之免於罪，知而弗揭，全什有誅。屬有干令犯禁者，揭之免於
罪，知而弗揭，全屬有誅。閭有干令犯禁者，揭之免於罪，知而弗揭，全閭有誅。
吏自什長已上，至左右將，上下皆相保也，有干令犯禁者，揭之免於罪，知而弗
揭者，皆與同罪。”此即“連刑”。

　　〔三〕施子美曰：禁止行道，以網外奸，則謂之地禁。地禁者，謂其禁之不得
行也，有敢行者誅是也。　　○劉寅曰：次二曰地有所禁，謂禁止士卒所行之道，
以網羅外奸也。　　○陳玖學曰：地方之禁，禁止營中行道之人，以網羅外來之
姦。　　○黄獻臣曰：禁止行道，指營中禁止行道之人。　　○朱墉曰：行道，營中
行路之人也。　　○鍾兆華曰：地禁，戒嚴措施。本書提到的有兩種：一種是大
範圍的，當軍事行動開始，“四境之民無得行者”（踵軍令）。一種是軍營內部
的，將令、分塞令中分別講到。　　○李解民曰：地禁，指軍營中各部分地駐扎，
互爲禁區。參看本書分塞令、將令。網，網羅、捕獲。　　按：地禁，相當於分塞

令的"禁行清道"、將令的"閉門清道"等有關禁令,目的是要達到"内無干令犯禁,則外無不獲之奸"。

〔四〕施子美曰:地全車禁,即鄭人魚麗之陣,伍乘彌縫也。 ○劉寅曰:次三曰全車,謂甲首相親附,三五相和同,以固結其班聯也。周禮地官:"族帥十家爲聯。""車"字,恐誤。 ○陳玖學曰:保全軍車陣之法,凡各甲首互相親附,三五互相和同,以固結其車陣之班聯。 ○黄獻臣曰:全車,保全車陣。附,親附。同,相同。聯,班聯。 ○李騰芳曰:此保全車陣之法。 ○阮漢聞曰:各就分限之中,而有親附之美,則車之聯結者可固。 ○山中倡庵曰:三五者,易所謂"參伍錯綜"之意乎? ○朱墉曰:全車,保全車陣也。附,親附也。同,和同也。聯,班聯也。周禮地官族師"十家爲聯"也。 ○李解民曰:全,齊全、完備。全車,配齊戰車的編制,使之滿員。春秋戰國時代,每輛兵車配備一定數量的甲士和步兵,組成一個車兵和步兵混編的基本作戰單位,稱爲"乘"。三五,亦作"參伍"、"參五",劃分、排列。此當指戰車所轄的步兵行列。通典卷一四八及太平御覽卷二九八云:"凡立軍,一人曰獨,二人曰比,三人曰參,比參曰伍,五人爲列。" 按:全車,使戰車安全。春秋戰國時期,主將作戰乘坐在戰車上,負責擊鼓進攻。戰車有專門的駕車士卒,稱爲"右";也有保護主將的衛士,稱爲"御"。駕車、護衛與主將,合起來三個人,或五個人。三人或五人同心協力,結成戰鬥集體。左傳成公二年:"癸酉,師陳於鞌。邴夏御齊侯,逢丑父爲右。晉解張御郤克,鄭丘緩爲右。齊侯曰:'余姑翦滅此而朝食。'不介馬而馳之。郤克傷於矢,流血及屨,未絶鼓音,曰:'余病矣!'張侯曰:'自始合,而矢貫余手及肘,余折以御,左輪朱殷,豈敢言病?吾子忍之!'緩曰:'自始合,苟有險,余必下推車,子豈識之?然子病矣!'張侯曰:'師之耳目,在吾旗鼓,進退從之。此車一人殿之,可以集事,若之何其以病敗君之大事也?擐甲執兵,固即死也。病未及死,吾子勉之!'左並轡,右援枹而鼓,馬逸不能止,師從之。齊師敗績。逐之,三周華不注。"

〔五〕施子美曰:開塞,即前所謂"軍皆有分地,營其溝域,而開其塞令"。○劉寅曰:次四曰有開有塞,謂分地以界限,各死其職而堅守也。 ○陳玖學曰:開塞之法,分地各有界限,使各死其職而堅守分地焉。 ○黄獻臣曰:開去茅塞,就邊方言。守其分地也。 ○丁洪章曰:開塞,開除茅塞也。限,界限也。　○朱墉曰：開塞，開去茅塞，就邊方言也。堅守，守其分地也。　○李解民曰：開，開立、設置。開塞，設置要塞。本書踵軍令云“分卒據要害”，“兵有什伍，有分有合，豫爲之職，守要塞關梁而分居之”，可參看。　按：開塞，即土地管理以放開給農民耕種與嚴管土地被豪族兼併相結合。原官曰：“審開塞，守一道，爲政之要也。”此言分地與民，民之有地各有限度，得地之民，堅守其職以供軍需也。

〔六〕劉寅曰：次五曰分守界限，謂左右相禁止，前後相守待，藩垣環車爲固，用以逆敵，用以止舍也。　○陳玖學曰：分守界限之法，左右有禁而不相踰，前後相待以爲守。又以藩垣車乘爲壯固，而以迎逆敵人、止舍軍士也。○黃獻臣曰：禁，不相逾越。相持，互爲守望。垣車爲固，藩垣環車以爲固。以逆以止，用以迎逆敵人，用以舍止軍士。　○李騰芳曰：謂藩垣環車以爲固，用以迎敵，用以舍止。　○阮漢聞曰：無越限亂行，無直前不顧，視車如垣，迎敵舍軍。　○朱墉曰：相禁，不相踰越也。相待，互爲守望也。垣，藩牆也，環車以爲固也。逆，迎也，迎逆敵人，舍止軍士也。　○鍾兆華：垣車，用戰車當圍牆圈起來作爲軍營。垣，牆。逆，迎。止，駐守。　○李解民曰：分限，意同上“分地以限”，此指劃分各部營區或陣地中各部的界隔。參看本書分塞令。垣車，連接戰車以爲軍營藩垣。　按：分限，即分地，意同分塞令中的“中軍，左右前後軍，皆有分地”，“無通其交往”。“垣車爲固”，意同分塞令中的“方之以行垣”。逆，迎敵。止，駐守。

〔七〕施子美曰：號別之，即周官示號名之用也。　○劉寅曰：次六曰張號有別，謂前列務進，以分別其後者，不得爭先登，不次其次也。　○陳玖學曰：號別之法，前列之士務於進戰，以別於後列者，不得爭先登進而不循次序也。　○黃獻臣曰：號別，號令分別。前列務進，前列之士務必進戰。不次，不依次序也。○李騰芳曰：號別，章號分別。　○阮漢聞曰：別者，號令禁之。　○丁洪章曰：不次，不依次序也。　○朱墉曰：號別，號令分別也。　○李解民曰：號，標記、標誌。號別，標記有別。此指軍中編隊先後行列不同的標記，即本書兵教上所云“前後章各五行，尊章置首上，其次差降之”，詳見本書經卒令。　按：號別，章號分別。此言以章號分別進攻次序。

〔八〕施子美曰：章則用伍，即前所謂“卒有五章”也。　○劉寅曰：次七曰

卒用五章。五章説見前,謂彰明行列,始終不亂也。"始"恐作"使",謂使士卒
不亂也。　　○陳玖學曰:士卒有五章之别,以彰明前後行列,使始終不致紊亂
也。　　○黄獻臣曰:五章,五色章號。　　○李騰芳曰:卒,終也。　　○朱墉曰:
五章,五色章號也。　　○李解民曰:五章,指蒼、赤、黄、白、黑五種標記,詳見本
書經卒令。始卒,始終。　　按:經卒令曰:"卒有五章,前一行蒼章,次二行赤
章,次三行黄章,次四行白章,次五行黑章。"

〔九〕施子美曰:部曲不失而能全之,即程不識之治行伍部典也。　　○劉寅
曰:次八曰全其部曲,謂曲折往來,使之皆有分部也。　　○陳玖學曰:全其部
曲,使行列之曲折相從,各有所分之部而不混也。　　○黄獻臣曰:全曲,全其部
曲。相從,聯貫也。分部,不混也。　　○朱墉曰:全曲,全其部曲也。相從,聯
貫也。分部,不混亂也。　　○李解民曰:曲,古代軍隊的編制單位。孫子計"曲
制",曹操注:"曲制者,部曲幡幟金鼓之制也。"史記李廣傳云:"程不識正部曲
行伍營陳。"據上孫家寨漢簡、後漢書百官志、通典卷一四八及太平御覽卷二
九八所引,一曲爲二百人。是爲漢制,當有所承。然至今尚未發現"曲"爲先秦
軍隊編制單位的確鑿材料。此"曲"當泛指軍隊或軍陣的各個部分。"全曲",
配齊軍隊或軍陣各部的人員。　　按:曲,古代軍事編制較小單位。領軍者皆有
部曲。司馬彪續漢書百官志一曰"大將軍營有五部。部,校尉一人",又曰"部
下有曲,曲有軍侯一人",又曰"曲下有屯,屯長一人"。這裏指軍隊組織或行
列。此言軍隊要始終保持隊形,各部分雖然因作戰需要有交錯的地方,也都各
有所屬,不能亂了隊形。

〔一〇〕施子美曰:金以止,鼓以進,以興有功、别有德者,即孫子"勇不得
獨進,怯不得獨退"也。　　○劉寅曰:次九曰鳴金伐鼓,謂興其有功,致其有德
也。　　○陳玖學曰:以金鼓興起有功,招致有德也。　　○黄獻臣曰:金鼓雖止
兵聲,然興起人有功,招致人有德,非細故也。　　○朱墉曰:興,鼓舞也。致,感
召也。　　○李解民曰:德,武德、武道。或謂通"得"。　　按:興,興兵。

〔一一〕施子美曰:陳車,即李衛公迭相爲用也。　　○劉寅曰:次十曰設布
陳車,謂接連前矛,使不絶也;馬冒其目,使不驚也。　　○陳玖學曰:陳車之法,
接連前矛,使不斷續;馬冒其目,使不驚馳。　　○黄獻臣曰:陳車,小車也。接
連前矛,使不斷絶。　　○丁洪章曰:陳車,小車也。冒,是以物掩之也。　　○朱

墉曰:接連前茅,使不斷絶也。　　○鍾兆華曰:"矛"疑"茅"字之誤。前茅,最前邊。冒,遮蓋。　　○李解民曰:陳車,陳布戰車,指將兵車排成一定的陣形。前矛,前鋒,先頭部隊。彙解本作"前茅"。左傳宣公十二年云:"前茅慮無。"冒,蒙、罩。馬冒其目,意即罩好戰馬的眼睛,目的是防止馬匹受驚而擾亂軍陣。　　按:陳車,用戰車組成的軍陣。孫子作戰:"故車戰,得車十乘已上,賞其先得者。"三國魏曹操注:"陳車之法,五車爲隊,僕射一人;十車爲官,卒長一人;車滿十乘,將吏二人。"部隊理論組曰:"前矛,疑當作'酋矛',古代安置在兵車上,長二丈,用以抵禦敵人兵馬。接連前矛,指戰車相接,車距適中。"

〔一二〕施子美曰:死士,即太公死鬬待命之士也。　　○劉寅曰:十一曰選用敢死之士,謂衆軍之中有材能智謀者,乘於戰車,使馳而前後縱横,出奇以制敵也。　　○陳玖學曰:死士之用,擇衆軍中有材智者,使乘於戰車之内,或前或後,或縱或横,令出奇以致敵。　　○黄獻臣曰:死士,敢死之士。　　按:此言軍中當成立一支敢死隊,以作出奇制勝之用。

〔一三〕施子美曰:力卒,即太公絶滅旌旗勇力之士也。　　○劉寅曰:次十二曰選取有力之卒,謂經理旌旗,全其部曲,將不指麾,不使擅動也。或曰:"力"當作"勤",謂勤其士卒,麾之而動,不麾不動也。亦通。　　○陳玖學曰:力卒之用,經理三軍,部曲之全,將不指麾,不敢擅動。　　○黄獻臣曰:力卒,有定力者。　　○李騰芳曰:將不指麾,不擅動也。　　○阮漢聞曰:此似别立一隊,俟急麾之,如握奇游軍二十四隊設於陣後之類。　　○朱墉曰:不動,不敢擅動也。　　○鍾兆華曰:曲,部曲,亦爲軍隊之編制。後漢書百官志:"其領軍皆有部曲……部下有曲,曲有軍侯一人。"　　○李解民曰:經,經理、掌管。　　按:力卒,此指旗手。旗手負責麾旗,當有力之人才堪其任。

〔一四〕施子美曰:此十二者,其教既成,苟有犯令,則必罰無赦,此亦孫子所謂教道既明,有不如法者,吏士之罪也。　　○葉水心曰:道有以嚴明勝者,則連刑地禁,用以保伍而網奸者,吾其申飭之也。道有以法制勝者,則全車開塞,用以聯結而堅守者,吾其整頓之也。道有以部伍勝者,則分限號别,用以内固而先登者,吾其約束之也。道有以分數勝者,則五章全曲,用以經卒而分部者,吾其戒嚴之也。道有以利器勝者,則金鼓陣車,用以興功致德,接連前茅者,吾其淬利之也。道有以練鋭勝者,則死士力卒,用以出奇制勝,陷鋭摧堅者,吾其選擇之也。　　○劉寅曰：此已上十二事者，教之既成，有敢犯令者，不舍。
○陳玖學曰：教之已成，而有犯令者，罪之不舍。　　○黄獻臣曰：教之既成，有
犯令者，誅不舍。　　○李騰芳曰：教之既成，有犯令者，誅不舍。　　○醒宗曰：
十二事不過嚴明法令以操自勝耳。　　○趙克榮曰：十二事即是不戰而屈人之
略，自治在己之道也。苟不自治此十二事，能必其行罰防奸之各當乎？能必其
相固自守之有制乎？能必其進止先後分行互應之不亂乎？能必其作氣連戰先
登統攝之不紛乎？　　○胡君常曰：説十二事，少不得説教，教便是自治。要之，
自勝勝人之意。　　按：舍，赦罪。逸周書王佩：“施舍在平心。”孔晁注：“舍，謂
赦罪。”

〔一五〕施子美曰：夫然後可易弱而爲强，可易卑而爲尊，令弊則能起之，民
流則能親之。人不患衆，恃吾有以治之；地不患大，恃吾有以守之。不戰而勝，
在所舉矣。　　○劉寅曰：若如此，兵怯弱者能强之，主勢卑者能尊之，號令弊者
能起之，民流離者能親之，人衆多者能治之，地廣大者能守之。　　按：此言若能
做到上述十二條，則弱可變强，主卑而被尊，令弊能除之，民流能親，人衆能治，
地大可固而守。

〔一六〕施子美曰：又何待國車出閫、組甲出橐而後能勝人哉！　　○劉寅
曰：閫，兩旁挾門短限也。組甲，漆甲成組文也，春秋左傳“組甲三百”是也。
橐，甲衣也。言國中之車不出於閫，漆組之甲不出於橐，而威能制服天下
矣。　　○陳玖學曰：言能如此，則必自勝而威人矣。又曰：人君有必勝之道十二，
則自勝，而可以威服天下矣。然以德服人之道，則不在此。　　○黄獻臣曰：此言
兵教嚴明，而後能制勝於廟堂之上。蓋王者設教，豈必盡驅民於鋒鏑之下？夫
惟部曲詳明，車章有制，人懷殺敵之思，則神威所至自有不戰而屈者矣。
○李騰芳曰：漆甲成組文。言國中之事不出於閫，漆組之甲不出於橐，而威服天
下。　　○丁洪章曰：閫，兩旁挾門短限也。組甲，漆甲成組文也。橐，甲衣。
○朱墉曰：橐，盛衣匣也。　　○鍾兆華曰：閫，門檻。此處指諸侯國間的疆界。
組甲，用繩子把皮革或鐵片聯綴而成的鎧甲。一説漆成組文的甲。　　○李解
民曰：閫，門檻，特指國都郭門的門檻，指代國都城門。組甲，用繩子聯綴皮革
或金屬片製成的鎧甲。一説指漆成組紋的鎧甲。“國車不出於閫，組甲不出於
橐”，按本書兵談云：“車不發軔，甲不出橐。”意與此同，詳彼注。　　按：閫，門

限也。這裏借指國門。

兵有五致：爲將忘家，踰垠忘親，指敵忘身，必死則生，急勝爲下。[一]百人被刃，陷行亂陳；千人被刃，擒敵殺將；萬人被刃，橫行天下。[二]

【注】

〔一〕施子美曰：爲人臣者，竭力以事其君。致之爲言致力於上也。致力之道，不一而已，故有五焉。致其至極之道，蓋公忘私，國忘家，此爲將之道也。既許國矣，何家之有？捐妻子之愛，趨鋒鏑之下，何親之有？勁敵在前，奮不顧身，何身之有？此田穰苴所以戒軍士也。穰苴曰：“將受命之日，則忘其家；臨軍約束，則忘其親；桴鼓之急，則忘其身。”而尉繚子之武議云者，人臣所致力之地。至於幸生，則死不可也，故致之死地而後生。惟無武進，兵法曰：“輕則寡謀。”急勝安得不爲下乎？此兵之至極之道也，盡是五者。　○劉寅曰：兵有五致，致猶委致也。既爲將帥則忘其家，謂委致其家，不有其家也。逾敵之界限則忘其親，謂委致其親，不有其親也。指敵之陳則忘其身，謂委致其身，不有其身也。必欲致死則幸而生，急欲取勝則務爲下。下，謙卑也。凡將驕者敗，而謙下戒謹者勝。此所謂五致也。　○張居正曰：致者，盡己以致敵，而不爲敵所致。五致不可不常操在我。　○陳玖學曰：行兵者所當委致有五。踰越山川之垠限，則致親。言當致禮。若急於取勝，則爲下策。　○黃獻臣曰：致禮，兵驕者敗，戒謹者勝。　○阮漢聞曰：致，如論語“致身”之“致”。忘家、忘親、忘身皆致也。所以然者，每生必死，判死反生耳。若但急於取勝，則死生不可知矣。此三忘，大是佳語。二句似總斷結之，必列爲五，恐涉牽强。夫安知三致之非訛爲五致也？　○李騰芳曰：此題言行兵所當委致者有五，五者之中，最重有將忘身家，使士卒鼓勇以橫行天下。此兵教中之第一要策。如霍去病何以家爲，溫嶠之絶裾，李懷光置刀靴中，孟明濟河焚舟，皆能成功，是所當委致者。若托言急勝爲下，逍遙河上，胡不取魯連規田單之語，用以爲勖？踰垠，入敵境。　○丁洪章曰：致，猶委致也。此言行兵當有五致，而後可以無敵於天下也。　○山中倡庵曰：宗（開宗）解爲“致禮”，恐未然也。義（講義）、解（直解）無明解矣。蓋上文“致家”、“致親”、“致身”、“致生”之四“致”字，皆委致之義也。此所謂"致禮"者,於"委致"之義差緩矣。嘗乃須爲致爵也,我既有大將之爵,今卻以謙下自居,是即委致爵也。委致者,猶棄捐也。此以上所謂"五致"也。　○醒宗曰:致者以此而付之彼也,見得爲將者有家、有親、有身、有生,一當王事,便以我之家付之國,以我之親付之君,以我之身付之敵,以我之生付之死。　○王漢若曰:"致"字,即"見危致命"之"致",總是盡忠所事之意。　○朱墉曰:致猶"委致不有其身"之"致"。踰垠,踰越山川垠限也。下,下策也。　○李解民曰:致,達到、做到。親,此特指父母雙親。"爲將忘家,逾垠忘親,指敵忘身",按史記司馬穰苴列傳云:"將受命之日則忘其家,臨軍約束則忘其親,援枹鼓之急則忘其身。"意與此合。"必死則生",按孫子兵法九地云:"投之亡地然後存,陷之死地然後生。"意與此近。"急勝爲下",意言欲急於求勝當禮賢下士。或謂急於求勝爲下策,與上文意扞格難通,不取。

按:致,極也。國語吳語:"飲食不致味。"韋昭注:"致,極也。"極,則也。群經平議周書:"爵以明等極。"俞樾按:"極,猶則也。"楚辭離騷:"相觀民之計極。"蔣驥注:"極,標準也。"兵有五致,意即帶兵有五個原則。此五原則即爲將忘家,踰垠忘親,指敵忘身,必死則生,急勝爲下。

〔二〕施子美曰:苟使百人被刃,行可陷而陣可亂;千人被刃,則敵可擒而將可殺;萬人被刃,斯可橫行天下矣。制談曰:"金鼓所指則百人盡鬭,陷行亂陣則千人盡鬭,覆軍殺將則萬人齊刃,天下莫能當其戰矣。"　○劉寅曰:百人被刃,則陷人之行,亂人之陳。千人被刃,則能擒取敵人,殺戮將士。萬人被刃,則能橫行天下。　○陳玖學曰:承上言,兵有五致,則可致勝乎人矣。百人被刃而知致,自能陷人之行而亂人之陣。千人、萬人仿此。　○黃獻臣曰:被刃,冒刃自致。此言行兵當有五致,而後可以無敵。匈奴未滅,去病無治第之思。毋年雖老,溫嶠有絕裾之奔。光弼置刀靴中,何身之惜。孟明焚舟濟河,無生之想。李廣士不盡飲,不肯近水;士不盡飯,不肯嘗食,斯真能爲下者。具此五致,故能所向成功,長驅無前矣。　○阮漢聞曰:被刃,不顧死傷。　○丁洪章曰:被刃,冒刃也。　○朱墉曰:被刃,冒刃先登也。　○李解民曰:被,遭受、冒犯。被刃,敢冒刀劍的鋒刃,指拼死作戰。按本書制談云:"金鼓所指則百人盡鬭,陷行亂陳則千人盡鬭,覆軍殺將則萬人齊刃,天下莫能當其戰矣。"意與此同,可參看。　**按**:廣雅釋詁:"被,加也。"引申爲蒙受。被刃,即冒刃攻殺。

此言百人敢於冒刃攻殺，則可打亂敵人的行伍陣列；千人敢於冒刃攻殺，則可擒殺敵將；萬人敢於冒刃攻殺，則可橫行天下矣。

　　武王問太公望曰：“吾欲少閒而極用人之要?”①〔一〕望對曰：“賞如山，罰如谿。太上無過，其次補過，使人無得私語。諸罰而請不罰者死，諸賞而請不賞者死。”〔二〕

【校】

　　①鍾兆華曰：“少閒”，直解本作“少間”。

【注】

　　〔一〕施子美曰：魏辛雄曰：“人之所以陷堅陣而忘身、觸白刃而不憚者二，一則貪重賞，二則畏刑罰也。”是知用人之要，無他術，勸懲而已。　　○劉寅曰：昔日周武王問太公曰：吾欲少間諜而極用人之要。　　○陳玖學曰：乘時少間。○李騰芳曰：此題重在“要”字，極論用人又須在“少間”上方妙。　　○丁洪章曰：間，空隙也。　　○朱墉曰：少閒，乘時少閒暇也。極，推論其至也。　　○鍾兆華曰：少閒，短時間。　　○李解民曰：極，窮盡，這裏是通曉、洞悉的意思。**按**：極，至也。此句意爲武王對太公望説，我請你花一點時間告訴我用人的要道。少閒，直解本作“少間”，間，解作間諜，亦通。

　　〔二〕施子美曰：重賞之如山，則人莫不親。峻罰之如溪，則人莫不懼。賞之既如山之高，則有功者勸。罰之既如溪之深，則有罪者懲。噫，賞罰之用，所以示勸懲之術也。若夫太上之世，天上之人，自得其得，自生其生，上以無爲而治，下以無爲而化，何過之有？無過則無罰也。夫既無罰，烏有所可賞者哉？其次則不待賞罰，而自改其過，故使人無得私語，則天下皆公議也。若夫賞罰之用，貴乎信心，故有罰而請不罰，有賞而請不賞，皆干令也，故有誅。　　○劉寅曰：呂望對曰：視賞如登山之高，視罰如谿水之深。太上之人自無過舉，其次者貴於補過，使下人無得私語而議上。諸罰有罪，而請不罰者死；諸賞有功，而請不賞者死。　　○陳玖學曰：如山難及，如谿難測。無過，賞罰得宜。使民不議，賞罰之失。諸凡罰罪賞功而干請不罰不賞者坐死。此引言信賞必罰，爲用人之要道也。　　○黃獻臣曰：如山，不移。如谿，必赴。私語，議上也。諸罰而請，干請而撓法者。此引言信賞必罰爲用人之要道，亦兵教中之切務也。　　○李騰芳曰:如山,登山之高。如溪,入深水之溪。　　○阮漢聞曰:如山難及,使人仰之;如溪難涉,使人畏之。　　○山中倡庵曰:上世民心惇直,故無故也。○大全曰:如山,言不可移易也。如谿,言不可遏止也。惟其賞信罰必,而人不得以議其上,不得以撓其權,尚何用人之有不當者乎?　　○丁洪章曰:如山,難反也。如谿,難測也。此言信賞必罰爲用人之要道。　　○朱墉曰:私語,議上也。請,干求撓法者也。信賞必罰爲用人切務,不容以私廢也。變,敵之變動可乘也。　　○李解民曰:"賞如山,罰如谿",按此山與谿對舉,當取山之高、谿之深,借喻賞罰必重。諸,凡、眾。　　**按**:從下文"使得無人私語"、"諸罰而請不罰者死,諸賞而請不賞者死"來看,此段文字主要是講不要因他人説情而改變賞罰原則或規定,故"賞如山,罰如谿"當亦從遵守賞罰規定着手。山,厚重不移。谿,水流必入。此句當言賞必信,罰必至。黄氏説是,餘説未得真意。

伐國必因其變,示之財以觀其窮,示之弊以觀其病,上乖者下離。若此之類,是伐之因也。〔一〕凡興師,必審内外之權以計其去。①〔二〕兵有備闕,糧食有餘不足,校所出入之路,然後興師伐亂,必能入之。〔三〕

【校】

①鍾兆華曰:"去",施氏本作"法"。參同本作"去就"。

【注】

〔一〕施子美曰:師出無名,事固不成,此古人之所戒也。資因敵家之動,此兵法之所重也。是則欲罰大國者,可不因其變而後舉哉?吳未發而越先舉,安得無會稽之棲乎?示之以財,示之以弊,此所以觀其變也。越王以子女玉帛事吳,太王以皮幣玉帛事獯鬻,是示以財而觀其窮也。隋平陳,則以彼入我出以弊之,漢屈單于,立呼韓邪以弊之。爲上者必乖,爲下者必離,吾因其變而伐之,焉有不可?　　○劉寅曰:伐人之國,必因其國之有變而伐之。示之財貨,以觀其國之窮否;示之困弊,以觀其人之病否。彼在上者乖張,而在下者離散,此伐國之因也。　　○陳玖學曰:因敵變動而後伐之。示之貨財,而觀其貧窮否;示之弊害,而觀其困病否。上乖下離,即敵人乖離。　　○黄獻臣曰:變,指因敵變動,可乘而加。示,嘗也。此言伐國必因敵變而動,兵教既明,然後可以興師。但兵出無名，師之所以毒天下也。伐必有因，該盡興兵之道。<u>孫子</u>十三篇似從此一句中化出。 ○<u>阮漢聞</u>曰：示我之弊，以觀其能知利病否。此豈<u>太公</u>之言？ ○<u>丁洪章</u>曰：此言伐國必因敵變而動也。 ○<u>指南</u>曰：貪財好貨，必其國之貧乏也。見弊而不能乘，必其民之疲困而畏勞也。 ○<u>朱墉</u>曰：示，嘗之也。 ○<u>鍾兆華</u>曰：乖，乖戾，違反常情。 ○<u>李解民</u>曰：示，通"視"，審視、考察。之，用法同"其"。乖，背戾、違逆。 **按**：因，順也，乘也。此言討伐他國之原則。討伐他國必乘其有變而後可。考量其財富以看其國力是否窮困，從其顯露出來的弊端看其危機所在，上下乖離，不能一心，這些都是可以討伐的依據。

〔二〕<u>施子美</u>曰：昔<u>司馬宣王</u>伐<u>文懿</u>曰："往百日，攻百日，以六十日爲休息，一年足矣。"及至，<u>陳珪</u>陳其安緩，<u>懿</u>又曰："<u>孟達</u>兵少，而食支一年，<u>文懿</u>將士四倍於<u>達</u>，而糧不厭月，賊飢我飽，故待之。"然則欲興師者，可不審內外之權以計其法哉？ ○<u>劉寅</u>曰：凡興師，必先審察內外之權以計度其去處。 ○<u>陳玖學</u>曰：計度去就，興師必審內外之權。內者己也，外者彼也，審內外，即知己知彼也。權者，權輕重也。審彼己之輕重而後舉兵，此與<u>孫子</u>校計索情相似，然又當因利制權。 ○<u>李騰芳</u>曰：此題在"審"字、"權"字着力。審內外，即知彼知己也。審彼己之輕重而後舉兵，與<u>孫子</u>較計索情相似，又當因利制權。 ○<u>合參</u>曰：師旅之際，不就人我彼己校量詳度，確知虛實之情狀，則師出必然無功。所以興師者，必貴審此而後動也。 ○<u>陸經翼</u>曰：師旅不可驟興，必先權衡於內外之間而詳審不略，然後敵我之情形，見之甚明。 ○<u>大全</u>曰：權，即勝柄也。柄貴使之常在我，不在敵。 ○<u>醒宗</u>曰：興師是最大的事，苟彼此之權勢不審，安能發必中節？ ○<u>朱墉</u>曰：內，己也。外，人也。權，變也。計其去，計度去就也。 ○<u>李解民</u>曰：去，去就、進退。 **按**：此言凡欲興師，必審內外之情，而後做出去就的決定。所謂內外之情，即下文所云"兵有備闕，糧食有餘不足，校所出入之路"。

〔三〕<u>施子美</u>曰：夫以我伐彼，主客之勢不侔也。苟非審彼己之權而計其用兵之法，未必不妄舉矣。故兵有備有闕，不可不知；糧有餘有不足，不可不備；路有遠有近，不可不曉。夫能明其三者，砥勵兵器，修治攻具，而兵可用矣。木牛流馬，水舟陸車，而糧不絕矣。夫前路後有返塗，則路可梭矣。由是興師伐亂，必能造其國而成其功。 ○<u>劉寅</u>曰：兵或有備，或有闕；糧食或有餘，或不足;較量其所出入之道路,然後興師伐人之亂,必能入其國。　○陳玖學曰:彼此之兵,孰備,孰闕;彼此之糧食,孰有餘,孰不足;彼此之路,孰遠近險易。入之,入其國而勝之。此上言興師伐亂之始事。　○朱墉曰:備者,兵衆多也。闕者,兵寡少也。出入之路,以遠近險易言也。入之,入其國而勝之也。　○鍾兆華曰:闕,通"缺"。校,通"較",考察研究。　○李解民曰:闕,通"缺",空缺、虧損。校,查校、勘查。　按:此言必明於敵我雙方兵力、糧食之準備與缺額的情況,明於敵我雙方進軍與退卻的路綫,然後才能興師伐亂也。

　　地大而城小者,必先收其地。城大而地窄者,必先攻其城。地廣而人寡者,則絕其阨。地狹而人衆者,①則築大堙以臨之。〔一〕無喪其利,無奪其時,寬其政,夷其業,救其弊,則足以施天下。〔二〕

【校】

　　①鍾兆華曰:"狹",直解、二五、皕刻本等作"窄"。

【注】

　　〔一〕施子美曰:用兵之勢有難易,攻其難,則其所以易者在我,不足爲用。兵之情有利害,塞其利,則其所以害者在彼,無所逃。地大而城小,則先收其地。城大而地窄,則先攻其城。此圖其難,而不圖其易也。地廣人寡,則絕其阨者。[阨者],彼之所利也。地狹人衆,則絕狹者。狹者,彼之所利也。此皆塞其利,而不塞其害也。　○葉水心曰:城小地大,外必有遠屯,故先收其地。地小城大,所恃在收保,故先攻其城。地廣人少,恐其據險隘以阻我,故先絕其阨。地窄人多,守備必齊,攻打甚難,故築土山高出城上以臨之。　○劉寅曰:土地大而城池小者,必先收取其地。城大而土地窄者,必先攻取其城。土地廣而人民少者,則斷絕其險阨之處,彼人少,則必守阨。土地窄而人民衆者,則築大堙乘高以臨之,彼雖衆,亦可制之也。　○陳玖學曰:敵勢在地,敵勢在城,敵勢在援,敵勢在内。　○黃獻臣曰:阨,險隘處。人少必守阨,吾斷其阨,彼將失守也。大堙,土山也,築土爲山。臨之,乘高臨之。　○李騰芳曰:阨,險隘處。人少必守阨,吾絕其隘,彼自失守。　○阮漢聞曰:堙,土也。下攻勢便,高眺計窮。　○朱墉曰:地大者,敵勢在地,故先收之;城大者,敵勢在城,故先攻之;人少必守阨隘,吾斷其阨,彼將失守。堙,土山也。臨,乘高臨之也。　○鍾兆華曰：堙，堆起的土山，用於窺測或攻城。左傳襄公六年："甲寅，堙之環城，傅於堞。"杜預注："堞，女牆也。堙，土山也。周城爲土山及女牆。"　○李解民曰：地，指都城外的郊野之地。先秦時代的國都或都邑，一般由城、郊、野組成。農耕的土地都在城外的郊、野。收，取、攻取。阨，通"隘"，險要之處。堙，環城堆築的土山。　　按：堙，堆土爲山，用來攻城。左傳襄公六年："甲寅，堙之環城。"臨，監也。國語晉語五："臨長晉國者。"韋昭注："臨，監也。"此言攻城之法。尉繚子重視城市，其戰法圍繞如何迅速攻佔城市減少傷亡而設計。概括而言，即攻其後勤補給，爭奪主動權。地大而城小者，因其地大，故糧草供應充足，如攻其城，則易形成相持，不利於速戰速決。攻佔其地，斷絕糧草，則城被圍而孤立，不戰而降。城大而地小者，軍餉供應在城中商户，故須先攻城，才易於取勝。地廣而人少者，則斷絕其救援之道，使其無後援軍需，也易於取勝。地小而人多者，則築土山以監視之。

〔二〕施子美曰：然用兵之道，以仁義爲本。故無喪其利，使天下之人咸得其利焉。無奪其時，使四民皆得其時焉。寬其政，則無勞苦之憂。夷其業，則無征役之苦。救其苦，則無勞苦之弊。夫惟如是，吾仁義之道，足施於人矣。禮有施報，吾能施之，彼豈不能報之？此亦湯武之於夏商也。　　○劉寅曰：無喪失其便利之處，無奪其農務之時，寬吾之政令，平民之生業，救人之困弊，則足以施布於天下。　　○陳玖學曰：吾之恩威布於天下矣。此言師入敵境之事。○黃獻臣曰：利，民利。時，民時。　　○李騰芳曰：上山乘高。利，地利。○阮漢聞曰：夷，均平。　○丁洪章曰：夷，平也。　　○朱墉曰：業，生業也。恩威布於天下，此言師入敵境之事。　　○李解民曰：夷，即平，平定、安定。按本書武議云："兵之所加者，農不離其田業，賈不離其肆宅，士大夫不離其官府，由其武議在於一人，故兵不血刃而天下親焉。"孟子梁惠王下云："歸市者不止，耕者不變，誅其君而吊其民，若時雨降。"呂氏春秋懷寵云："故克其國，不及其民，獨誅所誅而已矣。舉其秀士而封侯之，選其賢良而尊顯之，求其孤寡而振恤之，見其長老而敬禮之，皆益其禄，加其級。論其罪人而救出之。分府庫之金，散倉廩之粟，以鎮撫其衆。"意皆近此，可相參看。　　按：此言攻城取地之後，對被佔領的地區施以仁義之治，如此，則新取之地能治也。

今戰國相攻，大伐有德；自伍而兩，自兩而師，不一其令，率俾

民心不定；徒尚驕侈，謀患辯訟，吏究其事，累且敗也。〔一〕日暮路遠，還有挫氣。師老將貪，爭掠易敗。〔二〕

【注】

〔一〕施子美曰：迨戰國以來，治醜德齊，莫能相尚，而且干戈相尋，無日不用。軍行且無行伍，風俗不淳厚，爭而訟於吏，吏敗而窮其事。此皆自敗自累之兆，何以伐人乎？　○劉寅曰：今戰國諸侯相攻，以己勢力之强大伐人之有德。自伍而至於兩，五伍爲兩。自兩而至於師，五旅爲師。不專一其號令，率使人民之心不定。徒尚驕傲奢侈，謀生患害辯訟，使吏推究其事，累且敗也。　○陳玖學曰：恃其强大而伐人之有德者，是無因矣。言不惟伐國無因，又且號令不一，使民心不定，徒尚其驕侈，謀生患害，爭辯詞訟，爲吏者不暇治軍，而專於推究其事，此則不無累弊，且致敗北矣。此上言今時興師之際如此。　○黃獻臣曰：三伍爲兩，五旅爲師。謀患，謀生禍患。辯訟，爭辯詞訟。吏究其事，不暇治軍，專於推究其事。累，不惟累弊。此言今時興師之弊。○李騰芳曰：三伍爲兩，五旅爲師。　○阮漢聞曰：民務囂訟，而吏復以酷虐，窮究其事，民累軍敗，勢所必至。　○丁洪章曰：五伍爲兩，五兩爲師。謀患，謀生禍患也。辯訟，辯論鬭訟也。累，累弊。敗，北敗也。　○朱墉曰：大，强大之國也。　○鍾兆華曰：兩，古代軍隊中的組織編制，二十五人爲兩，四兩爲卒，共一百人。率，差不多、大致。　○李解民曰：戰國，征戰之國。銀雀山漢墓竹簡守法云：“戰國者，外修城郭，内修甲戟矢弩。”兩，古代軍隊編制單位。周禮地官小司徒云：“五伍爲兩。”左傳成公七年杜預集解引司馬法云：“二十五人爲兩。”師，古代軍隊編制單位。周禮地官小司徒云：“五人爲伍，五伍爲兩，四兩爲卒，五卒爲旅，五旅爲師。”李衛公問對卷上云：“司馬法一師五旅，一旅五卒。”則二千五百人爲一師。率，大率、通常。俾，使。　按：民，作“人”解。楚辭離騷：“哀民生之多艱。”民，文選本作“人”。“終不察夫民心。”民，文選唐鈔本、尤袤本作“人”。民心，即人心。此言戰國以來，以力戰攻殺施以德政的國家，軍隊自伍而至兩，自兩而至師，軍令不一，使得軍心不定；軍官崇尚驕奢淫逸，謀私爲患，民務訴訟，執法之吏窮於應付，如此，患累積而無不敗之理。

〔二〕施子美曰：然而用兵之法，倦勞可擊，此龐涓之死於馬陵者，爲其日暮路遠,還有挫氣也。必貪可掠,此陳豨之將爲漢所擒者,其爲師者,將貪爭掠,易敗也。　○劉寅曰:日已暮,路又遠,軍還有挫衄之氣。師久而老,將貪於得,爭掠取人之財者,易爲之敗。　○陳玖學曰:此言既入敵境之際,日暮路遠,軍還皆有挫折之氣矣。且師老將貪,軍士又爭掠財物焉。如此,則易於取敗矣。又何能以施於天下乎?　○黄獻臣曰:還,軍還。師老,師久則老。掠,掠人之財。易敗,易於取敗。又何以施天下乎? 此既入敵境之弊。此言興師必審人己之權,以恩濟威,使民無失利者,興;以暴伐德,使民無定向者,亡。此伐國所以當因其變也。　○李騰芳曰:師老,師人則老。掠,取人之財也。　○鍾兆華曰:挫氣,經挫折而士氣低落。　○李解民曰:挫,挫傷、損害。老,衰老、疲憊。　按:此言既入敵境之弊。既入敵境,日暮路遠,軍思還家,皆有挫折之氣。且師疲將貪,軍士又爭掠財物焉。如此則易於取敗矣。陳氏説是。

凡將輕、壘卑、衆動,可攻也;將重、壘高、衆懼,可圍也。〔一〕凡圍必開其小利,使漸夷弱,則節吝有不食者矣。〔二〕衆夜擊者,驚也;衆避事者,離也。〔三〕待人之救,期戰而蹙,皆心失而傷氣也。〔四〕傷氣敗軍,曲謀敗國。〔五〕

【注】

〔一〕施子美曰:攻城爲下策,然有可攻可圍者,必視其勢而後爲。將輕、壘卑、衆動,此其勢不足以守,攻之可也。若將重、壘高,特其衆懼,此未可攻,圍之以待其變耳。　○劉寅曰:大凡將帥輕窕而營壘卑下、衆心搖動者,可攻而取之也。將帥持重、營壘高厚、衆心畏懼者,可圍而困之也。　○陳玖學曰:將帥輕率,壁壘卑小,士衆搖動,此可攻者。將帥持重,壁壘又高,衆心恐懼,此可圍者。　○丁洪章曰:輕,輕佻。重,持重。　○陳大士曰:“將輕”四句,可攻可圍,伺其變而用之也。開其小利,誘敵以便利之道,令敵無心堅守也。“漸夷弱”以下,言城中節嗇乏食之兵,有許多敗徵出來,如下“夜擊”等幾句是也。　○朱墉曰:卑,低下也。動,心搖動也。重,威重也。　○鍾兆華曰:輕,不穩重、輕浮。卑,低下、不高。

〔二〕施子美曰:然在法,圍師必闕,故必開其小利,此臧宫所以徹圍勒巨鎮也。圍而開其小利,則彼之勢必漸自夷弱,而其人有節吝不食者矣。　○劉寅曰：凡圍城必開其小利，使漸夷弱，則節吝有不食者矣。此句疑有誤字，不敢強解。　○陳玖學曰：凡圍敵者，必開示小利，誘敵趨之，使以漸夷弱，則彼因空乏，而節吝不飽食者，必皆思亂矣。　○黃獻臣曰：節吝，彼因困乏，必節吝軍需。不食，不得飽食而思亂。　○李騰芳曰：衆必潰。　○阮漢聞曰：圍恐死守死鬥，必開小利誘之，使漸受傷，以至於弱，則日窮日蹙，減嗇不飽，內變作矣。此圍大城大邑之法。　○丁洪章曰：節吝，因困節吝也。　○朱墉曰：開，示也。小利，誘敵趨之也。夷，陵夷也。節吝，彼因困乏，必節嗇軍需也。不食者，不得飽食而思亂也。　○鍾兆華曰：節吝，省儉、節省。　○李解民曰："凡圍，必開其小利"，凡是圍城，必須給敵方留有缺口，用小利加以引誘。孫子軍爭云："圍師必闕。"三國志張郃傳裴松之注引魏略云："軍法：圍城必開出路。"意與此近，可相參證。夷弱，削弱、消耗。吝，吝惜、捨不得。節吝，節約、節省。　按：此言包圍大城大邑之法。包圍敵軍於城中，必留缺口，以示有生路可逃，弱敵死戰之心，乃誘敵軍以小利，以漸弱其軍心。同時斷絕其糧道，使敵軍即便通過節食也不能維持長久，最終因糧食耗盡而勝之也。

〔三〕施子美曰：其衆或以夜擊，必其驚懼也；或避事而不爲，必其心離也。○劉寅曰：士衆夜自相擊者，驚也，如周亞夫平吳楚，軍中夜驚是也。士衆遇事相避者，心離也。　○陳玖學曰：昏夜相擊，由震驚不安；避事而不服役者，由上下離心也。　○李維垣曰：夜氣宜眠，豈宜震動？其爲心之驚恐可知。軍中以任事爲貴，豈宜以避退爲哉？其爲離心又可知。　○丁洪章曰：避事，不服役也。　○朱墉曰：驚，震驚不安也。避事者，不服役也。離，上下離心也。按：敵方士卒夜自敲擊發聲，以提醒警戒，是驚恐的表現；敵方士卒遇事不爲，不築防禦工事，是軍心渙散的表現。

〔四〕施子美曰：由不能自固而待人之救，期戰而自蹙，皆心失而氣傷，所以若是其危懼也。　○劉寅曰：等待人之救援，期與之戰而迫蹙者，皆失心而傷氣者也。心主謀而氣主鬥，失心傷氣，安能設策而進戰？　○陳玖學曰：待人來救，期戰而迫蹙，則皆心失而氣傷者也。　○黃獻臣曰：蹙，眉不舒也。○李騰芳曰：蹙，迫也。心主謀，氣主鬥。　○阮漢聞曰：反欲速戰。　○丁洪章曰：蹙，眉不展舒也。　○醒宗曰：心失而氣傷，由上之失道，以致散失士心，傷殘士氣也。所以待人之救，安得不期戰而蹙乎？不特敗軍，亦必敗國。

〇大全曰：心失傷氣，皆指士卒言。蓋主將見士卒皆心失而傷氣，所以不覺其眉之蹙。　〇朱墉曰：蹙，眉不舒展也。心主謀，氣主鬪也。　〇鍾兆華曰：蹙，着急、急促。　〇李解民曰：蹙，局促不安。　按：詩小雅小明：“曷云其還？政事愈蹙。”毛傳：“蹙，促也。”蹙，倉促上陣。此言待人之救，臨戰倉促上陣，皆爲喪失信心、士氣受挫的表現。

〔五〕施子美曰：傷氣敗軍，氣奪則必走也。謀曲敗國，謀非所謀也。　〇劉寅曰：傷氣者自敗其軍，曲謀者自敗其國。曲，一偏也。謀徇一偏，失心者也。〇陳玖學曰：士氣挫傷者必敗，計謀偏曲者必亡。此皆料敵之事。　〇黃獻臣曰：心主謀，氣主鬪。傷氣必至敗軍。曲謀，謀狗一偏失心者也。此言攻圍料敵之事，而致謹於心氣之傷，故兵教當以養氣爲急，氣定而謀，皆全矣。〇丁洪章曰：此言攻圍料敵之事，而致謹於心氣之傷，故兵教當以養氣爲急，氣定而謀，皆全矣。　〇朱墉曰：曲謀，謀狗一偏失心者也。　〇鍾兆華曰：曲謀，指不正確的謀略，不切實際的主張。　〇李解民曰：曲，不直、不正、謬誤。按：此言士氣受挫，軍隊必敗；謀略不當，國家必亡。

兵令上第二十三〔一〕

【注】

〔一〕劉寅曰：兵令者，用兵之禁令也。取書中"兵有常令"，摘二字以名篇。　○張居正曰：此言用兵之禁令。　○黃獻臣曰：此章將國家設武及陣中動靜語默等法推衍一番。　○李騰芳曰：至於興師審權以取勝，又與孫子較計索情相合。獨操本之論以仁義爲先，以文治爲種，庶幾王者之師。　○丁洪章曰：兵令者，用兵之禁令也。用兵之禁令，由於國家始。蓋國家設文武二途，全在審所用。惟用之而當，則行陣有方，坐作進退，而禦敵無難矣。　○朱墉曰：兵令者，用兵之禁令也，論國家設武之意及陣中動靜語默也。此章言兵之禁令，從仁義文武説起，是見得大頭腦處。至講陣法，即在士心之敬畏、安靜上辨其勝敗，更得兵之本源。若疏數先後内外坐立，則教兵一定之制度。惟善我之奇正，審敵之虛實，視乎將之臨時制宜，非善御兵者，烏足以語此？　○華陸綜曰：本篇是講述列陣交鋒的内容和要求。作者贊成本於仁義討伐暴亂的統一戰爭，反映了要求統一的進步願望。　○李解民曰：今傳本此兵令上與後兵令下亦見於銀雀山漢墓竹簡。簡本兵令不分上、下，自爲一篇。從其簡式、字體及標題簡形制看，皆與竹簡中和今傳本尉繚子中之兵談、攻權、守權、將理、原官等相合的各篇不同，而與守法、守令等一組簡書相似。又據墓中出土的一方完整標題木牘所示（其文字爲"守法，要言，庫法，市法，守令，李法，王法，委法，田法，兵令，上篇，下篇。凡十三"），也證明簡本兵令確係單獨成篇，應歸於守法、守令等十三篇一類。兵令之分上、下，當是後人所爲。　**按**：本篇在内容上分爲三個部分：其一爲闡述"文"與"武"之間的關係。文爲裏，武爲表，不得已而用兵，亦爲伐暴亂本仁義之舉。其二爲樹立將軍威嚴之重要。文中指出卒畏將甚於敵者，勝，而卒畏敵甚於將者，必敗，故須滅敵之氣焰而樹立將之威風。其三爲戰爭中陣法的運用。其中"兵令"主要集中於陣法運用中的命令。這在先秦兵法中是獨樹一幟的。

兵者凶器也，爭者逆德也，事必有本。故王者伐暴亂，本仁義焉。^{①〔一〕}戰國則以立威抗敵相圖，而不能廢兵也。^{②〔二〕}兵者，以武爲植，以文爲種。武爲表，文爲裏。能審此二者，知勝敗矣。^{③〔三〕}文所以視利害，辨安危；武所以犯强敵，力攻守也。^{④〔四〕}

【校】

①鍾兆華曰：本句竹簡作“兵者凶器逆惪（德），爭者事之［□□□□］暴［□□］定仁義也”。治要本作“兵者凶器也，戰者逆德也，爭者事之末也。王者所以伐暴亂而定仁義也”。宋本改“爭者事之末也”爲“事必有本”，誤。

②鍾兆華曰：本句竹簡作“戰國所以立威侵適（敵），弱國之所不能發（廢）也”。治要本作“戰國所以立威侵敵也，弱國所以不能廢”。

③鍾兆華曰：本句竹簡作“兵者，以武爲棟，以文爲□；以武爲表，以文……以文爲内。能審此三者，則知所以勝敗矣”。治要本作“兵者以武爲植，以文爲種；以武爲表，以文爲裏；以武爲外，以文爲内。能審此二者，知所以勝敗矣”。宋本脱“以武爲外，以文爲内”，故此處改“三”爲“二”。本句當從竹簡正。李解民曰：“棟”原作“植”，“植”原作“種”。簡本此二句作“以武爲棟，以文爲□”，整理組曰：“‘棟’、‘種’二字，形音並近，疑‘種’爲‘棟’之誤字。簡本‘以文爲’下一字僅殘存左半‘木’旁，疑即‘植’字，蓋‘棟’、‘植’二字之位置，簡本與傳本互易。”其説可從，今據簡本改。“以”，原無，據簡本、治要補。“以武爲外，以文爲内”，原無，據簡本、治要補。

④鍾兆華曰：本句竹簡作“武者所以淩（凌）適（敵）分死生也……危；武者所［□□］適（敵）也，文者所以守也。兵之用文武也，如鄉（響）之應聲，而［□］之隨身也”。治要本作“武者所以淩敵分死生也，文者所以視利害觀安危；武者所以犯敵也，文者所以守之也。兵用文武也，如響之應聲也，如影之隨身也”。

【注】

〔一〕施子美曰：凡兵有以德勝，有以力勝。德勝者王，力勝者伯。以德行仁者王，以力假仁者伯。此其所以異也。夫器之凶者莫如兵，德之逆者莫如爭。先王之興師問罪，非窮兵也，亦非强兵也，蓋有所本矣。蓋弔民伐罪，依仁由義，此王師之本，豈不謂之德勝乎？故湯之伐夏，則克寬克仁，以義制爭；武之伐商,以至仁伐不仁,以至義伐不義。 ○劉寅曰:兵者,凶惡之器也;爭者,悖逆之德也,事必有所本。故王者征伐暴亂之國,必本仁義焉者。荀卿論兵以仁義爲本,陳囂問之,卿曰:“仁者愛人,故惡人之害之也;義者循禮,故惡人之亂之也;故兵者,所以禁暴除害也,非爭奪也。”與此説義同。 ○張居正曰:言“兵”,凶器;“爭”,逆德。蓋必有本。惟有本,雖凶不害,雖逆不爭。何者爲本?本在仁義耳。 ○黄獻臣曰:事,指兵事。此言王者之師本乎仁義。抗敵相圖,則兵凶而德逆。如荀卿論兵以仁義爲本,陳囂問之,卿曰:“仁者愛人,故惡人之害之也;義者循理,故惡人之亂之也;兵者,所以禁暴除害也,非爭奪也。”與此義同。 ○李騰芳曰:此題要重在一“本”字。本只在仁義。伐暴誅亂,必如湯武之師,方爲仁義。須要發“仁義”二字透,庶不爲逆德者之幟。○丁洪章曰:逆,悖也。此言王者之師本乎仁義。若抗敵相圖,則器凶而德逆矣。又曰:審此文武,何以便知勝敗?蓋伐暴亂,武也;本仁義,即文也。有此文武,是兵事有本矣。此語正見“王者伐暴亂本仁義”之旨。 ○王圻曰:有本爲用兵之主宰也。有本,雖凶不害,雖逆不患也。 ○王漢若曰:聖王不得已而用兵,非恃兵也,必有爲之根本者,不然,則是以兵毒天下矣。 ○大全曰:王者爲驅亂除暴,萬不得已而用之,故必本於仁義,以爲順天應人之舉,是謂神武不殺之師。 ○衷旨曰:敵以暴,王者則本愛民之仁以討之。敵以亂,王者則本理民之義以正之。 ○指歸曰:王者不得已而用兵,不過除殘去暴以奠安生民爲念,初無利天下之心。 ○朱墉曰:鋒刃相加,非死即傷,故曰凶器。忿怒相持,使力鬭勇,故曰逆德。事,兵事也。 **按**:此言王者出師必本乎仁義。司馬法仁本曰:“是故殺人安人,殺之可也;攻其國,愛其民,攻之可也;以戰止戰,雖戰可也。”

〔二〕施子美曰:春秋戰國之時,以德勝者,吾不得而見之矣,其所以相吞噬者,不過力也。故立威以與敵抗,稱兵而自相圖,干戈之用,略無休日,此力勝也。故齊威則曰:“以決衆戰,誰能禦之?”秦孝公則務在强兵矣,吞噬六國。此伯、王之所由異也。 ○劉寅曰:今戰國諸侯則以立威、抗敵、相圖謀,而不能廢兵也。 ○陳玖學曰:戰國則不本於仁義者。 ○丁洪章曰:兵本於仁義,是以愛人之心而爲除暴之舉,故雖凶不害,雖逆不爭,先王不得已而用之者也。 ○朱墉曰:立威,用兵逞威勢也。抗,相拒也。圖,謀也。 **按**:此責戰國時諸侯用兵違背了以仁義爲本，而爲了逞威以暴力霸取天下，不能廢兵。

〔三〕施子美曰：有相須之才，則先後無不宜。有相輔之才，則内外無不備。文武者用兵之才也，其相須猶種植焉，種以植而成，植以種而生；有植無種，則是不如稊稗也；有種無植，則是不服田畝也。此文武所以貴乎相須而爲先後也。其相輔猶表裏焉，表以裏而立，裏以表而固。苟有裏無表，則是唇亡齒寒也。有表無裏，則是皮之不存，毛將安附也。此文武所以貴乎相輔而爲内外也。夫能審此二者，則勝負不卜而可知矣。　○劉寅曰：兵者以威武爲植，以文德爲種，謂文德而植威武也。威武爲表以禦寇攘，文德爲裏以撫士衆。能審料此二者，知勝敗之勢矣。　○張居正曰：言用兵以文爲本，故謂種。武爲用，故謂植。蓋必先有穀種而後培植也。使有種而無植，種亦何用？ 由此觀之，則文與武有缺一不可者。　○陳玖學曰：兵之勇戰爲武，智謀爲文，故以先後言，則武爲培植，而文爲穀種；以内外言，則武爲治表，而文爲治裏。審文武而善用之，則先知勝負也。　○黄獻臣曰：爲植，如農人之栽植。爲種，如穀之有種。爲表，禦之於外。爲裏，治之於内。　○李騰芳曰：此題言兵之勇戰爲武，智謀爲文，須重文以成武，文治重握，居中之運而奏及遠之功，自有先後輕重之别。　○丁洪章曰：植，栽植也。種，穀種也。此言用兵當以文爲本，武爲用也。又曰：“審”字要看有文武並重之意。武而無文，不可以言大武；文而無武，不可以言至文。故古人臨大事，排大難，斷斷非文武合用的人不可。　○大全曰：植，培養也。用兵以文爲根本，而武爲培植之功，非文則無以知而爲體，非武則無以行而爲用。　○周魯觀曰：必先有穀種而後加培植，使有種而不培植，則種亦何以成實？ 由此觀之，文與武有缺一不可者。　○文訣曰：文謂仁義，用兵以仁義爲本，故文爲種。武謂威力，用兵以威力爲用，故武爲植。○徐象卿曰：有種便有植，有表便有裏。世間亦無不植之種，無不表之裏。可見武無文，畢竟非大武；文無武，畢竟非至文。　○葉伯升曰：剛柔協濟，智勇皆得，不待戰而勝負可知矣。　○擬題鏡曰：世之好文者專尚計謀，任武者一於殺伐，以至勝負之情不能預悉。欲知勝負，其惟文武並用哉。　○朱墉曰：表，禦之於外也。裏，治之於内也。　○鍾兆華曰：竹簡釋文“兵者以武爲棟，以文爲□”下注云：“‘棟’、‘種’二字，形音並近，疑‘種’爲‘棟’之誤字。簡本‘以文爲’下一字殘存左半‘木’傍，疑即‘植’字。蓋‘棟’、‘植’二字之位置，簡本與傳本互易。”如是，則此分句當爲“兵者以武爲棟，以文爲植”。

○李解民曰：植，木柱、柱子。　　　按：此言文與武關係中，文爲本，武爲表。文，從大的範圍理解，即整個國家的綜合治理；從小的範圍理解，尤其是從兵學角度理解，文亦可理解爲謀略。文爲戰略層面，武爲戰術層面。武之運用取決於國家戰略層面的要求。人君與文臣武將皆能明辨於此，則能知勝負矣。

〔四〕施子美曰：然文者，謀也。古人謀王體斷國論爲文，則以之視利害、辨安危也宜矣。以捍大災禦大患爲武，則以之犯强敵、力攻守也宜矣。　　○劉寅曰：文所以審視利害，有利則進，有害則避；別安危，民安則治，民危則亂。武所以勇犯强敵而無所畏，效力攻守而無所失也。　　○陳玖學曰：又別言文武之爲用不同如此。文以智謀審利害，辨安危；武以勇猛犯强敵，力攻守，必先以文播種之，而後以武培植之，此其道也。若失先後之宜，則敗矣。然二者不可偏廢。○黄獻臣曰：此言用兵當以文爲本，武爲用。文即上節仁義之文，所謂仁義，心之穀種是也。非只智謀之文，然以仁義爲本，則智謀亦在其中。本仁義以爲武，則武亦神武不殺之武，故曰文以安内治，武以禦外侮，而勝敗決矣。人或疑仁義之無其用，不知所以視利害、辨安危者即此文，所以犯强敵、力攻守者即此武也。用兵者可不審諸？　　○阮漢聞曰：此文似非智謀之謂，即上文王者之仁義也。視國利害，辨民安危，而以仁義爲先，是種裏也。　　○朱墉曰：視，審察也。犯，陵觸也。力，竭力也。　　按：此言文武各有所用，文爲戰略層面的整體判斷，武即戰術層面的具體實施，言兵者不可輕視文之作用。

専一則勝，離散則敗。①〔一〕陳以密則固，鋒以疏則達。②〔二〕卒畏將甚於敵者，勝；卒畏敵甚於將者，敗。③〔三〕未戰，所以知勝敗者，稱將於敵也。④〔四〕敵與將，猶權衡焉。⑤〔五〕安靜則治，暴疾則亂。⑥〔六〕

【校】

①鍾兆華曰：本句竹簡作“兵以專壹勝，以離散敗”。

②鍾兆華曰：本句竹簡作“戡（陳）以數必固，以疏□□”。本句下接一段爲宋本所删，竹簡作“將有威則生，失威則死，有威則勝，毋（無）威則敗。卒有將則斲（鬬），毋（無）將則北。……賞罰之冐（謂）也”。治要本作“將有威則

生,無威則死;有威則勝,無威則敗。卒有將則鬭,無將則北;有將則死,無將則辱。威者,賞罰之謂也"。

③鍾兆華曰:本句竹簡作"卒畏將於適(敵)者戰勝,卒畏適(敵)於將者戰北"。治要本作"卒畏將甚於敵者戰勝,卒畏敵甚於將者戰北"。

④鍾兆華曰:本句竹簡作"未戰所以知勝敗,固稱將[□]適(敵)"。治要本作"夫戰而知所以勝敗者,固稱將於敵也"。"夫"字疑誤。　**按**:"未戰"二字,原脱,今據竹簡本補。部隊理論組曰:"未戰"二字原無,據殘簡補。

⑤鍾兆華曰:本句竹簡作"[敵]之與將,猷(猶)權衡也"。治要本作"敵之於將也,猶權衡也"。

⑥鍾兆華曰:本句竹簡作"兵以安靜治,以暴疾亂"。

【注】

〔一〕施子美曰:人無常心,兵無常勢。武王之兵,固不如商旅之多,而武王卒以勝,商王卒以敗者,非武王之用奇也,卜之人心而已矣。武王之臣雖三千,而心則一焉,是專一也。商之臣雖億萬,而心惟億萬也,是離散也。此成敗之由判歟?　○劉寅曰:衆心專一則勝,衆心離散則敗。　○陳玖學曰:人心宜專一,不宜離散。　○黃獻臣曰:專一離散以衆心言。　**按**:此言將帥與士卒上下一心,則易取勝;將帥與士卒上下離心,則不戰自敗。

〔二〕施子美曰:凡陣,行惟疏,戰惟密。謂之行惟疏,則是戰鋒欲疏而達也。戰而密,則彼此[得]以相援,左右得以相救,有不可得而拔者矣。鋒而疏,則便於擊刺,利於轉鬭者,有不可得而當矣。　○劉寅曰:布陳以密則固,鋒刃以疏則達。　○陳玖學曰:布陳貴密,鋒刃貴疏。　○丁洪章曰:密,周密也。○朱墉曰:疏,疏穎也。　○鍾兆華曰:司馬法定爵:"凡陳,行惟疏,戰惟密,兵惟雜。"　○李解民曰:鋒,此指軍陣前沿突出的部隊,前鋒。　**按**:戰國策中山策:"欲推以爲鋒。"鮑彪注:"鋒,軍之先。"軍隊的前列爲鋒。此言軍隊佈陣,密則以爲固。其中軍陣前列,疏則易達。

〔三〕施子美曰:攻權曰:"民無兩畏,畏我侮敵,畏敵侮我。見侮者敗,立威者勝。"然則勝敗之勢,不難知也,卜之士卒而已。故卒畏我甚於敵,是吏畏其將也。吏畏其將,則民必畏其吏;民畏其吏,則敵必畏其民,安往而不勝哉?卒畏其敵而甚於畏我,是吏侮其將也。吏侮其將,則民必侮其吏;民侮其吏,則敵必侮其民,又安往而不敗哉?　　○劉寅曰:士卒畏懼將帥甚於敵人者勝,士卒畏懼敵人甚於將帥者敗。　　○陳玖學曰:士卒可畏將,不可畏敵。　　○謝弘儀曰:畏敵者,畏其攻殺擊刺也。畏將者,畏其誅戮殺伐也。在敵之攻殺擊刺,猶可與之相抗衡。在將之誅戮殺伐,不可以略爲之寬假。人若以此相校量,自是畏將之心甚於畏敵之心了。　　○指南曰:此特借敵與將以驗卒之畏我與否耳。畏將則必侮敵,畏敵則必侮將,猶權稱物之輕重,衡量物之長短,毫髮不爽者也。爲將者能保其畏之常在我,侮之常在敵,則大較瞭然矣。　　**按**:此言卒畏其將甚於敵者,勝;卒畏敵甚於將者,敗。畏敵者,畏其攻殺擊刺也。畏將者,畏其誅戮殺伐也。在敵之攻殺擊刺,猶可與之相抗衡。在將之誅戮殺伐,不可以略爲之寬假。故爲將者重刑罰甚於敵勢者也。謝氏説是。

〔四〕劉寅曰:所以能知勝敗者,稱吾將帥於敵也。　　○黃獻臣曰:稱量我之將與敵之將。　　○朱墉曰:稱,校量也。　　○鍾兆華曰:稱,衡量。攻權篇:"是故知勝敗之道者,必先知畏侮之權。"意與此略同。　　○李解民曰:稱,衡量、估量。於、與,同。　　**按**:此言善知將之重刑嚴罰而勝於敵勢者,未戰而先知勝負也。爲將者,有"威"與"嚴"之別。"威"就德言,施惠於士卒,則無不傾心而從死戰。"嚴"就刑言,嚴格執行賞罰,則士卒無不隨令而戰。威者,心服;嚴者,畏服。上句言"卒畏將",則此處所言爲嚴服。嚴服者,重誅戮殺伐也。

〔五〕施子美曰:尉繚子又曰:知勝負之道者,先知畏侮之權。敵之與將,猶權衡焉,稱其輕重如何耳。　　○劉寅曰:敵人於將帥,譬猶權衡焉。權,稱錘也;衡,稱桿也。猶權衡者,蓋欲稱較其輕重也。　　○張居正曰:言敵將與我將不容兩立,其勢猶權衡焉,此重則彼輕,彼輕則此重,不可不稱也。　　○陳玖學曰:所以能知彼此之勝敗者,以能稱量我之將與敵之將也。蓋敵將與我將,其勢猶權衡,此重則彼輕,彼重則此輕,不可以不稱也。　　○黃獻臣曰:此重則彼輕,此輕則彼重,不可不稱也。　　○李騰芳曰:此題在權衡將卒之輕重而勝敗自分矣。　　○阮漢聞曰:一輕一重,不待言矣。重相等也,昂誰屬邪?臨敵應變,真有將不能自衡者。不衡而任,烏可?　　○汪殿武曰:敵將與我將不容兩立,其勢猶權衡焉,此重則彼輕,彼輕則此重,不可不稱也。　　○朱墉曰:權,稱錘也。衡,稱桿也。　　○鍾兆華曰:權,秤砣。衡,秤桿。　　○李解民曰:權,秤錘。衡,秤桿。此指秤。先秦之秤,其形制如同現在的天平。"卒畏將甚於敵者戰勝……猶權衡焉”,本書攻權曰“夫民無兩畏也。畏我侮敵,畏敵侮我。見侮者敗,立威者勝”云云,意與此合,可相參看。　**按**:敵將與我將,其勢猶權衡,此重則彼輕,彼重則此輕,故擇將爲戰之關鍵。

〔六〕<u>施子美</u>曰:<u>法</u>曰:“兵以靜勝。”又曰:“忿疾可侮。”將能安靜,則三軍必治,此<u>周亞夫</u>堅卧不起,而<u>細柳</u>之營,無有敢犯者,由乎能安靜以致之也。將以暴疾,則三軍必亂,此<u>曹無咎</u>爲<u>高帝</u>所擊,而<u>成皋</u>之兵,有所不能治者,皆暴疾有以致之也。　○<u>劉寅</u>曰:將帥安靜則士卒治,將帥暴疾則士卒亂。　○<u>陳玖學</u>曰:將安靜則士卒整治,將暴疾則士卒散亂。　○<u>黃獻臣</u>曰:安靜暴疾以將帥言,治亂以士卒言。此言將必安靜,故能令衆心專一,重將輕敵,而後可以決勝。　○<u>李騰芳</u>曰:此題言將安靜則士卒治,是將乃士卒之親效也。安靜、暴疾,以將帥言;治、亂,以卒言。　**按**:安靜、暴疾,皆指將帥言。治、亂,以士卒言。將帥安靜則士卒治,將帥暴疾則士卒亂。

　　出卒陳兵有常令,行伍疏數有常法,先後之次有適宜。①〔一〕常令者,非追北襲邑攸用也。〔二〕前後不次,則失也。亂先後,斬之。②〔三〕

【校】

①<u>鍾兆華</u>曰:本句竹簡作“出卒戣(陳)兵,固有恒令。行伍之疏數,固有恒法,先……適之”。

②<u>鍾兆華</u>曰:本句竹簡爲“恒令,非追北衲邑,先後□□……之恒令,前失後斬”。疑<u>宋</u>本經改動。

【注】

〔一〕<u>施子美</u>曰:兵不可以無教,教不可以不素。昔先王之教人也,合軍聚衆,交和而舍,則出卒伍而陳之,於兵旅必有常令矣。平列其陣,以教坐作。行伍之疏數,有常法矣。至於先後之次,又貴乎得宜焉。<u>武王牧野</u>之戰,因以審教焉。有曰:六伐七伐,則出卒陳兵之令也。有曰:六步七步,則行伍疏數之法也。至於乃止齊焉者,豈非先後之得宜乎?　○<u>劉寅</u>曰:“數”當作“促”,如“數罟”之“數”,密也。出卒陳兵有一定之令,行伍疏密有一定之法,先後之次序有適宜。　○<u>陳玖學</u>曰:出我卒,陳我兵,皆有經常之令。行伍之或疏或密,皆有經常之法。先後之次序,有適中之宜。　○<u>黃獻臣</u>曰:數,密也。　○<u>朱</u>

墉曰:常,一定也。數,密也。　○鍾兆華曰:常,固定的,一定的。竹簡作
"恒",通。　按:此言軍隊出兵列陣,卒伍隊形疏密,出兵先後之次序,皆有一
定之規。

〔二〕施子美曰:令有常制,用之於追北襲邑也。　○劉寅曰:常令者,非追
逐奔北、襲取城邑所用也。　○陳玖學曰:常令,非追逐敗北、襲取城邑之時所
用。蓋此時貴出奇制勝,而常令不可拘矣。言常令,而常法可以例見。　○阮
漢聞曰:常令亦有奇時奇兵,亦多死法。所以稱用兵者,惟人用之而變化出焉,
非膠一跡之途也。　○朱墉曰:追北,逐奔也。不鳴金鼓而取之曰襲。
按:易坤:"君子有攸往。"陸德明釋文:"攸,所。"常令,平時常居之令,非出奇
兵時用。

〔三〕施子美曰:用之於教戰之時,然前後一亂,其次則失之矣,故斬之。
○劉寅曰:前後之序不次,則失也。亂先後者必斬之。　○陳玖學曰:前後不
循次序,則失行軍之道,故紊亂先後者必斬之。後二節申前三節之意。
○黃獻臣曰:不次,無序也,失行軍之道。此言兵卒行伍次序必守其常,而後可
以因時通變,不然,而漫言出奇制勝,是以其卒予敵也。下三句申上三句
意。　○周魯觀曰:善用兵者,教正不教奇。教道不明,陳兵縱橫曰亂,是以其
卒予敵也。　○丁洪章曰:常令,非追北襲邑。"攸用"一言,可見兵令之法全
在居恒操演得熟,不然直兒戲耳。　○朱墉曰:不次,無序也。失,失行軍之道
也。　按:此言兵令之法在恒操。平時重在軍紀,前後次序不明、亂部隊行列
先後者斬之。善用兵者教正不教奇。兵卒行伍次序必守其常,而後可以因時
通變。出奇制勝者,權變之策也。諸說是。

　　常陳皆向敵,有內向,有外向,有立陳,有坐陳。①〔一〕夫內向
所以顧中也,外向所以備外也。②〔二〕立陳所以行也,坐陳所以止
也。〔三〕立坐之陳,相參進止,將在其中。〔四〕坐之兵劍斧,立之兵
戟弩,將亦居中。〔五〕善御敵者,正兵先合,而後扼之,此必勝之
術也。〔六〕

【校】

　①鍾兆華曰:本句竹簡文字爲"兵之恒戟(陳),有鄉(向)適(敵)者,有內

鄉(向)者,有立戟(陳)者,有坐戟(陳)……"。

②鍾兆華曰:本句竹簡殘缺。宋本此承上句之錯而有誤。據竹簡文意,疑當爲:"向敵所以備外也,內向所以顧中也。"

【注】

〔一〕施子美曰:陣皆向敵者,蓋用兵以殺敵爲務,故每設陣則皆向敵。其制則有外向、內向者,有坐者,有立者。 ○劉寅曰:常陳皆要向敵,有內向,有外向,有立陳,有坐陳。 ○陳玖學曰:布陣之常法,士卒必向敵人。向吾軍者曰內向,向敵軍者曰外向。有士卒皆立之陳,有士卒皆坐之陳。 ○丁洪章曰:常陳,布陣之常法也。向吾軍者曰內向,向敵軍者曰外向。 ○朱墉曰:向敵,士卒必向敵人也。內向向吾軍也,外向向敵軍也,亦無常向也。立陣皆立,坐陣皆坐,亦無常陣也。 ○李解民曰:"內向"、"外向"當就前文"行伍疏數"而言,"內向"言行伍向中心收縮,"外向"言行伍向四周擴張。"立陳",士兵以立姿所擺設的陣,是一種向前行進準備攻擊的陣勢。"坐陳",士兵以跪姿所擺設的陣,是一種按兵不動準備防禦的陣勢。按陝西臨潼秦始皇陵二號坑出土的兵俑中,有一批左足向左前方伸出,右腿微拱,右腿後繃,兩足呈丁字形;左臂下垂微向左伸,右臂橫曲胸前。又有一批右膝着地,左腿蹲屈,身子和頭向左方傾斜,兩目向左方平視,兩手在身的右側上下作握弓狀。可視此"立陣"、"坐陣"的實物模型,前者係"立陣"姿勢,後者爲"坐陣"姿勢,詳參秦始皇陵東側第二號兵馬俑坑鑽探試掘簡報。 按:立陳,指處進攻的陣勢。坐陳,指處防禦的陣勢。

〔二〕施子美曰:向於內,所以顧中而聽命也。向於外,所以堅守而備外也。 ○劉寅曰:內向者,所以顧其中也。外向者,所以備其外也。 ○陳玖學曰:內向顧軍中,外向備敵人。立陳便於起行,坐陳暫令止息。 ○阮漢聞曰:顧中誠周,然顧而不顧,不顧而顧,機要全在陣法。 ○朱墉曰:中,軍中也。外,敵人也。 ○李解民曰:顧,指環顧,保衛。 按:顧,顧及、照應。備,防備。

〔三〕施子美曰:立者所以行而攻,坐者所以止而守。 ○劉寅曰:立陳所以欲行也,坐陳所以欲止也。 ○朱墉曰:立陣便於起行,坐陣暫行止息。 按:立陣,因持長兵器戟弩而立;坐陣,因持短兵器劍斧而坐,非站立與坐下之兵。

〔四〕施子美曰：一立一坐，相參爲進止，則兵有不敗勢矣，將居其中以統之。　○劉寅曰：立坐之陳，要相參其進止，而將在其中主之。　○陳玖學曰：立坐二陳相參以進止，不可皆立皆坐，而將居中以主之。　○翼注曰：將必居中，爲一軍之主也。　○李解民曰：相參，意即相互交錯，輪換交替。　按：立陣與坐陣相互交錯，長短兵器配合使用，而將居中以統之。

〔五〕施子美曰：守之兵則以劍斧，周禮曰：“守國之兵欲短。”攻之兵則以戟弩，周禮曰：“攻國之兵欲長也。”將亦居中以統之焉。惟善馭敵者，不患敵之不可勝，而患戰之無其術。　○劉寅曰：坐陳之兵用劍與斧，便其擊也；立陳之兵用戟與弩，欲及遠也；將亦居其中主之。　○陳玖學曰：坐者所操之兵用劍斧，欲便於擊；立者所操之兵用戟弩，欲其及遠；將亦居中以主之。　○黃獻臣曰：此言陳向內外之方，坐作進退之法，必大將居中以爲節制，然後令可行。○李騰芳曰：欲及遠也。　○朱墉曰：劍斧便於擊殺，戟弩欲其及遠也。○鍾兆華曰：劍斧，指短兵器。戟弩，指長兵器。　按：立陣因持長兵器，或戟或弩，故主攻。坐陣因持短兵器，或劍或斧，故主守。將居中以統之。

〔六〕施子美曰：法曰：“以正合，以奇勝。”苟能合以正而振以奇，此必勝之術也。夫然後又何疑焉？孫子曰：“三軍之眾可使必受敵，而無敢者，奇正是也。”　○劉寅曰：善能禦敵者，以正兵先合戰，而後以奇兵扼之，此乃必勝之術也。　○陳玖學曰：先以正兵合戰，而後以奇兵扼絕之，其勝可必矣。　○黃獻臣曰：先以正兵合戰，而後以奇兵扼絕之。　○李騰芳曰：先以正兵合戰，而後以奇兵制勝。此題總是一意正，只先合，而後以奇兵扼之。是正變爲奇，奇反爲正，所以萬全取勝。然須在一道字，道又歸有得民心，是所謂得道者多助是也。如韓信擊趙，令輕騎二十人持一幟，從間道入，誡曰：“趙空壁逐我，汝亟入其壁，拔趙幟，立漢赤幟。”又朱世傑無方略，不曉用奇，動卒無功。此爲將者當致奇正之變。　○張公亮曰：先合非正，則紀律易亂，其勝難。旁擊非奇，則機權易測，其勝亦難。惟先合以正兵，則安制務節有難犯之威。繼扼以奇兵，則批亢擣虛復有難禁之勢。斯其勝可必矣。　○文訣曰：先以正兵合，後有奇兵扼，自是必勝之道。然亦是善禦敵者，因敵而制變耳。不然，縱先正後奇，豈能保其必勝哉？　○朱墉曰：合，合戰也。扼，後以奇兵扼絕之也。　○李解民曰：御，指駕御，對付。扼，指掐住，引申爲殲滅。按孫子勢云：“凡戰者，以正合，以奇勝。”意與此節文字相合，可資參證。　　**按**：兵家皆重奇正相參，而各有側重。孫子兵法更重用奇，尉繚子更重用正。此處言用正兵交戰，而以奇兵扼制之。

　　陳之斧鉞，飾之旗章，有功必賞，犯令必死。①〔一〕存亡死生，在枹之端。②〔二〕雖天下有善兵者，莫能禦此矣。③〔三〕矢射未交，兵刃未接，前譟者謂之虛，後譟者謂之實，不譟者謂之祕。④〔四〕虛實祕者，⑤兵之體也。〔五〕

【校】

　　①鍾兆華曰：據竹簡和治要本文字，這一句爲宋本作了重要删削合併而成。竹簡文字爲“將與卒，非有父子之親、血□之樹（屬）、六親之私也，然而見適（敵）走之如歸，前唯（雖）有千仁（仞）之溪，折膌（脊）……賞，後則見必死之刑。將前不能明其〔□□□□□〕其嚴，則敗軍死將禽（擒）卒也。□□……制，嚴刑罰□□賞，全功發（伐）之得，伸（陳）斧越（鉞），飭章旗，有功必□，犯令必死”。治要本作“將之於卒也，非有父母之惻，血膚之屬，六親之私，然而見敵走之如歸，前雖有千刃（仞）之谿，不測之淵，見入湯火如蹈者，前見全明之賞，後見必死之刑也。將之能制士卒，其在軍營之内，行陳之間，明慶賞，嚴刑罰，陳斧鉞，飾章旗，有功必賞，犯令必死”。

　　②鍾兆華曰：本句竹簡作“及至兩適（敵）之相趄（距），行伸（陳）薄近……”。治要本作“及至兩敵相至，行陳薄近，將提袍而鼓之，存亡生死，存枹之端矣”。

　　③鍾兆華曰：本句竹簡爲“……有天下之善者，不能禦大鼓之後矣”。治要本作“雖有天下善兵者，不能圖大鼓之後矣”。宋本有改動。

　　④鍾兆華曰：本句竹簡作“出卒伸（陳）兵，行伸（陳）視適（敵），章旗相望，矢弩未合，兵刃未接，先譟者虛，後譟胃（謂）之實，不譟胃（謂）之閉。〔閉〕實〔□□□〕也”。李解民曰：“長刃未接”，簡本作“兵刃未接。”　　**按**：“兵刃”，原作“長刃”，據竹簡改。

　　⑤華陸綜曰：“祕”，原本脱，從鄂局本補。鍾兆華曰：疑“長”字爲“兵”字

之誤,竹簡作"兵"。李解民曰:"秘",原無,據天啓本、彙解本、鄂本補。
按:"祕",原脱,據鼇頭本、兵略本、開宗本、武備志本、四庫本、彙解本、子書百
家本、二十五子彙函本補。

【注】

〔一〕施子美曰:然用兵之法,陳以斧鉞,所以威之;飾以旗章,所以率之。
有功者必賞,則賞無踰時之悔;犯令者必死,則罰無遷列之失。然師之耳目在
旗鼓,鼓之而進,則怯者不得以獨退;鼓之而鬪,則弱者不得以反縮。　○劉寅
曰:陳設之以斧鉞,華飾之以旗章,有功者必以賞,犯令者必用死。　○丁洪章
曰:陳,列也。　○李解民曰:斧鉞,此泛指軍中執法的刑具。飾,通"餙",整
治,配置。　按:此言軍中實施賞罰,必營造莊嚴的儀式,渲染隆重的氣氛。陳
以斧鉞,飾以旗章,皆爲設置隆重的儀式。

〔二〕施子美曰:是何也? 國之存亡,民之死生,在吾桴端也。桴,擊鼓者
也,此大將之任也。故鼓之以當,則賞功立名;鼓之而不當,則身死國危。是存
亡安危在於桴端,安能無重將乎? ○劉寅曰:國之存亡,兵之死生,在將之枹
端。　○陳玖學曰:既奇正並用,而又軍器備,軍法嚴,則存亡死生在枹端可
決,而人莫能禦矣。　○黃獻臣曰:枹,將所主也。此言善禦敵者,奇正合用,
備器嚴法,決勝枹端。　○李騰芳曰:言在將一鼓之間耳。　○丁洪章曰:枹,
將所主也。　○朱墉曰:枹,將所主鼓槌也。　按:此言將之職責,決定着軍隊
的生死存亡。

〔三〕施子美曰:苟得其人,則天下雖有善兵者,安能禦我哉? ○劉寅曰:
若能如此,雖天下有善用兵者,莫能禦此矣。　○黃獻臣曰:故能下令於流水
之源,而天下莫禦焉。　○丁洪章曰:此言善禦敵者,奇正互用,備器嚴法,決
勝桴端,故能下令於流水之源,而天下莫禦也。　按:此言有良將者,天下善禦
敵者也莫能擋。

〔四〕施子美曰:夫言噪者,所以作氣也。然噪之所在,虛實繫焉。前噪者,
恐其掩襲也,吾知其爲虛。後噪者,誘其末,吾知其爲實。若夫不噪,則其兵有
謀焉,故謂之秘。　○劉寅曰:矢射未曾相交,長刃未曾相接,前噪呼者謂之
虛,後噪呼者謂之實,不噪呼者謂之秘密其虛實而不外泄也。　○黃獻臣曰:
虛,其軍虛,故前行呼噪而虛張。實,其軍實,故後行呼噪而欲前。前後俱寂

者,其軍秘密,不可測其虛實。　　○李騰芳曰:譟,鼓譟。　　○衷旨曰:前譟者懼敵之乘我也,後譟者欲奮而攻敵也。　　○丁洪章曰:譟,呼譟。　　○朱墉曰:前譟者,前行呼譟也。虛,其軍虛也。後譟者,後行呼譟而欲前也。實,其軍實也。不譟者,前後俱寂也。　　○鍾兆華曰:譟,意即大聲叫嚷。竹簡作"譹',或作"嗃"。集韻:"嗃,大嚗也。"　　按:譟,群呼也。穀梁傳定公十年:"齊人鼓譟而起。"范寧注:"群呼曰譟。"此言未戰之前,先鼓噪有聲的,其軍心虛也;後軍鼓譟有聲的,其軍有實力;不鼓譟有聲的,是其軍有秘謀,不可測其虛實也。

〔五〕施子美曰:吾以其噪,而知其虛實,則避實擊虛。故虛實者,爲兵之體也。善兵以氣爲主,氣有虛實,兵之所以有勝敗也。不曰兵之體乎? 若知虛實者,又有奇正之術焉。　　○劉寅曰:故虛與實者,用兵之體也。　　○陳玖學曰:三者兵家之大體。　　○黄獻臣曰:此言審敵之虛實秘密在於靜噪之間,兵之大體無出此三者。精察乎此,而後可以制勝,故兵令特言之。　　○李騰芳曰:此題虛實秘,雖以前譟後譟不譟爲言,然兵之大體,自有萬全勝法,不必拘之三者。　　○王元翰曰:體是體段也,即其真情處也,須要曉得,他或前譟,或後譟,或不譟,則我便可從他之虛、實、秘處而制勝矣。　　○指歸曰:用兵之事,固多端而難盡,然其大體不出於虛、實、秘三者。誠能識此三者之體而用之,而隨在制宜,因形用權,不至虛者認爲實,實者認爲虛,斯爲知兵之體。　　○丁洪章曰:譟,呼譟。體,大體也。　　○朱墉曰:秘,其軍秘密,不可測其虛實也。按:此言審敵之虛實秘密在於靜噪之間。我前軍可譟,欲以虛張聲勢;後軍則不譟,以待敵。或以前軍譟而虛之,以使敵方以爲我虛而擊,我前軍設伏而與後軍一起前後夾擊之。或以敵方前呼而虛,藉機以攻之。虛而實之,實而虛之,虛虛實實,皆秘之也,此謂兵之體也。

兵令下第二十四

【注】

　　張居正曰：此令爲士卒後至、先逃、不救、冒支糧餉者發。　　○李騰芳曰：至末章之嚴禁逃亡，整肅什伍，號令精明，攻守俱善，最得“威克厥愛，允濟”之道。蓋軍令以嚴爲主，武功以威爲先，古名將多用此制勝，最爲後世之著察。

　　○丁洪章曰：前“兵令”乃用兵之禁令。此“兵令”爲士卒臨戰之時，或後至，或先逃，不救其主，並冒支糧餉者發。末節歸於賞信，見得信賞，士卒乃可用命也。　　○朱墉曰：此令爲士卒後至、先逃、不救其主、冒支糧者發也。此章單爲退避逃亡者嚴也。嚴其罪罰，則人自不敢輕犯，至覈虛冒以足軍食，禁逃歸以助兵威，皆切近之情弊，而必以能殺士卒爲善用兵，亦過於酷烈矣。此其爲商鞅之流亞歟？　　○華陸綜曰：本篇是講述執行戰場紀律、懲辦開小差及懲辦逃避守邊的內容。其中關於執行紀律而至殘殺一半士兵的謬論，深刻地暴露了剝削階級統治人民、鎮壓人民的殘酷本性，以及作者以仁義爲本的戰爭觀的虛僞性和欺騙性。　　按：本篇主旨言軍令及其目的。軍令內容涉及廣泛，既有前綫地方支持軍隊供應，有家室的士卒戍邊職責之規定，也有戍卒逃亡而被懲處，戰場紀律與賞罰之規定，還有以法制止吏卒逃亡等各種規定，最後言制軍令之目的意在樹威。善用兵者威服士卒，則力加諸侯也。尚書胤征：“威克厥愛，允濟；愛克厥威，允罔功。”以愛先，以威終，可也；以威始，以愛濫，不可也。

　　諸去大軍爲前禦之備者，邊縣列候，各相去三五里。聞大軍爲前禦之備，戰則皆禁行，所以安內也。①〔一〕

【校】

　　①鍾兆華曰：本段竹簡爲“諸縣去軍百里者，皆爲守禦之備，如居邊之一城……也”。宋本似經刪改。“候”，宋本當誤，據施氏、直解本正。合參本作“侯”。　　按：“候”，講義本、直解本、鰲頭本、兵略本、開宗本、四庫本、彙解本、二十五子彙函本作“侯”。

【注】

〔一〕施子美曰：踵軍令曰："凡稱分塞者，四壨之內，當興軍、踵軍既行。"則四壨之民無得行者，而繼之曰："故欲戰先定內也。"夫行軍之法，將以一人之心絕人之慮。苟國中之民雜行而妄動，非惟不能以興師，且未足以安內也。此兵令所以禁行以安內也。　○劉寅曰：諸離去大軍爲前禦之備者，皆邊縣列侯，各相去三五里之遠，聞大軍爲前禦之備，若戰，則皆禁人行，所以先安其內也。○陳玖學曰：邊縣聞大軍之備，戰則禁止行人，以安境內。　○黃獻臣曰：邊方縣邑列侯之兵。聞，聞其至也。此言大軍至而脩備禦，當禁除四境行人，以安境內。　○阮漢聞曰：雖云助戰，而皆禁行，防有外通內泄之弊。　○大全曰：出師建營，奸人易得乘釁而入內地，以惑亂我之人民。人民惑亂於內，潰敗必見於外。所以將戰之時，暫禁止往來行人，庶奸謀無由乘間，而人民獲安寧也。　○丁洪章曰：諸，衆軍也。邊縣，列侯邊方縣邑也。又曰：讀尉繚兵令下，皆曰殺戮太重，不可爲訓。然卒後至，戰逃亡，不救主，如此，昔人法可容乎？不可容乎？故雖誅不慘。出師建營之日，奸人易得乘隙而入，所以列侯務要修明禁令以絕往來。　○朱墉曰：諸，諸軍也。去，離也。邊縣，邊方縣邑也。列侯，列侯之兵也。禁行，禁止行人也。　○李解民曰：縣，地方行政區劃名。西周時期，指王畿以內、國都以外的地區或城邑四周的地區。春秋時期，逐漸演變爲郡縣之縣，起初一般設置在邊地，以後逐漸推行於內地，指屬於國都或大城的一種邑。戰國時期，縣一般上隸郡、下轄鄉，至秦朝成爲定制。候，通"堠"，土堡，爲邊境上供斥堠伺望警戒的軍事設施。　按：前禦之備，指邊防之兵。候，瞭望敵情的土堡。後漢書光武紀："築亭候。"李賢注："亭候，伺候望敵之所。"聞，論語顏淵："在邦必聞。"邢昺疏："聞，謂有名譽，使人聞之也。"此言那些離開大軍作爲前綫邊防之軍的部隊，在邊境各縣建立負責瞭望的工事，彼此之間相距三里或五里。作爲大軍前綫邊防部隊，戰時有權禁止人們通行，目的是安定境內。

內卒出戍，令將吏授旗鼓戈甲。①〔一〕發日，後將吏及出縣封界者，以坐後戍法。②〔二〕兵戍邊一歲，遂亡不候代者，法比亡軍。③〔三〕父母妻子知之，與同罪；弗知，赦之。④〔四〕卒後將吏而至大將所一

日，父母妻子盡同罪。⑤〔五〕卒逃歸至家一日，父母妻子弗捕執及不言，亦同罪。⑥〔六〕

【校】

①鍾兆華曰：本句竹簡作"有令起軍，將吏受鼓旗……"。"將吏"，清芬、二五、二八、百家本作"將"。

②鍾兆華曰：本句竹簡爲"……後其將吏出於縣部界……"。

③鍾兆華曰：本句竹簡作"……□述(遂)亡不從其將吏，比於亡軍"。

④鍾兆華曰：本句竹簡殘爲"父母……"。

⑤鍾兆華曰：本句竹簡作"……後將吏至大將之所一日，□□□……吏戍一歲"。其中"吏戍一歲"四字，宋本無此文。宋本當有重要删節，疑其内容爲有關官吏誤期後至的懲罰規定。

⑥鍾兆華曰："一日"，韜略、清芬、二五、二八、百家本均作"日"。竹簡似無此簡文。

【注】

〔一〕施子美曰：養貓之所以捕鼠也，不捕之貓，何所用之？養狗之所以吠禦也，不吠之狗，又何足用之？養兵之所以待敵也，有敵而兵不用力者，何取於兵乎？ ○劉寅曰：内卒出戍於邊，令將吏授以旗鼓戈甲。 ○陳玖學曰：在内之卒出戍於邊，令所統之將吏授以軍器。 ○丁洪章曰：戍，鎮守於外也。授，與也。 ○朱墉曰：在内之卒出戍於邊，令所統之將吏授以軍器。 ○李解民曰：内卒，即内地士卒，指國都及中心城邑的士卒。戍，意即戍邊，戍守邊疆。 按：内卒，非内地之卒也。從下文"父母妻子知之，與同罪"、"父母妻子盡同罪"、"父母妻子弗捕執及不言，亦同罪"、"今名在官而實在家"等語來看，此"内卒"當指有家室之卒。内，家室之意。大戴禮記曾子立言："内人怨之。"王聘珍解詁："内，謂之家。"曾子事父母："養之内，不養於外。"阮元注："内，謂家室。"有家室之士卒，平時在家耕種，戰時出兵。爲防止兵器亂用，故有家室之士卒在回家之前當上交兵器，戰時歸隊，將吏發還其兵器。故此句言有家室之士卒被派往邊疆駐守，令所統之將吏授以旗鼓戈甲等兵器。

〔二〕施子美曰：況後世之兵與古者異，彼其出戍於外者，記曰："求代屈指計歸，繸一薄則群嘲而聚罵，粟一腐則衆怒而易亂。"若此曹者，其爲國之心亦薄矣，苟不置法，其誰肯爲吾用乎？在法，後期者斬。今將吏已出，而士卒後之，則必坐之以後戍法，必使之知。　○劉寅曰：發之日，若後於將吏出縣封界者，以坐後戍者之法。　○陳玖學曰：此治戍卒後期出境之罪。　○黃獻臣曰：發日，發兵之日。此治戍卒後期出境之罪。　○阮漢聞曰：後，後行。出，先出。　○王圻曰：戍卒後期出境，與期滿不候代而逃歸，並罪其父母妻子，則人無不凜然知畏，弗敢隱匿。　○朱墉曰：發日，發兵之日也。坐後戍法，治戍卒後期出境之罪。　○鍾兆華曰：封界，指諸侯國之間的疆界。　○李解民曰：後戍法，古代徵發戍邊，對戍卒到達目的地期限皆有規定，如逾期不到，則要定罪殺頭。史記陳涉世家記陳勝、吳廣被徵發戍守漁陽，途中遇雨受阻，“度已失期。失期，法皆斬”。所言“法”，即此所云“後戍法”。　按：此言內卒出發之日，若後於將吏出發的，或後於部隊出縣境之期的，按後戍法治罪。因內卒有家室，父母妻子皆需要照顧，家庭事務繁多，往往割捨不下，容易耽擱出發行程，故作此規定。

〔三〕施子美曰：所謂古者瓜期而往，及瓜而代。今不候代而自亡者，雖歲月已周，亦逃亡比也。　○劉寅曰：兵戍邊一歲當代，遂逃亡不等候代者，法比於逃亡之軍。　○黃獻臣曰：亡軍，逃亡之軍。此治戍滿一歲不候代即歸之罪。　○丁洪章曰：代，交代也。　○朱墉曰：亡軍，逃亡之軍。　○鍾兆華曰：亡軍，即開小差，逃走。　○李解民曰：戍邊一歲，戍邊一年，指戍卒已滿應服的一年戍期。漢書食貨志云秦“用商鞅之法”，“又加月爲更卒，已，復爲正一歲，屯戍一歲，力役三十倍於古”。“屯戍一歲”即此“戍邊一歲”。比，即比擬，比照。　按：此言兵已戍一歲，等替代之兵換防後才能離開。如未等到替代之兵而私自離開，其罪等同於逃亡之兵。此亦針對內卒而言。因內卒在外戍邊，時間長達一年，家中有父母妻子，甚是顧念。戍期已到，內卒往往迫不及待想要回家，與親人團聚，故有換防之卒未到者，即離開邊疆而回家。

〔四〕施子美曰：父母妻子知之，則當同罪；弗知之，則赦之。　○劉寅曰：父母妻子知逃亡之情，與犯人同罪；弗知情者，赦之。　○陳玖學曰：亡軍，逃亡之軍。此治戍滿一歲不候代而即歸之罪。　○丁洪章曰：此治戍卒後期出境與滿一歲不候代而即歸之罪也。　按：此對內卒之家人制定的軍令。

〔五〕施子美曰：故後吏士一日而至者，罪及其家。　○劉寅曰：士卒後將吏而至大將所一日,父母妻子盡與犯人同罪。　　○陳玖學曰:此治戍卒後期而見大將之罪。　　○指南曰:後至將所一日,此一日言其遲也。　　○丁洪章曰:此治戍卒後期見大將並逃歸之罪也。　　○朱墉曰:後將吏而至,此治戍卒後期而見大將之罪也。　　○李解民曰:大將,此指出征軍隊的最高將領。　　**按**:此言內卒與將吏皆有見大將之期,而內卒遲於將吏一日而見大將者,則父母妻子皆同罪。

〔六〕施子美曰:逃敗一日,而其親不言,亦罪其家。古者五伍之法,使之上下相援,左右相救也。　　○劉寅曰:卒逃歸至家一日,父母妻子知而弗捕執及不告言者,亦與犯人同罪。　　○陳玖學曰:此治戍卒逃歸之罪。　　○李騰芳曰:一嚴戍卒後期見大將之罪,一嚴戍卒逃回之罪。　　○指南曰:逃至家一日,此一日言其久也。　　○朱墉曰:逃歸至家,此治戍卒逃歸之罪也。　　**按**:內卒逃歸至家,父母未將其抓捕而送至軍營者,或不言者,與逃歸之卒同罪。

　　諸戰而亡其將吏者,及將吏棄卒獨北者,盡斬之。①〔一〕前吏棄其卒而北,後吏能斬之而奪其卒者,賞;②軍無功者,戍三歲。③〔二〕三軍大戰,若大將死,而從吏五百人已上不能死敵者,斬。④大將左右近卒在陳中者,皆斬。⑤〔三〕餘士卒有軍功者,奪一級;無軍功者,戍三歲。⑥〔四〕戰亡伍人,及伍人戰死不得其屍,同伍盡奪其功;得其屍,罪皆赦。⑦〔五〕

【校】

①鍾兆華曰:本句竹簡作"戰而失其將吏,及將吏戰而死,卒獨北而環(還),其法當盡斬之"。是講士卒不守職分,當盡斬。宋本有誤。

②鍾兆華曰:本句竹簡作"將吏將其卒北,斬其將□……"。本句似當為"將吏將其卒北,斬其將而奪其卒者,賞"。"棄",宋本誤改,與前句重複。

③鍾兆華曰:本句竹簡作"□□□□三歲"。本句宋本前後文意不連貫,從殘簡看,疑宋本經刪節。

④鍾兆華曰:本句竹簡作"軍大戰,大將死,□□五百以上不能死適(敵)者皆當斬"。"三軍",疑從"三歲軍"訛誤而來,或宋本改"軍"為"三軍"。李解民曰:"從吏五百人",此句恐有誤訛,疑"吏"係"卒"之誤。

⑤鍾兆華曰：本句竹簡作"及大將左右近卒在□□者皆當斬"。

⑥鍾兆華曰：本句竹簡作"……奪一功，其毋（無）[□□□]□三歲"。

⑦鍾兆華曰：本句竹簡作"……軍功者戍三歲，得其死（屍）罪赦"。宋本有脱漏。

【注】

〔一〕施子美曰：今有亡其將吏，而士卒不救，如魯之民疾視其長上；有將自北棄其士卒者，如朱修之令士卒守而獨亡者，皆法所不赦，故可斬。　○劉寅曰：諸戰而士卒逃亡其將吏者，將吏棄其士卒而獨北者，盡斬之。　○陳玖學曰：此治戰士及將吏上下不相顧之罪。　○李騰芳曰：士卒棄將吏而逃也。○翼注曰：亡其將吏，以亡失言。棄卒而北，以敗走言。　○朱墉曰：卒不顧將，將不顧卒，皆當正法。　按：此言士卒没有保護好其將而致將陣亡者，將棄其士卒而獨自戰敗者，皆斬之。

〔二〕施子美曰：前吏棄奔，而後吏能斬之，是能勸之進也，故可賞。夫戍者，本一歲爲期，詩云："昔我往矣，楊柳依依。今我來思，雨雪霏霏。"此一歲之戍明也。軍無功則未可驟去，故無功者，有三歲之戍。　○劉寅曰：前行將吏棄其卒而北，後行將吏能斬之而奪其卒者，有賞。軍無功者，謫戍三年。○陳玖學曰：此賞將吏能斬敗將而奪其領卒者，此罰從軍而無功者。　○李騰芳曰：謫之，使戍邊三歲。　○阮漢聞曰：前吏棄卒，後吏能領所棄，可賞；能督之戰，益可賞。若許後吏斬前吏而奪之，獨無軍尉與大將可歸邪？如前戰誅法，大將軍無不得誅，斯可耳。此不可爲訓。及上逃卒，令父母妻子捕執，使人無親，斯秦法也，終亦必亡而已矣。　○衷旨曰：前行將吏棄其士卒以至於敗北而走，此時威勢頓挫，若非後行之將吏奮勇爭進，安能斬其敗北之將而奪領其前行之士卒，轉死爲生乎？賞之，所以勸進也。　○丁洪章曰：前吏，即前陣也。無功，在未嘗殺敵奪旗上見。又曰：一賞一罰，皆有定例，懸之軍中，所以人皆知畏，自無犯禁之失。　○朱墉曰：前吏，前行之吏也。後吏，後行之吏也。奪，代領也。此在未嘗殺敵奪敵上見。　○李解民曰：前吏，指在軍陣中處於前面行列的將吏。戍，即謫戍，因犯罪而服罰戍邊疆的刑。　按：此言處於前陣之將戰敗而棄其兵，處於後陣之將能斬之而收其兵者，賞；從軍而戰，無軍功者，戍邊三年。

〔三〕施子美曰：戰而亡其將，此士卒之罪也。其士不過五百，則是力不足也。若五百人以上，而不能死之，是棄其將也，立斬之。　○劉寅曰：三軍大戰，若大將死於敵而從吏五百人已上不能盡死於敵者，斬；大將左右近行之士凡在陣中者，皆斬。　○丁洪章曰：大將陣亡，自與他人陣亡者不同，故誅法所以必多。　○李解民曰：按商君書境内云：“五百主，短兵五十人。二五百主，將之主，短兵百。……國封尉，短兵千人。將，短兵四千人。”短兵，爲執短兵器的衛兵。則此“從吏五百人”，似當指擁有五百衛兵的將吏，以商君書境内所述推算，應是統領五千士兵的將吏。或謂“從吏五百人”爲統領五百士兵的將吏，似株連懲處面太廣。　按：從吏五百人，即屬下尚有五百人及以上之將領。此言三軍大戰，若大將戰死，那些還有存活五百人及以上的將領，盡斬之，因没有死戰保主帥的緣故。左右負責保護大將之士卒尚在陣中者，亦斬之。

〔四〕施子美曰：其餘不在左右之列而幸以有功者，雖猶在所賞，然亦以亡將之故，必奪其一級。如無其功，則以三歲爲期。　○劉寅曰：其餘士卒有軍功者，奪一級。一級者，兵法：斬一人首，進爵一級也。無軍功者謫戍三年。　○陳玖學曰：此治大將戰死而從吏左右士卒不能死戰之罪。　○黄獻臣曰：兵法：斬一人首，進爵一級。奪，則不録其功也。　○李騰芳曰：奪，降也。兵法：斬一人首，進爵一級也。　○丁洪章曰：奪一級，下一級也。兵法：斬一人，進爵一級。　○朱墉曰：戍，謫戍也。　○李解民曰：大將左右近卒，指大將身邊的衛兵。據商君書境内，大將衛兵有千人。有軍功者，此特指因建立軍功而被授予爵位者，下文有“奪一級”之語可證。戰國時代，各國都有爵秩制度，如秦國設爵二十級，將士建立一定的軍功，便能得到相應的爵位。如商君書境内云：“能得爵（甲）首一者，賞爵一級。”韓非子定法亦云：“商君之法曰：‘斬一首者爵一級，欲爲官者爲五十石之官；斬二首者爵二級，欲爲官者爲百石之官。’官爵之遷與斬首之功相稱也。”　按：此言若大將陣亡，其所屬部幸存下來的士卒，有軍功者，獎賞軍功時下調一級；無軍功者，戍邊三年。

〔五〕施子美曰：戍與夫同伍之人戰而死者，其五人必爲之力戰矣。不得其屍，則爲不用力，故奪其功。得其屍，則爲用力，故赦其罪。　○劉寅曰：戰若亡伍人，及伍人戰死於敵，不得其屍，同伍者盡奪其功；得其屍，罪皆赦。　○陳玖學曰：此治同伍不相保之罪。　○李騰芳曰：不録其軍功也。　○阮漢聞曰：

戰亡伍人，乃不知其戰死與否，竟無此人也。下曰"及伍人戰死"，則真戰而死矣。必欲得屍者，似不得屍。此人非降敵，則逃歸也。又戰死宜加恩恤，故以必得屍爲據。　　○丁洪章曰：以有屍無屍定其罪，可見至公至明之法。否則，臨陣必貪生。　　○朱墉曰：亡，逃亡也。五人，同伍之人也。奪其功，即下其級也。　　○鍾兆華曰：本句意思當爲，戰亡伍人及伍人戰死不得其屍，同伍盡奪其功，其無軍功者戍三歲，得其屍，罪皆赦。　　**按**：此言同伍之中，若有人戰死，或戰死而不得其屍者，同伍其他人皆奪去其功勞。若得其屍，則其罪皆可赦。此治同伍不相保之罪。陳氏説是。

　　軍之利害，在國之名實。①〔一〕今名在官而實在家，官不得其實，家不得其名。②聚卒爲軍，有空名而無實。〔二〕外不足以禦敵，內不足以守國，此軍之所以不給，將之所以奪威也。〔三〕臣以謂卒逃歸者，同舍伍人及吏，罰入糧爲饒，名爲軍實。是有一軍之名，而有二實之出。③〔四〕國內空虛，自竭民歲，曷以免奔北之禍乎？④〔五〕

【校】

　　①鍾兆華曰：本句竹簡作"卒逃歸及……軍之傷□也，國之大費也。而將不能禁止，此內自弱之道也"。

　　②鍾兆華曰：本句竹簡作"名在軍而實居於家，□□不得其實……"。宋本刪"卒逃歸"至"內自弱之道也"。"官"字當爲"軍"字之誤。竹簡作"軍"字。

　　③鍾兆華曰：本句竹簡作"……□吏以其糧爲饒，而身實食於家。有食一人軍之名，有二實之出"。宋本有誤。

　　④鍾兆華曰：本句竹簡作"國內空虛，盡渴（竭）而外爲歲曷內北之數也"。

【注】

　　〔一〕施子美曰：況軍之利害，在國之名實。　　○劉寅曰：軍之利害，在國家之名實如何耳。　　○張居正曰：言有一軍之名，即有一軍之實，則軍必強而利矣。若徒有其虛名，則軍必敗而害矣。見治軍不可不實的意思。　　○李騰芳曰:名實,名實何如耳。 ○鍾兆華曰:名實,名義與實際。 ○李解民曰:名實,意即名稱與實際。此指在册名數與實際人員。 按:從上文所言"內卒"來看,此處所言乃徵兵制。徵兵制,是戰國時期各國比較普遍實施的制度。國家兵員,依靠從鄉間徵調。適齡男丁,平時爲農,徵調入役爲兵。名實,指國家軍隊有軍隊之名,而無軍隊之實。這裏尉繚子似乎認爲國家軍隊人員組成應固定,不能等到打仗時臨時徵調。軍隊組成人員固定,即爲職業軍人,此乃後代募兵制思想的先聲。

〔二〕施子美曰:一軍之中,有癃老,有疾病,有孱弱,常相半於其中。今又名在官而實在家,則其負國蠹財也亦甚矣。 ○劉寅曰:今兵之名在官而實在家,官不得其兵之實,家不得其兵之名,聚士卒而爲三軍,有兵之空名而無兵之實效。 ○阮漢聞曰:冒替妨佔名色種種,乃古亦有之乎? ○丁洪章曰:此言名實不相應之弊也。 ○朱墉曰:空名,徒有册籍之名也。 按:徵兵制度下,軍人其實在一個個家庭之中,故名在官,實在家。聚卒爲軍,即徵調而聚集在一起。由於平時在家務農,没有經過系統的專業培訓,軍隊戰鬥力不高,故曰有空名而無實。

〔三〕施子美曰:實不在官,名不在家,有名無實,其何以守禦內外乎?此軍糧之所以不給,而將威所以奪之也。是必有以處之。 ○劉寅曰:外不足以禦敵之强,內不足以守國之固,此軍之所以不給足,而將之所以奪威也。 ○陳玖學曰:此言軍士名在官而實在家之弊。 ○黃獻臣曰:此言軍士名在官而實在家之弊。有虛名而無實用,今古通病,以致國用不足,國威徒損。善令者,寧不按籍而惕然! ○李騰芳曰:此言當時之弊。 ○阮漢聞曰:不給,虛額、虛糧。 ○衷旨曰:有一軍之名,即有一軍之實,則軍必强而利矣。若徒有其名,則軍必損而耗矣。故治軍者不可不核實也。 ○朱墉曰:給,足也。奪威,損威勢也。 按:給,足也。此處指軍隊戰鬥力不足。

〔四〕施子美曰:故一卒逃歸,而同伍之人及其吏皆有罰。罰則罰以糧,使糧入於官,以輸其罪。名爲軍而實不在軍,是有一軍之名,而又有二軍之實也。 ○劉寅曰:臣以謂卒逃歸者,同舍伍人及主典之吏,罰入糧爲饒,名爲軍實,是以一軍之名而有二實之出。 ○陳玖學曰:此言卒有逃歸者,同舍之五人及逃者之吏,皆罰之入糧以爲軍實,是有一軍之逃名,而因罰有二實之出也。　　○黃獻臣曰：入糧爲饒，入粟公家以爲饒富。一軍之名，一軍之逃，只是一軍之名。二實之出，又罰及其存者，是二實之出也。　　○阮漢聞曰：一實以供大軍，一實以供逃軍，是二實之出也。意謂同舍五人罰糧食軍，則軍不敢逃，且不能逃矣。不立此法止逃，是名爲一軍，竟如以二軍實供之。若指罰糧爲一實，則當曰二實之入也。故下文遂承之曰“國內空虛，自竭民歲”。　　○金千仞曰：因一軍之逃名，而罰吏與同伍之糧以爲軍食，是有一軍之逃名，而因罰有二軍之實也。在國以爲利，在軍即爲貧矣。以貧軍而當勁敵，欲其效勇以先登也，得乎？　　○丁洪章曰：饒，用盛之意。　　○朱墉曰：同舍，同止息者也。吏，主典之吏也。入糧，入粟公家以爲饒富。惠王時有此法，故尉繚子言之。○鍾兆華曰：二實，標釋説：“一實以供大軍，一實以供逃軍，是二實之出也。”○李解民曰：同舍伍人，指軍中同宿的伍人，參本書伍制令“聚舍同食”注。或謂指原籍同伍的鄰居，似不合本文之意。饒，意即多，富。　　按：此言若有士卒逃伍者，則其同伍之人及其吏，罰繳糧代替受罰。二實，指既有兵員來源，亦有糧食供應。

〔五〕施子美曰：如其名不副實，國內空虛，民畜必弱，其何以卒歲乎？此所以不免有奔北之禍也。故有法以禁止之，則可以爲勝矣。　　○劉寅曰：使國內空虛，自竭軍民卒歲之計，何以得免奔北之禍乎？意惠王時有此法，故尉繚子言之。　　○陳玖學曰：上空下竭，軍威不振，難免奔北之禍矣。此反起下文。○黃獻臣曰：此權軍實之令。因一軍而出二實，若不罰，是私有一軍之名而官有二出之實，耗費過甚，民竭歲供，軍伍又復無人，其不至奔北者，幾希。○李騰芳曰：竭，卒。歲，歲之計。　　○李解民曰：歲，指歲收，年成，指農民一年的收入。

　　今以法止逃歸，禁亡軍，是兵之一勝也。什伍相聯，及戰鬪，則卒吏相救，是兵之二勝也。將能立威，卒能節制，號令明信，攻守皆得，是兵之三勝也。①〔一〕

【校】

　　①鍾兆華曰：本句竹簡作“能止逃歸，禁亡軍，□兵之一勝也。使什伍相連也，明其……令嚴信，功發（伐）之賞□□……”。從殘簡看，似無宋本之“二

勝”、“三勝”之説。“卒吏”，韜略、清芬、百家本等作“吏卒”。“節制”，參同、清芬、二五、二八本作“制節”。

【注】

〔一〕施子美曰：蓋制勝之道，雖用兵之所先，而制勝之術，非一端而可盡，三者何往而不勝哉？　○劉寅曰：今能以法止逃歸，禁亡軍，是兵家之一勝也。什伍之人相聯屬，及戰鬥，則卒與吏皆救援，是兵家之二勝也。大將能立軍威，士卒能守節制，號令明而且信，攻守之術皆得，是兵家之三勝也。　○張居正曰：三勝，乃兵令之要。制用在於平日，則一旦有事，不必交兵接刃而勝已在我矣。　○陳玖學曰：此因禁止逃亡而并言兵家有三勝之道。　○黃獻臣曰：此因止逃亡而并及聯什伍立威信之事。三勝乃兵令之要，故并舉言之。　○丁洪章曰：禁，止也。　○指南曰：兵之三勝，在“兵”字上着眼，是治兵得其法，有可以取勝之道也。　○朱墉曰：以法誅斬之也。什伍相聯，以平居言也。　○李解民曰：“什伍相聯”，即本書伍制令所云“什伍相結，上下相聯”和兵教下所云“連刑”。　按：法，指治“亡軍”之法。

　　臣聞古之善用兵者，能殺卒之半，其次殺其十三，其下殺其十一。[①]能殺其半者，威加海内；殺十三者，力加諸侯；殺十一者，令行士卒。[②]〔一〕故曰百萬之眾不用命，不如萬人之鬥也；萬人之鬥，不如百人之奮也。[③]〔二〕賞如日月，信如四時，令如斧鉞，利如干將，士卒不用命者，未之有也。[④]〔三〕

【校】

①鍾兆華曰：“臣聞”，御覽卷二九六、書鈔卷一一八引均無此二字。“卒”，施氏、鰲頭、韜略、直解、彙解本均作“士卒”。

②鍾兆華曰：本句竹簡作“……内，能殺其少半者力加諸侯，能殺其什一者〔□□〕□卒”。“加”，御覽卷二九六、書鈔卷一一八均作“立”。

③鍾兆華曰：本句竹簡作“臣聞百萬之眾而不戰，不如萬人之屍。萬人而不死，不如百人之鬼”。御覽卷二九六引作“故曰：百萬之眾不鬥，不如萬人之屍。萬人不死，不如百人之賊”。

④鍾兆華曰：本句竹簡作“〔□□□□□〕信比四時，令嚴如斧越（鉞），利

如干漿(將),而士卒有不死用者,未嘗之……"。御覽卷二九六引作"賞明如日月,信比如四時,令嚴如斧鉞,而出卒有不死者,未嘗聞也"。又書鈔卷一一三引句首有"君"字。"制",疑當爲"利"字,宋本誤。竹簡"利如干漿(將)",又書鈔卷一一三引作"兵利乎干將"。御覽卷二九六引脫。"未之有",施氏、直解、皕刻本作"未之聞",御覽卷二九六、書鈔一一三引作"未嘗聞"。李解民曰:"利",原作"制",據簡本、北堂書鈔卷一一三引改。"未之有也",講義本、直解本、天啓本、彙解本、鄂本作"未之聞也"。　按:"利",原作"制",據竹簡本、書鈔引改。"有",諸本作"聞"。

【注】

〔一〕施子美曰:爲將之道,莫尚乎威。以威示人,無所不克。所威者小,所勝者小。所威者大,所勝者亦大。司馬之職曰:"不用命者斬。"尉繚子曰:"干令者誅。"古之人非好殺也,非必真殺之也,威之而使畏爾。以殺言者,取其威之可以制人也。必殺之而後勝,其將何以戰哉? 故殺士卒半,則威可加海內;殺士卒十之三,則力可加於諸侯;殺十分之一,則令行士卒而已,是以殺者威也。○劉寅曰:臣聞古之善用兵者,能殺吾士卒之半,其次殺其十分之三,其下殺其十分之一。能殺吾士卒之半者,威加於四海之內;殺十分之三者,力加於鄰國諸侯;殺十分之一者,令能行於士卒。　○陳玖學曰:此言能自殺其士卒者,威令斯行也。　○李騰芳曰:此題非以好殺爲倡,恐一味姑息則輕命,望風逃遁,以致屍橫遍野。　○丁洪章曰:兵爲戰死之場,人懷畏死之念,從來如此。即事事精辭懸之,使如尚懷影射,況奸不及燭,令未必頒,而徒責之事後,謂不當躲閃,其誰肯服之? 故篇中言及如此,乃是事制曲防,心思極到,法令極詳,百般隱慝,盡附刑書一覽。若是,則人人心畏,預知所儆,殺不及矣。豈真登壇伏鉞,而將一半士卒殺之耶! 必無理矣。　○朱墉曰:殺士卒,指己之士卒言。威加海內,主從嚴刑一邊來。蓋尉子睹兵威之不振,欲矯一時之弊而爲此言歟?　按:殺,克,制約。爾雅釋詁上:"殺,克也。"説文殺部朱駿聲通訓定聲引風俗通:"殺,治也。吳越曰殺。"這裏指治軍。善用兵者,能制約士兵,意即將帥之威能約束士卒。約束士卒有二,其一爲兵令,其二爲將帥之威。上文已有言兵令,此處側重將帥個人的威望。如果將帥的威望能得一半士卒公認而自覺服從,則能威加海內;如果將帥威望能得十分之三士卒公認並自覺服從,則可出兵諸侯；如果將帥的威望能得十分之一士卒公認而自覺服從，則能令行士卒。孫子兵法行軍："卒未親附而罰之，則不服，不服則難用也。"施氏説是。

〔二〕施子美曰：故書曰："威克厥愛，允濟；愛克厥威，允罔功。"然用兵之道不在衆寡，在乎以氣作之如何耳。雖有百萬之多，而不能用命，不如萬人之鬭。萬人雖鬭，而不能齊，不如百人之奮。奮者，氣作之也。吾之氣既作而勇，雖寡猶衆也，何必百萬之師？　○劉寅曰：故曰百萬之衆不用將命，不如一萬人之鬭也；一萬人之鬭，不如一百人之奮起也。　○陳玖學曰：此言士卒不用命之弊，以見其當殺也。　○黃獻臣曰：鬭，勉强從命。　按：此言兵在精而不在多。孫子兵法行軍："兵非益多也，惟無武進，足以併力、料敵、取人而已。"

〔三〕施子美曰：賞貴乎明，而行之者貴乎誠而不易。令貴乎威，而行之者貴乎斷而能決。故天之道，垂象著明，莫大乎日月；變通不窮，莫大乎四時。是日月爲明，而四時爲誠也，賞之信者實似之。在物之器，則左仗黃鉞，所以示其教；歐冶干將，所以取其利。斧鉞爲威，而干將爲斷也，令之判者實似之。○劉寅曰：賞如日月之明，信如四時之期，令如斧鉞之斷，制如干將之利，而士卒有不用命者，臣未之聞也。干將，寶劍名。斧鉞，解見前。"萬人之鬭"下疑欠"不用命"三字，言萬人之鬭不用命，不如百人之奮也。　○陳玖學曰：此言使士卒用命之道。　○黃獻臣曰：干將，刃名，鍛制如干將之利。此結言賞信令嚴能使士卒用命，可以威加海內。曰能殺者甚言賞罰斷，人爭效死，可殺士卒之半。世儒皆謂自殺士卒，而後威令可行，又附會其説，而謂殺當其罪，人情帖然。彼見爲殺人，不見爲殺，若然，則殺一人而千萬人震者，何説之解？且世安有將百萬軍而殺不用命者，直至於半之理？又若然，是威尚不能加一卒，而反能加海內乎？故曰百萬之衆不用命，不如萬人；萬人勉强從命，不如百人。蓋以此百人者，其奉賞如日月，奉信如四時，奉令如斧鉞，奉制如干將，奮焉必死，故可一人而勝百人，勝萬人。況善將者，將百萬人如其百人，雖一人不殺可也。吾調尉子之言殺，乃深於不殺者乎！有善會其意者，斯可與之讀尉子之書。　○阮漢聞曰：繚嘗曰：孽在於屠戮。曰：殺一人而三軍震者，殺之；殺一人而萬人喜者，殺之。又曰：良民十萬聯與圖圄，上不能省，臣以爲危。皆仁人之言也。殺士卒之半，是何言歟？書言用法不無嚴刻，然竊意自踵軍令後，頗似後人增附，即非繚言，豈有先殺吾卒之半以求精者？夫"殺"乃"隆殺"之

“殺”，非“生殺”之“殺”。殺半者，減半耳。萬人鬬，百人奮，正明貴精不貴多，多則宜減。不詳其用字，而遽坐慘酷，可乎？宋曲端即以讒死，然斬了四十萬，方得四十萬用，設心如此，恐未斬之，四十萬亦不可得而用也。糊口脅火，有冥報矣，非錯讀繚語致然邪？　　○丁洪章曰：干將，劍名。　　**按**：干將，春秋時人，善於鑄劍。後以干將爲鋒利寶劍的代稱。

附録一　銀雀山簡本尉繚子釋文

一

[□□□]□墝而立邑建城。以城稱地，以地稱……稱也，故迿（退）可以守固，[□□□]戰勝。戰勝於外，福産於内。……□□焚焚，産於無……大而不咷（窕）；關之，細而不欬。行廣……□故王者，民之歸之如流水，望……故曰明於[□□□□□]取天下若化。國貧者能富之，……時不應者能應之。土廣[□□□]國不得毋富。民衆而制，則國不得毋治。夫治且富之國，車不發□，甲不出櫜（橐），威……天下。故兵勝於朝廷，勝於喪紀，勝於土功，勝於市井。櫜（橐）甲而勝，主勝也。陳而勝，主勝也。戰勝，臣□也。戰再勝，當壹敗。十萬之師出，費日千金，□□□□□[□□]故百戰百勝，不善者善……善者善者也。故善者成其刑（形）而民□……大矣，壹□而天下併。故患在百里之内者，不起一日之師。患在千里之内，不起一月之師。[□□]四海内者，不起一歲之師。戰勝其國，則攻其[□□□□]國，不攻其都。戰勝天下，[□□□□]不勝天下，不攻其國。故名將而無家，絶苫（險）俞（逾）根（垠）而無主，左提鼓右慮（攄）

枹而[□]生焉。故臨生不爲死,臨死不爲生。得帶甲十萬,□車千乘,兵絶苫(險)俞(逾)根(垠),不□……怒,精(清)不可事以財。將之自治兆兆……耳之生恩(聰),目之生明。然使心狂者誰也? 難得之貨也。使耳聾者誰也? 曰□……者誰也? 曰□澤好色也。……耳聾……及者,羊腸亦勝,鋸齒亦勝,緣山入溪亦勝,方亦勝,圜亦勝,遒(楕)亦勝。兵重者如山……之麇(壓)人,如雲鯢(霓)復(覆)人。閉關辟(辭)交而廷中之故□……□□□□所加兵者,令聚者不得[□□□□□]聚;備(俛)者不得迎(仰),迎(仰)者不得備(俛),左者不[□□□□□]得左。知(智)士不給慮,甬(勇)士不……□木,弩如羊角,民人無……□昌於於者勝成去。治□

……□而行必廣其處……

……國可□也。無衝籠而攻,無……

……□外不能成其勝。大兵無創,與鬼神……

……勝議也。故能戰勝……

……小魚(漁)魚(漁)淵而禽(擒)其魚,中魚(漁)魚(漁)國而禽(擒)其士大夫,大魚(漁)魚(漁)天下而禽(擒)其萬國諸侯。故大之注……

……塞邪而食□……

……□食,發號出令,不□……

……□□不殺妖(夭)台(胎),不膾不成之財(材)……

……□少而歸之……

……日,不有虜將,必有□君。十日,不□□□□□□……

……地利,中失民請(青)。夫民飢者不得食,(寒)者不得衣,勞者不得息,故舉兵而加……。

……□之如春夏。所加兵者……

二

[□□]□固,以槫(專)勝。力分者弱,心疑者北(背)。[□□□]故進迣(退)不稾(豪),從適(敵)不禽(擒)。將吏士卒,童(動)靜如身。心疑必北(背)。是故□……無嘗試,發童(動)必蚤(早),畝淩而兵毋與戰矣。[□□□]心也。群下,支(肢)節也。其心童(動)……心童(動)疑,支(肢)節……下不節童(動),唯(雖)勝爲幸。不壹不……□敗,威立者勝。凡將死其道者……□□□威在志位,志位不代(忒),威乃……□愛者,將之成者也。是故兵不□□……以名信,信在屍兆。是故衆聚不虛散,兵出不徒[□□□□□]亡人,擊適(敵)若卜(赴)溺者。囚險者毋(無)戰心,搚戰毋(無)勝兵,佻(挑)戰毋(無)全氣。凡俠(挾)議(義)[□□□□]□起;爭私結怨,貴以不得已。[□□]□起□適(敵)貴先。故事必當時,□必當[□□□□]於朝廷,勝於喪紀,勝於土功,勝於市……□敗,曲勝者,其勝全,雖不曲勝,勝勸……□□□以明吾勝也。 兵勸

三

……仁(韌)矢盡於郭中……毀折入此,令客氣數什百倍,而主人氣不半□[□□]者傷守甚者也。然而世□……而守者不出,出者不守。守法:丈,□人守,□……□一而當十,十而當百,百而當千萬。……城堅而厚,士民衆篹(選),薪食經[□]□勁矢仁(韌),矛戟[□□□]□策也。攻者[□□□□]萬之衆乃稱。其有必救之軍,則有必[□□□□]必救之□……遇(愚)夫僮婦無不敝城盡資……則固不尚。鼓其藁(豪)樂(傑)俊雄,堅甲利

兵勁弩仁(韌)矢並於前,則幼□毀□並於後,五萬之[□□]誠必救,關之其後,出要塞,擔擊其後,毋通其量(糧)食,中外相應……

(文物一九七七年第二期)

四

……矢射之弗及。罷囚之請(情),不侍(待)陳水楚[□□□]請(情)可畢。其侍(待)佰(拍)人之北(背),炤(灼)人之[□□□□□]以得囚請(情),則國士勝□,不宵(肖)自□。故今世千金不死,百金不胥靡。試聽臣之……知(智),不得關一言,[□□□□□]得用一朱(銖)。今夫轂(繫)者,小圉不下十數,[□□□□]百數,大圉不下千數。故一人……爲不作。今夫轂(繫)者,大者父兄弟有在獄……離其屯鄴(業),賈無不離其殔(肆)宅,士大夫無不離其官府。[□□]□者,人之請(情)也。故兵策曰:十萬之師出,費日千金。今申成十萬之衆,封内與天……

五

……償尊參會,移民之具也。均地分,節傅(賦)斂,□……□臣主根也。刑賞明省,畏誅重姦,止姦……原,正(政)事之均也。……王之二術也。粗(俎)豆同利制天下……王者之德也。明禮常,朝(霸)者之……無事□,上無慶賞,民無獄訟,國無商賈,成王至正(政)也。服奉下逈,成王至德也。

附录:兵令

兵者凶器逆應(德),爭者事之[□□□□]暴□□定仁義也;

戰國所以立威侵適（敵），弱國之所不能發（廢）也。兵者，以武爲棟，以文爲□；以武爲表，以文……以文爲内。能審此三者，則知所以勝敗矣。

武者所以淩（凌）適（敵）分死生也……危；武者所［□□］適（敵）也，文者所以守也。兵之用文武也，如鄉（響）之應聲，而［□］之隨身也。兵以專壹勝，以離散敗。戝（陳）以數必固，以疏□□。將有威則生，失威則死，有威則勝，毋（無）威則敗。卒有將則鬭（鬭），毋（無）將則北。……賞罰之胃（謂）也。卒畏將於適（敵）者戰勝，卒畏適（敵）於將者戰北。未戰所以知勝敗，固稱將［□］適（敵），［敵］之與將猷（猶）權衡也。兵以安靜治，以暴疾亂。出卒戝（陳）兵，固有恒令，行伍之疏數，固有恒法，先……適之恒令，非追北衲邑，先後□□……之恒令，前失後斬兵之恒戝（陳），有鄉（向）適（敵）者，有内鄉（向）者，有立戝（陳）者，有坐戝（陳）……將與卒，非有父子之親、血□之樹（屬）、六親之私也，然而見適（敵）走之如歸，前唯（雖）有千仁（仞）之溪，折膹（脊）。……賞，後則見必死之刑。將前不能明其［□□□□□］其嚴，則敗軍死將禽（擒）卒也。□□……制，嚴刑罰□□賞，全功發（伐）之得，伸（陳）斧越（鉞），飭章旗，有功必□，犯令必死。及至兩適（敵）之相起（距），行伸（陳）薄近，……有天下之善者，不能禦大鼓之後矣。出卒伸（陳）兵，行伸（陳）視適（敵），章旗相望，矢弩未合，兵刃未接，先譟者虚，後譟胃（謂）之實，不譟胃（謂）之閇。［閉］實［□□□］也。諸縣去軍百里者，皆爲守禦之備，如居邊之一城……也。有令起軍，將吏受鼓旗……後其將吏出於縣部界……□述（遂）亡不從其將吏，比於亡軍。父母……後將吏至大將之所一日，□□□……吏戌一歲。戰而失其將吏，及將吏戰而死，卒獨北而環（還），其法當盡斬之。將吏將其卒北，斬其將□……□□□□三歲。軍大戰，大將死，□□五百以上不能死適（敵）者皆當斬，及大將左右近卒在□□者皆當斬。……奪一功，其毋（無）［□□□］□三歲。……軍功者戍三歲，得其死（屍）罪赦。卒逃歸及……軍之傷□也，國之大費也。而將不能禁止，此内自弱之道也。名在軍而實居於家，□□不得其實，……□吏以其糧爲饒，而身實食於家。有食一人軍之名，有二實之出，國内空虛盡渴（竭）而外爲歲，曷内北之數也。能止逃歸，禁亡軍，□兵之一勝之也。使什伍相連也，明其……令嚴信，功發（伐）之賞□□……内，能殺其少半者力加諸侯，能殺其什一者［□□］□卒。臣聞百萬之衆而不戰，不如萬人之屍。萬人而不死，不如百人之鬼。［□□□□□］信比四時，令嚴如斧越（鉞），利如干漿（將），而士卒有不死用者，未嘗之……

（文物一九七七年第三期）

附録二　尉繚生平事跡

　　史記秦始皇本紀:大索,逐客,李斯上書説,乃止逐客令。李斯因説秦王,請先取韓以恐他國,於是使斯下韓。韓王患之,與韓非謀弱秦。大梁人尉繚來,説秦王曰:"以秦之彊,諸侯譬如郡縣之君,臣但恐諸侯合從,翕而出不意,此乃智伯、夫差、湣王之所以亡也。願大王毋愛財物,賂其豪臣,以亂其謀,不過亡三十萬金,則諸侯可盡。"秦王從其計,見尉繚亢禮,衣服食飲與繚同。繚曰:"秦王爲人,蜂準,長目,摯鳥膺,豺聲,少恩而虎狼心,居約易出人下,得志亦輕食人。我布衣,然見我常身自下我。誠使秦王得志於天下,天下皆爲虜矣。不可與久游。"乃亡去。秦王覺,固止,以爲秦國尉,卒用其計策。而李斯用事。

　　戰國策秦四"秦王欲見頓弱":秦王欲見頓弱,頓弱曰:"臣之義不參拜,王能使臣無拜,即可矣。不,即不見也。"秦王許之。于是頓子曰:"天下有其實而無其名者,有無其實而有其名者,有無其名又無其實者。王知之乎?"王曰:"弗知。"頓子曰:"有其實而無其名者,商人是也。無把銚推耨之勢,而有積粟之實,此有其實而無其名者也。無其實而有其名者,農夫是也。解凍而耕,暴背而耨,無積粟之實,此無其實而有其名者也。無其名又無其實者,王乃是也已。立爲萬乘,無孝之名;以千里養,無孝之實。"秦王悖然而怒。頓弱曰:"山東戰國有六,威不掩于山東,而掩于母,臣竊爲大王不取也。"秦王曰:"山東之建國可兼與?"頓子曰:"韓,天下之咽喉;魏,天下之胸腹。王資臣萬金而游,聽之韓、魏,入其社稷之臣于秦,即韓、魏從。韓、魏從,而天下可圖也。"秦王曰:"寡人之國貧,恐不能給也。"頓子曰:"天下未嘗無事也,非從即橫也。橫成,則秦帝;從成,即楚王。秦帝,即以天下恭養;楚王,即王雖有萬金,弗得私也。"秦王曰:"善。"乃資萬金,使東游韓、魏,入其將相。北游于燕、趙,而殺李牧。齊王入朝,四國必從,頓子之説也。

附録三　歷代官私書志著録

七略別録佚文：尉繚子二十九篇。繚爲商君學。

漢書藝文志雜家：尉繚(子)二十九篇。六國時。師古曰："尉,姓；繚,名也。音了,又音聊。劉向別録云繚爲商君學。"又兵形勢：尉繚三十一篇。

七録雜部：尉繚子六卷。

隋書經籍志雜家：尉繚子五卷。梁并録六卷。尉繚,梁惠王時人。

舊唐書經籍志雜家：尉繚子六卷。尉繚子撰。

新唐書藝文志雜家：尉繚子六卷。

宋史藝文志：尉繚子五卷。戰國時人。

宋王堯臣等編崇文總目卷三：尉繚子五卷。錢侗按：隋志一卷,舊唐志、唐志並六卷,通志校讎略云：尉繚子,兵書也。班固以爲諸子類,置於雜家。此之謂見名不見書。隋唐因之。崇文目始入兵書類。侗考漢志兵形勢家,自有尉繚子三十一篇,與雜家内二十九篇各別。鄭漁仲譏之,非是。

　　宋晁公武郡齋讀書志卷三下：尉繚子五卷。尉繚子，未詳何人。書論兵主刑法。按漢藝文志有二十九篇，今逸五篇。首篇稱梁惠王問，意者魏人歟？其卒章有曰："古之善用兵者，能殺卒之半，其次殺其十三，其下殺其十一。能殺其半者，威加海内；殺十三者，力加諸侯；殺十一者，令行士卒。"嗚呼！觀此，則爲術可知矣。

　　宋晁公武郡齋讀書志卷三下：張横渠注尉繚子一卷。皇朝張載撰，其辭甚簡略。載早年喜談兵，後謁范文正，文正愛其才，勸其學儒，載感悟，始改業。此殆少作也。

　　宋遂初堂書目兵書類：尉繚子。

　　宋王應麟困學紀聞卷十諸子六韜翁元圻注：尉繚子五卷，周尉繚撰。其人當六國時，不知其本末。漢志雜家有尉繚子二十五篇，兵形勢家有尉繚子三十一篇。今雜家亡，而兵家傳二十四篇。

　　宋王應麟玉海卷五十三：漢志雜家尉繚三十九篇。六國時。劉向別録云："繚爲商君學。"兵形勢尉繚三十一篇。隋志五卷，梁并録六卷。梁惠王時人。唐志六卷。

　　宋陳振孫直齋書録解題卷十二：尉繚子五卷。六國時人。案漢志雜家有二十九篇，兵形勢家又有三十一篇，今書二十三篇，未知果當時本書否。

　　宋鄭樵通志藝文略兵家：尉繚子五卷。梁惠王時人。隋志一卷。

　　元馬端臨文獻通考卷二二一經籍四十八：尉繚子五卷。晁氏曰："未詳何人。書論兵主刑法。按漢藝文志有二十九篇，今逸五篇。首篇稱梁惠王問，意其魏人歟？"陳氏曰："六國時人。

按漢志雜家有二十九篇,兵形勢家又有三十一篇,今書二十三篇,未知果當時本書否。"周氏涉筆曰:尉繚子言兵,理法兼盡,然於諸令,督責部伍刻矣。所以爲善者能分本末,別賓主,所謂高之以廊廟之論,重之以受命之論,銳之以蹈垠之論。廊廟,本也。受命,所以授也。凡諸令所云將事也,蹈垠之論爾。視孫子專篇論火攻,吳起、武侯纖碎講切,蓋從容有餘矣。人主崇儉務本,均田節歛,明法稽驗,爲之主本。無蔓獄,無留刑,故曰兵凶器,爭逆德,事必有本。以武爲植,以文爲種。武爲表,文爲裏。文視利害,辨安危;武犯强敵,力攻守。不攻無過之城,不殺無罪之人。夫殺人之父兄,利人之財貨,臣妾人之子女,此皆盜也。其説雖未純王政,亦可謂窺本統矣。古者什伍爲兵,有戰無敗,有死無逃。自春秋戰國來,長募既行,動輒驅數十萬人以赴一決。然後有逃亡,不可禁。故尉繚子兵令於誅逃尤詳。世傳張魏公建壇拜曲端爲大將,端首問魏公見兵幾何,魏公曰:"八十萬人。"端曰:"須是斬了四十萬人,方得四十萬人用。"端所言果如是,固覆軍失地殺身之道也,夫分數豈專在殺哉! 此念熏炙,決不能興起輯睦,吸引安祥。而尉繚子亦云:"善用兵者,能殺卒之半,其次殺其十三,其下殺其十一。能殺其半者,威加海内;殺十三者,力加諸侯;殺十一者,令行士卒。"筆之於書,以殺垂教,孫吳卻未有是論也。

千頃堂書目卷十三:劉寅尉繚子直解五卷。又,閻禹錫尉繚子集解五卷。阮漢聞尉繚子解。

四庫全書總目提要卷九十九子部兵家類:尉繚子五卷。周尉繚撰,其人當六國時,不知其本末。或曰魏人,以天官篇有"梁惠王問"知之。或又曰齊人,鬼谷子之弟子。劉向別録又云:"繚爲商君學。"未詳孰是也。漢志雜家有尉繚二十九篇,隋志作五卷,唐志作六卷,亦併入於雜家。鄭樵譏其見名而不見書,馬端臨亦以爲然。然漢志兵形勢家内,實別有尉繚三十一篇,故胡應麟謂兵家之尉繚即今所傳,而雜家之尉繚並非此書。今雜家亡而兵家獨傳,鄭以爲孟堅之誤者,非也。特今書止二十四篇,與所謂三十一篇者數不相合,則後來已有所亡佚,非完本矣。其書大指主於分本末,別賓主,明賞罰,所言往往合於正。如云:"兵不攻無過之城,不殺無罪之人。"又云:"兵者所以誅暴亂,禁不義也。兵之所加者,農不離其田業,賈不離其肆宅,士大夫不離其官府,故兵不血刃而天下親。"皆戰國談兵者所不道。晁公武讀書志有張載注尉繚子一卷,則講學家亦取其説。然書中兵令一篇,於誅逃之法言之極詳,可以想見其節制,亦非漫無經略、高談仁義者矣。其書坊本無卷數。今酌其篇頁,仍依隋志之目分爲五卷。

欽定四庫全書簡明目録:周尉繚撰。漢志兵家有尉繚子三十一篇,今本二十四篇,不知即漢志所載否?然其言多近於正,與戰國權謀頗殊,故橫渠張子亦嘗注之。

浙江通志經籍:尉繚子解。列朝詩集,阮漢聞著。

山西通志經籍:尉繚子二十九篇。一作六卷。

陳鍾凡諸子通誼附周秦迄元明諸子書目:尉繚子五卷。漢志兵形勢家著,三十一篇。隋志一卷。今書五卷,二十四篇。其首天官篇與梁惠王問對,全倣孟子"天時不如地利"章,至戰威章則直舉其二語,故姚際恒斷爲偽書。黃氏刊本、武經七書本、武備志本。

附録四　尉繚子書目

（以嚴靈峰周秦漢魏諸子知見書目爲基礎修訂補充）

一、中國尉繚子書目録

尉繚子，五卷。尉繚，原名頓繚、頓弱。戰國時期楚人，生卒年約爲前二八〇至前二二〇。存。漢書藝文志著録，作“二十九篇”。班固自注：“六國時。”顏師古曰：“尉，姓；繚，名也。音了，又音聊。劉向別録云：‘繚爲商君學。’”隋書經籍志：尉繚子五卷。注云：“梁七録六卷。尉繚，梁惠王時人。”陳振孫書録解題：“六國時人。按：漢志雜家有二十九篇，兵形勢家又有三十一篇，今書二十三篇，未知果當時本否。”

宋元豐二年何去非校定本。

宋元豐間朱服校刊武經七書本。

民國十五年掖縣張氏皕忍堂重刊武經七書本。

民國二十四年上海涵芬樓續古逸叢書影印宋刊本。

民國二十四年上海商務印書館叢書集成初編影印宋刊本。

一九六五年臺北藝文印書館百部叢書集成影印續古逸叢書本。

一九六九年臺灣商務印書館重印宋刊武經七書本。

一九八七年解放軍出版社中國兵書集成據中華學藝社影印宋刻本。

明嘉靖十年施德刊校正武經七書本。

明嘉靖二十二年翁氏刊武學經傳三種本。

明嘉靖四十年臨海陳錫刊武經七書本。

明刊黑口武經七書全集本。

清乾隆年間四庫全書本。

清光緒元年湖北崇文書局刊子書百家本。

清光緒十六年刊清芬堂叢書本。

清光緒十九年上海鴻文書局二十五子彙函石印本。

清宣統三年上海育文書局子書二十八種石印本。

民國八年上海掃葉山房百子全書石印本。

民國九年上海五鳳樓子書四十八種石印本。

日本慶長十一年伏見刊武經七書活字本。

日本萬治二年野田彌兵衛刊武經七書本。

尉繚子治要。魏徵。（六三一年，貞觀五年。）存。節録尉繚子之天官、兵談、戰威、兵令四篇文字，無注。在群書治要内。

日本天明七年刊本。

商務印書館四部叢刊影印本。

校正尉繚子，五卷。何去非。（一〇七九年，元豐二年。）未見。五卷，白文無注。在校正武經七書内。

宋元豐二年手定本。

校訂尉繚子，五卷。朱服。（？　年—一〇八五年。）存，五卷，二十四篇，白文，無注。在武經七書内。

明初刊黑口十四行本。

尉繚子講義,九卷。施子美。(一二一七年,貞祐五年。)存。正文頂格,注文低一格。注文多舉歷代戰例佐證。前有尉繚子傳略。在七書講義内。

日本文久三年刻本。

中國兵書集成一九九一年影印本。

尉繚子參同集。謝枋得。(？年——一二八九年。)未見。内閣文庫漢籍分類目錄著錄。題:"宋謝枋得編、明李贄校。"在武經七書參同集内。

明李贄校刊本。

尉繚子直解,五卷。劉寅。(一三九八年,洪武三十一年。)存。分段低一格。順文直解,篇目並低一格解説。前有尉繚子傳略,首題:"前辛亥科進士太原劉寅解。"在武經七書直解内。

明洪武三十一年稿本。

明成化二十二年保定知府趙英刊本。

一九九二年嶽麓書社武經七書直解點校本。

重鐫尉繚子集注,一卷。李清。(一四八五年,成化二十一年。)存。雙行夾注,前有尉繚子傳略。首題:"明雲間李清希獻父注釋,從曾孫李可教受甫父校正,從玄孫李逢甲延之父重梓。"在重鐫武經七書集注内。

明成化二十一年刊本。

明天啓四年李逢甲重刊本。

校正尉繚子,五卷。施德。(一五三一年,嘉靖十年。)存。白文無注。體例、行款、板式大抵與校正孫子相同。在武學經傳、校正武經七書内。

明嘉靖十年施恒齋校刊本。

明刊白口武經七書全集本。

明嘉靖三十二年翁氏刊本。

新鐫硃批尉繚子，一卷。王守仁。（一五四三年，嘉靖二十二年。）存。二十四篇，無注，圈點，眉批。不舉主名。在新鐫武經七書内。

明嘉靖二十二年刊本。

明天啓元年新鐫朱墨套印本。

鳳凰出版社二〇一五年影印本。

校正尉繚子。翁氏。（一五五三年，嘉靖三十二年。）存。白文無注，篇首每段起句頂格，餘皆低一格。在武學經傳之校正武經七書内。

明嘉靖三十二年翁氏刊本。

校訂尉繚子，五卷。陳錫。（一五六一年，嘉靖四十年。）存。據明初刊武經七書本加以校訂。白文，無注，斷句。在武經七書内。

明嘉靖四十年臨海陳錫校刊本。

尉繚子類纂，一卷。沈津。（一五六七年，隆慶元年。）存。節録尉繚子中之天官、兵談、制談、戰威、攻權、武議、治本、兵令諸篇文字無注。前有尉繚子題解，在百家類纂内。

明隆慶元年含山縣儒學刊本。

尉繚子句解。王圻，松江人，字元翰，嘉靖進士，擢御史。（一五七二年，隆慶六年。）存。雙行夾注，順文直解，篇目下説明篇旨。首題“雲間王圻注釋”。胡頌、姚廷槐等校正。在武學經傳句解内。

明隆慶六年刊本。

明萬曆七年金陵書坊吴繼宗懷德堂刻大業堂印本。

增訂尉繚子直解，二卷。張居正。（一五七七年，萬曆五年。）存。以劉寅直解爲底本，詳加訂證，低一格作解，並予斷句，篇目亦然。前有"尉繚子傳"。首題："太原劉寅輯著、江陵張居正增訂、錢塘翁鴻業重較。"在增訂武經七書直解内。

明萬曆五年手訂本。

尉繚子直解。閻禹錫。（一五七七年，萬曆五年。）未見。按：千頃堂書目有孫子集解，萬曆五年，朝鮮内閣刊有司馬法集解。在武經七書直解内。疑閻氏當有此著。

尉繚子解義，一卷。王升。（一五八三年，萬曆十一年。）存。分段低一格作解，順文解説。前有"尉繚子"解題。在武經七書解義内。

明萬曆十一年刊本。

尉繚子玄言評苑。陸可教，李廷機。（？年——一五八七年。）存。節録尉繚子八篇原文，無注，加圈點，眉批。雜引鄒守益、林希元、陳後山、茅坤諸家説。在諸子玄言評苑内。

明光裕堂刊本（日本國立公文書館藏）。

尉繚子標題正義，一卷。趙光裕。（一五八八年，萬曆十六年。）存。雙行夾注，並加圈點，篇目下説明篇旨。前有尉繚子傳略。首題："明杭郡庠生趙光裕克榮甫、男庠生趙三暘開之甫、門人武生方鎮太平甫仝校。"眉欄標舉問題，以供讀者研討解答。在新鐫武經七書標題正義内。

明萬曆十六年刊定本。

清重刊本。

尉繚子，一卷。李槃。（？年——一五九七年。）未見。尊經閣文庫漢籍分類目録著録。在"武德全書"内。

明萬曆十八年汪一鸞刻本。

尉繚子注解，一卷。周光鎬。（一五九七年，萬曆二十五年。）存。雙行夾注，並加圈點，不舉主名。前有尉繚子傳略及書考。卷末附校刊、督刊者姓名、職銜。在武經玖注内。

明萬曆二十五年南充縣匠人楊甫籌勝堂刊本。

尉繚子品彙釋評。焦竑、翁正春、朱之蕃。（一六一二年，萬曆四十年。）存。録尉繚子原文，無注，眉評。採袁宗道、郭子玄、王維楨、羅大經、林希元、馬叙吉、鄒守益諸家雜説。在二十九子品彙釋評内。

明萬曆四十年刻本。

新鐫增補標題尉繚子，一卷。陳玖學。（一六一四年，萬曆四十二年。）存。雙行夾注，篇目下説明篇旨。前有尉繚子傳略，眉欄"擬題凡例"，並標舉問題供讀者研答。首題："於越雲兹居士陳玖學、男廷傑、廷傅、廷侃、廷价訂正，友仲忠嚴廷諫仝校。"在新鐫增補標題武經七書内。

明萬曆四十二年彈柳居刊本。

評注七子兵略尉繚子，一卷。陳玖學。（一六一四年，萬曆四十二年。）存。雙行夾注，篇目下説明篇旨。前有尉繚子傳略。首題："於越雲兹居士陳玖學、男廷傑、廷傅、廷侃、廷价訂正，友仲忠嚴廷諫仝校。"在評注七子兵略内。

民國十五年上海武學書局印行本。

尉繚子箋注，一卷。沈際飛。（？年——一六一四年。）存。雙行簡注，書目下有題解，篇目下説明篇旨，並點定文句。首題："明蘇州沈際飛天羽箋定、豐城連城璧璧如訂較。"在武經七書合箋内。

明金閶董晉之刊本。

尉繚子箋定。張明弼。（？　年——一六一四年。）未見。尊經閣文庫漢籍分類書目著録。在武經七書合箋武經續書内。

明崇禎間刊本。

尉繚子科題作文訣，一卷。李元瑛、梁維樞。（一六一四年，萬曆四十二年。）存。標舉尉繚子書中重要文句爲題，加以評論、斷句，眉欄“破題”揭發本題要旨。首題：“金谿李元瑛維垣父纂，真定梁維樞慎可父訂。”附新鐫增補標題武經七書後。

明萬曆四十二年彈柳居刊本。

校正尉繚子注解，一卷。黄榜，浙江掌印都司。（？　年——一六二〇年。）存。雙行夾注，眉批，圈點，以劉寅直解爲底本，加以删削，增附史傳以相發明。前有尉繚子傳略，卷末題“浙江掌印都司黄榜重輯，僉書都司于以臨、樓大有同校，經歷王元耀董梓。”前有王立賢“武經七書考注序”及“凡例”。在武經七書注解内。

明王立賢浙江運籌堂刊本。（臺灣“國立中央圖書館”藏）

尉繚子解。阮漢聞。（？　年——一六二三年。）存。二十四篇，不分卷。雙行夾注，篇末點評。有靳於中尉繚子集序、及朴序，阮漢聞尉繚子題辭。收有史記秦始皇本紀“大梁人尉繚來”一段。首題“尉氏阮漢聞標釋、瀛海及朴參訂。”浙江通志經籍志著録。

明天啓三年刻本。

尉繚子標題佐議，一卷。臧應驥。（一六二四年，天啓四年。）存。以趙光裕標題正義爲底本，删削本文及注文，有圈點，篇目下説明篇旨,改定尉繚子傳略,眉欄標舉問題。首題:"甬東臧應驥雲卿甫推釋,古婁鄭嘉謨企山甫、山陰何斌臣穌陽甫、侄臧京廷用甫仝校。"在新鐫武經標題佐議内。

明天啓四年刊本。

新編尉繚子標題印證韜略世法。李騰芳。存。保留尉繚子全文,雙行夾注,各篇題下有注,説明篇旨。首題:"楚潭李騰芳長卿甫編輯、粤東邱濬瓊山甫參印。"前有"尉繚子小傳"。在韜略世法存十六種内。

明刊本。

尉繚子類編。李元珍。(?年——一六二五年。)存。節録尉繚子原文,分類編入各名目下,並加圈點、旁注。首題:"繡谷李元珍光垣父輯、江左陶原焜冰父訂。"在諸子綱目類編内。

明刊本。(美國哈佛大學漢和圖書館藏)

一九七三年臺灣商務印書館排印本。

尉繚子評點。歸有光、文震孟。(一六二五年,天啓五年。)存。節録天官、制談、攻權、守權、治本五篇文本。雙行夾注,圈點眉評,引王槐野、錢鶴灘、陳明卿、王遵巖、莊定山、何仲默諸家雜説。前有尉繚傳略。在諸子彙函内。

明天啓六年刊本。

尉繚子奇賞,一卷。陳仁錫。(一六二六年,天啓六年。)存。節選尉繚子原文,以文評爲主。前有尉繚子小傳。在諸子奇賞前集内。

明天啓六年蔣氏三徑齋刊本。

重訂尉繚子參同集。汪淇。(?年——一六二七年。)未見。當以宋謝枋得編參同集本爲底本,加以重校。白文圈點,或單圈,或雙圈。首題："宋謝枋得疊山父編輯、明李贄卓吾父參定、錢塘汪琪右子父重訂。"在重訂武經七書參同集內。

明末還讀齋刊本。（日本國立公文書館藏）

新編百戰百勝尉繚子衍義。汪淇。（？年——一六二七年。）未見。內閣文庫漢籍分類目錄著錄。題："宋謝枋得編、明汪淇校。"按：當係據謝枋得本附以"衍義"。在新編百戰百勝七書衍義內。

日本江戶寫本。

尉繚子拔萃。李雲翔。（一六二七年，天啓七年。）存。節錄尉繚子守權篇文字，雙行簡注，並附王鳳洲、李爲霖評語。在新鐫諸子拔萃內。

明天啓七年金陵余思泉餘慶堂刊朱墨套印本。

袞谷子商隲尉繚子，二卷。孫履恒。（一六二九年，崇禎二年。）存。圈點，旁注。首題："吳湖孫履恒仲立父著。"在袞谷子商隲武經七書內。

明崇禎二年刊本。

新鐫注解尉繚子，一卷。無名氏。（？年——一六三六年。）存。雙行夾注，圈點。前有尉繚子傳略。眉欄標舉尉繚子重要文句，不舉主名。在新鐫注解武經內。

明崇禎間經世堂刊本。

武經開宗尉繚子，一卷。黃獻臣。（一六三六年，崇禎九年。）存。二十四篇，雙行夾注。首題："莆田黃獻臣皇肱輯著，曾一雲老師諱櫻、徐玉林老師諱胤昇仝定，社友余元熹躅徽、陸經翼羽功、陸沖元建仝參。"在武經開宗內。

明崇禎九年芙蓉館刻本。

日本寬文元年（一六六一）中野市右衛門刻本。

訂正尉繚子集注。沈應明等。（一六三六年，崇禎九年。）未見。内閣文庫漢籍分類目録著録。在經世堂訂立武經集注内。

明崇禎九年經世堂刊本。

尉繚子校訂。陳子龍。（一六三六年，崇禎九年。）未見。尊經閣文庫書目著録。封面題“陳子龍先生輯”。在驪珠武經大全内。

明崇禎九年西清堂刊本。

重校尉繚子直解，二卷。翁鴻業。（一六三七年，崇禎十年。）存。其體例、行款、板式大抵與重校孫子直解相同。前有尉繚子傳。在重校武經直解内。

崇禎十年錢塘翁鴻業校刊本。

尉繚子點校。程道生，海昌人，字可生。（一六三七年，崇禎十年。）存。無注，圈點，篇目下説明篇旨。首題：“海昌程道生可生點次、壻葛定象大儀校。”前有崇禎十年錢光繡撰兵鈔七種叙。在兵鈔七種内。

明崇禎十年刊本。（尊經閣文庫藏）

尉繚子類注，二卷。黄華暘。（一六三七年，崇禎十年。）存。圈點，旁注，眉批，篇目下説明篇旨。首題：“師古吴徐石麒虞求氏鑒定，臨川黄華暘鎧伯父類注，宜陽張自烈爾公父輯箋。”在新鐫武經七書類注内。

明崇禎十年金閶富酉堂刊本。（日本淺草文庫藏）

尉繚子題旨説明，二卷。汪本源。（一六三九年，崇禎十二年。）存。分上下二欄，下欄尉繚子雙行夾注，圈點。上欄“題旨明説”，標舉重要文句爲題，予以論列，並加圈點。首題：“江東汪本源升之父纂注、沈超文卓父參閱。"在武經七書題旨明説内。

　　明崇禎十二年刊本。

　　尉繚子評校。金堡、范方。（一六四二年，崇禎十五年。）存，圈點眉評，篇目下説明篇旨。首題："温陵李贄卓吾推釋、甬東臧應騏雲卿校閲、西湖金堡衛公參定、温陵范方介卿評次。"前按語敍孫武傳略及著書。扉頁題："金衛公彙訂、范介卿校閲。"在秘書七種之韜略奇書内。

　　明崇禎十五年東壁齋刊本。（尊經閣文庫藏）

　　尉繚子翼。方家振，字虞升。（？年——一六四三年。）存。雙行夾注，重要字句並加圍圈，篇目下説明篇旨。上下眉欄均附評語。上欄引各家説。首題："明南國經生方家振虞升氏衍釋、吳履吉彦嘉氏批參。"在武經翼内。

　　明崇禎十六年方氏信筆齋刊本。（日本國立公文書館藏）

　　尉繚子全解，丁洪章。存。保留尉繚子全文，部分文字下有音注，雙行小字排列。標題"尉繚子"下有小注，每篇開篇有"全旨"，解釋標題。段後有"節旨"，歸納本段文意。次"注"，解釋文字。次"疏"，爲時文翻譯。次"參訂"，類似點評。署丹陽丁洪章南翔氏輯著，鄧琯虞白氏校訂。在武經七書全解内。

　　明崇禎十七年白氏校訂本。

　　尉繚子篇全題彙解。陳裕。（一六五七年，順治十四年。）存。節引尉繚子重要文句，低二格作解，並加圈點，篇目下説明篇旨。首題："古吳陳裕藎生精輯，同社嚴天顏喜侯、梁廷柱石臣參閲。"在武經全題彙解内。

　　清順治十四年近花樓刊本。（寧波天一閣藏）

　　尉繚子集注合參，一卷。陳裕。（一六七〇年，康熙九年。）

存。分上下二欄，上欄"明解"，下欄"集注"，雙行夾注。首題："江寧陳裕藎生輯。"前有尉繚子傳略。"明解"首明"天官全旨"並分章解釋内容。首題："江寧陳裕藎生纂訂，上元胡清東表、江寧彭繼耀孺熙、上元鄭修惠人全參。"在武經七書集注合參内。

清康熙九年吴門黄子敬五車樓刊本。

標題尉繚子全文，一卷。汪雯（西陵人）。（一六六一年，順治十八年。）存。分上下二欄，以張居正校定武經七書直解爲底本，加以圈點。前有尉繚子傳略。首題："西陵汪雯訂正。"上欄"武經直解開宗合參"，順文訓解，並加評論。首題："江陵張居正泰岳父著輯，舜水馬晉允書初父鑒定，錢塘汪淇憺漪父纂序。"在標題武經七書全文内。

清順治十八年還讀齋刊本。

尉繚子篇題炬。尤尺威。（一六六一年，順治十八年。）存。直解集要，舉尉繚子文句，低一格作解，並加圈點，每篇篇目下説明篇旨。首題："吴興題炬尺威甫纂輯，同學吴汶秋林、吴體元秀叔參閱。"在武經七書題炬内。

清順治十八年金閶王君介存存堂刊本。

尉繚子標題正義格言，一卷。無名氏。（一六六三年，康熙二年。）存。以趙光裕七書標題正義本爲底本，略加删節，並分上下二欄。下欄尉繚子原書，雙行夾注，篇目下説明篇旨。前有尉繚子傳略。首題："白門醉畊堂較梓。"不舉主名。上標題舉尉繚子有關問題，供讀者研討解答。在新鎸武經七書標題正義格言内。

清康熙二年醉畊堂增訂新刊本。

標題尉繚子開宗，一卷。沈定遠。（一六六五年，康熙四

年。）存。上下二欄，下欄“標題開宗”，雙行夾注，並加圈點。前
有尉繚子傳略，首題：“西陵沈定遠訂正。”上欄“開宗合纂全題彙
解”，説明篇旨，並直解尉繚子書中重要文句。首題：“古吳陳裕
蓋生父精輯、江右曾櫻一雲父注釋、西陵沈定遠鵬飛父參閲。”在
標題武經七書開宗内。

　　清康熙四年刊本。

　　尉繚子醒宗，一卷。彭繼耀、譚飛鳴。（一六六七年，康熙六
年。）存。上下二欄，下欄“醒宗”，雙行簡注，篇目下説明題旨。
首題：“古吳彭繼耀孺熙、譚飛鳴敷公纂注。”上欄爲“大小論策標
題全旨”，提出論題，並加講解。首題：“同學吳宋良英佐輯著、張
世傑清先鑒定、王望久爾宜較正。”在武經七書醒宗内。

　　清康熙六年讀古堂刊本。

　　玉芝園增補尉繚子集注，一卷。彭繼耀、蔣先庚。（一六六
八年，康熙七年。）存。分上下二欄，雙行夾注，篇目下説明篇旨。
首題：“東吳彭繼耀孺熙、蔣先庚畏菴集注。”上欄“玉芝園祕擬鄉
會兩闈標題主意”，頗類七書醒宗之“標題全旨”。首題：“句曲蔣
臺楫舟臣著。”在增補武經集注大全内。

　　清康熙七年玉芝園刊本。

　　標題尉繚子講義新宗，一卷。汪桓。（一六七〇年，康熙九
九。）存。分上下二欄，以沈定遠七書開宗爲底本，雙行夾注，並
加圈點。前有尉繚子傳略。首題：“西陵汪桓殿武父輯著、寶安
葉攸叙伯升父參訂。”上欄“合纂全題衷旨”説明篇旨，並解釋尉
繚子書中重要文句。首題：“西陵沈定遠漢超氏精輯，古吳陳裕
蓋生氏注釋，澹巖劉國翰羽公氏評校。”在標題武經七書講義新
宗内。

　　清康熙九年文樞堂吳桂宇新刊本。

新鐫標題尉繚子，一卷。謝宏儀。（？年——一六七〇年。）存。以趙光裕標題正義爲底本，加以删改，雙行夾注，並加圈點。前有尉繚子傳略，眉欄標舉問題。首題：“嵇山謝宏儀寍云父輯著。”在新鐫武經標題七書内。

清刊本。

還讀齋增補尉繚子集注，一卷。林嗣環、錢登峰。（一六七一年，康熙十年。）存。分上下二欄，以武經集注大全爲底本。彭繼耀加以增補、參訂。下欄“增補尉繚子集注”，雙行夾注，篇目下説明篇旨。首題：“晉江林嗣環紫海、西陵錢登峰泰觀全閲。”上欄“還讀齋祕擬鄉會兩闈標題主意”，不舉主名，内容頗類尉繚子醒宗。在增補武經集注大全内。

清康熙十年還讀齋刊本。

尉繚子集注大全。錢泰觀、林嗣環。（？年——一六七二年。）未見。松雲堂書店古書目録著録。在武經七書集注大全内。

清刊本。

日本元禄間刊本。

重刊尉繚子彙解。朱墉。（一六八八年，康熙二十七年。）存。全文，體例包括直解、彙解、開宗、全旨、纂序，彙解中録大全、題炬、指南、開宗、翼注等前代諸多注本，鄧伯瑩、鄭友賢、王漢若、汪殿武等前人的注説。前有袁寶璜“尉繚子序”，署青溪朱墉鹿岡纂輯，青溪朱圻次郊原訂。在重刊武經七書彙解内。

清康熙二十七年懷山園刊本。

清光緒索綽洛氏家塾藏版重刊武經七書彙解本。

中國兵書集成一九九一年影印本。

尉繚子全題講義通考，一卷。謝重綸。（一六九〇年，康熙二十九年。)存。分上下二欄,白文斷句,不舉主名。上欄標舉尉繚子重要文句,加以評論。前有尉繚子傳略。在武經全題講義通考內。

清康熙二十九年會慶堂刊本。

尉繚子標題正説,一卷。章立幟。(一六九七年,康熙三十六年。)存。分上下二欄,雙行夾注。前有尉繚子傳略。首題:"臨安章立幟漢符父輯著,授業叔士綬紫佩父鑒定,門人駱旋吉、蔣濱全參。"上欄標舉尉繚子重要文句爲題,供讀者研答。在武經標題正説內。

清康熙三十六年刊本。

尉繚子彙解,一卷。曹日瑋。秋浦人(今安徽池州人),字繼武,號秀山。康熙癸酉解元聯捷。依二等侍衛,陝西靖遠副將,官左都督,賜狀元及第。(一七〇五年,康熙四十四年。)存。分段低一格作解,分"釋"、"序"、"參"、"全旨"諸欄,引歷代各家説,並加圈點。篇目下説明篇旨,每卷結尾各附"總評"。前有尉繚子傳略,首題"嘉善曹鑑倫蓼懷先生鑒定,禹山黎利賓觀五、秋浦曹曰瑋經武、秣陵夏仲齡書城纂輯,仝學孟芬東山、鄧泰嗣履參校。"前有康熙乙酉曹鑑倫、曹日瑋、黎利賓三家"序",並夏仲齡"凡例"。在武經七書彙解內。

清康熙四十四年黎利賓刊本。(臺灣"國立中央圖書館"藏)

尉繚子體注大全會解。夏振翼。(? 年——一七二一年。)未見。在武經體注大全會解內。

清康熙間三畏堂、光裕堂刊本。

尉繚子文粹。李寶洤。(一八九七年,光緒二十三年。)存。録尉繚子天官至兵令共二十篇原文,加以刪節、圈點、斷句,時附按語。在諸子文粹内。

民國六年上海商務印書館排印本。

尉繚子札迻。孫詒讓。（一九〇四年，光緒三十年。）存。札記。據日本刊宋施子美七書講義本、日本慶長刊本，更引墨子、禮記、淮南子、史記等書，校訂文字文義，並附己見。在札迻内。

尉繚子校注，二卷。許鋐。（？年——一九〇八年）。存。雙行夾注，引古代典籍並加眉批、旁注。按：許鋐未詳，兹暫列清末。

手稿本。（臺灣“國立中央研究院”藏）

尉繚子逸文。（？年——一八一〇年。）未見。唫香僊館書目著録。按：未著輯者姓名。在逸子書十四種内。

清鈔本。

尉繚子今注今譯。劉仲平。（一九七五年。）存。依尉繚子全書，分篇、分段録其原文。先作“今注”，舉重要文句，以數字標出，加簡單注釋。“今譯”則用白話翻譯。全書加標點符號。前有“前言”。

一九七五年臺灣商務印書館排印本。

尉繚子譯述。孫一之。（一九七六年。）存。據尉繚子八篇篇目，略引尉繚子本文，加以衍説。在武經七書譯述内。

一九七六年臺北星光出版社排印本。

尉繚子注釋。署八六九五五部隊理論組、上海師範學院古籍整理研究室。存。取清崇文書局本爲底本，依尉繚子全文，分篇、分段録其原文，逐句注釋。前有出版説明，每篇之前有“説明”，言該篇主旨。後列“附録”，有銀雀山簡本尉繚子釋文（附校注）、群書治要本尉繚子及尉繚、尉繚子資料輯録。

上海古籍出版社一九七八年版。

尉繚子注譯。華陸綜。存。以宋本武經七書本（上海中華學藝社影印）爲底本，依尉繚子全文，分篇、分段録其原文，逐句校勘注釋，並有譯文。有“前言”，言及尉繚子其人其書。

中華書局一九七九年版。

尉繚子斠注。鄭良樹。存。節取天官、兵談、制談、戰威、攻權、守權、十二陵、武議、將理、原官、經卒令、兵令諸篇文字，作校勘。在竹簡帛書論文集内。

中華書局一九八二年版。

尉繚子校注。鍾兆華。存。取續古逸叢書之武經七書本爲底本，依尉繚子全文，分篇録其原文，逐句校勘、注釋。有“前言”，言及尉繚子其人其書。有“附録”，言及尉繚子版本系統。

中州書畫社一九八二年版。

尉繚子淺説。徐勇。存。以宋武經七書本爲底本，依尉繚子全文，分篇録其原文，加以校勘、注釋、譯文與解説。前有“總論”，言尉繚子其人其書，論及其兵學思想。後有“附録”，列有中國、日本、朝鮮研究論著索引。

解放軍出版社一九八九年版。

尉繚子譯注。李解民。存。取續古逸叢書之武經七書本爲底本，依尉繚子全文，分篇、分段録其原文，逐句校勘、注釋。有“前言”，言及尉繚子其人其書。

河北人民出版社一九九五年版。

尉繚子新説。張秦洞。存。依尉繚子全文，分篇録其原文，簡要注釋。文後引證古今中外戰例作解説。有“前言”，言及尉繚子其人其書。

解放軍出版社二〇一一年版。

二、日本尉繚子書目録

校定訓點尉繚子,五卷。元佶。(一六〇六年,慶長十一年。)存。以七書講義本校武經七書正解本,删去"講義"、"直解",只留本文,並加假名訓點。在七書内。

日本慶長十一年刊伏見古活字本。

日本萬治二年野田彌兵衛重刊活字本。

尉繚子評判。林道春。(一六〇六年,慶長十一年。)未見。國書總目録著録。在七書評判内。

日本慶長十一年刊本。

日本慶安四年刊本。

尉繚子講義私考。林道春。(? 年——一六二六年。)未見。目録大成著録。在七書講義私考内。

尉繚子訓點,一卷。林道春。(? 年,萬治二年。)存。白文,無注,假名訓詁。在武經七書内。

日本萬治二年刊本。

尉繚子句讀。山鹿高祐,會津人,初名義矩,字子敬,號素行,赤穗侯之賓師贈正四位。生於元和八年,貞享二年卒,年六十四。(一六四四年,正保元年。)存。在武經七書句讀内。

正保元年手稿本。

明曆二年素行文庫原稿本。

慶應元年武經七書句讀寫本。

尉繚子諺義。山鹿高祐。(一六七三年。)存。目録大成著録,日文著述,分段録漢文尉繚子原文,日文解義,並録漢文各家説，假名斷句。文内引諸家評論，並附己見。末收寬文十三年自序，在武經七書諺義内。

　　日本寬文十三年素愚堂刊本。

　　日本寬文十三年武經七書諺義排印本。

　　大正元年右川黄一排印本。

　　大正元年再版排印本。

　　尉繚子要證。山鹿高祐、山家義矩。（一六七五年，延寶三年。）未見。目録大成著録。在七書要證内。

　　日本延寶三年刊本。

　　尉繚子備考。山家義矩。（？年——一六七五年。）未見。國書總目録著録。在七書備考内。按：義矩乃山鹿高祐子，當即尉繚子講義備考之別稱。

　　尉繚子私考。松永遐年。（？年——一六四五年。）未見。著述集覽著録。在七書私考内。

　　義解宗評訂識尉繚子，一卷。山中乎哉。（一六六一年，寬文元年。）存。二十四篇，以黄獻臣武經開宗詮解爲底本加以校訂。首題：“山中倡庵乎哉者，莆田黄獻臣詮解。”在七書義解宗評訂識内。

　　日本寬文元年中野市右衛門刊本。

　　標點尉繚子直解。鵜飼信之。（？年——一六六四年。）未見。目録大成著録。在武經七書直解内。

　　尉繚子日講。深井彪。（？年——一六七五年。）未見。國書總目録著録。在七書日講内。

　　尉繚子講義通考。菊池武匀。（？年——一六八二年。）未見。

著述集覽著録。在七書講義通考内。

尉繚子講義。佐久間莊。（一七一〇年，寶永七年。）未見。國書總目録著録。在七書講義内。

日本寶永七年寫本。

尉繚子俚諺鈔。神田滕久。（一七一四年，正德四年。）存。體例大抵與孫子俚諺鈔略同。在武經七書諺鈔内。

尉繚子便義。喜多村政方。（？年——一七二九年。）未見。目録大成著録。在七書便義内。

尉繚子字義。若山直昌。（一七二九年，享保十四年。）未見。目録大成著録。在武經七書字義内。

日本享保十四年刊本。

尉繚子句解。若山直昌。（？年——一七二九年。）未見。目録大成著録。在武經七書句解内。

尉繚子正義，二卷。關重秀。（一八〇八年，文化五年。）存。漢文著述。雙行夾注，眉欄並有音注，篇目下並有説明。首題"關重秀撰次"。前有文化癸酉"關重秀七書正義序"，並有"七書正義第五尉子序"。

尉繚子解。河田孝成。（？年——一八一四年。）未見。著述集覽著録。

尉繚子句解。河田孝成。（？年——一八一四年。）未見。目録大成著録。在七書句解内。刊本。

尉繚子真解。萩野信敏。（？年——一八一七年。）未見。著述集覽著録。在七書真解内。

尉繚子解叢。荻野信敏。（？年——一八一七年。）未見。著述集覽著録。在七書解叢内。

校正尉繚子正文。平山潛。（？年——一八二八年。）未見。目録大成著録。在武經七書正文内。

尉繚子旁詮,二卷。田代政輔。（一八六六年,慶應二年。）存。漢文著述上下二卷,增字附於每句之下,補足文義,順文直注,並於每行右側間亦旁注音讀。前有慶應二年自序;末附乙丑若山拯撰"尉繚子旁詮跋"。

日本慶應二年水哉亭刊本。

尉繚子注釋。松本元裕。（？年——一八七七年。）未見。目録大成著録。在武經七書注釋内。

袖珍武經尉繚子。鈴木種次郎。（？年——一九〇九年。）未見。昭和三十三年書籍文物流通會古籍目録著録。在袖珍武經七書内。收入袖珍文庫。

明治四十二年東京三教書院排印本。

明治四十三年東京三教書院再版排印本。

昭和十一年東京三教書院排印本。

袖珍尉繚子新注。佐藤仁之助。（一九〇九年,明治四十二年。）未見。昭和三十三年書籍文物流通會古籍目録著録。在袖珍七書新注内。

明治四十二年東京成器閣排印本。

明治四十三年東京成器閣再版排印本。

和譯尉繚子。田岡佐代治,土佐人,字嶺雲,曾任中國蘇州學堂教授。（一九一〇年,明治四十三年。）存。日文譯注,首附明治四十三年春"譯者識"。在和譯漢文叢書之七書内。

日本明治四十三年東京玄黃社排印本。

尉繚子譯注。<u>小柳司氣太</u>。（一九一一年，<u>明治</u>四十四年。）未見。<u>松井武男</u>吴子參考書著録。<u>日</u>文譯注。在七書内。收入<u>漢文叢書</u>。

<u>日本明治</u>四十四年<u>東京</u>有<u>明堂文庫</u>排印本。

眉批尉繚子<u>直解</u>，一卷。<u>服部宇之吉</u>。（一九一二年，<u>大正</u>元年。）存。以<u>翁鴻業</u>重校<u>劉寅</u>尉繚子<u>直解</u>爲底本，補入<u>黄獻臣</u>詮解，加以<u>日</u>文眉批，假名訓點。首題：“<u>太原劉寅</u>輯著、<u>江陵張居正</u>增訂、<u>錢塘翁鴻業</u>重校補、<u>莆田黄獻臣</u>詮解。”在<u>漢文大系</u>七書内。

<u>日本大正</u>元年<u>東京富山房</u>初版排印本。

<u>日本大正</u>元年十一月再版排印本。

<u>日本大正</u>元年十一月三版排印本。

<u>日本大正</u>元年十二月四版排印本。

尉繚子譯注。<u>塚本哲三</u>。（一九一九年，<u>大正</u>八年。）存。書籍文物流通會古書目録著録。前有<u>小柳司氣太</u>七書解題。在<u>有朋堂漢文叢書</u>之七書譯注内。

<u>大正</u>八年<u>東京有朋堂</u>排印本。

<u>大正</u>十四年<u>東京有朋堂</u>排印本。

國譯尉繚子。<u>兒島獻吉郎</u>。（一九二〇年，<u>大正</u>九年。）存。<u>日</u>文著述，以<u>劉寅</u>尉繚子<u>直解</u>爲底本，參考<u>宋施子美</u>尉繚子<u>講義</u>及<u>黄獻臣武經開宗</u>，附以己見。前有“七書解題”，述尉繚子傳略及思想“凡例”。首題：“<u>兒島獻吉郎</u>譯並注。”末卷附<u>中</u>文原文。在<u>國譯</u>七書内。收入<u>國譯漢文大成</u>。

尉繚子。<u>公田連太郎</u>、<u>大塲彌平</u>。（一九三五年，<u>昭和</u>十年。）未見。<u>昭和</u>二十九年書籍文物流通會古籍目録著録。題：

“公田連太郎譯、大塲彌平講。”在兵法全集内。

昭和十年東京中央公論社排印本。

兵法尉繚子。北村佳逸。（一九三六年，昭和十一年。）未見。昭和二十九年書籍文物流通會古籍目録著録。

昭和十一年東京立命館排印本。

尉繚子，一卷。小林一郎。（一九三八年，昭和十三年。）存。日文著述，漢文原文，附日文譯文及解説。前有“序説”。孫子、吳子同卷。收入經書大講内。

昭和十三年東京平凡社排印本。

尉繚子。村山孚。（？年——一九七六年。）未見譯述。在中國文思想内。

日本昭和年間東京德間書店排印本。

三、韓國尉繚子書目録

新刊增注尉繚子直解，五卷。（一七七七年，乾隆四十二年。）存。以劉寅直解本爲底本，體例、行款、版式大抵與增注孫子直解相同。按：“增注”者姓名未詳。在新刊增注武經七書直解内。

清乾隆四十二年朝鮮内閣刊本。

附録五　歴代序跋

　　江伯虎施氏七書講義序：兵家之書，不知其幾也。漢初有一百八十二家，删取要用者三十五家。其後，任宏論次，分其書爲四種。唐有二十三家，藏其書於四庫者凡六十部，失姓名而不著録者不與焉，可謂繁且雜矣。圮上一編，足爲王者師，奚以多爲哉！朝廷武舉之科，惟用七書以取士，亦此意耶？三山施公子美爲儒者流，談兵家事，年少而升右庠，不數載而取高第，爲孫吴之學者多宗師之。今得其平昔所著七書講義於學舍間，觀其議論出自胸臆，又引史傳爲之參證。古人成敗之跡，奇正之用，皆得以鑒觀焉。雖曰兵不可易言，若施之用，亦豈至不知合變也？於是鋟木以廣其傳。

　　貞祐壬午上巳，同郡江伯虎序。

　　劉寅武經七書直解自序：洪武三十年，歲在丁丑，太祖高皇帝有旨："俾軍官子孫講讀武書，通曉者臨期試用。"寅觀孫武舊注數家，矛盾不一，學者難於統會。吴子以下六書無注，市肆板行者闕誤又多，雖嘗口授於人，而竟不能曉達其理。於是取其書，删繁撮要，斷以經傳所載先儒之奥旨，質以平日所聞父師之格言，訛舛者稽而正之，脱誤者訂而增之，幽微者彰而顯之，傅會者辨而析之。越明年稿就，又明年書成。凡二十五卷，一百一十四篇，總若千萬言，題曰武經直解。及取儒家諸書、先聖先賢之所著述，有切於兵法者，編爲附録，載之於前，以取童蒙講誦之便，非敢與識者道也。

嗚呼，兵豈易言哉！觀形勢、審虛實、出正奇、定勝負，凡所以禁暴弭亂、安民守國、鎮邊疆、威四夷者，無越於此也，聖人於是重之。故仁義忠信智勇明決，兵之本也；行伍部曲有節有制，兵之用也；潛謀密運，料敵取勝，兵之機也；一徐一疾，一動一靜，一予一奪，一文一武，兵之權也。不有大智，其何能謀？不有深謀，其何能將？不有良將，其何能兵？不有鋭兵，其何能武？不有武備，其何能國？欲有智而多謀，善將而能兵，提兵而用武，備武而守國，舍是書何以哉？

兵者詭道，是以孫吳之流專尚詐謀。司馬法以下數書，論仁義節制之兵者，間亦有之，在學者推廣默識，心融而意會耳。雖然，兵謀師律，儒者罕言；譎詭變詐，聖人不取。仁義節制，其猶大匠之規矩準繩乎！大匠能誨人以規矩準繩，而不能使之巧。寅爲此書，但直解經文，而授人以規矩準繩耳。出奇用巧，在臨時應變者自爲之，非寅所敢預言也。狂斐踰僭，得罪聖門，誠不可免，然於國家戡定禍亂之道，學者修爲戰守之方，亦或有所小補云。

書中差繆尚多，古人所謂“校書如塵埃風葉，隨掃隨有”，信哉斯言！博聞君子覽者改而正之可也。

洪武戊寅歲律中無射望日戊戌，前辛亥科進士太原劉寅序。

李敏武經七書直解序：曩予奉命巡撫大同，密邇北虜，日親戎馬之事。自恨軍旅未學，恒切憂懼，始求孫吳之書觀之，乃知用兵自有法度。將不學而兵不教，其能取勝也難矣。越三載，召爲兵部右侍郎，佐理軍政，而兵家之書尤不可須臾離也。欽惟皇上鋭意治理，文武並用，設武學於都城之内，自公侯而下，咸遣子入學，設官以教之，給廩以養之。月命總兵一員，會兵部文臣，詣武學閱試弓馬謀策，歲終次其等第，聞於上，賜楮幣有差，而激勸之。無非作養將材，爲邊方計，以隆千萬載無窮之業也。

一日，予與英國張公戀親臨會考，見武生讀誦者皆市肆板行，孫武舊注間有不明，吳子諸書尤多舛謬。張公患之，乃出其家藏拱辰劉先生武經直解示予。披閱再四，見其注釋詳明，引據切當，開卷讀之，不待師傳而自會其意，誠兵家之寶也。將謀鋟梓，以廣其傳，會余遘疾，賜告歸養於鄉，而志不果。竊歎此書終無聞於世矣。既而疾瘳，復以左副都御史召命撫巡畿内，提督邊關，遂攜此書偕往。駐節保定，托守制知府清苑王琮校正。繕寫既成，適監察御史趙英來知府事，見其書而悦之，命工刊行，請予序其端。

予惟此書成於劉先生之手，計其時已百年，暨余得之又數載，今始傳焉。噫，余退而此書已晦，余進而此書復顯，豈非有數存乎其間耶！余身進退固不足爲輕重，而此書之隱顯實繫之，何者？余進也不過守一方一時，才有限而智有窮；此書一出，則武弁轅門之家，英豪俊髦之士，朝講夕讀，自然增其知識，長其謀略，名臣良將接踵而出，守邊疆於永固，保宗社於無窮矣，雖千百敏，烏足爲有無哉！此余所以不以身之進也爲榮，而以書之顯也爲幸。

或曰：公以儒發身，當事仁義道德，權謀功利之書奚尚焉？余曰：不然。古人安不忘危難，文、武、成、康之世，猶拳拳以戎兵是詰，矧夷狄奸宄世常有之，不有良將，孰能戡定禍亂而輯寧邦家也哉？是書也，豈徒專爲權謀譎詐？顧人用之何如耳。湯、武用之則爲仁義之師，孫、吳用之則爲譎詐之術，仁義得之愈久而愈昌，詐術取之隨得而隨失。觀之前代，概可考矣。言者唯唯。因併書之，以爲學兵者告。

　　成化二十二年九月中澣，賜進士通議大夫都察院左副都御史襄城李敏叙。

　　何起鳴武經七書直解序：萬曆丙子，予奉命撫貴，兼督湖川，故省會無兵，諸酋驕蹇不制，起鳴上白聖天子，俞允建營增兵，特揀閫帥一員兼游擊領之，西南稱雄鎮焉。嘗振腕歎曰：“安得諳韜略若孫、吳輩，驅之行間，庶幾哉，慰拊髀之思也已。”既檄世胄子弟，遴會舉中諳韜略者爲師，教之七書，昕夕講解，一時材官接踵而出，視文相埒矣。

　　己卯冬載奉命撫齊。夫齊，非“三軍之良，五家之兵”邪？管子作内政，禦戎翟，衛諸夏，而諸侯鞭箠使矣。乃予行部，睹六郡材官子弟策肥刺梁，籌之諸家言，什不能一對。大都中原承平日久，人諱言兵，武弁者流偷時恬嬉，鮮自奮於勳名。夫齊魯，左輔重地，上護陵京，而武不知經，緩急曷賴？予唯是競競懼如西南。既殿最其騎射，尋檄其講讀武經，而所在鮮蓄是書者。臨清兵巡副使賈君攜有直解一編，出以視予，遂屬東昌守梓之，以廣其傳。無何報竣，乃請予一言，以著之末間。噫，予何言哉！是書間出幻化，即不盡軌於正義，大較戰守攻圍離合奇正瞭然指掌矣。孫、吳、司馬法、李衛公問對斤斤可考；三略、六韜、尉繚子，昔人謂托名著者，吾祖其淵謀石畫焉爾，真贋毋論也。

　　卑卑自營者輒曰：今日四夷解辮納貢，邊吏且釋戈卧鼓，即數子者復出，無所用之，奚藉此書爲？是不聞之場師乎，所日滋培成干霄之材者，爲異日工師需也。若曹幸遭治世，不以是時究竟籌略，方隅緩急時，有籍令提桴鼓執綏，安能從馬上受書耶？昔漢主教驃騎將軍學古兵法，將軍曰：“顧方略何如耳？”是書也，蓋欲習者悟其機於迎刃轉圜之間，以儲干城腹心之選，匪直資若曹齒頰譚也。嗟乎，喜建豎者，儒吏抵掌乎韜鈐；鬭藻績者，武吏飾名於觚管,比皆越俎治矣。文武攻其業,以爲國家彪炳中外,庶幾答百世之遇。是書可少之哉?

書凡若干卷。直解,進士劉拱宸著,詳具襄城李公叙中;參校訂正則副使賈仁元、知府莫與齊也。

萬曆九年辛巳六月望日,賜進士通議大夫巡撫山東都察院右副都御史內江何起鳴序。

張一龍尉繚子兵機小引:自周德衰,驕語王道者,輒見以爲迂,故子輿子説多不録。尉繚謹人事、道勝、威勝,富民、富士,刑上究、賞下流,兵教、兵令等語,大旨多脗合孟氏,而不失孫之詭,吳之刻,司馬之膠柱,侃侃鑿鑿,可底成績。令惠王能用之,寧第雄霸一時,盡洗三敗之恥,必可包舉六國,不爲二世之亡,何至踵韓趙而折入於秦。吾故不惜衛鞅之不用不殺,而於尉繚之不用,爲之掩卷三歎息也。

今觀其書,通卷論形勢而已。其於誅逃尤嚴。至末篇謂善用兵者殺十之半,次殺十三,下殺十一,是何可訓也。且語多黝刻,其學宗衛鞅無疑。然所稱訓卒練兵,料敵制勝,即孫吳當不遠過。而究不能扶東敗西喪之魏者,豈惠王未必用之與?抑當時龐涓用事,妬賢嫉能,或此人一見尉繚,見幾遠引,卒莫如所之?今不可考矣。

古宣張一龍雲昭甫識。

阮漢聞尉繚子標釋序:按尉氏志,尉繚子臺在邑内東北,戰國時尉繚所築。

又曰:尉繚宅在縣治東北隅,有二臺,一看花,一梳妝,之二名不典,好事者以傳其女,妄也。尉繚臺宜居一。今直兩魁皋也。史記:"繚,大梁人。"尉氏去大梁不百里,其以人屬都乎?昔鄭有尉止、尉翩，氏名於官，邑名於氏。繚似止、翩後。典午記秦事甚邇，當不謬。繚爲秦國尉，在始皇十年。天官第一曷云“梁惠王問耶”？惠王三十一年徙治大梁，禮幣賢者，鄒衍、淳于髡、孟軻皆至。繚治兵家言，獨不足當一灑邪？又無問天官一篇襲子輿氏喙餘。漢志兵家有尉繚三十一篇。今逸其七。雜家尉繚二十九篇。如非孟堅誤，又誰邪？繚嘗尉秦，亦可以秦官氏，則一繚耳，其氏以鄭以秦，皆不可知，而欲亡去。所謂聲豸心虎者，固止之。後卒無考，但可信爲尉氏人，不敢信與梁惠王同時也。

嗟乎！蘇秦、張儀軺軾之雄，反覆之首也。然策安六國，無踰從者。連雞無爭，大鳥可繳，吾烏知從首不齊桓，蘇季不敬仲，何至憑吊憚狐，千古短氣？夫既不幸生儀矣，繚安得復云賂豪亂謀不下三十萬金，則諸侯可盡邪？宗周六國，雖謂儀、繚亡之可也。吾讀繚“武植”、“文種”、“省獄”、“禁暴”諸篇絕不類是。其後督責諸令刻深，儳秦法，豈尉秦時所爲又絕不類前？然則尉繚子者，真贗半焉者乎。第雖錯雜成書，與太公六韜較異，何也？尉繚子中容有尉繚，六韜中必無太公也。若六韜自龍韜而下始談兵鈐，尉繚自重刑而上每舉道法，於此見古人論兵，即不無詭託爲名高而終存。先王務本，任德和民，畜衆之遺，不似後世妄一男子憑力失臧以圖僥倖。乃尉繚文古樸精煉，亦勝六韜蕪藟，蓋兩人才筆懸殊，然而六韜之僞也，又在尉繚後矣。嗟乎，書苟足傳，奚必嫁古而盲今乎？

余非知兵者，既自都門徙還尉氏，取邑所稱三賢、吾祖嗣宗伯喈尉繚書細讀一過，見繚注多牽附不合，又末篇“殺士卒半”謬爲“生殺”之“殺”，古今譏之，爲略疏數語，置篋中，不意二十年餘，繚書遂難封塵飽蠹，因再標舉微密以俟解人，恐不堪與張橫渠注作衛官耳。橫渠少喜談兵，范文正公勸學儒改業。噫嘻，文正視儒與兵兩邪？此所以元昊曠懸蒿街，二帝長妻五國也。

天啓癸亥春，仲邑人阮漢聞書於嘯臺下之詠懷堂。

　　及朴尉繚子集序：不佞既梓阮嗣宗集，固乞尉繚子善本於邑士紳，咸曰阮太沖，太學嘗標釋之。幸往索焉。無何，太學至，語以故。太學曰："蒙第就尉繚言尉繚耳，公焉用此爲？"不佞猝不領。復曰："古來何書無兵法？世間何事無兵機？解人不必孫、吳、穰、尉，非解人即太公、黃石提之耳，終不能釋。故筌拔成甄，以神批擣之用。昔唐之君臣相爲問答，一曰不出多方以誤之，一曰不出致人不致於人。覈已，蒙猶贅焉。夫名自命也，事自定也，因其自然而從之，而不誤之誤，無致之致，縱一日五化，徐赴環中，斯之謂神解而天伐。雖然，蒙亦焉用此爲？豗山臥病，今玆十霜，向野老每以遼岈來諗，意嘗恨之。因冥思大局若何，密指若何，先聲若何，陰陽正倒若何，遂覺山川皆壘格，風雲皆旆旌，草樹皆徒旅，泉石皆鼓鉦，呼聲振天，血光漲海，藁街高懸，降城宛在，嘻，雄矣！快矣！無留行不再舉矣！行復自念心兵憎耶？魔境現耶？偏親在堂，病骨在榻，殺機一開，妙氣不宅，作是念已，械智宛然，形如枯蜩，氣如伏舛，心王清泰，邊徼昭蘇。故兵也者，潛發靈臺，捷收慧劍，有則兔起鶻落，無則颮息波恬，預橫於裏勉。循其故，三革五刃，曰不勝，敝公將謂何？"應之曰：子言甚恢，亦甚幻，吾知子不求用世，亦知世不能用子，第歸我尉繚，早就厥而令業，橫草者肆焉，不但新子邑之故也。伻來卒讀，果樂醒捷簡奧，可稱尉繚知己。原其本趣，似壹意形氣之先，而絶陋閧鬭之倖者，則其前述，豈盡惝恍？乃授梓而並記其説。

　　尉氏又有江統著徙戎論，上晉武，武不能用，卒致五胡亂華。人服深識，計其籌虜，亦繚後一人。以不佞所聞於太學，及讀諸所論著，蓋深蟠離趣而蓄經天下之志，其識略不必遠慕古矣。

　　天啓癸亥孟秋既望，尉氏令交河及朴撰。

靳於中尉繚子集序：及侯既梓阮嗣宗集，余序之以傳矣。復梓尉繚子集遺余。余讀之未終，輒擊節歎服。古人有一言而抉兵機，洞後世之利弊，若觀火然，亦奇哉！

余縱覽繚之全集，莫要於戰威、攻權、武議、將理四篇，而四篇之中三致意焉，莫要於“兵以靜勝”一言，此武、臏所未譚，荀、吕所未錄也。唐文皇與李衛公商略古今兵法，而撮多方以誤之。夫心驚於多，己先擾矣，烏能勝人？蓋兩軍相當，虛實、强弱不過動靜而已。彼動則制於我，我動則制於彼。軍志曰：“將妄動，軍不重。聖人將動，必有愚色。”故靜爲勝也。唯是十萬跗往，輕者欲發，沉者欲止，廉者欲守，貪者欲取。局外攘臂者，又明言善議以撓其成，如此而欲靜勝，譚何容易？允靜則無形無聲，獨出獨入，然後易使如臂指，叵測如鬼神，難撼如山嶽，然後能分人之兵，疑人之心，然後設右爲牝，益左爲牡，終以處女，始以脱兔。终古推善兵者莫神於陰符，既曰“天發殺機，地發殺機”，又曰“自然之道靜，故天地萬物生”。而楊子亦云“潛天而天，潛地而地”。夫靜所以潛也，天地且不違，況武備乎？余嘗謂六國無武，非無武也，夫人而能武也。但人知武之武，不知不武之武，是以疆場一彼一此，卒成戰國。獨秦用繚之計策，竟破縱橫，混一區宇，其得失可見於前事矣！此“靜勝”一言爲抉兵機，與丹書並傳不朽也。往余備兵海，蓋三鼓之不起，詢其故，則武臣掣肘於文臣，外吏仰息乎内吏，錢神有靈，石畫罔效。時已極重難返，間者醫無閭之役，戰嘩於伍，議嘩於朝，而佩虎符者首鼠莫適。任患致覆軍蹙地，烽火達甘泉，總躁動誤之耳。緣斯以譚，繚“靜勝”一言若爲今日發者，故曰奇也。夫天下之事未知終始，肅慎貢楛無時，中原加賦不已，兵久變生，識微者慮之矣。然則及侯梓是集也，雖曰表章先賢之奇，其有隱憂乎？

天啓三年中秋,邑人靳於中題。

汪淇開宗直解鰲頭七書序：國朝文武並尚特旨,廓清武學,汰僞存真,誠重之也。重其人,烏得不重其書? 則是七書猶之四子書也。學士家當尊之爲經云。

武經注釋家各異其説,然皆因仍沿襲,旨意未徹,則理義斯乖。是集廣彙諸書,一宗正説,庶先賢心傳畢露,而後學曲説無憑,於世道不無少補矣。黎棘多災,魚魯莫辨,以訛傳訛,毫釐千里,是書從家藏古本一一訂正,句節字比,悉遵典型。諸如軍爭、九變兩篇,時本多云錯簡,兹則仍舊,以志闕疑。向來章句割裂,注釋分填,既不便於吟誦,又多病於瑣零,兹則獨録全文,另標解義,使讀者去睫目之苦,獲快心之樂,自當人奉拱璧焉。

擬題既經標明,又復贅於簡端,重見疊出,眉目反爲不清,此則旁加大圈,開卷即見,尤稱簡便云。題解向多舊説,近復紛出新見,如題鏡、彙解諸書,誠爲精當,間有自出心裁,未合經義,是集力闢其謬,務存其是,分録於後,以成全璧。

武經一書從未單行,非贅以射法、陣法,即附以將略、兵謀,是集概不並載,使讀者潛心經旨,則機略自生。戔戔技藝,又屬末事矣。

是書始於舊冬,成於今夏,歷二季而成編。其中反博歸約,補略成詳,備極苦心。書竣,質之二三同志,商榷允當,方敢授梓。雖不足云,幾絶其編,亦庶幾乎數洗其髓矣。

順治辛丑,客越汪淇憺漪氏紀言。

曾櫻武經開宗序：夫經文緯武,有二乎哉? 胸無數萬甲兵者,不可以言文;胸無數萬甲兵者,何足以語武? 此今上所爲重,出將入相之才也。是故易言"師貞",詩咏"吉甫",書稱"除殘伐暴",

禮載"樽俎折衝"，春秋紀"誅亂攘夷"，下殆百家諸史，縷縷不廢譚兵，良以國命民生實綰諸此，未可易言。我祖宗養士幾三百年，稍遇盤錯，終未得如韓、范者起而寒亂賊之膽，何也？文臣不識武，與武臣不知文，一也。文臣不識武，安能以八股張六軍勇氣？武臣不知文，又安能以一劍作萬里長城哉？

邇者奴酋反側，流寇披猖，聖天子廑拊髀之思，慨然以武科並重文闈，誠將相抒猷之會也。莆陽文獻甲天下，固不乏蹇蹇桓桓之彥，堪爲國家勒鐘鼎殊勳，標銅柱奇猷。余不佞，分守茲土，叨預觀風之役，獲披壺蘭之秀，而品題之，乃得黃生獻臣、陸生經翼列諸前矛。既受評文之任，復提講武之衡，入彀中者，亦皆彬彬豪俊，而陸生沖與焉。

已而黃、陸三生以解釋武經請政於余，余閱之，覺從前牽合附會之陋滌除淨盡，一開卷而瞭然心目，誠登壇之上略，保國之良圖也。文士所當盡心，亶其然乎？宋儒黃勉齋先生文武兼資，三生行將步其武矣。自此，而懋勤大業，翼爲明聖，尚未有艾。余故曰：出將入相，朝廷以此正其始；經文緯武，是編洵足開其宗。

賜進士出身分守興泉道江右峽江曾櫻，孟夏朔旦題於壺蘭公署。

過於飛武經全解序：宋元豐中，以孫吳諸子七書頒之武學，使學生肄之。是時，儒者所治，尚未有四書之名，而七書乃先四書而行。至於今韜鈐之士，非此不習也，其來可謂久矣。而余竊謂兵者，聖人之一法耳。夫子嘗言我戰則克，其應行軍之對，爲萬世兵法之祖。昔李衛公謂"千章萬句，不出乎'多方以誤之'"，余亦謂"千章萬句，未有出乎臨事而懼"、"好謀而成之"兩言者也。然自分科取士以來，文士之治經常精箋疏，演釋充棟不可校，而其文往往有超絶名世之家；武士之治經常不能精，而其所爲論策者，取句讀裁通而已。蓋由令甲首重騎射，又武士居文什三，而解額反溢三之二，闈中以充數爲幸，何暇復論工拙？則其疏於治經也宜。頃者皇上以武科猥濫，始束其額，令與文闈等。蓋將鄭重其選，得簡練揣摩之材而用之。額既束，則不得不工於文；工於文，則不得不精於經者，其勢也。……

時康熙戊辰穀雨日，長洲竹塘過於飛題於雲陽清署。

朱墉尉繚子彙解序：自六經復出於漢，學者莫得其本真，於是諸儒章句之學興焉。其後傳注箋解疏義，轉相講述，而聖道以明。至兵法之書，則猶多缺略也。然余觀文武兩途，如陰陽之不可相無也。第文爲陽而主乎春夏，武爲陰而主乎秋冬。發生者尚仁，肅殺者尚義，故孔子刪詩書而贊乾元，老氏則論道德而崇清淨，孟子、荀卿專本尼山，莊、列、申、韓惟師柱下。蓋虛無流爲刑名，刑名流爲兵律，分軌殊趨，各有旨歸矣。獨是六經之道，原簡嚴易直，迂儒强爲分疏，而煩者不勝其煩。七子之言則放誕變遷，後人附會支離，而略者終守其略，雖有張、杜、梅、陳、歐陽諸先輩詮釋，而世無善本，戶少藏書，使武士不識統宗，良可悼哉！

余嘗從藝文志繙閱遺編，竊有所得也。若孫子之詭譎奧深，窮幽極渺；吳子之醇正簡要，恕己近情；司馬之縝密謹嚴，詳核周至；衛公之辨析精微，考據典確；尉繚之敦本務實，峻法明刑；黃石之機權敏幻，智術淵閎；太公之規模闊大，本末兼該，是以並列黌宮，武士得其一二，足以建立奇勛，豈得謂爲語言文字，而不身體力行哉？説者曰：暗合運用者在於意授，何須更下注腳，失於膠柱刻舟。然冥悟可以求上哲，而不可以期中庸，讀書而懷疑，如矇瞽之憒憒於途，何如揭日月於中天乎？余故從而訂之，疏解有淺深，彙集有先後，既統括其大綱，更纂序其神吻，必使無義不徹而止。世之好學者，其亦鑒余衷哉。但余上之不能修德行於鄉黨，次之不能效智勇於邊陲，僅窮年兀首，考同辨異，爲蠹魚以老，其亦食仙而不化，無補於六經聖道，未免爲君子所鄙笑也已。

時康熙三十九年庚辰吉月穀旦，青溪鹿岡朱墉書。

國英重刊武經彙解總序：古有文事者必有武備，言乎文事則新民明德，言乎武備則攻心伐謀，二者相因而事攻乃濟。兵書一道，非習之於常，不能應之於變。

憶自道光間，封疆底定，教匪初平，偃武修文，人皆忘戰，未幾海疆釁起，粵逆相繼爲亂，海內騷動者垂二十年，豈非武備不講之故歟？余少孤釁，學武略，非所知，始讀武備志、紀效新書，茫然莫測其旨酒乎。供職兵曹，閱四司所掌，始知我朝兵制所以勵將才、簡軍實者，猶是大司馬九伐之遺意。適友人瑞從軒以武經彙解見授，余讀而愛之。殆分巡歸綏，值西疆回匪擾及晉郊，勒兵助剿，而金雞堡以平，則得此書之力也。

按七書之中，四庫全書總目收其注者，惟劉寅三略直解，至阮芸臺相國所進，則有孫子十家注、劉寅尉繚子直解，道藏則有魏武帝孫子遺説，而此書所採至八十五種，可謂賅而博矣。夫歷代談兵之書最夥，然皆以七書爲宗。鹿岡後彙重説而解之，其闡發尤爲美備。雖六韜、三略，或終僞托，然言之有故，持之成理，要非淺淺寡謀者所能道。讀兵家言者，取其即用足矣，豈必拘拘於此哉？

余擬購求別本，遍訪不可得。深恐前賢秘笈湮没不傳，爰與幕中同志校而刊之，使讀之者條分縷析，瞭如指掌，庶天下智能之士得知兵家利害，爲國家宣力四方，靖內患而潔外侮，余心不大慰哉。晚近士大夫只潤色升平，諱言韜略，動以兵凶戰危爲解，而武備以廢，不知安不忘危，治不忘亂，古訓有之。鹿岡見及此，而以前無定本，爲作是編。今甫去鹿岡百七十年，此書又復散軼，余故影壽諸前，以爲百年不用之備云爾。

光緒二年丙子孟夏上澣，輝發國英鼎臣氏書於對青山房。

　　袁寶璜尉繚子序：劉子政之言曰：“戰國之時，君德淺薄，爲之謀策者，不得不因勢而爲資，據時而爲畫，故其時扶急救傾，爲一切之權。雖不可以臨教化，兵革救急之資也。”余嘗持其説，讀戰國時人所著書，洵然以荀卿明王道，述禮樂，而對君所言不免六術五權之説，其他又何論焉！尉繚遇好戰之主，所陳兵法特傳，雖亦爲一切之權，救急之資，然崇節儉以重兵儲，明賞罰以齊軍志，服士心則曰同甘苦，重民命則曰任賢良，用兵之權謀要不外是。惜乎魏罃黷武自恣，耽范臺之觴，忘專閫之選，卒使封疆日蹙，骨肉就俘，三敗之羞，曾莫與灑無，亦不知兵之咎耶！我朝以神武奠寰區，二百餘年來，德威遐傳，無間重譯，抗衡負阻，終底蕩平，而建麾幢、鎮封圻者，奮武揆文，時有不忘戰之懼。許中丞乃剞有紀效新書之刊，胡文忠林翼有讀史兵略之輯，背慎戰之微意，而競競於用武之先資歟？今鼎臣齮使之重刊武經七書，其獵二君之意矣。武穆有言：“兵之運用在乎一心。”夫談兵而膠柱鼓瑟，吾知泥古之必敗。然恃才氣無雙而不復知有司馬法，雖飛將軍亦不能建尺寸之功。然則韜鈐之奇、李法出軍之訣，夫德可一日忘哉！

　　光緒三年仰春，元龢袁寶璜捧叙。

附録六　歷代評論

漢王充論衡卷三骨相：惟知命有明相，莫知性有骨法。此見命之表證，不見性之符驗也。范蠡去越，自齊遺大夫種書曰：“飛鳥盡，良弓藏；狡兔死，走狗烹。越王爲人，長頸鳥喙，可與共患難，不可與共榮樂。子何不去？”大夫種不能去，稱病不朝，賜劍而死。大梁人尉繚説秦始皇以併天下之計，始皇從其策，與之亢禮，衣服飲食，與之齊同。繚曰：“秦王爲人，隆準長目，鷙膺豺聲，少恩，虎視狼心，居約易以下人，得志亦輕視人。我布衣也，然見我常身自下我，誠使秦王須得志，天下皆爲虜矣。不可與交游，乃亡去。”故范蠡、尉繚見性行之證，而以定處來事之實。實有其效，如其法相。由此言之，性命繫於形體明矣。

梁劉勰文心雕龍卷四：尸佼、尉繚，術通而文鈍。

北齊劉晝劉子卷十：雜者，孔甲、尉繚、尸佼、淮南之類也。明陰陽，通道德，兼儒墨，合名法，苞縱橫，納農植，觸類取與，不拘一緒。然而薄者，則蕪穢蔓衍無所係心也。

宋李廌濟南集卷六：夫尉繚，當梁惠王之時，爲兵之説曰：“善用兵者，能殺士卒之半，其次殺十之三，其次殺十之一。能殺其半者，威加海内；能殺其十之三者，力加諸侯；能殺其十之一者，令行士卒。"信此説也,則興師二十萬,可自誅其十萬;興師十萬,可自誅其五萬矣。且夫將軍,心也;士卒,支指也。心誠則支指應,心危則支指違,士樂附則將威。今驅無罪之人以犯難,悦以使之,猶恐不得其心,忍羅置罪罟以快意於刑戮乎? 誅其半,欲其半之用命,孰若全軍撫愛,皆使之親其上,死其長乎? 殺半用半,雖勝何益? 孟子曰:"不仁哉,梁惠王也。糜爛其民而戰之,爭地以戰,殺人盈野;爭城以戰,殺人盈城。"嗚呼! 慘酷至此,尉繚有以啓之歟?

宋鄭樵通志卷七十一校讎略"見名不見書論二篇":編書之家多是苟且,有見名不見書者,有看前不看後者。尉繚子,兵書也。班固以爲諸子類,置於雜家,此之謂見名不見書。隋唐因之,至崇文目始入兵書類。

宋葉適習學記言尉繚子:今國被患者,以重寶出聘,以愛子出質,以地界出割,得天下助,卒名爲十萬,其實不過數萬爾。兵來者,無不謂其將曰:無爲天下先戰。其實不可得而戰也。史稱吳起要在强兵,破游説之言縱橫者。天下既亂,各有一種常勢,隨其所趨,無得自免。且三代諸侯既已吞併及六七,可謂至强,而縱橫之説方出,而制其死命。如尉繚之流,所見與起略同。然屠王謬主終不能翻然改悔,而相隨以亡。……"凡兵不攻無過之城,不殺無罪之人。夫殺人之父兄,利人之貨財,臣妾人之子女,皆盜也。"尉繚子言兵,猶能立此論。孫子"得車十乘以上,賞其先得者,而更其旌旗,車雜而乘之,卒善而養之,是謂勝敵而益强"。區區乎計虜掠之多少,視尉繚此論,何其狹也。夫名爲禁暴除患,而未嘗不以盜賊自居者,天下皆是也,何論兵法乎!

宋章如愚群書考索卷九:尉繚子,則作於六國時之尉繚。

宋陳振孫<u>直齋書録解題</u>卷十二：<u>唐李靖</u>對<u>太宗</u>，亦假託也，文辭淺鄙尤甚。今武舉以<u>七書</u>試士，謂之<u>武經</u>。其間<u>孫</u>、<u>吳</u>、<u>司馬法</u>或是古書，<u>三略</u>、<u>尉繚子</u>亦有可疑，<u>六韜</u>、<u>問對</u>僞妄明白。

宋王應麟<u>玉海</u>卷一四〇兵法：<u>尉繚子</u>，兵書。<u>漢藝文志</u>兵形勢<u>尉繚子</u>三十一篇，雜家<u>尉繚</u>二十九篇，六國時（人）。<u>劉向別録</u>云："繚爲<u>商君</u>學。"<u>隋志</u>五卷，<u>唐</u>六卷。<u>晁氏志</u>：書論兵，主刑法。<u>漢志</u>二十九篇，今逸五篇。首篇稱"<u>梁惠王</u>問"，意者<u>魏</u>人歟？其卒章有曰："古之善用兵者，能殺卒之半，其次殺十三，其下殺其十一。能殺其半者，威加海内；殺十三者，力加諸侯；殺十一者，令行士卒。"觀此則爲術可知矣。<u>張横渠</u>注<u>尉繚子</u>二卷。<u>載</u>早年喜談兵，後謁<u>范文正公</u>，愛其材，勸其學。此少作也。

宋王應麟<u>漢藝文志考證</u>：<u>尉繚</u>二十九篇，兵形埶又有<u>尉繚</u>三十一篇。<u>隋志尉繚子</u>五卷，今二十四篇，天官至兵令言刑政兵戰之事。其文意有附會者。首篇稱"<u>梁惠王</u>問"，意者<u>魏</u>人與？<u>秦始皇紀</u>："<u>大梁</u>人<u>尉繚</u>來説<u>秦王</u>。"

明宋濂<u>諸子辯</u>：<u>尉繚子</u>五卷，不知何人書。或曰<u>魏</u>人，以天官篇有"<u>梁惠王</u>問"知之；或曰<u>齊</u>人也。未知孰是。其書二十四篇，較之<u>漢志</u>雜家二十九篇，已亡五篇。其論兵曰："兵者，凶器也；爭者，逆德也；將者，死官也，故不得已而用之。""無天於上，無地於下，無王於後，無敵於前。一人之兵，如狼如虎，如風如雨，如雷如霆。震震冥冥，天下皆驚。"由是觀之，其威烈可謂莫之嬰矣！及究其所以爲用，則曰："兵不攻無過之城，不殺無罪之人。夫殺人之父兄，利人之貨財，臣妾人之子女，此皆盜也。"又曰："兵者所以誅暴亂，禁不義也。兵之所加者，農不離其田業，賈不離其肆宅，士大夫不離其官府，故兵不血刃而天下親。"嗚呼，又何其仁哉！<u>戰國</u>談兵者，有言及此，君子蓋不可不與也。<u>宋元豐</u>

中，是書與孫、吳二子、司馬穰苴兵法、黃石公三略、吕望六韜、李衛公問對頒行武學，號爲七書。孫、吳當是古書。司馬兵法本古者司馬兵法而附以田穰苴之説，疑亦非僞。若三略、六韜、問對之類，則固後人依倣而託之者也。而雜然譚稱無別，其或當時有司之失歟？

　　明方孝孺遜志齋集卷四讀尉繚子：尉繚子二十三篇。尉繚子，或曰齊人，或曰梁人，以其有惠王問答語也。三山施子美稱其有三代之遺風，其然哉？三代之盛，未嘗有其書也。非惟無兵書，而兵亦非君子所屑談者也。君子之道，圖亂於未萌，防危於既安，本之以德禮，導之以教化，同之以政令，使兵無自而作。俟兵之起而後與戰，雖孫武、吳起爲將，且恐不救，而況云云之書，豈足恃乎？故好言兵者，賊天下者也；著書論兵者，流禍於後世者也，皆不免於聖人之誅也。尉繚子不能明君子之道，而恣意極口稱兵以惑眾。其重刑諸令，皆嚴酷暴苛，道殺人如道飲食常事，則其人之刻深少恩可知矣。武議、原官諸篇，雖時有中理，譬猶盜蹠而誦堯言，非出其本心。是以無片簡之可取者。謂之有三代之遺風，可乎？然孫、吳之書與尉繚子一術，彼以兵爲職，無怪其然。若尉繚子者，言天官、兵談、制談、戰威、守權、十二陵、武議、將理、原官、治本、戰權、重刑令、伍制令、分塞令、束伍令、經卒令、勒卒令、將令，有似乎君子而實非者也，予不得不論之。

　　明楊士奇歷代名臣奏議卷三十七：昔先王欲圖大事，立奇功，則非斯人莫之與共。秦之尉繚，漢之陳平，皆以樽俎之間而制敵國之命。此亦王者之心，期以弭天下之禍而已。

　　明楊士奇歷代名臣奏議卷二百三十八：故君子之將，能師古人之意，不以戰屈人兵爲心。小人之將，違古人之意，以嗜殺人爲事。以不戰屈兵之爲心，以天下爲心者也，非天下之將乎？以嗜殺人爲事,亡國而不卹者也,非亡國之將乎？夫尉繚,當梁惠王之時,爲兵之説曰:"善用兵者,能殺士卒之半,其次殺十之三,其次十之一。能殺其半者,威加海内;能殺其十之三者,力加諸侯;能殺十之一者,令行士卒。"信此説也,則興師二十萬可自誅其十萬,興師十萬可自誅其五萬矣。且夫將軍,心也;士卒,支指也;心誠則支指應,心危則支指違,士樂附則將威。今敺無罪之人以犯難,悦以使之,猶恐不得其心,忍羅置罪罟以快意於刑戮乎？誅其半,欲其半之用命,孰若全軍撫愛,皆使之親其上,死其長乎？殺半用半,雖勝何益？孟子曰:"不仁哉,梁惠王也。糜爛其民而戰之,爭地以戰,殺人盈野;爭城以戰,殺人盈城。"嗚呼,慘酷至此,尉繚有以啓之歟？

　　明邱濬大學衍義補:漢志尉繚子二十九篇,今逸五篇。首章稱"梁惠王問",及第二篇引吴起言,蓋戰國時魏人云。其卒章有曰"古之善用兵者,能殺卒之半,則威加四海",其言如此,其術可知。

　　又曰:先儒謂尉繚子雖未能純王政,亦可謂窺本統矣。而此數言,庶幾古人仁義之師可取也。至其他篇,以殺垂教,棄而不用可也。

　　明何喬新椒邱文集卷三:尉繚子論人君必勝之道有十二焉:一曰連刑,謂同罪保伍也。二曰地禁,謂禁止行道,以網外姦也。三曰全車,謂甲首相附,三五相連,以結其聯也。四曰開塞,謂分地以限,各死其職而堅守也。五曰分限,謂左右相禁,前後相待,坦車爲固,以逆以止也。六曰號別,謂前列務進,以別其後者,不得爭先登不次也。七曰五章,謂章明行列,始卒不亂也。八曰全曲,爲曲相從,皆有分部也。九曰金鼓,謂興有功與致有德也。十曰陳車,謂接連前矛,馬冒其目也。十一曰死士,謂衆軍之中有材力者,乘於戰車,前後縱橫,出奇制敵也。十二曰力卒,謂經旗全曲,不麾不動也。雖然用兵固不可以無法,而亦不可泥於法。故霍去病爲將,不學古兵法。張巡用兵,未嘗依古法。趙括讀父書,不知合變,卒死於長平。陳餘稱義兵,不用詐謀,卒死於泜上。此爲將者,所以貴於臨危制勝,料敵設奇也,豈可拘於紙上之陳言哉?

明一統志:尉繚。尉氏人,有賢名。魏惠王時,著兵書五卷,號尉繚子。

明顧清東江家藏集卷三十二:今世所傳武經七書者,具之謂孫子、吳子、司馬法、李衛公問對、尉繚子、三略、六韜是也。説者謂古兵書多至百八十餘家,漢初定著三十五家,其後又分四種。然則今七書者定於何時歟? 三略、六韜、司馬法云皆出於太公,則古書也,而斯以孫、吳先之何歟? 或以司馬法非穰苴所著,或以六韜爲後人假託,或並疑三略爲僞書,其果然歟? 七書之言有得失,先儒之去取互有同異,折其衷以爲吾用,豈無説歟? 夫讀書而不知合變,固不足以言兵,而背水囊沙則固有所出也。

明歸有光諸子彙函卷八:尉繚子,魏人,司馬錯也,鬼谷高弟,隱夷,魏惠王聘,陳兵法二十四篇。其談兵,分本末,別賓主,崇儉右文,雖未純王政,亦窺見其本矣。但末章“殺士卒之半”等語,慘刻太甚,豈尚嚴而失之過者歟?

明胡應麟少室山房筆叢正集卷十一:尉繚子,兵書也。自漢至隋咸列雜家。鄭漁仲以爲“見名不見書”。馬端臨大善其論。然漢志兵家自有尉繚三十一篇,蓋即今所傳者。而雜家之尉繚,非此書也。今雜家亡,而兵家獨傳,故鄭以爲孟堅之誤,舛矣。若此書論兵,孫武而下,他亡與匹,戰國人著無疑。

明胡應麟少室山房筆叢正集卷十一:兵家,秦漢至衆,今傳於世而稱經者,黃帝、風后、太公、黃石、諸葛、李靖等,率依託也。孫、吳、尉繚當是戰國本書。

明胡應麟少室山房筆叢正集卷十五:宋世以孫、吳、司馬、韜、略、尉繚、李衛公爲兵家七書。孫武、尉繚亡可疑者。

明陳玖學評注七子兵略:尉繚,魏人,其談兵主於分本末,別賓主,崇節儉,右文左武,雖未純王政,亦窺見其本矣。但末章“殺士卒之半”等語慘刻太甚,豈其徒知其兵事尚嚴,而不覺其立言之過歟?

明陸經翼武經總論:粵稽陰符創自黃帝,握奇成於風后,久已勒之爲經,是則兵法固不自七書昉矣。但兵制至成周而大備。維時渭陽,八十二年之老,非熊叶兆,鷹揚樹勳,應孟津八百之會,起而與虎賁三千,共贊“我武維揚”之烈,則六韜實爲七書之祖。忌張留侯受書於圯上老人,老人曰:“後十三年當遇我濟北,穀城山下黃石即我也。”旦日視之,乃尚父兵法,玄微簡要,與素書相表裏,是黃石特授書之人耳。自太公封齊,傳周官大司馬“九伐”法,於治國安邦之中,寓建威銷萌之義。管夷吾一變而爲節制,田穰苴再變而爲權詐。齊威王追論古司馬兵法,而附穰苴於中,遂以爲司馬穰苴兵法。五篇中,心思入密,隨事不苟,非古名將不能爲此。則此三書者,謂皆尚父兵法可也。噫,亦至矣,盡矣! 然則列國紛爭之際,兵法愈雄,王道寢微,不得不取材於將略,故孫武、吳起、尉繚之書附焉。武以伍員薦入吳,爲上將,西破强楚,入郢,北威齊、晉,顯名諸侯。起嘗學於曾子,與聞禮教之說,書較孫武爲簡,而考其破齊、制秦、伯楚,伐尤宣大。尉繚從學鬼谷,精察陰陽,其所談兵,惟崇修人事、率民務農之旨,頗能窺兵家本統。若重刑諸令,則嚴酷苛暴,抑何深刻少恩也? 竊以爲事貴曲防,法宜詳設,善讀者預知所儆,不殺可也,此則尉繚言外之旨也。

……

然則編書何以首孫子？蓋孫子十三篇，適括諸書之意，而盡用兵之變。我莆田宋儒鄭先生曰"文士亦當盡心"，況兜鍪家哉！故揭而首之。又虞學者之日尋於詐也，吳術幾正焉，故次之。此即"九伐"之意，仁爲本，而權謀濟之者也，故司馬法又次之。暢其説者，其李衛公乎，又次之。習其説，而不敷其教，未盡也，尉繚子詳言兵教、兵令者也，又次之。而大要皆發明三略、六韜之旨，故韜、略終焉，令人知所會通云。乃知數子之功有軒輊，而數子之言無優劣，何也？書雖七，而旨則一也；通其旨，雖諸書盡廢可也。

明胡我琨錢通卷三十二：秦用尉繚之計，毋愛財物，賂其豪臣，以亂其謀，不過亡三十萬金，而諸侯可盡。其後漢亦以其計間楚。及淮南謀漢，所憚不可下者，獨汲黯耳。

清朱彝尊經義考卷二百四十七：古之兵謀戰策多矣，歷代以來散亡略盡。今之存而顯者，七書而已。七書者，司馬法、六韜、孫子、吳子、尉繚子、三略、唐太宗李衛公問對也。前代嘗以之頒布武學，令天下誦習之，謂之武經。世之談兵者，尊之仰之，真猶儒者之於六經也。夫行師不法聖人，則是爲暴，曾謂彼七書而可以爲萬世不刊之典乎？何當時之襲陋而不悟也？以七書考之，三略、尉繚子已有可疑。漢志雜家尉繚子二十九篇，兵形勢家又有三十一篇，今書有二十三篇，則不知果有本真否。三略三卷，經籍志云："下邳神人所撰。"其亦信然乎？若太公六韜與李衛公問對，則灼然依託者也。其爲古書而可信者，司馬法及孫、吳乎？

清田雯古歡堂集卷二十七：尉繚之説，類乎商鞅。

清田雯古歡堂集卷三十五：尉繚子二十九篇，今逸五篇。大抵其學類商鞅，其言似吳起，而其法則專以立威爲主。如重刑、伍制、分塞、束武、將令等篇,皆所以明制度、嚴號令而已,非有神奇變化之道也。而宋儒張橫渠獨善其言,爲之釋解,彼果何所見歟?

清閻若璩尚書古文疏證卷八:尉繚子對梁惠王曰:"臣聞古之善用兵者,能殺卒之半,其次殺其十三,其次殺其十一。能殺其半者,威加海内;殺十三者,力加諸侯;殺十一者,令行士卒。"筆之於書,以殺垂教,孫、吳亦未有是論也。余謂尉繚子正七國時人,所云"古之善用兵","古"當指三代,吾不知三代中誰爲此殺人手且以善名。尉繚子欲售其術,已不難子虛烏有以成其説,況血流杵實出武成篇,安得不紛紛口實?

清閻若璩潛邱劄記卷六:始皇本紀:十年,止逐客令。大梁人尉繚來,説秦王毋愛財物,賂其豪臣,以亂其謀,不過二三十萬金,則諸侯可盡。説者謂秦併天下,止二策:范雎創謀遠交近攻於前,尉繚收功於賂其豪臣以亂其謀於後。史記凡一百七十一字,如何通鑑概削不載? 或曰得毋以梁惠王時有尉繚子,此爲重出乎? 不知前後各一人也。漢志尉繚一見雜家,一見兵家,亦二人也。自宜删史記之文。

清姚際恒古今僞書考:尉繚子,漢志雜家有二十九篇,兵家有三十一篇,今二十四篇。其首天官篇與梁惠王問對,全仿孟子"天時不如地利"章爲説,至戰威章則直舉其二語矣。豈同爲一時之人,其言適相符合如是耶? 其僞昭然。又曰:"古之善用兵者,能殺士卒之半,其次殺其十三,其下殺其十一。能殺其半,威加海内;殺十三者,力加諸侯;殺十一者,令行士卒。"教人以殺,垂之於書,尤堪痛恨,必焚其書然後可也。史稱楊素每臨敵,必求人過失而斬之,多至百人,流血盈前,言笑自若;對陣輒令數百人出,不能陷陣而還者,悉斬之,如是往復爲常,正與此説同。

　　清李鍇尚史卷八十六諸子傳"尉繚子"：尉繚子，當梁惠王時，惠王問"黃帝刑德"於尉繚子。尉繚子。兵形勢有尉繚三十一篇。漢書。

　　清紀昀四庫全書總目提要子部兵家類：尉繚子五卷，周尉繚撰。其人當六國時，不知其本末。或曰魏人，以天官篇有"梁惠王問"知之。或又曰齊人，鬼谷子之弟子。劉向別録又云："繚爲商君學。"未詳孰是也。漢志雜家有尉繚二十九篇，隋志作五卷，唐志作六卷，亦並入於雜家。鄭樵譏其"見名而不見書"。馬端臨亦以爲然。然漢志兵形勢家内實別有尉繚三十一篇，故胡應麟謂兵家之尉繚即今所傳，而雜家之尉繚並非此書。今雜家亡，而兵家獨傳。鄭以爲孟堅之誤者，非也。特今書止二十四篇，與所謂三十一篇者數不相合，則後來已有所亡佚，非完本矣。其書大旨主於分本末，別賓主，明賞罰，所言往往有合於正。如云"兵不攻無過之城，不殺無罪之人"，又云"兵者所以誅暴亂，禁不義也"，"兵之所加者，農不離其田業，賈不離其肆宅，士大夫不離其官府，故兵不血刃而天下親"，皆戰國談兵者所不道。晁公武讀書志有張載注尉繚子一卷，則講學家亦取其説。然兵令一篇於誅逃之法尤詳，亦可想見其節制，亦非漫無經略高談仁義者矣。其書坊行本，無卷數。今酌其篇頁，仍依隋志之目分爲五卷。

　　清姚鼐惜抱軒文集卷五讀司馬法六韜：尉繚之書，不能論兵形勢，反雜商鞅形名之説，蓋後人雜取，苟以成書而已。

　　河南通志：尉繚，尉氏人。初師衛鞅，有賢名。魏惠王問曰："黃帝刑德，可以百勝？"對曰："戰以伐之，德以守之。"因著兵書六卷，號尉繚子。

　　清周中孚鄭堂讀書記卷三十八：（尉繚子）自天官至兵令二

十四篇,皆言刑政兵戰之事,其言多近於正,與戰國權謀頗殊。

清任兆麟續述記:尉繚子一卷(選輯)。繚,大梁人,此書不在孫武之下。今節其善者若干篇。

乾隆大清一統志卷一百五十:尉繚子臺。在尉氏縣治東北,相傳尉繚子所築。

清譚廷獻復堂日記卷四:尉繚子,世以爲僞書。文氣不古,非必出於晚周,然精語不可没也,如"寬不可激而怒,清不可事以財","民之所以戰者氣也","上滿下漏,患無所救","兵以靜勝","得衆在於下人",'不祥在於惡聞己過","勝兵似水","野物不爲犧牲,雜學不爲通儒","傷氣敗軍,曲謀敗國",皆合大道,中人心。將理、原官、治本三篇,以民事爲重,尤爲知本。

梁啓超中國古代學術流變研究十篇漢書藝文志諸子略考釋:(尉繚子)隋志五卷,唐志六卷,今存五卷。四庫總目入兵家,真僞待考。四庫提要云:"漢志雜家有尉繚二十九篇。鄭樵譏其見名而不見書。馬端臨亦以爲然。然漢志兵形勢家實別有尉繚三十一篇,故胡應麟謂兵家之尉繚即今所傳,而雜家之尉繚並非此書。今雜家亡,而兵家獨傳。鄭以爲孟堅之誤者,非也。特今書止二十四篇,與所謂三十一篇者數不相合,則後來已有亡佚,非完本矣。"案:此論甚是。但今本是否即兵家尉繚原書,尚未敢深信耳。史記秦本紀云:"大梁人尉繚來説秦王,其計以散財物賂諸侯强臣,不過三十萬金,則諸侯可盡。"據此,可知尉繚籍貫及時代。初學記、太平御覽並有引尉繚子文,爲今本所無者,其言又不關兵事,當是雜家尉繚佚文,然則此二十九篇至宋初尚存矣。

顧實漢書藝文志講疏諸子略:初學記、御覽引尉繚子並雜家言,是其書唐宋猶存。史記曰:"大梁人尉繚來説秦王……。"此當爲雜家尉繚，非梁惠王時之兵家尉繚。爲商君學者，蓋不必親受業，如有爲神農之言者許行，是其比也。

又兵書略：尉繚子三十一篇。殘。雜家尉繚子二十九篇，蓋非同書。隋志兵家“梁有尉繚兵書一卷”，今書二卷，天官至兵令二十四篇，稱梁惠王問是也。其武議篇云：“殺一人而三軍震者，殺之；殺一人而萬人喜者，殺之。”又兵令下篇云：“古之善用兵者，能殺士卒之半，其次殺其十三，其次殺其十一。”蓋究極兵形勢之變化而言之也。

顧實重考古今偽書考：漢志兵形勢家尉繚子三十一篇，今存二十四篇，而佚其七篇。鄭樵通志未審漢志有兩尉繚，而妄詆班固，過矣。天官至兵令二十四篇，皆言刑政兵戰之事，多近於正，與戰國權謀頗殊。至其卒章所云“古之善用兵者，能殺士卒之半”云云，驗諸近世火器殺人之利，不殊燭照數計於千年之前，以知古人所謂兵凶戰危，洵凛乎其言之也。張横渠早年喜談兵，嘗注此書而不傳。又史記始皇本紀載有大梁人尉繚來説秦王，距梁惠王、鬼谷子時已甚遠，當別是一人。

錢穆先秦諸子繫年尉繚辨：漢志雜家尉繚二十九篇，兵形勢家又有尉繚三十一篇。據史記始皇本紀，大梁人尉繚來説秦王，在始皇十年，而今傳尉繚書有“梁惠王問”，年世不相及，後人因謂今所傳者乃兵家尉繚，在梁惠王時，而始皇時雜家尉繚則佚。然考史記，繚既見秦王，欲亡去，秦王覺，因止以爲秦國尉，則所謂尉繚者，尉乃其官名，如丞相綰、御史大夫劫、廷尉斯之例，而逸其姓也。今漢志雜家稱尉繚子，官本、南雍本、閩本“尉繚”下無“子”字，與雜、兵家稱尉繚同。至隋志始稱尉繚子，而顔師古遂謂尉姓繚名，皆誤。若是，則秦有尉繚，豈得魏亦有尉繚，而秦之尉繚，又係魏之大梁人？以此言之，知非二人矣。漢志如齊孫子、吴孫子，所以別同名之嫌。若尉繚係兩人,則亦應書秦尉繚、梁尉繚也。且繚之説秦,與秦策頓弱之言同。其稱秦王居約易出人下,得志亦輕食人,事類范蠡。竊疑史記載繚事已不足盡信,書又稱"梁惠王問",則出依託。劉向別録:"繚爲商君學。"商君於惠王早年入秦,今云繚爲其學,亦知其非見梁惠王。其殆秦賓客之所爲,而或經後人之羼亂者耶?

蔣伯潛諸子通考:尉繚子二十九篇。自注曰:"六國時。"顔師古曰:"劉向別録云:'繚爲商君學。'"隋志雜家有尉繚子五卷。注曰:"梁並録一卷。梁惠王時人。"尉繚爲何時人、何國人,俱有異説,已見本書上編。其書舊唐志作六卷。今存者二十四篇,較漢志少五篇。按兵書略兵形勢家又有尉繚三十一篇。今本尉繚子究爲雜家之書乎? 抑爲兵書乎? 初學記及御覽所引尉繚子之言均類雜家,非論兵者,而今本則多論兵之言。

宋元豐間,且以尉繚子與六韜、司馬法、孫子、吳子、黄石公三略、李衛公問對定爲"武經",以試武士。故顧實以爲雜家與兵書略之尉繚子本爲二書,今已合而爲一。則雜家之尉繚子,究已亡佚歟? 抑如顧實所云,已併入兵書之尉繚子中歟? 但今本之尉繚子,可疑者甚多。其首篇對梁惠王問,全仿孟子"天時不如地利"章;戰威章竟直舉孟子語。如尉繚果與梁惠王同時,則亦與孟子同時,何以逕襲孟子? 此可疑者一也。其論兵也,嘗曰:"兵者,凶器也;爭者,逆德也;將者,死官也,故不得已而用之。"又曰:"兵不攻無過之城,不殺無罪之人。夫殺人之父兄,利人之貨財,臣妾人之子女,此皆盜也。"又曰:"兵之所加者,農不離其田業,賈不離其肆宅,士大夫不離其官府,故兵不血刃而天下親。"何其仁也! 但又曰:"古之善用兵者能殺士卒之半,其次殺其十三,其下殺其十一。能殺其半,威加海內;能殺十三者,力加諸侯;能殺十一者,令行士卒。"又何其暴也! 同出一書,何以自相矛盾如是？此可疑者二也。別録謂"繚爲商君學"，則法家也；觀其説秦王，則縱横家也；觀其論兵，又兵家也。今本又雜家、兵家夾雜，其駁甚矣。疑係僞書，不足觀也。

范文瀾文心雕龍注卷四：漢志尸子二十篇，尉繚子二十九篇，並在雜家。雜家者流，蓋出於議官，兼儒墨，合名法，知國體之有此，見王治之無不貫，此其所長也。故彦和稱其術通。漢志兵形勢家有尉繚三十一篇，今所傳尉繚子五卷二十四篇。胡應麟謂兵家之尉繚，即今所傳，而雜家之尉繚，並非此書，今雜家亡而兵家獨傳。案胡氏之説是也。

附録七　尉繚子韻讀

天官第一

1. 梁惠王問尉繚子曰："黄帝刑德可以百勝,有△之乎?"尉繚子對曰:刑以伐之,德以守之,非所謂天官時日陰陽向背△也。黄帝者,人事而已△矣。

韻字:

有(之[ə]、匣、上)、背(職[ək]、幫、入)、已(之、喻、上),之職通韻

2. 何者?今有城,東西攻不能取△,南北攻不能取△,四方豈無順時乘之者邪?然不能取△者,城高池深,兵器備具△,財穀多積,豪士一謀◇者也。若城下池淺守弱,則取△之矣。由是觀之,天官時日不若人事◇也。

韻字:

取(侯[ɔ]、清、上)、取、取、具(侯、見、平)、取

謀(之[ə]、明、平)、事(之、崇、上)

3. 案天官曰："背水陳爲絶地,向阪陳爲廢軍△。"武王伐紂,

背濟水向山阪而陳[△]，以二萬二千五百人擊紂之億萬而滅商，豈紂不得天官之陳[△]哉！

韻字：

軍（文[ən]、見、平）、陳（真 en、定、平）、陳，真文合韻

4.楚將公子心與齊人戰。時有彗星出，柄在齊[△]。柄所在勝[○]，不可擊[△]。公子心曰："彗星何知[☆]？以彗鬬者，固倒而勝[○]焉！"明日與齊戰[◇]，大破[◇]之。黃帝曰："先神，先鬼，先稽我智[☆]。"謂之天官[◇]，人事[☆]而已。

韻字：

齊（脂[ei]、從、平）、擊（錫[ek]、見、入），脂錫合韻

勝（蒸[əŋ]、書、平）、勝

知（支[e]、端、平）、智（支、端、平）、事（之[ə]、崇、上），之支合韻

戰（元[an]、章、去）、破（歌[ai]、滂、去）、官（元、見、平），歌元通韻

兵談第二

1.量土地肥墝而立邑建城[△]，以城稱地，以地稱人[△]，以人稱粟。三相稱[◇]，則内可以固守，外可以戰勝[◇]。戰勝於外[○]，備主於内，勝備相應[◇]，猶合符節，無異故[○]也。

韻字：

城（耕[eŋ]、禪、平）、人（真[en]、日、平），真耕合韻

稱（蒸[əŋ]、昌、平）、勝（蒸、書、平）、應（蒸、影、去）

外（月[at]、疑、長入）、故（魚[a]、見、去），魚月合韻

2.治兵[△]者，若秘於地，若邃於天，生於無[△]。故關之，大不

窕,小不窳◇。明乎禁舍開塞◇,民流者親之,地不任者任之。夫土廣而任則國富◇,民衆而制則國治◇。富治◇者,民不發軔,甲不出暴,而威制天下。故曰:"兵勝於朝廷☆。"暴甲而勝☆者,主勝☆也;陳而勝☆者,將勝☆也。

韻字:

兵(陽[aŋ]、幫、平)、無(魚[a]、明、平),魚陽通韻

窳(之[ə]、匣、平)、治(之、定、平)、治、塞(職[ək]、心、長入)、富(職、幫、長入),之職通韻

廷(耕[eŋ]、定、平)、勝(蒸[əŋ]、書、平)、勝、勝、勝,蒸耕合韻

3.兵起☆,非可以忿○也,見勝則興○,不見勝則止☆。患在百里之內△,不起一日之師◇;患在千里之內△,不起一月之師◇;患在四海之內△,不起一歲之師◇。

韻字:

起(之[ə]、溪、上)、止(之、章、上)

忿(文[ən]、並、上)、興(蒸[əŋ]、曉、平),文蒸合韻

師(脂[ei]、生、平)、師、師

內(物[ət]、泥、長入)、內、內

4.將者,上不制於天△,下不制於地,中不制於人△。寬不可激而怒,清不可事以財。夫心狂、目盲、耳聾,以三悖率人△者,難△矣。

韻字:

天、(真[en]、透、平)、人(真、日、平)、人、難(元[an]、泥、平)

5.兵之所及,羊腸亦勝△,鋸齒亦勝△;緣山亦勝△,入谷亦勝△;方亦勝△,圓亦勝△。重者如山如林,如江如河;輕者如炮如燔,如漏如潰;如垣壓之,如雲覆之。令之聚不得以散,散不得以

聚[☆]。左不得以右，右不得以左。兵如總木[☆]，弩如羊角[☆]，人人無不騰陵張膽，絕乎疑慮[◇]，堂堂決而去[◇]。

韻字：

勝（蒸[əŋ]、書、平）、勝、勝、勝、勝、勝。

聚（侯[ɔ]、從、上）、木（屋[ɔk]、明、入）、角（屋、見、入），侯屋通韻

慮（魚[a]、來、去）、去（魚、溪、上）

制談第三

1.凡兵[△]，制必先定[△]，制先定則士不亂，士不亂則刑乃明[△]。金鼓所指則百人盡鬪[☆]，陷行亂陳則千人盡鬪[☆]，覆軍殺將則萬人齊刃[◇]，天下莫能當其戰[◇]矣。

韻字：

兵（陽[aŋ]、幫、平）、定（耕[eŋ]、定、去）、明（陽、明、平），陽耕合韻

鬪（侯[ɔ]、端、去）、鬪

刃（文[ən]、日、去）、戰（元[an]、章、去），文元合韻

2.古者，士有什伍，車有偏列[△]。鼓鳴旗麾[△]，先登者未嘗非多力國士[☆]也，先死者亦未嘗非多力國士[☆]也。

韻字：

列（月[at]、來、入）、麾（歌[ai]、曉、平），歌月通韻

士（之[ə]、崇、上）、士

3.損敵一人[△]，而損我百人[△]，此資敵而傷我甚[☆]焉，世將不能禁[☆]。征役分軍而逃歸，或臨戰自北，則逃傷甚[☆]焉，世將不能禁[☆]。殺人於百步之外[◇]者，弓矢也；殺人於五十步之内者，矛戟[◇]

也。將已鼓而士卒相囂,拗矢折矛抱戟◇,利後發,戰有此數者,內自敗◇也,世將不能禁☆。士失什伍,車失偏列,奇兵捐將而走◎,大眾亦走◎,世將不能禁☆。夫將能禁此四□者,則高山陵之,深水絕◎之,堅陳犯◎之。不能禁此四□者,猶亡舟楫絕江河,不可得也。

韻字:

人(真[en]、日、平)、人

甚(侵[əm]、禪、上)、甚、禁、禁、禁、禁(侵、見、去)

外(月[at]、疑、長入)、戟(鐸[ak]、見、如)、戟、敗(月、並、長入),月鐸合韻

走(侯[ɔ]、精、上)、走

絕(月[at]、從、入)、犯(談[am]、並、上),談月合韻

四(質[et]、心、長入)、四

4.民非樂死而惡生△也,號令明△,法制審,故能使之前☆。明賞於前☆,決罰於後◇,是以發能中利,動則有功◇。

韻字:

生(耕[eŋ]、生、平)、明(陽[aŋ]、明、平),耕陽合韻

前(元[an]、從、平)、前

後(侯[ɔ]、匣、上)、功(東[ɔŋ]、見、平),東侯通韻

5.令百人一卒,千人一司馬,萬人一將△,以少誅眾☆,以弱誅彊△。試聽臣言:其術足使三軍之眾☆,誅一人無失刑◇,父不敢舍子,子不敢舍父,況國人◇乎?

韻字:

將(陽[aŋ]、精、去)、彊(陽、群、平)

眾(冬[uŋ]、章、平)、眾

刑(耕[eŋ]、匣、平)、人(真[en]、日、平),真耕合韻

6.一賊仗劍擊於市[△],萬人無不避之[△]者,臣謂非一人之獨勇,萬人皆不肖[☆]也。何則?必死與必生,固不侔[☆]也。聽臣之術[◇],足使三軍之衆爲一死賊[◇],莫當其前,莫隨其後,而能獨出獨入[○]焉。獨出獨入[○]者,王霸之兵也。

韻字:

市(之[ə]、禪、上)、之(之、章、平)

肖(宵[o]、心、平)、侔(幽[u]、明、平),幽宵合韻

術(物[ət]、船、入)、賊(職[ək]、從、入),物職合韻

入(緝[əp]、日、入)、入

7.有提十萬之衆[△],而天下莫當者誰?曰桓公也。有提七萬之衆[△],而天下莫當者誰?曰吳起[☆]也。有提三萬之衆[△],而天下莫當者誰?曰武子[☆]也。今天下諸國士所率無不及二十萬之衆[△]者,然不能濟功名者,不明乎禁舍開塞也。明其制,一人勝[○]之,則十人亦以勝[○]之也。十人勝[○]之,則百千萬人亦以勝[○]之也。故曰便吾器用[◇],養吾武勇[◇],發之如鳥擊,如赴千仞之谿。

韻字:

衆(冬[uŋ]、章、平)、衆、衆、衆

起(之[ə]、溪、上)、子(之、精、上)

勝(蒸[əŋ]、書、平)、勝、勝、勝

用(東[ɔŋ]、喻、去)、勇(東、喻、上)

8.今國被患[△]者,以重寶出聘[☆],以愛子出質[☆],以地界出割[◇],得天下助[◇],卒名爲十萬[△],其實不過數萬[△]爾。其兵來者,無不謂其將曰:"無爲天下先戰[△]。"其實不可得而戰[△]也。

韻字:

患(元[an]、匣、平)、萬(元、明、去)、萬、戰(元、章、去)、戰

聘(耕[eŋ]、滂、去)、質(質[et]、端、長入),質耕合韻

割(月[at]、見、入)、助(魚[a]、崇、去),魚月合韻

9. 量吾境内之民[△]，無伍莫能正[△]矣。經制十萬之衆，而王必能使之衣吾衣、食吾食。戰不勝、守不固者，非吾民之罪，内自致[☆]也。天下諸國助我戰，猶良驥駃騠之駛，彼駑馬鬐興角逐，何能紹吾氣[☆]哉？

韻字：

民（真［en］、明、平）、正（耕［eŋ］、章、平），真耕合韻

致（質［et］、端、長入）、氣（物［ət］、溪、長入），物質合韻

10. 吾用天下之用爲用[△]，吾制天下之制爲制，修吾號令，明吾刑賞[△]，使天下非農無所得食[☆]，非戰無所得爵，使民揚臂爭出農戰，而天下無敵[☆]矣。故曰："發號出令，信行國内。"民言有可以勝敵者，毋許其空言[◇]，必試其能戰[◇]也。

韻字：

用（東［ɔŋ］、喻、去）、賞（陽［aŋ］、書、上），東陽合韻

食（職［ək］、船、入）、敵（錫［ek］、定、入），職錫合韻

言（元［an］、疑、平）、戰（元、章、去）

11. 視人之地而有之，分人之民而畜之，必能内有其賢[△]者也。不能内有其賢[△]，而欲有天下，必覆軍殺將[☆]。如此，雖戰勝而國益弱，得地而國益貧，由國中之制弊[☆]矣。

韻字：

賢（真［en］、匣、平）、賢

將（陽［aŋ］、精、去）、弊（月［at］、並、長入），陽月合韻

戰威第四

1. 凡兵有以道勝[△]，有以威勝[△]，有以力勝[△]。講武料敵，使敵之氣失而師散，雖形全而不爲之用，此道勝[△]也。審法制[☆]，明賞

罰☆,便器用,使民有必戰之心,此威勝△也。破軍殺將,乘闉發機,潰衆奪地,成功乃返,此力勝△也。王侯知此◇,所以三勝者畢◇矣。

韻字:

勝(蒸[əŋ]、書、平)、勝、勝、勝、勝、勝

制(月[at]、章、長入)、罰(月、並、入)

此(支[e]、清、平)、畢(質[et]、幫、入),支質合韻

2.夫將之所以戰☆者,民☆也。民之所以戰☆者,氣也。氣實則鬭△,氣奪則走△。

韻字:

戰(元[an]、章、去)、民(真[en]、明、平)、戰,真元合韻

鬭(侯[ɔ]、端、上)、走(侯、精、上)

3.刑未加◇,兵未接◇,而所以奪敵者五:一曰廟勝之論△,二曰受命之論△,三曰踰垠之論△,四曰深溝高壘之論△,五曰舉陳加刑之論△。此五○者,先料敵而後動,是以擊虛奪○之也。

韻字:

加(歌[ai]、見、平)、接(葉[ap]、精、入),歌葉合韻

論(文[ən]、來、平)、論、論、論、論

五(魚[a]、疑、上)、奪(月[at]、定、入),魚月合韻

4.善用兵者,能奪人而不奪於人△。奪者,心之機☆也;令者,一衆心☆也。衆不審則數變,數變則令雖出,衆不信△矣。故令之法◇,小過無更□,小疑無申△。事所以待衆力也,不審所動則數變◎,數變則事雖起,衆不安◎也。動事之法◇,雖有小過毋更□,小難毋戚。故上無疑令○,則衆不二聽○;動無疑事¤,則衆不二志¤。

韻字:

人(真[en]、日、平)、信(真、心、平)、申(真、書、平)

機（微［əi］、見、平）、心（侵［əm］、心、平），微侵合韻

法（葉［ap］、幫、入）、法

更（陽［aŋ］、見、平）、更

變（元［an］、幫、去）、安（元、影、平）

令（耕［eŋ］、來、平）、聽（耕、透、平）

事（之［ə］、崇、上）、志（之、章、去）

5.古率民者，未有不信其心而能得其力者也，未有不得其力而能致其死戰△者也。故國必有禮信親愛之義△，則可以飢易飽；國必有孝慈廉恥之俗☆，則可以死易生◇。古者率民◇，必先禮信而後爵禄☆，先廉恥而後刑罰，先親愛而後律其身◇。

韻字：

戰（元［an］、章、去）、義（歌［ai］、疑、去），元歌通韻

俗（屋［ɔk］、邪、入）、禄（屋、來、入）

生（耕［eŋ］、生、平）、民（真［en］、明、平）、身（真、書、平），真耕合韻

6.故戰☆者，必本乎率身以勵衆士△，如心之使四支△也。志不勵，則士不死節◯；士不死節◯，則衆不戰☆。勵士之道，民之所生，不可不厚也；爵列之等，死喪之親，民之所營，不可不顯☆也。必也因民所生而制之，因民所營而顯☆之。田禄之實，飲食之糧¤，鄉里相勸，死生相救，兵役相從，此民之所勵¤也。

韻字：

戰（元［an］、章、去）、戰、顯（元、曉、上）、顯

士（之［ə］、崇、上）、支（支［e］、端、平），之支合韻

節（質［et］、精、入）、節

糧（陽［aŋ］、來、平）、勵（月［at］、來、入），陽月合韻

7.使什伍如親戚△，卒伯如朋友。止如堵牆，動如風雨；車不

結轍,士不旋踵,此本戰之道[△]也。

韻字:

戚(覺[uk]、清、入)、道(幽 u、定、上),幽覺通韻

8.地所以養民[△]也,城所以守地也,戰所以守城[△]也。故務耕者民不飢[○],務守者地不危[○],務戰者城不圍[○]。三者,先王之本務[◇]也。本務[◇]者,兵最急。

韻字:

民(真[en]、明、平)、城(耕[eŋ]、禪、平),真耕合韻

飢(脂[ei]、見、平)、危(微[əi]、疑、平)、圍(微、匣、平),脂微合韻

務(侯[ɔ]、明、平)、務

9.故先王專於兵有五[○]焉:委積不多則事不行[△],賞禄不厚則民不勸[△],武士不選則衆不强[△],備用不便則力不壯[△],刑賞不中則衆不畏。務此五[○]者,靜能守其所固[○],動能成其所欲。

韻字:

五(魚[a]、疑、上)、五、固(魚、見、去)

行(陽[aŋ]、匣、平)、勸(元[an]、溪、去)、强(陽、群、平)、壯(陽、壯、去),元陽合韻

10.夫以居攻出[△],則居欲重,陣欲堅,發欲畢[△],鬬欲齊[△]。

韻字:

出(物[ət]、昌、入)、畢(質[et]、幫、入)、齊(脂[ei]、從、平),物質合韻;脂質通韻

11.王國富民,霸國富士,僅存之國富大夫[△],亡國富倉府[△]。所謂上滿下漏[△],患無所救[△]。

韻字:

夫(魚[a]、幫、平)、府(侯[ɔ]、幫、上)、漏(侯、來、去)、救(幽[u]、見、去),魚侯幽合韻

12.故曰:舉賢任能,不時日而事利[△];明法審令,不卜筮而事吉[△];貴功養勞,不禱祠而得福[☆]。又曰:天時不如地利[△],地利不如人和。聖人所貴[☆],人事[☆]而已。

韻字:

利(質[et]、來、長入)、吉(質、見、入)、利

福(職[ək]、幫、入)、貴(物[ət]、見、長入)、事(之[ə]、崇、上),之職物合韻

13.夫勤勞之師,將必先己[△]。暑不張蓋,寒不重衣,險必下步,軍井成而後飲,軍食熟而後飯[☆],軍壘成而後舍[☆],勞佚必以身同之。如此,師雖久[△],而不老不弊。

韻字:

己(之[ə]、見、上)、久(之、見、上)

飯(元[an]、定、上)、舍(魚[a]、書、上),魚元合韻

攻權第五

1.兵以靜勝[△],國以專勝[△]。力分者弱[○],心疑者背[☆]。夫力弱[○],故進退不豪,縱敵不禽[◇]。將吏士卒,動靜一身。心既疑背[☆],則計決而不動,動決而不禁[◇]。異口虛言,將無修容,卒無常試,發攻必衂,是謂疾陵之兵,無足與鬭。將帥者,心[◇]也。群下者,支節也。其心動以誠,則支節必力[☆];其心動以疑,則支節必背[☆]。夫將不心制,卒不節動,雖勝,幸勝也,非攻權也。

韻字:

勝(蒸[əŋ]、書、平)、勝

弱(藥[ok]、日、入)、弱

背(職[ək]、幫、入)、背、力(職、來、入)、背

禽（侵［əm］、群、平）、禁（侵、見、去）、心（侵、心、平）

2.夫民無兩畏◇也，畏我侮敵，畏敵侮我。見侮者敗，立威者勝◇。凡將能其道☆者，吏畏其將△也；吏畏其將△者，民畏其吏○也；民畏其吏○者，敵畏其民也。是故知勝敗之道☆者，必先知畏侮之權△。

韻字：

畏（微［əi］、影、平）、勝（蒸［əŋ］、書、平），蒸微合韻

道（幽［u］、定、上）、道

將（陽［aŋ］、精、去）、將，權（元［an］、群、平），元陽合韻

吏（之［ə］、來、去）、吏

3.夫不愛説其心△者，不我用也；不嚴畏其心△者，不我舉☆也。愛在下順，威在上立◇。愛，故不二；威，故不犯☆。故善將者，愛與威◇而已。

韻字：

心（侵［əm］、心、平）、心，

舉（魚［a］、見、上）、犯（談［am］、見、上），魚談合韻

立（緝［əp］、來、入）、威（微［əi］、影、平），緝微合韻

4.戰不必勝，不可以言戰△；攻不必拔，不可以言攻。不然△，雖刑賞不足信☆也。信在期前△，事在未兆。故衆已聚不虛散△，兵已出不徒歸。求敵若求亡子，擊敵若救溺人☆。

韻字：

戰（元［an］、章、去）、然（元、日、平）、前（元、從、平）、散（元、心、上）

信（真［en］、心、平）、人（真、日、平）

5.分險者無戰心，挑戰者無全氣，鬭戰者無勝兵。凡挾義而戰者，貴從我起△。爭私結怨，應不得已△。怨結雖起△，待之貴

後。故爭必當待△之,息必當備△之。

韻字:

起(之[ə]、溪、上)、已(之、喻、上)、起、待(之、定、上)、備(職[ək]、並、入),之職通韻

6.兵有勝於朝廷☆,有勝於原野,有勝於市井☆。鬬則得,服則失,幸以不敗,此不意彼驚懼,而曲勝△之也。曲勝△,言非全也。非全勝△者,無權名☆。故明主戰攻日,合鼓合角,節以兵刃△,不求勝而勝△也。

韻字:

廷(耕[eŋ]、定、平)、井(耕、精、上)、名(耕、名、平)

勝(蒸[əŋ]、書、平)、勝、勝、刃(文[ən]、日、去)、勝,蒸文合韻

7.兵有去備徹威而勝☆者,以其有法故也,有器用之早定☆也。其應敵也周,其總率也極△。故五人而伍,十人而什,百人而卒◇,千人而率◇,萬人而將,已周已極△。其朝死則朝代△,暮死則暮代△。

韻字:

勝(蒸[əŋ]、書、平)、定(耕[eŋ]、定、去),蒸耕合韻

極(職[ək]、群、入)、極、代(職、定、長入)、代

卒(物[ət]、精、入)、率(物、生、長入)

8.權敵審將△,而後舉兵△。故凡集兵△,千里者旬日☆,百里者一日☆,必集敵境△。卒聚將至,深入其地,錯絕其道,栖其大城大邑◇。使之登城逼危,男女數重,各逼地形而攻要塞◇。據一城邑而數道絕,從而攻○之。敵將帥不能信,吏卒不能和,刑有所不從者,則我敗之矣。敵救未至,而一城已降○。

韻字:

將(陽[aŋ]、精、去)兵(陽、幫、平)、兵、境(陽、見、上)

日（質［et］、日、入）、日

邑（緝［əp］、影、入）、塞（職［ək］、心、長入），職緝合韻

攻（東［ɔŋ］、見、平）、降（冬［uŋ］、匣、平），東冬合韻

9. 津梁未發□，要塞未修◦，城險未設□，渠答未張，則雖有城，無守◦矣。遠堡未入，戍客未歸，則雖有人△，無人△矣。六畜未聚，五穀未收，財用未斂，則雖有資◇，無資◇矣。夫城邑空虛而資盡者，我因其虛而攻之。法曰：“獨出獨入，敵不接刃而致之。”此之謂矣。

韻字：

發（月［at］、幫、入）、設（月、書、入）

修（幽［u］、心、平）、守（幽、書、上）

人（真［en］、日、平）、人

資（脂［ei］、精、平）、資

守權第六

1. 凡守者，進不郭圉，退不亭障，以禦戰△，非善△者也。豪傑雄俊，堅甲利兵，勁弩彊矢，盡在郭中，乃收窖廩☆，毀折而入保。令客氣十百倍，而主之氣不半△焉。敵攻者，傷之甚☆也。然而世將弗能知。

韻字：

戰（元［an］、章、去）、善（元、禪、上）、半（元、幫、去）

廩（侵［əm］、來、上）、甚（侵、禪、上）

2. 夫守△者，不失險◦者也。守法：城一丈，十人守△之，工食不與◦焉。出者不守△，守者不出。一而當十，十而當百，百而當千，千而當萬☆。故爲城郭者，非妄費於民聚土壤☆也，誠爲守△

也。千丈之城，則萬人之守△。池深而廣◇，城堅而厚，士民備□，薪食給□，弩堅矢彊◇，矛戟稱之，此守法也。

韻字：

險（談［am］、曉、上）、與（魚［a］、喻、平），魚談合韻

守（幽［u］、書、上）、守、守、守、守

萬（元［an］、明、去）、壤（陽［aŋ］、日、平），元陽合韻

廣（陽［aŋ］、見、上）、强（陽、群、平）

備（職［ək］、並、長入）、給（緝［əp］、見、入），職緝合韻

3.攻者不下十餘萬之衆，其有必救之軍☆者，則有必守之城△；無必救之軍☆者，則無必守之城△。若彼城堅而救誠△，則愚夫惷婦無不蔽城△，盡資血城△者。朞年之城△，守餘於攻者，救餘於守者。若彼城堅而救不誠△，則愚夫惷婦無不守陴而泣下◇，此人之常情△也，遂發其窖廩救撫◇，則亦不能止◇矣。

韻字：

軍（文［ən］、見、平）、軍

城（耕［eŋ］、禪、平）、城、誠（耕、禪、平）、城、城、城、誠、情（耕、從、平）

下（魚［a］、匣、上）、撫（魚、滂、上）、止（之［ə］、章、上），之魚合韻

4.必鼓其豪傑雄俊、堅甲利兵、勁弩强矢并於前，幼麽毀瘠者并於後。十萬之軍，頓於城下，救必開之，守必出☆之。出據要塞，但救其後，無絶其糧道，中外相應。此救而示之不誠，則倒敵而待之△者也。後其壯，前其老，彼敵無前，守不得而止△矣。此守權之謂☆也。

韻字：

出（物［ət］、昌、入）、謂（物、匣、長入）

之(之[ə]、章、平)、止(之、章、上)

十二陵第七

1. 威在於不變△。惠在於因時○。機在於應事○。戰在於治氣☆。攻在於意表◇。守在於外飾☆。無過在於度數◇。無困在於豫備☆。慎在於畏小◇。智在於治大。除害在於敢斷△。得衆在於下人△。

韻字：

變(元[an]、幫、去)、斷(元、定、上)、人(真[en]、日、平),真元合韻

時(之[ə]、禪、平)、事(之、崇、上)

氣(物[ət]、溪、長入)、飾(職[ək]、書、入)、備(職、並、長入),物質合韻

表(宵[o]、幫、上)、數(侯[ɔ]、生、去)、小(宵、心、上),侯宵合韻

2. 悔在於任疑△。蘖在於屠戮。偏在於多私☆。不祥在於惡聞己過☆。不度在於竭民財△。不明在於受間○。不實在於輕發◇。固陋在於離賢○。禍在於好利◇。害在於親小人▢。亡在於無所守。危在於無號令▢。

韻字：

疑(之[ə]、疑、平)、財(之、從、平)

私(脂[ei]、心、平)、過(歌[ai]、見、平),脂歌合韻

間(元[an]、見、平)、賢(真[en]、匣、平),真元合韻

發(月[at]、幫、入)、利(質[et]、來、長入),質月合韻

人(真[en]、日、平)、令(耕[eŋ]、來、平),真耕合韻

武議第八

1.凡兵不攻無過之城△,不殺無罪之人△。夫殺人之父兄,利人之貨財,臣妾人之子女□,此皆盜□也。故兵者,所以誅暴亂、禁不義☆也。兵之所加☆者,農不離其田業◦,賈不離其肆宅◦,士大夫不離其官府,由其武議在於一人。故兵不血刃◇,而天下親◇焉。

韻字:

城(耕[eŋ]、禪、平)、人(真[en]、日、平),真耕合韻

女(魚[a]、泥、上)、盜(幽[u]、定、去),魚幽合韻

義(歌[ai]、疑、去)、加(歌、見、平)

業(葉[ap]、疑、入)、宅(鐸[ak]、定、入),葉鐸合韻

刃(文[ən]、日、去)、親(侵[əm]、清、平),文侵合韻

2.萬乘農戰△,千乘救守,百乘事養△。農戰不外索權△,救守不外索助,事養不外索資。夫出不足戰,入不足守☆者,治之以市◇。市◇者,所以給戰守☆也。萬乘無千乘之助,必有百乘之市◇。

韻字:

戰(元[an]、章、去)、養(陽[aŋ]、喻、上)、權(元、群、平),元陽合韻

守(幽[u]、書、上)、守

市(之[ə]、禪、上)、市、市

3.凡誅賞△者,所以明武也。殺一人而三軍震者,殺☆之。賞一人而萬人喜者,賞△之。殺之貴大☆,賞之貴小◇。當殺而雖貴重,必殺☆之,是刑上究◇也。賞及牛童馬圉者,是賞下流◇也。夫能刑上究◇,賞下流◇,此將之武也,故人主重將△。

韻字：

賞（陽［aŋ］、書、上）、賞、將（陽、精、去）

殺（月［at］、生、入）、大（月、定、長入）、殺

小（宵［o］、心、上）、究（幽［u］、見、去）、流（幽、來、平）、究、流，宵幽合韻

4. 夫將提鼓揮枹,臨難決戰☆,接兵角刃,鼓之而當○,則賞功立名;鼓之而不當○,則身死國亡○。是存亡安危在於枹端☆,奈何無重將○也。夫提鼓揮枹,接兵角者,此將軍△也。君以武事成功者,臣以爲非難☆也。古人曰:"無蒙衝而攻,無渠答而守。"是爲無善之軍△。

韻字：

戰（元［an］、章、去）、端（元、端、平）、難（元、泥、平）

當（陽［aŋ］、端、平）、當、亡（陽、明、平）、將（陽、精、去）

軍（文［ən］、見、平）、軍

5. 視無見△,聽無聞△,由國無市◇也。夫市◇也者,百貨之官△也。市賤賣貴□,以限士人○。人食粟一斗☆,馬食菽三斗☆,人有飢色,馬有瘠形○,何也? 市有所出□,而官無主☆也。夫提天下之節制,而無百貨之官△,無謂其能戰△也。

韻字：

見（元［an］、見、去）、聞（文［ən］、明、平）、官（元、見、平）、官、戰（元、章、去）,文元合韻

市（之［ə］、禪、上）、市

人（真［en］、日、平）、形（耕［eŋ］、匣、平）,真耕合韻

貴（物［ət］、見、長入）、出（物、昌、入）

斗（侯［ɔ］、端、上）、斗、主（侯、章、上）

6. 起兵直使甲冑生蟣虱△者,必爲吾所效用也。鷙鳥逐雀,

有襲人之懷,入人之室[△]者,非出生也,後有憚也。

韻字:

虱(質[et]、生、入)、室(質、書、入)

7. 太公望年七十[☆],屠牛朝歌,賣食盟津[△],過七年餘而主不聽[△],人人謂之狂夫也。及遇文王,則提三萬之衆,一戰而天下定[△]。非武議,安得此合[☆]也? 故曰:"良馬有策,遠道可致;賢士有合[☆],大道可明。"

韻字:

十(緝[əp]、禪、入)、合(緝、匣、入)、合

津(真[en]、精、平)、聽(耕[eŋ]、透、平)、定(耕、定、去),真耕合韻

8. 武王伐紂,師渡盟津,右旄左鉞[△],死士三百[△],戰士三萬[☆]。紂之陳億萬[☆],飛廉、惡來[◇],身先戟斧,陳開百里[◇]。武王不罷士民,兵不血刃[○],而克商誅紂,無祥異[○]也,人事脩不脩而然[☆]也。

韻字:

鉞(月[at]、匣、入)、百(鐸[ak]、幫、入)

萬(元[an]、明、去)、萬、然(元、日、平)

來(之[ə]、來、平)、里(之、來、上)

刃(文[ən]、日、去)、異(職[ək]、喻、長入)

9. 今世將考孤虛[□],占咸池,合龜兆[□],視吉凶[△],觀星辰風雲之變[☆]。欲以成勝立功[△],臣以爲難[☆]。夫將者,上不制於天[○],下不制於地,中不制於人[○]。故兵者,凶器[◇]也;爭者,逆德[◇]也;將者,死官[☆]也,故不得已而用[△]之。

韻字:

虛(魚[a]、溪、平)、兆(宵[o]、定、上),魚宵合韻

凶(東[ɔŋ]、曉、平)、功(東、見、平)、用(東、喻、去)

變(元[an]、幫、去)、難(元、泥、平)、官(元、見、平)

天（真［en］、透、平）、人（真、日、平）

器（物［ət］、溪、長入）、德（職［et］、端、入），物職合韻

10. 無天於上☆，無地於下△，無主於後，無敵於前☆。一人之兵☆，如狼如虎△，如風如雨△，如雷如霆○。震震冥冥○，天下皆驚○。

韻字：

上（陽［aŋ］、禪、上）、前（元［an］、從、平）、兵（陽、幫、平），陽元合韻

下（魚［a］、匣、上）、虎（魚、曉、上）、雨（魚、匣、上）

霆（耕［eŋ］、定、平）冥（耕、明、平）、驚（耕、見、平）

11. 勝兵似水△，夫水△，至柔弱☆者也，然所觸☆，丘陵必爲之崩◇，無異也，性專而觸誠◇也。今以莫邪之利，犀兕之堅○，三軍之衆，有所奇正◇，則天下莫當其戰○矣。

韻字：

水（微［əi］、書、上）、水

弱（藥［ok］、日、入）、觸（屋［ɔk］、昌、入），藥屋合韻

崩（蒸［əŋ］、幫、平）、誠（耕［eŋ］、禪、平）、正（耕、章、平），蒸耕合韻

堅（真［en］、見、平）、戰（元［an］、章、去），真元合韻

12. 故曰：舉賢用能，不時日而事利△；明法審令，不卜筮而獲吉△；貴功養勞，不禱祠而得福。又曰：天時不如地利△，地利不如人和。古之聖人，謹人事而已。

韻字：

利（質［et］、來、長入）、吉（質、見、入）、利

13. 吳起與秦戰☆，舍不平隴畝，朴樕蓋之，以蔽霜露△。如此，何也？不自高人故△也。乞人之死不索尊☆，竭人之力不責

禮[◇]。故古者甲冑之士不拜，示人無己煩[☆]也。夫煩人而欲乞其死[◇]，竭其力，自古至今，未嘗聞[☆]矣。

韻字：

戰（元［an］、章、去）、尊（文［ən］、精、平）、煩（元、並、平）、聞（文、明、平），文元合韻

露（鐸［ak］、來、長入）、故（魚［a］、見、去），魚鐸通韻

禮（脂［ei］、來、上）、死（脂、心、上）

14. 將受命之日，忘其家[☆]；張軍宿野，忘其親[△]；援枹而鼓[☆]，忘其身[△]。吳起臨戰[◇]，左右進劍[◇]。起曰：“將專主旗鼓爾。臨難決疑，揮兵指刃[□]，此將事[○]也；一劍之任[□]，非將事[○]也。”

韻字：

家（魚［a］、見、平）、鼓（魚、見、上）

親（真［en］、清、平）、身（真、書、平）

戰（元［an］、章、去）、劍（談［am］、見、去），元談合韻

刃（文［ən］、日、去）、任（侵［əm］、日、去），文侵合韻

事（之［ə］、崇、上）、事

15. 三軍成行，一舍而後，成三舍[△]。三舍之餘[△]，如決川源[☆]。望敵在前[☆]，因其所長而用之，敵白者堊[△]之，赤者赭[△]之。

韻字：

舍（魚［a］、書、上）、餘（魚、喻、平）、堊（鐸［ak］、影、入）、赭（魚、章、上），魚鐸通韻

源（元［an］、疑、平）、前（元、從、平）

16. 吳起與秦戰[☆]，未合，一夫不勝其勇，前獲雙首而還[☆]。吳起立斬[△]之。軍吏諫曰：“此材士也，不可斬[△]。”起曰：“材士則是也，非吾令也。”斬[△]之。

韻字：

戰（元［an］、章、去）、還（元、匣、平）

斬(談[am]、莊、去)、斬、斬

將理第九

1.凡將,理官[△]也,萬物之主也,不私於一人[△]。夫能無私於一人[☆],故萬物至而制之,萬物至而命[☆]之。

韻字:

官(元[an]、見、平)、人(真[en]、日、平),真元合韻

人(真[en]、日、平)、命(耕[eŋ]、明、平),真耕合韻

2.君子不救囚於五步之外,雖鉤矢射之,弗追也。故善審囚之情[△]者,不待箠楚[☆],而囚之情可畢矣。笞人之背,灼人之脅,束人之指,而訊囚之情[△],雖國士,不勝其酷而自誣[☆]矣。

韻字:

情(耕[eŋ]、從、平)、情

楚(魚[a]、初、上)、誣(魚、明、平)

3.今世諺云:“千金不死,百金不刑。”試聽臣之言[□],行臣之術。雖有堯舜之智,不能關一言[□];雖有萬金,不能用一銖[△]。今夫繫者,小圄不下十數[△],中圄不下百數[△],大圄不下千數[△]。十人聯百人之事[○],百人聯千人之事[○],千人聯萬人之事[○]。所聯之者,親戚兄弟也,其次婚姻[¤]也,其次如識故人[¤]也。是農無不離田業[◎],賈無不離肆宅[◎],士大夫無不離官府。如此關聯良民,皆囚之情[☆]也。兵法曰:“十萬之師出,日費千金。”今良民十萬而聯於圄圄,上不能省[☆],臣以爲危也。

韻字:

言(元[an]、疑、平)、言

銖(侯[ɔ]、禪、平)、數(侯、生、去)、數、數

事（之［ə］、崇、上）、事、事

姻（真［en］、影、平）、人（真、日、平）

業（葉［ap］、疑、入）、宅（鐸［ak］、定、入），葉鐸合韻

情（耕［eŋ］、從、平）、省（耕、生、平）

原官第十

1.官△者，事之所主，爲治之本☆也。制△者，職分四民，治之分☆也。

韻字：

官（元［an］、見、平）、制（月［at］、章、長入），元月通韻

本（文［ən］、幫、上）、分（文、幫、平）

2.貴爵富禄△，必稱尊卑之禮也。好善罰惡○，正比法，會計民之具△也。均井地，節賦斂，取與之度○也。程工人，備器用☆，匠工之功☆也。分地塞要，殄怪禁淫之事也。

韻字：

禄（屋［ɔk］、來、入）、具（侯［ɔ］、見、平），侯屋通韻

惡（鐸［ak］、影、入）、度（鐸、定、長入）

用（東［ɔŋ］、喻、去）、功（東、見、平）

3.守法稽斷△，臣下之節○也。明法稽驗，主上之操☆也。明主守，等輕重，臣主之權△也。明賞賚，嚴誅責，止姦之術○也。審開塞，守一道，爲政之要☆也。下達上通，至聰之聽也。

韻字：

斷（元［an］、定、上）、權（元、群、平）

節（質［et］、精、入）、術（物［ət］、船、入），物質合韻

操（宵［o］、清、平）、要（宵、影、平）

4.知國有無之數,用其仇也。知彼弱者,强之體也。知彼動者,靜之決也。

韻字:

通(東[ɔŋ]、透、平)、聽(耕[eŋ]、透、平)、動(東、定、去),東耕合韻

5.官分文武,惟王之二術○也。俎豆同制△,天子之會△也。遊説間諜無自入,正議之術○也。諸侯有謹天子之禮,君民繼世△,承王之命☆也。更造易常,違王明德,故禮得以伐△也。官無事治,上無慶賞,民無獄訟,國無商賈,何王之至? 明舉上達△,在王垂聽☆也。

韻字:

術(物[ət]、船、入)、術(物、船、入)

制(月[at]、章、長入)、會(月、匣、長入)、世(月、書、長入)、伐(月、並、入)、達(月、定、入)

命(耕[eŋ]、明、平)、聽(耕、透、平)

治本第十一

1.凡治人者何? 曰:非五穀無以充腹△,非絲麻無以蓋形。故充腹有粒,蓋形有縷☆。夫在芸耨☆,妻在機杼,民無二事○,則有儲蓄△。夫無彫文刻鏤之事○,女無繡飾纂組之作。

韻字:

腹(覺[uk]、幫、入)、蓄(覺、曉、入)

縷(侯[ɔ]、來、上)、耨(屋[ɔk]、泥、長入),侯屋對轉

事(之[ə]、崇、上)、事

2.木器液,金器腥△。聖人飲於土☆,食於土☆,故埏埴以爲

器◇,天下無費◇。今也金木之性△,不寒而衣繡飾;馬牛之性△,食草飲水而給菽粟。是治失其本,而宜設之制也。

韻字:

腥(耕[eŋ]、心、平)、性(耕、心、平)、性

土(魚[a]、透、上)、土

器(物[ət]、溪、長入)、費(物、滂、長入)

3. 春夏,夫出於南畝△;秋冬,女練於布帛☆,則民不困△。今短褐不蔽形,糟糠不充腹☆,失其治△也。

韻字:

畝(之[ə]、明、上)、困(文[ən]、溪、去)、治(之、定、平),之文合韻

帛(鐸[ak]、並、入)、腹(覺[uk]、幫、入),鐸覺合韻

4. 古者土無肥磽,人無勤惰,古人何得,而今人何失耶?耕有不終畝△,織有日斷機☆,而奈何寒飢☆。蓋古治之行,今治之止△也。

韻字:

畝(之[ə]、明、上)、止(之、章、上)

機(微[əi]、見、平)、飢(微、見、平)

5. 夫謂治△者,使民無私也。民無私則天下爲一家,而無私耕私織,共寒其寒,共飢其飢△。故如有子十人□,不加一飯◇;有子一人□,不損一飯◇,焉有喧呼酖酒以敗善類△乎?民相輕佻,則欲心興,爭奪之患起☆矣。橫生於一夫,則民私飯有儲食,私用有儲財☆。民一犯禁而拘以刑治☆,烏有以爲人上也。善政執其制◇,使民無私爲◇。下不敢私,則無爲非△者矣。

韻字:

治(微[əi]、見、平)、飢(微、見、平)、類(微、來、上)、非(微、幫、平)

飯（元［an］、定、上）、飯、寒（元、匣、平）

人（真［en］、日、平）、人

起（之［ə］、溪、上）、財（之、從、平）、治（之、定、章）

制（月［at］、章、長入）、爲（歌［ai］、匣、平），月歌通韻

6.反本緣理△，出乎一道，則欲心去，爭奪止△，囹圄空，野充粟多。安民懷遠☆，外無天下之難☆，内無暴亂之事△，治之至也。

韻字：

理（之［ə］、來、上）、止（之、章、上）、事（之、崇、上）

遠（元［an］、匣、上）、難（元、泥、平）

7.蒼蒼之天◇，莫知其極☆。帝王之君◇，誰爲法則☆？往世不可及，來世不可待△，求己△者也。所謂天子者四□焉：一曰神明○，二曰垂光○，三曰洪叙，四曰無敵□。此天子之事△也。野物不爲犧牲，雜學不爲通儒。

韻字：

天（真［en］、透、平）、君（文［ən］、見、平），真文合韻

極（職［ək］、群、入）、則（職、精、入）

待（之［ə］、定、上）、己（之、見、上）、事（之、崇、上）

四（質［et］、心、長入）、敵（錫［ek］、定、入），質錫合韻

明（陽［aŋ］、明、平）、光（陽、見、平）

8.今説者曰：“百里之海，不能飲一夫△；三尺之泉，足止三軍渴△。”臣謂欲生於無度，邪生於無禁。太上神化，其次因物，其下在於無奪民時☆，無損民財☆。夫禁必以武而成◇，賞必以文而成◇。

韻字：

夫（魚［a］、幫、平）、渴（月［at］、溪、入），魚月合韻

財（之［ə］、從、平）、時（之、禪、平）

成（耕［eŋ］、禪、平）、成

戰權第十二

1.兵法曰:"千人而成權,萬人而成武。"權先加人[☆]者,敵不力交;武先加人[☆]者,敵無威接,故兵貴先[△]。勝於此,則勝彼[◇]矣,弗勝於此,弗勝彼[◇]矣。凡我往則彼來,彼來則我往,相爲勝敗,此戰之理然[△]也。

韻字:

人(真[en]、日、平)、人

先(文[ən]、心、平)、然(元[an]、日、平),文元合韻

彼(歌[ai]、幫、上)、彼

2.夫精誠在乎神明[△],戰權在乎道之所極[☆]。有者無[△]之,無者有[☆]之,安所信之?

韻字:

明(陽[aŋ]、明、平)、無(魚[a]、明、平),魚陽通韻

極(職[ək]、群、入)、有(之[ə]、匣、上),之職合韻

3.先王之所傳聞[☆]者,任正去詐,存其慈順[☆],決無留刑[△]。故知道者必先圖不知止之敗,惡在乎必往有功[△]? 輕進而求戰[◇],敵復圖止,我往而敵制勝[△]矣。故兵法曰:求而從之,見而加之。主人不敢當而陵之,必喪其權[◇]。

韻字:

聞(文[ən]、明、平)、順(文、船、平)

刑(耕[eŋ]、匣、平)、功(東[ɔŋ]、見、平)、勝(蒸[əŋ]、書、平),耕蒸東合韻

戰(元[an]、章、去)、權(元、群、平)

4.凡奪者無氣,恐者不可守[△],敗者無人,兵無道[△]也。意往

而不疑則從之，奪敵而無敗則加之，明視而高居則威之，兵道極矣。其言無謹，偷矣；其陵犯無節，被矣；水潰雷擊，三軍亂◇矣。必安其危，去其患◇，以智決◇之。

韻字：

守（幽［u］、書、上）、道（幽、定、上）

亂（元［an］、來、去）、患（元、匣、平）、決（月［at］、見、入），元月通韻

5. 高之以廊廟之論△，重之以受命之論△，銳之以踴垠之論△，則敵國可不戰而服△。

韻字：

論（文［ən］、來、平）、論、論、服（職［ək］、並、入）

重刑令第十三

1. 將自千人已上◇，有戰而北¤，守而降☆，離地逃衆☆，命曰國賊◎；身戮家殘△，去其籍□，發其墳墓□，暴其骨於市，男女公於官△。自百人已上◇，有戰而北¤，守而降☆，離地逃衆☆，命曰軍賊◎；身死家殘△，男女公於官△。使民內畏重刑，則外輕敵。故先王明制度於前△，重威刑於後，刑重則內畏，內畏則外堅△矣。

韻字：

上（陽［aŋ］、禪、上）、上

北（敗）（月［at］、並、長入）、北

降（冬［uŋ］、匣、平）、衆（冬、章、平）、降、衆

賊（職［ək］、從、入）、賊

籍（鐸［ak］、精、入）、墓（鐸、明、長入）

殘（元、從、平）、官（元［an］、見、平）、殘、官、前（元、從、平）、

堅(真[en]、見、平),真元合韻

伍制令第十四

1. 軍中之制,五人爲伍,伍相保[△]也;十人爲什,什相保[△]也;五十人爲屬,屬相保[△]也;百人爲閭,閭相保[△]也。

韻字:

保(幽[u]、幫、上)、保、保、保

2. 伍有干令犯禁[△]者,揭之免於罪[☆],知而弗揭[◇],全伍有誅[○]。什有干令犯禁[△]者,揭之免於罪[☆],知而弗揭[◇],全什有誅[○]。屬有干令犯禁[△]者,揭之免於罪[☆],知而弗揭[◇],全屬有誅[○]。閭有干令犯禁[△]者,揭之免於罪[☆],知而弗揭[◇],全閭有誅[○]。

韻字:

禁(侵[əm]、見、去)、禁、禁、禁

罪(微[əi]、從、上)、罪、罪、罪

揭(月[at]、見、入)、揭、揭、揭

誅(侯[ɔ]、端、平)、誅、誅、誅

3. 吏自什長已上[△],至左右將[△],上下皆相保也,有干令犯禁者,揭之免於罪[☆],知而弗揭者,皆與同罪[☆]。夫什伍相結,上下相聯[◇],無有不得之姦[◇],無有不揭之罪[☆]。

韻字:

上(陽[aŋ]、禪、上)、將(陽、精、去)

罪(微[əi]、從、上)、罪、罪

聯(元[an]、來、平)、姦(元、見、平)

4. 父不得以私其子[△],兄不得以私其弟[☆],而況國人聚舍同食[△],烏能以干令相私[☆]者哉?

韻字：

子(之[ə]、精、上)、食(職[ək]、船、入),之職通韻

弟(脂[ei]、定、上)、私(脂、心、平)

分塞令第十五

1.中軍○,左右前後軍○,皆有分地,方之以行垣○,而無通其交往◎。將有分地△,帥有分地△,伯有分地△,皆營其溝域而明其塞令◎。使非百人無得通,非其百人而入者,伯誅▯之;伯不誅▯,與之同罪。軍中縱橫之道◇,百有二十步而立一府柱▯,量人與地,柱道相望☆,禁行清道◇,非將吏之符節,不得通行☆。采薪之牧者,皆成行伍#,不成行伍#者,不得通行☆。

韻字：

軍(文[ən]、見、平)、軍、垣(元[an]、匣、平),文元合韻

往(陽[aŋ]、匣、上)、令(耕[eŋ]、來、平),耕陽合韻

地(歌[ai]、定、去)、地、地

誅(侯[ɔ]、端、平)、誅、柱(侯、定、去)

道(幽[u]、定、上)、道

望(陽[aŋ]、明、平)、行(陽、匣、平)、行

伍(魚[a]、疑、上)、伍

2.吏屬無節,士無伍△者,橫門誅△之。蹾分干地者,誅△之。故内無干令犯禁,則外無不獲之姦。

韻字：

伍(魚[a]、疑、上)、誅(侯[ɔ]、端、平)、誅,魚侯合韻

束伍令第十六

1. 束伍之令曰：五人爲伍*，共一符，收於將吏之所*。亡伍而得伍*，當△之；得伍而不亡△，有賞△。亡伍不得伍*，身死家殘◇。亡長得長△，當△之；得長不亡△，有賞△。亡長不得長△，身死家殘◇。復戰得首長，除之。亡將得將，當△之；得將不亡△，有賞△。亡將不得將△，坐離地遁逃之法。

韻字：

伍（魚［a］、疑、上）、所（魚、生、上）、伍、伍

當（陽［aŋ］、端、平）、亡（陽、明、平）、賞（陽、書、上）、亡、賞、長（陽、端、上）、當、長、當、亡、賞、將（陽、精、去）

殘（元［an］、從、平）、殘

2. 戰誅之法曰：什長得誅十人，伯長得誅什長△，千人之將得誅百人之長△，萬人之將得誅千人之將△，左右將軍得誅萬人之將△，大將軍無不得誅。

韻字：

長（陽［aŋ］、定、平）、長、將、將

經卒令第十七

1. 經卒*者，以經令分之爲三分*焉。左軍蒼旗○，卒戴蒼羽△；右軍白旗○，卒戴白羽△；中軍黃旗○，卒戴黃羽△。

韻字：

卒（物［ət］、精、入）、分（文［ən］、幫、平），文物合韻

旗（之［ə］、群、平）、旗、旗

羽(魚[a]、匣、上)、羽、羽

2.卒有五章[△],前一行蒼章[△],次二行赤章[△],次三行黄章[△],次四行白章[△],次五行黑章[△]。次以經卒。亡章者有誅。

韻字:

章(陽[aŋ]、章、平)、章、章、章、章、章

3.前一五行[△],置章於首[○];次二五行[△],置章於項[☆];次三五行[△],置章於胷[☆];次四五行[△],置章於腹[○];次五五行[△],置章於腰。

韻字:

行(陽[aŋ]、匣、平)、行、行、行、行

首(幽[u]、書、上)、腹(覺[uk]、幫、入),幽覺通韻

項(東[ɔŋ]、匣、上)、胸(東、曉、平)

4.如此,卒無非其吏[△],吏無非其卒[△]。見非而不詰,見亂而不禁,其罪如之。

韻字:

吏(之[ə]、來、去)、卒(物[ət]、精、入),之物合韻

5.鼓行交鬭[△],則前行進爲犯難,後行進爲辱衆[☆]。踰五行而前者有賞,踰五行而後者有誅[△],所以知進退先後[△],吏卒之功[☆]也。

韻字:

鬭(侯[ɔ]、端、去)、誅(侯、端、平)、後(侯、匣、上)

衆(冬[uŋ]、章、平)、功(東[ɔŋ]、見、平),東冬合韻

6.故曰:鼓之前如雷霆[△],動如風雨[☆],莫敢當其前,莫敢躡其後[☆],言有經[△]也。

韻字:

霆(耕[eŋ]、定、平)、經(耕、見、平)

雨(魚[a]、匣、上)、後(侯[ɔ]、匣、上),魚侯合韻

勒卒令第十八

1. 金鼓鈴旗☆,四者各有法。鼓之則進,重鼓則擊。金之則止☆,重金則退。鈴,傳令也。旗☆,麾之左則左,麾之右則右☆。奇兵則反是◇。一鼓一擊而左,一鼓一擊而右☆。一步一鼓△,步鼓△也。十步一鼓△,趨鼓△也。音不絕,鶩鼓△也。商,將鼓△也。角,帥鼓△也。小鼓△,伯鼓△也。三鼓同,則將帥伯其心一也。奇兵則反是◇。

韻字:

旗(之[ə]、群、平)、止(之、章、上)旗、右(之、匣、上)、右

是(支[e]、襌、上)、是

鼓(魚[a]、見、上)、鼓、鼓、鼓、鼓、鼓、鼓、鼓

2. 鼓失次者有誅△,讙譁者有誅△,不聽金鼓鈴旗而動者有誅△。

韻字:

誅(侯[ɔ]、端、平)、誅、誅

3. 百人而教戰,教成△,合之千人☆。千人教成△,合之萬人☆。萬人教成△,會之於三軍。三軍之衆,有分有合,爲大戰之法◇,教成△,試之以閱◇。

韻字:

成(耕[eŋ]、襌、平)、成、成、成

人(真[en]、日、平)、人

法(葉[ap]、幫、入)、閱(月[at]、喻、入),月葉合韻

4. 方亦勝△,圓亦勝△,錯邪亦勝△,臨險亦勝△。

韻字:

勝(蒸[əŋ]、書、平)、勝、勝、勝

5.敵在山,緣而從[△]之;敵在淵,沒而從[△]之。求敵若求亡子[☆],從之無疑[☆],故能敗敵而制其命[◇]。夫蚤決先敵[□],若計不先定[◇],慮不蚤決[○],則進退不定[◇],疑生必敗[○]。故正兵貴先,奇兵貴後[◎],或先或後[◎],制敵[□]者也。世將不知法者,專命而行,先擊而勇,無不敗[○]者也。

韻字:

從(東[ɔŋ]、從、平)、從

子(之[ə]、精、上)、疑(之、疑、平)

命(耕[eŋ]、明、平)、定(耕、定、去)、定

敵(錫[ek]、定、入)、敵

決(月[at]、見、入)、敗(月、並、長入)、敗

後(侯[ɔ]、匣、上)、後

6.其舉有疑而不疑[△],其往有信而不信[☆],其致有遲疾而不遲疾[☆],是三者,戰之累[△]也。

韻字:

疑(之[ə]、疑、平)、累(微[əi]、來、上),之微合韻

信(真[en]、心、平)、疾(質[et]、從、入),真質通韻

將令第十九

1.將軍受命[△],君必先謀廟,行令於廷[△]。

韻字:

命(耕[eŋ]、明、平)、廷(耕、定、平)

2.君身以斧鉞授將,曰:"左、右、中軍皆有分職,若踰分而上請者,死。軍無二令,二令者誅[△],留令者誅[△],失令者誅[△]。"將軍

告曰："出國門之外，期日中，設營表，置轅門，期之，如過時，則坐法。將軍入營，即閉門清道，有敢行者誅[△]，有敢高言者誅[△]，有敢不從令者誅[△]。"

韻字：

誅（侯[ɔ]、端、平）、誅、誅、誅、誅、誅

踵軍令第二十

1.所謂踵軍[◎]者，去大軍百里[△]，期於會地[◇]，爲三日熟食[○]，前軍而行[¤]。爲戰[▯]，合之表，合表乃起[△]。踵軍饗士[△]，使爲之戰勢，是謂趨戰[▯]者也。興軍[◎]者，前踵軍而行[¤]，合表乃起[△]。去大軍一倍其道，去踵軍百里[△]，期於會地[◇]，爲六日熟食[○]，使爲戰備[○]。分卒據要害，戰利則追北[○]，按兵而趨[#]之。踵軍遇有還者，誅[#]之。所謂諸將之兵[※]，在四奇之內者勝[※]也。

韻字：

軍（文[ən]、見、平）、軍

里（之[ə]、來、上）、起（之、溪、上）、士（之、崇、上）、起、里

地（歌[ai]、定、去）、地

食（職[ək]、船、入）、食、備（職、並、長入）、北（職、幫、入）

行（陽[aŋ]、匣、平）、行

戰（元[an]、章、去）、戰

趨（侯[ɔ]、清、平）、誅（侯、端、平）

兵（陽[aŋ]、幫、平）、勝（蒸[əŋ]、書、平）

2.兵有什伍[☆]，有分有合[◇]，豫爲之職[◇]，守要塞關梁而分居[☆]之。戰，合表起[△]，即皆會也。大軍爲計日之食[◇]，起[△]，戰具無不及[◇]也。令行而起[△]，不如令者有誅。

韻字：

伍（魚[a]、疑、上）、居（魚、見、平）

合（緝[əp]、匣、入）、職（職[ək]、章、入）、食（職、船、入）、及（緝、群、入），緝職合韻

起（之[ə]、溪、上）、起、起

3. 凡稱分塞者，四境之内，當興軍、踵軍既行[△]，則四境之民，無得行[△]者。奉王之命，授持符節，名爲順職之吏[☆]，非順職之吏而行者，誅之。戰合表起[☆]，順職之吏[☆]，乃行用以相參[◇]。故欲戰，先安内[◇]也。

韻字：

行（陽[aŋ]、匣、平）、行

吏（之[ə]、來、去）、起（之、溪、上）、吏

參（侵[əm]、清、平）、内（物[ət]、泥、長入），物侵合韻

兵教上第二十一

1. 兵之教令，分營居陳，有非令而進退者，加犯教之罪[△]。前行[◇]者，前行教[☆]之；後行[◇]者，後行教[☆]之；左行[◇]者，左行教[☆]之；右行[◇]者，右行教[☆]之。教舉五人，其甲首有賞[◇]。弗教，如犯教之罪[△]。羅地[○]者，自揭其伍[○]，伍内互揭之，免其罪[△]。

韻字：

罪（微[əi]、從、上）、罪、罪

行（陽[aŋ]、匣、平）、行、行、行、賞（陽、書、上）

教（宵[o]、見、去）、教、教、教

地（歌[ai]、定、去）、伍（魚[a]、疑、上），魚歌合韻

2. 凡伍臨陣[◇]，若一人有不進死於敵[☆]，則教者如犯法者之

罪[△]。凡什保什，若亡一人[◇]，而九人不盡死於敵[☆]，則教者如犯法者之罪[△]。自什已上至於裨將[□]，有不若法[□]者，則教者如犯法者之罪[△]。

韻字：

陳（真[en]、定、平）、人（真、日、平）

敵（錫[ek]、定、入）、敵

罪（微[əi]、從、上）、罪、罪

將（陽[aŋ]、精、去）、法（葉[ap]、幫、入），陽葉合韻

3. 凡明刑罰[◇]，正勸賞[△]，必在乎兵教之法[◇]。將異其旗，卒異其章[△]。左軍章左肩[☆]，右軍章右肩[☆]，中軍章胸前[☆]。書其章曰某甲某士。前後章各五行[△]，尊章置首上[△]，其次差降[△]之。

韻字：

罰（月[at]、並、入）、法（葉[ap]、幫、入），月葉合韻

賞（陽[aŋ]、書、上）、章（陽、章、平）、上（陽、禪、上）、行（陽、匣、平）、降（冬 uŋ、匣、平），冬陽合韻

肩（元[an]、見、平）、肩、前（元、從、平）

4. 伍長教其四人[△]，以板爲鼓[◇]，以瓦爲金[□]，以竿爲旗[☆]。擊鼓而進[△]，低旗則趨[◇]，擊金而退[□]，麾而左[◇]之，麾而右[☆]之，金鼓俱擊而坐[◇]。

韻字：

人（真[en]、日、平）、進（真、精、去）

鼓（魚[a]、見、上）、趨（侯[ɔ]、清、平），魚侯合韻

金（侵[əm]、見、平）、退（物[ət]、透、長入），物侵合韻

旗（之[ə]、群、平）、右（之、匣、上）

左（歌[ai]、精、上）、坐（歌、從、去）

5. 伍長教成[△]，合之什長[☆]。什長教成[△]，合之卒長[☆]。卒長

教成[△],合之伯長[☆]。伯長教成[△],合之兵尉。兵尉教成[△],合之裨將[☆]。裨將教成[△],合之大將[☆]。大將教之,陳於中野[☆]。

韻字:

成(耕[eŋ]、禪、平)、成、成、成、成、成

長(陽[aŋ]、定、平)、長、長、將(陽、精、去)、將、野(魚[a]、喻、上),魚陽通韻

6. 置大表,三百步而一[△]。既陳,去表百步而決[△],百步而趨[☆],百步而鶩[☆]。習戰以成其節,乃爲之賞法[□]。自尉吏而下[□],盡有旗[◇]。戰勝得旗[◇]者,各視所得之爵,以明賞勸之心[◇]。

韻字:

一(質[et]、影、入)、決(月[at]、見、入),質月合韻

趨(侯[ɔ]、清、平)、鶩(侯、明、平)

法(葉[ap]、幫、入)、下(魚[a]、匣、上),魚葉合韻

旗(之[ə]、群、平)、旗、心(侵[əm]、心、平),之侵合韻

7. 戰勝在乎立威[△],立威在乎戮力[△],戮力在乎正罰[☆]。正罰[☆]者,所以明賞也。令民背國門之限[◇],決生死之分[◇],教之死而不疑[○]者,有以[○]也。令守者必固[□],戰者必鬥,姦謀不作,姦民不語[□]。

韻字:

威(微[əi]、影、平)、力(職[ək]、來、入),職微合韻

罰(月[at]、並、入)、罰

限(文[ən]、匣、上)、分(文、幫、平)

疑(之[ə]、疑、平)、以(之、喻、上)

固(魚[a]、見、去)、語(魚、匣、上)

8. 令行無變,兵行無猜,輕者若霆[△],奮敵若驚[△]。舉功別德[☆],明如白黑[☆]。令民從上令[△],如四支應心[☆]也。前軍絕行亂陳,破堅如潰者,有以也。此之謂兵教。所以開封疆,守社稷,除

患害，成武德☆也。

韻字：

霆（耕[eŋ]、定、平）、驚（耕、見、平）、令（耕、來、平）

德（職[ək]、端、入）、黑（職、曉、入）、心（侵[əm]、心、平）、德，職侵合韻

兵教下第二十二

1. 臣聞人君有必勝之道◎，故能并兼廣大，以一其制度，則威加天下☆，有十二焉：一曰連刑，謂同罪保伍☆也；二曰地禁，謂禁止行道◎，以網外姦△也；三曰全軍◇，謂甲首相附，三五相同，以結其聯△也；四曰開塞，謂分地以限◇，各死其職而堅守◎也；五曰分限◇，謂左右相禁，前後相待□，垣車爲固，以逆以止□也；六曰號別○，謂前列務進#，以別其後者，不得爭先登不次#也；七曰五章，謂彰明行列○，始卒不亂△也；八曰全曲，謂曲折相從¤，皆有分部□也；九曰金鼓☆，謂興有功¤，致有德&也；十曰陳車☆，謂接連前矛※，馬冒其目※也；十一曰死士□，謂衆軍之中有材力&者，乘於戰車☆，前後縱横，出奇制敵&也；十二曰力卒，謂經旗全曲，不麾不動¤也。

韻字：

道（幽[u]、定、上）、道、守（幽、書、上）

下（魚[a]、匣、上）、伍（魚、疑、上）、鼓（魚、見、上）、車（魚、昌、平）、車

姦（元[an]、見、平）、聯（元、來、平）、亂（元、來、去）

軍（文[ən]、見、平）、限（文、匣、上）、限

待（之[ə]、定、上）、止（之、章、平）、部（之、並、上）、士（之、

崇、上）

　　別（月［at］、別、入）、列（月、來、入）

　　從（東［ɔŋ］、清、平）、功（東、見、平）、動（東、定、去）

　　進（真［en］、精、去）、次（支［e］、清、去），支真合韻

　　矛（幽［u］、明、平）、目（覺［uk］、明、入），幽覺通韻

　　德（職［ək］、端、入）、力（職、來、入）、敵（錫［ek］、定、入），職
錫合韻

　　2. 此十二者教成◎，犯令不舍△。兵弱能强之，主卑能尊☆之，令弊能起◇之，民流能親◎之，人衆能治◇之，地大能守○之。國車不出於閫☆，組甲不出於櫜○，而威服天下△矣。

　　韻字：

　　成（耕［eŋ］、禪、平）、親（真［en］、清、平），真耕合韻

　　舍（魚［a］、書、上）、下（魚、匣、上）

　　尊（文［ən］、精、平）、閫（文、溪、上）

　　起（之［ə］、溪、上）、治（之、定、平）

　　守（幽［u］、書、上）、櫜（幽、見、平）

　　3. 兵有五致：爲將忘家△，踰垠忘親☆，指敵忘身☆，必死則生☆，急勝爲下△。百人被刃◇，陷行亂陳☆；千人被刃◇，擒敵殺將；萬人被刃◇，橫行天下△。

　　韻字：

　　家（魚［a］、見、平）、下（魚、匣、上）、下

　　親（真［en］、清、平）、身（真、書、平）、生（耕［eŋ］、生、平）、陳（真、定、平），真耕合韻

　　刃（文［e］、日、去）、刃、刃

　　4. 武王問太公望曰：“吾欲少閒而極用人之要？”望對曰：“賞如山，罰如谿。太上無過△，其次補過△，使人無得私語△。諸罰而

請不罰者死☆,諸賞而請不賞者死☆。"

韻字:

過(歌[ai]、見、平)、過、語(魚[a]、疑、上),魚歌合韻

死(脂[ei]、心、上)、死

5. 伐國必因其變△,示之財以觀其窮,示之弊以觀其病△,上乖者下離。若此之類,是伐之因☆也。凡興師☆,必審內外之權以計其去。兵有備闕,糧食有餘不足○,校所出入之路○,然後興師伐亂,必能入之。

韻字:

變(元[an]、幫、去)、病(陽[aŋ]、並、去),元陽合韻

因(真[en]、影、平)、師(脂[ei]、生、平),真脂通韻

足(屋[ɔk]、精、入)、路(鐸[ak]、來、長入),屋鐸合韻

6. 地大而城小者,必先收其地△。城大而地窄△者,必先攻其城☆。地廣而人寡者,則絕其阨☆。地狹而人衆者,則築大堙以臨之。無喪其利,無奮其時,寬其政,夷其業◇,救其弊◇,則足以施天下◇。

韻字:

地(歌[ai]、定、去)、窄(鐸[ak]、莊、入),歌鐸合韻

城(耕[eŋ]、禪、平)、阨(錫[ek]、影、入),耕錫通韻

業(葉[ap]、疑、入)、弊(月[at]、並、長入)、下(魚[a]、匣、上),葉月魚合韻

7. 今戰國相攻△,大伐有德;自伍而兩△,自兩而師,不一其令△,率俾民心不定△;徒尚驕佟,謀患辨訟△,吏究其事,累且敗☆也。日暮路遠,還有挫氣。師老將貪,爭掠易敗☆。

韻字:

攻(東[ɔŋ]、見、平)、兩(陽[aŋ]、來、上)、令(耕[eŋ]、來、平)、定(耕、定、去)、訟(東、邪、平),東陽耕合韻

敗（月［at］、並、長入）、敗

8. 凡將輕、壘卑、衆動◎，可攻◎也；將重、壘高、衆懼，可圍△也。凡圍必開其小利，使漸夷弱，則節吝有不食☆者矣。衆夜擊◎者，驚◎也；衆避事者，離△也。待人之救◇，期戰而蹙◇，皆心失而傷氣也。傷氣敗軍，曲謀敗國☆。

韻字：

動（東［ɔŋ］、定、去）、攻（東、見、平）

圍（微［əi］、匣、平）、離（歌［ai］、來、平），幽歌合韻

食（職［ək］、船、入）、國（職、見、入）

擊（錫［ek］、見、入）、驚（耕［eŋ］、見、平），耕錫對轉，且聲紐相同

救（幽［u］、見、去）、蹙（覺［uk］、清、入），幽覺通韻

兵令上第二十三

1. 兵者凶器△也，爭者逆德△也，事必有本。故王者伐暴亂☆，本仁義☆焉。戰國則以立威抗敵相圖，而不能廢兵◇也。兵◇者，以武爲植，以文爲種◇。武爲表，文爲裏◎。能審此二者，知勝敗◎矣。文所以視利害◎，辨安危◎；武所以犯強敵，力攻守也。

韻字：

器（物［ət］、溪、長入）、德（職［ək］、端、入），職物合韻

亂（元［an］、來、去）、義（歌［ai］、疑、去），歌元合韻

兵（陽［aŋ］、幫、平）、兵、種（東［ɔŋ］、端、上），東陽合韻

裏（之［ə］、來、上）、危（微［əi］、疑、平），之微合韻

敗（月［at］、並、長入）、害（月、匣、長入）

2. 專一則勝△，離散則敗☆。陳以密則固，鋒以疏則達☆。卒

畏將甚於敵◦者，勝△；卒畏敵甚於將◇者，敗☆。未戰，所以知勝敗☆者，稱將於敵◦也。敵與將◇，猶權衡◇焉。安靜則治，暴疾則亂◇。

韻字：

勝（蒸［əŋ］、書、平）、勝

敗（月［at］、並、長入）、達（月［at］、定、入）、敗、敗

敵（錫［ek］、定、入）、敵

將（陽［aŋ］、精、去）、將、衡（陽、匣、平）、亂（元［an］、來、去），陽元合韻

3. 出卒陳兵有常令△，行伍疏數有常法☆，先後之次有適宜☆。常令△者，非追北襲邑攸用△也。前後不次◇，則失◇也。亂先後，斬之。

韻字：

令（耕［eŋ］、來、平）、令、用（東［ɔŋ］、喻、去），東耕合韻

法（葉［ap］、幫、入）、宜（歌［ai］、疑、平），歌葉合韻

次（支［e］、清、去）、失（質［et］、書、入），支質合韻

4. 常陳皆向敵，有內向△，有外向△，有立陳☆，有坐陳☆。夫內向所以顧中◇也，外向所以備外也。立陳所以行也，坐陳所以止▫也。立坐之陳，相參進止▫，將在其中◇。坐之兵劍斧◦，立之兵戟弩◦，將亦居中◇。善御敵¤者，正兵先合◎，而後扼¤之，此必勝之術◎也。

韻字：

向（陽［aŋ］、曉、去）、向

陣（真［en］、定、平）、陣

中（冬［uŋ］、端、平）、中、中

止（之［ə］、章、上）、止

斧（魚［a］、幫、上）、弩（魚、泥、上）

敵（錫[ek]、定、入）、扼（錫、影、入）

合（緝[əp]、匣、入）、術（物[ət]、船、入），物緝合韻

5.陳之斧鉞，飾之旗章△，有功必賞△，犯令必死○。存亡死生，在枹之端△。雖天下有善兵△者，莫能禦此☆矣。矢射未交，兵刃未接，前譟者謂之虚，後譟者謂之實☆，不譟者謂之祕☆。虚實祕☆者，兵之體○也。

韻字：

章（陽[aŋ]、章、平）、賞（陽、書、上）、端（元[an]、端、平）、兵（陽、幫、平），元陽通韻

死（脂[ei]、心、平）、體（脂、透、上）

此（支[e]、清、上）、實（質[et]、船、入）、祕（質、明、入）、祕，支質合韻

兵令下第二十四

1.諸去大軍爲前禦之備△者，邊縣列候，各相去三五里☆。聞大軍爲前禦之備△，戰則皆禁行，所以安内☆也。

韻字：

備（職[ək]、並、長入）、備

里（之[ə]、來、上）、内（物[ət]、泥、長入），之物合韻

2.内卒出戍，令將吏授旗鼓戈甲△。發日☆，後將吏及出縣封界☆者，以坐後戍法△。

韻字：

甲（葉[ap]、見、入）、法（葉、幫、入）

日（質[et]、日、入）、界（月[at]、見、長入），質月合韻

3.兵戍邊一歲，遂亡不候代△者，法比亡軍△。父母妻子知

之,與同罪☆;弗知,赦之。卒後將吏而至大將所一日◇,父母妻子盡同罪☆。卒逃歸至家一日◇,父母妻子弗捕執及不言,亦同罪☆。

韻字:

代(職[ək]、定、長入)、軍(文[ən]、見、平),職文合韻

罪(微[əi]、從、上)、罪、罪

日(質[et]、日、入)、日

4.諸戰而亡其將吏者,及將吏棄卒獨北△者,盡斬☆之。前吏棄其卒而北△,後吏能斬之而奪其卒者,賞;軍無功◇者,戍三歲○。三軍大戰,若大將死,而從吏五百人已上不能死敵者,斬☆。大將左右近卒在陣中者,皆斬☆。餘士卒有軍功◇者,奪一級;無軍功◇者,戍三歲○。戰亡伍人,及伍人戰死不得其屍◎,同伍盡奪其功◇;得其屍◎,罪皆赦。

韻字:

北(敗)(月[at]、並、長入)、北

斬(談[am]、莊、去)、斬、斬

功(東[ɔŋ]、見、平)、功、功、功

歲(月[at]、心、長入)、歲

屍(脂[ei]、書、平)、屍

5.軍之利害,在國之名實△。今名在官而實在家,官不得其實△,家不得其名。聚卒爲軍,有空名而無實△。外不足以禦敵,內不足以守國,此軍之所以不給,將之所以奪威☆也。臣以謂卒逃歸☆者,同舍伍人及吏,罰入糧爲饒,名爲軍實△。是有一軍之名,而有二實之出△。國內空虛,自竭民歲,曷以免奔北之禍☆乎?

韻字:

實(質[et]、船、入)、實、實、實、出(物[ət]、昌、入),質物合韻

威(微[əi]、影、平)、歸(微、見、平)、禍(歌[ai]、匣、上),歌

微合韻

6.今以法止逃歸[△],禁亡軍[☆],是兵之一勝[☆]也。什伍相聯,及戰鬭[◇],則卒吏相救[◇],是兵之二勝[☆]也。將能立威[△],卒能制節[○],號令明信[○],攻守皆得,是兵之三勝[☆]也。

韻字：

歸(微[əi]、見、平)、威(微、影、平)

軍(文[ən]、見、平)、勝(蒸[əŋ]、書、平)、勝、勝,文蒸合韻

鬭(侯[ɔ]、端、上)、救(幽[u]、見、去),幽侯合韻

節(質[et]、精、入)、信(真[en]、心、平),質真通韻

7.臣聞古之善用兵者,能殺卒之半[△],其次殺其十三[○],其下殺其十一[□]。能殺其半[△]者,威加海内[#];殺十三[○]者,力加諸侯[¤];殺十一[□]者,令行士卒[#]。故曰百萬之衆不用命[◎],不如萬人之鬭[¤]也;萬人之鬭[¤],不如百人之奮也。賞如日月[◇],信如四時[☆],令如斧鉞[◇],利如干將,土卒不用命[◎]者,未之有[☆]也。

韻字：

半(元[an]、幫、去)、半

三(侵[əm]、心、平)、三

一(質[et]、影、入)、一

侯(侯[ɔ]、匣、平)、鬭(侯、端、上)、鬭

内(物[ət]、泥、長入)、卒(物、精、入)

命(耕[eŋ]、明、平)、命

月(月[at]、疑、入)、鉞(月、匣、入)

時(之[ə]、禪、平)、有(之、匣、上)